Bob Woodward · Carl Bernstein
Amerikanischer Alptraum

D1674160

Bob Woodward
Carl Bernstein

Amerikanischer Alptraum

Das unrühmliche Ende der Ära Nixon

Europäische Verlagsanstalt

Einzig berechtigte Übertragung aus dem Amerikanischen von Liselotte Julius (Teil I) und Gisela Stege (Teil II).
Titel der Originalausgabe »The Final Days«. Erschienen bei Simon and Schuster, New York.

Lektorat Liselotte Julius
Umschlaggestaltung: Klaus Seiffert, Köln
Herstellung Edgar Krausch, Nieder-Roden
Druck Georg Wagner, Nördlingen
ISBN 3 434 00227 8
Printed in Germany 1976

Dank

Die *Washington Post* gab uns einen zweimal verlängerten Urlaub, damit wir dieses Buch schreiben konnten. Unser besonderer Dank gilt Katharine Graham, Ben Bradlee, Howard Simmons, Harry Rosenfeld und Len Downie.

Mehrere unserer Freunde opferten ihre Zeit, um das Manuskript in seinen verschiedenen Stadien kritisch zu lesen. Wir danken Nora Ephron, Richard Cohen und Robert Kaiser. Ebenso möchten wir David Obst und Arthur Klein für ihre Hilfe und ihren Rat Dank sagen. Und Laura Quirk dafür, daß sie stets für Ordnung und Übersichtlichkeit sorgte.

Richard Snyder und die Mitarbeiter von *Simon and Schuster* sprachen uns immer wieder Mut zu; ihr Engagement für das Projekt war einmalig. Besonders dankbar sind wir Gypsy da Silva, Joni Evans, Dan Green, Frank Metz, Harriet Ripinsky, Sophie Sorkin und Ed Schneider. Vera Schneiders redaktionelle Bearbeitung des Manuskripts war eine enorme Hilfe.

Schließlich sagen wir mit Zuneigung und Respekt Alice Mayhew, unserer Lektorin, Dank für viele hundert Stunden, die sie uns und unserem Manuskript gewidmet hat.

B. W.
C. B.

All denen gewidmet, die uns ihre Zeit opferten, uns ihre Erinnerungen, Notizen, Tagebücher, Memos, Akten zur Verfügung stellten; ihrer Offenheit, ihrem Freimut verdankt dieses Buch seine Entstehung.

Und Francie und Nora.

Bemerkung der Autoren

Amerikanischer Alptraum ist das Werk von vier Menschen. Scott Armstrong, früher Ermittler im Watergate-Senatsausschuß, und Al Kamen, freiberuflicher Journalist und Rechercheur, setzten ihre ganze Zeit und Kraft dafür ein, uns bei der Sammlung und Auswertung von Berichten, bei den Recherchen und teilweise beim Schreiben zu unterstützen. Dabei leisteten sie einen unschätzbaren Beitrag. Wir sind die Nutznießer ihrer Intelligenz, ihrer Phantasie, ihres Organisationstalents und ihres Fleißes. Dafür können wir ihnen niemals genug danken.

Vorwort

Am 17. Juni 1972, nur wenige Stunden, nachdem fünf Männer im Hauptquartier der Demokratischen Partei verhaftet worden waren, begannen wir als Reporter für die *Washington Post* der Watergate-Affäre nachzugehen. Über zwei Jahre berichteten wir für die *Post* darüber – bis Richard M. Nixon am 9. August 1974 von seinem Präsidentenamt zurücktrat.

Nach der Demission meinten einige unserer zuverlässigsten Quellen, die wahre Geschichte jener letzten Tage der Präsidentschaft Nixons sei nicht vollständig erzählt worden; wollte man diesen Bericht schreiben und sämtliche Widersprüche klären, so bedeutete das, vielleicht ein Jahr oder auch mehr konzentriert daran zu arbeiten. Unsere Herausgeber in der *Post* waren einverstanden. Wir ließen uns beurlauben und richteten im sechsten Stock des Zeitungsgebäudes ein Büro ein. Scott Armstrong, ehemals Ermittler im Watergate-Senatsausschuß, und Al Kamen, freiberuflicher Journalist und Rechercheur, wurden engagiert, um uns dabei zu helfen.

Wir unterteilten das Projekt in zweiundzwanzig Bereiche, die zu untersuchen waren:

Präsident Nixon;
die Nixon-Familie;
Hauptmitarbeiter des Weißen Hauses;
die Anwälte des Weißen Hauses;
weitere höhere Chargen im Mitarbeiterstab des Weißen Hauses;
der Stab, der die Reden für den Präsidenten schrieb;
das Presseamt des Weißen Hauses;
ehemalige Mitarbeiter Nixons;
der persönliche Stab des Präsidenten;
der Stab der medizinischen Betreuer;
die Verbindungsleute zum Kongreß;
die Anti-Impeachment-Lobby;
das Büro von Außenminister Kissinger;

die übrigen Kabinettsmitglieder;

das Büro von Vizepräsident Ford;

das inoffizielle Amtsübergabe-Team;

die Führungsspitze von Repräsentantenhaus und Senat;

der Rechtsausschuß des Repräsentantenhauses;

das Büro des Watergate-Sonderanklägers;

der Watergate-Senatsausschuß;

andere, die den Präsidenten aufsuchten oder mit ihm sprachen;

das publizierte Material – Zeitungen, Bücher, öffentliche Erklärungen, Zeugenaussagen und Dokumente.

Nach diesen Sektoren stellten wir eine vorläufige Liste von mehreren hundert Personen zusammen, die zu befragen waren. Diese Aufgabe beanspruchte uns sechs Monate. *Amerikanischer Alptraum* basiert auf Gesprächen mit 394 Leuten. Manche verbrachten Dutzende von Stunden mit uns und steuerten freiwillig und offenherzig Informationen bei; einer von ihnen wurde siebzehnmal interviewt. Viele stellten Notizen, Memoranden, Korrespondenz, Tagesberichte, Kalender und Tagebücher zur Verfügung. Andere gewährten Interviews nur, um ihre eigene Version der Ereignisse zu geben oder um auf Informationen zu reagieren, die wir anderswoher bekommen hatten. Wenige, darunter Präsident Nixon, lehnten es ab, sich interviewen zu lassen.

Sämtliche Gespräche, die geführt wurden, waren durch »Hintergrundmaterial« abgedeckt; das heißt, sie waren aktenkundig – wir konnten die Informationen benutzen –, allerdings nur auf unsere Zusicherung hin, die Namen nie preiszugeben. Unter dieser Bedingung waren alle, mit denen wir sprachen, bereit, uns Informationen zu liefern, die wir anders niemals hätten bekommen können.

Im allgemeinen bemühten wir uns, die in *Amerikanischer Alptraum* geschilderten Hauptpersonen erst dann zu interviewen, nachdem wir bereits ausführliche Einzelheiten von Angehörigen ihres Mitarbeiterstabes zusammengetragen hatten. Wir ließen keinen Zweifel daran, daß wir uns bemühen würden, jedes Detail nachzuprüfen.

Die bei sämtlichen Interviews gemachten Notizen wurden abgetippt und jede wichtige Information unter dem entsprechenden Sektor registriert. Die Themenbereiche wurden weiterhin chronologisch unterteilt für jeden der letzten 100 Tage der Nixon-Administration – die Zeitspanne, die wir ursprünglich schildern wollten. Im Verlauf der Befragungen realisierten wir, daß wir uns, um die letzten 100 Tage zu erklären, ausführlich mit früheren Perioden befassen müßten, vor allem mit den sechs Monaten nach dem 30. April 1973, als Präsident Nixons Hauptmitarbeiter zurücktraten.

Wir haben versucht, bei der Rekonstruktion der Ereignisse jedes Detail zu überprüfen. Zum Beispiel konnten wir bei den Berichten über Konferenzen in fast allen Fällen mit einem oder mehreren der Teilnehmer sprechen. Wenn wir zwei verschiedene Versionen erhielten, suchten wir die Abweichungen durch nochmalige Befragung zu klären. Erwies sich das als unmöglich, verwendeten wir dieses nicht bestätigte Material nicht. Von einigen Besprechungen, die zwischen zwei Personen stattfanden, konnten wir von keinem der Beteiligten einen direkten Bericht bekommen; in diesen Fällen interviewten wir Leute, mit denen sie unmittelbar danach gesprochen hatten. Keine einzige Tatsache in diesem Buch ist rekonstruiert worden, die nicht von zumindest zwei Personen bestätigt wurde. Wir hatten Glück: In jenen letzten Tagen im Weißen Haus verglichen die Chefs ihre Notizen untereinander und mit ihren Assistenten.

Nicht allen Quellen maßen wir gleiches Gewicht bei. In mehr als dreijähriger Berichterstattung über die Nixon-Administration hat uns die Erfahrung gelehrt, in die Korrektheit und Offenheit mancher Informanten größtes Vertrauen zu setzen. In der gleichen Zeit haben wir auch regelmäßig mit einigen wenigen Leuten gesprochen, die bei ihrer Darstellung der Ereignisse konsequent versuchten, zu beschönigen, sich selbst im günstigsten Licht zu zeigen, oder die sonstwie unglaubwürdig wirkten; wir verwendeten ihre Informationen nur, wenn zuverlässige Quellen uns die Richtigkeit bestätigten.

Dezember 1975

Bob Woodward
Carl Bernstein

Personen

Robert Abplanalp	Freund des Präsidenten
Carl Albert	Sprecher des Repräsentantenhauses
Ollie Atkins	Offizieller Photograph des Weißen Hauses
Richard Ben-Veniste	Assistent des Watergate-Sonderanklägers
Lt. Col. Jack Brennan	Militärischer Adjutant des Präsidenten
Patrick J. Buchanan	Assistent des Präsidenten; Redenschreiber
Philip Buchen	Freund des Vizepräsidenten; Koordinator des Amtsübergabe-Teams
Stephen Bull	Persönlicher Adjutant des Präsidenten
Dean Burch	Politischer Berater des Präsidenten
Warren Burger	Chief Justice (Oberster Richter) der Vereinigten Staaten
Arthur F. Burns	Vorsitzender des Federal Reserve Board (Bundesreserven-Amt), früher Berater des Präsidenten
George Bush	Vorsitzender des Republican National Committee (Republikanischer National-Ausschuß)
Caldwell M. Butler	Republikanischer Kongreßabgeordneter von Virginia; Mitglied im Rechtsausschuß des Repräsentantenhauses
Alexander P. Butterfield	Ehemaliger Assistent von H. R. Haldeman
J. Fred Buzhardt	Watergate-Sonderrechtsberater des Weißen Hauses; früher Rechtsberater im Verteidigungsministerium
Joseph Califano	Rechtsanwalt in Washington
Ken W. Clawson	Direktor für Kommunikationswesen im Weißen Haus

Charles W. Colson	Ehemaliger Sonderberater des Präsidenten
Barber B. Conable jr.	Republikanischer Kongreßabgeordneter von New York; vierter in der Führungsspitze der Partei
Lt. Cmdr. Andrew Coombs	Kapitän der Präsidentenyacht *Sequoia*
Archibald Cox	Watergate-Sonderankläger
Edward Cox	Schwiegersohn des Präsidenten
Tricia Nixon Cox	Tochter des Präsidenten
John W. Dean III.	Ehemaliger Präsidentenberater
Tom De Cair	Pressemitarbeiter des Weißen Hauses
John Doar	Rechtsberater, Rechtsausschuß des Repräsentantenhauses
James Doyle	Pressechef im Amt des Watergate-Sonderanklägers
Lawrence Eagleburger	Assistent von Außenminister Kissinger
John D. Ehrlichman	Früherer Assistent des Präsidenten für Innere Angelegenheiten
David Eisenhower	Schwiegersohn des Präsidenten
Julie Nixon Eisenhower	Tochter des Präsidenten
Senator Sam Ervin	Vorsitzender im Watergate-Senatsausschuß
Margaret Foote	Sekretärin von Raymond K. Price jr.
Gerald R. Ford	Vizepräsident der Vereinigten Staaten
Frank Gannon	Stellvertreter von Ronald L. Ziegler
Leonard Garment	Rechtsberater des Präsidenten
David Gergen	Redenschreiber des Weißen Hauses
Connie Gerrard	Sekretärin im Presseamt des Weißen Hauses
Barry Goldwater	Republikanischer Senator von Arizona
L. Patrick Gray III.	Ehemaliger amtierender FBI-Direktor
Anne Grier	Sekretärin im Presseamt des Weißen Hauses
Robert P. Griffin	Republikanischer Senator von Michigan; Einpeitscher der Partei
Gen. Alexander M. Haig jr.	Stabschef des Weißen Hauses
H. R. (Bob) Haldeman	Ehemaliger Stabschef des Weißen Hauses
Bryce Harlow	Politischer Berater des Präsidenten
Brooks Harrington	Freund von David Eisenhower
Muriel Hartley	Sekretärin von Gen. Alexander M. Haig jr.
Robert Hartmann	Stabschef im Büro des Vizepräsidenten
William Henkel	Chef des Voraus-Teams des Weißen Hauses

Bruce Herschensohn	Public-Relations-Mitarbeiter im Weißen Haus
Lawrence Higby	Ehemaliger Assistent von H. R. Haldeman; Mitarbeiter im Amt für Verwaltungs- und Budgetfragen
Leon Jaworski	Watergate-Sonderankläger
Jerry Jones	Stabssekretär im Weißen Haus
Maj. George Joulwan	Mitarbeiter von Gen. Alexander M. Haig jr.
Richard Keiser	Geheimdienstagent für Sonderaufträge des Präsidenten
Kenneth Khachigian	Mitarbeiter von Patrick Buchanan
Henry A. Kissinger	Assistent des Präsidenten in nationalen Sicherheitsfragen; Außenminister
Rabbi Baruch Korff	Vorsitzender im *Citizens Committee for Fairness to the Presidency* (Bürgerausschuß für Fairneß gegenüber dem Präsidentenamt)
Tom Korologos	Mitarbeiter von William Timmons als Verbindungsmann zum Senat
Phillip A. Lacovara	Rechtsberater im Amt des Watergate-Sonderanklägers
Charles Lichenstein	Assistent von Dean Burch
Lt. Cmdr. William Lukash	Leibarzt des Präsidenten
Lawrence Lynn	Mitglied im Amtsübergabe-Team; früher Mitarbeiter von Henry A. Kissinger
Mike Mansfield	Fraktionsführer der Demokraten im Senat
Jack McCahill	Stellvertreter von James St. Clair
Pater John McLaughlin	Public-Relations-Mitarbeiter im Weißen Haus
John N. Mitchell	Ehemaliger Justizminister der Vereinigten Staaten; 1972 Direktor des Wiederwahlkomitees Nixons
Pat Nixon	Frau des Präsidenten
Richard M. Nixon	Präsident der Vereinigten Staaten von Amerika
Sam Powers	Assistent und Sonderberater des Präsidenten für Watergate
Raymond K. Price jr.	Assistent des Präsidenten; Redenschreiber
Thomas F. Railsback	Republikanischer Kongreßabgeordneter von Illinois; Mitglied im Rechtsausschuß des Repräsentantenhauses
Charles G. (Bebe) Rebozo	Freund des Präsidenten

John J. Rhodes	Republikanischer Fraktionsführer im Repräsentantenhaus
Elliot L. Richardson	Justizminister der Vereinigten Staaten; früher Verteidigungsminister
Peter W. Rodino jr.	Vorsitzender im Rechtsausschuß des Repräsentantenhauses; Demokratischer Kongreßabgeordneter von New Jersey
William P. Rogers	Außenminister
James D. St. Clair	Sonderrechtsberater des Präsidenten für Watergate
Manolo Sanchez	Kammerdiener des Präsidenten
Diane Sawyer	Stellvertreterin von Ronald L. Ziegler
Hugh Scott	Republikanischer Fraktionsführer im Senat
Lt. Gen. Brent Scowcroft	Stellvertretender Assistent des Präsidenten in nationalen Sicherheitsfragen; Mitarbeiter von Henry A. Kissinger
John S. Sirica	Richter am U. S. District Court für den District of Columbia
Helen Smith	Pressesekretärin von Mrs. Nixon
Larry Speaks	Pressesekretär von James D. St. Clair
Benjamin J. Stein	Redenschreiber im Weißen Haus
John C. Stennis	Demokratischer Senator von Mississippi
William E. Timmons	Chef des Verbindungsbüros vom Weißen Haus zum Kongreß
Maj. Gen. Walter Tkach	Leibarzt des Präsidenten
Lt. Gen. Vernon Walters	Stellvertretender Direktor des CIA
Gerald Warren	Stellvertretender Pressesekretär des Präsidenten
Clay T. Whitehead	Direktor des Amts für Medienpolitik im Weißen Haus; Koordinator im Amtsübergabe-Team
Charles Wiggins	Republikanischer Kongreßabgeordneter von Kalifornien; Mitglied im Rechtsausschuß des Repräsentantenhauses
Rose Mary Woods	Privatsekretärin des Präsidenten
Charles Alan Wright	Sonderberater des Präsidenten für Watergate
Ronald L. Ziegler	Pressesekretär des Präsidenten

Eine Chronik der wichtigsten Entwicklungen von Watergate – die Vertuschung und die folgenden Ermittlungen – beginnt auf Seite 452

Teil I

1. Kapitel

Eine außergewöhnliche Mission lag vor ihnen. Noch nie hatten Mitarbeiter des Präsidenten eine solche Aufgabe übernommen. J. Fred Buzhardt und Leonard Garment befanden sich mit Flug 177 auf dem Weg von Washington, D. C., nach Miami. Sie hatten einen endgültigen Entschluß gefaßt und ihre Beweggründe immer wieder überprüft. Die Liste auf Garments gelbem Notizblock enthielt jetzt zwei- bis dreiundzwanzig Punkte. Eine trübe, eine überaus unerfreuliche Angelegenheit.

An diesem Samstag, dem 3. November 1973, hatten die beiden Washington bei kühlem Wetter verlassen. Für das Weiße Haus gab es an jenem Tag nur eine einzige gute Nachricht: Durch einen spontanen Streik bei der *Washington Post* bestand die Morgenausgabe der Zeitung lediglich aus dem Immobilienteil.

Während die meisten Passagiere den Flug zur Entspannung nutzten, sich auf den bevorstehenden Urlaub freuten, gingen Buzhardt und Garment finster und verbissen ihre Mission noch einmal Punkt für Punkt durch.

Vor sechs Monaten hatten die beiden Anwälte die Verteidigung von Präsident Richard Nixon in der Watergate-Affäre übernommen und sich inzwischen sehr angefreundet. So verschieden sie sonst waren, in diesem Fall vertraten sie die gleiche Meinung, und das mochte ins Gewicht fallen. Mit Aufgeschlossenheit durften sie freilich bei ihrem Auditorium nicht rechnen; aber gemeinsam könnten sie es vielleicht überzeugen: Garment, der liberale, intellektuelle New Yorker, und Buzhardt, der konservative, praktische Südstaatler. Gelegentlich meinten sie, in ihnen spiegelten sich die beiden Seiten von Nixons Persönlichkeit wider – die gute und die böse, würden manche es nennen, oder auch die harte und die weiche. Doch so einfach war es wahrhaftig nicht.

Buzhardt, etwas bucklig, mit dicken Brillengläsern und von langsamer, bedächtiger Wesensart, stammte aus der politischen Mannschaft von Senator Strom Thurmond, einem erzkonservativen Republikaner aus South Carolina. Thurmond befaßte sich vorwiegend mit militärischen Fragen, und als sein Mitarbeiter hatte Buzhardt in den sechziger Jahren im Pentagon ein weitverzweigtes Informantennetz geschaffen. Später, als Rechtsberater im Verteidigungsministerium, oblag es ihm, die Schauergeschichten, die sich im militärischen Bereich abgespielt hatten, aufzuarbeiten, zu retten, was nur irgend zu retten war: Massaker von Mylai, Pentagon-Papiere, Spionage in der Army, eigenmächtige Bombenangriffe in Südostasien, millionenfache Kostenüberschreitungen der Rüstungslieferanten.

Und nun sollte er im Weißen Haus für Nixon das Bestmögliche aus Watergate machen. »Halten Sie als Baptist das auch für richtig?« pflegte ihn Nixon bei ihren häufigen Besprechungen zu fragen, bevor er irgendwelche Entscheidungen traf. Worauf Buzhardt reserviert entgegnete, er sei Anwalt und für moralische Beratung nicht zuständig.

Garment hatte als Sozius in Nixons New Yorker Anwaltspraxis gearbeitet. Er war zweifelsohne der Außenseiter im Weißen Haus: ein Demokrat unter Republikanern, ein Liberaler unter Konservativen, ein Theaterbesucher unter Footballanhängern, ein Jude unter orthodoxen Christen. Seine Beziehung zu Nixon war persönlicher, nicht politischer Natur. Ihm fiel die Rolle des Hofphilosophen zu.

Vor etwa sechs Monaten hatte Nixon ihm unter vier Augen anvertraut, es bleibe ihm keine andere Wahl, als den Rücktritt seiner beiden engsten Mitarbeiter, H. R. (Bob) Haldeman und John D. Ehrlichman, zu fordern. Der Präsident schien unter der Last dieser Entscheidung zusammenzubrechen, was Garment als seltsam beruhigend empfand. Denn, so argumentierte er, Nixon würde seine beiden Spitzenleute niemals gehen lassen, wenn er die Wahrheit verheimlichte. Daran zeige sich die Unschuld des Präsidenten auf einfache, menschliche und damit überzeugende Weise.

Kurz bevor Nixon sich aufmachte, um Haldeman und Ehrlichman den Rücktritt nahezulegen, hatte er Garment gestanden: »Als ich letzte Nacht zu Bett ging, hoffte ich, nie mehr aufzuwachen.«

Jetzt waren Garment und Buzhardt unterwegs nach Key Biscayne, um dem Präsidenten selber den Rücktritt zu empfehlen.

Ein Wagen des Weißen Hauses brachte sie vom Flugplatz in Miami zum Key Biscayne Hotel. Sie wurden unmittelbar neben der Villa einquartiert, in der die engsten Mitarbeiter des Präsidenten wohnten: General Alexander M. Haig, der Stabschef des Weißen Hauses, und Ronald L. Ziegler, der Pressesekretär.

Haig, achtundvierzig Jahre alt, Berufsoffizier in der Army, war in den vier Jahren, die er als Chefassistent von Nixons außenpolitischem Berater, Henry A. Kissinger, gedient hatte, vom Colonel zum Vier-Sterne-General aufgestiegen. Ziegler, vierunddreißig, der wichtigste verbliebene Mann aus der Ära Haldeman-Ehrlichman, war früher

Fremdenführer in Disneyland und Assistent Haldemans in einer Anzeigenagentur gewesen.

Die Anwälte wußten, daß sie ihr Anliegen zuerst Haig vortragen mußten, eventuell auch Ziegler. Dann würden sie vielleicht den Präsidenten aufsuchen, der sich in seinem Wohnsitz 500 Bay Lane befand, auf der gegenüberliegenden Seite der schmalen Halbinsel.

Beim gemeinsamen Dinner erörterten Buzhardt und Garment die Lage noch einmal. In ihrer Überzeugung bestärkt, trafen sie sich anschließend mit Haig und Ziegler.

Sie könnten nicht länger als Anwälte fungieren, erklärten sie. Selbst wenn Beweismaterial zur Verteidigung ihres Mandanten existieren sollte, lasse der Präsident sie nicht heran, sondern beliefere sie statt dessen mit Ausreden.

Während er sich verteidigte, habe der Präsident Zeitbomben gelegt, sagte Garment. Er hatte verheimlicht, Ausflüchte gemacht, gelogen. Einige der Bomben waren bereits explodiert, der Rest tickte. Einzeln könne man die Probleme vielleicht in den Griff bekommen, zusammengenommen jedoch seien sie unlösbar. Sie waren alle ineinander verzahnt, und es gab nur ein Bindeglied: die Tonbänder des Präsidenten. Die Anwälte vertraten einen Präsidenten, der sich selbst abgehört, der seine Geheimnisse versteckten Mikrophonen anvertraut hatte. Bisher hatten sie die Tonbänder weder abgespielt noch irgendeine Abschrift zu Gesicht bekommen. Der Präsident gestattete es nicht. Sie sollten seine Verteidigung vorbereiten, ohne die dafür erforderlichen Informationen zu erhalten. Sie konnten nicht länger von der Voraussetzung ausgehen, ihr Mandant sei unschuldig, außer man liefere ihnen den Beweis dafür.

Garment entnahm seiner Aktenmappe den gelben Notizblock und betrachtete die Liste mit den gegen den Präsidenten erhobenen Anschuldigungen; faktische Bestechung durch Wahlkampfspende von ITT; Einkommensteuerhinterziehung; Verwendung von Regierungsmitteln für den wertsteigernden Ausbau seiner Besitzungen in Key Biscayne und San Clemente, Kalifornien; zurückdatierte Schenkung seiner Vizepräsidentschafts-Papiere, um dafür eine halbe Million von der Steuer abzusetzen.

Es ging noch weiter: Erhöhung des Stützpreises für Milch als Gegenleistung für Wahlkampfspenden der Molkereiindustrie; seine zwei wichtigsten Wahlkampfstrategen – der ehemalige Justizminister John N. Mitchell und der frühere Handelsminister Maurice H. Stans – hatten versucht, auf die *Securities and Exchange Commission* (Staatliche Kommission zur Überwachung des Wertpapier- und Wechselhandels) unzulässigen Druck auszuüben und dafür 200 000 Dollar von einem internationalen Betrüger namens Robert Vesco kassiert. Ferner gab es das sogenannte »Bruder-Problem« – Beschuldigungen, daß die beiden Brüder des Präsidenten sowie ein Neffe ebenfalls in die Vesco-Transaktion und in andere fragwürdige Geschäfte verwickelt seien. Gegen den engsten Freund des Präsidenten, Charles G. »Bebe« Rebozo, war gleichfalls eine Untersuchung im Gange wegen Entgegennahme einer nicht verbuchten Wahlkampfspende von Milliardär Howard Hughes in Höhe von 100 000 Dollar.

Vielleicht seien einige der Anschuldigungen nicht haltbar, meinte Garment, und bei manchen gehe es offensichtlich um Beihilfe. »Aber gefährlich können sie alle werden – lebensgefährlich wie Haifische.«

Jedenfalls hatte Nixon sich für das zu verantworten, was im Weißen Haus geschehen war: der Huston-Plan, der zu erweiterter Spionagetätigkeit des Geheimdienstes im Inland geführt hatte – Abhörmaßnahmen, gewaltsames Eindringen in Wohnungen und Häuser, Öffnen von Briefen; der Einbruch in die Praxis von Daniel Ellsbergs Psychiater im Jahre 1971; die »Klempner«, die nach undichten Stellen suchten, nach Verantwortlichen für das Durchsickern von Nachrichten; die siebzehn angezapften Telefone von Reportern und Regierungsbeamten; Anweisungen an den CIA, das FBI zu veranlassen, es solle die erste Untersuchung des Einbruchs in das Hauptquartier des *Democratic National Committee* im Watergate Hotel eng begrenzt halten; Zahlungen von Schweigegeldern an die Einbrecher.*

Die offiziellen Untersuchungen über das Verhalten des Präsidenten und seiner Leute würden mindestens noch ein weiteres Jahr beanspruchen, erklärte Garment. Der Watergate-Senatsausschuß unter Vorsitz von Senator Sam Ervin von North Carolina amtierte weiter. Ein Sonderankläger, Archibald Cox, war vor zwei Wochen entlassen und ein neuer, Leon Jaworski, nominiert worden. Nach dem sogenannten »Massaker« vom Samstag, als Cox gefeuert wurde und Justizminister Elliot L. Richardson sowie sein Stellvertreter zurücktraten, war das Repräsentantenhaus offenbar fest entschlossen, ein Impeachment-Verfahren einzuleiten. Die Untersuchung würde sich weder gegen die Mitarbeiter des Präsidenten noch gegen seine Wahlkampfberater oder seine Freunde richten, sondern gegen Nixon selbst. Und der Präsident hatte seine juristische Verteidigung den Tonbändern überlassen. Allein auf das Wort des Präsidenten gestützt, war Haig persönlich am Mittwoch ins Kapitol gegangen und hatte den republikanischen Senatoren erklärt, das Tonband mit dem entscheidenden Gespräch vom 21. März zwischen Nixon und seinem ehemaligen Berater John Dean sei entlastend. Glaubte er das tatsächlich? Wenn das stimmte, warum hatte Nixon dann nicht zugelassen, daß Haig oder die Anwälte es sich anhörten? Und ebensowenig die anderen Tonbänder?

* Bei dem Einbruch wurden verhaftet: James W. McCord jr., Sicherheitskoordinator im Wiederwahlkomitee des Präsidenten, ehemaliger FBI-Agent und Angestellter des CIA; Bernard L. Barker, Immobilienmakler aus Miami und ehemals CIA-Angehöriger, der 1962 mit der Schweinebucht-Invasion zu tun gehabt hatte; Frank A. Sturgis, ebenfalls aus Miami, Abenteurer mit Verbindungen zum CIA; Eugenio R. Martinez, castrofeindlicher Kubaner und zeitweiliger Informant des CIA; Virgilio R. Gonzalez, ebenfalls gebürtiger Kubaner, Schlosser.

Schließlich gab es noch die verschiedenen Gerichtsverfahren. Daß Haldeman, Ehrlichman und Mitchell an der Vertuschung beteiligt waren, stand fest. Der Prozeß oder die Prozesse würden spektakulär werden. Man würde die Tonbänder abspielen. Richard Nixon im Gerichtssaal – mit Sicherheit auf den Tonbändern, vielleicht als Zeuge und möglicherweise als Angeklagter.

»In dem Wasser wimmelt's geradezu von Haifischen«, bemerkte Garment.

»Typisch für die krankhafte Atmosphäre heutzutage«, entgegnete Haig. Auf Nixon Jagd zu machen, war zur nationalen Manie geworden. Watergate legte die Administration lahm. Anscheinend war da eine Triebkraft am Werk, die sich jeder Kontrolle entzog.

Ziegler war verwirrt. Vieles davon hatte er schon gehört, allerdings meist aus der Presse, nicht von Mitarbeitern des Weißen Hauses. Der Präsident selbst wußte von allem und schien zuversichtlich, daß er am Ende gewinnen würde. Warum waren die Anwälte so in Panik? Weshalb dieser unheilschwangere Ton?

In seiner Antwort blätterte Buzhardt den ganzen Katalog auf: Der Präsident hatte Beweismaterial vorenthalten, zuerst seinen Anwälten und dann den Gerichten. Ferner hatte er vorgeschlagen, anstelle des unauffindbaren Beweismaterials neues zu fabrizieren. Womöglich hatte er sogar Material vernichtet, dessen Herausgabe »sub poena«, also unter Strafandrohung, gefordert wurde. Was er vorhatte, war Behinderung der Justiz, und in diesen Versuch wollte er seine Anwälte verstricken. Es wurde weiterhin vertuscht, und der Präsident zog sie alle mit hinein. Buzhardt selbst war jetzt von Richter John S. Sirica als Zeuge geladen worden. Wenn man ihm die richtigen Fragen stellte, würde seine Aussage katastrophal für den Präsidenten, und das in einer öffentlichen Verhandlung.

Ziegler war sichtlich wütend. Haig zündete eine Zigarette an und bat Buzhardt, in die unerfreulichen Details zu gehen. Das geschah vor allem Zieglers wegen. Er selber kannte die meisten bereits.

Der chronologische Ablauf erhelle alles, begann Buzhardt. Ein paar Tage vor dem Rücktritt von Haldeman und Ehrlichman hatte der Präsident ein Gespräch mit dem stellvertretenden Justizminister Henry E. Petersen, der im Auftrag des Justizministeriums die erste Untersuchung der Watergate-Affäre leitete. Während Nixon sich gegen Anschuldigungen verteidigte, die John Dean vor der Bundesanklagebehörde erhoben hatte, berichtete er Petersen, er habe seine Besprechung mit Dean vom 15. April auf »Tonband«; das würde beweisen, daß er mit der Vertuschung nichts zu tun hatte.

Kurz nach seiner Ernennung zum Sonderankläger sprach Archibald Cox mit Petersen, der die Worte des Präsidenten zitierte: »Ich habe Dean auf Tonband.« Am 11. Juni schrieb Cox an das Weiße Haus und erbat das »Tonband« vom 15. April.

Buzhardt, dem die Existenz von Nixons geheimem Abhörsystem noch unbekannt war, ging mit dem Brief zum Präsidenten. »Es gibt ein Tonbanddiktat, darüber habe ich mit Petersen gesprochen«, erklärte Nixon. Es gehöre zu seiner normalen Praxis, am Ende eines jeden Tages ein Gedächtnisprotokoll auf Band zu diktieren.

Buzhardt fand sich da nicht mehr zurecht. Wieso hatte Petersen dann behauptet, der Präsident habe wörtlich gesagt: »Ich habe Dean auf Tonband?« Er fragte Nixon, ob außerdem ein Mitschnitt von seiner damaligen Besprechung mit Dean existiere.

Der Präsident blieb bei seinem Nein. Petersen habe das mißverstanden, ihn falsch zitiert. Es gab lediglich das Tonbanddiktat.

Danach rief Buzhardt bei Petersen an, der auf seiner Aussage beharrte.

Inzwischen erklärte der Präsident, er werde das Tonbanddiktat dem Sonderankläger nicht übergeben; ihm stehe das »executive privilege«* zu, um die Vertraulichkeit seiner Dokumente und sonstigen Unterlagen zu gewährleisten. Also schrieb Buzhardt am 16. Juni einen Brief an Sonderankläger Cox, es existiere zwar ein Tonbanddiktat mit einem Gedächtnisprotokoll des Präsidenten vom 15. April, das auszuliefern jedoch nicht angezeigt wäre. Vorsichtshalber bestritt Buzhardt nicht ausdrücklich, daß die Besprechung zwischen Nixon und Dean mitgeschnitten wurde. Er war mißtrauisch. Wenige Wochen später erfuhr er von Haig, sämtliche Konferenzen und Telefonate des Präsidenten würden von einer automatischen Abhöranlage aufgezeichnet.

Im Juli wurde die Existenz dieses Abhörsystems öffentlich bekannt, und Cox verlangte »sub poena« die Herausgabe der Tonbandaufzeichnungen von neun Konferenzen und Gesprächen Nixons, darunter auch die vom 15. April. Nixon lehnte dies wiederum unter Berufung auf das »executive privilege« ab. Cox wandte sich an den Appellationsgerichtshof, der seinem Antrag stattgab. Am 20. Oktober wurde Cox entlassen. Ein Proteststurm erhob sich. Nixon erklärte sich am 23. Oktober bereit, die neun Tonbänder herauszugeben.

Doch nun wurde es schwierig. Buzhardt begann nach den Tonbändern zu suchen. Zwei fehlten oder waren nicht von der Abhöranlage aufgezeichnet worden, darunter das vom 15. April. Die Anwälte bemühten sich, den Vorfall genau zu klären. Sie stellten fest, daß man mit den Tonbändern geradezu sträflich leichtsinnig umgegangen war – Eingang und Ausgabe wurden auf braunen Papiertütenfetzen registriert. Nixon, Haldeman und Rose Mary Woods, die Sekretärin des Präsidenten, hatten verschiedentlich Bänder entnommen, doch es ließ sich unmöglich ermitteln, wer was wann entliehen hatte.

---

* Dieses Vorrecht betrifft im Prinzip die Gewaltenteilung. Der von Nixon häufig in Anspruch genommene und extensiv ausgelegte Begriff ist nirgends exakt definiert, sondern zu einer Art Gewohnheitsrecht geworden.

Buzhardt ging zu Nixon und erklärte ihm, das Tonbanddiktat vom 15. April müsse herausgegeben werden, denn es sei, technisch gesehen, genauso »sub poena« angefordert worden wie das unauffindbare Tonband vom gleichen Tag. Wenn sie zumindest das Tonbanddiktat zur Verfügung stellen könnten, würde das den Verdacht Siricas – und der Öffentlichkeit – vielleicht etwas zerstreuen.

Nixon jedoch ließ ihm durch Haig ausrichten, er könne das Tonbanddiktat nicht finden. »Der Präsident hat mir ausdrücklich versichert, es existiere ein Tonbanddiktat«, entgegnete Buzhardt dem General. »Ich habe den Brief vom 16. Juni doch nicht geschrieben, ohne das vorher genauestens mit ihm zu klären.«

Die Suche nach dem fehlenden Tonbanddiktat hatte die Anwälte in den letzten Tagen in Atem gehalten. Der Präsident fand – wie er sagte – seine handschriftlichen Notizen über die Konferenz, jedoch kein Tonbanddiktat. Buzhardt hielt Nixon vor, welch schlechten Eindruck es machen würde, wenn sie dem Gericht mitteilten, sowohl das Tonband als auch das Tonbanddiktat, beide das gleiche Gespräch vom 15. April betreffend, seien nicht auffindbar.

Die Antwort des Präsidenten war niederschmetternd: »*Warum können wir denn kein neues Tonbanddiktat herstellen?*« Nixon schlug also vor, das Problem dadurch zu lösen, daß er nach den handschriftlichen Notizen ein neues Gedächtnisprotokoll diktierte. Das würden sie dann dem Gericht übergeben und attestieren, es handle sich um das Original. Allein dieser Vorschlag sei als Versuch zur Behinderung der Justiz zu werten, erläuterte Buzhardt. Richter Sirica war bereits über die beiden fehlenden Tonbänder unterrichtet und führte seine Untersuchung in öffentlicher Verhandlung. Buzhardt würde wahrscheinlich als nächster Zeuge auftreten. Seien sich Haig und Ziegler eigentlich darüber im klaren, was er vielleicht bezeugen müßte?

Es handle sich um ein grundsätzliches Problem, fügte Garment hinzu. Die Bereitschaft des Präsidenten, Beweismaterial zu fabrizieren, zeige, wie desperat er geworden war. Es demonstriere, daß der Präsident keinerlei Achtung vor dem Gesetz besaß, daß ihm jedes Verständnis dafür abging. Buzhardts Zeugenaussage könnte untermauern, was der Präsident monatelang geleugnet hatte: daß es die ganze Zeit in seiner Absicht gelegen hatte, zu vertuschen, zu verheimlichen, zu fälschen.

Um alles noch schlimmer zu machen, behauptete der Präsident nach wie vor, es existiere ein Tonbanddiktat über jenes Gespräch vom 15. April. Nixon persönlich suche weiterhin danach, wie Buzhardt berichtete. Angenommen, er förderte ein Tonbanddiktat zutage? Es gäbe keinerlei Gewähr dafür, daß er nicht von sich aus ein neues Gedächtnisprotokoll diktiert hatte. Zugegeben – ein schrecklicher Verdacht, aber entstanden durch die Verhaltensweise des Präsidenten. Entscheidendes Beweismaterial fehlte, war vielleicht sogar vernichtet worden.

Die Anwälte konnten ihrem Mandanten nicht trauen. Er hatte schon zu oft gelogen – zum Beispiel, als er Buzhardt versicherte, es existiere gar kein automatisches Abhörsystem. Vielleicht war auch nie ein Gedächtnisprotokoll auf Band diktiert worden, und der Präsident hatte nur Angst davor gehabt, was Buzhardt in einem Mitschnitt seines Gesprächs mit Dean vom 15. April gegebenenfalls alles hören würde.

Garment erläuterte die juristischen Aspekte der augenblicklichen Situation. Sie alle – der Präsident, Haig, Ziegler, die Anwälte – konnten wegen Behinderung der Justiz vorgeladen werden, wenn sie nicht mit äußerster Vorsicht vorgingen. Die Anwälte hatten alles getan, was in ihren Kräften stand, um den Präsidenten zu verteidigen. Jetzt mußten sie sich selber absichern.

»Worum geht's in erster Linie?« erkundigte sich Ziegler. Buzhardts und Garments Antwort: Der Präsident solle zurücktreten.

Haig und Ziegler waren sekundenlang wie gelähmt.

»Wie können Sie zu einem solchen Schluß kommen?« fragte Ziegler endlich. Der Präsident habe doch bloß laut gedacht, als er vorschlug, ein neues Tonbanddiktat herzustellen. Es sei ja nicht geschehen. Sie alle hatten den Präsidenten Ideen äußern hören, die lächerlich, die geradezu unglaublich waren. So traf er eben seine Entscheidungen, indem er sämtliche Alternativen durchspielte.

Rücktritt komme keinesfalls in Frage, erklärte Ziegler.

Haigs Fassung geriet ins Wanken. Seine Züge verhärteten sich.

»Wir haben ja nicht mal einen Vizepräsidenten«, sagte er. Spiro T. Agnew war im vergangenen Monat zurückgetreten. Gerald R. Ford, der Fraktionsführer der Republikaner, war zwar als Nachfolger Agnews nominiert, aber noch nicht vom Kongreß bestätigt worden.

Sie empfählen dem Präsidenten keineswegs den sofortigen Rücktritt, erklärten Buzhardt und Garment. Das könne durchaus nach der Vereidigung Fords geschehen.

Haig sperrte sich immer noch. Wie würde man es im Land aufnehmen, wenn der Präsident so bald nach dem zwangsweisen Rücktritt des Vizepräsidenten sein Amt niederlegte? Die beiden Fragen mußten »entkoppelt« werden. Man brauchte Zeit. Aber vielleicht genügte nicht einmal das. Würde der Präsident genau wie Agnew im Zwielicht der Kriminalität demissionieren, so hätte das katastrophale Auswirkungen auf die Außenpolitik. Der Vertrauensverlust für die Vereinigten Staaten wäre unkalkulierbar. Da mußte man sich mit der Krise im Nahen Osten befassen, wo jeden Augenblick ein neuer Krieg ausbrechen konnte. Ein Präsident ohne jede außenpolitische Erfahrung aber . . .

Haig und Buzhardt hatten sich in ihrer eigenen Falle gefangen. Sie waren nachdrücklich für die Nominierung Fords eingetreten anstelle von Nixons Favoriten John B. Connally, dem ehemaligen Gouverneur von Texas. Ihre Argumente hatten Nixon überzeugt, der sich jedoch einen letzten Seitenhieb nicht versagen konnte. Er hatte Buzhardt einen der zwei Kugelschreiber geschickt, die er zur Unterzeichnung von Fords Nominierungsurkunde benutzt hatte. Dazu die Nachricht: »Da haben Sie den verdammten Kugelschreiber, mit dem ich Jerry Fords Ernennung unterzeichnet habe.«

Jetzt hatten sie ihn am Hals. Ford sei einfach nicht ausreichend qualifiziert für einen Präsidenten der Vereinigten Staaten, sagte Haig.

Niemand widersprach.

Haig zählte wiederum die außenpolitischen Katastrophen auf, die der Nation unter Präsident Ford bevorstünden. »Haben Sie eine Vorstellung, was im Nahen Osten passieren kann?« fragte er abermals.

Buzhardt und Garment konterten, eben die Nahostkrise liefere einen weiteren Grund für den Rücktritt des Präsidenten. Durch Watergate sei seine Führungsfähigkeit gelähmt, das habe Haig ja selber zugegeben.

Schweigend wanderte der General eine Weile auf und ab. Er sehe keine Sofortlösung, erklärte er schließlich.

Wie auch immer, der Präsident dürfe seine zweite Amtsperiode keinesfalls beenden, beharrte Buzhardt. »Alles, was danach kommt, ist eine reine Defensivoperation«, fügte er hinzu, um es dem General in seiner Militärterminologie begreiflich zu machen. »Sie dient nur dazu, den angerichteten Schaden zu begrenzen.«

»Wir tragen unsere Empfehlung gern dem Präsidenten persönlich vor«, erbot sich Garment.

Davon wollte Haig nichts hören. Wenn jemand den Präsidenten aufsuchte, dann er und niemand sonst. Daß Nixon den Vorschlag kurzerhand ablehnen würde, wußte er im voraus. Er erinnerte sie an die wiederholten feierlichen Beteuerungen des Präsidenten, er werde nicht zurücktreten. Das waren Schwüre, Gelübde gewesen. Haig haßte dramatische Auftritte. Nein, ausgeschlossen, er würde dem Präsidenten lediglich mitteilen, weshalb die Anwälte nach Florida gekommen seien und ihn zu sehen wünschten.

Ob es denn tatsächlich so schlecht stehe, wollte er wissen. Vielleicht seien sie bloß müde, erschöpft. Schließlich war es für sie alle eine grauenhafte Zeit gewesen.

Darum handle es sich nicht. »Wir sagen ja nicht, der Präsident soll abhauen und sich aufhängen«, erklärte Buzhardt. Sie versuchten weiter nichts, als Nixon seine Situation vor Augen zu führen.

Haig blieb weiterhin in Opposition. Hier in Key Biscayne habe er nicht den gleichen ständigen Zugang zum Präsidenten wie in Washington, entgegnete er. Dort brauche er nur über den Korridor zu gehen, hier dagegen betrage die Entfernung fast einen Kilometer. Nixon habe sich am Donnerstag ganz plötzlich zu dem Flug entschlossen, um ein wenig Ruhe zu finden und seinen Problemen zu entfliehen. Der Präsident sei jetzt nicht in der Verfassung, damit fertig zu werden. Da gebe es die Frage der psychischen Stabilität, des richtigen Zeitpunkts. Das Ganze sei einfach verfrüht.

Garment geriet in Zorn. Schließlich waren Buzhardt und er draußen an der vordersten Frontlinie gewesen – hatten unentwegt Anrufe von Reportern beantwortet, sich die diffamierenden Kommentare in den Korridoren des *Executive Office Building* anhören, sich fast täglich in Siricas Gerichtssaal demütigen lassen müssen. Der Standpunkt des Präsidenten sei absurd. Weder die Richter noch der Sonderankläger oder die Öffentlichkeit, ja nicht einmal die traditionellen Nixon-Anhänger im Kapitol schluckten seine Erklärungen. Geschweige denn seine Anwälte. Jemand mußte zur Kenntnis nehmen, wie gefährlich die Situation geworden war, mußte dem Präsidenten die Hiobsbotschaft beibringen.

Nun wurde Ziegler aggressiv. Mit solchen Kommentaren und Schlußfolgerungen sei dem Präsidenten in keiner Weise gedient, ganz im Gegenteil. Die Anwälte machten Front gegen ihren Klienten. Es sei nicht ihre Aufgabe, diese Dinge zu beurteilen.

Garment ließ ihm das durchgehen. Er konnte sich nie klar darüber werden, wieviel Ziegler über Watergate wußte. Buzhardt war überzeugt davon, daß Ziegler dem Präsidenten jedes ihrer Worte brühwarm hinterbrachte – in seiner Lesart. Er verließ sich darauf, daß Haig feststellte, wie der Präsident auf Zieglers Zuträgerei reagierte, und falsche Eindrücke korrigierte.

Die Diskussion zog sich bis in die frühen Morgenstunden hin.

Endlich, am Sonntag, überbrachte Haig dem Präsidenten die Schreckensnachricht. Aber Nixon blieb fest. Er gedenke weder zurückzutreten noch die Anwälte zu empfangen. Ein peinlicher Augenblick für Haig, der keinesfalls mißverstanden werden wollte. Er übermittle ja bloß *ihre* Lagebeurteilung, erläuterte er und versicherte dem Präsidenten, daß die Anwälte doch nicht an seiner Unschuld zweifelten – lediglich an seinen Chancen, das Ganze unbeschadet durchzustehen.

Was die Zukunft betreffe, so sei er nicht sicher, was »sie« ihm noch alles antun könnten, erklärte der Präsident; dennoch beabsichtige er nicht zurückzutreten – trotz des Drucks, der von allen Seiten ausgeübt werde. Alles breche über ihn herein. Bald würden Fremde seinen Privatgesprächen, seinen Telefonaten zuhören. Die Bürokraten, die er verabscheute, prüften seine Steuererklärungen nach in der Absicht, ein Haar in der Suppe zu finden. Das würde ihnen – wie immer – gelingen. Bebe wurde in die Mangel genommen und ebenso seine Brüder. Sein alter Freund Garment hatte sich mit Buzhardt, einem Fremden, dem er die Zukunft seiner Präsidentschaft anvertraut habe, verbündet, um ihm den Rücktritt nahezulegen. Das alles deprimiere ihn furchtbar, aber zurücktreten – niemals.

Haig kehrte in die Villa zurück und gab einen Kurzbericht. »Der Präsident möchte Sie nicht sehen.«

2. Kapitel

Die Weigerung des Präsidenten überraschte weder die Anwälte noch Haig. Als Haldeman im vergangenen Frühjahr zurücktrat, hatte er Haig auf Nixons Neigung hingewiesen, sich selbst zu isolieren, keine Berater zu empfangen, die schlechte Nachrichten oder unangenehme Empfehlungen brachten.

Haldeman konnte ein Lied davon singen. Obwohl man das allgemein annahm, war nicht er es, der Nixon abschirmte. Nicht er hatte die sogenannte »Berliner Mauer« um den Präsidenten errichtet. Nicht er hatte die Zusammensetzung der engsten Clique zum Dogma erhoben. Das alles war der Wille des Präsidenten.

Diese Tendenz Nixons, sich in sich selbst zurückzuziehen, machte Haldeman so zu schaffen, daß er die Tage unmittelbar vor und nach seinem Rücktritt mit der Suche nach einem Nachfolger verbrachte. Der neue Stabschef des Weißen Hauses mußte der Tatsache, daß Nixon lieber mit Papieren als mit Menschen umging, entgegenarbeiten können. Er mußte imstande sein, dem Präsidenten für jede Entscheidung ein komplettes Sortiment von Alternativlösungen zu unterbreiten, er mußte wissen, wie und wann er Nixons exaltierte Anweisungen zu ignorieren hatte.

Voll Bewunderung hatte Haldeman die Karriere von Colonel Alexander Haig in den Jahren 1960-70 verfolgt, in denen er im Nationalen Sicherheitsrat vom militärischen Berater zum ersten Stellvertreter Henry Kissingers aufgestiegen war. Die Art, wie Haig gelernt hatte, Kissinger Disziplin und Systematik beizubringen, glich den Methoden, mit denen Haldeman den Präsidenten bei der Stange zu halten verstand. Haig erfaßte das Wesen der Bürokratie und war zudem zäh. Ein weiterer höchst wichtiger Faktor: Er wußte Kissingers Temperament zu zügeln, das nach Haldemans Ansicht dem Nixons erstaunlich ähnelte. Haigs langer Arbeitstag war sprichwörtlich im Weißen Haus, und er hatte beruflich bereits mit Nixon zu tun gehabt.

Kurz und gut – Haig kam als einziger für den Posten in Frage, ein perfekter, farbloser »Funktionär«, dessen Zuschnitt ein gutes Gegengewicht zu Ronald Zieglers Einfluß auf den Präsidenten bilden könnte. Ziegler war zu jung, zu glatt, zu labil, fand Haldeman.

Nach dem Rücktritt von Haldeman und Ehrlichman am 30. April 1973 verfiel der Präsident in eine tiefe Depression. Am Donnerstag, dem 3. Mai, flog er zur Erholung nach Key Biscayne. Hager und übernächtigt, verschanzte sich Nixon in seinen vier Wänden und benutzte das Schwimmbecken zwischen seinem Büro und der Residenz kaum. Daß er seiner Frau aus dem Wege ging, war nichts Neues; sie schliefen seit Jahren getrennt, und in Key Biscayne übernachtete er in dem ausgebauten Bürotrakt. Und daß er sich von seinen Mitarbeitern fernhielt, paßte ebenfalls ins Bild; manchmal saß er stundenlang, ohne ein Wort zu reden, mit seinem Freund Bebe Rebozo zusammen.

Ziegler, der ihn als einziger Angehöriger des alten Stabes nach Florida begleitet hatte, war an Nixons Depressionen gewöhnt; aber so verzweifelt, so kontaktunfähig hatte er den Präsidenten noch nie erlebt. Alles lastete nach Zieglers Meinung jetzt auf seinen Schultern – neben seiner Pressearbeit mußte er dafür sorgen, daß der Apparat in Washington reibungslos funktionierte, mußte Nixon als Kammerdiener zur Verfügung stehen und versuchen, ihm zu helfen, wie seinerzeit Haldeman und Ehrlichman. Er bemühte sich, den Präsidenten dazu zu bewegen, daß er sich Gedanken über den Aufbau eines neuen Stabes machte; aber Nixon war dem gesamten Fragenkomplex ausgewichen und hatte statt dessen Ziegler sein Herz ausgeschüttet. Er konnte sich das Weiße Haus ohne Haldeman und Ehrlichman einfach nicht vorstellen.

Schließlich erklärte sich der Präsident bereit, Haldemans Empfehlung zu folgen und Haig zu bitten, daß er das tägliche Management im Weißen Haus übernahm. Haig, der im vergangenen Januar aus Kissingers Team ausgeschieden und jetzt Vizestabschef der Army war, wurde nach Florida beordert. Nixon bot ihm den Posten an, wobei er betonte, es handle sich nur um eine Übergangslösung, die wahrscheinlich auf etwa einen Monat begrenzt wäre. Er ziehe es vor, im Pentagon zu bleiben, entgegnete Haig. Wenn er ins Weiße Haus ginge, wäre es mit seiner Karriere aus und er für alle Zeiten als »Nixon-General« abgestempelt, befürchtete er. Doch der Präsident ließ nicht locker, und Haig konnte seinem Oberbefehlshaber schließlich keine Absage erteilen.

Kissinger reagierte spontan gegen diese Wahl. Sollte die Ernennung durchgehen, werde er den Dienst quittieren, äußerte er zu Rose Mary Woods.

»Benehmen Sie sich doch einmal ausnahmsweise wie ein erwachsener Mann, Henry«, ermahnte sie ihn.

Kissingers Widerstand hing mit der engen, häufig rivalisierenden, fast immer störanfälligen Arbeitsbeziehung zusammen, die ihn vier Jahre lang mit Haig verbunden hatte. Fraglos, Haig hatte sich erfolgreich als Stellvertreter bewährt, aber mit der Ernennung zum Stabschef des Weißen Hauses gäbe man ihm zu viel Macht. Jetzt, da Kissinger endlich Haldeman und Ehrlichman – von ihm »die Fanatiker« genannt – los war, hätte er abermals einen Rivalen im Weißen Haus. Außerdem war er der Meinung, Nixons Hang zu irrationalen Befehlen müsse unter Kontrolle gehalten werden. Haig neigte viel zu sehr zum Jasager.

Als Kissinger sein Mißfallen äußerte, wollte der Präsident Gegenvorschläge hören. Dem Außenminister fiel niemand anders ein, und er kapitulierte.

Am 4. Mai bezog Haig, immer noch in Uniform, Haldemans ehemaliges Büro im Westflügel. Er setzte sich sofort mit J. Fred Buzhardt, dem ersten Rechtsberater des Pentagon, in Verbindung. »Der Präsident bittet Sie, morgen herzukommen.«

Als Buzhardt sich in Haigs Büro meldete, erklärte ihm der General, er hätte ihn gern als juristischen Berater im Weißen Haus. Es handle sich genau wie bei ihm um eine zeitlich begrenzte Tätigkeit. Dann gingen sie zum Präsidenten, den Buzhardt kaum kannte.

Nixon schnitt ohne große Formalitäten sofort das »Problem Dean« an. Der ehemalige Präsidentenberater war am 30. April entlassen worden und verbreitete jetzt emsig in ganz Washington Einzelheiten über den Watergate-Skandal, darunter Andeutungen, daß der Präsident in die Vertuschung verwickelt sei.

Für Haig stand fest, daß Nixon sich Deans Kampagne gegenüber so gut wie machtlos fühlte. Er war förmlich in Panik. Dean schien einige Unterlagen über Verfehlungen des Weißen Hauses zu besitzen; er hatte Richter John Sirica gesagt, er habe gewisse Dokumente mitgenommen, um sie vor »widerrechtlicher Vernichtung« zu bewahren. Dean hatte sie in einem Tresor deponiert und dem Richter die Schlüssel ausgehändigt.

Was mochte in diesen Papieren stehen, fragte der Präsident. Sie mußten das feststellen. Dean hatte öffentlich nur erklärt, es handle sich um neun Geheimdokumente. »Was steht in den Dean-Papieren?« wiederholte der Präsident.

Das wisse er nicht, erklärte Buzhardt.

»Stellen Sie es fest.«

»Ja, Sir.«

Buzhardt sei es gewohnt, unter schwerstem Druck zu arbeiten, beruhigte Haig den Präsidenten. Überdies wisse er für so gut wie alles juristische Begründungen beizubringen. Man könne sich absolut auf ihn verlassen.

Hoffentlich habe Dean keine Tonbandaufzeichnungen, sagte der Präsident.

Buzhardt setzte sich unverzüglich mit seinen Kontaktleuten im

Nachrichtendienst in Verbindung. Und er fand – mit voller Rückendeckung durch den Präsidenten – bald heraus, was Dean in Sicherheit gebracht hatte.

Die Tresorfächer enthielten Kopien eines streng geheimen Plans, der die gesetzwidrige Ausweitung der innenpolitischen Spionagetätigkeit durch FBI, CIA und den militärischen Nachrichtendienst vorsah. Der Präsident hatte Regierungsstellen autorisiert, Einbrüche, illegale Telefon- und Postüberwachung sowie ein Spionage- und Infiltrationsprogramm durchzuführen, das sich gegen die Anti-Vietnamkrieg-Bewegung in den Städten und an den Universitäten richtete. Tom Charles Huston, Urheber des Plans und ehemaliger Mitarbeiter des Weißen Hauses, hatte warnend darauf hingewiesen, daß Teile des Programms »eindeutig illegal« seien. Trotzdem hatte der Präsident es 1970 schriftlich genehmigt und das dann vier oder fünf Tage später, ebenfalls schriftlich, widerrufen. Buzhardt vermutete richtig, daß einige Dienststellen ihre Kopien des Plans danach nicht weisungsgemäß zurückgegeben hatten. Er trieb zwei Exemplare auf, von denen er eins dem Präsidenten überbrachte. Nixon war nicht etwa außer sich, sondern vielmehr erleichtert. In der Presse waren Spekulationen aufgetaucht, Deans Dokumente wiesen eine Verbindung von Haldeman und Ehrlichman mit der Vertuschung nach, und er habe vielleicht sogar etwas in Händen, das den Präsidenten mit hineinziehe. Jetzt wisse er zumindest, womit er es zu tun habe, sagte Nixon.

Bald darauf erfuhr Buzhardt von einer weiteren Gefahr, die dem Präsidenten drohte. Ein Unterausschuß des Senats, der das Budget des CIA kontrollierte, forderte von Lieutenant General Vernon Walters, dem stellvertretenden Direktor des CIA, die Herausgabe streng geheimer Aktennotizen, die er nach seinen Gesprächen mit Haldeman und Ehrlichman über die Watergate-Untersuchung verfaßt hatte.

Walters erkundigte sich bei Buzhardt, ob er dies unter Berufung auf das »executive privilege« verweigern könne. Er solle ihm die Papiere zur Prüfung herüberschicken, sagte Buzhardt. Eine Aktennotiz enthielt das Protokoll eines Gesprächs, das am 23. Juni 1972 zwischen Haldeman, Ehrlichman, Walters und CIA-Direktor Richard M. Helms geführt wurde – genau sechs Tage nach dem Watergate-Einbruch:

Haldeman sagte, die Sache mit den angezapften Telefonen im Hauptquartier der Demokraten im Watergate habe viel Wirbel gemacht, und die Demokraten versuchten, das Ganze noch mehr hochzuspielen. Die Untersuchung führe zu einer Reihe wichtiger Leute, und das könne noch schlimmer werden. Er fragte, welche Verbindung zur Agency bestehe, und der Direktor wiederholte, es gebe keine. Haldeman sagte, die ganze Sache werde peinlich, und es sei der Wunsch des Präsidenten, daß Walters sich mit L. Patrick Gray, dem amtierenden FBI-Chef, in Verbindung setzen und ihm nahelegen solle, es bei der Verhaftung der fünf Verdächtigen bewenden zu lassen; es sei nicht opportun, die Untersuchung zu forcieren – insbesondere in Mexiko etc.

Der Hinweis auf Mexiko war Buzhardt klar. Neunundachtzigtausend Dollar von Nixons Wahlkampfgeldern waren via Mexiko auf dem

Bankkonto eines der Watergate-Einbrecher gelandet. Dieser Zusammenhang war dem FBI am 23. Juni 1972 noch nicht bekannt. Falls es ihn – wie später geschehen – herstellte, ließ sich Nixons Wiederwahlkomitee mit der Finanzierung von Watergate in Verbindung bringen. *Es sei der Wunsch des Präsidenten.* Die Formulierung irritierte Buzhardt. Damit wurde der Präsident mit einer Anweisung in Beziehung gesetzt, die offenbar dazu bestimmt war, das FBI von der Spur abzulenken. Buzhardt machte sich Gedanken. General Walters war kein John Dean, das wußte er. Walters verfolgte weder Privatinteressen noch mußte er seinen Kopf retten. Als junger Colonel der Army hatte Walters bei Auslandsreisen von Vizepräsident Richard Nixon Übersetzerdienste geleistet. Nixon hatte ihn zum stellvertetenden Direktor des CIA ernannt, um sich dort einen Freund an einflußreicher Stelle zu sichern.

Buzhardt las die Aktennotiz, die an Deutlichkeit nichts zu wünschen übrigließ, nochmals und bat den Präsidenten um eine Unterredung. Er rechnete damit, daß Nixon ihm sagen werde, Walters irre sich oder Haldeman sei es so gewohnt gewesen, im Namen des Präsidenten zu handeln, daß er die Formulierung von sich aus gebraucht habe.

»Nationale Sicherheit«, erklärte Nixon unumwunden. Das sei der Grund für die Anweisung, die persönlich erteilt zu haben er offen zugab. Er habe damit sicherstellen wollen, daß Operationen des CIA nicht ins Zwielicht gerieten. Mit politischen Konsequenzen durch die mexikanische Querverbindung habe das nichts zu tun, beteuerte der Präsident. Er deutete an, daß die Schweinebucht-Operation bei seiner Entscheidung eine gewisse Rolle gespielt haben könnte.

Buzhardt war skeptisch, insistierte jedoch nicht. Die Aktennotiz besagte ausdrücklich, daß die Anweisung auf politischen Erwägungen beruhe. Überdies war in keinem anderen Gesprächsprotokoll von Walters von nationaler Sicherheit die Rede. Buzhardt fragte, ob die Aktennotizen dem Unterausschuß des Senats ausgehändigt werden sollten.

»Nehmen Sie sie und geben Sie sie dem Ausschuß«, entgegnete der Präsident. Im Gegensatz zu Buzhardt schien er davon überzeugt zu sein, daß sich die Order aus Gründen der nationalen Sicherheit rechtfertigen lasse.

Buzhardt war noch keine Woche als Rechtsberater des Präsidenten für Watergate tätig und versuchte, den Herausforderungen, die von allen Seiten auf sie einstürmten, koordiniert entgegenzutreten. Es fiel ihm schwer, die Zuversicht des Präsidenten zu teilen. Nixon unterschätzte beharrlich die Gefahren, die durch eine Handvoll wißbegieriger Untersuchungsbeamter und zu allem entschlossener Reporter drohten. So hatte beispielsweise der amtierende Direktor des FBI, William D. Ruckelshaus, angeordnet, Presseberichten sorgfältig nachzugehen – die monatelang von seinem Vorgänger, L. Patrick Gray III., und Ron Ziegler dementiert wurden –, wonach die Regierung Reporter und Mitarbeiter des Weißen Hauses abhören ließ, um undichte Stellen zu ermitteln. Am 14. Mai teilte Ruckelshaus mit, daß seine Leute in John Ehrlichmans Safe im Weißen Haus siebzehn Mitschnitte solcher Telefongespräche entdeckt hätten.

Zunehmend beunruhigt, suchten Buzhardt und Haig gegenseitig Rat. Die Beschuldigungen eskalierten. Zuviel war außer Kontrolle geraten. Keiner von beiden wußte, ob der Präsident schuldig oder unschuldig war. »Ich möchte ihm ja helfen«, sagte Buzhardt, »aber ich denke nicht daran, für ihn ins Gefängnis zu gehen.«

Haig pflichtete ihm bei. Sie konnten sich schützen, wenn sie einander restlos vertrauten, aber sonst niemandem. Haig kannte den Präsidenten seit vier Jahren. Er hatte ungezählte Stunden in Gesprächen mit Kissinger verbracht, die direkt oder indirekt um die Persönlichkeit Nixons kreisten. Kissinger waren die – nach seinen Worten – vulgären Züge in Nixons Charakter bestens vertraut. Der Präsident sei ein Mann, sagte er, der von Erinnerungen an sein früheres Versagen beherrscht werde, der sich das Handeln von seinen Feinden aufzwingen lasse, dessen Aktionen häufig nur Reaktionen seien. Nixon versuche, alle zu täuschen, selbst jene, die ihm am nächsten stünden, selbst ihn, Kissinger. Er enthalte ihm vieles vor. Nixon sei isoliert, verschlossen, ein Psychopath.

Haig war nie ganz sicher, ob Kissinger ein Psychogramm von sich oder von Nixon entwarf. Dem General paßte es nicht, im Schatten Kissingers zu leben. Nixon hatte das bemerkt und sich zunutze gemacht. In seiner ersten Amtszeit hatte der Präsident Kissinger oft übergangen und sich direkt an Haig gewandt. Er hatte ihn als persönlichen Botschafter rund ein dutzendmal nach Vietnam geschickt, um sich ein authentisches Bild der Lage zu verschaffen, hatte ihn zu seinem Hauptberater für den Truppenabzug, für strategische Alternativen gemacht – das alles ohne richtige Absprache mit Kissinger.

Nixon gefiel es, wenn Haig über »Rote« und »Peaceniks« herzog, über die verkorksten, schlappen Eierköpfe mit dem Linksdrall, die Harvard bevölkerten und auf die beim Nahkampf in Asien kein Verlaß war. Der Präsident wiederum ließ sich bei Haig abfällig über Kissinger aus, beklagte sich seinerseits über psychische Störungen des »Professors«, über seine übertriebene Image-Pflege. Heimlich hatte er Haig sogar aufgefordert, Berichte über Kissingers Arbeit anzufertigen, und der General hatte gehorcht.

Jetzt aber mußte Haig nicht mehr zwischen zwei Vorgesetzten lavieren. Er war der Hauptstellvertreter des Präsidenten. Die Gründe, aus denen Nixon ihn berufen hatte, waren klar und eindeutig: Patriotismus, Respekt vor dem Präsidentenamt, Zuverlässigkeit, die Überzeugung, daß der Präsident der Vereinigten Staaten ihn brauchte. Nur Haig könne ihm helfen, die Nation von diesem Alptraum zu befreien, ließ der Präsident durchblicken. Der General war entschlossen, seinem Oberbefehlshaber zu dienen und sein Bestes zu tun.

Buzhardt hatte von seinem ehemaligen Chef im Pentagon, dem früheren Verteidigungsminister Melvin R. Laird, vieles über Nixon erfahren. Für Laird war der Präsident eine Art Intendant, der sich nicht direkt mit Menschen oder Ereignissen befaßte, sondern den Schriftverkehr vorzog; Protokolle erhoben keine Einwände, drängten ihn nicht. Laird hatte nach seinen Worten ständig den Eindruck gehabt, der Präsident wolle nicht, daß irgend jemand vollständig im Bilde sei. Auf diese Weise konnte er jedes Argument mit dem Hinweis konterkarieren, daß nur er über das erforderliche Tatsachen- und Hintergrundmaterial verfüge. Mit dieser eigenwilligen Methode habe er zwangsläufig seine Minister eingeschüchtert. Wer wagte schon, einem Präsidenten die Stirn zu bieten, wenn er genau wußte, daß ihm wesentliche Informationen vorenthalten wurden?

Aber auch Buzhardt war jetzt entschlossen, dem Präsidenten zu dienen und sein Bestes zu tun.

»Unser größtes Problem ist die Frage der Glaubwürdigkeit«, sagte Haig. Die neue Mannschaft des Präsidenten werde unverzüglich eine Gegenoffensive starten.

Das war völlig in Buzhardts Sinn. Seiner festen Überzeugung nach hatte Nixon in der ganzen Watergate-Affäre den Fehler begangen, in der Defensive geblieben zu sein. Buzhardt und Haig wollten endlich den Stier bei den Hörnern packen, den jetzigen Beschuldigungen entgegentreten und künftigen zuvorkommen. Dieses fatale Dickicht aus Halbwahrheiten und Spekulationen mußte ein für allemal beseitigt werden, und zwar sofort. Sie machten sich auf den Weg zum Präsidenten.

Haig führte das Wort. Er schlug vor, eine abschließende Erklärung vorzubereiten, die sich mit den Hauptanklagepunkten befasse, den direkten und den implizierten. Sie müsse definitiv sein und unbedingt *alles* abdecken, was noch auftauchen könnte.

Von ihm aus sollten sie diesen Versuch ruhig unternehmen, meinte der Präsident. Es wäre die erste große Aufgabe der neuen Mannschaft, die sie freilich nicht allein lösen konnten. Sie brauchten dazu vielmehr die ehemaligen Mitarbeiter des Weißen Hauses, die vermutlich Informationen sowie Einfluß auf den Präsidenten besaßen. Dazu gehörten Garment – als *der* Liberale des Hauses zweifellos von Nutzen – und die beiden wichtigsten Redenschreiber Nixons: Raymond K. Price jr. und Patrick J. Buchanan, für ihn die Grundpfeiler seiner Administration. Price, dreiundvierzig, Yale-Absolvent, der für die Zeitschriften *Collier's* und *Life* sowie für die *New York Herald Tribune* gearbeitet hatte, war der Idealist, der sanftmütige Theoretiker. Buchanan, fünfunddreißig, konservativ, früher Leitartikler beim *St. Louis Globe-Democrat*, den Nixon 1966 unter Vertrag genommen hatte, war der harte Realpolitiker, der forsche Kämpfer, der Experte für Manipulation der Massenmedien.

Die Zeit war knapp. Am 17. Mai wollte der Watergate-Senatsausschuß mit den Anhörungen beginnen. In vier Fällen mußten vordringlich Begründungen für das Verhalten des Präsidenten gefunden werden: 1. Billigung des Huston-Planes, der ungesetzliche innenpolitische Spionagetätigkeit autorisierte; 2. Abhörmaßnahmen gegen Regierungsbeamte und Reporter; 3. Anweisung an den CIA, das FBI von einer Untersuchung im Falle der über Mexiko geschleusten Gelder abzuhalten, wie aus dem Gedächtnisprotokoll von Walters hervorging; 4. Anwesenheit der »Klempner« im Weißen Haus. E. Howard Hunt jr., ehemaliger CIA-Agent, und G. Gordon Liddy, ehemaliger FBI-Agent, beide im Fall Watergate verurteilt, waren Klempner gewesen. Ihre Rolle beim Ellsberg-Einbruch mußte ebenfalls eingehend erklärt werden.

Der Präsident war nicht sonderlich kooperativ, wie Buzhardt und die anderen sehr bald merkten. Er wollte sich mit keinem von ihnen zusammensetzen und seine Darstellung der Ereignisse geben, sondern bat Buzhardt um einen schriftlichen Entwurf für das bestmögliche Verteidigungskonzept, das er dann prüfen würde. Ein nervenaufreibendes Verfahren. Allmählich begann Buzhardt, etwas zusammenzustückeln. Zwar schien der Präsident stets bereit, sogar erpicht darauf, sich mit dem Ergebnis zu beschäftigen, aber nie erbot er sich, ihm zu berichten, was tatsächlich vorgefallen war. Wenn Buzhardt ihm seine Theorie vorlegte, erwiderte der Präsident regelmäßig: »Das stimmt nicht, versuchen Sie's nochmal.« Buzhardt wollte die Abhöranlagen, die Klempner und die Protokolle von Walters unter einen gemeinsamen Nenner bringen: »nationale Sicherheit«. Die Billigung des Huston-Plans würde zugegeben und als Reaktion auf die Ereignisse von 1970 dargestellt werden, als Gewalttätigkeit, Brandstiftung und Bombenanschläge in Städten und Universitäten grassierten.

Buzhardt und Garment waren so gut wie sicher, daß der Präsident dem Ellsberg-Einbruch zugestimmt hatte, auch wenn er es nach wie vor abstritt. Nach Buzhardts Ansicht ließ sich das trotzdem mit berechtigter Wahrung nationaler Sicherheitsinteressen begründen. Die anderen widersetzten sich jedoch schon der bloßen Andeutung, der Präsident habe den Einbruch gebilligt. Wenn sie es wagten, Nixon einen solchen Vorschlag zu unterbreiten, würde er garantiert einen Wutanfall bekommen.

Dennoch ließ Buzhardt nicht locker und verfaßte einen Entwurf, in dem zugegeben wurde, daß Nixon den Einbruch genehmigt habe – aus Gründen der nationalen Sicherheit, gerechtfertigt durch die Gefahren, die sich aus der Veröffentlichung der Pentagon-Papiere für die Bemühungen des Präsidenten ergaben, einen ehrenvollen Frieden in Vietnam zu erreichen. Dieses kühne Bekenntnis erinnerte Buzhardt an die

36

Art, wie Präsident Kennedy die Verantwortung für die Schweinebucht-Invasion auf sich genommen hatte.

Alle waren überzeugt davon, er werde es nicht riskieren, dem Präsidenten diesen Entwurf vorzulegen. Sie irrten sich.

»Die Theorie gefällt mir«, sagte der Präsident ruhig, nachdem er das Schriftstück gelesen hatte. »Der Haken dabei ist nur, daß ich es nicht getan habe.«

Buzhardt strich diesen Passus.

Jetzt wandte sich die Gruppe den Gedächtnisprotokollen von Walters über das Gespräch vom 23. Juni und andere zu, die in der Woche nach dem Watergate-Einbruch im Weißen Haus stattgefunden hatten.

Buchanan durchforstete die Dokumente nach irgendeinem Hinweis, irgendeinem verschleierten Bezug auf nationale Sicherheit, entdeckte jedoch keinen einzigen. Privat hatte Buchanan niemals behauptet, daß der Präsident hinsichtlich der Vertuschung auch nur annähernd so ahnungslos sei, wie er vorgab. Doch die Beweisführung sei Sache des Anklägers und nicht die seine, argumentierte er. Dennoch war diese Angelegenheit besonders problematisch. Mit den Gedächtnisprotokollen von Walters ließ sich nicht spaßen. »Verflixt und zugenäht, das Gedächtnis von Walters ist einfach phänomenal«, explodierte Buchanan. »Er kann jemand zehn Minuten lang zuhören und dann den ganzen Sermon Wort für Wort auf französisch wiedergeben.«

Auch Price war skeptisch. Er könne sich vorstellen, daß Nixon da und dort gemeint haben mochte, die nationale Sicherheit stehe auf dem Spiel, auch wenn das genau genommen gar nicht der Fall gewesen sei. In all ihren Gesprächen habe er die Watergate-Enthüllungen stets in Zusammenhang mit seiner Verantwortung für die nationale Sicherheit betrachtet.

Irritiert ging Buzhardt wiederum zum Präsidenten.

Nationale Sicherheit, lautete Nixons stereotype Antwort.

Könne er das nicht präzisieren?

Der Präsident antwortete nicht direkt. Nationale Sicherheit genüge, das müsse ausreichen. Buzhardt solle die Erklärung allgemein halten. Buzhardt und Buchanan entwarfen einen neuen Text, den Nixon schließlich akzeptierte:

Es erschien mir denkbar, daß diese Untersuchung wegen der Beteiligung von ehemaligen CIA-Angehörigen [an dem Watergate-Einbruch] und wegen einiger ihrer offenkundigen Verbindungen zur Aufdeckung von Geheimoperationen des CIA führen könnte, die in keinerlei Zusammenhang mit dem Watergate-Einbruch stehen.

Buzhardt fragte den Präsidenten nun nach Einzelheiten.

Nixon ging nicht darauf ein, beharrte jedoch auf einem Punkt: Mit Ausnahme des Ellsberg-Einbruchs sei die Arbeit von Howard Hunt und Gordon Liddy für die »Klempner« im berechtigten Interesse der nationalen Sicherheit erfolgt.

Allmählich wurde Buzhardt und Buchanan klar, in welcher Verfassung Nixon damals gewesen sein dürfte. Mit Hilfe von Garment und Price formulierten sie einen weiteren Passus:

Mein Wunsch war es, daß der Gerechtigkeit in bezug auf Watergate Genüge geschehen solle; aber in Abwägung der nationalen Prioritäten, mit denen ich es zu tun hatte – und zu jenem Zeitpunkt ohne die geringste Vorstellung von dem Ausmaß des politischen Übergriffs, den Watergate darstellte –, mußte ich es mir ebensosehr angelegen sein lassen, sicherzustellen, daß weder die Geheimoperationen des CIA noch die der *Special Investigations Unit* [Klempner] diskreditiert wurden. Daher wies ich Mr. Haldeman und Mr. Ehrlichman an ..., dafür zu sorgen, daß dies persönlich zwischen General Walters, dem stellvertretenden Direktor des CIA, und Mr. Gray vom FBI abgestimmt wurde. Es war gewiß weder meine Absicht noch mein Wunsch, die Untersuchung des Watergate-Einbruchs oder damit zusammenhängender Aktionen in irgendeiner Weise zu behindern.

Buchanan, dem das nicht überzeugend erschien, drängte Buzhardt, sich beim Präsidenten nochmals zu vergewissern, ob es irgendwelche politischen Überlegungen gegeben habe. Das war die sechste Rückfrage.

Nationale Sicherheit! Ohne jeden Zweifel! beschied ihn der Präsident.

Okay.

Damit kam Buzhardt zu Buchanan zurück. »Das sind seine Worte, Pat.«

Am 22. Mai wurde der Presse eine viertausend Worte umfassende Erklärung des Präsidenten übergeben. Garment und Buzhardt hatten die Aufgabe, sich den Fragen der Reporter zu stellen.

Die Journalisten wurden ausfallend und unterbrachen die zwei Anwälte ständig. Garment empfand die Szene als Affront. Sie beleidigte sein ästhetisches Gefühl, seinen Sinn für zivilisiertes, höfliches Benehmen. Freilich unterschieden sich die Fragen der Reporter nicht sehr von denen, die Buzhardt dem Präsidenten immer wieder vorgelegt hatte: Wann, warum, wie? Was berechtigte zu der Annahme, daß sich diese Erklärung nicht als ebenso unbrauchbar erweisen würde wie alle anderen?

Garment blieb darauf nur die Antwort, daß weder der Präsident noch seine Anwälte genau wissen könnten, was man ihm gesagt habe, und wann das exakt geschehen sei. Der Präsident habe sein Gedächtnis und seine Aufzeichnungen durchforscht. »Es besteht kein grundlegender Unterschied zwischen der Situation des Präsdienten und der jedes x-beliebigen, wenn es darum geht, sich an Ereignisse und Verhandlungen zu erinnern, die viele Monate zurückliegen«, erklärte Garment.

Er verließ die Pressekonferenz in der festen Überzeugung, daß die Erklärung der viertausend Worte eine Katastrophe sei – nicht weil darin etwas vorenthalten wurde, sondern weil der Präsident so viel zugegeben hatte: fragwürdige Abhörmaßnahmen; einen Plan für innenpolitische Bespitzelung, der nach Garments Auffassung an Hitler erinnerte; die »Klempner« – ein Begriff und ein Konzept, die eher in eine Broadway-Komödie gehörten als ins Weiße Haus; und schließlich Behinderung der ersten Watergate-Untersuchung durch das FBI aus Gründen, die in mysteriöses Dunkel gehüllt waren und für die der fadenscheinige Anspruch auf nationale Sicherheit erhoben wurde.

Eine Woche verstrich, in der zu Garments Überraschung keine Forderung nach Impeachment laut wurde. Die ausgesprochen milde Reaktion war ihm unverständlich. War Aufrichtigkeit vom Weißen Haus für Amerika derart ungewohnt, daß man eine brutale Bestätigung der Wahrheit, sei sie auch noch so schmutzig, wegen ihrer Offenherzigkeit begrüßte, anstatt sie wegen ihres Inhalts zu verurteilen?

Buchanan zum Beispiel glaubte jetzt fest daran, daß der Präsident mit nahezu allem ungestraft davonkommen könne. Nun müsse man die Angelegumheit endgültig bereinigen, Watergate hinter sich bringen, den Blick nach vorn richten, sagte er. Buzhardt war zufrieden. *Diese* Erklärung würde man niemals als unbrauchbar hinstellen. Für ihn sah es so aus, als werde Watergate in Kürze der Vergangenheit angehören und er ins Verteidigungsministerium zurückkehren können.

»Zum Teufel mit der *Washington Post!*« brüllte Ziegler, als man ihm die Sonntagsausgabe vom 3. Juni auf den Schreibtisch legte.

Der Leitartikel trug die Überschrift: »Dean erklärt: Nixon wußte von Vertuschungsplan«. Es hieß darin, Dean beabsichtige, »bei den Zeugenvernehmungen im Watergate-Ausschuß des Senats unter Eid auszusagen, ohne Rücksicht darauf, ob ihm volle Freiheit vor Strafverfolgung zugesichert werde; er will erklären, daß Präsident Nixon erheblichen Anteil an der Vertuschung hatte«.

Dean wollte beschwören, daß er in »mindestens 35 Fällen zwischen Januar und April [1973]« bei Telefongesprächen zugegen gewesen sei oder sie selber entgegengenommen habe, »in denen die Vertuschung mit dem Präsidenten erörtert wurde«, hieß es in dem Artikel, der sich – wie üblich – auf »zuverlässige Quellen« berief. Damit waren Dean und seine Anwälte gemeint, wie Ziegler mit Sicherheit annahm.

Dean werde aussagen, fuhr der Artikel fort, daß die Angebote der Regierung, die sich auf eine Amnestie und auf die Zahlung von »Schweigegeldern« an die Watergate-Verschwörer bezogen, dem Präsidenten vorher bekannt gewesen seien.

»Ausgeschlossen, absolut unmöglich!« rief Ziegler in Gegenwart zweier Assistenten, Judy Johnson und Diane Sawyer. »Stellt fest, worüber der Präsident damals mit Dean gesprochen hat.«

Eine mühevolle Kleinarbeit, für die zahllose Listen über Konferenzen und Telefonate im Archiv des Weißen Hauses ausgegraben werden mußten. Es gab keine detaillierten Unterlagen über die Themen, die der Präsident mit seinen Mitarbeitern erörtert hatte. Also mußte man mit Hilfe von Zeitungsausschnitten und dem Pressespiegel, den Buchanans Büro täglich zusammenstellte, sowie von handschriftlichen Notizen, die der Präsident gelegentlich an Haldeman oder Ziegler weitergab, das Ganze zu rekonstruieren versuchen. Das magere Ergebnis wurde in einem Ringbuch für Ziegler zusammengeheftet.

In Camp David, Maryland, dem Ruhesitz des Präsidenten, den Dwight Eisenhower nach seinem Enkel genannt hatte, entdeckte Nixon bei der Zeitungslektüre an jenem Sonntag vieles, was ihn beunruhigte. Die *Post* berichtete:

> Eine der gewichtigsten Beschuldigungen gegen Mr. Nixon, die Dean vor den Ermittlungsbehörden erhob, bezieht sich auf eine Konferenz mit Mr. Nixon, die nach seinen Worten kurz vor der Verurteilung der sieben Watergate-Angeklagten am 23. März stattfand.
>
> Dean erklärte, daß Mr. Nixon ihn gefragt habe, wieviel man den Angeklagten bezahlen müsse, um sich ihr Schweigen weiterhin zu sichern.
>
> Wie verlautet, behauptet Dean, er habe Mr. Nixon gesagt, die zusätzlichen Kosten würden sich auf etwa eine Million Dollar belaufen. Dean behauptet ferner, der Präsident habe erwidert, es sei kein Problem, diese Summe zu zahlen.

Die *New York Times*, die sich ebenfalls auf anonyme Quellen berief, schrieb, einer ihrer Informanten »vertrat die Ansicht, Mr. Dean habe möglicherweise einige seiner Gespräche, die in der Zeit von Januar bis April im Weißen Haus stattfanden, mitgeschnitten. ›Damals hat jeder bei jedem das Tonband laufen lassen‹, äußerte der Gewährsmann. ›Dean auch‹«.

Bevor er an jenem Nachmittag Camp David verließ, rief der Präsident dreimal bei Haldeman an. Um 16.18 Uhr traf sein ehemaliger Stabschef im Weißen Haus ein und blieb fast zwei Stunden. Es war das zweiunddreißigste Gespräch, das der Präsident und Haldeman in den fünf Wochen seit dessen Rücktritt führten.

3. Kapitel

Steve Bull glich in Habitus und Auftreten vielen anderen jungen Männern, die 1969 zur neuen Nixon-Adiministration gestoßen waren. Gepflegt, sportlich, stets im konservativen dunklen Straßenanzug, strahlte er genau das aus, was man von einem Angehörigen der Nixon-Mannschaft erwartete: der zuverlässige, zielstrebige »Macher«. Er war verantwortlich für den Terminplan des Präsidenten und fungierte zugleich als persönlicher Adjutant. Seine freundliche, verbindliche Art Besuchern gegenüber bildete ein wohltuendes Gegengewicht zu Nixons schroffem, unhöflichem Benehmen.

Frei von dem penetranten Ehrgeiz der anderen jungen Männer, die ihr Schicksal mit dem Richard Nixons verbunden hatten, wirkte Bull vertraueneinflößend, selbst auf den mißtrauischen Haldeman. Als dessen erster Stellvertreter, Alexander P. Butterfield, im Februar 1973 das Weiße Haus verließ, um die Leitung der *Federal Aviation Agency* zu übernehmen, waren etliche seiner Funktionen auf Bull übergegangen. Er mußte den Aktenfluß vom und zum Präsidenten organisieren und außerdem Nixons Abhörsystem überwachen.

Die Existenz dieses Abhörsystems war vielleicht das am besten und längsten gehütete Geheimnis im Weißen Haus Richard Nixons. Nur der Präsident, Haldeman, Haldemans Mitarbeiter Lawrence Higby, Butterfield, Bull, Ziegler, Butterfields Sekretärin und die paar Techniker des Geheimdienstes, die mit der Wartung betraut waren, wußten davon.

Bull kannte lediglich einen Fall, in dem Tonbänder aus dem Tresor im Executive Office Building (EOB), dem Sitz der Regierung, entnommen worden waren. Am 25. April 1973 hatte Haldeman ihn gebeten, mehrere Bänder zu besorgen, auf denen Gespräche zwischen John Dean und dem Präsidenten mitgeschnitten worden waren und die Haldeman sich auf Nixons Wunsch anhören sollte. Haldeman schien sicher zu sein, daß die Tonbänder Deans Aussagen vor den Watergate-

Anklägern entkräften würden – daß sie Richard Nixons Rettung bedeuteten.

Jetzt, sechs Wochen später, am 4. Juni, erhielt er eine neuerliche Anforderung – von Nixon.

Bull sollte Tonbandaufzeichnungen von Deans Gesprächen mit dem Präsidenten im Februar, März und April heraussuchen. Er ließ sie kommen und registrierte und markierte sie einzeln. Obwohl ihm die Stimmen vertraut waren, hatte Bull Schwierigkeiten, die gewünschten Gespräche auf den großen Bandspulen, die stundenlang liefen, zu finden. Um 10.05 Uhr brachte er dem Präsidenten das erste Tonband und erklärte ihm genau, wie er das Wiedergabegerät bedienen müsse, da Nixon technisch restlos unbegabt und manuell ziemlich ungeschickt war.

Noch nach vier Jahren, in denen er ständig Manschettenknöpfe, Krawattenhalter, Kugelschreiber und Golfbälle als Souvenirs überreicht hatte, brauchte Nixon beim Öffnen der Pappschachteln Hilfe. Bull war es gewohnt, in diesen Fällen einzuspringen. Einmal hatte der Präsident ihn gerufen, um ein Arzneifläschchen mit Allergiepillen zu öffnen, mit dem er sich eine Weile vergebens abgemüht hatte. Es trug – zum Schutz vor Kindern – die Aufschrift: »Deckel herunterdrücken und drehen«. Wie die Abdrücke seiner Zähne bewiesen, hatte Nixon offenbar versucht, den Deckel aufzubeißen.

Um 10.16 Uhr begann der Präsident die Tonbänder abzuspielen. Was er zu hören bekam, erfreute ihn, wie Haldeman prophezeit hatte. Das war sein geheimer Trumpf. Er besaß genaue Aufzeichnungen, während Dean sich vorwiegend auf sein Gedächtnis verlassen mußte. Als Anwalt war sich Nixon klar über die Schlagkraft dieser Waffe, vor allem wenn man sie denen in die Hand gab, die Dean ins Kreuzverhör nahmen.

Haig erschien um 11.58 Uhr. Das Abhören der Bänder sei zwar ein mühseliges Geschäft, aber notwendig, erklärte er. Jetzt könnten sie es »dem Schweinehund zeigen«, ihn vielleicht sogar des Meineids überführen.

Der Präsident pflichtete ihm bei, fügte jedoch hinzu: »Wir wissen doch, daß es da noch ein Problem gibt – dieses verdammte Gespräch vom 21. März.« Dean und der Präsident hatten sich über die erpresserischen Forderungen der Watergate-Einbrecher unterhalten sowie über die Frage, ob Nixon sie begnadigen solle. »Aber ich glaube, damit können wir fertig werden«, meinte Nixon. Haldemans Zeugenaussage würde Dean widerlegen, und damit wäre der Fall erledigt. Er brauche sich dieses Gespräch nicht einmal anzuhören; Haldeman habe es überprüft und ihn unterrichtet.

Wie gut, daß der Präsident sich den Vormittag über dem Abhören der Bänder gewidmet habe, meinte Haig. Das müsse ihn doch innerlich beruhigen.

Trotzdem machte Nixon sich Sorgen. »Sie wissen doch, wir haben es mit skrupellosen Kerlen zu tun«, seufzte er.

»Aber wir sind ja jetzt groß in Form, weil wir alles bis ins kleinste vorbereiten können«, entgegnete Haig. Vielleicht würden sie eines Tages sogar ihre Version der Ereignisse der Öffentlichkeit durch Buzhardt bekanntgeben lassen, meinte er.

Aber Buzhardt wisse doch nichts von dem Abhörsystem, wandte der Präsident ein.

Haig erinnerte ihn daran, daß Buzhardt inzwischen über die Existenz von Abhörvorrichtungen im Bilde sei – zumindest, was die Telefonapparate betraf.

Nixon machte sich Sorgen, daß Buzhardt alles erfahren könnte. »Mehr kommt nicht in Frage«, sagte er. »Er darf es niemand erzählen . . . Wir haben da eben einen Fehler gemacht. Wenn Sie wieder zu Buzhardt gehen, sagen Sie ihm einfach, es drehte sich um nationale Sicherheit.« Sobald sie das Material durch Buzhardt veröffentlichen lassen wollten, könnten sie ja die Informationsquelle kaschieren. »Wir können die Sache so hinbiegen, Al, daß er [Buzhardt] Gedächtnisprotokolle, Zeittafeln, Telefonnotizen und lauter solchen Krempel in Händen hat.«

Haig pflichtete ihm bei. Sie waren außer Gefahr. Sie konnten eine vollständigere Dokumentation der Konferenzen veröffentlichen und Dean diskreditieren, ohne das Abhörsystem preiszugeben. Überdies sei Deans Drohung so groß auch wieder nicht, meinte Haig. »Er ist ein Wirrkopf.«

Nixon wandte sich wieder den Tonbändern zu. Er seufzte abermals. »Eine schwere Arbeit. Aber ich muß sie machen. Ich muß. Und es ist auch am besten, wenn *ich* das mache.«

Haig hatte wahrhaftig keine Lust zu dieser Aufgabe und versicherte Nixon: »Nur Sie können das tun. Kein anderer.«

Der Präsident hörte sich den ganzen Nachmittag Tonbänder an. Um 18.04 Uhr kam Ziegler dazu, und sie freuten sich diebisch darüber, wieviel besser sie vorbereitet waren als Dean. Der besaß keine dokumentarischen Belege. ». . . Buzhardt hat Deans Akten von A bis Z durchgekämmt, und da drin nicht einen verdammten Schnipsel aufgestöbert«, sagte Nixon.

Damit hatte Ziegler auch nicht gerechnet. Dean sei offensichtlich kein Systematiker gewesen, der seine Akten in Schuß habe, erklärte er.

Nixon gab Ziegler anhand seiner Notizen einen Überblick über den Inhalt der abgehörten Tonbänder. Sie waren sich einig darüber, daß Dean dem Präsidenten so gut wie nichts von der Watergate-Vertuschung gesagt habe – bis zum 21. März, »als er mit dem Krebsgeschwür ankam, das an diesem Amt frißt«, bemerkte Nixon.

Der Präsident und sein Pressesekretär beruhigten sich gegenseitig. Alle Äußerungen Deans gegenüber Nixon bezogen sich darauf, den *politischen* Schaden einzudämmen, den der Watergate-Senatsausschuß verursachen könne, nicht aber auf eine Behinderung der Anklagebehörde und des Gerichtsverfahrens.

»Keine Rede von Vertuschen, nicht ein Wort darüber«, sagte der Präsident.

»Sehr richtig«, bestätigte Ziegler.

Doch als er seine Notizen über ein Gespräch vom 13. März durchsah, wirkte der Präsdient besorgt. »Hier gibt's eine winzige Kleinigkeit, eine leise Andeutung davon«, sagte er. Es handelte sich darum, daß Dean erwähnt hatte, Haldemans politischer Berater, Gordon Strachan, wisse über die angezapften Telefone im Watergate Hotel Bescheid. Doch der Präsident entschied nach dem Grundsatz »im Zweifel für den Angeklagten« und tat das Problem mit der rhetorischen Frage ab: »Was hat das schon groß zu bedeuten?«

Nixon las seine Zusammenfassung dessen vor, was Dean ihm am 17. März gesagt hatte. Als er zu der Stelle kam, an der Dean erklärte, er, der Präsidentenberater, müsse vermutlich mit einer Anklage rechnen, hielt er inne und zitierte dann wörtlich: »Weil ich da quasi als Deckmantel fungiert habe.«

»Aber ich sagte: ›John, Sie wußten doch nichts davon.‹ Er sagte: ›Stimmt, ich habe keine Kenntnis. Keine vorherige Kenntnis.‹«

Der Präsident wollte sich offenbar von Ziegler beruhigen lassen. »Was halten Sie davon? Sagte er mir damit, daß es eine Vertuschung gab?«

»Keineswegs«, versicherte Ziegler.

Es kam noch schlimmer, als der Präsident weiterlas. »Ich sagte: ›Wir . . . wir müssen das stoppen. Wir dürfen das nicht bis zu Haldeman dringen lassen!‹ Aber ausgerechnet da haben wir eben aufgehört. Es war kein . . . ich nehme an, hier könnte er behaupten, ich hätte ihm gesagt, er soll das wegen Haldeman vertuschen?«

»Vermutlich könnte er im damaligen Zusammenhang sagen, daß . . .« Ziegler räusperte sich. »Trotzdem, da ist nichts, aber auch gar nichts dran, Mr. President.«

Es ging weiter. Nixon sah seinen Pressesekretär Bestätigung heischend an, worauf Ziegler die Gespräche mit Dean ins bestmögliche Licht rückte. »Und Sie unterhielten sich über politische Probleme, nicht über illegale«, erklärte er. »Politische Probleme, die sich aus den Anhörungen vor dem Ervin-Ausschuß ergaben, und darüber, was im Verlauf dieser Vernehmungen herauskommen könnte . . . Verdammt, ich weiß doch, daß es so ist. Und diese Notizen liefern den Beweis dafür.« Er deutete auf die liniierten gelben Blätter, aus denen der Präsident eben vorgelesen hatte. Ziegler geriet in Rage. »Nach ganzen zehn Monaten gründlicher Untersuchung durch das Justizministerium und im Vertrauen auf Ihre Umgebung, daß die Sache bereinigt würde, während Sie vollauf mit dem beschäftigt waren, was 1972 sonst noch passierte. Im März, als das hier auf Sie zukam, kann man doch an Ihren Reaktionen erkennen, an Ihren Worten, mit denen Sie sagten: ›Was zum Teufel geht eigentlich vor?‹ und . . .«

Der Präsident unterbrach ihn. »Ich hätte tatsächlich vor dem 21. März reagieren sollen. Dean hätte nicht erst zu mir kommen müssen mit dem ›Krebsgeschwür, das an diesem Amt frißt‹, was er getan hat und was man ihm hoch anrechnen muß.«

»Das ist richtig«, erwiderte Ziegler.

»Haldeman hat mir das nicht gesagt; Ehrlichman hat mir das nicht gesagt. Er ja.« Warum war Dean am 21. März zu ihm gekommen?

Weil Dean wußte, daß der Präsident keine Ahnung von der Sache hatte und davon, daß Haldeman und Ehrlichman in die Vertuschungsaffäre verwickelt waren. So Ziegler.

Nixon war erschöpft von dem stundenlangen Zuhören. Die Tonqualität war schlecht. »Ich meine, du lieber Himmel, vielleicht haben wir über eine Vertuschung von Watergate gesprochen«, sagte er. »Ich wußte wirklich nicht, was zum Teufel . . . ich wußte es ehrlich nicht.«

Der Präsident fragte Ziegler nach Alternativen, nach Möglichkeiten, wie man »das ganze Dean-Problem« bereinigen könne.

»Ich schlage vor, wir lassen Dean seine Ammenmärchen ein bißchen rumtratschen«, erwiderte Ziegler. »Das würde zumindest ich im Augenblick tun, nicht reagieren . . .«

»Wir dürfen es nicht so weit kommen lassen, daß es uns zu sehr trifft«, sagte der Präsident. »Erst am 21. März kreuzte er auf und sprach von einer Vertuschung, vorher nicht.«

Ziegler versuchte, ihn auf sichereren Boden zu führen. »Und er deutete in keiner Weise an, daß er direkt in die Sache verwickelt war. Trotzdem . . .«

»Am 21. hat er's getan«, berichtigte der Präsident.

»Wirklich?«

»Er sagte: ›Sogar Dean.‹«

Doch jetzt fiel dem Präsidenten ein, daß er Dean gefragt habe, ob er von der Vertuschung wisse, und daß Dean jede Kenntnis abgestritten habe. Nixon und Ziegler waren erleichtert; das machte Zieglers Lesart hieb- und stichfest. Sie ackerten weiter.

»Die Schlüsselfigur in der ganzen Sache ist Mitchell, Ron. Das war er immer. Es hätte keine Vertuschung gegeben, Dean hat es – Scheiße, er hat's nicht Haldeman und Ehrlichman zuliebe getan . . . Für John Mitchell hat er es getan. Auch Magruder* hat es für Mitchell getan. Magruder hat Mitchell zuliebe gelogen. Sie wissen das.«

»Sicher.«

»Das ist das Tragische bei der ganzen Geschichte. Mitchell würde nie so weit vorsprechen. Na ja, täten Sie das vielleicht? Nein. Nein. Als

---

* Jeb Stuart Magruder, früher Assistent von Haldeman im Weißen Haus, zur Zeit des Watergate-Einbruchs stellvertretender Direktor des Wiederwahlkomitees von Präsident Nixon.

ehemaliger Justizminister vortreten und sagen, Sie haben Wanzen installieren lassen? Scheiße, ich würde mich hüten. Ich würde aufstehen und sagen: ›Ich habe nichts, gar nichts gebilligt und so weiter, aber ich übernehme die Verantwortung dafür – blablabla, na, Sie wissen schon –, und ich bin bereit, mir dafür eine bedingte Haftstrafe oder ein Vergehen im Amt anhängen zu lassen oder weiß der Kuckuck was sonst.‹ Aber so wie er's – unter Eid – bestritten hat, saß er in der Patsche. Kapiert? Verdammter Mist.«

»Meineid, darum geht's, das ist das Problem«, stimmte Ziegler zu.

Und sie bastelten weiter daran, Dean zum eigentlichen Urheber der Vertuschung zu stempeln – Dean und seine Bemühungen, sich und Mitchell zu schützen.

»Dean wußte Bescheid«, resümierte Ziegler.

»Natürlich wußte er Bescheid. Er war über alles im Bilde.«

»Ohne Zweifel.«

»Er wußte alles. Mir hat er nichts gesagt. Oder haben Sie hier drin so was gehört?«

»Nein, Sir, keine Silbe.«

»Aber verstehen Sie . . .«, begann Nixon wiederum, »eins muß man Dean zubilligen. Als er davon sprach, daß Strachan in die Sache verwickelt war, hat er auch erwähnt, daß . . . daß es nicht gut wäre, das Ganze an die große Glocke zu hängen, daß Ehrlichman in der Bredouille stecken könnte und so weiter. Er hätte sehr wohl den Schluß ziehen können, Ron, daß der Präsident von ihm verlangte, die Schotte dichtzumachen.«

Ziegler hatte sofort eine Lösung parat, wie man das zugunsten seines Chefs drehen könnte. »Ja, politisch gesehen, was den Ervin-Ausschuß betrifft, nicht juristisch in bezug auf den Prozeß.«

»Das ist's. Wir haben über den Ervin-Ausschuß gesprochen, nicht über den Prozeß. Der war ja vorbei.«*

Endlich schien der Präsident überzeugt davon zu sein, daß er an der Vertuschung unschuldig war. »Finden Sie es nicht interessant, das Ganze durchzugehen?« fragte er. »Die verdammte Aufzeichnung ist wirklich nicht schlecht, was?«

»Ich habe ein sehr gutes Gefühl dabei«, antwortete Ziegler.

Das war dem Präsidenten etwas zu dick aufgetragen. »Nicht gerade angenehm für mich. Ich saß da wie ein Volltrottel.«

Ziegler hatte auch dafür gleich eine Antwort bei der Hand. »Hier läßt sich die *Rashomon*-Theorie anwenden.«

»Hm?«

»Ich meine das so. Fünf Männer sitzen in einem Raum, und was in dem Raum passiert oder gesprochen wird, bedeutet für jeden von

* Im ersten Watergate-Prozeß im Januar 1973 plädierten Hunt, Liddy und die fünf Einbrecher teils auf schuldig, teils wurden sie überführt. Alle bewahrten Stillschweigen und lehnten es ab, sich im Zeugenstand zu verteidigen.

ihnen etwas anderes, weil es darauf beruht, wie er die dem vorausgegangenen Ereignisse wahrgenommen hat. Und genau das ist hier der Fall.«

Nixon begriff: Deans Erkenntnis, daß der Präsident in die Vertuschung verwickelt sei, basierte auf seinem eigenen, nicht auf Nixons besonderem Wissen über das Vorgefallene. Die Theorie erschien ihm einleuchtend. Vielleicht ließ sie sich durchhalten. Aber wie stand es damit, daß Dean sich auf freier Wildbahn befand – gewissermaßen als Zeitbombe? »Und wenn Dean durchdreht und was sagt?« fragte der Präsident.

»Na, eben deshalb meine ich ja, wir sollten ihn seine Masche abziehen lassen. Er redet so viel, oder man legt ihm so viel in den Mund, daß alles ganz konfus und verzerrt wird.«

Sie waren sich einig, daß es falsch wäre, auf jede von Deans Erklärungen zu reagieren. Er war zu gelassen, zu sicher. Sie würden ihn durch Hinhaltetaktik zermürben.

»Und dann muß er in die Enge getrieben werden«, meinte Ziegler. »Oder jemand muß ihn in die Mangel nehmen – wer, sollten wir uns noch überlegen, verstehen Sie?«

Dem Präsidenten gefiel diese Aussicht. »Das überlassen wir Ehrlichman, Haldeman und den übrigen«, sagte er. »Wir haben ihn sicher am Angelhaken, Ron, was?«

»Ja, Sir.«

Sie unterhielten sich über Deans Arbeitsweise und gelangten wiederum zu dem Schluß, daß er nicht der Typ war, der sich detaillierte Akten anlegte. Buzhardt hatte Deans sämtliche Unterlagen gesichtet und keine Gesprächsprotokolle gefunden. Dean hatte sie nicht mitgenommen, sondern niemals welche angefertigt.

Sie dagegen besaßen einen kompletten Nachweis über die Konferenzen des Präsidenten mit Dean. Sollte er sich doch auf sein Gedächtnis stützen. Haldeman, Ehrlichman und die übrigen würden ihn mit einer präziseren Darstellung fertigmachen.

»Wir werden das alles bestens überstehen.« Damit verabschiedete sich Ziegler.

Der Präsident hörte sich weiter Tonbänder an. Später ließ er Buzhardt kommen und erklärte ihm, er habe seine Version über zwanzig der entscheidenden Sitzungen und Telefongespräche mit Dean ausgearbeitet, die Watergate betrafen. Genau wie zuvor Ziegler las Nixon aus seinen Notizen vor, hob bestimmte Stellen hervor, um seine Interpretation zu untermauern, machte gelegentlich eine Zwischenbemerkung.

Diese Notizen sprächen doch eindeutig für ihn und gegen Dean? Oder?

Buzhardt nickte zustimmend und notierte sich die Themen, die laut Nixon in den einzelnen Gesprächen erörtert wurden. Sein Unbehagen wuchs, als er die eklatanten Widersprüche registrierte. Ein großer Teil ergab überhaupt keinen Sinn. In einer Sitzung erfuhr Nixon, daß Strachan über die Operation Watergate unterrichtet war, und nur eine Woche später hörte er und akzeptierte es anscheinend, es gebe »nicht ein Fünkchen Beweismaterial« dafür, daß das Weiße Haus in irgendeiner Form in die Sache verwickelt sei.

Buzhardt schwieg. Der Präsident war jetzt bei seiner Darstellung der berüchtigten Konferenz vom 21. März angelangt – jenes Gespräch, in dem Nixon laut Dean erklärt hatte, eine weitere Million Dollar an die Watergate-Verschwörer zu zahlen, sei kein Problem. Haldeman, der das Tonband abgehört hatte, und Nixon, bei dem das nicht der Fall war, stimmten in den Einzelheiten überein.

Der Präsident las leise und sorgfältig, die Augen auf den gelben Notizblock geheftet: »Dean erläuterte dem Präsidenten seine Theorie über den Vorfall. Er behauptete wiederum: daß dem Weißen Haus vor dem 17. Juni nichts bekannt war; daß Magruder wahrscheinlich Bescheid wußte; daß Mitchell möglicherweise informiert war; daß Strachan mutmaßlich im Bilde war; daß Haldeman möglicherweise durch Strachan die Resultate der Abhörmaßnahmen zu Gesicht bekommen hatte; daß Ehrlichman gefährlich exponiert war . . ., [daß] Colson* sich mit Magruder in Verbindung gesetzt hatte.«

Mit anderen Worten, es konnten nahezu alle wichtigen Berater und Mitarbeiter des Präsidenten in die Sache verwickelt sein, sagte sich Buzhardt.

Er kritzelte wütend auf seinen Notizblock, als Nixon weiter vorlas: »Hunt machte wegen seiner früheren Tätigkeit als Klempner einen Erpressungsversuch bei Ehrlichman, was letztlich auf eine Million Dollar hinauslaufen könnte. Der Präsident fragte, wie man das überhaupt je bezahlen solle. › Woher wollen Sie wissen, daß er sich damit zufriedengeben würde?‹«

Der letzte Satz sei wiederum ein wörtliches Zitat, erläuterte der Präsident und fuhr fort: »Der Präsident stellte fest, das wäre Erpressung, *das wäre falsch*, das würde nicht funktionieren, die Wahrheit würde sowieso herauskommen . . . Dean sagte, Colson habe mit Hunt über eine Amnestie gesprochen.«

Je mehr Nixon las, desto klarer wurde Buzhardt, daß vieles für John Dean sprach. Nixon sah das anders und wollte das Ganze den republikanischen Mitgliedern im Watergate-Senatsausschuß übergeben, als Unterstützung, wenn sie Dean ins Kreuzverhör nahmen.

Buzhardt leitete das Material an Fred Thompson weiter, den Rechtsberater der Republikaner. *Das wäre falsch.* Die Worte gingen ihm nicht aus dem Kopf.

---

* Charles W. Colson, Sonderberater des Präsidenten.

Der Präsident gönnte Buzhardt wenig Ruhe und zitierte ihn häufig in sein Büro. Dean in den wesentlichen Punkten zu widerlegen, genüge nicht, erklärte Nixon; es gebe ein allgemeineres Problem. Die aus Gründen der nationalen Sicherheit legitimen Operationen der Regierung würden bewußt von seinen Widersachern mit Watergate verquickt. Diese Aktivitäten müßten von dem Skandal getrennt werden. Er wisse, sagte Nixon, daß Einbrüche und Abhörmaßnahmen – denn darum ging es doch schließlich nur bei Watergate, oder? – in der Kennedy- und Johnson-Administration alltäglich gewesen seien. »Das ist seit zwanzig Jahren so gelaufen. Wenn die Demokraten solchen Wind darum machen, ist das übelste Heuchelei.«

Buzhardt dachte an Geschichten, die er im Kapitol gehört hatte, und pflichtete dem Präsidenten bei. Die Schwierigkeit bestand jedoch darin, die Übergriffe, die unter Kennedy und Johnson vorgekommen waren, dokumentarisch zu belegen, genauso, wie der Ervin-Ausschuß gegenwärtig die Nixon-Regierung zur Rechenschaft zog.

Nixon bemerkte, er habe »ausgerechnet« John Dean gebeten, über die Amtszeit seiner Vorgänger eine solche Liste anzufertigen. Doch der sonst so gründliche Dean hatte nicht viel zutage gefördert.

Das FBI besitze keine Unterlagen über die eindeutig politische Arbeit, die für die demokratischen Administrationen geleistet wurde, erklärte Buzhardt, und bestimmt führe es nicht Buch über illegale Einbrüche. Er habe jedoch aus zuverlässigen FBI-Quellen erfahren, daß Kongreßabgeordnete in den sechziger Jahren abgehört wurden.

Ob sich das irgendwie beweisen lasse, wollte Nixon wissen.

Buzhardt hielt das für ausgeschlossen. Allerdings existierten im FBI Unterlagen über Abhörmaßnahmen, die aus Gründen der nationalen Sicherheit erfolgt waren, und da dürfte es etliche Mißbräuche gegeben haben.

Es müsse doch möglich sein, die andere Seite den Preis zahlen zu lassen, sagte Nixon. Hier handle es sich um einen Parteienkampf. Dean wolle aller Welt von *seiner* Regierung berichten; seine Aussagen müsse man mit den Zeugnissen über frühere Administrationen konfrontieren. Buzhardt solle eine umfassende Aufstellung sämtlicher Fälle aus der Ära Kennedy und Johnson beschaffen, in denen aus Gründen der nationalen Sicherheit Telefone angezapft wurden, und den Justizminister veranlassen, sofort die erforderlichen Schritte einzuleiten.

Buzhardt fand Elliot Richardson wenig kooperationswillig. Eine Weile ließ er dafür den Zorn des Präsidenten über sich ergehen, bis er schließlich Richardson gegenüber energisch wurde. Nach dem vierten Anruf beim Justizminister kam eine Liste. Sie war beeindruckend, wie Nixon vorausgesagt hatte. Zwar unvollständig, aber dennoch politischer Sprengstoff. Die gleichen Abhörmaßnahmen, die Nixon Kopfschmerzen bereitet hatten. Womöglich hat der Präsident doch recht, dachte Buzhardt.

Nixon triumphierte. Kaum eine Andeutung davon hatte in der Presse gestanden. Fasziniert von der Tatsache, daß viele Abhörmaßnahmen von dem früheren Justizminister Robert F. Kennedy autorisiert worden waren, studierte der Präsident die Liste mit Genugtuung:

- Lloyd Norman, Korrespondent von *Newsweek* für Militär- und Verteidigungsfragen. (Vermutlich von Präsident John F. Kennedy persönlich angeordnet, weil Norman Verschlußsachen bekommen hatte.)
- Hanson W. Baldwin, Militärexperte der *New York Times.*
- Robert Amory jr., früher dritter Mann im CIA und ein enger persönlicher Freund von Präsident Kennedy. Er war angeblich sehr befreundet mit einem Angehörigen der jugoslawischen Botschaft, der zum Nachrichtendienst gehörte.
- Die Anwaltsfirma Surrey and Karasik, Interessenvertreterin der Dominikanischen Republik, gegen die ein Ermittlungsverfahren lief wegen des Versuchs, eine Erhöhung der amerikanischen Zuckerimportquote zu erreichen.
- Bernard Fall, der verstorbene französische Historiker und Verfasser von sieben Büchern über Vietnam, der den nordvietnamesischen Präsidenten Ho Tschi Minh interviewt und jahrelang mit ihm in Verbindung gestanden hatte.
- Reverend Dr. Martin Luther King jr. Darüber war ausführlich berichtet worden.
- Frank A. Capell, der konservative Autor von *The Secret Story of Marilyn Monroe,* einem 1964 veröffentlichten Buch, das eine Beziehung zwischen Robert Kennedy und dem verstorbenen Filmstar unterstellte.

Der Präsident frohlockte. Die Abhörmaßnahmen im Fall Capell hörten sich für ihn ganz und gar nicht nach nationalen Sicherheitsfragen an. Es war vielmehr eine Bestätigung all dessen, was er schon immer bei den Kennedys geargwöhnt hatte.

Er dagegen konnte auf seine Unterlagen pochen. Nur wenn Geheimverhandlungen gefährdet wurden, war er so weit gegangen, die Telefone von Mitarbeitern und Reportern anzapfen zu lassen. Einen Schriftsteller bespitzeln, der über sein Privatleben geschrieben hatte – nein, das war nicht sein Stil. So was taten die Kennedys, ein Nixon – niemals. Er fragte Buzhardt, ob er eine Liste beschaffen könne über sämtliche Einbrüche, die während der Kennedy- und Johnson-Administration ausgeführt wurden.

Wiederum erklärte Buzhardt, es sei höchst unwahrscheinlich, daß die Geheimdienste Unterlagen über solche eklatant illegalen Aktivitäten besäßen.

Na schön, dann solle er eben Kennedys Abhörgeschichten veröffentlichen, meinte Nixon.

Buzhardt suchte Haig auf. Beide hielten ein solches Vorgehen für allzu durchsichtig. Statt dessen veröffentlichten sie eine Statistik über die Abhörmaßnahmen, die aus Gründen der nationalen Sicherheit unter Kennedy, Johnson und Nixon erfolgt waren, jedoch ohne Namensnennung. Daraus ging hervor, daß es unter Nixon weniger Fälle gegeben hatte als unter seinen demokratischen Amtsvorgängern.

Der Präsident war nicht zufrieden. Er drängte Buzhardt immer wieder, die Namen derjenigen publik zu machen, die unter den zwei vorhergehenden Administrationen abgehört worden waren. Das könne sich als Bumerang erweisen, warnte Buzhardt, da es vermutlich den Anschein erwecken dürfte, als habe man abermals die Akten des FBI benutzt, um daraus politisches Kapital zu schlagen.

Er dulde keine Widerrede und habe Buzhardt auch nicht nach seiner Meinung gefragt, erklärte Nixon.

Buzhardt und Haig schalteten auf stur. Der Präsident rief aus Kalifornien an. In ein paar Tagen würde Dean vor dem Watergate-Senatsausschuß erscheinen. »Ich wünsche, daß das veröffentlicht wird. Ich habe nichts davon in der Zeitung gelesen. Ich will keine Ausreden mehr hören. Tun Sie's endlich«, schrie Nixon.

Die beiden beratschlagten. Andere Mitarbeiter des Weißen Hauses setzten ihnen ebenfalls zu. »Alles, was in dieser Administration vorgefallen ist, gab es bei anderen doppelt und dreifach«, erklärte Haig vor gezielt ausgesuchten Reportern. Er wußte sehr wohl, daß unter Kennedy und Johnson entsprechende Übergriffe der Exekutive an der Tagesordnung gewesen waren, sah jedoch keine Möglichkeit, das noch deutlicher auszusprechen. Wenn sie Einzelheiten publik machten, gerieten sie nur noch heftiger ins Kreuzfeuer der Demokraten. Es gab keinen Weg, das Augenmerk der Öffentlichkeit auf frühere Regierungen zu lenken, während die derzeitige täglich in der Presse oder in Untersuchungsausschüssen des Kongresses angegriffen wurde. Trotzdem sei er nicht sicher, sagte er zu Buzhardt, ob er oder sonst jemand den Präsidenten in dieser speziellen Frage zügeln könne. Ihnen blieb nur eins: weiter mauern.

Nach Nixons Rückkehr aus Kalifornien griff Buzhardt das Thema neuerlich auf. Geduldig trug er seine Argumente vor. Es würde nichts helfen. Im Gegenteil – damit täten sie doch genau dasselbe, was sie dem Watergate-Ausschuß und anderen angekreidet hätten. Das führe einfach zu nichts.

Endlich gab sich der Präsident geschlagen. Aber er wußte ebenso wie seine Mitarbeiter und die Gegenseite, daß das, was *seine* Leute getan hatten, nichts – buchstäblich gar nichts – war im Vergleich zu dem, was man sich früher geleistet hatte. Sie waren alle unschuldig.

Schließlich, am 25. Juni, hatte John Dean seinen öffentlichen Auftritt vor dem Watergate-Senatsausschuß. Er verlas eine 245 Seiten umfassende Erklärung, in der die Vertuschung der Watergate-Affäre ausführlich geschildert wurde. Während der folgenden vier Tage parierte Dean geschickt alle Fragen, wobei er der Darstellung des Präsidenten mit beeindruckender Konsequenz widersprach. Seine Aussage war in den wesentlichen Punkten nicht zu erschüttern, die umfangreiche Anklage gegen die Nixon-Regierung blieb bestehen: Abhörmaßnahmen, Einbruch, Geheimfonds, Verschiebung von Geldern, Namenslisten von politischen Gegnern, schmutzige Tricks, Klempner, Beschattung, gezielter Rufmord, Vertuschung, Behinderung von Bundesbehörden. Aber Nixon hatte recht gehabt: Deans Bericht über die Beteiligung des Präsidenten an der Vertuschung von Watergate beruhte nur auf seiner Erinnerung an die Ereignisse. Es klang authentisch, war jedoch juristisch ohne Beweiskraft. Dokumentarische Belege gab es nicht.

Der Verzweiflung nahe begannen die mit der Ermittlung befaßten Ausschußmitglieder, eine Reihe von sogenannten Nebenzeugen zu verhören – Assistenten, Sekretärinnen, Kanzlisten und Referenten, die im Weißen Haus und im Wiederwahlkomitee Nixons gearbeitet hatten. Es handelte sich dabei um Personen, die möglicherweise ein Protokoll gesehen, ein Gespräch mitangehört oder irgendwelche Akten hatten, mit denen sich Deans Anschuldigungen dokumentieren ließen. Jeder einzelne wurde eingehend befragt, ob er die Anklagen gegen den Präsidenten irgendwie bekräftigen oder widerlegen könne. Deans Aussagen über Bespitzelung und politische Racheakte vor Watergate wurden wiederholt bestätigt. Doch die meisten dieser Aktivitäten hatte der Präsident zumindest hypothetisch in seiner Erklärung vom 22. Mai zugegeben und gerechtfertigt. Deans entscheidende Behauptung, nämlich die direkte Beteiligung des Präsidenten an der Vertuschung, ließ sich nicht erhärten. Es blieben nur noch sechs relativ unbedeutende Zeugen zu vernehmen, bevor Haldeman und Ehrlichman aussagen würden. Der Watergate-Ausschuß geriet in Zeitnot.

Im Weißen Haus verlief alles nach Plan. Der Präsident bevollmächtigte seinen ehemaligen Stabschef Haldeman, sich weitere im Weißen Haus mitgeschnittene Gespräche anzuhören. Haldeman würde gut vorbereitet in den Zeugenstand treten. Bald gäbe es kein Damoklesschwert mehr, das über ihnen schwebte.

Am Freitag, dem 13. Juli, an dem Alexander Butterfield vor dem Watergate-Ausschuß als Zeuge auftreten sollte, betrug die Temperatur in Washington etwa 35 Grad. In Raum G-334 im neuen Verwaltungsgebäude des Senats gab es nur einen kleinen Ventilator, so daß drückende Hitze herrschte. Die blaßgelben Wände waren von Tabakrauch geschwärzt, die Sessel mit Fettflecken übersät. Die Papierkörbe quollen über von Zigarettenkippen, Pappschachteln und Butterbrotpapier. Der ausgeblichene grüne Teppich war schmutzig. Kein Hausmeister durfte den Raum betreten – aus Angst, jemand könnte bei der Gelegenheit Abhörgeräte einschmuggeln.

Butterfields Auftreten und sein Erinnerungsvermögen beeindruckten die jüngeren Ausschußmitglieder. Die Hände im Schoß gefaltet, dachte er über jede ihm gestellte Frage sorgfältig nach, beantwortete sie ruhig, gemessen und sah seinem Gegenüber dabei direkt in die Augen. Er hatte seinen Posten als Colonel bei der Air Force aufgegeben, um Mitarbeiter Haldemans im Weißen Haus zu werden. Um Exaktheit bemüht, schilderte er seine Aufgaben als stellvertretender Assistent des Präsidenten in allen Einzelheiten. Anscheinend genoß er die seltene Gelegenheit, über die Pflichten zu reden, mit denen er betraut gewesen war. Doch weder seine Offenheit noch sein gutes Gedächtnis trugen sonderlich dazu bei, festzustellen, wer nun log: John Dean oder Richard Nixon. Butterfield hatte unter anderem die Schlüssel und Akten in Verwahrung, was ihm routinemäßig Zutritt zum Präsidenten verschaffte.

»Haben Sie irgend etwas gesehen oder gehört, woraus Sie entnehmen konnten, daß der Präsident in den angeblichen Versuch, die Tatsachen der Öffentlichkeit vorzuenthalten, verwickelt war?« wurde Butterfield gefragt.

»Nein, aber nach dem Arbeitsablauf im Weißen Haus hätte das fraglos der Fall sein können.« Er überlegte. ». . . Die Reihe der fraglichen Konferenzen [mit Dean] begann erst im Februar 1973. Damals bereitete ich mich bereits auf den Wechsel zur *Federal Aviation Agency* vor. Ich kann weder etwas belegen noch etwas beweisen. Ich erinnere mich an keinen ›Fall‹ Watergate.«

Um das Optimum aus der Situation herauszuholen, wollte sich der Ausschuß Butterfields Sachkenntnis über den Arbeitsablauf im Büro des Präsidenten zunutze machen. Das von Buzhardt überreichte Material war verblüffend minuziös bis ins kleinste Detail: Ein Papier nannte für sämtliche Gespräche zwischen Dean und Nixon Dauer, Datum, Örtlichkeit und die übrigen Teilnehmer; ein anderes schilderte den wesentlichen Inhalt von Deans Telefonaten und Konferenzen mit dem Präsidenten.

»Wir bekamen vom Weißen Haus eine Aufstellung über die Gespräche zwischen dem Präsidenten und Dean, die unseres Wissens aus den Tagesberichten des Präsidenten stammt«, sagte ein Ausschußmitglied.

»Es gibt drei verschiedene Quellen, nach denen diese Aufstellung angefertigt sein könnte«, erläuterte Butterfield. »In der Telefonzentrale wird jedes Gespräch notiert, das der Präsident entgegennimmt oder führt. Geheimdienstbeamte, Pförtner und Sekretärinnen registrieren, wer das Büro des Präsidenten betritt oder verläßt. Mitarbeiter des Stabes bereiten vor jedem offiziellen Treffen Papiere für den Präsidenten vor, in denen der Zweck der Besprechung und die einzelnen Tagesordnungspunkte skizziert werden, und halten danach in einem Protokoll den allgemeinen Ablauf und eventuelle Vereinbarungen fest.« Das Ganze wurde in einem Tagesbericht für den Präsidenten zusammengetragen.

»Gibt es Unterlagen über den Inhalt jeder Zusammenkunft mit Angehörigen des Stabes?«

»Wenn der Mitarbeiter allein oder nur mit anderen Kollegen aus dem Weißen Haus beim Präsidenten war, wurde darüber wohl keine Aktennotiz gemacht. Bei einer sehr wichtigen Konferenz sagte der Präsident allerdings gelegentlich: ›Fixieren Sie das schriftlich.‹«

Ein Ausschußmitglied gab Butterfield die Darstellung des Präsidenten über seine Gespräche mit Dean, die Buzhardt dem Rechtsberater der republikanischen Fraktion zugeleitet hatte, und fragte, ob dieser Bericht nach Notizen angefertigt worden sein könnte, die sich jemand über die Konferenzen gemacht hatte.

Butterfield studierte das Schriftstück und stellte mehrmals fest, daß es überaus detailliert sei, was ihn zu faszinieren schien. »Vermutlich hat sich jemand die Informationen aus dem Tagesbericht herausgesucht und sie dann schriftlich zusammengefaßt«, meinte er.

Darauf wurde er gefragt, ob es hier um jene Art von Konferenzen gehe, die der Präsident protokollieren lassen würde.

Butterfield verneinte und las weiter. Als er zu dem Bericht über die Besprechung vom 21. März 1973 kam, hielt er inne. Hier werde behauptet, konstatierte er, Dean habe dem Präsidenten gesagt, daß Hunt versuche, Ehrlichman zu erpressen. Erstaunt wies er darauf hin, daß der nächste Satz ein Zitat enthielt: »Der Präsident fragte, wie man das überhaupt je bezahlen solle. ›Woher wollen Sie denn wissen, daß er sich damit zufriedengeben würde?‹«

»Wie sind Sie dazu gekommen?« fragte Butterfield.

»Mr. Buzhardt hat es dem Ausschuß zur Verfügung gestellt. Könnte das aus Gesprächsnotizen stammen, die sich jemand gemacht hat?«

»Nein, dafür wirkt es zu detailliert«, meinte Butterfield.

»Erinnerte sich der Präsident gut an Konferenzen?«

»Ja, das hat mich von Anfang an beeindruckt. Er hat eine enorm rasche Auffassungsgabe und ein hervorragendes Gedächtnis. Außerdem neigt er dazu, manches übertrieben zu vertiefen.«

»War er so exakt wie der Bericht?«

»Nein, aber gelegentlich diktierte er nach einer Konferenz ein Gedächtnisprotokoll.«

»Wie oft tat er das?«

»Sehr selten.«

»Waren seine Memos so detailliert?«

»Ich glaube nicht.«

»Woher könnte das sonst stammen?«

Butterfield fixierte das Schriftstück und hob es bedächtig auf. »Keine

Ahnung. Lassen Sie mich ein Weilchen darüber nachdenken.« Damit schob er das Papier zur Mitte der grünen Filzplatte.

Die Vernehmung wandte sich anderen Themen zu.

»Hat der Präsident je einen Artikel im Pressespiegel besonders beachtet und mit Randnotizen versehen?«

»Ja.«

»Hat er einmal geschrieben: ›Macht den Kerl fertig.‹?«

»Ja. Nicht unbedingt mit diesen Worten. Er nimmt zwar kein Blatt vor den Mund und drückt sich nicht gerade gewählt aus, aber doch nicht so.«

»Erinnern Sie sich an den genauen Wortlaut, als er sinngemäß sagte: ›Macht den Kerl fertig.‹?«

»Er äußerte verschiedentlich: ›An den erinnere ich mich – der ist ein Lump!‹ Damit meinte er häufig Journalisten«, erklärte Butterfield. »Manchmal schrieb er in etwa: ›Ziegler sollte sich den mal gehörig vorknöpfen und ihm die Meinung geigen.‹«

Die Ausschußmitglieder kamen jetzt auf Deans Zeugenaussagen zurück.

Don Sanders, stellvertretender Rechtsberater der republikanischen Fraktion, meinte, es gebe vielleicht doch eine Möglichkeit, die Unschuld des Präsidenten zu beweisen. »Dean deutete an, es könne eine Abhörvorrichtung existieren. Er sagte, am 15. April habe er im Büro des Präsidenten im EOB den Eindruck gehabt, der Raum werde abgehört. Gegen Ende des Gesprächs sei der Präsident in eine Ecke gegangen und habe fast geflüstert, als wolle er vermeiden, daß mitgeschnitten wurde, was er früher zu Colson über eine Amnestie geäußert hatte. Ist es denkbar, daß Deans Behauptung auf Tatsachenkenntnis beruht?«

Butterfield überlegte kurz. Dann beugte er sich vor und nahm Buzhardts Schriftstücke wieder zur Hand. »Nein, Dean wußte nichts davon«, sagte er schließlich. »Aber daher muß diese Darstellung stammen. In sämtlichen Büroräumen des Präsidenten gibt es Abhöranlagen. Sie werden vom Geheimdienst gewartet und sind nur vier Leuten bekannt. Dean hatte keine Möglichkeit, etwas darüber zu erfahren. Seine Behauptung beruht lediglich auf Vermutungen.«

Dann schilderte Butterfield fünfundvierzig Minuten lang das Abhörsystem in allen Einzelheiten. Nach der Vernehmung stürzten die demokratischen Ausschußmitglieder zu Sam Dash, dem Rechtsberater der Fraktion, um ihn zu unterrichten. Dash empfahl ihnen, die Existenz des Abhörsystems vorsichtig zu verifizieren, bevor das Weiße Haus von Butterfields Enthüllung erfuhr.

Der Vertreter der Republikaner verständigte seinen Chef, Fred Thompson, der sofort bei Buzhardt anrief.

Am folgenden Montag sagte Butterfield in öffentlicher Verhandlung aus. Seine vom Fernsehen übertragenen Ausführungen endeten mit der Feststellung: »Meiner Meinung nach plant der Präsident, seine Verteidigung substantiell genau auf der Angelegenheit aufzubauen, über die wir heute hier gesprochen haben. Ich glaube selbstverständlich, daß er sich weder eines Verbrechens oder Vergehens noch der Komplizenschaft schuldig gemacht hat.«

Die Mitarbeiter des Weißen Hauses saßen um die Fernseher gruppiert: Sie waren wie elektrisiert von Butterfields Enthüllung, die manche für sorgfältig inszeniert hielten. Es herrschte allgemeine Erleichterung. Endlich etwas Definitives. Die Existenz der Tonbänder war bewußt preisgegeben worden. Sie würden beweisen, daß John Dean log.

Der Präsident lag mit Lungenentzündung im Bethesda Naval Hospital in Maryland. Buzhardt, Garment und Alan Wright, Verfassungsrechtler und neuestes Mitglied des juristischen Stabes im Weißen Haus, besuchten ihn. Sie wollten von Nixon die Genehmigung, die Tonbänder abzuhören.

Nixon reagierte sauer. »Nein. Ausgeschlossen.« Damit beendete er die Diskussion.

Zwei Tage später war der Präsident im Weißen Haus. Buzhardt suchte ihn auf. Cox würde die Tonbänder verlangen, und Buzhardt war keineswegs davon überzeugt, daß der Präsident mit einer Berufung auf das »executive privilege« Erfolg hätte. Der Sonderankläger verfügte über ein gewichtiges Argument: Die Tonbänder waren Beweismaterial in einem Strafverfahren gegen die Mitarbeiter des Präsidenten.

Nixon blieb hart. Das Abhörsystem dürfe nicht auf alle Zeiten das Präsidentenamt belasten, erklärte er Buzhardt. Kein Außenstehender könne die Bedeutung des vertraulichen Materials auf diesen Tonbändern erfassen. Sie waren ein elementarer Bestandteil, der *Kern* des Präsidentenamtes. Sie enthielten nicht nur die persönlichen Gedanken und Kommentare des Präsidenten, sondern ebenso die von ausländischen Staatsmännern, Kongreßabgeordneten, seinen Mitarbeitern, sogar seiner Familie. Buzhardt müsse das verstehen. *Wenn der Präsdient das Vertrauen jener brach, die in seinem Büro ihr Herz erleichterten, gerieten die Grundfesten der Präsidentschaft ins Wanken* – das gälte nicht nur für ihn, sondern genauso für seine Nachfolger. Was wäre dann zum Beispiel mit jenen Demokraten, die ihn aufgesucht und erklärt hatten, sie unterstützten seine Wiederwahl – die Senatoren James O. Eastland von Mississippi, Russell Long von Louisiana und John L. Mc Clellan von Arkansas? Nixon zog die Gefühlsregister. Er wollte unbedingt, daß Buzhardt ihm glaubte, daß er einsah, um welch hohes Prinzip es bei dieser Entscheidung ging.

Die Gespräche eines Präsidenten müßten geschützt werden, antwortete Buzhardt. Die einzige Lösung scheine ihm zu sein, sich auf das »executive privilege« zu berufen.

Bald handelte es sich nicht mehr um eine rein akademische Frage. Am 23. Juli verlangte Cox »sub poena« neun Tonbänder mit Gesprächen des Präsidenten.

Pat Buchanan hatte einen radikalen Vorschlag: die Tonbänder vernichten. Er saß an seiner Schreibmaschine im EOB und brachte die Vorteile dieser »Verbrennungsaktion« zu Papier: Danach würde sich zwar ein Feuersturm erheben, aber ebenso schnell auch wieder in sich zusammenfallen; Präsident wie Präsidentenamt seien stark genug, dem Angriff Widerstand zu leisten.

Nixon bekam Buchanans Memo am 25. Juli. Er rief Buzhardt und Haig zu sich, die anderer Meinung waren als Buchanan. Beide hielten es jetzt für zu spät, die Tonbänder zu vernichten. Nach der Anforderung von Cox seien sie potentielles Beweismaterial geworden, das zu zerstören Behinderung der Justiz darstelle, erklärte Buzhardt. Schlimmer noch, meinte Haig: Die Vernichtung der Tonbänder würde wie ein Schuldbekenntnis aussehen.

Es sei nichts auf den Bändern, was ihm im Fall Watergate schaden würde, versicherte Nixon. Höchstens ein paar doppeldeutige Äußerungen, die mißverstanden werden könnten, wenn man sie aus dem Zusammenhang riß. Weiter nichts.

Trotzdem ging Nixon diese Alternative nicht aus dem Kopf. Er zog Garment ebenfalls zu Rate.

Zu spät, lautete auch dessen Antwort.

4. Kapitel

Als er sich Ende April von Haldeman und Ehrlichman trennen mußte, hatte der Präsident auch einen neuen Justizminister anstelle von Richard G. Kleindienst ernannt, der die erste, in Mißkredit geratene Watergate-Untersuchung geleitet hatte*. Außenminister William P. Rogers lehnte den Posten ab, und Nixon besetzte ihn mit seinem Verteidigungsminister Elliot L. Richardson.

Die beiden trafen sich am Sonntag, dem 29. April 1973, in Camp David, einen Tag, bevor der Rücktritt von Haldeman und Ehrlichman bekanntgegeben wurde.

Richardsons frostige, konventionelle Art erinnerte an das akademische Establishment der Ostküste, das Nixon verachtete. Seine langsame, gewundene Redeweise machte ein Gespräch mit ihm so mühsam, daß der Präsident meistens nicht mehr zuhörte. Aber er brauchte Richardsons untadeligen Ruf, um das angeschlagene Image seines Justizminsteriums wieder aufzupolieren.

Richardson sollte die Untersuchung von Watergate übernehmen. Es könne einige Bereiche geben, die Fragen der nationalen Sicherheit beträfen und ausgeklammert werden müßten, sagte Nixon, aber die Untersuchung habe gründlich und umfassend zu erfolgen.

Das sei ja wohl die einzige Möglichkeit, entgegnete Richardson.

»Sie dürfen sich nicht beirren lassen, selbst wenn die Ermittlungen zum Präsidenten führen sollten«, erklärte er und sah Richardson in die Augen. »Ich bin unschuldig. Sie müssen daran glauben, daß ich unschuldig bin. Wenn Sie das nicht tun, übernehmen Sie den Posten lieber nicht.«

Erleichtert nickte Richardson. Das erschien ihm entscheidend – Nixon würde niemals eine solche Untersuchung einleiten, wenn er nicht unschuldig wäre.

---

* Kleindienst bekannte sich am 16. Mai 1974 des Vergehens schuldig, in der ITT-Affäre einen Senatsausschuß nicht vollständig informiert zu haben. Am 7. Juni 1974 wurde er zu einem Monat bedingter Haft und einhundert Dollar Geldstrafe verurteilt.

»Wichtig ist das Präsidentenamt«, fuhr Nixon fort. »Wenn es sein muß, retten Sie das Präsidentenamt vor dem Präsidenten.«

Richardson formulierte das auf seinem Notizblock so um: »Wenn ich das Ungeheuer bin, retten Sie das Land.«

Unmittelbar darauf ernannte er seinen ehemaligen Professor aus Harvard, den Rechtswissenschaftler Archibald Cox, zum Sonderankläger für Watergate und sicherte ihm absolute Unabhängigkeit zu.

Im Juli war Richardsons Glaube an die Schuldlosigkeit des Präsidenten erheblich ins Wanken geraten. Haig versuchte, ihn zu Arbeitsbeschränkungen für Cox zu veranlassen, mit der Begründung, andernfalls würde der Präsident Cox womöglich hinauswerfen. »Wenn es unbedingt zur Konfrontation kommen soll – bitte –, wir werden es nicht verhindern«, warnte Haig den Justizminister am 23. Juli, dem Tag, an dem Cox die Herausgabe von neun Tonbändern des Präsidenten »sub poena« verlangte.

Elliot Richardson wünschte keine Konfrontation. Wenige Tage später suchte er Haig im Weißen Haus auf.

Der General berichtet ihm, er habe dem Präsidenten empfohlen, die angeforderten Tonbänder herauszugeben. Nixon habe abgelehnt. Eher würde er zurücktreten.

Weshalb?

Er wisse nicht, ob der Präsident etwas verheimliche oder ob es ihm lediglich um das Vertraulichkeitsprinzip gehe, erklärte Haig, aber er habe Nixon noch nie so aufgebracht gesehen. »Man fragt sich unwillkürlich, was auf diesen Tonbändern drauf sein muß.«

Richardson ging es zwar nicht anders, aber er wollte das Beste annehmen. Er habe ein noch akuteres Problem, teilte er Haig mit. Der Bundesanklagebehörde in Baltimore liege Beweismaterial dafür vor, daß Vizepräsident Spiro Agnew seit Jahren Bestechungsgelder angenommen habe.

Haig war fassungslos.

Im August berichteten sämtliche Zeitungen ausführlich über die Ermittlungen im Fall Agnew. Im September begann Richardson, mit den Anwälten des Vizepräsidenten über das Belastungsmaterial zu verhandeln.

Erst im Oktober sprach der Justizminister mit dem Präsidenten über den Stand der Affäre Agnew. Als er das Ovale Office verließ, rief Nixon ihm nach: »Die Sache hätten wir hinter uns. Jetzt können wir darangehen, Cox loszuwerden.«

Richardson, der Nixon nicht besonders gut kannte, wußte nicht, wie er diese Bemerkung auffassen sollte. Jedenfalls nahm ihn das Problem Agnew bis zum 10. Oktober voll in Anspruch – der Tag, an dem der Vizepräsident seinen Rücktritt erklärte.

Fünf Tage später wurde Richardson ins Weiße Haus beordert. Die »Lage« um Cox spitzte sich rasch zu. Der Appellationsgerichtshof hatte sich Richter Siricas Auffassung angeschlossen und verfügt, daß der Präsident die neun Tonbänder herausgeben müsse – es sei denn, das Weiße Haus könne zu »einer außergerichtlichen Einigung mit dem Sonderankläger« gelangen. Die Frist lief am Freitag, dem 19. Oktober, 24 Uhr, ab. Bis dahin mußte Nixon sich entweder der Anordnung fügen oder den Supreme Court anrufen oder einen Kompromiß mit Cox finden. Es war Montag, und Richardson hielt eine Einigung zwischen dem Weißen Haus und Cox für so gut wie ausgeschlossen.

Der Justizminister wurde in Haigs Büro geführt, wo auch Buzhardt saß. Die beiden unterbreiteten ihm einen Plan. Der Präsident werde sich die fraglichen Tonbänder persönlich anhören und die Abschriften kontrollieren, die dem Gericht als Ersatz übergeben werden sollten. Der Sonderankläger, Nixon schon lange ein Dorn im Auge und von Anfang an ein Fehlgriff, würde entlassen. Damit wäre jedem Streit um die Herausgabe weiterer Tonbänder vorgebeugt.

Richardson, äußerlich ruhig, erhob einen Einwand. Der Plan lief der Zusage zuwider, die er dem Rechtsausschuß des Senats gegeben hatte: Der Sonderankläger könne nur wegen »ungewöhnlichen Fehlverhaltens im Amt« entlassen werden. Befahl man ihm, Cox zu feuern, könnte das seinen eigenen Rücktritt zur Folge haben.

Haig und Buzhardt blieben dabei: Cox müsse gehen.

Bestürzt verließ Richardson das Weiße Haus. Er hatte keine Ahnung, daß man bereits seit drei Wochen plante, anstelle der Tonbänder Transkripte zu übergeben und daß Rose Mary Woods Ende September mit dem Abtippen der angeforderten Gespräche begonnen hatte.

Vierzig Minuten später rief Haig bei Richardson an und schlug einen Kompromiß vor: Der zweiundsiebzigjährige demokratische Senator John C. Stennis aus Mississippi, der den Vorsitz im Senatsausschuß für die Streitkräfte führte, solle die Abschriften mit den Tonbändern vergleichen. Die von ihm beglaubigte Fassung werde man dem Gericht übergeben.

Haig wollte dem Präsidenten diesen Vorschlag unterbreiten. Eine Stunde später rief er wieder an und teilte mit, der Präsident habe zuerst protestiert, dann aber nachgegeben. Er versicherte Richardson, Cox müsse nicht entlassen werden, vorausgesetzt, hinsichtlich seiner Forderungen nach Tonbändern »bleibe es dabei« – eine Formulierung, die er nicht näher erläuterte. Der Präsident rechne mit Richardsons Unterstützung, falls es zu einer Kraftprobe mit Cox käme, fügte Haig hinzu.

Richardson war erleichtert. Beim Lunch besprach er die Ereignisse des Vormittags mit seinen Mitarbeitern. Einige befürchteten, man wolle ihren Chef vorschieben, um Cox zu erledigen. Sie bewogen Richardson, Haig zurückzurufen und eindeutig klarzustellen, daß er sich nur auf die Beglaubigung der neun Tonbandprotokolle durch Stennis festgelegt habe.

Am gleichen Tag erschienen Haig und Buzhardt bei Senator Stennis im Kapitol. Sie hinterließen bei ihm den Eindruck, die durch ihn beglaubigte Fassung sei nur für den Watergate-Senatsausschuß bestimmt, der die Tonbänder des Präsidenten ebenfalls »sub poena« verlangt hatte. Stennis, ehemals Richter, erfuhr nicht, daß die Protokolle ebenfalls an den Sonderankläger gehen sollten.

Jetzt mußte Richardson nur noch Cox für diesen Kompromiß gewinnen. Er traf um 18 Uhr und nochmals am nächsten Vormittag um 10 Uhr mit dem Sonderankläger zusammen. Cox verlangte, die Bedingungen des Kompromisses schriftlich zu fixieren. Richardson beauftragte seine Assistenten, einen ersten Entwurf anzufertigen. Ein Passus mit der Überschrift »Weitere Tonbänder und Dokumente« lautete: »Die vorgeschlagene Regelung bezieht sich nur auf die Tonbänder, deren Herausgabe zuvor von der Grand Jury auf Verlangen des Sonderklägers ›sub poena‹ verfügt wurde.«

Am Mittwochvormittag legte der Justizminister Buzhardt den Entwurf vor, der den Passus »Weitere Tonbänder und Dokumente« für überflüssig hielt und ihn strich. Der Präsident wünsche bekanntlich eine Dauerlösung, was den künftigen Zugang zu seinen Tonbändern betraf; wenn man diese Frage ausklammerte, ließe sich vielleicht eine Konfrontation verhüten.

Richardson gab sich zufrieden.

Am Donnerstagnachmittag schickte Cox dem Justizminister eine schriftliche Stellungnahme zu dem gekürzten Vorschlag*. Auch er wolle eine Konfrontation mit dem Präsidenten vermeiden, schrieb er. Aber: »Man kann der Öffentlichkeit billigerweise nicht zumuten, daß sie eine so schwierige und verantwortungsvolle Aufgabe einem Mann anvertraut, der unterderhand verfährt und sich nur mit dem Weißen Haus berät.« Das Gericht werde möglicherweise die Originaltonbänder verlangen, *das beste Beweismaterial* für jeden Prozeß. Cox wünschte eine Vereinbarung, die »in Ersatz eines Gerichtsbeschlusses die Funktion hat, den Anspruch des Sonderanklägers auf weiteres Beweismaterial festzuschreiben«.

Richardson brachte die Stellungnahme von Cox zu einer Konferenz mit, die um 18 Uhr in Haigs Büro stattfand und an der Haig, Buzhardt, Wright und Garment teilnahmen. Faktisch lehne Cox den Vorschlag ab, stellte Haig nüchtern fest. Das Weiße Haus strebe einen Kompromiß an, die Antwort des Sonderanklägers aber habe einen so grundlegend anderen Tenor, daß eine Einigung nicht in Frage komme. Wenn Cox ablehne, sollte man ihn entlassen, meinte Haig, und die drei Rechtsberater des Präsidenten pflichteten ihm bei. Sie waren sicher,

---

* Das Weiße Haus schlug ferner vor, Stennis zu bevollmächtigen, »an den Stellen frei zu verfahren, wo seiner Auffassung nach die ursprüngliche Wortwahl für den Präsidenten peinlich wäre«. Die Tatsache, daß der Senator halbtaub war und daß die Tonbänder auch unter günstigsten Voraussetzungen schwer verständlich waren, blieb unerwähnt.

daß der Präsident die Öffentlichkeit von der Gebotenheit einer solchen Maßnahme überzeugen könnte.

Richardson war anderer Ansicht. Wenn Cox freiwillig zurückträte, sei ihm das recht, aber er könne ihn nicht entlassen, weil er den Stennis-Plan ablehne. Er bat Wright, der sich am nachdrücklichsten für diesen Kompromiß eingesetzt hatte, er solle sich direkt an Cox wenden und ihn zu überreden suchen.

Später am Abend saß Richardson in seinem Arbeitszimmer in McLean, Virginia. Vor ihm lag ein Notizblock, auf dem stand: »Warum ich zurücktreten muß.«

Er war sicher, daß sich Cox nicht umstimmen ließe, und er wußte genauso, daß der Präsident den Sonderankläger loswerden wollte.

Als ersten »Grund« führte er seine Zusage an den Senat auf, sich für die Unabhängigkeit des Sonderanklägers zu verbürgen. Zweitens verlange man von Cox, sich mit weniger zu begnügen, als er durch zwei Gerichtsbeschlüsse erreicht habe. »Obwohl Cox einen Vorschlag, den ich für vernünftig halte, abgelehnt hat, darf dies nicht als Entlassungsgrund gelten. Ich bin wirklich loyal dem Präsidenten gegenüber«, schrieb er langsam weiter. »Und ich habe von Natur aus Teamgeist.« Doch es dämmerte Richardson allmählich, daß er den nicht mehr lange unter Beweis stellen könne. Das Ganze niederzuschreiben, half ihm, sich selbst darüber klarzuwerden. Am nächsten Morgen wollte er es dann auch dem Präsidenten klarmachen.

Am gleichen Abend sprachen Haig und Buzhardt noch zu später Stunde mit Nixon. Ihrer Überzeugung nach werde Cox eher zurücktreten als den Kompromiß annehmen, erklärten sie. Richardson sei auf ihrer Seite. Nixon griff wiederum die Frage auf, daß die Herausgabe weiterer Tonbänder unbedingt auszuschließen sei. Das müsse ein für allemal klargestellt werden. Und zwar jetzt.

Buzhardt schlug vor, das Weiße Haus solle zu dem Thema vorerst schweigen. Für den Augenblick genüge es, den Stennis-Kompromiß durchzupeitschen. Dessen Annahme würde einen gewaltigen Fortschritt für die Beendigung der Watergate-Affäre bedeuten.

Doch Nixon ließ nicht locker. Als er sich bei Buzhardt nicht durchsetzen konnte, wurde er wütend.

»Lassen Sie diese Frage offen«, empfahl Buzhardt nochmals.

»Nein«, konterte der Präsident. »Nein. Punktum.«

Jetzt nahm der ganze Komplex gewaltige Dimensionen an; eine Kraftprobe war unvermeidlich. Buzhardt hatte fest damit gerechnet, Cox in eine Position hineinmanövrieren zu können, in der er zurücktreten mußte, da sich das Weiße Haus *und* Richardson gegen ihn verbündet hatten, aber dazu brauchte er etwas Verhandlungsspielraum. Und genau den hatte der Präsident ihm verweigert. Mit dem Standpunkt, der Sonderankläger dürfe kein weiteres Beweismaterial »sub poena«

verlangen, spielten sie Cox in die Hände, lieferten ihm plausible Argumente für seinen Widerstand – statt für seinen Rücktritt. Und sie trieben Richardson vermutlich auf seine Seite.

Inzwischen führte Charles Alan Wright ein unerquickliches Gespräch mit Cox. Er teilte ihm mit, der Präsident sei willens, ein noch nicht dagewesenes Eindringen in seine Privatsphäre zuzulassen, Cox habe jedoch nicht im Sinne des Kompromisses reagiert. Wenn er nicht bereit sei, seine Position zu überdenken, wäre jede weitere Diskussion nur Zeitverschwendung.

Der Ton und mehr noch die unterschwellige Drohung stießen Cox vor den Kopf. Er war durchaus gesprächsbereit, konnte aber daraus nur den einen Schluß ziehen, daß Wright die Tür endgültig zuschlagen wolle.

Am Freitag vormittag schrieb Cox einen versöhnlichen Brief an Wright. Er könne und wolle jedoch sein Versprechen nicht brechen, eine gründliche Untersuchung durchzuführen, hieß es darin. Genau das täte er aber, wenn er sein Recht auf zusätzliches Beweismaterial preisgäbe.

In seiner Antwort teilte Wright mit: »Die Differenzen zwischen uns sind nach wie vor so groß, daß jedes weitere Gespräch zwecklos wäre. Wir werden uns gezwungen sehen, die Schritte zu unternehmen, die der Präsident unter diesen Umständen für angezeigt hält.«

In den frühen Morgenstunden jenes Freitags tippte Richardson seine nächtlichen Notizen ab und bat Haig telefonisch um einen Termin beim Präsidenten. Als er gegen 10 Uhr in Haigs Büro erschien, hatte dieser ein neues Konzept. »Vielleicht können wir das, worüber wir gestern abend sprachen, vermeiden und den Stennis-Plan weiterverfolgen, ohne Cox zu entlassen.«

Buzhardt, Garment und Wright kamen dazu. Wie könnte man Richter Sirica dazu bringen, die von Stennis beglaubigten Abschriften anstelle der Originaltonbänder dazu akzeptieren? Sie würden Cox übergehen und sich ganz darauf konzentrieren, Sirica zu überzeugen. Vielleicht würde sich auch der Watergate-Senatsausschuß mit Transkripten zufriedengeben.

Richardson war verblüfft. Das wäre ausgezeichnet, meinte er im Gedanken daran, daß er dann ja auch nicht zurücktreten brauche. Er wolle versuchen, den Präsidenten für diese Lösung zu gewinnen, erklärte Haig.

Richardson erlebte eine weitere Überraschung, als man ihm eine Kopie des Briefes von Cox an Wright zeigte. Der Sonderankläger bezog sich darin auf die Tatsache, daß er kategorisch ersucht worden war, »kein weiteres Tonband, Papier oder Dokument des Weißen Hauses ›sub poena‹ anzufordern«. Das konnte Cox fraglos nicht hinnehmen. In dem Vorschlag, den er Cox unterbreitet habe, sei davon auch nicht die Rede gewesen, bemerkte Richardson.

Man habe das Donnerstagnacht auf Anweisung des Präsidenten hinzugefügt, erklärte Buzhardt. Sie hätten keine andere Wahl gehabt.

Haig verließ das Büro und kehrte bald mit der Mitteilung zurück, der Präsident habe eingewilligt, Cox zu behalten. Es sei »saumäßig schwer« gewesen, sagte Haig. »Ich habe ihm so heftig zugesetzt, daß ich vermutlich beim Präsidenten ausgespielt haben dürfte.«

Richardson bemühte sich, die Situation zu analysieren. Der Stennis-Kompromiß hatte einen Zusatz bekommen – keine weitere Herausgabe von Material; er war bereit, das zu akzeptieren. Offen, ohne Scheu. Cox konnte ganz nach Belieben zurücktreten oder seinen Posten behalten – er, Richardson, brauchte ihn nicht zu entlassen. Das war das Entscheidende. Und er selber mußte nicht demissionieren. Die Verhandlungen konnten weitergehen. Seine säuberlich getippten »Rücktrittsgründe« blieben in seiner Tasche.

Haig glaubte, Richardson auf seine Seite gezogen zu haben. Jetzt gehe es darum, Cox irgendwie zu bremsen, sagte Buzhardt. Ließe sich das nicht ganz einfach dadurch bewerkstelligen, daß man ihm befahl, nicht noch einmal die Herausgabe von Tonbändern gerichtlich zu erzwingen?

Das hätte vermutlich den Rücktritt von Cox zur Folge, meinte Richardson. Aber weder ihn noch die anderen schien diese Aussicht sonderlich zu bedrücken.

Richardson verabschiedete sich in der festen Überzeugung, man werde noch einmal ausführlich darüber reden, bevor man Cox solche Anweisungen erteilte.

In seinem Büro sprach Richardson mit seinen Mitarbeitern über die Konferenz im Weißen Haus. Sie hatten mit seinem Rücktritt gerechnet und waren nicht so überzeugt wie er, daß er eine Einschränkung von Cox' Befugnissen zulassen könne, ohne damit gegen seine Abmachung mit dem Senat zu verstoßen.

Richardson rief Haig und danach Buzhardt an. Er verlangte nachdrücklich, daß die Anforderung von weiterem Beweismaterial nicht mit dem Stennis-Plan gekoppelt werden dürfe. Als er auflegte, war er sicher, sich bei beiden durchgesetzt und eine unmittelbare Konfrontation vermieden zu haben. Sie hatten zugesagt, die Frage nochmals mit dem Präsidenten zu erörtern, was ihn sichtlich erleichterte.

Doch der Präsident blieb eisern. Gleichgültig, zu welcher Lösung man gelangte, sie müßte die Frage der Tonbänder ein für allemal klären, beschied er Buzhardt und Haig.

Also suchten sie weiter nach geeigneten Partnern, die für den Stennis-Kompromiß zu erwärmen wären. Da der Watergate-Senatsausschuß zwei Tage zuvor seine Klage auf Herausgabe der Tonbänder verloren hatte, bestand dort vielleicht eine gewisse Bereitschaft. Sie machten den Vorsitzenden und den stellvertretenden Vorsitzenden, die Senatoren Sam Erwin und Howard J. Baker jr., in New Orleans und Chicago ausfindig und ließen sie nach Washington einfliegen, wo sie am Spätnachmittag mit dem Präsidenten zusammentrafen. Beide erklärten sich mit dem Stennis-Plan einverstanden. Er war immerhin besser als gar nichts.

Jetzt war der Kompromiß gut abgesichert – durch Richardson, Stennis, Ervin und Baker.

Um 19 Uhr rief Haig bei Richardson an und las ihm einen Brief des Präsidenten vor, der an ihn unterwegs sei: »Ich erteile Ihnen Anweisung, den Sonderankläger Archibald Cox dahingehend zu instruieren, daß er keine weiteren gerichtlichen Schritte zu unternehmen hat, um Tonbänder, Notizen oder Protokolle über Gespräche des Präsidenten zu erlangen.«

Richardson äußerte sein Befremden darüber, daß er nicht konsultiert worden sei.

Er habe sein Bestes getan, beteuerte Haig. Zweimal habe er versucht, dem Präsidenten Richardsons Standpunkt klarzumachen. Ohne Erfolg.

Richardson vermied sorgfältig jede Andeutung, ob er die Anweisung erteilen werde oder nicht.

Nach Haigs Auffassung taktierte Richardson hinhaltend, was die Order an Cox betraf, unterstützte aber nach wie vor im Prinzip den Stennis-Kompromiß. Sie mußten rasch handeln. Man beschloß, die Anordnung in einer Presseerklärung des Weißen Hauses zu veröffentlichen, wodurch man Richardson als Übermittler ausschaltete. Im Namen des Präsidenten wurde Cox »als Mitglied der Exekutive« die Anweisung direkt erteilt.

Haig berief eine Sitzung seines Stabes im Roosevelt Room ein. Bryce Harlow, Präsidentenberater in der ersten Nixon-Administration, den man nach dem Rücktritt von Haldeman und Ehrlichman wiedereingestellt hatte, war verärgert, weil man ihn nicht zu den Verhandlungen zugezogen hatte. Außerdem war er im »Jean Pierre«, einem beliebten Restaurant in Washington, zum Dinner verabredet. Trotzdem übernahm er es, die Kabinettsmitglieder über den Stennis-Kompromiß sowie über die Anordnung an Cox zu unterrichten. Harlow glaubte, alle verständigt zu haben, als ihn die Telefonzentrale mit Justizminister Richardson verband.

»Ich hatte nicht vor, Sie anzurufen, Elliot«, erklärte Harlow. »Wozu soll ich mich mit Ihnen noch lang und breit über diesen Kompromiß unterhalten, Sie wissen doch sowieso darüber Bescheid. Ich habe in der ganzen Gegend nach Ihren sämtlichen erlauchten Kollegen rumtelefoniert und ihnen gesagt . . .«

»Hören Sie, Bryce«, unterbrach ihn Richardson, »ich sitze hier gerade an einer Presseerklärung*. Ich bin nämlich keineswegs sicher,

* Der Stennis-Komrpomiß wurde darin als »vernünftig und konstruktiv« bezeichnet, in der Frage

ob ich das tun kann, was man von mir verlangt. Ich gedenke vielmehr, das Ersuchen des Weißen Hauses nicht zu erfüllen.«

»Wovon reden Sie eigentlich, Elliot?« Harlow wunderte sich. Zwischen Richardsons Ton und dem Bild, das Haig ihm zuvor in glühenden Farben geschildert hatte, bestand ein krasser Gegensatz.

»So schäbig bin ich in meinem ganzen Leben noch nicht behandelt worden«, erklärte Richardson.

»Es hat keinen Sinn, Elliot, wenn Sie mir das erzählen. Ich weiß von nichts, und ich will auch nichts wissen. Nur tun Sie bitte nichts Übereiltes, Unwiderrufliches.«

Harlow legte auf. Haig mußte doch Richardsons Einstellung kennen. Warum hatte er ihm nicht gesagt, daß der Justizminister sich über die ganze Geschichte so aufregte? Er ging ins Restaurant und genehmigte sich einen kräftigen Martini. Haig erkundigte sich telefonisch, wie die Kabinettsmitglieder reagiert hätten.

»Ich habe Sie nicht extra angerufen, weil alle sehr dafür waren«, entgegnete Harlow. »Natürlich mit Ausnahme von Elliot.«

»Was meinen Sie denn damit?«

Nach einer Pause antwortete Harlow: »Erzählen Sie mir doch nichts, Al. Das kann doch nicht wahr sein, daß Sie nicht wissen, was Elliot vorhat?«

»Was soll das heißen?«

»Er bereitet eine Presseerklärung vor. Er kommt sich hereingelegt und schäbig behandelt vor.«

»Kompletter Blödsinn. Mit welcher Begründung fühlt er sich hereingelegt?«

Er habe keine Ahnung, sagte Harlow.

Haig rief Richardson an. Wütend erinnerte er ihn an den Ablauf dieser Woche und daran, daß er an jeder Phase des Kompromisses beteiligt gewesen sei. Er habe sich mit allem einverstanden erklärt, sogar mit den bewußten Restriktionen. Und in dem Punkt sei der Präsident unerbittlich. Immerhin habe Haig ihm dadurch aus der Klemme geholfen, daß die Anordnung durch das Weiße Haus ergangen sei, statt ihn zu zwingen, sie selber zu erteilen. Weshalb war er eigentlich so auf der Palme?

»Vermutlich haben Sie recht«, erwiderte Richardson. »Ich bin jetzt zu Hause. Nach einem Drink ist mir schon wohler. Das Ganze sieht etwas freundlicher aus. Abwarten, wie's weitergeht.«

Haig begann nun die ersten Reaktionen auf den Kompromiß zu erörtern. Prominente Mitglieder beider Parteien stünden ihm durchaus wohlwollend gegenüber.

---

einer weiteren Herausgabe von Tonbändern des Präsidenten jedoch eine abweichende Auffassung vertreten. »Ich beabsichtige, bei nächster Gelegenheit mit dem Präsidenten darüber zu reden«, lautete der lahme Schluß. Da der Präsident seinen Brief an Richardson nie veröffentlichte, unterließ es der Justizminister mit seiner Antwort ebenfalls.

Wieder ließ sich Richardson eine Gelegenheit, die Fronten zu klären, entgehen. Er zog nicht gern den kürzeren. Höflich dankte er Haig für seinen Anruf. Der Justizminister war mit Agnews Rücktritt fertig geworden und meinte, wiederum ein nationales Trauma verhüten zu können.

Cox hatte es jetzt mit einer Anordnung des Präsidenten zu tun, sich jeder weiteren Forderung nach Tonbändern zu enthalten. Faktisch bekam er jedoch überhaupt keine. Der Stennis-Plan – in seinen Augen alles andere als ein Kompromiß – wurde durchgepeitscht. Er hatte das Gericht, das Gesetz und den Justizminister auf seiner Seite, überlegte Cox und berief für den folgenden Samstag, den 20. Oktober, am frühen Nachmittag eine Pressekonferenz ein.

Als Buzhardt davon erfuhr, dachte er: Cox wird zurücktreten; hart, aber der Präsident kann das überstehen.

Richardson erreichte Cox in dem Augenblick, als der Sonderankläger vor die Fernsehkameras treten wollte. Er habe dem Präsidenten einen Brief geschrieben, teilte Richardson mit, und sich darin gegen die bewußte Einschränkung ausgesprochen.

Er unternahm keinen Versuch, Cox von der Pressekonferenz abzubringen. Daß der Sonderankläger ihm nicht mehr über den Weg traute, war ihm klar. Und so fragte er ihn auch nicht, was er zu sagen beabsichtige.

Cox trat jetzt vor die Kameras. »... Nun, ein Präsident kann letztlich immer seinen Willen durchsetzen. Sie erinnern sich bestimmt an Präsident Andrew Jackson, der auf die Gelder der Staatsbank zurückgreifen wollte. Als sein Finanzminister sich weigerte, entließ er ihn und ernannte einen neuen. Auch der lehnte ab, und Jackson feuerte ihn. Schließlich fand er einen dritten, der ihm zu Willen war. So kann man eben auch verfahren.«

Er denke nicht an Rücktritt, erklärte Cox vor der Nation. Er werde die Herausgabe der Tonbänder gerichtlich erzwingen. Falls der Präsident sich weigere, die Bänder herauszugeben, müsse er ihn wohl wegen Mißachtung des Gerichts belangen.

Eine solche Herausforderung konnte sich Nixon unmöglich bieten lassen. Er hatte Cox, einem Beamten der Exekutive, eine klare Anweisung erteilt. Jeder in der Regierung steuerte seinen eigenen Kurs. Das Verteidigungsministerium hatte dem Weißen Haus seine technische Beratung in Sachen der Tonbänder verweigert und sich erst auf Befehl des Präsidenten gefügt. Kissinger und der neue Verteidigungsminister James R. Schlesinger lagen offen im Clinch. Finanzminister George P. Shultz und Roy L. Ash, der verantwortliche Haushaltsexperte, gingen in aller Öffentlichkeit aufeinander los. Wie sollte der Präsident die Regierung noch zusammenhalten, wenn Cox ihn im nationalen Fernsehen derart spektakulär herausforderte? Im Nahen Osten war Krieg. Er mußte zeigen, daß er die Lage unter Kontrolle hatte, und wies Haig an, für die Entlassung von Cox zu sorgen.

Haig gab die Anordnung an Richardson weiter, der sie seiner Einschätzung nach wohl nicht ausführen würde. Die Antwort fiel wie erwartet aus. Richardson wollte den Präsidenten sprechen, um ihm sein Rücktrittsgesuch zu überreichen. Als er im Laufe des Nachmittags erschien, begann Haig ihn zu bearbeiten. Er dürfe jetzt nicht den Dienst quittieren. Erst solle er Cox hinausschmeißen, dann eine Woche abwarten.

»Was verlangen Sie eigentlich von mir?« fragte Richardson sarkastisch. »Soll ich mein Rücktrittsgesuch notariell beglaubigen lassen, um zu beweisen, daß ich es heute geschrieben habe, und es dann in einer Woche aus dem Ärmel ziehen?«

»Keine schlechte Idee«, entgegnete Haig sachlich.

»Ich möchte den Präsidenten sehen«, sagte Richardson.

Eine halbe Stunde zuvor hatte Pat Buchanan mit Nixon gesprochen. Cox müsse gehen, der Präsident dürfe eine solche Widersetzlichkeit keinesfalls dulden, erklärte er. Es bestehe ein enger Zusammenhang zwischen dem Fall Cox und dem Nahostkrieg, entgegnete der Präsident. Er müsse Stärke demonstrieren. Wenn er sich Cox gegenüber schwach zeige, hätte das den Verlust seiner Glaubwürdigkeit bei den Russen oder bei den kriegführenden Parteien zur Folge. Er dürfe nicht zulassen, daß ein Professor aus Harvard seine Macht unterminiere.

Buchanan stimmte dem zu, obwohl beide wußten, daß die Entlassung von Cox ein Impeachment-Verfahren in Gang setzen könnte. Der Präsident war bereit, die Konsequenzen auf sich zu nehmen. Buchanan bewunderte seinen Mut.

Richardson erschien um 16.30 Uhr.

»Breschnew würde es nicht verstehen, Elliot, wenn ich Cox nach alldem nicht hinausschmeiße«, beschwor Nixon den Justizminister. Er drängte ihn, seinen Rücktritt aufzuschieben.

Das könne er nicht, entgegnete Richardson. Er empfand dies als den schmerzlichsten Augenblick in seiner langjährigen Beamtenlaufbahn. Da stand er nun und lehnte eine dringende Forderung des Präsidenten der Vereinigten Staaten ab. Er, Richardson – bei seinem Teamgeist.

»Ich bedaure, daß Sie sich in Ihrem Handeln Cox und seiner Unabhängigkeit mehr verpflichtet fühlen als dem übergeordneten öffentlichen Interesse«, sagte der Präsident.

»Vielleicht besteht ein Unterschied zwischen Ihrer und meiner Auffassung von öffentlichem Interesse«, brauste Richardson auf.

Das war das Ende.

Richardsons Stellvertreter William D. Ruckelshaus war jetzt amtierender Justizminister. Bei seinem Anruf hämmerte Haig auf dem Thema Nahost herum und malte Ruckelshaus in düstersten Farben aus, welche Katastrophe heraufbeschworen würde, falls er den Sonderankläger nicht entließe. »Sie wissen vermutlich, daß Elliot Richardson meint, die Anordnungen des Präsidenten nicht ausführen zu können?«

»Stimmt.«

»Sind Sie dazu bereit?«

»Nein.«

»Ihnen ist doch klar, was es bedeutet, wenn der Oberbefehlshaber eine Order gibt und einer seiner Mitarbeiter sie nicht ausführen kann?«

»Allerdings.«

In Haigs Augen war Ruckelshaus entlassen. Ruckelshaus meinte, er sei zurückgetreten.

Gegen 18 Uhr nahm der zweite stellvertretende Justizminister, Robert H. Bork, die Anweisung entgegen und unterschrieb den zwei Absätze umfassenden Entlassungsbrief des Weißen Hauses an Cox. Um 20.22 Uhr erschien Ziegler im Presseraum und teilte mit, daß Cox seines Amtes enthoben worden sei. Obwohl Richardson die Anordnung nie an Cox weitergegeben hatte, erklärte Ziegler, »der Präsident hat diese Maßnahme ergriffen, da Mr. Cox sich weigerte, die am Freitagabend durch Justizminister Richardson erteilte Anordnung zu befolgen . . .« Weiter: »Das Amt des Sonderanklägers für Watergate wurde gegen 20 Uhr aufgelöst.«

Einige Mitarbeiter Zieglers zählten die Bruchteile von Sekunden, die zwischen seiner Rückkehr und dem Augenblick lagen, in dem die Fernsehkorrespondenten auf den Rasenflächen vor dem Weißen Haus keuchend live zu berichten begannen.

Nach 21 Uhr ließ Haig durch FBI-Leute die Amtsräume von Richardson, Ruckelshaus und Cox versiegeln, um zu verhindern, daß Akten entfernt wurden.

Die Fernsehstationen brachten stundenlange Sondersendungen. Die Zeitungen erschienen mit ganzseitigen Balkenüberschriften. Innerhalb von zwei Tagen waren 150 000 Telegramme in der Hauptstadt eingegangen, ein absoluter Rekord. Die Dekane der angesehensten juristischen Fakultäten des Landes forderten den Kongreß auf, eine Impeachment-Untersuchung einzuleiten.

Am folgenden Dienstag lagen dem Kongreß insgesamt vierundvierzig verschiedene Gesetzesanträge zum Fall Watergate vor. Zweiundzwanzig verlangten ebenfalls eine Impeachment-Untersuchung.

Nixon und Haig fühlten sich von Richardson im Stich gelassen. Er hatte den Stennis-Kompromiß akzeptiert und war bereit gewesen, den Rücktritt von Cox in Kauf zu nehmen. Er hatte keinen Einwand dagegen erhoben, daß Cox übergangen und der Kompromißvorschlag Sirica direkt unterbreitet wurde. Durch ihr Entgegenkommen brauchte Richardson die Anweisung an Cox, kein weiteres Beweismaterial zu fordern, nicht persönlich zu erteilen.

Erst als der Sonderankläger den Präsidenten öffentlich herausforderte, mußte er entlassen werden. Die verdammte Pressekonferenz am Samstag hatte den meisten Schaden angerichtet. So Haig. Und Richardson hatte sie nicht nur geduldet, sondern Cox anscheinend sogar noch in seiner Absicht bestärkt. Hätte Richardson die Zügel fester in der Hand gehabt, so wäre auch die Reaktion der Öffentlichkeit anders ausgefallen. Dann hätte Cox nämlich als uneinsichtig, als nicht kompromißbereit dagestanden.

Cox, Richardson und Ruckelshaus waren über Nacht zu Volkshelden geworden. Haigs Groll auf Richardson saß tief. Er, Haig, mußte mit einem Präsidenten fertig werden, der sich im Fall Cox irrational verhalten, ihn als »Fanatiker« und Schlimmeres bezeichnet, dem die Anwesenheit einiger Kennedys bei der Vereidigung des Sonderanklägers schwer zugesetzt hatte. Den Präsidenten im Zaum zu halten, war nicht leicht gewesen, und Haig hatte sich dabei auf Richardsons Unterstützung verlassen. Doch als die Sache brenzlig wurde, hatte der Justizminister einfach gepaßt. Das lief auf Fahnenflucht unter schwerem Beschuß hinaus.

Oft hatten sie darüber geklagt, wie schwierig der Präsident im Umgang war, und sich gemeinsam Sorgen wegen seiner Labilität gemacht. Jetzt hatte Richardson ihm das Ganze aufgehalst und wurde auch noch für seine Widersetzlichkeit hochgelobt. Loyalität, Arbeit zum Wohl des Landes, Kollegialität – all das wurde damit in Frage gestellt.

Haig warnte seinen Mitarbeiterstab und ein paar Reporter: »Hütet euch davor, Richardson als Helden hinzustellen.« Er wolle nicht in Einzelheiten gehen, sich in kein Rededuell mit Richardson einlassen, sagte er, aber . . . »Elliot hat so seine Schwierigkeiten mit dem Alkohol . . . er ist alles andere als aufrichtig gewesen.«

Nach dem »Massaker« vom Samstag waren die Alternativen für das Weiße Haus nicht eben günstig. Mit der Glaubwürdigkeit des Stennis-Kompromisses sei es aus, konstatierten Haig und die Anwälte.

Da sie den Plan unbedingt durchziehen wollten, hatten sie beschlossen, die von Wright vorbereitete Berufung beim Obersten Gerichtshof nicht einzulegen. Zwar war es trotz der abgelaufenen Frist technisch nach wie vor möglich, den Supreme Court anzurufen, aber damit würde das Weiße Haus nur noch mehr an Kredit verlieren und die Tonbänder stünden weiterhin im Mittelpunkt des öffentlichen Interesses. Und zudem riskierte man, daß der Oberste Gerichtshof die Klage abwies, womit ein gefährlicher Präzedenzfall geschaffen wäre. Nach Buzhardts Schätzung standen ihre Chancen dabei bestenfalls fünfzig zu fünfzig.

Sirica hatte für Dienstag, den 23. Oktober, nachmittags eine Verhandlung angesetzt, in der das Weiße Haus sich offiziell zu seiner Anordnung, mit der Herausgabe der Tonbänder zu beginnen, äußern sollte. Am Wochenende davor die Anwälte dem Richter ein Exemplar des Stennis-Plans sowie nähere Erläuterungen dazu übermittelten.

Am Dienstag bat Buzhardt mittags dringend um eine Unterredung mit dem Präsidenten. Er müsse sich gedulden, hieß es, der Präsident sei beschäftigt. Wright wartete auf Buzhardt. Um 14 Uhr sollten sie vor Gericht erscheinen. Als Buzhardt endlich vorgelassen wurde, war nur noch eine knappe Stunde Zeit. Es gebe kaum Alternativen, teilte Buzhardt dem Präsidenten mit. Entweder könnten sie die Anordnung Siricas ablehnen oder ihr nachkommen.

Ob gar keine anderen Möglichkeiten existierten, wollte der Präsident wissen.

Es sei unwahrscheinlich, daß Richter Sirica eine Fristverlängerung für die Anrufung des Obersten Gerichtshofes gewähren würde, meinte Buzhardt. Solche Anträge stellte man üblicherweise vor Ablauf der ersten Frist. In der jetzigen Atmosphäre aber wäre das geradezu absurd. Wenn man die Tonbänder nicht übergäbe, würde Sirica eine Verhandlung anberaumen, in der die Anwälte triftig begründen müßten, weshalb der Präsident nicht wegen Mißachtung des Gerichts zur Verantwortung zu ziehen sei. Das wäre übel. Eine offene Weigerung aber würde unzweifelhaft zum Impeachment führen.

Der Präsident reagierte nicht. Da hatte er nun dieses ausgeklügelte Arbeitssystem geschaffen, das seinem Stab ausreichend Zeit ließ, Alternativen schriftlich zu fixieren – nur zu dem Zweck, diese Art von Panik auszuschalten. Cox war gegangen. Darum drehte es sich in erster Linie. Nervös trommelte er mit den Fingern auf der Schreibtischplatte.

Buzhardt wiederholte seine Argumente. Die Auslieferung der Tonbänder hätte einen enormen Schockeffekt. Das würde jedermann beweisen, daß Cox nicht wegen ihres diskriminierenden Inhalts entlassen worden war – wie die meisten Kritiker des Präsidenten behaupteten. Eine Übergabe wäre genau das, womit niemand rechnete.

»Okay, also tun Sie's«, sagte der Präsident schließlich.

Haig und Wright erwarteten Buzhardt in Haigs Büro. Wright, der sich darauf vorbereitet hatte, für den Stennis-Kompromiß zu plädieren, nahm die Entscheidung des Präsidenten erleichtert auf und begann seine Antwort an Sirica zu formulieren. Als er um 13.30 Uhr aufbrechen wollte, rief ihn Nixon zusammen mit Buzhardt und Garment ins Oval Office.

Nahezu eine halbe Stunde lang monologisierte der Präsident laut darüber, ob er die richtige Entscheidung getroffen habe. Wright befürchtete, zu spät zur Verhandlung zu kommen. »Wir müssen jetzt gehen, Mr. President«, sagte er.

Nixon wollte seine letzten Zweifel ausgeräumt wissen. »Halten Sie das wirklich für richtig, Charlie? Wir haben so lange für dieses Prinzip gekämpft – sollten wir jetzt kapitulieren?«

Wright versicherte ihm nochmals, daß das Prinzip ja nicht aufgegeben worden sei. Es werde kein Präzedenzfall geschaffen. Sie hätten fraglos den richtigen Weg gewählt.

Der Präsident entließ sie nur mit einem Nicken. Kurz nach 14 Uhr betrat Wright – im braunen Anzug und hellgrünen Hemd – den überfüllten Gerichtssaal. Nervös trank er ein paar Gläser Wasser.

Sirica erschien. Dramatische Konfrontationen im Gerichtssaal, wie er sie an diesem Nachmittag erwartete, waren ihm ein Greuel. Er vibrierte innerlich. Ohne den Stennis-Kompromiß zu erwähnen, verlas er zehn Minuten lang den Beschluß des Appellationsgerichtshofs, was eine beruhigende Wirkung ausübte. Sirica rechnete damit, daß das Weiße Haus den Stennis-Kompromiß offiziell vorlegen würdeehe.edde. Er war dagegen, in erster Linie aus den gleichen Gründen, aus denen Cox ihn abgelehnt hatte. Außerdem kannte er Senator Stennis und bezweifelte, ob er dazu in der Lage wäre, sich ungezählte Stunden dem Abhören der Tonbänder zu widmen. Das Weiße Haus würde gegen seine Entscheidung, den Kompromiß abzulehnen, Berufung einlegen, vermutete Sirica, oder eine Fristverlängerung verlangen, um gegen den Beschluß des Appellationsgerichtshofs Einspruch zu erheben. In jedem Fall würde die Sache wohl an den Supreme Court gehen, was Sirica begrüßte.

Doch Charles Alan Wright stand auf und teilte mit, daß der Präsident bereit sei, sämtliche Forderungen zu erfüllen. »Der Präsident widersetzt sich der Justiz nicht.«

Im Gerichtssaal herrschte sekundenlang Schweigen.

Sirica grinste verblüfft. »Das Gericht begrüßt es, daß der Präsident zu dieser Entscheidung gelangt ist.«

Die Reporter rannten sich beinahe gegenseitig um, als sie zu den Telefonen stürzten.

Sirica zog sich zurück. Nach einer Ruhepause begann er, sich die Tonbänder anzuhören.

Mit dem Entschluß, das Amt des Sonderanklägers aufzulösen, wollte der Präsident in letzter Minute die Untersuchung ins Justizministerium zurückverlagern, wo sie leichter lenkbar wäre. Doch die heftige Reaktion auf das »Massaker« vom Samstag dauerte an; Nixon willigte ein, einen neuen Sonderankläger zu ernennen. Das Hauptproblem war ja dieser »verdammt miese Harvard-Professor« gewesen, nicht das Amt selber.

Mit geschärftem politischem Bewußtsein begann Haig einen Nachfolger für Cox zu suchen. Der neue Mann würde vom Kongreß und von der Öffentlichkeit genau unter die Lupe genommen werden. Er müßte allgemeine Achtung genießen, als integer und unbeirrbar gelten, ein Demokrat, jedoch nicht parteigebunden, sondern für seine Unabhängigkeit bekannt. Aber Haig brauchte unbedingt einen Mann, der ein Gespür für die besonderen Probleme des Weißen Hauses besaß, der einsah, wo es nationale Sicherheitsinteressen zu wahren galt, und der flexibel genug war, abzuwägen zwischen der gebotenen Strafverfolgung des Beschuldigten und dem Erfordernis, das Präsidentenamt zu schützen: ein vernünftiger Mann, der die Schärfe eines Cox vermeiden und die Verbindungen zum Weißen Haus offenhalten würde.

Haig rief Morris Leibman an, einen alten Freund aus den Zeiten der Johnson-Administration, Seniorpartner einer angesehenen Anwaltsfirma in Chicago und ehrenamtlicher Berater des Weißen Hauses in Verteidigungsfragen. Seit Monaten hatte Leibman ihn gedrängt, ein Gremium erstklassiger Juristen zu berufen, das den Präsidenten im Fall Watergate beraten sollte, und bereits eine umfassende Kandidatenliste zusammengestellt: ehemalige Präsidenten des Amerikanischen Advokatenverbandes, berühmte Anwälte aus den besten Kanzleien des Landes, Dekane juristischer Fakultäten, ehemalige Anwälte des Justizministeriums. Diese Liste waren sie schon einmal durchgegangen: James D. St. Clair, Anwalt aus Boston; Albert Jenner, Rechtsanwalt aus Chicago; John Doar, früher stellvertretender Justizminister unter Robert Kennedy; Dutzende weiterer Namen.

Haig hakte die ab, die nicht in Frage kamen. Er war weder an Ehrgeizlingen interessiert, die in die Geschichte eingehen wollten, noch an Rechtswissenschaftlern. Einer hatte vollauf genügt. Er erkundigte sich bei Leibman nach Leon Jaworski, Rechtsanwalt aus Houston.

Jaworski sei bekannt und renommiert, erklärte Leibman. Er würde die Zustimmung des Senats finden. Der Achtundsechzigjährige war 1962 schon einmal von Justizminister Robert Kennedy berufen worden, um die Vereinigten Staaten gegen Ross Barnett, Gouverneur von Mississippi, zu vertreten, der zu verhindern suchte, daß James H. Meredith als erster farbiger Student an der Universität von Mississippi immatrikuliert wurde. Außerdem war Jaworski im Nürnberger Kriegsverbrecherprozeß als Ankläger aufgetreten. Sohn eines ländlichen Baptistenpredigers, hatte er mit seiner Privatpraxis ein Vermögen verdient, als Houston nach dem Zweiten Weltkrieg seinen Boom erlebte. Er war Rotarier, Direktor des Roten Kreuzes, von 1971-72 Präsident des Amerikanischen Advokatenverbandes. Und er war Demokrat.

Am 30. Oktober erhielt Jaworski einen Anruf von Haig, der ihn in seinem mit grünen Spannteppichen ausgelegten Büro im achten Stock eines Bankgebäudes im Zentrum von Houston erreichte. An allen vier Wänden hingen Plaketten und handsignierte Photographien – beredte Zeugnisse für die Verdienste, die sich Jaworski um die Justiz, die

Gemeinde, den Staat, die Nation erworben, sowie für die einflußreichen Freunde, die er dabei gewonnen hatte, unter ihnen Lyndon Johnson, John Connally und Chief Justice Warren Burger.

Jaworskis Ego entsprach durchaus seiner beachtlichen Energie. Der Anruf überraschte ihn keineswegs. Nach seinem Eindruck hatte er den Posten des Sonderanklägers bereits einmal, im Mai, abgelehnt, als dann Cox ernannt wurde. Tatsächlich war er damals neben mehreren anderen im Gespräch gewesen, und ein Assistent von Elliot Richardson hatte ihm telefonisch auf den Zahn gefühlt. Unter den gegebenen Umständen sei er nicht daran interessiert, erklärte er und fügte hinzu: »Nicht unabhängig genug.« Der Sonderankläger werde vom Justizministerium kontrolliert.

Inzwischen hatte sich die Lage verändert. »Wir haben folgendes Problem«, erläuterte Haig. »Der amtierende Justizminister Bork und ich haben uns umgehört und sind überzeugt davon, daß Sie der geeignete Nachfolger für Cox sind.«

»Ist Ihnen bekannt, General Haig, daß ich den Posten schon einmal abgelehnt habe, weil die erforderliche Unabhängigkeit nicht gewahrt war?«

Diesmal wäre es anders, versicherte Haig, doch Jaworski äußerte Zweifel.

»Wir sind bereit, Ihre Bedingungen zu erfüllen«, sagte Haig. »Wollen Sie nicht wenigstens herkommen, um darüber zu reden ...«

Obwohl Jaworski immer noch skeptisch war, unterhielten sie sich eine Stunde lang.

Am nächsten Morgen, dem 31. Oktober, flog Jaworski mit einer Regierungsmaschine nach Washington und erschien mittags in Haigs Büro. Haigs Liebenswürdigkeit war geradezu überwältigend. Er hatte einen durchdringenden Blick, seine Augen schienen je nach Stimmung die Farbe zu wechseln, von kaltem Stahlgrau zu warmem, blitzendem Himmelblau. Sein Mienenspiel war bemerkenswert ausdrucksvoll, eben noch angespannt und gequält, gleich darauf gelöst und heiter, dann wieder streng, nüchtern, diszipliniert.

Nach der Entlassung von Cox befinde sich das Land buchstäblich im Zustand der Revolution, erklärte Haig. Watergate könne die Nation zugrunde richten. Nahost, Rüstungsbegrenzung, Wirtschaft – alles stehe auf dem Spiel. Im Ernst, nur Jaworski könne da helfen.

Haig sprach eindringlich und schmeichelte ihm: Allein Jaworski besaß das persönliche und berufliche Format; er war hartnäckig, geistig unabhängig und ohne politischen Ehrgeiz; er wußte, was das Präsidentenamt, was die Begriffe nationale Sicherheit und Staatsgeheimnisse beinhalteten. Haig appellierte an seinen Patriotismus. Wolle er den Präsidenten sehen?

»Lieber nicht«, entgegnete Jaworski. Wenn er das Weiße Haus dazu bringen könne, seine Bedingungen anzunehmen, wolle er mit gutem

Gewissen sagen können, daß er keinen Kontakt mit dem Präsidenten gehabt habe. Und seine Bedingungen waren hart. Der Präsident durfte ihn nicht entlassen, ausgenommen wegen ungewöhnlichen Fehlverhaltens im Amt. Man mußte ihm das Recht garantieren, den Präsidenten wegen Herausgabe von Tonbändern und anderem Beweismaterial gerichtlich zu belangen.

»Sie werden diese Freiheit bekommen«, erklärte Haig.

Er fragte abermals, ob Jaworski den Präsidenten zu sehen wünsche.

Nein.

Werde er den Job annehmen?

Ja.

Haig triumphierte, und Leon Jaworski hatte den sichersten Posten in der Regierung. Am Montag wollte er zurückkommen.

Jaworskis Ernennung, am Sonntag vom Weißen Haus bekanntgegeben, stieß bei den schwer gebeutelten Anhängern von Cox im Stab des Sonderanklägers auf Skepsis. Als zwei von ihnen Jaworski am Montag vom Flugplatz abholten, ging er allein von Bord. Er hatte nicht einmal seine Sekretärin mitgebracht – eine demonstrative Geste, die seine loyale Verbundenheit mit dem neuen Mitarbeiterstab unterstreichen sollte. Der neue Sonderankläger bezog ein Appartement im alten Jefferson Hotel, fünf Blocks vom Weißen Haus entfernt.

5. Kapitel

Die Erleichterung der Rechtsberater, als Nixon sich endlich zur Herausgabe der Tonbänder durchgerungen hatte, verflog schnell. Am Samstag, dem 3. November, eilten Buzhardt und Garment nach Florida, um dem Präsidenten den Rücktritt zu empfehlen.

Nixons Weigerung, sie zu empfangen, war nur symptomatisch für eine nahezu unerträglich gewordene Situation. Am Montag, nach Washington zurückgekehrt, hatte sich zwischen ihnen eine Art Schicksalsgemeinschaft entwickelt. Wäre ihr Klient irgendein x-beliebiger und nicht der Präsident der Vereinigten Staaten gewesen, hätten sie das Mandat niedergelegt. Doch ihr Problem war komplizierter – hier vermengten sich Tatbestand und Gesetz, Gesetz und Politik, Verantwortung – dem Gericht, dem Präsidentenamt, Richard Nixon, ihrem Gewissen gegenüber. Im Augenblick waren sie bereit, die Spielregeln zu akzeptieren, die ihnen im Dienst des Präsidenten auferlegt wurden, und den nächsten Akt abzuwarten.

Buzhardt sollte in jener Woche vor Richter Sirica aussagen. Es gab jetzt regelmäßige Lagebesprechungen bei Haig, an denen manchmal auch Garment teilnahm. Sie dauerten lange und wurden nur durch spannungsgeladene Begegnungen zwischen Haig und Nixon, die drei bis vier Minuten dauerten, unterbrochen. Die Atmosphäre war belastet; die Anwälte empfanden sich und ihren Mandanten nahezu als Gegner. Nixon ließ durch Haig mitteilen, er werde Buzhardt verbieten, auszusagen; und zwar unter Berufung auf das im Verhältnis Anwalt–Mandant geltende Vorrecht.

Die Anwälte unterrichteten Sirica von dieser Absicht. Der Richter ließ sie wissen, daß er gegen jeden derartigen Anspruch entscheiden werde.

Haig, Buzhardt und Garment erörterten die Frage mit Nixon. Wenn er sich auf dieses Privileg berief, würde das den Eindruck, hier werde etwas vertuscht, nur noch bestärken, warnten die Anwälte. Haig pflichtete ihnen bei. Er wußte, daß Buzhardt sich nur zögernd entschlossen hatte, selbst gegen Nixons Anordnung auszusagen. Der Anwalt durfte sich nicht auf eine solche Argumentation einlassen, bloß weil der Präsident befürchtete, sein Vorschlag, ein Tonbanddiktat zu fabrizieren, könne ans Licht kommen. Es lag fraglos nicht in Buzhardts Absicht, an Nixons Ruin mitzuwirken, aber jetzt mußte er sich selber schützen.

Schließlich ließ sich der Präsident umstimmen. Er rechnete darauf, daß Buzhardt ihm half.

In Haigs Büro besprachen die drei, was Buzhardt im Zeugenstand aussagen sollte. Sie waren sich einig, daß er von sich aus keine Informationen liefern und versuchen würde, das Thema des Tonbanddiktats vom 15. April zu vermeiden. Fragen würden er jedoch wahrheitsgemäß beantworten.

Am Freitag, dem 9. November, begann der stellvertretende Sonderankläger Richard Ben-Veniste sein Verhör. Buzhardt wurde von Sam Powers vertreten, einem Anwalt aus Florida. Am Spätnachmittag kam Ben-Veniste schließlich auf das Tonbanddiktat zu sprechen. Sirica wollte auf Montag vertagen.

»Ich habe noch eine Frage, Euer Ehren«, sagte Ben-Veniste.

Sirica gab dem statt.

»Mr. Buzhardt, hatten Sie persönliche Kenntnis von der Existenz einer Tonbandaufzeichnung, die der Präsident im Anschluß an die Besprechung mit John Dean am 15. April 1973 diktiert hat?«

Buzhardt sah ihn mit zusammengekniffenen Augen an. »Würden Sie die Frage bitte wiederholen, Mr. Ben-Veniste?«

»Besaßen Sie vor dem 16. Juni 1973 persönliche Kenntnis von der Existenz einer Aufzeichnung, die vom Präsidenten auf einem Diktiergerät oder sonstwie maschinell gemacht wurde, einer einseitigen Aufzeichnung, in der er ein Gedächtnisprotokoll über eine Konferenz diktierte, die er am 15. April 1973 mit John Dean gehabt hatte?«

»Mein Brief enthielt meinen Wissensstand zu jenem Zeitpunkt, daher weiß ich nicht, wie ich Ihre Frage nach persönlicher Kenntnis beantworten soll. Gesehen habe ich dergleichen nie.«

»Haben Sie jemals eine solche Aufzeichnung zu Gesicht bekommen?« versuchte es Ben-Veniste abermals.

»Nein.«

»Haben Sie jemals darum gebeten, eine solche Aufzeichnung zu sehen?«

Sam Powers erhob sich. »Gestatten Euer Ehren die Bemerkung, daß wir über . . . der Anklagevertreter sprach von einer Frage, und meiner Ansicht nach werden jetzt Dinge angeschnitten . . .«

Sirica unterbrach ihn. »Gut, wir werden darüber wohl Montag früh befinden. Die Sitzung ist bis dahin vertagt.«

Am 12. November nahm Ben-Veniste das Verhör wieder auf.

»Tatsächlich existiert doch kein auf Band diktiertes Gedächtnisprotokoll des Präsidenten über seine Konferenz mit Mr. Dean, nicht wahr?« fragte er.

»Ja, das ist richtig«, bestätigte Buzhardt. »Wir konnten nichts dergleichen ermitteln. Später an jenem Tag fand er [der Präsident] Notizen, die er sich seinerzeit über die Besprechung gemacht hatte.«

»Wann wurde Ihnen erstmals bekannt, daß es kein auf Band diktiertes Gedächtnisprotokoll des Präsidenten gab, Mr. Buzhardt?«

»Ich glaube, das war am 5. November, am vorigen Montag«, sagte Buzhardt. Damals hatte die letzte Suchaktion stattgefunden. Die Gespräche in der Woche zuvor erwähnte er nicht – weder das mit Nixon im Weißen Haus, noch das mit Haig und Ziegler in Florida.

». . . Haben Sie sich persönlich darum bemüht, dieses Tonbanddiktat zu finden?«

Buzhardt schilderte die Suche in vagen Formulierungen. Ben-Veniste kam jetzt auf die anderen fehlenden Tonbänder zu sprechen. Buzhardt war aus der Gefahrenzone.

An jenem Nachmittag veröffentlichte das Weiße Haus eine lange ausführliche Erklärung des Präsidenten über die beiden fehlenden Tonbänder und das Tonbanddiktat*. Es gab weitere Schlagzeilen, weitere peinliche Fragen, aber die Protestwelle ebbte etwas ab.

Jetzt ging es vor allem um den Inhalt der Tonbänder. Als Buzhardt sich endlich, am 14. November, daranmachte, sie abzuhören, tat er es mit dem Gefühl, das sei nur dadurch ermöglicht worden, daß er trotz Nixons Starrsinn nicht die Nerven verloren hatte.

»Der Präsident entscheidet, wer sich was anhört; er delegiert seine Verantwortung nicht an Anwälte.« So lautete Haigs Standardphrase bisher immer. Jetzt aber wurden die Tonbänder Richter Sirica ausgeliefert, und jemand mußte abschätzen, welcher Schaden daraus entstehen könnte.

Die anderen sieben Tonbänder, für die »sub poena« galt, waren am Vortag kopiert und die Originale vom Gericht unter Verschluß genommen worden. Buzhardt hockte in einem kleinen Raum nahe beim Oval Office, neben ihm Sam Powers. Sie sollten den Inhalt jedes Gesprächs analysieren und die Abschnitte registrieren, für die man das »executive privilege« in Anspruch nehmen wollte. Laut Siricas Verfügung hatte der Richter über jeden Fall einzeln zu entscheiden, bevor er die Bänder dem Sonderankläger übergab.

---

* In seiner Erklärung sagte der Präsident: »Als ich am 4. und 5. November 1973 während des Wochenendes meine persönlichen Tagesunterlagen für den 15. April 1973 überprüfte . . ., stellte ich fest, daß meine Akte für jenen Tag aus persönlichen Notizen über das mit John Dean am Abend des 15. April 1973 geführte Gespräch besteht, aber kein Tonbanddiktat enthält . . . Ich glaubte im Juni, daß ich für den 15. April 1973, über Gespräche, die an jenem Tag stattfanden, ein Gedächtnisprotokoll auf Band diktiert hätte. Die Antwort an den Sonderankläger vom 16. Juni 1973 bezog sich auf ein solches Tonbanddiktat. Zu jener Zeit überprüfte ich jedoch meine Unterlagen nicht, um zu verifizieren, ob sie das Band enthielten.«

Powers und Buzhardt sahen die Liste des Sonderanklägers durch. Die erste Eintragung lautete: »(a) Sitzung vom 20. Juni 1972 im Büro des Präsidenten im Executive Office Building (EOB). Teilnehmer: Richard Nixon, John Ehrlichman und H. R. Haldeman. Dauer: 10.30 Uhr bis mittags (schätzungsweise).«

Das sei das Gespräch, von dem ihm Rose Mary Woods vor sechs Wochen gesagt habe, sie könne es nicht ausfindig machen, erklärte Buzhardt. Am 20. Juni 1972 verzeichnete der Terminkalender des Präsidenten keine Sitzung mit allen drei Genannten, sondern nur zwei Besprechungen: eine mit Ehrlichman von 10.25 bis 11.20 Uhr und eine mit Haldeman von 11.26 bis 12.45 Uhr.

Buzhardt hatte Rose Mary Woods darauf hingewiesen, daß sich die »sub poena« nur auf das Gespräch mit Ehrlichman bezog und sie sich um das mit Haldeman nicht zu kümmern brauchte. Ein paar Tage später hatten ihm Haig und der Präsident mitgeteilt, es sei ein Problem aufgetaucht: Als Rose Mary Woods den Mitschnitt der ersten Sitzung in die Schreibmaschine übertrug und das Band weiterlaufen ließ, um festzustellen, wann Ehrlichman gegangen war (und damit, wann die Zusammenkunft endete), hatte sie versehentlich vier bis fünf Minuten des zweiten Gesprächs gelöscht.

Das erkläre, wieso die Techniker beim Ablesen leere Abschnitte auf den Tonbändern registriert hätten, bemerkte Buzhardt. Eine solche Stelle würden sie wohl unmittelbar nach dem »sub poena« angeforderten Gespräch entdecken. Vorsichtshalber vergewisserte er sich, ob Powers auch der Meinung sei, daß das jetzt teilweise gelöschte Gespräch mit Haldeman nicht zu den angeforderten gehöre. Powers machte ihn darauf aufmerksam, daß Cox dem Gericht eine Ergänzung zu seinem Antrag überreicht habe, die eine Erläuterungsklausel enthielt. Darin wurde das Gespräch mit Ehrlichman aufgeführt, und danach hieß es: ». . . dann ging Haldeman zum Präsidenten.« Daß sich die »sub poena« auf eine Sitzung bezog, an der alle drei teilgenommen hatten, mochte unklar sein, die ergänzende Notiz aber war eindeutig. Sie enthielt ferner die zusätzliche Angabe: »Von 10.30 bis 12.45 Uhr.« Powers war sicher, daß sie die Mitschnitte von beiden Gesprächen übergeben mußten.

Buzhardt stimmte ihm widerstrebend zu. Für den gelöschten Teil des Tonbandes galt »sub poena«.

Mit Hilfe von Powers begann er, die Bandaufzeichnung über das Gespräch mit Ehrlichman immer wieder vorwärts und rückwärts abzuspielen. Zuerst hörte Buzhardt allein ab, dann spulte er um und gab Powers einen der Kopfhörer. Die beiden lauschten gemeinsam, die Köpfe dicht aneinandergepreßt. Sie kontrollierten jeden einzelnen Abschnitt mit der Stoppuhr und markierten die Stellen, für deren Inhalt das »executive privilege« beansprucht werden konnte. Es war schwierig, die einzelnen Worte zu verstehen. Die Stimmen hoben und senkten sich, wurden manchmal völlig unhörbar. Tassen klirrten, Füße polterten gegen Schreibtische. Angestrengt lauschten sie auf die Stimmen, die von den Hintergrundgeräuschen übertönt wurden. Was sie hörten, hatte nicht einmal entfernt mit Watergate zu tun. Auf dieses Gespräch ließ sich das »executive privilege« anwenden.

Sie lauschten weiter und warteten auf die angeblich von Rose Mary Woods gelöschten vier bis fünf Gesprächsminuten.

Der Pfeifton kam. Er hielt fünf Minuten an ... zehn Minuten ... fünfzehn ... länger. Schließlich endete er.

Sie spulten das Band zurück und hörten es nochmals ab, jetzt mit der Stoppuhr. Nach viereinhalb Minuten veränderte sich die Höhe des Pfeiftons. In Buzhardts Ohren klang es wie eine gesonderte Löschung. Die Lücke im Tonband umfaßte insgesamt achtzehn Minuten und fünfzehn Sekunden.

Buzhardt eilte zu Haig. Powers bewachte inzwischen die Tonbänder, die sie selbst hier, in einem verschlossenen Raum des Weißen Hauses, keine Minute sich selbst überlassen wollten. Der Anwalt steckte den Kopf durch Haigs Bürotür, und der General kam zu ihm.

»Ich habe schon wieder ein Problem«, teilte Buzhardt ihm mit.

»Gut – sobald ich fertig bin, komme ich zu Ihnen«, sagte Haig und kehrte zu seinen beiden Besuchern zurück, mit denen er über die Nahostfrage diskutierte: William E. Timmons, Leiter des Verbindungsstabes zum Kongreß, und General Brent Scowcroft, Haigs Nachfolger als Stellvertreter Henry Kissingers. Buzhardt blieb nichts übrig, als sich wieder zu den Tonbändern zu begeben.

Kurz vor 21 Uhr erschien der General bei Buzhardt und Powers.

Buzhardts normalerweise schon leise Stimme war jetzt fast unhörbar. »Erinnern Sie sich an das Malheur, von dem Rose dem Präsidenten berichtete?«

Selbstverständlich.

»Wir haben die Dauer des Pfeiftons gerade mit der Stoppuhr gemessen. Sie beträgt nicht viereinhalb bis fünf, sondern mehr als achtzehn Minuten«, sagte Buzhardt.

Haig machte ein erstauntes Gesicht.

»Aber das ist noch nicht alles«, fuhr Buzhardt fort. »Ich habe den Gerichtsbeschluß nochmals überprüft, und Sam und ich sind zu dem Resultat gelangt, daß für dieses Gespräch ›sub poena‹ gilt.«

Haig explodierte. »Verdammt noch mal, Fred, reichlich spät, mir mit so was zu kommen.«

Er erbat den Gerichtsbeschluß und studierte ihn mit gerunzelten Brauen. »Das ist ganz schön unklar, Fred. Woher wollen Sie eigentlich wissen, was das heißt? Man könnte es so und so interpretieren, oder?«

»Ja, aber es gibt Zusatzerläuterungen.« Er reichte ihm das Papier von Cox.

»Ich muß mich Ihrer Ansicht anschließen«, sagte Haig nach einer

Weile. »Wie zum Teufel konnten da bei uns Unklarheiten entstehen, Fred?«

Buzhardt wußte darauf keine befriedigende Antwort. Er habe sich einfach nicht mit den Zusatzerläuterungen beschäftigt, als sie eintrafen, erklärte er. Sie waren nur ein kleiner Bestandteil des Schriftsatzes, den der Sonderankläger in dem damaligen Rechtsstreit eingereicht hatte.

Der Praktiker Haig verschwendete keine Zeit mit zwecklosen Auseinandersetzungen. Um was für eine Art von Lücke handelte es sich?

Buzhardt konnte es nicht sagen. Es gab zwei unterschiedliche Teile mit Pfeifton.

Was könnten sie jetzt tun? Vielleicht ließe sich das Gespräch rekonstruieren, schlug Haig vor.

Buzhardt, der vier Jahre in der Army Air Force als Offizier im Fernmeldewesen und als Spezialist für Reparaturen an elektronischen und Radaranlagen verbracht hatte, reagierte skeptisch.

Haig mußte es auf sich nehmen, den Präsidenten zu unterrichten. Der Zeitpunkt war denkbar ungünstig. Der Präsident hatte diese Woche einen übervollen Terminkalender. Abgesehen von der Nahost- und Energiekrise, führte er eine Public-Relations-Kampagne, die seine Unschuld bekräftigen und seine Glaubwürdigkeit wiederherstellen sollte. In den nächsten zwei Tagen hatte er fünf verschiedene Gruppen von Kongreßabgeordneten zu empfangen, das hieß, sämtliche 234 Mitglieder der republikanischen Fraktion. Gerade jetzt hatte er eine Zusammenkunft mit einigen Senatoren. Für den folgenden Vormittag war eine Rede vor der *National Association of Realtors* (Verband der Immobilienmakler) eingeplant, über die Presse und Bildreporter ausführlich berichten würden.

Haig machte sich Sorgen, wie die neue Hiobsbotschaft sich auswirken würde. Die pausenlosen öffentlichen Auftritte während der ganzen Woche waren eine Strapaze. Und dann diese Nachricht, so kurz nach der Enthüllung, daß zwei der »sub poena« angeforderten Gespräche nicht mitgeschnitten worden waren – das mußte die Position des Präsidenten bedenklich schwächen. Der zusätzliche Druck würde seinen Tribut fordern. Haig wollte vorerst Schweigen bewahren.

Am nächsten Vormittag empfing der Präsident achtundsiebzig republikanische Kongreßabgeordnete, die begeistert klatschten, als er emphatisch beteuerte: »Ich gedenke nicht, mein Amt im Stich zu lassen.« Selbst die Kritiker unter ihnen beeindruckte seine Entschlossenheit, zu bleiben und zu kämpfen. Haig fand die Sitzung geglückt und hielt immer noch den Mund.

Am späteren Vormittag wurde dem Präsidenten von dreitausend Mitgliedern der *National Association of Realtors* eine Ovation bereitet. Nixon gab in seiner Ansprache »übereifrigen« Mitarbeitern die Schuld an Watergate und anderen Übergriffen im Wahlkampf und sagte, sie hätten »Fehler gemacht, die ich niemals billigte, Fehler, die ich niemals geduldet hätte, aber Fehler, für die ich die Verantwortung zu tragen habe«.

Haig wartete weitere fünfzig Minuten, während der Präsident sich den Photographen stellte und den Botschafter sowie den Außenminister von Kambodscha empfing. Endlich, um 12.36 Uhr, überbrachte er ihm die Nachrichten im Oval Office.

Der Präsident tobte. Er war so wütend, daß Haig eine Weile gar nicht wußte, über welchen Fehler er sich eigentlich derart ereiferte. Dann wurde es ihm klar. Der Präsident war nicht etwa über die Tonbandlücke außer sich, sondern über Buzhardts Schnitzer. Was sollten sie denn jetzt unternehmen? wollte er wissen. Unglaublich, daß er einen solchen Bock schießen konnte. Mußten sie das Tonband herausgeben? Wie sollten sie den Pfeifton erklären? Was war eigentlich mit seinen Anwälten los?

Vielleicht sollte sich der Präsident darüber am besten direkt mit seinem Anwalt unterhalten, schlug Haig diplomatisch vor. Zögernd willigte der Präsident ein. Er werde Buzhardt bei erster Gelegenheit noch am gleichen Nachmittag rufen lassen. Haig begleitete seinen sehr verstörten Chef, als er das Oval Office verließ und sich zum Lunch und einem kurzen Mittagsschlaf in sein Büro im Executive Office Building begab.

Um 15 Uhr wollte Haig ergründen, warum der Präsident Buzhardt immer noch nicht empfangen hatte. Inzwischen waren Ziegler, Rose Mary Woods und Steve Bull ständig in seinem Büro aus und ein gegangen. Von Nixon, Haldeman und dem Geheimdienst abgesehen waren Rose Mary Woods und Bull die einzigen, die mit Tonbändern zu tun gehabt hatten.

Kurz vor 16 Uhr ging der Präsident in seine Wohnräume im Weißen Haus. Eine halbe Stunde später kam er endlich wieder ins Oval Office und teilte Haigs Mitarbeiter Major George Joulwan mit, er sei jetzt bereit, Buzhardt und Haig zu empfangen.

Ziegler war bei ihm. Nixons Zorn hatte sich gelegt, zumindest äußerlich. Haig wußte sehr wohl, daß der Präsident selten seine Wut zeigte. Auch jetzt ging er nicht auf Konfrontationskurs.

Buzhardt berichtete in seiner leisen Art, was er am Vorabend festgestellt hatte. Der Präsident wirkte besorgt, aber ruhig, als er ihm die Klangfarbe der zwei verschiedenen Pfeiftöne schilderte.

Was sei da seiner Ansicht nach passiert, erkundigte sich der Präsident.

Darauf wisse er auch keine Antwort.

Was war auf dem Tonband gewesen?

Davon hatte Buzhardt ebenfalls nicht die leiseste Ahnung.

Er könne sich nicht erinnern, worüber gesprochen worden sei, sagte Nixon. Er habe sich bemüht, aber . . .

Buzhardt sondierte vorsichtig. Hatte der Präsident irgendeine Erklärung, was geschehen sein könnte?

Er habe vorhin mit Rose Mary gesprochen, sagte Nixon. Sie sei sehr aufgeregt und durcheinander gewesen. Dann fragte er, ob das Ganze nicht durch Löschung entstanden, sondern auf einen technischen Fehler zurückzuführen sein könnte, der auch den Widerspruch zwischen der Zeitangabe von Rose und der tatsächlichen, über achtzehn Minuten langen Tonbandlücke erklären würde. Könnte es nicht durch einen Druck auf das Fußpedal gekommen sein, durch das Zusammenwirken von zwei gleichzeitig in Betrieb gesetzten Kontrollvorrichtungen?

Buzhardt hielt das für unwahrscheinlich, wollte es aber nachprüfen. Er stellte fest, daß der Präsident außerordentlich besorgt wegen der Tonbandlücke war, daß jedoch sein Verhalten irgendwie ausweichend, seine Reaktion irgendwie irritierend wirkte. Ihm schien es, als schlage Nixon seinem Anwalt zuliebe mögliche Erklärungen vor, als spekuliere er über verschiedene Ausreden und wolle damit sagen: »Könnten wir uns nicht auf eine dieser Versionen einigen?«

Buzhardt rühmte sich zu wissen, wann der Präsident log. Gewöhnlich war das nicht schwer. Nixon war vielleicht der am leichtesten durchschaubare Lügner, den er je kennengelernt hatte. Fast zwanghaft wiederholte sich der Präsident in solchen Fällen, gelegentlich bis zu dreimal – als versuche er, sich selber zu überzeugen. Aber diesmal konnte Buzhardt es nicht ergründen. Einen Augenblick lang hielt er Nixon für verantwortlich, im nächsten verdächtigte er Rose Mary Woods. Vielleicht hatten es beide getan. Eines schien so gut wie sicher: Es war kein Zufall. Alles in allem neigte Buzhardt eher zu der Vermutung, daß es die Woods war. Hätte der Präsident das Tonband gelöscht, dann hätte er es auch jemandem erzählt: Ein Mandant, der ungeniert vorschlug, Beweismaterial zu fabrizieren, würde ebenso rückhaltlos offen zugeben, daß er es vernichtet hatte.

Buzhardt unternahm einen neuen Vorstoß. Hatte Rose Mary Woods vielleicht noch etwas erwähnt? Wußte sie vielleicht mehr, als sie zugegeben hatte?

Der Präsident verneinte das.

Es würde ernstliche Schwierigkeiten geben, warnte Buzhardt.

Nixon explodierte. »Was zum Teufel erwarten Sie von mir? Was soll ich denn tun?« brüllte er Buzhardt an, der zurückschreckte.

Nixon beruhigte sich und ventilierte nun die Möglichkeit, das Gespräch mit irgendwelchen elektronischen Hilfsmitteln zu rekonstruieren. Buzhardt bezweifelte, ob sich das technisch machen ließe, wollte es jedoch feststellen.

»Vielleicht hat Bob sich während der Sitzung Notizen gemacht«, meinte Buzhardt. »Wenn wir die hätten, könnte das etwas Licht in die Angelegenheit bringen.«

Der Präsident war einverstanden. Haig beauftragte Buzhardt, die

Notizen aus Haldemans Akten herauszusuchen, die in einem Registraturraum unter Verschluß lagen und vom Geheimdienst bewacht wurden. Minuten später erschien Buzhardt wieder in Haigs Büro. Er
brauchte die Kombination für das Schloß.

Haig fiel ein, daß Haldeman ihm im Mai bei der Amtsübergabe
mitgeteilt hatte, er habe die Kombination ändern lassen. Haig war
einverstanden gewesen, hatte nur gebeten, die neue Kombination beim
Präsidenten zu hinterlegen.

Er ging zu Rose Mary Woods. Sie sah in ihren Unterlagen nach.
Nichts zu finden.

Haig ärgerte sich. Offenbar kannte Haldemans Arroganz keine
Grenzen; er betrachtete das Weiße Haus immer noch als sein Privat-
reich. Er rief ihn in seiner Wohnung in Kalifornien an und erklärte ihm,
worum es sich handelte. »Bob, ich wünsche, daß die Kombination sich
hier im Weißen Haus befindet, und sonst nirgends«, sagte er energisch.
Am schnellsten ginge es, wenn Larry Higby, sein ehemaliger Assistent
in Verwaltungsangelegenheiten, das Material heraussuchte, meinte
Haldeman. In dem Registraturraum gab es über vierzig Fächer, in
denen Dokumente und Papiere lagerten. Er werde Higby die Kombination telefonisch durchgeben und ihm sagen, wo er die gewünschten
Unterlagen finden könne.

Haig willigte wohl oder übel ein.

Als Haldeman ihn um 17.45 Uhr aus Kalifornien anrief, befand sich
Higby gerade in der Sporthalle des Weißen Hauses. Er wollte sich noch
schnell rasieren lassen, bevor er mit seiner Frau abends ausging.

Higby hatte fünf Jahre für Haldeman gearbeitet und seine Anweisungen so mustergültig ausgeführt, daß Assistenten für Verwaltungsangelegenheiten von den Mitarbeitern des Weißen Hauses sprichwörtlich
die »Higbys« genannt wurden. Higbys Assistent wiederum war unter
dem Spitznamen »Higbys Higby« bekannt. Jetzt ins Büro eines anderen ehemaligen Haldeman-Mitarbeiters verbannt – Fred Malek, stellvertretender Direktor des Amtes für Verwaltungs- und Budgetangele-
genheiten –, erledigte Higby treu und brav sämtliche Aufträge, die
Haldeman in Washington für ihn hatte.

Haldeman schilderte Higby präzise wie gewöhnlich, worum es ging,
nannte ihm die Kombination und erteilte genaue Anweisungen: »Melden Sie sich in Haigs Büro; sagen Sie ihm, Sie holen die Notizen; gehen
Sie in den Registraturraum; öffnen Sie den Safe; ziehen Sie das zweite
Fach heraus; entnehmen Sie den braunen Pappbehälter für die Zeit
von April bis Juni 1972 und den für April 1973; in einem der beiden
finden Sie einen gelben Block mit Notizen über die bewußte Besprechung; nehmen Sie ihn heraus und rufen mich dann an; lesen Sie mir
die Notizen vor; und geben Sie die Unterlagen unter keinen Umständen weiter, bevor Sie mich angerufen und meine Genehmigung einge-
holt haben. Halten Sie sich unbedingt strikt an meine Anweisungen.

Sollte sich irgend etwas Unvorhergesehenes ergeben, rufen Sie mich gleich an, bevor Sie weitermachen.«

Higby kapierte. Er ging in Haigs Büro und teilte mit, daß er die Unterlagen aufstöbern werde. Nach einem Halt bei Buzhardt, von dem er sich das gesuchte Material genauer schildern ließ, eilte Higby zum Registraturraum im fünften Stock des EOB. Buzhardt folgte ihm und wartete drinnen.

Higby tat alles genauso, wie es ihm aufgetragen worden war, holte die Pappbehälter heraus und sichtete ihren Inhalt. Er habe die gewünschten Aufzeichnungen gefunden, sagte er zu Buzhardt, rief dann Haldeman an und las ihm die Notizen vor. Buzhardt wartete außer Hörweite.

»In Ordnung«, sagte Haldeman. »Das können Sie weitergeben.«

»Buzhardt will die Originale, Bob.«

Das irritierte Haldeman zwar, aber er stimmte zu – unter der Voraussetzung, daß Higby eine Fotokopie zu seinen Akten nahm.

6. Kapitel

Nach dem Gespräch mit Haig und Buzhardt ging der Präsident durch die Säulenhalle des Rosengartens zu seiner Residenz. Drinnen nahmen die uniformierten Sicherheitsbeamten Habt-acht-Stellung ein. Nixon passierte den Korridor im Erdgeschoß, vorbei an den Porträts ehemaliger First Ladies, bis zum Fahrstuhl, der ihn in den Wohntrakt brachte. Im dritten Stock stieg er aus und schritt in gebeugter Haltung die Rampe zum Solarium hinauf. Kurz bevor er anlangte, straffte er sich ruckartig.

Die neun republikanischen Senatoren, die ihn dort erwarteten, waren seine Hauptstützen innerhalb der Partei und gehörten sowohl dem rechten wie dem gemäßigten Flügel an. Ihre Wähler verlangten Auskunft, weshalb Nixon eine derart bedingungslose Loyalität verdiene. Die Senatoren machten sich Sorgen um die Partei und um ihre Karriere. Sie konnten keine weiteren Enthüllungen gebrauchen, von denen die Zeitungen voll waren, sondern mußten wissen, ob sie nach wie vor hinter ihrem Präsidenten stehen konnten. Dazu sollte er ihnen Rede und Antwort stehen.

Er beteuerte seine Unschuld, die er auch beweisen würde. Die Nation brauche einen starken Präsidenten. Und er brauche ihre Unterstützung, um stark zu sein. Sie gelobten es.

Die politischen Spitzenmitarbeiter des Präsidenten – Timmons, Bryce Harlow und Tom Korologos – sorgten dafür, daß es den Gästen des Weißen Hauses an nichts fehlte. Die Senatoren blieben noch zu einem Cocktail. Nixon verließ das Solarium zusammen mit Haig, der kurz hereingeschaut hatte, und erkundigte sich, was Buzhardt in Haldemans Akten gefunden habe. Haig eilte bereitwillig in den Registraturraum. Buzhardt hatte gerade die Originale von Higby erhalten. Haig raffte sie an sich und machte sofort kehrt. Buzhardt vertrat ihm den Weg und wies ihn auf die zweite Seite von Haldemans Notizen hin.

Haig las: »Wie sieht unser Gegenangriff aus? Massive PR-Offensive draufsetzen. Aktivitäten der Opposition attackieren. Ausstreuen, intellektuelle Liberale haben Spektakel in der Öffentlichkeit verursacht(?). Finden sie das hier weniger entschuldbar als Diebstahl von Pentagon-Papieren, Akte Anderson etc. . . . Wir müssen angreifen – als Ablenkungsmanöver.«

Jetzt war Haig wirklich außer sich. Es mochte fraglich sein, was genau während der Besprechung gesagt wurde. Es mochte auch fraglich sein, wer oder was diesen Teil des Tonbands gelöscht hatte. Eines aber stand außer Frage: Hier war eine Diskussion über Watergate gelöscht worden.

Haig ging zum Präsidenten, um ihm das zu berichten.

Buzhardt und Powers machten sich wieder daran, die angeforderten Tonbänder abzuhören, als nächstes das vom 30. Juni 1972. Es war intakt, und der Inhalt bezog sich größtenteils nicht auf Watergate. Am 15. September 1972 jedoch hatte eine Diskussion über Watergate zwischen Haldeman, Dean und dem Präsidenten stattgefunden. Laut Deans Zeugenaussage hatte der Präsident im Verlauf dieses Gesprächs geäußert: »Ich höre von Bob, daß Sie gute Arbeit geleistet haben, John.« Würde das Tonband Nixons Behauptung bestätigen, er habe so gut wie nichts von der Vertuschung gewußt, als an eben jenem Tag die Anklageschriften* vom Gericht ausgefertigt wurden?

Das Lob des Präsidenten für Dean hörte sich so an: ». . . sehr geschickt war das, . . . wie Sie . . . jedesmal, wenn die Deiche Löcher bekamen, gleich zugepackt und sie wieder geflickt haben.« Aber worauf Nixon das bezog, ließ sich unmöglich genau feststellen.

Ein anderer Teil des Gesprächs machte Buzhardt und Powers mehr zu schaffen. Der Präsident unterhielt sich mit Dean über die *Washington Post* und deren Anwalt, Edward Bennett Williams. »Nach der Wahl möchte ich nicht in Edward Bennett Williams' Haut stecken«, sagte der Präsident. »Wir werden diesen Hurensohn fertigmachen, verlassen Sie sich drauf. Das müssen wir bei diesem obermiesen Kerl.«

Eine weitere Bemerkung des Präsidenten war nicht minder bedenklich. »Hauptsache, die *Post* kriegt noch und noch Scherereien in einer Sache – die haben eine Fernsehstation und müssen die Genehmigung verlängern lassen.«

Es sei zur üblichen Praxis geworden, für solche Lizenzerneuerungen Ablehnung zu beantragen, stellte Dean fest. »Hier hat das verdammt genau hinzuhauen«, entgegnete der Präsident schneidend.

Nixons Äußerungen stimmten Buzhardt und Powers zwar besorgt, aber sie kamen zu dem Schluß, daß dieser Teil des Gesprächs technisch keinen Bezug auf Watergate habe. Sie wollten dafür das »executive privilege« in Anspruch nehmen und abwarten, ob Sirica diese Auffassung unterstützen würde.

---

* Gegen Hunt, Liddy und die am 17. Juni 1972 im Watergate Hotel verhafteten fünf Männer.

Dann kam etwas höchst Beunruhigendes: Dean beschwerte sich, daß die Staatskasse IRS ihn bei seinen Bemühungen, einen der Geldgeber für den Wahlkampf des demokratischen Präsidentschaftskandidaten George McGovern zu diffamieren, nicht unterstützen wolle. Der Präsident war wütend. »Verdammter Mist, die müssen Material rausrükken«, erklärte er und verbreitete sich darüber, wie er nach der Wahl sicherzustellen gedenke, daß die IRS kooperationswilliger würde. Er werde den Leiter, Johnnie Walters, wegen dieser Unterlassung hinauswerfen. Dann drohte er, den für die IRS zuständigen Finanzminister zu feuern. »George Shultz soll mir ja nicht mit dieser Geschichte kommen, denn dann müßte ich ihn rausschmeißen«, hatte der Präsident gesagt. »Er ist nicht seiner schönen blauen Augen wegen Finanzminister geworden. Das war eine mordsmäßige Vergünstigung, daß er den Posten gekriegt hat.«

Hier handele es sich genau um jenen Machtmißbrauch des Präsidenten, auf den der Impeachment-Artikel in der Verfassung abziele, bemerkte Buzhardt. Der Präsident beabsichtigte, eine Bundesbehörde für unverkennbar politische Zwecke zu benutzen. Aber strenggenommen hatte auch das nichts mit Watergate zu tun. Vielleicht kämen sie da ebenfalls mit dem »executive privilege« bei Sirica durch.

Erwartungsvoll legte Buzhardt das Tonband vom 21. März 1973 ein. Nixon stellte seinen gesamten Fall fast ausschließlich auf dieses Datum ab, an dem Dean ihn angeblich zum erstenmal über Einzelheiten der Vertuschung unterrichtet habe. Trotzdem hatte der Präsident sich dieses wichtige Tonband nie angehört, sondern sich auf Haldemans Lesart verlassen, die mit seiner Erinnerung übereinstimmte – als man ihm an jenem Tag mitteilte, die Einbrecher verlangten eine Million Dollar Schweigegeld, habe er diese Erpressung entschieden abgelehnt: »Das wäre falsch, es würde nicht klappen, die Wahrheit käme ohnehin heraus.«

John Dean stellte das völlig anders dar. Ebenso vertrat er in der Frage, ob der Präsident den Gedanken an Begnadigung der Einbrecher zurückgewiesen habe, eine kontroverse Auffassung.

Zunächst erörterte Dean mit dem Präsidenten relativ unverfängliche Themen: die Anhörungen, um Patrick Gray als Leiter des FBI bestätigen zu lassen; wie man den Rechtausschuß des Senats daran hindern könne, FBI-Akten in die Hände zu bekommen. Das Gespräch brachte Nixon auf ein Lieblingsthema – Telefonleitungen, die von den Demokraten angezapft wurden. Er fragte, wann Bill Sullivan vom FBI endlich eine Aufstellung über Verstöße früherer Administrationen herbringen werde. »Sobald Sie die kriegen, stehe ich Ihnen nachmittags zu einem Gespräch zur Verfügung.« Buzhardt hörte der Stimme des Präsidenten an, mit welcher Begeisterung er spekulierte, was Sullivan wohl alles im Köcher haben mochte.

Dann sagte Dean ernst: »Ich habe angeregt, daß wir uns heute zusammensetzen sollten, weil ich bei unseren Gesprächen immer den Eindruck habe, daß Sie nicht alles wissen, was ich weiß.«

»Das ist richtig«, bestätigte der Präsident.

Buzhardt war erleichtert. Dean und Nixon bekräftigten beide, was der Präsident ständig behauptet hatte – daß Dean auf eigene Faust gehandelt habe.

Dean warnte Nixon vor dem »Krebsgeschwür« und gab dann einen Überblick über den Verlauf der Vertuschungsaktion im Sommer und Winter 1972. Das Problem wurde von Tag zu Tag größer und komplizierter. »Ein paar Einzelheiten zur Verdeutlichung. In erster Linie liegt es daran, daß wir einmal erpreßt werden und zum anderen die Leute sehr schnell zum Meineid bereit sind, bei denen gar keine Notwendigkeit dafür besteht, etwa um andere zu schützen oder ähnliches.« Buzhardt war hocherfreut. Genau, wie der Präsident gesagt hatte. Dean erklärte ihm Watergate zum erstenmal. Buzhardt spielte diesen Teil noch einmal für Powers ab und ließ das Band dann weiterlaufen. Dean war deutlich zu verstehen, der Präsident jedoch nur mit Mühe.

»Wieviel Geld brauchen Sie?« fragte Nixon.

»Ich würde sagen, diese Leute werden uns in den nächsten zwei Jahren eine Million Dollar kosten.«

»Das könnten wir auftreiben«, entgegnete Nixon. ». . . Ich meine, Sie könnten das Geld . . . Sie könnten eine Million Dollar kriegen. Und zwar in bar. Ich . . . ich weiß, wo man es auftreiben könnte. Nicht ganz einfach, aber es ließe sich machen.«

Buzhardt erwartete jetzt die Worte: »Das wäre falsch.«

Statt dessen kam: »Die Frage ist nur, wer zum Teufel soll das in die Hand nehmen? Irgendwelche Vorschläge?«

Der Präsident und sein Adlatus diskutierten jetzt darüber, wer als verläßlicher Mittelsmann für die Transaktion in Frage käme. Die Zahlungen an die Einbrecher ließen sich vielleicht unter der Deckadresse eines kubanischen Verteidigungskomitees abwickeln. Das könne man vor einer Grand Jury verheimlichen.

Buzhardts Optimismus verflog schnell, als er Nixon und Dean miteinander konspirieren hörte. Viermal erörterte der Präsident Möglichkeiten, wie man die Forderungen der Erpresser erfüllen könne, ohne dabei auch nur einmal anzudeuten, daß das falsch wäre. Hunt verlangte sofort 120 000 Dollar.

»Vor allem müssen Sie Hunt an die Kandare nehmen«, meinte der Präsident. »Wenn man sich mal das nächstliegende Problem ansieht – müssen Sie sich dann nicht schleunigst um Hunts finanzielle Lage kümmern?« Er gab sich selber die Antwort. Es sei unbedingt notwendig, »den Deckel so fest abzudichten, daß der Kessel keinen Dampf abläßt«.

Powers bemerkte, wie sich Buzhardts Miene verfinsterte.

Die Situation habe sich gefährlich zugespitzt, erklärte Dean. Auch auf die Mitarbeiter könne man die Kartenhaustheorie anwenden: Bald würde das Kartenhaus umzukippen beginnen und schließlich über dem Präsidenten zusammenstürzen. Dean befürchtete, wegen Behinderung der Justiz angeklagt zu werden, denn über ihn seien ja die Angeklagten bezahlt worden.

»Ach so, Sie meinen – zum Beispiel, hm – die Erpressung.«

»Ganz recht.«

»Na ja, ich frage mich, ob man da nicht . . . sollte man diesen Teil der Angelegenheit . . . Also – offen gesagt – ich frage mich, ob das nicht weitergeführt werden muß?«

Buzhardt reichte Powers einen Kopfhörer.

»Ich möchte es mal so ausdrücken«, sagte der Präsident. »Nehmen wir an, Sie kriegen die Million Dollar und dazu die richtige Gebrauchsanweisung, so daß Sie diesen Teil managen könnten. Mir scheint, das wäre der Mühe wert.«

Dean räusperte sich und wollte antworten. Doch der Präsident unterbrach ihn. »Jetzt gibt's da ein Problem. Sie haben die Schwierigkeiten mit Hunt und – hm – seiner Begnadigung.«

Buzhardt und Powers sahen sich an. Also war es doch nicht Dean, der dieses Thema angeschnitten hatte.

»Richtig«, pflichtete Dean bei. »Und auf Sie kommt das Problem mit der Amnestie für die anderen zu. Die würden doch alle damit rechnen, und das kann Sie in eine unhaltbare Lage bringen . . . Ich bin nicht sicher, ob Sie über die Begnadigung jemals öffentlich reden könnten. Einfach zu riskant.«

Nicht der Präsident hatte geäußert, Amnestie komme nicht in Frage, sondern Dean. Buzhardt war mittlerweile auf alles gefaßt.

»Man darf das natürlich erst nach den Wahlen 74 machen«, fuhr Nixon fort. »Aber selbst dann halten Sie es wohl für ausgeschlossen.« Es klang enttäuscht.

»Allerdings. Sie könnten dadurch in einer unschönen Weise weiter hineingezogen werden, und das sollte nicht sein.«

Der Präsident stimmte dem zu. »Nein, das ist falsch, klarer Fall.«

Endlich. Darin sah nun der Präsident eine entschiedene Ablehnung, die erpresserischen Forderungen der Einbrecher zu erfüllen. Es bezog sich auf die Amnestie, nicht auf die Erpressung.

Nixon suchte weiter nach einer Lösung. Dean vermutete, die Grand Jury werde gegen Ehrlichman Anklage erheben, weil er sich um die Gelder bemüht habe, die seit Monaten an die Erpresser gegangen seien. »Aber worüber wir heute sprechen sollten, ist folgendes: Ich habe keine Sofortlösung parat, aber ich finde es an der Zeit, daß wir uns allmählich darüber Gedanken machen, wie man weitere Verluste verhüten, wie man das weitere Ausufern dieser Geschichte auf ein Minimum reduzieren kann, anstatt das Ganze dadurch noch mehr zu komplizieren, daß man letzten Endes in alle Ewigkeit an diese Kerle blecht. Ich meine, wir müssen . . .«

Nixon unterbrach ihn ungeduldig. »Aber halten Sie es denn jetzt nicht auch für besser, wenn Sie die Sache mit Hunt durchziehen? Ich finde, das lohnt sich, im Augenblick.«

Der Präsident wollte Hunt auszahlen lassen und nichts davon hören, daß das nicht klappen würde.

Inzwischen kam Haldeman dazu. Zum Glück näherte sich das Tonband dem Ende, während Nixon eifrig nach Wegen suchte, »sich um die Idioten zu kümmern, die im Kittchen sitzen«. Noch sechsmal kam er auf das Thema Erpressung zurück, und dann wiederholte er: »Was Ihren vordringlichen Fall angeht – bei Hunt bleibt Ihnen keine andere Wahl als die hundertzwanzig[tausend] Dollar oder wieviel es ist. Richtig?«

»Richtig«, bestätigte Dean.

»Finden Sie nicht auch, daß hier Zeit erkauft werden muß [und daß] Sie das am besten postwendend erledigen?«

»Ich meine, man sollte ihm jedenfalls ein Zeichen geben . . .«

»Herrgott noch mal, fädeln Sie's so ein, daß . . . Wer spricht mit ihm? Colson? Der wäre doch der geeignete Mann.«

»Colson hat allerdings kein Geld«, stellte Dean fest. »Das ist der Haken. Das war unser . . . eins der echten Probleme.« Sie waren pleite.

Im Weißen Haus mußten doch irgendwo 350 000 Dollar versteckt liegen, fiel einem von ihnen ein. Die Presse hatte von diesem Geheimfonds bereits Wind bekommen. »Uns, mit unserer Offenheit und Direktheit – uns würde man doch bei allem erwischen«, lachte Haldeman.

Buzhardt empfand diesen Augenblick der Wahrheit in der ganzen schmutzigen Affäre als geradezu einmalig. Ihre Findigkeit frappierte ihn. Im Laufe des Gesprächs hatte der Präsident nahezu jede denkbare Alternative erwogen: Hunt anstelle von Amnestie bedingte Haftentlassung zu gewähren; mit Hilfe von Priestern Zahlungen an die Einbrecher zu verschleiern; Gelder über Las Vegas oder New Yorker Buchmacher zu »schleusen«; eine neue Grand Jury zu bestellen, vor der seine Leute sich auf das *Fifth Amendmend* (Verfassungszusatz) berufen oder Gedächtnisschwäche simulieren würden; den stellvertretenden Justizminister zu kooptieren, indem er ihn zum Sonderankläger für Watergate ernennen ließ – alles, nur eins nicht: die ungeschminkte Wahrheit zu sagen.

Schließlich einigten sie sich darauf, John Mitchell unverzüglich auf Geldbeschaffungstour zu schicken, und diskutierten den Schlachtplan. Und dann kam das Schlimmste – das, was Buzhardt befürchtet hatte. Der Präsident wandte sich an Dean: ». . . *Sie hatten den richtigen Plan, möchte ich sagen. Ich habe keine Zweifel, vor der Wahl war es der richtige Plan. Und Sie haben ihn genau richtig durchgeführt. Sie haben ihm im Griff behalten.* Jetzt, nach der Wahl, brauchen wir einen neuen Plan . . .«

Nachdem das Tonband abgelaufen war, überlegte Buzhardt eine Weile, was er tun solle. Sie beendeten ihre Arbeit, und dann ging er zu Leonhard Garment.

Vielleicht hätte Garment eine Idee . . .

Am Abend des 17. November stellte sich der Präsident den Fragen von einigen hundert Chefredakteuren. Die Pressekonferenz gehörte ebenfalls zu der Kampagne, mit der er seine Glaubwürdigkeit zurückgewinnen wollte.

Schon der Anfang lief schlecht. Der Präsident, verstört und aggressiv, geriet mehrfach mit der Syntax in Konflikt. So stellte er fest, die Reporter »beantworteten« rücksichtslose Fragen, und sprach von sich als »er«. Als man von ihm wissen wollte, ob er Haldeman und Ehrlichman immer noch für zwei der besten Beamten halte, die er je kennengelernt habe, erwiderte er: »Ich bin der Meinung, daß die beiden Männer und andere, die angeklagt wurden, *schuldig sind,* solange wir nicht den Beweis dafür haben, daß sie *unschuldig sind.«*

Er wurde wegen seiner niedrigen Steuerzahlungen befragt, die sich 1972 auf 792 Dollar und 1971 auf 878 Dollar belaufen haben sollten. Nixon sprang auf, umklammerte das Podium mit beiden Händen und gab einen unzusammenhängenden Bericht über seine Finanzen – nicht für die fragliche Zeit, sondern für die mehr als zehn Jahre zurückliegende. 1960, nach vierzehn Jahren als Kongreßabgeordneter, Senator und Vizepräsident, habe er lediglich 47 000 Dollar »und ein überholungsbedürftiges Oldsmobile, Baujahr 1958« besessen, erklärte er.

Buzhardt und Garment, die den Auftritt auf dem Bildschirm verfolgten, fühlten sich jetzt direkt angesprochen:

»In all den Jahren meines öffentlichen Lebens habe ich nie die Justiz behindert. Und ich glaube, auch das für die Jahre meines öffentlichen Lebens sagen zu können: Ich begrüße diese Untersuchung, weil die Leute ein Recht darauf haben zu erfahren, ob ihr Präsident ein Betrüger ist oder nicht.

»Nun, ich bin kein Betrüger«, beteuerte Richard Nixon.

Buzhardt und Garment waren sich klar darüber, daß sie sich bereits in gefährlicher Nähe der Grenze zur Vertuschung bewegten. Was die fehlenden 18½ Minuten auf dem Tonband betraf, so konnten sie nicht tatenlos abwarten, ob die Ankläger die richtigen Fragen stellten. Hier handelte es sich nicht mehr um einen Vorschlag, Beweismaterial zu fabrizieren, sondern um Vernichtung von Beweismaterial. Die Anwälte waren überzeugt davon, daß es keine harmlose Erklärung gab, und wollten den Sonderankläger unverzüglich über die Tonbandlücke unterrichten. Wenn Jaworski das aus zweiter Hand erfuhr – nachdem das angeforderte Band Sirica übergeben worden war –, könnte er daraus den Schluß ziehen, daß die Anwälte des Präsidenten sich verschworen hatten, die Lösung unbedingt vor den Ermittlungsbeamten geheim zu halten.

Sie baten Nixon nicht um Genehmigung, den Sonderankläger zu informieren, sondern teilten ihm lediglich ihren Entschluß mit. Am Mittwoch, dem 21. November, fanden sie sich morgens in Jaworskis Büro ein. Buzhardt schlug vor, der Sonderankläger und das Weiße Haus sollten gemeinsam eine Untersuchung einleiten, um die Ursache der Tonbandlücke festzustellen.

Erwartungsgemäß bestand Jaworski darauf, Sirica unverzüglich über diesen Fall in Kenntnis zu setzen. Am Nachmittag trafen sich Buzhardt, Garment und Jaworski privat mit Sirica zu einer geheimen Sitzung.

Buzhardt versuchte, dem Richter die Sache schonend beizubringen. Beim Abhören eines der sieben verbliebenen Bänder sei er auf eine neue Schwierigkeit gestoßen. »Ungefähr achtzehn Minuten sind unverständlich. Man kann die Stimmen nicht hören. Soweit wir im Augenblick wissen, hat es nicht den Anschein, als handle es sich um einen Zufall.«

»Es hat nicht den Anschein?« wiederholte Sirica verdutzt.

»Im schlimmsten Falle sieht es sehr ernst aus, Euer Ehren. Sollte es eine Erklärung dafür geben, so bin ich im Augenblick offen gestanden überfragt.« Der fehlende Teil gehöre zu einem Gespräch, das am 20. Juni 1972, drei Tage nach den Verhaftungen im Watergate, geführt wurde. »Zwischen dem Präsidenten und Mr. Haldeman.«

»Das heißt, Mr. Haldeman sprach mit dem Präsidenten, und da gibt es eine Lücke im Tonband?« fragte Sirica.

»Ja. Der Sachverhalt ist allerdings sogar noch etwas schlimmer, Euer Ehren.«

»Ich wüßte nicht, wie es noch schlimmer werden könnte.«

»Warten Sie's ab«, warf Garment ein.

»Wir fanden Mr. Haldemans Notizen über diese Konferenz«, erklärte Buzhardt. »Zwei Notizblocks . . . Daraus geht hervor, daß sich das Gespräch um Watergate drehte.«

Am späteren Nachmittag machte Sirica den Fall publik und ordnete eine sofortige Untersuchung an, die in öffentlicher Verhandlung geführt werden sollte. In den folgenden zwei Wochen waren die Titelseiten sämtlicher Zeitungen im Land gespickt mit Nachrichten über die Tonbandlücke. Buzhardt, Haig, Woods, Bull und Angehörige des Geheimdienstes mußten als Zeugen aussagen. Rose Mary Woods, als Kronzeugin, blieb unerschütterlich dabei, sie habe versehentlich etwa fünf Minuten des Gesprächs, nicht mehr, gelöscht, während sie telefonierte. Das vom Weißen Haus veröffentlichte Foto, mit dem ihre Aussage bekräftigt werden sollte, war entlarvend. Es zeigte die Sekretärin des Präsidenten in völlig verrenkter Haltung am Schreibtisch, ein

Arm angelte nach hinten zu einem Telefon, ein Fuß stand auf dem Pedal.

Die Aussagen waren widersprüchlich. Die Zeugen konnten sich weder über Daten einigen noch über die Frage, ob Geräte wegen Funktionsfehlern überprüft oder wann Tonbänder entliehen worden waren. Rose Mary Woods hatte bestimmte Bänder in ihrem Schreibtisch eingeschlossen, andere waren nach Key Biscayne gegangen, wieder andere hatte Haldeman ausgehändigt bekommen, der sie mit nach Hause nahm. Sirica übergab die Sache dem technischen Expertenausschuß, der beauftragt war zu ermitteln, weshalb die zwei Tonbänder fehlten.

Der Präsident war verärgert darüber, wie man diesen Zwischenfall behandelt hatte. In stundenlangen Gesprächen mit Rose Mary Woods und Rebozo machte er seinem Unmut Luft: Alles, was in Zusammenhang mit Watergate passiere, scheine irgendwie auf die Unfähigkeit seiner Anwälte zurückzuführen zu sein. Am 29. November ließ er durch Ziegler veröffentlichen, das juristische Team habe »einige Fehler« gemacht und werde daher reorganisiert – eine eindeutige Mißtrauenserklärung. Haig versicherte den Anwälten, wie fatal ihm das persönlich sei. Der Präsident wolle sie offenbar sukzessive kaltstellen. »Wenn das geschieht, gehe ich«, verhieß Haig.

Buzhardt und Garment suchten Nixon auf.

Inzwischen besänftigt, behauptete der Präsident, Ziegler habe die Erklärung veröffentlicht, ohne ihn vorher zu fragen. Dabei sah er Buzhardt nicht an. Er werde Ziegler anweisen, eine Richtigstellung herauszugeben. Die Kehrtwendung bestärkte Buzhardt in seiner Ansicht, daß Nixon der am leichtesten durchschaubare Lügner sei, dem er je begegnet war. Später erschien Ziegler in heller Aufregung bei Buzhardt, der mit seiner Frau zusammensaß, und beteuerte, er habe auf ausdrückliche Anordnung des Präsidenten gehandelt. Er wollte wissen, ob Mrs. Buzhardt überhaupt noch mit ihm reden würde.

»Ja, natürlich.« Schließlich sei sie bei der Regierung Kummer gewohnt.

Haig gegenüber äußerte Buzhardt danach lakonisch, er werde die Verteidigung des Präsidenten jetzt »dilatorisch behandeln«. Falls sich Nixons Verhalten einleuchtend erklären ließe, würde er es versuchen. Aber er könne nicht einmal sich selber weiterhin weismachen, sein Mandant sei ein hilfloses Opfer von Watergate. Das gehe eindeutig aus den noch vorhandenen Tonbändern hervor. Bestenfalls könnten er und die anderen Anwälte sich bemühen, die Unschuld des Präsidenten de jure zu beweisen. »Wir sind Gerichtsbeamte«, warnte er Haig. »Wenn wir bei Überprüfung von Akten oder Tonbändern auf eine ›rauchende Pistole‹ stoßen, müssen wir das bekanntgeben.«

Trotzdem werde er langsam vorgehen und nicht nach der Waffe suchen, versicherte er Haig.

Das hatte auch Haig nicht vor. Am 6. Dezember spekulierte der General im Zeugenstand, »finstere Mächte« hätten die Tonbandlücke zu verantworten.

»Hat jemand irgendwann einmal eine Vermutung geäußert, um wen es sich bei diesen finsteren Mächten handeln könnte?« fragte der Richter.

»Nein, Euer Ehren.«

Garment analysierte die Situation: fehlende Tonbänder; Tonbandlücken; finstere Mächte; Vorschläge, Beweismaterial zu fabrizieren; Anwälte im Zeugenstand; ein Klient und alter Freund, der nicht auf seinen Rat hören wollte. Doch im Grunde genommen überraschte ihn das keineswegs. Er hatte schon früher erlebt, wie Richard Nixon sich in Depression, in eine Scheinrealität zurückzog. Er suchte Haig auf. »Ich steige aus«, erklärte er. Unschuld *de jure* genüge nicht. Unter diesen Umständen könne er nicht als Anwalt auftreten. Es sei der reine Irrgarten, ein Possenspiel.

Haig zeigte sich verständnisvoll.

»Angesichts dieser heiklen Situation kann und darf ich es nicht hinnehmen, daß jede Information derivativ ist«, sagte Garment. Sie erführen alles auf indirekten Wegen und fast nie von dem Mandanten, den sie verteidigen sollten.

Garments kultivierte Ausdrucksweise, sein präziser Verstand, sein Sinn für Humor beeindruckten Haig. Aber in seinen Augen geriet er zu leicht in Panik – kein Mann, der sich in einen Kampf bis aufs Messer einließ. Er, Haig, war bereit, seinen Kopf zu riskieren, Garment nicht.

Der Anwalt erläuterte seinen Standpunkt. Er wolle nichts tun, was als illoyal oder defätistisch ausgelegt werden könnte. Er werde im Weißen Haus bleiben, nur nicht mehr an so exponierter Stelle. Er könne sich mit kulturellen Angelegenheiten, mit amerikanischen Indianern oder ähnlichem befassen. Es werde keinen Eklat geben, kein Ausscheiden aus dem Dienst.

Mehr bekümmert als verärgert rekapitulierte er, wie er auf Tonbänder oder anderes Material gehofft habe, womit sich die Unschuld des Präsidenten beweisen ließe. Anscheinend existiere nichts dergleichen. Garment beschuldigte niemanden deswegen. Nach seinen Worten lag die eigentliche Bedeutung von Watergate darin, daß es überhaupt möglich war, zwei Männer wie Howard Hunt und Gordon Liddy zu engagieren, und daß man dann ruhig zugesehen und das Ganze zugelassen hatte. Und auch danach hatte man völlig passiv reagiert und widerspruchslos akzeptiert, wie die Entlarvung von Hunt und Liddy in einem Wahljahr vor der Öffentlichkeit ausgeschlachtet wurde. Die Tonbänder waren nach Buzhardts Schilderung so unklar, so doppeldeutig. »Wie jedes Gespräch im Oval Office.«

Haig war absolut seiner Meinung.

Garment erinnerte sich an Gespräche im Oval Office. »Da sagte jemand: ›Bombardieren wir doch Tel Aviv‹. Natürlich ist das politisch nicht ernst zu nehmen, aber auf dem Tonband klingt es miserabel. Während man politische Entscheidungen erörtert, kommt alles mögliche zur Sprache. Und so sagte der Präsident zu Dean: ›Gute Arbeit, John.‹ Stimmt, das kam zwar vom Präsidenten, aber es ist seine Standardredensart. ›Gute Arbeit.‹«

Der General pflichtete ihm wiederum bei.

»Er sagt: ›Gute Arbeit, Len‹ – bei jeder passenden und unpassenden Gelegenheit. Ob man nun schlechte oder überhaupt keine Arbeit geleistet hat, was häufig der Fall ist. Trotzdem heißt es: ›Gute Arbeit, Len.‹ Der Präsident hat sich einiger Vergehen schuldig gemacht, das ist quasi amtsimmanent.«

Dann erinnerte er an das Wochenende, an dem der Präsident Haldeman und Ehrlichman entlassen und sie als »zwei der besten Beamten, die ich je kennengelernt habe« bezeichnet hatte. Die Widersprüchlichkeit dieser Formulierung hätte eigentlich millionenfach Alarm im ganzen Land auslösen müssen, meinte er. Wenn Haldeman und Ehrlichman tatsächlich so gute Beamte waren, warum hatte sie der Präsident dann in die Wüste geschickt? Am Tage nach ihrem Weggang erschien Nixon zornbebend in der Kabinettsitzung: Als er an den Büros seiner ehemaligen Mitarbeiter vorbeigekommen war, hatte er draußen FBI-Agenten postiert gefunden – zur Sicherstellung der Papiere und Akten. Das sei ein schändlicher Affront gegen die Integrität von zwei untadeligen, hervorragenden Männern, sagte Nixon. Er wollte wissen, wer das veranlaßt habe, um die Betreffenden sofort hinauszuwerfen. (Tatsächlich war Garment dafür verantwortlich; er hatte sich mit Richardson und Ruckelshaus abgesprochen, daß unverzüglich Agenten postiert werden sollten. Während der Kabinettsitzung bewahrten alle drei Stillschweigen.) Der Präsident beruhigte sich erst, als ihm offenbar klarwurde, wie besorgt sein Kabinett auf sein Verhalten reagierte.

In den folgenden Wochen und Monaten drängte der Präsident Haig wiederholt, irgendwoher Geld aufzutreiben, um die Verteidigung von Haldeman und Ehrlichman zu finanzieren. Garment hatte Haig nachdrücklich abgeraten, aber Nixon ließ nicht locker. Schließlich fand er sich wohl doch mit dem Gedanken ab, daß kein Mitarbeiter des Weißen Hauses diesen Auftrag übernehmen wollte.

Der Entschluß, Haldeman und Ehrlichman zu feuern, muß in Nixon geradezu verzehrende Schuldgefühle ausgelöst haben, dachte Garment voller Mitleid.

Seinen eigenen Entschluß, die Verteidigung des Präsidenten niederzulegen, schrieb Garment sowohl seinem Gewissen als auch seiner Feigheit zu.

7. Kapitel

Hugh Morrow wunderte sich, als Robert Abplanalp, neben Bebe Rebozo der engste persönliche Freund des Präsidenten, ihn anrief. Er wußte nur zu gut, daß der Präsident seinen Chef, Nelson A. Rockefeller, voller Argwohn, Mißtrauen und Eifersucht betrachtete. Als Pressesekretär des Gouverneurs von New York hatte er oft mitangehört, wie Henry Kissinger und Rockefeller über Nixons Besorgnis sprachen, der Außenminister unterhalte zu enge Beziehungen zu seinem ehemaligen Boß. Und nun ersuchte Nixons Freund ihn dringend, unverzüglich nach Key Biscayne zu kommen. Abplanalp wollte ihn mit seinem Privatflugzeug in Albany abholen lassen.

Die Männer, die ihn in Florida erwarteten, waren Morrow alle bekannt: Rebozo, ruhig und höflich, kubanischer Abstammung, Selfmademan und Millionär, seit fast zwanzig Jahren mit Nixon befreundet; Abplanalp, offenherzig und impulsiv, sagenhaft reich; Haig, Kissingers ehemaliger Stellvertreter, mit dem er sich oft unterhalten hatte.

Haig kam sofort zur Sache. »Hugh, wir hätten Sie gern als neuen Direktor für Kommunikationsfragen beim Präsidenten, mit Kabinettstatus. Der Präsident möchte, daß Sie den Posten übernehmen, Bob möchte es und ich ebenfalls.«

Morrow entgegnete, er fühle sich sehr geschmeichelt, werde aber das Angebot nur in Erwägung ziehen, wenn zwei Bedingungen erfüllt würden. Erstens müsse Ziegler aus dem Weißen Haus ausscheiden. Das sei keine Frage der Qualifikation, erklärte Morrow, Ziegler sei nur zur Symbolfigur für das Mißtrauen der Öffentlichkeit geworden. Zweitens müsse der Präsident knallharte Fragen über Watergate beantworten und sich, sofern notwendig, vom Watergate-Senatsausschuß vernehmen lassen. Nixon habe auf Deans Beschuldigungen niemals wirklich geantwortet, sagte Morrow. Es erinnere ihn an die chinesische Folter, wie jede neue Tatsache, jedes neue Eingeständnis dem Präsidenten tropfenweise abgepreßt werden müsse. So dürfe es keinesfalls weitergehen.

Haig bezweifelte, daß er den Präsidenten dazu bewegen könne, Ziegler fallenzulassen. Nicht, daß er das nicht gern sähe, sagte er, aber er sei sicher, daß der Boß sich niemals dazu überwinden könnte, Ron in die Wüste zu schicken. Sein Gegenvorschlag lautete, Morrow die alleinige Zuständigkeit für sämtliche Presseangelegenheiten zu übertragen, während Ziegler weiterhin als Assistent des Präsidenten amtieren sollte.

Rebozo und Abplanalp lag mehr daran, Morrow anzuwerben, als um Zieglers Zukunft zu feilschen. Wenn Morrow diese Bedingungen stelle, könne man Ziegler doch vielleicht auf irgendeinen anderen Posten abschieben, meinten sie. Sie waren nicht so sicher wie Haig, daß der Präsident in diesem Punkt unnachgiebig bliebe, denn er sei sich über Zieglers Unzulänglichkeiten im Umgang mit Menschen durchaus klar. Ihrer Überzeugung nach stellte Ziegler den Präsidenten und Watergate häufig im denkbar schlechtesten Licht dar, wobei er sich unnötigerweise sowohl die Presse als auch die Öffentlichkeit zum Gegner machte. Man mußte die Beziehung zu den Massenmedien unbedingt nach neuen Gesichtspunkten gestalten, und zwar sofort. Darüber bestand allseits Einigkeit.

Haig, der wußte, wie sehr der Präsident sich in letzter Zeit auf Ziegler stützte, äußerte sich pessimistisch. Es sei vielleicht denkbar, daß Ziegler sich aus dem Pressesektor zurückzöge, im übrigen aber werde er wohl beim Präsidenten bleiben müssen.

Als Morrow erkannte, daß Haig sich in dieser Angelegenheit bei Nixon nicht engagieren wollte und daß seine Analyse vermutlich zutraf, lehnte er höflich, aber bestimmt ab und kehrte nach New York zurück.

Einige Tage später rief ihn Ned Sullivan an, dessen Frau eine Kusine von Mrs. Nixon war. »Pat und Julie möchten, daß Sie den Job annehmen. Sie baten mich, Ihnen das auszurichten«, erklärte Sullivan.

Morrow blieb bei seiner ursprünglichen Forderung.

Sullivan drängte ihn, sich das noch einmal zu überlegen, der Präsidentenfamilie zuliebe.

Nein, entgegnete Morrow bestimmt, er könne nicht akzeptieren, wenn Ziegler im Weißen Haus bliebe.

Im Weißen Haus, in dem der Massenprediger Billy Graham als geistlicher Ratgeber des Präsidenten fungierte, wirkte die Ankunft eines Rabbiners aus Providence, Rhode Island, einigermaßen ungewöhnlich. Aber Rabbi Baruch Korff und seine Begleiter, die am 19. Dezember im Oval Office erschienen, kamen nicht aus religiösen Gründen. Rabbi Korff hatte vor sechs Monaten eine Bürgerinitiative zur Unterstützung des Präsidenten gestartet. Nixon hatte ihm mehrere Dankesbriefe geschrieben und wollte ihn jetzt für fünf Minuten empfangen.

Der Präsident verteilte die üblichen Souvenirs – Anstecknadeln mit aufgeprägtem Präsidentensiegel für die Frauen, Krawattenklammern und Manschettenknöpfe für die Männer.

»Wie sind Sie auf diese Idee gekommen?« fragte der Präsident.

»Die Verhöre vom Ervin-Ausschuß sind mir gegen den Strich gegangen. Theater war das. Erst reißt einer den anderen rein, und dann wird er gefragt, wie er so was gesetzlich verhindern würde. Das war einfach mies. Senator Ervin hat sich mächtig aufgespielt. Ein guter Schauspieler. Geistliche müssen ja auch gute Schauspieler sein. Er hat aus der Bibel zitiert. Ich war stocksauer, weil ich ein paar Zitate nicht finden konnte. Sie standen gar nicht in der Bibel.«

Der Präsident wiegelte mit einer Handbewegung ab. »Er ist ein anständiger Mensch. Er hat nur seine Pflicht getan.«

Es sei ein Fehler gewesen, die Tonbänder nicht zu vernichten, erklärte Korff.

Nixon stutzte.

»Sie hätten's an dem Tag tun sollen, an dem Mr. Butterfield vor dem Ervin-Ausschuß erschien«, sagte Korff. »Ich fand es moralisch und ethisch beschämend, daß die Leute nicht wußten, daß sie abgehört wurden. Es war Ihre Pflicht, draußen auf dem Rasen ein großes Feuer zu veranstalten.«

»Wo waren Sie eigentlich vor acht Monaten?« lachte der Präsident. Die fünf Minuten waren längst um. Nixon wollte mehr über »Die Bewegung«, wie Korff sie bezeichnete, und über ihren Gründer hören.

Korffs Organisation nannte sich *National Citizen's Committee for Fairness to the Presidency* (Nationales Bürgerkomitee für Fairneß gegenüber dem Präsidentenamt). Es gehe dabei um das Präsidentenamt, das nicht geschwächt werden dürfe, nicht um Richard Nixon, erläuterte Korff. Er habe weder 1960 noch 1968 Nixon gewählt, wohl aber 1972.

»Warum?«

Korff begründete es mit den Punkten, die Nixon für wichtig hielt und die seiner Überzeugung nach zu seiner Wiederwahl geführt hatten: Ruhe und Ordnung auf den Straßen, nationale Verteidigungsstärke, Entspannung mit Rußland und China. Der Präsident lächelte.

Korff berichtete lebhaft über die Anfänge des Komitees. Er habe mit seinem Urlaubsgeld eine Anzeige für 5 000 Dollar in der *New York Times* mitfinanziert, die mehr als das Doppelte an Spenden einbrachte. Bei einem ähnlichen Inserat in der *Washington Post* seien die Kosten sogar dreifach wieder hereingekommen.

Der Empfang dauerte vierzig Minuten; der Präsident bat Korff, seinen Besuch zu wiederholen.

Am nächsten Abend erschien Nixon bei der Weihnachtsfeier seiner Mitarbeiter im East Room. Er wirkte zufrieden, und seine Anwesenheit hob allseits die Moral. Der Punsch floß reichlich.

»Sechs Tage vor Weihnachten«, sagte der Präsident zu den Leuten, die sich um ihn scharten, »und im ganzen Haus hat sich keine Menschenseele gerührt, nicht mal der Präsident.«

Verlegenes Lachen.

»Ist vielleicht ein bißchen schwierig«, fuhr der Präsident fort, »aber wenn ihr hier nicht genug kriegen könnt, kommt nach oben. Wir haben reichlich. Wenn ihr zu viel trinkt, geht ihr womöglich durch die verkehrte Tür und schreckt ein Mädchen auf. Aber wenn ihr sagt, ihr wart im Weißen Haus, wird sie sagen, los, komm rein.«

Das war zwar völlig ungereimt und sinnlos, aber sie lachten trotzdem.

Im klaren Licht des folgenden Tages erkannte der Präsident, daß er sich an zwei Fronten ernsten Schwierigkeiten gegenübersah. Seine juristische Verteidigungsstrategie war mit dem »Massaker« vom Samstag, den Tonbändern, die niemals existiert hatten, und den fehlenden achtzehneinhalb Minuten zusammengebrochen. Seine Public-Relations-Taktik hatte ebenfalls kläglichen Schiffbruch erlitten. Anfang November begonnen und von der Presse »Operation Freimut« tituliert, hatte sie weitgehend auf Nixons wiederholten Beteuerungen basiert, es würden nun keine Zeitbomben mehr hochgehen. Doch jedesmal, wenn der Präsident verkündete, Watergate liege ein für allemal hinter ihm, hatte eine neue Katastrophe zugeschlagen.

Die Impeachment-Untersuchung begann. Spekulationen über seinen Rücktritt kursierten. Seine Mitarbeiter waren nervös. Bryce Harlow hatte einen Kündigungsbrief geschrieben. Garment war aus dem Anwaltsteam ausgeschieden. Ray Price konnte zwar überredet werden, noch über den Dezember hinaus im Amt zu bleiben, aber er war nicht glücklich dabei. Auch die Republikaner im Kapitol waren alles andere als glücklich. Senator Barry Goldwater, für seine Unterstützung im Senat eine Schlüsselfigur, hatte dem *Christian Science* ein Interview gegeben. Seine Worte trafen:

»Er (Nixon) zog es vor, zu stümpern und zu wursteln und mit überaus vagen Begründungen wie ›executive privilege‹ und Vertraulichkeit zu argumentieren, als das amerikanische Volk nur eins erfahren wollte, nämlich die Wahrheit . . . Mir ist der Gedanke an die Redensart zuwider: ›Würden Sie von Dick Nixon einen Gebrauchtwagen kaufen?‹ Aber genau diese Frage stellen die Menschen im ganzen Land. General Haig hat keine Ahnung von Politik . . . Ich kann mir einfach nicht vorstellen, daß [Nixon] auf Ziegler hört. Das wäre in meinen Augen verhängnisvoll. Auch das ist nicht persönlich gemeint, aber Ziegler versteht nichts von Politik.«

Sorgengeplagt und zutiefst deprimiert lud der Präsident ein paar Leute für den 21. Dezember zum Dinner im Familienkreis ein: Bryce Harlow mit Frau; Barry Goldwater und Mary Brooks, die Leiterin des Münzamtes; Pat Buchanan mit Frau; Ray Price und Rose Mary Woods. Weder einer der Anwälte noch Haig oder Ziegler wurden aufgefordert.

100

Während der Präsident die Ankunft der Gäste im Yellow Oval Room, dem offiziellen Wohnzimmer im Privattrakt, erwartete, genehmigte er sich rasch einen Scotch. Bei Tisch roch er am Korken der Weinflasche und erklärte, die Sorte passe nicht. Man brachte eine neue Flasche, die ihm mehr zusagte. Während des Essens war er zunächst aufgeräumt und witzelte mit seinen Tischnachbarn herum, aber nach dem Hauptgang begann er unzusammenhängend zu reden. Er wolle die Feiertage in Key Biscayne verbringen, doch die Energiekrise lasse eine Urlaubsreise mit dem Flugzeug nicht ratsam erscheinen. Mit dem Zug zu fahren, sei zwar denkbar, aber das wäre gefährlich und zudem kostspielig.

Zu Price gewandt, kam der Präsident auf den Bericht zur Lage der Nation, an dem dieser arbeitete. Welche Fragen sollte man vorrangig behandeln? Bevor Price oder jemand anders antworten konnte, wechselte er rasch das Thema. Kissingers Name fiel. Mrs. Nixon beschwerte sich verbittert, daß Kissinger die Anerkennung für alle guten Taten ihres Mannes einheimse.

Nach Tisch plauderte man bei Drinks. Nixon bemühte sich offensichtlich um Kontakt zu jedem, hatte aber Schwierigkeiten, sich zu artikulieren. »Bryce, erklären Sie Barry, was ich ihm sagen wollte«, bat er mehrmals nach vergeblichen Anläufen.

Harlow setzte an, doch der Präsident unterbrach ihn sofort. Das Stichwort Watergate fiel. Nixon sprudelte im Schnellfeuertempo einen ganzen Katalog von Möglichkeiten hervor, wie er alles wieder zu seinen Gunsten wenden könnte. Freilich unterstützten ihn die Republikaner im Kapitol nur halbherzig; Impeachment sei Sache der Parteien, aber seine Seite wolle anscheinend nicht das zu seiner Verteidigung Erforderliche tun. Er sei ein Opfer der Umstände und unkontrollierbarer Kräfte. Demokraten und Presse arbeiteten jetzt zusammen, um ihn fertigzumachen. Kennedy und Johnson hätten flagranten Mißbrauch mit dem Amt getrieben, das er übernommen habe. Aber die Liberalen und die Presse haßten ihn, und daher lasse man nun ihn die Zeche bezahlen.

Nach Ansicht von Price versuchte der Präsident damit nur, seiner Familie und den anderen irgendwie für ihre Unterstützung zu danken, was ihm jedoch zweifellos nicht sonderlich glückte.

Der Alte ist einfach müde und verträgt keinen Alkohol, schon gar nicht, wenn er abgekämpft ist, dachte Buchanan.

Am nächsten Tag rief Goldwater bei Harlow an. »Hat der Präsident nicht mehr alle Tassen im Schrank?«

»Nein. Er war betrunken.«

Goldwater war nicht recht überzeugt.

Der Präsident habe so viel Vertrauen zu seinen Tischgenossen gehabt, daß er aus sich herausgegangen sei. »Das ist die höchste Auszeichnung, Barry, die der Präsident der Vereinigten Staaten verleihen kann.« Es sei sehr heilsam, daß Nixon das zustande gebracht habe, fügte er hinzu.

Haig vertrat da eine andere Meinung. Der Präsident trank mehr als gewöhnlich und rief ihn und andere zu später Nachtstunde an. Nixon war überreizt, von Ängsten gepeinigt, exaltiert.

Daß der Präsident nicht mehr als einen Drink vertragen konnte, war seinen Vertrauten wohlbekannt. In Wahlkampagnen hatte er vernünftigerweise keinen Tropfen Alkohol angerührt. Jetzt aber begann er nur allzu häufig bereits nachmittags in seinen Amtsräumen mit Rebozo zu süffeln. Am Morgen danach erschien er dann spät im Büro, manchmal erst mittags. Haig machte sich Sorgen, daß die Presse davon Wind bekäme, und gab Anweisung, nicht mehr zu protokollieren, wann der Präsident seine Wohnräume verließ, um ins Office zu gehen.

William E. Simon, Staatssekretär im Finanzministerium, kam im Dezember häufig mit Nixon zusammen und traf ihn oft benebelt an. Er agiere mechanisch wie eine Aufziehpuppe, fand Simon.

Seine Stimmungsschwankungen wurden immer abrupter, im einen Augenblick überschwenglich, im nächsten deprimiert, abwechselnd optimistisch und pessimistisch, vor allem bei seinen nächtlichen Telefongesprächen. Haig gegenüber meditierte er darüber, ob es sich lohne, seinen Standpunkt zu verfechten und zu kämpfen, und gleich darauf schwor er, man werde ihn niemals aus dem Amt vertreiben. Man mißtraue seinen Motiven, alle möglichen Leute schenkten seinen Worten keinen Glauben. Vielleicht sollte er doch zurücktreten. Was meinte Haig *wirklich?* Sollte er zurücktreten?

Nein, empfahl Haig stereotyp.

Auch mit seiner Familie erörterte Nixon diese Möglichkeit. Falls er noch mehr Tonbänder herausgeben sollte, würde er die restlichen Aufzeichnungen verbrennen und gehen, erklärte er. Das sei der einzige Protest, der ihm übrigblieb. Die Macht des Präsidentenamtes werde demontiert, auf seine Kosten und ebenso auf die seiner Nachfolger.

David Eisenhower, der Mann seiner Tochter Julie, war nicht sicher, ob es der Präsident ernst meinte oder ob er einfach Dampf abließ, indem er seine Familie provozierte, damit sie ihn drängte zu kämpfen. Dieses ganze Gerede erinnerte David an die Bemerkungen des Präsidenten über die Friedensmärsche um das Weiße Haus in den Jahren 1969 und 1970. Damals hatte Nixon zu seinen Angehörigen gesagt, er könne ja einfach der Polizei befehlen, den Platz hinter dem Weißen Haus zu räumen, die Tausende von Demonstranten bis zum letzten Mann wegzujagen.

Getan aber hatte er es nie.

8. Kapitel

Sirica hatte die sieben Tonbänder bereits in Händen; es war nur noch eine Frage der Zeit, bis sie in einer Gerichtsverhandlung der Öffentlichkeit bekannt wurden. Haig wollte die Wirkung dieser Enthüllung auf jede nur mögliche Weise abschwächen, dem Präsidenten die Initiative zuspielen. Am günstigsten wäre es, wenn Nixon eine bußfertige Rede hielt – die Verantwortung für Fehler der Vergangenheit übernahm, sich zu den auf den Tonbändern festgehaltenen Übergriffen bekannte, eine makellose Zukunft verhieß. Doch eine solche öffentliche Beichte könnte Nixon niemals über sich bringen. Er war zu stolz und würde daran zerbrechen. Haig wußte, daß Kissinger bereits einen ähnlichen Vorschlag gemacht hatte, den Ziegler kurz und bündig zurückwies: »Reue ist Käse.«

Mitte Dezember begann Pat Buchanan, die Tonbandabschriften für Haig durchzusehen. Im Urzustand waren sie zwar verheerend, müßten sich aber trotzdem irgendwie dafür verwenden lassen, die These, Nixon sei *de jure* unschuldig, zu stützen und John Dean zu diskreditieren. Es gelang ihm, zwei Pluspunkte für den Präsidenten aufzuspüren. Das Band vom 15. September 1972 lieferte kaum eine Bestätigung für Deans Behauptung, der Präsident sei bereits damals aktiv in die Vertuschung verwickelt gewesen. Außerdem widerlegten die Tonbänder Deans Aussage hinsichtlich des Termins, an dem er dem Präsidenten die entscheidenden Enthüllungen gemacht habe: Das war nicht am 13., sondern am 21. März geschehen, genau wie Nixon erklärt hatte. Gleichzeitig entdeckte Buchanan eine Fülle von Minuspunkten: der Ton der Gespräche, die Wortwahl, und – am allerschlimmsten – der Inhalt der Diskussion vom 21. März. Als er die Transkripte zum erstenmal las, war Buchanan geschockt. Nixon erwog, wie man die Entdeckung der Verschwörung verhindern könnte, erörterte Methoden, die erpresserischen Forderungen der Einbrecher zu erfüllen.

Doch er betrachtete die Tonbänder im wesentlichen als Public-Relations-Problem. Seiner Meinung nach konnte man mit allem fertig werden – siehe der Erfolg der Erklärung vom 22. Mai. Wenn man die Massenmedien richtig nahm, ließe sich der Schaden auf ein Minimum reduzieren. Er schlug Haig vor, das Weiße Haus solle die Initiative ergreifen, die Transkripte veröffentlichen, und zwar im denkbar günstigsten Zusammenhang, bevor es unter weit schlimmeren Begleitumständen erzwungen wurde.

Der springende Punkt war laut Buchanan, wie man das Ganze vorbereitete und verpackte: zuerst die geeigneten Kongreßabgeordneten unterrichten, den Zeitpunkt für die Veröffentlichung jeder einzelnen Abschrift sorgfältig abstimmen, detaillierte juristische Analysen zugunsten des Präsidenten beifügen.

Er entwarf einen genauen Plan.

Zuerst mußte man sämtliche Transkripte, die vor dem 21. März datierten, an einem Tag veröffentlichen, Reporter und Leitartikler mit Druckmaterial überschwemmen. Wenn man die Abschriften durch entsprechende Reden, Erklärungen und juristische Erläuterungen ergänzte, die alle Deans Konfusion hinsichtlich der Daten hervorhoben, würde dessen Glaubwürdigkeit ernstlich erschüttert.

Am nächsten Tag folgten dann die für den Präsidenten besonders nachteiligen Tonbänder, das Gespräch vom 21. März eingeschlossen. Einen Tag später kamen die vom April 1973 an die Reihe, die für den Präsidenten günstigsten. Einige dieser Gespräche mit Dean waren nach Buchanans Meinung offensichtlich gestellt. Nixon hatte gewußt, daß sie mitgeschnitten wurden, Dean jedoch nicht. Daß der Präsident vor den Mikrophonen eine Schau abzog, würden aber nur die paar Leute merken, die seine Art, zu agieren und zu sprechen, genau kannten. Den Uneingeweihten würde ein Präsident vorgeführt, der rechtfertigende Erklärungen abgab und Dean ermahnte, wahrheitsgemäß auszusagen. Wenn man so das Gespräch vom 21. März zwischen akzeptableres Material schöbe, ließe sich die Situation »neutralisieren«, sagte Buchanan.

Haig billigte den Plan und machte sich schleunigst an die Durchführung. Ausgesuchte Mitglieder der republikanischen Führungsspitze sollten am 22. Dezember, dem letzten Samstag vor den Weihnachtsferien, ins Weiße Haus gebeten werden, wo man sie informieren und ihnen das Material vorlegen würde. Die Anwälte begannen Analysen anzufertigen und Entwürfe für die Redenschreiber. Buchanan ließ die Unterlagen säuberlich in Aktendeckel einheften. Das Material sollte erst getestet werden, bevor man über seine Veröffentlichung entschied.

Am Vortag dieser Zusammenkunft erschien Bryce Harlow in Haigs Büro. Er hatte gerade von dem Plan erfahren. »Ich hab Neuigkeiten für Sie, Al«, verkündete er. »Morgen fliegen Sie raus.«

Haig blickte auf. »Nicht daß ich was dagegen hätte, aber wie kommen Sie darauf?«

»Sie haben die Transkripte nicht gelesen«, erklärte Harlow, der sie ebenfalls nicht kannte, »und dann wollen Sie dem Big Boss empfehlen, den ganzen Krempel auf den Markt zu werfen. Wenn er so schlau ist, wie ich annehme, wird er sagen: ›Sie sind unfähig, Sie sind entlassen.‹ Und ich werde das nach Kräften unterstützen. Es wäre unverantwortlich, Ihr Vorhaben durchzuführen. Sie verlassen sich einfach auf das Wort der Anwälte und Pats, ohne selber eine einzige Zeile gelesen zu haben.«

»Was sollte ich Ihrer Meinung nach tun?« fragte Haig. »Sie haben recht – ich habe sie nicht gelesen.« Er dämpfte die Stimme. »Und ich möchte sie auch nicht sehen.«

»Lesen Sie sie lieber heute nacht.«

»Das werde ich auch, und Sie genauso. Wir beide lesen sie.«

Harlows Lektüre dauerte bis 3 Uhr früh. Mit trüben Augen tauchte er morgens in Haigs Büro auf. »Die Tonbänder werden den Präsidenten erledigen, damit ist er ein toter Mann.«

Und dann setzte er dem General vehement auseinander, daß sich die Amoralität nicht wegwaschen lasse, nicht einmal in der politischen Sphäre Washingtons, nicht zur Weihnachtszeit und übrigens auch zu keiner anderen. Bestimmte Passagen würden das Impeachment-Verfahren mit einer einstündigen Parlamentsdebatte über die Bühne bringen. Harlow kannte das Repräsentantenhaus. Sobald die Abgeordneten einmal in Rage gerieten, ließen sie sich nicht mehr bändigen und würden nur noch nach Abstimmung schreien. Zugegeben, die Leute im Kongreß waren eine Bande von Heuchlern. Die Tonbänder zeigten ein Spiegelbild der politischen Realität, der des Weißen Hauses, das wußte Haig genausogut wie er. Aber diese Transkripte würden die Politiker im Kongreß zwingen zu reagieren, ihren Wählern und sich selbst glaubhaft zu beteuern, in Wirklichkeit sei die Welt eben nicht so, sondern in bester Ordnung.

Haig war tief betroffen und jetzt alles andere als glücklich über die Aussicht, das Material überhaupt jemandem in die Hand zu geben, geschweige denn den führenden Männern in des Präsidenten eigener Partei. Er bat Ziegler, Buchanan, Price, Garment, Buzhardt und Harlow zu einer Besprechung. In diesem ausweglosen Fall war es unbedingt angezeigt, seine Absichten nicht für sich zu behalten, sondern andere in die Entscheidung mit einzubeziehen. Es gehe darum, erklärte er, ob man den Beschluß, die Tonbandabschriften zu publizieren, nicht bis zum nächsten Watergate-Verfahren aufschieben solle, das für April angesetzt sei.

Harlow wies darauf hin, daß eine Veröffentlichung wider jede politische Klugheit wäre. Das Gespräch vom 21. März könne den Präsidenten erledigen, gleichgültig, wie verzuckert es präsentiert würde.

Buchanan widersprach. Der Präsident müsse das Ganze hinter sich bringen. Die These, Nixon sei *de jure* unschuldig, lasse sich zum zwingenden Argument ausbauen, wenn man das sofort in Angriff nähme. Nixon habe die Einbrecher nicht selber ausbezahlt. Amnestie sei nicht gewährt worden. »Es ist doch nicht wie in der katholischen Kirche, wo der bloße Gedanke bereits Sünde ist«, meinte er.

Die Standpunkte wechselten, aber der tatsächliche Inhalt der Tonbänder wirkte letztlich doch überzeugender als Buchanans Beredsamkeit. Nach einer Weile plädierte er als einziger noch für eine Veröffentlichung. Die Kopien der Transkripte wurden eingesammelt und wieder im Tresor eingeschlossen. Je mehr Personen an einer Sitzung teilnahmen, desto weniger mutig fiel ihre Entscheidung aus, fand Buchanan.

Am Nachmittag rief Haig den republikanischen Fraktionsführer im Senat, Hugh Scott, zu Hause an und fragte, ob er ihn aufsuchen dürfe. Scott hatte in letzter Zeit dafür plädiert, daß sämtliche Tonbänder und sonstiges Beweismaterial im Fall Watergate, das sich im Besitz des Präsidenten befand, freigegeben werden müsse. Haig wollte ihn zum Schweigen bringen. Er hatte Auszüge aus den Transkripten der mitgeschnittenen Gespräche vom 13. und 21. März bei sich und überreichte den Aktendeckel dem Senator. »Darum geht's«, sagte er und fügte hinzu, Scott dürfe unter keinen Umständen zugeben, daß er die Abschriften gesehen habe.

Scott las etwa ein Dutzend Seiten aus dem Gespräch vom 13. und dann ungefähr zwanzig aus dem vom 21. März. Das Gerede über Erpressung, über die Erfüllung von Hunts Forderungen gefalle ihm gar nicht, erklärte er.

Aber der Präsident habe doch darauf hingewiesen, das wäre falsch, entgegnete Haig. Insgesamt genommen, zeige doch diese Abschrift, daß Nixon nicht aktiv an dem Plan beteiligt gewesen sei.

Scott hatte noch sieben bis acht Seiten zu lesen, als Haig auf die Uhr sah und erklärte, er müsse mit dem Präsidenten nach Camp David fliegen.

Scott wollte die Lektüre beenden.

Er müsse aufbrechen, sagte Haig.

Scott gab ihm die Unterlagen zurück, und der General verabschiedete sich.

Bevor Leon Jaworski über die Weihnachtsfeiertage nach Texas zurückflog, hörte er sich das Gespräch vom 21. März an. Richter Sirica hatte ihm die Tonbänder gerade übermittelt. Jaworski saß im abgedunkelten Büro eines Mitarbeiters, vor sich auf der Tischplatte Notizblock und Bleistift, und lauschte zwei Stunden lang. Das abgeschmackte Gerede über die Zahlung von Schweigegeldern an die Erpresser widerte ihn an, entsetzte ihn, aber mehr noch war es die Tatsache, daß Nixon, ein Rechtsanwalt, hier den Text vorformulierte, mit dem eine Grand Jury belogen werden sollte (». . . Man kann sagen, ich erinnere mich nicht. Man kann sagen, ich kann mich nicht erinnern.«) Dieses Tonband – und Jaworski hatte bereits andere abgehört – bestätigte Deans Darstellung. Der Sonderankläger bewunderte Deans exaktes Erinnerungsvermögen, seine korrekte Wiedergabe von Details.

Gerade erst sechs Wochen im Amt, kam Jaworski jetzt zu der Schlußfolgerung, das Land habe einen Verbrecher als Präsidenten. In seinen häufigen Gesprächen mit Haig versuchte er, das durchblicken zu lassen, aber der General schien nicht zu begreifen. Selbst wenn der Präsident dubiose Fragen erörtert habe, lautete Haigs Verteidigung, so habe er sich doch an keinerlei offenkundig ungesetzlichen Handlungen beteiligt, trage keine strafrechtliche Verantwortung.

»Wie kommen Sie zu dieser Annahme?« fragte Jaworski.

Das hätten ihm die Anwälte gesagt.

Jaworski zitierte die Bestimmungen des einschlägigen Bundesgesetzes. Danach konnte eine Person der Teilnahme an einer Verschwörung angeklagt werden, selbst wenn sie nichts weiter getan hatte, als sich an Gesprächen zu beteiligen, die zu Straftaten anderer führten.

»Suchen Sie sich lieber einen guten Strafverteidiger, Alec«, empfahl Jaworski. »Ziehen Sie den besten verfügbaren Strafverteidiger zu Rate, ob der Präsident ein Delikt begangen hat.«

Haig leuchtete das ein, zumal jetzt, da Garment die Verteidigung niedergelegt hatte und der Präsident immer noch wütend auf Buzhardt war. Er holte Auskünfte ein über einen Strafverteidiger aus Boston, James D. St. Clair, der dem Präsidenten bereits durch Charles Colson empfohlen worden war und anscheinend einen untadeligen Ruf hatte.

St. Clair war dreiundfünfzig, stammte aus dem Mittelwesten, hatte an der Universität von Illinois und in Harvard studiert, besaß zwar kaum Erfahrung in Washington, sollte aber vor Gericht wahre Zauberkünste vollbringen. Angeblich arbeitete er erst Berge von Fachliteratur durch, bevor er in eine Verhandlung ging. Ein Anwalt, der sich so gründlich vorbereitete, war nach Haigs Überzeugung genau das, was der Präsident brauchte. Die Rechtsberater des Weißen Hauses hatten geschludert.

Der General machte St. Clair in seinem Feriendomizil ausfindig. Wenige Stunden später saß er ihm in seinem Büro gegenüber.

Haig genoß es, Mitarbeiter anzuwerben, versprühte Charme, lächelte gewinnend, scherzte, machte Komplimente und zog dann schließlich eine Spitzenkraft an Land. St. Clair, ein kleingewachsener, vierschrötiger Mann, hörte sich in einem bequemen grünen Sessel Haigs Standardvortrag an. Das Wohl des Landes stehe auf dem Spiel. Überall wuchere krankhaftes Mißtrauen, und dabei sei der Mann dort hinten im Oval Office unschuldig. Dieser Mann arbeite für den Frieden, und Watergate nage an den Grundfesten seines Amtes. Männer wie St. Clair müßten bereit sein, ihre einträgliche Anwaltspraxis im Stich zu lassen, nach Washington zu kommen und den Fall zu übernehmen. »Das Ganze ist ein reiner Trümmerhaufen«, sagte er. Die Verteidigung des Präsidenten sei außer Kontrolle geraten. Die Anwälte trügen daran nicht die alleinige Schuld. Auch er, Haig, habe sich aus Zeitmangel nicht ausreichend um die Sache kümmern können. Sie alle bekämen mehr Arbeit aufgehalst, als sie verkraften könnten.

St. Clair hielt diesen Augenblick für den wohl entscheidenden in seiner Laufbahn. Es widerfuhr nur wenigen Anwälten, daß man ihnen antrug, den Präsidenten der Vereinigten Staaten zu vertreten. Abzulehnen – undenkbar. Man hatte ihm kein offizielles Angebot gemacht, aber er deutete seine Bereitschaft an, es gegebenenfalls anzunehmen. Sie würden in Verbindung bleiben, sagte Haig.

Am letzten Tag des Jahres 1973 flog St. Clair nach Kalifornien. In San Clemente hatte er eine einstündige Unterredung mit dem Präsidenten in dessen Büro. »Ich wünsche, daß Sie ausschließlich das Präsidentschaftsamt vertreten«, erklärte Nixon, selbstverständlich unter der Voraussetzung, daß St. Clair den Posten bekomme. Das Amt müsse verteidigt werden, betonte Nixon, nicht irgendeine Person.

St. Clair war beeindruckt und suchte Haig abermals auf. Der General hatte den Präsidenten bereits konsultiert, der mit der Wahl St. Clairs einverstanden war, und nun bot er St. Clair den Posten offiziell mit einem Jahresgehalt von 42 500 Dollar an, was St. Clair ebenso offiziell akzeptierte. Haigs Macht faszinierte ihn. Er, nicht der Präsident, hatte ihm die Stellung offeriert. Ebenso imponierten ihm die direkte Art des Generals, seine Zielstrebigkeit und Energie.

Haig verschwieg St. Clair, daß seine Vorgänger, Buzhardt und Garment, vor acht Wochen ihrem Mandanten, dem Präsidenten, den Rücktritt empfohlen hatten. Ebensowenig erwähnte er Nixons Vorschlag, Beweismaterial zu fabrizieren.

Abends brachte ein Sergeant der Army St. Clair zum Flughafen von Los Angeles. Während sich der Wagen durch das Gewirr der kalifornischen Fernverkehrsstraßen schlängelte, plauderte St. Clair liebenswürdig mit dem Sergeant, der sich darüber beklagte, den Silvesterabend nicht mit seiner Frau verbringen zu können. St. Clair, in den weichgepolsterten Rücksitz geschmiegt, empfand eine Mischung aus Angst, Neugier, Aufregung. Aber mehr noch beherrschte ihn das Gefühl, etwas Großes erreicht zu haben.

Binnen einer Woche wurde er in Washington zurückerwartet. Das hieß, daß er seine Angelegenheiten in der Bostoner Firma Hale and Dorr schnellstens ordnen und die schwebenden Fälle seinen Partnern übergeben mußte. Der Anwalt des Präsidenten durfte sich nicht einmal den Anschein eines Interessenkonflikts leisten. Er dachte über das Weiße Haus, den Stab, die administrativen Probleme nach. Den Fall, in den ihn Buzhardt und Garment einführen sollten, kannte er nicht. Das Stichwort Watergate erweckte in ihm nur verschwommene Erinnerungen an offenbar endlose Folgen von Berichten, die häufig in den Spalten des *Boston Globe* und in den abendlichen Nachrichtensendungen des Fernsehens dominierten. Bisher hatte er es immer für eine politische Streitfrage gehalten, niemals aber für eine juristische. Darauf mußte er sich konzentrieren. Seine Aufgabe war es, den Präsidenten vor dem Impeachment zu schützen, ihn in dem wohl spektakulärsten Fall des zwanzigsten Jahrhundert zu verteidigen. Hier ging es fraglos um mehr als damals in der Verhandlung Army gegen McCarthy, als er neben Joe Welch gesessen und miterlebt hatte, wie Senator McCarthy von Welch in der Luft zerrissen wurde – ein unvergeßlicher Augenblick, von Millionen Fernsehzuschauern am Bildschirm verfolgt.

Er, St. Clair, würde Richard Nixon und das Präsidentenamt retten und mit ihm gemeinsam in die Geschichtsbücher eingehen. Am 4. Januar wurde seine Ernennung bekanntgegeben. Er bezog ein unpersönliches Zimmer im Fairfax Hotel, fast zwei Kilometer nordwestlich vom Weißen Haus. Im EOB hatte man ihm Raum 188 ½ zugewiesen und mit zusammengewürfeltem Ramsch aus anderen Büros möbliert. St. Clair erhob auch keine Einwände, als man ihm aus Sparsamkeitsgründen das Abonnement des *Boston Globe* strich.

Unmittelbar nach seiner Ernennung berief er eine Sitzung mit den zehn jungen Anwälten des Stabes ein, von denen einige vom Justizministerium freigestellt waren. »Für mich handelt es sich hier um einen Prozeß, um weiter gar nichts«, teilte er ihnen vertraulich mit. »Wir haben einen Mandanten. Als Anwälte werden wir hundertprozentig unsere Pflicht tun, dem Klienten die beste Verteidigung zuteil werden lassen. Falls er unschuldig ist, dann ist er eben unschuldig. Falls er schuldig ist, dann ist er eben schuldig.« Mit anderen Worten: Watergate sollte nicht länger als politischer Fall behandelt werden. Er legte ihnen nahe, sich nicht der Presse gegenüber zu äußern. »Wenn's bei anderen hier mit der Glaubwürdigkeit hapert, liegt's nur daran, daß sie zuviel reden.« St. Clair sprach die Hoffnung auf gute, kollegiale Zusammenarbeit aus und stellte regelmäßige wöchentliche Konferenzen der gesamten juristischen Abteilung in Aussicht.

In der ersten Woche forderte er zwei Mitarbeiter auf, mit ihm gemeinsam zu Abend zu essen, und überlegte dann, wie sie am besten zu dem Restaurant kämen. Sie teilten ihm mit, daß er in seiner Stellung einen Wagen in der zuständigen Abteilung des Weißen Hauses anfordern könne. »Mal sehen, ob das klappt«, meinte St. Clair leicht verwundert. Tatsächlich, sie wurden zur Connecticut Avenue gebracht. Im Restaurant schwelgte St. Clair in Erinnerungen an den Fall Army gegen McCarthy. Das sei eine sehr aufregende Zeit für einen jungen Mann gewesen, schwärmte er. Bei Anwälten gäbe es immer wieder faszinierende Probleme, in die sie sich verbeißen könnten.

9. Kapitel

Peter Wallace Rodino jr. aus Newark, New Jersey, vierundsechzig Jahre alt, im Zweiten Weltkrieg einer der ersten, die in Übersee zum Offizier befördert wurden, war ein hochdekorierter Kongreßabgeordneter.

Nach dem »Massaker« vom Samstag waren im Repräsentantenhaus zweiundzwanzig Resolutionen für ein Impeachment eingebracht worden. Sprecher Carl Albert entschied, sie an den Rechtsausschuß zu überweisen, in dem Rodino den Vorsitz führte. Albert fand, der Ausschuß habe sich bei den Hearings, in denen es um die Bestätigung von Fords Ernennung zum Vizepräsidenten ging, als gründlich und fair bewährt.

Rodino suchte nun einen geeigneten Leiter für die Untersuchungskommission. Sämtliche Kandidaten wurden auf Herz und Nieren geprüft. Weihnachten hatte Rodino den richtigen Mann gefunden: John Doar, zweiundfünfzig, Republikaner aus Wisconsin, unter Präsident Kennedy und Johnson Leiter der Bürgerrechts-Abteilung im Justizministerium. Seine Antworten entsprachen Rodinos Vorstellungen, wie eine solche Untersuchung zu führen sei: unparteiisch, objektiv, gründlich; ferner waren die Ausschußmitglieder ausreichend mit Beweismaterial zu versorgen. Doar, skeptisch, undurchdringlich, ziemlich humorlos, war nicht der Mann, die vom Watergate-Senatsausschuß begangenen Fehler zu wiederholen. Im Weißen Haus hatte man diese Untersuchung als Hexenjagd bezeichnet – unter Ausschluß der Öffentlichkeit gemachte Aussagen waren regelmäßig publik geworden, man hatte Zeugen dadurch zur Aussage gezwungen, daß man ihnen bedingte Freiheit vor Strafverfolgung zusicherte. Rodino und Doar waren fest entschlossen, das Vertrauen der Öffentlichkeit in die Integrität von Untersuchungen des Kongresses wiederherzustellen.

Doar brachte seine Mitarbeiter in kleinen, abgedunkelten Räumen eines schäbigen, alten Hotels unter, in dessen Korridoren Wachposten patrouillierten. Er wollte undichte Stellen dadurch ausschalten, daß er die Untersuchung und damit den Informationsfluß aufteilte. Nur ihm und ein paar anderen war das gesamte Material zugänglich. Für seine 101 Mitarbeiter stellte er drei strikte Regeln auf: Sie hatten pünktlich zu allen Konferenzen zu erscheinen, sich das Registratursystem genau einzuprägen und daran zu halten sowie jeden Abend dafür zu sorgen, daß ihr Schreibtisch leer war.

Als er erfuhr, daß William Dixon ein paar Akten über die Wahlkampffinanzierung nach Hause mitgenommen hatte, stauchte ihn Doar zusammen. Wenn er nun auf dem Heimweg umgebracht würde, was dann?

»Keine Sorge, ich hab'ne Lebensversicherung«, versuchte Dixon zu witzeln.

Doar fiel ihm ins Wort. »Es gibt kein größeres Kompliment für einen Mann, als wenn am Tag nach seinem Tod jeder genau da weiterarbeiten könnte, wo er aufgehört hat.«

Selbst jetzt, da James St. Clair zur Stelle war, hielt Haig es für erforderlich, die persönliche Beziehung zu Jaworski, die er so sorgsam gepflegt hatte, aufrechtzuerhalten. Er informierte St. Clair, daß er nach wie vor als Verbindungsmann zum Büro des Sonderanklägers fungieren werde. So könne sich St. Clair völlig auf die Impeachment-Untersuchung konzentrieren.

Haig wollte um jeden Preis eine gerichtliche Auseinandersetzung mit Jaworski um weitere Tonbänder vermeiden. Im Dezember hatte er den Präsidenten überredet, Jaworski ins Weiße Haus kommen zu lassen, wo er einige Bänder, für die nicht »sub poena« galt, anhören und Akten einsehen konnte. Obwohl der Informationsgehalt dabei spärlich war, nützte er Jaworski doch etwas. Auch er wollte keine langwierige gerichtliche Auseinandersetzung. Doch Ende Dezember befahl der Präsident Haig, jedes weitere Ansuchen abzulehnen.

Anfang Januar bat Jaworski den General um Genehmigung, noch ein Band abzuhören. Wenn man ihm das gestatte, könne er voraussichtlich entscheiden, welche Tonbänder gegebenenfalls für seine Untersuchung noch erforderlich wären. Bewußt ließ er in Haig den Eindruck entstehen, die Ansuchen um weiteres Beweismaterial würden bald aufhören, wenn man ihm dieses eine Tonband zugänglich machte.

Jaworskis Plan war, Schritt um Schritt vorzugehen. Er wollte sich das Band vom 4. Juni 1973 anhören, das sogenannte »Supertonband«. Es enthielt sämtliche Gespräche, die Nixon an jenem Tag geführt hatte – dem Tag, an dem er knapp zwölf Stunden seinen Unterhaltungen mit Dean gelauscht hatte.

Haig fragte den Präsidenten, wobei er darauf hinwies, daß dies wahrscheinlich das letzte Ansuchen Jaworskis sei. Nixon bat Buzhardt, sich das Tonband anzuhören. Buzhardt empfahl nachdrücklich, es

Jaworski nicht zu überlassen. Es beweise eindeutig, daß der Präsident, Haig und Ziegler ein Komplott schmiedeten, um Dean in einen Hinterhalt zu locken, und daß der Präsident zugab, er könnte doch in die Vertuschung verwickelt sein. Wie Buzhardt dem General erklärte, werde Jaworski durch dieses Tonband auf eine Reihe weiterer Gespräche aufmerksam gemacht, die der Präsident für hinreichend wichtig erachtet habe, um sie an jenem Tag persönlich abzuhören. In einer gerichtlichen Auseinandersetzung um die Herausgabe könne eine solche Information für Jaworski ein relevantes Beweismittel darstellen. Haig jedoch sah eine Möglichkeit, Watergate – zumindest die Untersuchung des Sonderanklägers – zu Ende zu bringen, wenn man Jaworski davon überzeugen könnte, daß das Weiße Haus nichts zu verbergen hatte. Nixon ließ sich breitschlagen.

Und so erschien Jaworski am 8. Januar im Weißen Haus und hörte den halben Tag lang das qualitativ mangelhafte Tonband ab; er bat um eine Kopie, die er mit in sein Büro nehmen wollte.

Das komme nicht in Frage, erklärte Buzhardt. Der Präsident und Haig waren in San Clemente. Buzhardt rief Haig an, und der General sagte ihm, er solle Jaworski die Kopie geben. Er sei sich offenbar nicht klar darüber, was das Tonband enthalte, wandte Buzhardt ein.

Haig nannte Buzhardt übervorsichtig und wiederholte seine Anweisung, die Kopie auszuhändigen.

Am folgenden Tag erhielt Buzhardt einen Brief Jaworskis, mit dem er fünfundzwanzig weitere Tonbänder erbat. Buzhardt rief abermals bei Haig an.

Der General fühlte sich hintergangen. Widerstrebend informierte er den Präsidenten.

Nixon verspottete ihn wegen seines Vertrauens zu Jaworski. Nie wieder werde er weitere Tonbänder herausgeben, erklärte er. Unter gar keinen Umständen.

Henry Ruth, Jaworskis Stellvertreter, fand in Garment immer einen vernünftigen Argumenten zugänglichen Gesprächspartner. Anfang Februar trafen sie sich zum Lunch in einem am Potomac gelegenen Restaurant.

Ob Garment den Präsidenten irgendwie zum Rücktritt bewegen könne, wollte Ruth wissen. Seiner Überzeugung nach steuerte Nixon unweigerlich auf ein Impeachment-Verfahren und einen Schuldspruch zu. Ein Rücktritt würde dem Land eine furchtbare Erschütterung ersparen, meinte er.

Garment hörte gelassen zu, ohne die leiseste Andeutung, daß er bereits mit den gleichen Argumenten einen vergeblichen Vorstoß bei Nixon unternommen hatte. Ruth war eigentlich sicher, daß der Präsident niemals zurücktreten werde, da dies ihn einer Anklage aussetzen würde. Trotzdem wollte er es versuchen.

112

Später unterrichtete Garment den General über das Gespräch. Haig schüttelte den Kopf. Nein. Es sei nicht der geeignete Zeitpunkt, dem Präsidenten ein solches Ansinnen zu übermitteln.

In den folgenden Tagen verbrachte Jaworski endlose Stunden in seinem Büro, wo er bis in die Nacht hinein mit seinen engsten Mitarbeitern überlegte und diskutierte.

In den achtundvierzig Jahren, die seit seinem Debüt vor Gericht vergangen waren – damals, während der Prohibition, verteidigte er in Texas einen der Schwarzbrennerei Angeklagten –, wäre Jaworski nicht einmal im Traum eingefallen, daß er je vor eine solche Entscheidung gestellt werden könnte wie jetzt. Die Tonbänder und Deans Aussage lieferten genügend Beweismaterial, um den Präsidenten anzuklagen, er habe eine Verschwörung angestiftet, durch die die Justiz in der Watergate-Untersuchung behindert werden sollte. Diese ungelöste Frage begleitete ihn ständig: einerseits eine erschreckende Möglichkeit, andererseits eine einmalige Gelegenheit zu beweisen, daß kein Mensch, nicht einmal der Präsident, über dem Gesetz stand.

Die paar Rechtsberater, die mit dem Beweismaterial vertraut waren und wußten, welche Entscheidung Jaworski zu treffen hatte, erörterten die Frage leidenschaftlich bis in die diffizilsten juristischen, verfassungsmäßigen, moralischen und praktischen Aspekte. »Präsident unter Anklage« – so würden es die Balkenüberschriften hinausschreien, wenn Jaworski sich für die Vorwärtsstrategie entschied.

Jaworskis Instinkt sträubte sich dagegen.

Vielleicht ist er bereits entschlossen, es zu unterlassen, und jedes weitere Gespräch erübrigt sich, dachten seine Mitarbeiter. Doch die Diskussionen gingen weiter, und Jaworski nahm sie durchaus ernst. Die juristischen Komplikationen, die sich bei einer Anklage gegen einen amtierenden Präsidenten ergaben, genügten eigentlich schon als Gegenargument. Die Verfassung sagte eindeutig, wenn ein Präsident durch ein Impeachment-Verfahren des Amtes enthoben werde, könne er strafrechtlich belangt werden. Sie äußerte sich jedoch nicht zu der Frage, ob man ihn unter Anklage stellen könne, solange er amtierte. Täte man es trotzdem, so würden die Anwälte die Klage anfechten. Mit einer beispiellosen Public-Relations-Kampagne gegen das Amt des Sonderanklägers wäre zu rechnen. Dabei hätte das Weiße Haus starke Argumente für sich. Ziegler und St. Clair würden sämtliche Register ziehen, das Schauspiel, einen Präsident vor Gericht zu stellen, in den schauerlichsten Farben ausmalen. So könnten sie – und das mit einer gewissen Berechtigung – etwa die Frage aufwerfen: Was sollte der Präsident tun, wenn jemand einen Atomkrieg begänne – etwa um Aufschub bitten?

Außerdem hätte über eine Anklageerhebung zweifellos der Supreme Court zu befinden. Das würde den Prozeß gegen die anderen der

Verschwörung Angeklagten verzögern. Bei einem laufenden Impeachment-Verfahren ließe sich einleuchtend argumentieren, wenn man darüber hinaus den Präsidenten außerdem strafrechtlich zu belangen versuche, so bedeute das für ihn eine doppelte Gefährdung.

Weiter stellte sich die bedrückende Frage, wie Jaworski einen amtierenden Präsidenten vor Gericht bringen sollte, der es mit größter Wahrscheinlichkeit ablehnen würde, freiwillig zu erscheinen. Müßte er ihn mit Polizeigewalt aus dem Weißen Haus herausholen und vor Gericht zerren? Eine absurde Vorstellung – aber wenn es zur schieren Machtprobe käme, hätte der Präsident als Oberbefehlshaber immerhin die Streitkräfte zur Verfügung.

Nach Jaworskis Einschätzung hatte der Supreme Court gute Gründe, wahrscheinlich sogar die Pflicht, die Anklage für verfassungswidrig zu erklären. Außerdem mußte er, Jaworski, unbedingt die unabsehbaren Konsequenzen einbeziehen, die eine Anklage gegen den Präsidenten im In- und Ausland auslösen würde. Ein solcher Schritt würde jeden Akt der Regierung in negativem Licht erscheinen lassen, wenn nicht gar zunichte machen, davon war Jaworski fest überzeugt. Selbst routinemäßige Zusammenkünfte und Ernennungen würden suspekt erscheinen.

Jaworski zweifelte an seinem Recht, eine derart spektakuläre Aktion zu unternehmen, wobei er auch die Folgen bedachte, die ihm persönlich daraus erwachsen könnten. Er war nicht gewillt, eine solche Belastung auf sich zu nehmen. Gegen das Präsidentenamt anzutreten, war zuviel für einen Ankläger und eine Grand Jury von dreiundzwanzig Bürgern. Aus eben diesem Grund hatte wahrscheinlich die Verfassung das Impeachment an die gewählten Volksvertreter in beiden Häusern des Kongresses delegiert.

Trotzdem ging die Diskussion in Jaworskis Büro unvermindert weiter – ausführlich, häufig verbittert. Einige seiner Mitarbeiter hatten kein Vertrauen zum Rechtsausschuß des Repräsentantenhauses. Die Beteiligung des Präsidenten an der Vertuschung war strafrechtlicher, das Impeachment dagegen politischer Natur. Der Ausschuß konnte ihrer Meinung nach viele Ausweichmöglichkeiten finden, um sich vor der Verantwortung zu drücken.

Jaworski dagegen vertraute dem Ausschuß, und insbesondere John Doar. Er suchte einen Weg, dem Ausschuß behilflich zu sein.

Doar tat, was in seinen Kräften stand, um die Untersuchung vor einer Politisierung zu bewahren. Als er feststellte, daß die Mitglieder des Rechtsausschusses Zeugenvernehmungen beiwohnen durften, die unter Eid erfolgten, ging er zu formlosen, uneidlichen Befragungen über, was einige Ausschußmitglieder erboste, vor allem Jack Brooks, einen cholerischen Demokraten aus Texas.

Am 14. Februar traf John Doar zum erstenmal mit James St. Clair zusammen. St. Clair erkundigte sich, wie der Ausschuß ein zur Anklage auf Amtsenthebung führendes Delikt zu definieren gedenke. Er wollte es auf einen klaren Verstoß gegen das Strafgesetz eingeschränkt sehen – Begehung eines Kapitalverbrechens. Die Juristen des Ausschusses sperrten sich. St. Clair behauptete, eine eindeutige Definition sei unerläßlich, damit er wisse, wie er vorzugehen habe. Ohne Genehmigung des Präsidenten habe er keinerlei Zustimmungsbefugnis, vor allem wenn der Ausschuß sich über eine derart grundlegende Frage nicht einig sei.

Doar wollte nichts zugestehen. Er wußte, daß er in der Klemme steckte. Die Verfassung ermächtigte zwar das Repräsentantenhaus, bei einem Impeachment-Verfahren als alleiniger Ankläger aufzutreten, doch Doar war sich sehr wohl klar darüber, daß der Präsident die meisten Trümpfe in der Hand hatte. Der Ausschuß konnte das Weiße Haus um Material ersuchen, sogar »sub poena«, aber dem Präsidenten blieb es unbenommen, die Herausgabe zu verweigern. Rodino und Doar waren überzeugt davon, daß der Ausschuß niemals vor Gericht gehen dürfe, um Dokumente oder Tonbänder zu bekommen, wie es der Sonderankläger getan hatte. Denn das käme einem Eingeständnis gleich, daß die »alleinige« Befugnis des Repräsentantenhauses, Anklage zu erheben, der Interpretation durch die Gerichtsbarkeit unterliege.

Die logische Konsequenz für beide lautete: Entweder mußten sie sich auf die Bereitschaft des Präsidenten, das Material herauszugeben, verlassen oder ihn durch den Druck der öffentlichen Meinung dazu zwingen.

Fast von Anfang an war Doar von der Voraussetzung ausgegangen, daß der Ausschuß bei derart beschränkter Bewegungsfreiheit wahrscheinlich kein einziges Tonband, kein einziges anderes Beweisstück – die rauchende Pistole – finden würde, das den Präsidenten schlüssig mit einer eindeutigen Straftat in Zusammenhang brächte.

Doar lag die Ermittlungstätigkeit nicht sonderlich, er war eher ein Wissenschaftlertyp. Zusammen mit seinen Mitarbeitern brütete er über den Akten – Material vom Watergate-Senatsausschuß, Zeugenaussagen vor der Grand Jury, Erklärungen des Weißen Hauses. Mit eigenen Voruntersuchungen befaßte sich der Stab kaum. Während sie das Beweismaterial sichteten, waren sie im einen Augenblick sicher, einen hieb- und stichfesten Fall für ein Impeachment aufbauen zu können, und im nächsten wiederum trauten sie dem Weißen Haus Obstruktion bis zum letzten zu. Zwar existierte ein breites Spektrum von flagranten Übergriffen – Abhörmaßnahmen, Verschleierung, Halbwahrheiten, direkte Lügen, fortgesetzter Amtsmißbrauch –, aber nur sehr wenig, womit sich eine direkte Verbindung des Präsidenten zu bestimmten kriminellen Handlungen herstellen ließ.

Obwohl Doar die Theorie entwickelte, der Präsident sei für die Aktionen seiner Untergebenen verantwortlich, wußte er ebensogut wie

Rodino: Ohne direkten Beweis konnten sie auch keinen konkreten Impeachment-Fall zustande bringen. Undenkbar, sich dabei nur auf die Beweiskraft der Zeugenaussage zu stützen. Das hieße, alles würde fast ausschließlich auf John Deans unbestätigten Beschuldigungen basieren.

Er befand sich in der gleichen Lage wie Archibald Cox im Herbst: Er brauchte die Tonbänder. Es gab mehrere Besprechungen zwischen ihm, Albert Jenner, dem Rechtsexperten der Republikaner, und Jaworski. Doar erläuterte das Dilemma: Über das allgemeine Fehlverhalten des Präsidenten hinaus existierte wenig Greifbares. Er bezweifelte, ob das ausreichte, den politisch motivierten Ausschuß zu weiteren Schritten zu veranlassen. Dazu benötigte er mehr Beweismaterial.

Jaworski erläuterte *seinen* Standpunkt. *Er* besaß zwar das Beweismaterial, aber in diesem Verfahren kein Mandat.

Doar wollte die Tonbänder.

Jaworski wollte, daß er sie bekam.

Doch seine Situation war prekär. Er verhandelte immer noch mit dem Weißen Haus über weitere Tonbänder und Dokumente, obwohl Haig und St. Clair ihm bedeutet hatten, seine Aussichten seien gleich Null. Wenn er das, was er jetzt in Händen hatte, an Doar weitergab, würde er sich jede Chance zerstören, zusätzliches Beweismaterial ohne gerichtliche Auseinandersetzung zu bekommen.

Jaworski war darauf bedacht, die erregte Debatte in seinem Büro abzuwiegeln. Einerseits bewunderte er den Eifer der Assistenten, die auf Anklageerhebung gegen den Präsidenten drängten, andererseits aber gestand er sich ein, daß auch das Weiße Haus stichhaltige Argumente besaß. Einige der jungen Anwälte waren parteigebunden. Es gab ein paar Kennedy-Anhänger, die sich diebisch darüber freuen würden, wenn eine Gruppe von dreiundzwanzig Bürgern Präsident Nixon auf die Anklagebank zerren könnte.

Jaworski verstand sich – im Gegensatz zu Cox – als Mann des Ausgleichs. Cox war der Rechtswissenschaft verhaftet, den Verfahrensfragen und – wie Jaworski glaubte – der uralten Vision von Gerechtigkeit, verkörpert in der Göttin Justitia. Jaworski dagegen war mehr Realist, kein Professor, sondern ein Praktiker, der Entscheidungen traf, der mit Al Haig ebenso reden konnte wie mit den jungen Demokraten und Kennedy-Anhängern in seinem Mitarbeiterstab. Seine Aufgabe war es, einen Mittelweg zu finden – keine Anklage gegen Nixon, ohne dabei jedoch das Beweismtaterial irgendwie zu bagatellisieren. Er wollte den Ball dem Ausschuß des Repräsentantenhauses zuspielen, freilich nur in Form von wohlgeordnetem, komplettem Beweismaterial. Doar sollte einen Orientierungsplan erhalten, mitsamt den Tonbändern. Alles weitere wäre dann Sache des Rechtsausschusses.

Jaworski skizzierte die Grundsätze, nach denen eine solche Transaktion zwischen dem Ankläger und dem Ausschuß zu erfolgen hätte. Zunächst durfte das Beweismaterial selbst nicht von seinem Amt veröffentlicht werden. Jedoch sollte man das Weiße Haus über den Vorgang informieren, damit der Präsident Gelegenheit hätte, Einwände zu erheben. Zweitens müßte das Beweismaterial in rechtlich einwandfreier Form durch einen Mittelsmann übergeben werden. Eine Einzelperson oder mehrere sollten die Unterlagen in Empfang nehmen und verwahren, was dem Weißen Haus Zeit und Gelegenheit geben würde, nach Rechtsmitteln zu suchen. Und schließlich dürfe das Beweismaterial weder unter Gesichtspunkten der Anklage aufbereitet noch mit irgendwelchen Schlußfolgerungen versehen werden. Es hatte aus reinen Fakten zu bestehen: Dokumente ohne Kommentar, Zeugenaussagen und Tonbänder.

Der Ausschuß müßte es – nach Abstimmung – von der Grand Jury bekommen. Nicht von Jaworski.

In der letzten Februarwoche ging Jaworski zu einer Sitzung der Grand Jury. Neunzehn Monate lang hatten die Geschworenen die Watergate-Untersuchung geführt. Von denjenigen seiner Assistenten, die ständig an diesen Sitzungen teilnahmen, wußte er, daß die Geschworenen entschlossen waren, Anklage gegen den Präsidenten zu erheben. In einer Probeabstimmung hatten sie einstimmig dafür votiert, den Präsidenten einer strafbaren Handlung zu beschuldigen. Dabei hatten einige sogar beide Hände erhoben.

Eindringlich und ernst erläuterte Jaworski, welch enorme Probleme sich durch Anklage eines Präsidenten stellten. Er sei zwar auch der Meinung, das Beweismaterial reiche aus, dem Präsidenten eine Straftat zur Last zu legen, es gebe jedoch andere Verfahrensweisen. Unter ungewöhnlichen Umständen sei es mehrfach vorgekommen, daß eine Grand Jury einen Bericht herausgegeben habe. Er schlug vor, einen solchen Bericht abzufassen und ihn Richter Sirica zur Weiterleitung an den Ausschuß des Repräsentantenhauses zu übermitteln.

Die Geschworenen bestürmten ihn mit Fragen. Aus manchen sprach ein solcher Zorn auf Nixon, daß Jaworski um den Fortbestand der Grand Jury fürchtete. Bedächtig und überlegt setzte er ihnen auseinander, er verstehe ihre Emotionen und teile ihre Enttäuschung. Aber er bleibe dabei, daß ein solcher Bericht für sie die beste Möglichkeit darstelle, Richard Nixon zur Rechenschaft zu ziehen. Schließlich war die Grand Jury einverstanden. In geheimer Abstimmung wurde dann beschlossen, gegen Haldeman, Ehrlichman, Mitchell, Strachan, Colson, Robert G. Mardian und Kenneth Wells Parkinson Anklage zu erheben*.

* Mardian, früherer stellvertretender Justizminister und Leiter des Ressorts für innere Sicherheit im Ministerium, gehörte zu Mitchells Assistenten im Wiederwahlkomitee. Parkinson, Anwalt aus Washington, verteidigte das Wiederwahlkomitee in einem Prozeß wegen Hausfriedensbruch, den

Auf Jaworskis Rat führten die Geschworenen Richard M. Nixon, Präsident der Vereinigten Staaten, als nicht angeklagten Mitverschwörer bei der geplanten Behinderung der Justiz namentlich auf. Diese Information gehe vorerst nur dem Richter zu, hatte Jaworski ihnen erklärt. Das Votum war einstimmig.

Jaworski suchte Richter Sirica auf. »Sie haben einen Bericht der Grand Jury zu erwarten«, teilte er ihm mit. »Auf Wunsch der Geschworenen soll er dem Rechtsausschuß des Repräsentantenhauses übermittelt werden. Er betrifft den Präsidenten.«

die Demokratische Partei nach dem Einbruch im Watergate angestrengt hatte. Er wurde später freigesprochen.

10. Kapitel

Am Morgen des 1. März 1974 standen die Zuschauer vor Siricas Gerichtssaal bis zum Ende des langen Korridors Schlange. Nur wenige wurden eingelassen, da sich drinnen bereits Reporter und Anwälte zusammendrängten. Jaworski trat ans Renderpult: »Euer Ehren, die Grand Jury hat eine Anklageschrift und einen versiegelten Bericht zu übergeben.«

Nach Verlesung der Anwesenheitsliste erhob sich der Sprecher der Geschworenen, Vladimir N. Pregelj, und überreichte Sirica einen großen braungelben Umschlag. Der Richter öffnete ihn, entnahm den Bericht und las ihn. Der stellvertretende Sonderankläger Richard Ben-Veniste wuchtete eine schwere Aktenmappe mit Kombinationsschloß auf die Richterbank. Sie enthalte Material, auf das in dem Bericht der Grand Jury Bezug genommen werde, erklärte er.

»Nach der heutigen Verhandlung wird das Gericht den Umschlag, den ich geöffnet habe, wieder versiegeln«, sagte Sirica. »Er wird bis auf weiteres in sicherem Gewahrsam dieses Gerichtes verbleiben.«

Am nächsten Morgen las St. Clair in der Zeitung, der vertrauliche Bericht der Grand Jury enthalte Beweismaterial gegen den Präsidenten; es werde darin empfohlen, den Inhalt der Aktenmappe – Tonbänder, Zeugenaussagen und Dokumente – dem Rechtsausschuß des Repräsentantenhauses zu übermitteln.

Erregt studierte St. Clair die Anklageschrift, die in groben Umrissen skizzierte, worauf die Grand Jury ihren Fall aufbaute. Der Präsident wurde zwar nicht erwähnt, es hieß jedoch, die Verschwörung sei immer noch im Gange. Insgesamt wurden fünfundvierzig objektive Tatbestände genannt, darunter versuchte Behinderungen von FBI und CIA, die am Abend des 21. März in der Zahlung von 75 000 Dollar an Howard Hunts Anwalt gipfelten*.

---

* Die Anklageschrift beschuldigte die sieben Mitarbeiter des Präsidenten und seines Wiederwahlkomitees sowie »andere der Grand Jury bekannte und unbekannte Personen, sich rechtswidrig, bereitwillig und vorsätzlich verbündet, verschworen und zusammengetan zu haben, um im vollen

St. Clair konzentrierte sich auf die Punkte 40 bis 43, die das Gespräch vom 21. März betrafen. Haldeman habe einen Meineid geleistet, als er in seiner Zeugenaussage Nixons Äußerung zitierte, »es wäre falsch«, das Erpressungsgeld zu bezahlen. Belege dafür müßten in der schwarzen Aktenmappe enthalten sein und stellten die einzige greifbare Anklage gegen den Präsidenten dar, folgerte St. Clair. Wenn er seinen Mandanten da herauspauken könnte, wäre das Impeachment vom Tisch.

Er setzte Haig und dem Präsidenten auseinander, man sollte gar nicht erst zu verhindern suchen, daß der Bericht der Grand Jury an den Rechtsausschuß ginge, da das doch zwecklos wäre. Statt dessen riet er zur Kooperationsbereitschaft.

Und so teilte das Weiße Haus am 6. März mit, es werde den Ausschuß aus freien Stücken mit sämtlichen Informationen beliefern, die der Sonderankläger erhalten habe. Dazu gehörten siebenhundert Seiten Dokumente, sieben Tonbänder und zwölf weitere freiwillig ausgehändigte Bandaufzeichnungen.

Endlich konnte John Doar aktiv werden. Nachdem er sich das Band vom 21. März mehrmals genau angehört hatte, war er überzeugt davon, einen Fall für ein Impeachment zu haben. Doch um ihn hieb- und stichfest zu machen, brauchte er weitere Tonbänder. Jaworski desgleichen.

Beide ersuchten das Weiße Haus darum, und die Verhandlungen zogen sich wochenlang hin. Nixon aber wiederholte: Er denke nicht daran, auch nur ein einziges weiteres Tonband herauszugeben.

Am 11. April beschloß der Rechtsausschuß mit dreiunddreißig zu drei Stimmen, zweiundvierzig zusätzliche Tonbandaufzeichnungen »sub poena« zu fordern.

Am 18. April verlangte Jaworski vierundsechzig weitere Bänder »sub poena«.

Der Präsident wollte dem Ausschuß mitteilen, er möge sich zum Teufel scheren, er werde überhaupt nichts herausrücken und ein für allemal

gegenseitigen Einverständnis strafbare Handlungen gegen die Vereinigten Staaten zu begehen«. Der erste Anklagepunkt lautete, die Verschwörung habe am oder um den 17. Juni 1972 begonnen, dem Datum des Watergate-Einbruchs, und bis jetzt angedauert, »den Tag der Einreichung dieser Anklageschrift eingeschlossen«. Laut Anklageschrift verschworen sich die sieben Männer und andere »bekannte und unbekannte« Personen, » die Justiz zu behindern . . ., einer Regierungsbehörde falsche Angaben zu machen . . ., falsche Erklärungen abzugeben . . . und die Vereinigten Staaten und deren Dienststellen und Ministerien, nämlich *Central Intelligence Agency* (CIA), *Federal Bureau of Investigation* (FBI) und Justizministerium, um das Anrecht der Regierung zu betrügen, daß die Beamten dieser Ministerien und Dienststellen ihre Amtsgeschäfte rechtschaffen und unparteiisch, frei von Korruption, Betrug, unzulässiger und ungebührlicher Beeinträchtigung und Behinderung, durchführen«. Die Verschwörer hätten »durch Täuschung, Arglist, Gaunereien und unlautere Methoden die Vereinigten Staaten betrogen, indem sie in die legalen Obliegenheiten des CIA eingriffen und sie behinderten«. Zu den verschwörerischen Akten gehörten, den Watergate-Einbrechern »mildernde Umstände, Amnestie und sonstige Vergünstigungen anzubieten« sowie »insgeheim« Gelder zusammenzubringen, um damit ihr Schweigen zu erkaufen.

Schluß mit den dauernden Forderungen machen. St. Clair aber war alarmiert. »Eine Anklage wegen Vorenthaltung von Beweismaterial können wir nicht durchstehen«, warnte er. Wenn man sich dem Ausschuß offen widersetzte, würde das so gut wie sicher mit einer Vorladung wegen Mißachtung des Kongresses und Impeachment enden. Buzhardt vertrat die gleiche Ansicht. Sie mußten jetzt Konzilianz zeigen und beweiskräftiges Material aus den Tonbändern zur Verfügung stellen.

Widerwillig erklärte sich der Präsident zu einem gewissen Entgegenkommen bereit. Den Sonderankläger könnte man sich vor Gericht noch eine Zeitlang vom Leibe halten, nicht aber den Rechtsausschuß. Nixon suchte nach Kompromissen, nach Halbheiten, die nicht auf eine tatsächliche Übergabe der Bänder hinausliefen. Vielleicht täten es auch eine gekürzte Abschrift oder Resümees der einschlägigen Passagen.

Beides würde genügen, meinte Haig. Die Anwälte widersprachen. Keine dieser Alternativen würde den bereits mißtrauisch gewordenen Ausschuß zufriedenstellen.

Wenn er jetzt seine Vorsicht aufgäbe und die zweiundvierzig Bänder auslieferte, würde er sich endlosen weiteren Forderungen aussetzen, konterte Nixon.

Dieses Argument leuchtete Buzhardt teilweise ein. Sie mußten genügend Informationen aus den Tonbändern liefern, um den Eindruck sachdienlichen Verhaltens zu erwecken. Die extremen Nixon-Gegner im Ausschuß ließen sich sowieso nicht zufriedenstellen. Erforderlich war, sich den Anschein von Nachgiebigkeit zu geben, ohne das Privileg des Präsidenten zu opfern. In dem Punkt hatte Nixon recht: Sie durften keinesfalls den Grundsatz des »executive privilege« aufs Spiel setzen. »Wir müssen also etwas liefern und damit die Tonbänder entmystifizieren«, folgerte Buzhardt. Er schlug vor, vollständige, wörtliche Abschriften aus den relevanten Teilen der »sub poena« verlangten Tonbänder anzubieten.

Ziegler widersetzte sich energisch. Auf den Tonbändern werde eine mehr als derbe Sprache gesprochen und recht unverblümt diskutiert; der Präsident sei mitunter von brutaler Offenheit. Sobald das Material sich einmal in den Händen des Ausschusses befände, würde es durchsickern und in jedem Fall eines Tages veröffentlicht werden. Die Enthüllung würde den Präsidenten bei seinen Stammwählern diskreditieren, im Mittelwesten Anstoß erregen, sein Mandat zunichte machen, seine Position bei den Republikanern im Ausschuß schwächen.

Das seien zwingende Argumente, fand Nixon. Fünf Jahre hatte er viel Mühe darauf verwendet, sich das Image eines honorigen Staatsmannes aufzubauen. Man durfte es nicht zulassen, daß durch die Offenherzigkeit seiner privaten Äußerungen nun der Lack abgekratzt werde.

Das wäre vielleicht auch gar nicht nötig, meinte Buzhardt, wenn man die anstößige Ausdrucksweise eliminierte und redigierte Abschriften übergäbe. Damit wäre der Ausschuß zufriedengestellt, und sie hätten sich *de jure* nicht der »sub poena« unterworfen, kein Privileg preisgegeben, keinen Präzedenzfall geschaffen.

Zögernd autorisierte der Präsident die Anwälte, mit dem Abhören der Tonbänder zu beginnen und die Abschreibarbeiten zu veranlassen. Möglicherweise hätten sie mit dieser freiwilligen Vorlage endlich den richtigen Weg gefunden, meinte er. Er werde dem Ausschuß mitteilen, daß er trotz der Maßlosigkeit seiner Forderungen bereit sei, ihm mehr als auf halbem Wege entgegenzukommen. Er gewähre einen bisher noch nicht dagewesenen Einblick in die persönlichen Gedanken und Gespräche eines Präsidenten, um damit zu beweisen, daß er nicht an der Vertuschung beteiligt gewesen sei. Aber es handle sich um einen vorläufigen Entschluß, betonte er. Vielleicht werde er es sich noch anders überlegen.

Buzhardt ließ die Tonbänder aus dem Tresor holen. Dabei erinnerte er sich daran, daß der Präsident schon einmal im März kurzfristig nachgegeben und seinen Anwälten gestattet hatte, die vom Sonderankläger und vom Rechtsausschuß zusätzlich angeforderten Tonbänder abzuhören und festzustellen, wogegen sie eventuell zu kämpfen hätten. Doch noch ehe sie damit anfingen, überlegte Nixon es sich anders, und die Tonbänder wanderten zurück in den Tresor. Jetzt begann Buzhardt gemeinsam mit seinen beiden Assistenten, Dick Hauser und Jeff Shepard, mit der Lektüre der unkorrigierten Abschriften, die Rose Mary Woods und ihre Sekretärinnen vor Monaten gemacht hatten. Jedes Manuskript mußte mit dem Tonband verglichen werden, von dem es übertragen worden war. Für diesen vordringlichen Sonderauftrag wurden Sekretärinnen aus Buzhardts Büro abgestellt; sie mußten Hör- und Tippfehler verbessern und alles noch einmal sauber abschreiben. Von den meisten Tonbändern, mit denen sie sich beschäftigten, gab es bisher noch gar keine Transkripte.

Nixon saß häufig bis spät in die Nacht hinein und sah die Abschriften durch, in denen er sofort zu streichen begann. Lange Absätze fielen einem kühnen Federstrich zum Opfer.

Buzhardt war verzweifelt. Durch Redigieren, von ihm selber vorgeschlagen, sollten anstößige Ausdrücke und persönliche Bemerkungen über dritte ausgemerzt werden. Aber jetzt wurden relevante Gesprächsteile, die auf Watergate Bezug hatten, gestrichen – lange und wichtige Abschnitte. Er sprach mit Haig darüber, der ihm jedoch empfahl, seine Beschwerden dem Präsidenten vorzutragen. Buzhardt ging zu Nixon und brachte seine altbekannten Argumente vor: Anwälte durften keine Mithilfe leisten bei der Unterschlagung von relevantem Material; sie waren vielmehr verpflichtet, sich dafür zu verbürgen, daß alles Wichtige übergeben wurde; das Ansuchen des Ausschusses war verfassungsmäßig bindend; ihre Position als Anwälte wurde gefährdet. Der Präsident verlange zuviel.

Nixon entgegnete knapp, *er* treffe die Entscheidungen, *er* übernehme die Verantwortung.

Von St. Clair unterstützt, bedrängte Buzhardt den General und dann abermals den Präsidenten, einsichtig zu sein.

Nixon blieb unerbittlich. Es waren *seine* Tonbänder. Er, und zwar er allein, werde entscheiden, was an den Ausschuß ginge. Sein Verhalten sei durchaus berechtigt. Impeachment, insbesondere diese Voruntersuchung, die ja durch die demokratische Mehrheit gesteuert werde, sei in erster Linie eine politische Angelegenheit. Und er wünsche nicht, daß seine Anwälte das aus dem Auge verlören. Eine Verteidigung, die kleinlich angelegt sei und sich strikt an den Buchstaben des Gesetzes klammere, diene dem Präsidentenamt nicht.

Buzhardt befürchtete, der Präsident könne sich in eine totale Trotzreaktion verrennen, wenn sie ihm in dieser Frage weiter so zusetzten. Über einzelne Streichungen sprachen sie jedoch fallweise nach wie vor mit ihm. Diese langwierigen, anstrengenden Dispute endeten für sie manchmal mit, machmal ohne Erfolg. Die Fülle des Materials war erdrückend – Hunderte und aber Hunderte von getippten Seiten. Die Sekretärinnen arbeiteten die Nächte durch. Als der für den 25. April angesetzte Termin näher rückte, merzte Nixon mit zielstrebiger Ungeniertheit Absätze und sogar ganze Seiten aus – wodurch er den eigentlichen Sinngehalt mancher Gespräche veränderte, Passagen beibehielt, die seine Version der Ereignisse untermauerten, und andere, bei denen das nicht der Fall war, kurzerhand strich.

»Genau hier ziehe ich die Grenze«, teilte Buzhardt dem General mit, der reagierte, als habe er mit dem Ganzen überhaupt nichts zu tun. Er riet dem Anwalt lediglich wieder einmal, seine Einwände dem Präsidenten vorzutragen.

Abermals bemühte sich Buzhardt, Nixon zu erklären, daß er zu weit gehe. »Wir müssen konsequent sein«, betonte er. Größere Streichungen ließen sich nur damit rechtfertigen, daß bestimmte Themen für die Untersuchung nicht relevant seien. Dabei habe man eventuell etwas Spielraum. Doch sobald ein Diskussionsthema in einer Abschrift enthalten sei, dürften darauf bezügliche Passagen nicht weggelassen werden. Entweder alles oder gar nichts, lautete Buzhardts Maxime.

Der Präsident schien das, wenn auch höchst widerstrebend, zu akzeptieren. Er werde sich bemühen, konsequent vorzugehen, versprach er. Vorausgesetzt natürlich, daß er beschloß, dem Ausschuß überhaupt etwas zu geben. Er habe seine endgültige Entscheidung noch nicht getroffen.

Nixon flog nach Camp David, wo er weitere Abschriften lesen und dabei über mögliche Alternativen nachdenken wollte.

Haig, Buzhardt und St. Clair überlegten, ob die Anwälte ihre Einwände gegen manche der weniger brisanten Streichungen des Präsidenten fallenlassen sollten. Es erschien ratsam, etwas zurückzustecken. Andernfalls riskierten sie, daß er den ganzen Plan über Bord warf.

Eine der gestrichenen Passagen beunruhigte sie besonders, wenngleich kaum ernstlich daran gedacht wurde, diesen Teil dem Ausschuß zu übergeben. Am 22. März – einen Tag nach seinem Gespräch mit Dean, wie man Hunt auszahlen könne – war der Präsident mit Mitchell, Dean und Haldeman zusammengekommen. »Mir ist es scheißegal, was passiert«, hatte Nixon gesagt. »Ich verlange von euch allen, daß ihr hier mauert, sollen sie doch mit dem Fifth Amendment, mit Vertuschung oder sonst was kommen, wenn das – den Plan rettet. Nur darum geht's . . . Wir werden unsere Leute schützen, wenn wir können.« Weder die Anwälte noch Haig zweifelten an der katastrophalen Wirkung, die diese Worte des Präsidenten im Rechtsausschuß oder im gesamten Kongreß auslösen würden. Nixon hatte seinen Mitarbeitern damit eindeutig befohlen, zu vertuschen. Zwar argumentierte St. Clair, Nixons Order, die Sache geheimzuhalten, beziehe sich auf den Watergate-Senatsausschuß, nicht auf die Grand Jury, was einen Unterschied machen könne – doch das wirkte nicht eben überzeugend.

Die »sub poena« galt für den Mitschnitt von Nixons Gespräch mit Dean sowie mit Mitchell. Beim Abspielen des Bandes meinte St. Clair, eine Tür ins Schloß fallen zu hören. Vielleicht hatte Dean das Zimmer verlassen, als der Präsident Befehl zur Vertuschung gab. (Das erschien durchaus denkbar, da Dean in keiner seiner Aussagen Nixons Äußerung erwähnt hatte.) Unter Umständen ließe sich die Streichung mit der Begründung rechtfertigen, daß sich »sub poena« nur auf jenen Teil der Sitzung bezöge, bei dem alle drei zugegen waren, argumentierte St. Clair.

Jedenfalls waren weder die Anwälte noch Haig gewillt, dem Präsidenten diese Streichung auszureden. Wenn sie das täten und es ihnen gelänge, wäre ein Impeachment wohl so gut wie sicher.

Eine Stunde nach seiner Rückkehr aus Camp David zitierte der Präsident Buzhardt in sein Büro. Er habe sich die Angelegenheit genau überlegt, sagte er, und jetzt eine Lösung gefunden. Sie basiere auf der Ablehnung des Rechtsausschusses, ein mit Impeachment zu ahndendes Delikt zu definieren. St. Clair habe bereits das erforderliche Fundament geschaffen: Die mangelnde Bereitschaft des Ausschusses, den erforderlichen Tatbestand zu spezifizieren, mache es den Anwälten des Präsidenten unmöglich zu entscheiden, welches Beweismaterial tatsächlich relevant sei.

Fraglos sei er nicht verpflichtet, jedes Papier oder Tonband herauszugeben, das nach den vagen Vorstellungen irgendeines Ausschußmitgliedes ein zum Impeachment berechtigendes Verhalten belege. Manche plädierten für Amtsenthebung, weil er Kambodscha bombardiert oder Bundesmittel mit Beschlag belegt hatte. Das ganze Verfahren sei einfach unerhört. In einem normalen Prozeß bekäme die Jury überhaupt kein Beweismaterial, wenn der Ankläger unbegrenzt ermittelte oder die Anklagepunkte nicht definieren könne. Laut St. Clair lasse die Position des Ausschusses einen gewissen Spielraum.

Der Präsident erläuterte seinen Vorschlag, diesen wenn auch engen Spielraum zu nutzen. Die Kriterien für sein Verhalten im Fall Watergate seien in seinen Handlungen zu suchen, nicht in den Diskussionen, die dazu geführt hätten, und nicht in den Alternativen, die er zuvor erwogen habe.

Ein Präsident, konfrontiert mit Beschuldigungen, seine Hauptmitarbeiter seien an einer Behinderung der Justiz beteiligt, habe keine andere Wahl, als jede Möglichkeit zu prüfen. Einige mochten sich zwar übel anhören, was jedoch zählte, sei die endgültige Entscheidung. Und die habe bei ihm immer gelautet, man solle die Ermittlungen fördern. Darauf baue schließlich auch St. Clair seinen Fall größtenteils auf. Die gestrichenen Passagen seien irrelevant für seine *Handlungen* – er habe bloß laut gedacht, die Lage gepeilt, seine Mitarbeiter getestet, die Alternativen geprüft. Nichts sei in den Tonbandabschriften gestrichen worden, was mit seinen eigenen Handlungen zu tun habe. Die Patentlösung des Präsidenten sah vor, an den eliminierten Stellen einfach einen entsprechenden Satz einzufügen: »Nicht mit *Handlungen des Präsidenten* zusammenhängende Teile gestrichen.« Das enthebe die Anwälte der Verantwortung und erlege sie ihm auf, erklärte er.

Der Sinn des Satzes war Buzhardt zwar nicht ganz klar, wohl aber die Absicht. Das ist zweifellos der Griff nach dem Strohhalm, dachte er, doch es könnte klappen. Freilich verstieß es gegen das Berufsethos, wenn ein Anwalt Material wider besseres Wissen als nicht relevant darstellte. Trotzdem – der Mandant konnte behaupten, was er wollte. Damit tröstete sich Buzhardt.

Er besprach das Ganze nochmals mit St. Clair und Haig. Der Präsident beabsichtigte eindeutig, relevantes Material zu streichen. Dennoch hatten sie nach ihrer Auffassung die Pflicht, die übergeordneten Gesichtspunkte im Auge zu behalten. Wenn der Präsident eine Chance haben sollte, mußte der Ausschuß irgend etwas bekommen. Und etwas war immerhin besser als gar nichts.

Der Präsident arbeitete weiter. Buzhardt und Haig wollten ihn irgendwie dazu bewegen, weniger zu eliminieren. Sobald der Ausschuß all diese Einfügungen an den gestrichenen Stellen zu Gesicht bekäme, dürfte das fast ebenso verheerend wirken, als hätten sie überhaupt nichts herausgegeben, soviel stand für sie fest. Wieder einmal suchten sie den Präsidenten auf. Das Weiße Haus müsse vorschlagen, die Transkripte irgendwie verifizieren zu lassen. Im vergangenen Herbst beim Stennis-Kompromiß hätte es um ein Haar mit einer solchen Beglaubigung geklappt. Man könne doch beispielsweise Rodino und dem republikanischen Ausschußmitglied Edward Hutchinson gestatten, sich die Tonbänder im Weißen Haus anzuhören.

Offenbar beunruhigt fragte Nixon: »Werden sie gleich kommen?«

Buzhardt versicherte ihm, das werde Monate dauern, sofern sie überhaupt kämen. Wahrscheinlich würden sie mit der Begründung ablehnen, nur der Rechtsexperte besitze die erforderliche Sachkenntnis, das Material sorgfältig zu überprüfen.

Doch mit dieser Drohung konnten Haig und Buzhardt einen gewissen moralischen Druck auf den Präsidenten ausüben. Wenn Sie das streichen und Rodino und Hutchinson kommen dahinter, wird alles dreimal so schlimm, das war ihre Standardwarnung. Trotzdem wollte Nixon immer noch mehr eliminieren. Er weigerte sich, irgendwelche vor dem 21. März 1973 datierenden Abschriften zur Verfügung zu stellen – dem Tag, an dem er angeblich erstmals durch Dean von der Vertuschung erfahren hatte.

Buzhardt erinnerte ihn daran, daß Doar, Rodino und Jenner, der Rechtsberater der Republikaner, auf Herausgabe des Gesprächs mit Dean vom 17. März bestanden hatten. Zudem habe der Präsident ein Motiv, es ihnen teilweise zugänglich zu machen. Er hatte erklärt, an jenem Tag erstmals von dem Einbruch in die Praxis von Daniel Ellsbergs Psychiater erfahren zu haben. Das Tonband unterstützte diese Behauptung, bewies sie vermutlich sogar.

Der Präsident entschied, dem Ausschuß einen vier Schreibmaschinenseiten umfassenden Ausschnitt aus dem fünfundvierzig Minuten dauernden Gespräch zu übergeben – den Teil, in dem er über den Einbruch äußerte: »Davon höre ich zum erstenmal.« Die Passagen zur Verfügung zu stellen, die sich um die Vertuschung von Watergate drehten, weigerte er sich. Als Dean ihm berichtete, die Ermittlung des Bundesanklägers führe zu Haldeman, hatte der Präsident erwidert: »Das müssen wir abblocken. Wir dürfen das nicht bis zu Haldeman dringen lassen.«

Die Anwälte und Haig akzeptierten diese Entscheidung. Der Präsident wollte das Transkript seines Gespräches mit Haldeman und Ehrlichman vom 14. April vormittags ebenfalls weglassen.

Hier habe es sich zweifelsfrei um Watergate gehandelt, wandte Buzhardt ein. Es sei ausführlich über Haldemans und Ehrlichmans schuldhaftes Verhalten diskutiert worden und darüber, auf welche Weise Jeb Magruder, John Mitchell und vielleicht Dean geopfert werden sollten, um Haldeman und Ehrlichman zu retten.

Die Enthüllung dieses Gesprächs würde Haldeman und Ehrlichman beträchtlich schaden, betonte der Präsident immer wieder, aber die Anwälte blieben hartnäckig. Schließlich einigten sie sich darauf, es herauszugeben, allerdings nach Streichung mehrerer Passsagen – darunter diejenige, in der Nixon indirekt durchblicken ließ, er habe einem republikanischen Spendensammler persönlich für die Barmittel gedankt, die als Schweigegeld für die Watergate-Einbrecher verwendet wurden.

Einige der zusätzlichen Streichungen konnten Buzhardt und St. Clair akzeptieren, da sie weitgehend Wiederholungen enthielten. Außerdem hatten sie es alle satt, den ganzen Schmutz von Watergate immer wieder auf Haldeman und Ehrlichman abzuwälzen. Sie wollten die Verteidigung in dem Prozeß um den Vertuschungsskandal nicht unnötig gefährden. Es könnte dem Präsidenten schaden, wenn seine beiden treuen ehemaligen Paladine wütend würden.

Wieder konferierte Haig mit den Anwälten über ihre Doppelstrategie – einerseits den Ausschuß zufriedenzustellen und andererseits Nixon davon abzuhalten, die Transkripte gänzlich zu kassieren. Ihm war klar, daß der Präsident die Debatte leid wurde. Vielleicht wäre es doch nicht so schlimm, noch ein paar weitere problematische Stellen wegzulassen, selbst wenn sie relevant erschienen. Das stark zusammengestrichene Endprodukt müßte eben genügen. Das könnten sie überstehen, es sei denn, ein schlüssiger Beweis gegen den Präsidenten tauche auf.

Außerdem erörterten sie ein damit zusammenhängendes Problem, das seit Dezember zurückgestellt worden war. Der Sonderankläger und jetzt auch der Rechtsausschuß besaßen sieben Tonbandkopien, darunter das Gespräch vom 21. März zwischen Nixon und Dean. Sie würden publik werden, entweder im Watergate-Prozeß oder irgendwann bei den Vernehmungen vor dem Ausschuß, und zwar im denkbar ungünstigsten Zusammenhang. Deshalb plädierte Buzhardt dafür, die redigierten Abschriften jetzt durch das Weiße Haus zu veröffentlichen. St. Clair pflichtete ihm bei. Wenn man diesen gesamten Materialwust, der Hunderte von Seiten umfaßte, auf einen Schlag publizierte, würden viele der diskriminierenden Passagen untergehen. Die allerschlimmsten Teile, bei denen das unmöglich wäre, würden innerhalb eines riesigen Pakets weniger Aufmerksamkeit auf sich ziehen, als wenn sie durch Wochen und Monate hindurch Zeile für Zeile durchsickerten. Das gleiche Argument, das Pat Buchanan im Dezember vorgebracht hatte.

Die Anwälte unterbreiteten Nixon den Vorschlag. »Wir müssen das Ganze publik machen«, sagte Buzhardt. Die Veröffentlichung würde dem Präsidenten die Gewinnchance schlechthin geben. Das wäre *sein* Enthüllungswerk.

Der Gedanke gefiel Nixon. Einen solchen Schritt empfand er als stilgerecht – kühn und dramatisch. Die Öffentlichkeit würde ein für allemal erkennen, daß er nichts zu verbergen hatte. Er würde das Schlimmste offenbaren und eben dadurch seine Unschuld beweisen.

St. Clair begann sich für die Idee zu begeistern. Jetzt begriff er allmählich, weshalb die Leute Richard Nixon durch dick und dünn die

Stange hielten. So sehr ihm der Präsident in den vergangenen Monaten das Leben erschwert hatte, war doch manches an ihm dran, das er zu bewundern gelernt hatte. Nixon war bereit, dieses ganze Material dem Ausschuß zu unterbreiten, und hatte jetzt zugestimmt, die Öffentlichkeit seine allerprivatesten Gespräche mithören zu lassen. Dieser Entschluß erforderte in St. Clairs Augen echten Mut. Denn das Image des Präsidenten würde fraglos leiden. Doch genau das würde den Abschriften den Stempel der Authentizität verleihen.

Der Anwalt las die fertigen Transkripte durch. Da gab es für ihn manch harte Nuß zu knacken: die vulgäre Sprache, die zahlreichen doppeldeutigen Anspielungen, die vielen verschwörerischen Untertöne. Für einen breiten Teil der Öffentlichkeit stand bereits fest: Der Präsident war schuldig. Nixons Chancen schienen immer mehr zu sinken. Doch St. Clair glaubte zu wissen, wie er einen Umschwung herbeiführen könnte.

Er hatte seinen Fall auf einen einzigen Kardinalpunkt konzentriert. Der Präsident behauptete, am 21. März 1973 von der Vertuschung erfahren zu haben. Die Anklageschrift erhob den Vorwurf, die letzte Zahlung von Schweigegeld an Hunt sei an eben jenem 21. März erfolgt. Wenn St. Clair den Rechtsausschuß davon überzeugen konnte, daß der Präsident tatsächlich erst an diesem Datum über die Vertuschung informiert wurde, dann konnte er auch nicht an einer Behinderung der Justiz beteiligt gewesen sein. Nixon hatte am 21. März den Advocatus diaboli gespielt, Dean auf die Probe gestellt, laut gedacht, vielleicht Dean angestachelt. Die Handlungen des Präsidenten nach dem 21. März aber waren alle dazu bestimmt, die Tatsachen ans Licht zu bringen. Einige Abschriften enthielten Beweise für den zeitlichen Ablauf, die St. Clair benötigte. Er begann sie systematisch zu ordnen.

Ein Problem blieb jedoch: das Gespräch vom 15. September 1972, in dem der Präsident gedroht hatte, den Leiter der IRS und George Shultz hinauszuschmeißen. (»Er ist nicht seiner schönen blauen Augen wegen Finanzminister geworden.«)

Im November war Buzhardt mit der Behauptung durchgekommen, der Teil sei ohne Bezug auf Watergate – ein Taschenspielertrick, der erstaunlicherweise funktioniert hatte. Sirica hatte das Gespräch dem Ankläger vorenthalten.

Einmal hatten Buzhardt und Haig Glück gehabt; sie bezweifelten, ob ihnen das im Wiederholungsfall gelingen würde. Diesmal waren die Risiken höher. Sie konnten unmöglich darauf bestehen, dieses Gespräch habe nichts mit dem Ausschuß zu tun. Es bezog sich fraglos mehr auf die Impeachment-Voruntersuchung als auf Jaworskis strafrechtliche Ermittlung. Und es lieferte einen eindeutigen Beweis für Machtmißbrauch – also genau das, wogegen laut Verfassung das Impeachment-Verfahren eingreifen sollte.

Haig und die Anwälte erwogen die Alternativen. Diesen Gesprächsteil einzubeziehen, hieß, das Impeachment heraufbeschwören; ihn auszuklammern, war womöglich noch gefährlicher. Wenn Hutchinson oder Rodino das irgendwann in die Hand bekämen, wäre der Schaden mutmaßlich katastrophal. Wählten sie den Ausweg, sämtliche vor dem 21. März datierten Transkripte zurückzuhalten, so würde das den Präsidenten im Ellsberg-Fall angreifbar machen. Außerdem würde damit der Eindruck bestärkt, die Vertuschung sei auch jetzt noch im Gange. Der Ausschuß besaß bereits eine Tonbandkopie vom 15. September, in einer dankenswerterweise von Sirica gereinigten Fassung. Wenn sie nun die Transkripte aus der Zeit vor dem 21. März nicht auslieferten – zugleich mit unbedenklichen Teilen aus dem Band vom 15. September, die bereits dem Ausschuß vorlagen –, würde das jedermann klarmachen, daß der Präsident etwas zu verbergen hatte. Sie sahen nur einen gangbaren Weg: den gleichen Trick zu wiederholen und nur den Teil herauszugeben, der sich ausdrücklich auf Watergate bezog.

Aber als sie diese Empfehlung dem Präsidenten unterbreiteten, ließ er kein gutes Haar daran, taktierte ausweichend, schwankte zwischen lauter unerfreulichen Alternativen und überlegte wiederum, ob er den Ausschuß zum Teufel jagen oder ihm nur die Abschriften ab 21. März geben sollte. Endlich kam er zu dem Resultat, die Anwälte und Haig hätten recht. Sie mußten den gleichen Trick versuchen, auf den Sirica schon hereingefallen war. Trotzdem könne er es sich noch anders überlegen, betonte Nixon, und überhaupt nichts herausrücken. Ziegler bedrängte ihn heftig, genau dies zu tun, da er befürchtete, selbst mit sämtlichen Streichungen würden die Abschriften ihnen schaden. Sein Argument war nach wie vor, der Präsident habe bloß laut gedacht, und die Transkripte würden den ungerechtfertigten Eindruck erwecken, er sei an einer strafbaren Handlung beteiligt gewesen. Beim Ausschuß und in der Öffentlichkeit würde von der Rolle des Präsidenten ein gefährliches und falsches Bild entstehen.

Aus Angst, Ziegler könnte sich beim Präsidenten durchsetzen, beschlossen Haig und Buzhardt, ihm eine Komödie vorzuspielen. Die Szene fand in Haigs Büro statt. In Gegenwart Zieglers, der beifällig zusah, putzte der General Buzhardt und St. Clair herunter. Er beschuldigte sie, sich über Gebühr in die Angelegenheiten des Präsidenten einzumischen. »Der Präsident wird die Entscheidung treffen, was herausgegeben werden soll, und nicht irgendwelche gottverdammten Anwälte«, donnerte er.

Das war Buzhardts Stichwort. Weder St. Clair noch er oder sonst irgendein Anwalt könnten diese Streichungen hinnehmen. Auch wenn sie für das Weiße Haus arbeiteten, blieben sie doch an ihr Berufsethos gebunden. Und die Rechtsmoral verlange von ihnen zu attestieren, daß der Präsident im nationalen Interesse die Tatsachen voll enthülle. Sie müßten darauf bestehen, daß die Entscheidungen des Präsidenten sich am Gesetz orientierten und nicht an Gesichtspunkten wie Public Relations. Die Transkripte in ihrem jetzigen Wortlaut bewiesen die Unschuld des Präsidenten. Als Anwälte hätten sie bereits alles getan, was man von ihnen erwarten könne, tatsächlich eher mehr. Sie hätten sich kompromittiert; das sei nun mal geschehen, aber jetzt müsse Schluß sein. Buzhardt erweckte bei Ziegler den Eindruck, daß der Präsident womöglich ohne Anwälte dastünde, wenn er nicht nachgäbe.

Haig mimte Gereiztheit. Buzhardts Standpunkt lasse ihm keine Wahl, erklärte er. Es würden keine Streichungen mehr vorgenommen.

Ziegler machte für den Augenblick einen Rückzieher; offensichtlich tat Haig alles, was er konnte.

11. Kapitel

Am Montag, dem 22. April, erbat St. Clair von John Doar fünf Tage Fristverlängerung.

Warum das Weiße Haus nicht zumindest das fertige Material aushändigen könne, um den guten Willen des Präsidenten zu beweisen, wollte Doar wissen.

St Clair erwähnte mit keinem Wort, daß das Weiße Haus die Übergabe von Abschriften anstelle von Tonbändern vorbereitete, sondern erklärte lediglich, der Präsident wolle erst das gesamte Material durchsehen, bevor etwas herausgehe.

Doar sprach mit Rodino und rief dann St. Clair zurück. Er werde beim Ausschuß die Fristverlängerung befürworten, der jedoch nicht vor dem 25. April darüber beraten könne.

Nervös sah Haig am Abend des 24. April der Entscheidung des Ausschusses entgegen. Noch mehr Sorgen bereitete ihm jedoch ein weiteres Dilemma des Präsidenten, das sehr bald zu seinem ureigenen Problem werden würde. Haig verabredete sich mit Joseph Califano, einem alten Freund aus der Ära Johnson, zum Dinner.

Obwohl Califano, ein bekannter Anwalt, zur Zeit des Einbruchs als Rechtsberater für die Demokraten tätig war und zusammen mit Edward Bennett Williams die *Washington Post* vertrat, hatte Haig den engen Kontakt zu ihm aufrechterhalten.

Beim Essen im Jean Pierre erläuterte er ihm sein Problem. Der Watergate-Senatsausschuß wollte ihn über die 100 000 Dollar vernehmen, die Bebe Rebozo von Howard Hughes bekommen hatte. Sollte er die Fragen beantworten oder sich auf das »executive privilege« berufen, wie es der Präsident und seine Anwälte ihm dringend nahelegten?

Califano unterbrach ihn. Nur der Präsident könne das »executive privilege« beanspruchen, nicht aber seine Mitarbeiter. Wenn er es für Haig geltend machen wolle, solle er dem Ausschuß einen entsprechenden Brief schreiben.

Haig berichtete Califano von den redigierten Tonbandabschriften, die der Präsident dem Rechtsausschuß voraussichtlich übergeben würde. Selbst wenn die erste Reaktion negativ ausfallen sollte, müßte ihr Inhalt nach Haigs Überzeugung Nixon rechtfertigen.

Califano erkundigte sich, weshalb er so ungewöhnlich besorgt wirke.

Die Weltlage bereite ihm Kopfzerbrechen, entgegnete Haig – der Rückzug aus Vietnam, der Nahostkonflikt. »Ich mache mir Gedanken darüber, ob der Präsident imstande ist, in einer Krise zu führen. Die Tonbandabschriften wären da vielleicht eine Hilfe. Dem Präsidenten fällt es schwer, diese Probleme in den Griff zu kriegen. Die Unmenge Zeit, die ihn Watergate kostete, reibt ihn auf, zerstört seine Führungsfähigkeit. Er verzettelt sich.«

Nach Califanos Eindruck verschwieg sein Freund etwas. Zweifellos traute er Nixon kein schweres Vergehen zu, aber sein ganzes Verhalten ließ darauf schließen, daß es in seinen Augen schlimmer stand, als er zugeben wollte.

»Wir müssen uns das Problem Watergate vom Hals schaffen«, sagte Haig abschließend.

Am folgenden Tag gewährte der Rechtsausschuß dem Präsidenten eine Fristverlängerung bis zum 30. April.

Im Weißen Haus ging die Arbeit an den Abschriften hektisch weiter. Nixons ständige Änderungen machten es fraglich, ob der Termin eingehalten werden könnte. Es blieb keine Zeit, sämtliche Seiten abzutippen, viele waren nur halb beschrieben, andere bestanden aus zusammengeklebten Ausschnitten – alles Indizien für Anzahl und Umfang der Streichungen. Um undichte Stellen auszuschließen und das ganze Unternehmen geheimzuhalten, hatte man den Kreis der Beteiligten begrenzt.

Viele Sekretärinnen waren entsetzt über das, was die Tonbänder enthüllten, und mehr noch über den bedenkenlosen Umgang mit den Transkripten, über die zahlreichen Streichungen.

Auch Ziegler war empört und stellte wieder lauthals in Frage, ob man überhaupt etwas herausgeben sollte. Er fand, die Anwälte ließen immer noch zu viel stehen, und beauftragte seine beiden persönlichen Assistenten, Diane Sawyer und Frank Gannon, die redigierten Transkripte zu überprüfen und ihm dann zu berichten.

Während sie über den Bergen von abgetippten Seiten brüteten, rebellierten sie immer wieder gegen die schlampige Bearbeitung. Da hatte man Sätze des Präsidenten auseinandergerissen und sie teilweise Ehrlichman zugeschrieben. Die gleichen Flüche waren manchmal stehengeblieben, manchmal gestrichen worden. Harmlose persönliche Bemerkungen über dritte hatte man beseitigt, bösartige jedoch belassen. Manche Passagen bezogen sich auf Stellen, die eliminiert worden waren. Darüber mußte einfach jeder stolpern und unweigerlich den

Eindruck gewinnen, daß man die wirklich fatalen Teile ausgemerzt hatte. Am Freitag, dem 26. April, saßen sie noch bis spät in die Nacht hinein über dem Papierwust und baten um Aufschub. Unterlagen, die einen Präsidenten vor dem Impeachment schützen sollten, könnten unmöglich in einem solchen Zustand herausgegeben werden.

Nixon war in Camp David und strich weiter in den Abschriften herum. Also trug Ziegler das Anliegen der beiden Haig vor. In dem Punkt seien die Anwälte unnachgiebig, erklärte der General. Sie hatten bereits eine Fristverlängerung vom Ausschuß erhalten, eine weitere komme nicht in Frage. Mochte die Arbeit auch noch so schludrig ausgefallen, die Widersprüchlichkeiten und Ungenauigkeiten auch noch so ernst sein, die Transkripte mußten dem Ausschuß am 30. April vorliegen.

Die Atmosphäre wurde immer gespannter. Die Anwälte protestierten gegen die Einwände von Diane Sawyer und Frank Gannon, die sie als Einmischung betrachteten, als Versuch, noch mehr Public-Relations-Tünche aufzutragen. Zieglers Mitarbeiter wiederum protestierten gegen die Einwände der Anwälte, in denen sie noch mehr Paragraphenreiterei sahen.

Trotzdem arbeiteten sie unverdrossen weiter, lasen Korrektur, redigierten. Es war schwierig, die Transkripte auf einen einheitlichen Nenner zu bringen. Alle, die damit befaßt waren, hatten nur die vage Anweisung erhalten, rüde oder geschmacklose Äußerungen zu streichen, und dabei natürlich unterschiedliche Maßstäbe angelegt.

Gannon machte es ferner Sorgen, daß eine derart komplexe Reihe von Gesprächen veröffentlicht werden sollte ohne den leisesten Versuch, den Zusammenhang oder die Bedeutung der Anspielungen zu erklären. Es mußte einfach ein gewisses System, eine Art Übereinstimmung in das Ganze gebracht werden. Manche Anspielungen waren so unterschwellig, daß der Leser womöglich nur auf die Formulierung achtete und übersah, wie entscheidend hier die Darstellung des Präsidenten bestätigt wurde. Die Transkripte ließen keinen Zweifel daran, daß der Präsident jeden auch nur irgendwie vorstellbaren Weg erkundet hatte, um die Enthüllung der Wahrheit zu vermeiden. Doch nach Gannons Auffassung machte es einen gewaltigen Unterschied, ob das in Zusammenhang mit dem Watergate-Senatsausschuß und anderen ebenfalls politisch motivierten Kongreß-Untersuchungen oder mit einer Grand Jury geschah. Ohne erläuternde Kommentare würde jede solche Anspielung ungerechtfertigterweise im denkbar ungünstigsten Kontext erscheinen.

Gannon, Doktor der Philosophie, war auf James Joyce spezialisiert. Teile der Transkripte mit ihrer bombastischen Rhetorik und den fast surrealistischen Gedankengängen erinnerten ihn an den *Ulysses*. Er befürchtete, daß man die Worte des Präsidenten ebenso mißverstehen und falsch auslegen würde, wie es bei Joyce geschehen war. Er wollte einen Kommentar schreiben, den Sinngehalt dieser Gespräche quasi entschlüsseln.

Ziegler überredete St. Clair, Gannon den Entwurf für den Schriftsatz, den er vorbereitete, durchsehen und ihn Vorschläge beisteuern zu lassen. An einem Schreibtisch in St. Clairs Büro las Gannon jede fertige Seite durch. Was da entstand, war nach seiner Meinung eine durchaus faire Darlegung des Falles, aber eben juristisch aufgezäumt. Für Fachleute bestimmt, baute sie auf Einzelheiten auf. Verwirrende, dunkle Anspielungen zu erklären, wurde so gut wie gar nicht erst versucht. Dennoch fand Gannon, der Schriftsatz zeige – bei aller bedauerlichen Unzulänglichkeit –, daß der Präsident sich letztlich doch zur richtigen Handlungsweise entschlossen habe, wenn auch mitunter reichlich spät. Was den Public-Relations-Sektor anging, mochten die Transkripte eine Katastrophe sein, konfus und peinlich. Aber sie würden beweisen, daß der Präsident *de jure* nicht gegen das Gesetz verstoßen hatte. In dem Punkt waren sich St. Clair und Gannon einig.

Der Präsident wollte seinen Entschluß in einer Fernsehansprache aus dem Oval Office zur besten Sendezeit verkünden – ein Stil, den er bevorzugte. Seit 1969 hatte er hier insgesamt fünfunddreißig Reden gehalten, die live übertragen wurden.

Nach Haigs Meinung hatte der Präsident das Medium bereits im Fall Vietnam überstrapaziert und die letzten Reste von Wirkungsmöglichkeit für Watergate verbraucht. Vor den Fernsehkameras strahlte er Selbstgerechtigkeit, Selbstrechtfertigung, Selbstmitleid aus. Richard Nixon auf dem Bildschirm verkauft sich nicht mehr, dachte Haig. Er beauftragte Ray Price, der die Rede schreiben sollte, sich Kopien der Transkripte von den Anwälten zu besorgen. Price müsse die Tonbänder irgendwie in einen annehmbaren Kontext bringen.

Für Price bewiesen die redigierten Gespräche keineswegs schlüssig, ob der Präsident das Gesetz gebrochen hatte oder nicht. Sie wirkten doppelbödig, aber das war nur ein Teil des Problems. Was ihm wirklich Sorgen machte, war allerdings der ungeheure emotionale Schockeffekt, den sie zweifellos auslösen würden. Sie erschütterten den tradierten Präsidentschaftsmythos, in jedem Fall den Mythos dieses Präsidenten.

Trotzdem war er nicht schockiert. Hier handelte es sich um taktische Diskussionen zwischen Leuten, die in einer Situation gefangen waren, von der jeder überzeugt war, sie nicht geschaffen zu haben. Das galt vor allem für den Präsidenten. Price bezweifelte, daß irgendeiner der Gesprächspartner die volle Wahrheit kannte, damals oder jetzt. Watergate war wie eine heiße Kartoffel; als der Präsident merkte, daß er sie in Händen hielt, hatte er verzweifelt nach einem Weg gesucht, sie loszuwerden, ohne eine Regierungskrise heraufzubeschwören und seine ganze Administration lahmzulegen.

Am Samstag, dem 27. April, flog Price nach Camp David, um mit dem Präsidenten an der Rede zu arbeiten. Haig, Ziegler und die Anwälte hatten seinen dritten Entwurf bereits gelesen. Er gefiel ihnen, aber sie wußten immer noch nicht, ob die Rede überhaupt gehalten würde, da Nixon nach Haigs Worten weiterhin sämtliche Alternativen abwäge.

Am Nachmittag war Price beim Präsidenten, der Abschriften redigierte. Anscheinend tendierte er nun doch dazu, sie zu veröffentlichen. Das gäbe ihm zumindest die Möglichkeit, das Ganze aus seiner Perspektive darzulegen, sagte er, ehe es andere von der ihren aus täten. Er sei durchaus hoffnungsvoll, mache sich aber keine Illusionen, daß mit dieser Veröffentlichung alles aus der Welt geschafft würde.

Price arbeitete bis spät in die Nacht die handschriftlichen Ergänzungen des Präsidenten in den Text ein. Am Sonntag besprach er telefonisch mit ihm noch die letzten Korrekturen. Danach suchte er Nixon auf.

Price rang mühsam nach Worten. »Mr. President, wie Sie im letzten Jahr dem Druck standgehalten haben, das war wirklich bewunderungswürdig.«

Nixon reagierte verlegen, verwirrt. Es sei in der Tat eine ungeheure Belastung gewesen, räumte er ein. Persönlich könne er das jedoch durchaus verkraften. Ein Großteil sei von der gleichen alten Clique ausgegangen, die ihn seit fünfundzwanzig Jahren fertigmachen wolle. Aber der Druck halte ihn davon ab, das zu tun, was er wolle, die Dinge, die wirklich wichtig für das Land seien.

Wieviel mehr kam es darauf an, diesen Mann an der Spitze zu wissen, als sich den Kopf darüber zu zerbrechen, wer das Telefon des demokratischen Parteivorsitzenden angezapft hatte. Price wußte wohl, daß dieser Gedanke sich stark vereinfachend anhörte. Aber war es nicht wirklich wichtiger, einen dritten Weltkrieg zu verhindern und vielleicht eine Wirtschaftskrise, als diesen Mann wegen einer so lächerlichen Bagatelle wie Watergate zu ruinieren?

»Wir müssen Watergate hinter uns bringen«, erklärte Nixon.

Das hatte Price schon oft von ihm gehört, aber diesmal lag in den Worten mehr Gefühl, als er es wohl jemals beim Präsidenten erlebt hatte.

Um 12.57 Uhr des gleichen Tages stand Sybil Kucharski, eine junge Bankkassiererin, in einem alten, dunklen New Yorker Gerichtssaal und verkündete als Sprecherin der Geschworenen achtzehnmal: »Nicht schuldig.« John N. Mitchell, ehemals Justizminister, und Maurice H. Stans, früher Handelsminister, die beiden Leiter von Nixons Wiederwahlkampagne 1972, wurden im Fall Vesco in sämtlichen Anklagepunkten freigesprochen.

»Wir haben das Geschworenensystem geschaffen, und es funktioniert immer«, meinte Mitchell.

Neun Minuten später erhielt Joulwan im Weißen Haus die Nachricht und rief sofort in Camp David an. Der Präsident war in Hochstimmung über diese zweifellos beste Neuigkeit seit mehr als einem Jahr. Er gratulierte Mitchell und Stans telefonisch. Später unterhielt er sich mit David Eisenhower. Am schmerzlichsten sei bei Watergate, was seine Mitarbeiter durchzumachen hätten, sagte er. Er fühle sich erleichtert, daß diese »guten, anständigen Männer«, seine Freunde, nicht ins Gefängnis müßten wegen ihrer Verbindung zu ihm.

Der Freispruch setzte anscheinend seiner Unentschlossenheit, was die Veröffentlichung der Tonbandabschriften betraf, ein Ende. Er hatte zu lange gezaudert. Jetzt war es Zeit zu handeln. Er gab Haig grünes Licht, aber nicht ohne in letzter Minute noch mehrere Seiten buchstäblich wegzuwerfen.

Im Weißen Haus liefen die Vorbereitungen auf Hochtouren. Die Transkripte mußten in entsprechender Aufmachung der Öffentlichkeit präsentiert werden, worauf man stets besonderen Wert legte. Für jedes Gespräch waren zwei schwarze Plastikdeckel vorgesehen mit Präsidentensiegel und Titelzeile in Goldprägedruck. Auf dem Bildschirm würde sich das großartig ausnehmen.

Nachmittags erhielt Pat Buchanan einen Satz Transkripte. Da er einen großen Teil des Materials bereits kannte, überraschte ihn der Inhalt nicht sonderlich. Was ihn jedoch bestürzte, war der Gedanke, daß die Transkripte ohne jeden Kommentar auf Presse und Öffentlichkeit losgelassen werden sollten. Die Inszenierung, die er im vergangenen Dezember so sorgfältig geplant hatte, war völlig ignoriert worden. Für den Public-Relations-Sektor eine glatte Katastrophe, jammerte er.

Leonard Garment erbat ein Exemplar der Transkripte, was abgelehnt wurde.

Am späteren Nachmittag versammelten sich ein Dutzend Mitglieder aus den Redenschreiber- und Kommunikationsabteilungen im Büro von Ken W. Clawson, dem Direktor für Kommunikationswesen. Buzhardt und St. Clair, die Initiatoren dieser Sitzung, verspäteten sich, so daß Clawsons Fotokopien des vierzig Seiten umfassenden Schriftsatzes verteilte, den St. Clair für den Rechtsausschuß vorbereitet hatte. Darin wurde ausführlich aus jenen Passagen der Transkripte zitiert, die dazu beitrugen, die Darstellung des Präsidenten zu bestätigen. Im wesentlichen enthielt der Schriftsatz einen heftigen Angriff auf John Dean, dessen wenige Gedächtnisfehler vor dem Watergate-Ausschuß weidlich ausgeschlachtet wurden.

Clawson strahlte – teils wegen des Freispruchs von Mitchell und Stans, teils über das, was die Anwälte des Präsidenten ihm gesagt hatten. Das Ende von Watergate sei jetzt in Sicht, versicherte er seinen Kollegen. Die Transkripte würden die Sieger des Tages sein. »Morgen ist's mit Watergate aus und vorbei.«

Redenschreiber Ben Stein, der in Yale Jura studiert hatte, Sohn von Herbert Stein, Nixons Chefberater in Wirtschaftsfragen, war skeptisch. »Das glauben Sie doch nicht etwa im Ernst, Ken, oder?« Es klang verächtlich. Stein hatte zu lange an der Verteidigung mitgearbeitet, um die Anwälte oder Clawson noch ernst zu nehmen.

Clawson überhörte das. »Geht bitte in eure Büros und schreibt Reden für unsere Kongreßabgeordneten. Bezieht euch dabei auf St. Clairs Schriftsatz und sagt, die Unschuld des Präsidenten sei endlich erwiesen.«

Stein wechselte vielsagende Blicke mit David Gergen, Jurist und Harvard-Absolvent, der die Redenschreiber-Abteilung leitete. »Ich kenne doch die Juristen«, sagte Stein. »Mir geht das mordsmäßig gegen den Strich, wenn ich mich bei solchen Erklärungen auf solche windigen Resümees stützen soll.« Gergen teilte seine Meinung.

Buzhardt und St. Clair waren noch immer nicht da. Nach ein paar weiteren Minuten vertagte Clawson die Sitzung. »Schreibt eure kleinen Reden, wir treffen uns dann später.«

Gegen 18 Uhr strömten sie wieder in Clawsons Büro, um die Fernsehberichte über den Freispruch von Mitchell und Stans zu verfolgen. Das Urteil schien die Behauptung des Weißen Hauses zu bestätigen, Watergate sei eine fixe Idee, ein Wahn, der nur Washington und die Massenmedien erfaßt habe. Die Bevölkerung, die normalen Leute scherten sich wenig um Watergate, sie fanden das alles nicht so tragisch. Selbst im intellektuellen New York City, dem Zentrum des liberalen Establishments der Ostküste, hatte eine Jury aus zwölf Männern und einer Frau für nicht schuldig gestimmt.

Doch außer der momentanen moralischen Aufrüstung und nicht geringer Schadenfreude beinhalteten die Nachrichten ernsthaftere, ermutigendere Konsequenzen. John Dean war ein Kronzeuge der Anklage gewesen, und offensichtlich hatten die Geschworenen ihm nicht geglaubt.

»Jetzt sollte der Justizminister den Sonderankläger fragen, warum gegen John Dean keine Anklage wegen Meineids erhoben wird«, meinte Kenneth Khachigian, ein Mitarbeiter Buchanans.

Clawson verkündete, St. Clair und Buzhardt müßten jeden Augenblick eintreffen. Sein nahezu ehrfürchtiger Ton frappierte Stein. »Hört sich an, als warten wir auf einen Wundertäter«, flüsterte er Gergen zu.

Endlich erschienen die Anwälte und setzten sich zu den übrigen an den runden Konferenztisch. Während die Mitarbeiter sonntäglich sportlich gekleidet waren, trugen die beiden dunkle Straßenanzüge. St. Clair zog das Jackett aus und begann sich sofort über »den Lichtschimmer am Ende des Tunnels« zu verbreiten. Mit grenzenlosem Enthusiasmus wiederholte er Clawsons Tiraden. »Sie können was in der Richtung schreiben, daß Watergate unmittelbar vor dem Ende steht.« Die Tonbänder würden beweisen, daß John Dean log.

Clawson hing förmlich an seinen Lippen und nickte bestätigend. Dann äußerte sich Buzhardt kurz, aber nicht weniger optimistisch.

Stein und Gergen waren sprachlos. Weder Clawson noch Buzhardt oder St. Clair hatten irgendwie begründet, wie diese wundersame Wende wohl zustande kommen sollte. Es war die reine Jubelschau – Klischees, Hurrarufe, Anfeuern.

Stein erhob sich. »Meinen Sie wirklich, das ist das Ende?« Dabei fixiert er St. Clair. Seine Stimme triefte vor Sarkasmus.

Clawson starrte Stein an, als habe der plötzlich den Verstand verloren.

Stein wiederum kam sich vor wie im Irrenhaus.

»Es stehen noch ein paar schwere Tage bevor«, sagte St. Clair salbungsvoll. »Aber eine genaue Prüfung der Transkripte wird die Leute davon überzeugen, daß wir recht haben. Wir sind endgültig über den Berg.«

Gergen schüttelte den Kopf. Er fragte sich, weshalb man eigentlich die Tonbänder erst fast ein Jahr lang zurückgehalten hatte, wenn sie dann schließlich doch Watergate beenden sollten.

Haig berief für Montag, den 29. April, abends eine Kabinettsitzung ein. Die Kabinettsmitglieder mußten sich an den Möbeln vorbeidrücken, die aus dem Oval Office in die Halle gestellt worden waren, um dem Fernsehteam Platz zu machen, das seine Apparaturen für die eine Stunde später beginnende Rede des Präsidenten installierte.

Nixons Stuhl blieb leer. Vizepräsident Ford war der ranghöchste Anwesende. Endlich erschien der Stabschef. Es wurde still.

Haig begann todernst. Transkripte mit insgesamt 1254 Seiten Umfang würden am kommenden Tag veröffentlicht und sie alle noch eine Weile in Atem halten. Die Ausdrucksweise des Präsidenten sei häufig ungeschliffen, grob. »Ungefähr so, wie Sie vermutlich heute früh im Büro geredet haben.« Danach wandte er sich dem erfreulicheren Teil zu und gab St. Clair das Wort, der die Hauptpunkte seines Schriftsatzes erläuterte.

Den jüngeren Mitarbeitern, die an den Wänden saßen, kam diese Kabinettsitzung ebenso unwirklich vor wie die Jubelschau vom Vorabend in Clawsons Büro. Haig schilderte den ungeheuer schwierigen, zeitraubenden Arbeitsprozeß, die wegen der schlechten Tonqualität nahezu unlösbare Aufgabe. »Ich habe mir die Bänder absichtlich nicht angehört, weil ich den Präsidenten persönlich beim Wort nehme.« Aber er wolle ihnen klarmachen, welchen immensen technischen Problemen sich Abschreiberinnen und Anwälte gegenübergesehen hatten.

Das war das Stichwort für Buzhardt, der an der Wand saß, neben sich ein Tonbandgerät. Sie würden einen Ausschnitt aus einem der besser verständlichen Bänder abspielen, teilte Haig mit – was freilich nicht stimmte. Es war vielmehr eins von schlechter Tonqualität.

Einige Kabinettsmitglieder konnten die Stimme des Präsidenten zwar erkennen, jedoch die Worte kaum unterscheiden. Buzhardt ließ das Band etwa eine Minute lang laufen, um so das Problem zu dramatisieren. Er und Haig wollten sich die ganze Kabinettsrunde als Zeugen für die mangelhafte Tonqualität der Bänder sichern. Das half ihnen vielleicht, sich an sämtlichen Fragen vorbeizuschwindeln, die wegen der unzulänglichen Transkripte zweifellos auf sie zukamen.

Danach schnitt Haig ein heikles Thema an. Einige Kabinettsmitglieder verteidigten den Präsidenten nachdrücklich – Landwirtschaftsminister Earl L. Butz, Innenminister Rogers C. B. Morton und Handelsminister Frederick B. Dent machten das geradezu vorbildlich –, während andere merkwürdig schweigsam blieben. Haig gab der Hoffnung Ausdruck, daß jetzt, da sie sich auf das in den Tonbändern enthaltene Beweismaterial stützen könnten, alle einhellig die Unschuld des Präsidenten verkünden würden.

Kurz vor 21 Uhr betrat der Präsident das Oval Office und ging zu einem Tisch, auf dem die Transkripte im schwarzen Plastikeinband mit Goldprägung nebeneinander für die Fernsehkameras aufgestapelt lagen. Manche enthielten nur eine einzige Seite. Nixon nahm einen zur Hand, schlug ihn kurz auf und legte ihn nach einem ungläubigen Blick und leisem Kopfschütteln zurück. Dann setzte er sich hinter den großen Schreibtisch und wartete, bis die Techniker soweit waren.

Inzwischen rief Buzhardt die Anwälte von Haldeman, Ehrlichman und Mitchell an, um sie von der bevorstehenden Rede zu unterrichten.

»Wird sie meinem Mandanten irgendwie schaden?« erkundigte sich John J. Wilson, Haldemans Anwalt.

»Ja.«

»Warum zum Teufel tut der Präsident das? Haben Sie ihm das geraten?«

Buzhardt antwortete nicht.

Wilson brummte. Es paßte ihm zwar nicht, aber er verstand es.

Fünfundvierzig Sekunden nach 21 Uhr begann der Präsident: ». . . Für meine Watergate betreffende Kenntnis oder meine diesbezüglichen Handlungen unerhebliche Teile sind in diesen Transkripten nicht enthalten, alles, was relevant ist, findet sich jedoch darin – das Ungeschliffene ebenso wie das Geschliffene«, sagte er. In der Hand die vierzehnte Fassung seiner Rede, erwähnte er »die Lagebesprechungen, das Ausloten von Alternativen, die Schadensabwägung in menschlicher und politischer Beziehung«, die in den Abschriften offen ausgebreitet würden. »Dieses Material wird – zusammen mit den bereits zugänglich gemachten Unterlagen – über alles Aufschluß geben.« Durch die Auslieferung von Transkripten anstelle von Tonbändern wahre er einmal das Vertraulichkeitsprinzip des Amtes und ermögliche es zugleich dem Kongreß, seinen Verfassungsauftrag zu erfüllen.

Das Impeachment eines Präsidenten sei »ein letzter Ausweg, [der] die Nation einer schmerzhaften Zerreißprobe aussetzen würde ... Eine solche Zerreißprobe würde sich weltweit auswirken und das Leben aller Amerikaner beeinflussen. Weil es sich hier um eine Frage handelt, die das ganze amerikanische Volk zutiefst berührt, habe ich angeordnet, daß diese Transkirpte nicht nur dem Rechtsausschuß des Repräsentantenhauses übergeben, sondern außerdem veröffentlicht werden sollen.«

Kameraschwenk auf die beiden Stapel. »Alles, was Sie hier sehen.«

Sie »werden endlich ein für allemal beweisen, daß das, was ich in bezug auf den Watergateeinbruch und die Vertuschung wußte und tat, sich genauso verhielt, wie ich es Ihnen von Anfang an geschildert habe ... Wenn ich Ihnen dies – mit allen Fehlern und Makeln – gebe, vertraue ich auf die angeborene Fairneß des amerikanischen Volkes.«

An jenem Abend wurden die Abschriften nicht ausgeliefert. Der Präsident wollte die Rede für sich allein wirken lassen. Selbst seine strengsten Kritiker fanden sie sehr gut, zumindest kunstvoll aufgebaut. Was er darin zugab (»Ich äußerte mehrfach die Ansicht, es wäre wohl notwendig, die Forderungen Hunts zu erfüllen«), schien seiner Behauptung, er sei unschuldig, nur noch mehr Glaubwürdigkeit zu verleihen.

Sein Ton war weniger scharf als sonst, der Inhalt weniger auf den eigenen Vorteil bedacht, weniger opportunistisch.

Das Echo auf die Rede wurde im Weißen Haus registriert und in einem achtseitigen Bericht zusammengefaßt. Die positivsten Stimmen kamen von der republikanischen Führungsspitze im Kapitol. Hugh Scott, Fraktionsführer im Senat, begrüßte diese »Fülle von Material«, das der Präsident dem Rechtsausschuß überließ, als Beweis »guten Glaubens«. Robert P. Griffin, Einpeitscher im Senat, sagte: »Es war die wirkungsvolle Darstellung eines zuversichtlichen Präsidenten.« Senator Barry Goldwater empfand das Angebot der Transkripte als »ebenso fair wie vernünftig«; es sollte ausreichen, sofern der Rechtsausschuß sich nicht »auf eine Fischerei-Expedition verlegt« habe. John J. Rhodes, Fraktionsführer im Repräsentantenhaus, äußerte, der Plan »klingt für mich logisch«. Und Vizepräsident Ford: »Der Präsident gibt dem Rechtsausschuß mehr als genug Informationen, um seine Untersuchung durchzuführen ... Ich finde, der Präsident ist mehr als kooperativ.«

Das waren genau die Erklärungen, die das Weiße Haus erhofft hatte – die Reaktion, mit der sich Proteste des Rechtsausschusses unterlaufen und weitere Anforderungen als glatte Schikane hinstellen ließen.

Am Morgen des 30. April fuhr ein Kombiwagen des Weißen Hauses ungebundene Exemplare der Transkripte zum Kapitol – je eins für die

Mitglieder des Rechtsausschusses und die Vorsitzenden beider Parteien. In der Regierungsdruckerei wurden weitere Exemplare gebunden – unförmige, knapp acht Zentimeter dicke Wälzer mit blauen Umschlägen.

Als man mit dem Aufbinden begann, ließen Ziegler und Clawson ihren Plan anlaufen. Sie sagten die morgendliche Presseinformation ab und belieferten die Reporter am frühen Nachmittag mit St. Clairs Schriftsatz, jedoch ohne die Tonbandabschriften. Damit stand den Abendzeitungen nur die Interpretation des Weißen Hauses zur Verfügung. Laut Mitteilung des Presseamtes sollten die Transkripte folgen, sobald sie aus der Druckerei kamen.

Unter den Mitarbeitern zirkulierten jedoch bereits mehrere ungebundene Exemplare. Gergen, der am Vorabend eins erwischt und bis 3 Uhr früh darin gelesen hatte, ging am nächsten Morgen zu Stein. »Die moralische Autorität des Präsidenten bricht zusammen«, sagte er. »Wie können Sie bloß so ruhig dasitzen und an Ihrer Rede mit der Siegesfanfare rumbasteln?«

Als die ungebundenen Transkripte aus der Regierungsdruckerei eintrafen, signierten Buzhardt und St. Clair Exemplare für die Sekretärinnen. Buzhardt erhielt 250 Exemplare und schickte sie seinen Freunden und ehemaligen Kollegen im Pentagon.

Die 200 000 Worte umfassenden redigierten Abschriften wurden der Presse schließlich etwa zwei Stunden vor den abendlichen Nachrichtensendungen der Rundfunkstationen übergeben. Ziegler hatte gehofft, den Reportern bliebe nicht genügend Zeit, die Stellen herauszufinden, die St. Clairs Schriftsatz unterminierten. Doch sie stießen unverzüglich auf das Transkript vom 21. März: »Es bleibt Ihnen gar nichts anderes übrig, als die 120 000 Dollar rauszurücken«; »den Deckel so fest abdichten«; »Zeit erkaufen«; »das Ganze durchziehen«. Die Abendnachrichten waren gespickt mit solchen Zitaten und ebenso mit der rüden Seite von Präsident Nixon: »Ich wünsche umfassende Berichte über alle, die uns fertigmachen wollten . . . Sie haben es so gewollt, und nun kriegen sie's auch.« – »Haben Sie ein paar über die Klinge springen lassen?«

Die Transkripte würden »für viele Sensationsartikel in der Presse Stoff liefern«, hatte der Präsident in seiner Rede gesagt. Das stimmte.

Die *Chicago Tribune* druckte die Abschriften in vollem Wortlaut in einer Sonderbeilage ab. Zwei Taschenbuchausgaben mit dem gesamten Material wurden schnellstens auf den Markt geworfen und in Millionenauflage verkauft. In Funk- und Fernsehsendungen wurden die Gespräche zwischen dem Präsidenten, Haldeman, Ehrlichman und Dean auszugsweise von Nachrichtensprechern und Schauspielern vorgelesen. Durch ihre Vortragsweise verdrehten und entstellten sie den Sinn der Worte, beschwerte sich Ziegler. Witze über gestrichene Flüche machten die Runde. Es schien kein Ende abzusehen.

Ken Clawson verteilte inzwischen an die Mitarbeiter des Weißen Hauses eine Liste, in der sämtliche Rundfunk-Talk-Shows in größeren Städten aufgeführt waren. In einem Begleitschreiben wurde angeregt, die Mitarbeiter sollten die Sender anrufen und Nixon verteidigen.

Dave Gergen griff nicht zum Telefon, sondern zum Kugelschreiber und kritzelte eine Mitteilung an Haigs Mitarbeiter Joulwan: »Kann man diese Rundschreiben nicht stoppen? Viele bei uns finden einige anstößig, andere gefährlich, sobald die Presse davon Wind bekäme, und ein paar – wie das beiliegende – unmoralisch, wenn nicht illegal. Glaubt jemand im Ernst, daß die Steuerzahler die Regierungsleitungen finanzieren, damit die Mitarbeiter des Weißen Hauses bei Radio-Talk-Shows anrufen?«

Am Mittwoch, dem 1. Mai, stimmte der Rechtsausschuß nachmittags ziemlich exakt nach Parteizugehörigkeit zwanzig zu achtzehn dafür, dem Präsidenten mitzuteilen, daß die Transkripte der »sub-poena«-Anforderung nicht genügten. Haig äußerte gegenüber leitenden Mitarbeitern, wenn die Republikaner durchhielten, müsse der Ausschuß ohne die Tonbänder auskommen. Die Strategie des Präsidenten scheine zu funktionieren. Ein Versuch, ihn wegen Mißachtung des Kongresses vorzuladen, dürfte kaum gelingen. Solange der Ausschuß in Parteilager gespalten bliebe, könne dem Präsidenten nichts passieren, erklärte er.

Am Ende jenes Tages war bei der Regierungsdruckerei die gesamte Erstauflage vergriffen. Der Präsident schickte ein Exemplar an David und Julie Eisenhower. Julie weigerte sich, es zu lesen, während David ganze Nächte mit der Lektüre verbrachte.

Die Präsidentenfamilie war außer sich über den Entschluß, die Abschriften zu veröffentlichen. Die nüchternen Drucklettern könnten in keiner Weise vermitteln, was der Präsident in jenen schrecklichen Monaten 1973 durchgemacht hatte, die Angst um die Zukunft seiner Mitarbeiter, seiner Administration; in den Transkripten erscheine Nixon vielmehr zynisch, kleinlich, selbstsüchtig. Die Familie aber kannte ihn besser und dachte genau wie er, daß seine Feinde ihn mit Hilfe dieses Materials in der Luft zerreißen würden. Falls seine Gegner in der Substanz nichts Nennenswertes entdecken könnten, würden sie sich eben den Schein zunutze machen, eine Schattenjagd veranstalten, hatte Nixon gesagt.

David Eisenhower kannte die Ausdrucksweise des Präsidenten im privaten Kreis und wußte auch, daß sich das in den Transkripten unmöglich kaschieren ließ, selbst wenn man sämtliche Flüche herausstrich. Unter Nixon bediente man sich im Weißen Haus einer ungehobelten, brutalen Sprache – genau wie zu Zeiten von Davids Großvater. Form und Stil seien nichts als fauler Zauber, lautete damals wie heute die Devise.

Mehr Sorge bereitete ihm freilich die Unentschlossenheit des Präsidenten, die fahrige Art, wie er an die Dinge heranging. Die Lektüre der Transkripte hatte ihn einerseits erleichtert, denn sie schienen zu beweisen, daß der Präsident von dem Watergate-Einbruch und der Bespitzelung vorher keine Kenntnis hatte. Andererseits aber wurde hier ein Präsident präsentiert, der fahrlässig, amoralisch und ohne klares Denkvermögen war. Wenn Watergate so gehandhabt worden war, wie mochte es dann erst mit anderen Fällen aussehen, fragte sich David voller Zweifel an seinem Schwiegervater.

Leonard Garment betrachtete das Problem der Tonbänder vom Standpunkt des Dramatikers: Er konnte nicht begreifen, weshalb Nixon sie nicht vernichtet hatte, ehe ihre Existenz in aller Öffentlichkeit enthüllt wurde. Wenn Shakespeare dieses Stück geschrieben hätte – oder Pirandello, Pinter, ja sogar Mickey Spillane –, dann wäre die Schlüsselszene etwa so verlaufen: Nixon unternimmt den Versuch, die Tonbänder zu zerstören, scheitert aber dabei; er wird von einem Geheimdienstagenten erwischt, als er zur Müllverbrennungsanlage läuft, oder gestellt, als er mit dem Bademantel in der Tür hängenbleibt. So würde dem Drama zumindest Glaubwürdigkeit verliehen. Aber daß der Präsident erst den Beweis für seine schäbige Komplizenschaft aufzeichnete und den Mitschnitt obendrein noch aufbewahrte, das war für Garment ein Akt phantastischen Wahnsinns.

Auf Garments Bühne des Lebens ging es darum, besser zu sein als die schlechteste Seite des eigenen Ich. Auf Nixons Schulter aber hockte, wie Garment es formulierte, ein Ungeheuer besonderer Art, das ihm etwas ins Ohr flüsterte – und auf seine Tonbänder. Durch die Veröffentlichung der Tonbänder hatte Nixon ganz Amerika Einblick gewährt in die finsteren, schauerlichen Abgründe seines Innern – als wolle er die Welt teilhaben lassen, wie der Mythos eines Präsidenten demoliert wurde. Für Garment bedeuteten die Transkripte einen Eingriff in die Privatsphäre der Bevölkerung, in ihr Recht, nichts zu wissen, nichts zu erfahren. Und darin lag das Verbrechen, das ein Impeachment wahrhaft rechtfertigte: jedermann alles sehen zu lassen.

12. Kapitel

Am Freitag, dem 3. Mai, flog der Präsident nach Phoenix, Arizona. In seiner Begleitung befanden sich Goldwater, Rhodes und die übrigen republikanischen Kongreßabgeordneten des Bundesstaates. Goldwater hatte sich für einen herzlichen Empfang verbürgt. Abends sollte eine Massenkundgebung im Wahlkampfstil stattfinden.

Nach etwa einer Stunde bat der Präsident die Senatoren zu einem Drink in sein Privatabteil und fragte sie, worüber er in der Versammlung reden solle. Anscheinend sei die Inflation das Thema, das die Leute am meisten beschäftige.

Goldwater bestätigte das. Dabei dachte er, wenn er geantwortet hätte: »Mr. President, wie wär's denn mit Watergate?«, hätte Nixon ihn vermutlich vom Geheimdienst aus dem Flugzeug werfen lassen. (Vor über einem Jahr hatte Goldwater dem Präsidenten erklärt, irgend etwas an der Watergate-Affäre sei anrüchig und müsse bereinigt werden, und ihm seine Hilfe angeboten. Nixon hatte sich flüchtig bedankt, weiter nichts.) Jedenfalls stand Goldwater der Partei loyal gegenüber. Er war nach wie vor bereit, die Öffentlichkeit für Nixon zu mobilisieren.

Nixon beschloß, über die Inflation zu sprechen.

Goldwater und sein Kollege Paul J. Fannin kehrten in ihr Abteil zurück und spielten Rommé. Rhodes wurde zu Nixon zitiert, der sich mit ihm über Arizona, die Wahlen im kommenden Herbst und über Gesetzgebungsfragen unterhielt. Er erkundigte sich auch nach Rhodes' Kindern. Sein Sohn habe kürzlich promoviert und nun Schwierigkeiten mit der Zulassungsprüfung als Anwalt.

»Wo ist er jetzt?« fragte der Präsident.

In Phoenix. Er erwarte sie am Flugplatz.

Kein Wort über Watergate, was Rhodes sehr erleichterte. Auch er hatte vor etlichen Monaten das Thema mit dem Präsidenten erörtert, der sich offenbar nur am Rande dafür interessierte, als Rhodes ihm schilderte, wie das Repräsentantenhaus seine Impeachment-Untersuchung zu führen gedenke.

»Wann wird das Ihrer Meinung nach abgeschlossen sein?« hatte der Präsident völlig unbeteiligt gefragt.

»Voraussichtlich im Juni.«

»Was? Nicht früher?« Er schien sich darüber zu wundern, daß es volle sechs Monate dauern würde.

Nach zehn Minuten kam Rhodes zu seinen Kollegen zurück. Später tauchte Nixon bei der Delegation auf und plauderte über alles mögliche. Die Abgeordneten trugen ihm verschiedene Fragen vor, zu denen er Stellung nehmen sollte.

Unvermittelt wechselte er das Thema und erklärte schlicht, er sei endlich »über den Berg«. Hierzu bedurfte es keines weiteren Kommentars.

Das Flugzeug landete. Man hatte Zeitpunkt und Ort geheimgehalten, so daß es keine Menschenansammlungen gab. Tom Rhodes wurde dem Präsidenten vorgestellt, der ihm den Arm um die Schulter legte und lächelnd sagte: »Die Zulassungsprüfung ist kein Weltuntergang. Sie können sie ja wiederholen.«

Der Konvoi fuhr zum Camelback Inn, wo der Präsident logieren sollte. Hotelgäste, teilweise im Tennisdress oder im Badeanzug, säumten die zweihundert Meter lange Strecke vom Parkplatz bis zur Präsidentensuite. Eine Band – zwanzig Schüler der High-School in orangeschwarzen Uniformen und Sombreros – spielte mexikanische Weisen. Der Präsident hörte zu und tat sein Bestes, erfreut auszusehen. Er wollte schon auf die Musiker zugehen, ein paar Worte sagen und ihnen die Hände schütteln, doch sie spielten weiter. Beim zweiten Versuch dasselbe. Endlich hörten sie auf. Er bedankte sich und ging die letzten fünfzig Meter bis zum Hotel, vorbei an einem Riesenkaktus, den man als Uncle Sam kostümiert hatte.

Als Goldwater einen herzlichen Empfang verhieß, konnte er nicht ahnen, daß vor dem Phoenix Coliseum, wo die Massenversammlung stattfinden sollte, johlende Demonstranten den Präsidenten erwarteten. Die Gefahr einer Konfrontation war gebannt, sobald der diensthabende Secret-Service-Agent einen anderen Eingang entdeckt hatte.

Die Massenkundgebung gehörte zur neuen Vorwärtsstrategie des Präsidenten, mit der er Watergate überwinden wollte. Sie war so minuziös geplant worden wie die meisten seiner wichtigen Auftritte im Wahlkampf 1972. Das *Republican National Committee* hatte 20 000 Dollar investiert, um den Erfolg zu sichern.

William Henkel, Chef des Voraus-Teams, hatte schwer gearbeitet. Sein erster Mann war acht Tage lang mit den Vorbereitungen beschäftigt. Da man befürchtete, daß die Sporthalle mit ihren 13 800 Plätzen nur halbvoll würde, wollte das Voraus-Team zusätzlich 10 000 Eintrittskarten verteilen, um so ganze Besucherscharen wegen Überfüllung zurückschicken zu können. Ortsansässige Republikaner hatten gegen diese Idee Einspruch erhoben, um ihren potentiellen Wählern eine Enttäuschung zu ersparen, und eine bis zum letzten Platz gefüllte Halle versprochen.

Die Koordination klappte vorzüglich. Als der Präsident eintraf, erhielt der Veranstaltungsleiter ein Stichwort und beendete seine einführende Rede. Das »Hail to the Chief« dauerte achtundzwanzig Sekunden. Auf ein Zeichen hin segelten dann dreitausend Luftballons und fünfhundert Pfund Konfetti von den Dachbalken auf die jubelnde Menschenmenge herunter. Das Publikum trampelte auf den Ballons herum und johlte vor Vergnügen, als sie mit lautem Knall zerplatzten.

Der Präsident bestieg die Tribüne. Von zwei mit Nelken besteckten Elefanten aus Schaumstoff flankiert, spreizte er die Finger zum »V«, dem Siegeszeichen. Die Menschenmenge war aufgesprungen, und es dauerte minutenlang, bis Ruhe eintrat. Als der Präsident zu sprechen anhob, setzten 150 Demonstranten mit Sprechchören ein: »Schluß jetzt! Schluß jetzt!« Die Saalordner stellten sofort den Ton in den nächstgelegenen Lautsprechern ab und machten die Demonstranten damit mundtot. Der Präsident bat, die Tradition der Redefreiheit zu wahren. Barry Goldwater argwöhnte halb und halb, daß Nixons Voraus-Team die Demonstration vorher arrangiert hatte. Ihm war zu Ohren gekommen, der Präsident solle Senator James L. Buckley von New York vorgeschlagen haben, eine Demonstration gegen sich selbst zu inszenieren, in der er physisch bedroht würde.

Nixon beschränkte sich auf eine einzige Erwähnung von Watergate: »Die Zeit ist gekommen, Watergate hinter uns zu lassen und die Arbeit für Amerika voranzubringen.« Er gelobte, »im Amt zu bleiben«, was ihm stürmischen Beifall eintrug.

Jaworski fand die redigierten Abschriften als Beweismaterial absolut unannehmbar. Er wollte die Tonbänder des Präsidenten und meinte, ein Druckmittel zu besitzen, wie er sie bekommen könnte. In der ersten Maiwoche hatte der Sonderankläger eine Konferenz mit seinen verläßlichsten Assistenten angesetzt. Seit über zwei Monaten hatten sie das wohl größte Geheimnis in Washington gewahrt – die namentliche Beschuldigung des Präsidenten in dem Bericht der Grand Jury. Jetzt sei die Zeit gekommen, sagte Jaworski, sämtliche zu Gebote stehenden Mittel anzuwenden, um die erforderlichen Tonbänder zu kriegen. Wenn das Weiße Haus sich über die »sub poena« hinwegsetze, bleibe dem Sonderankläger gar keine andere Wahl. Deutlicher brauchte er nicht zu werden. Als Anwälte wußten sie, daß dieser geheime Schritt der Grand Jury ihre letzte legale Trumpfkarte war: Die Gerichte hatten eindeutig festgestellt, daß ein nicht angeklagter Mitverschwörer »sub poena« verlangtes Beweismaterial ausliefern müsse.

Jaworski entwarf seinen Schlachtplan: Der Rechtsausschuß des Repräsentantenhauses war soweit, mit der offiziellen Impeachment-Verhandlung zu beginnen; wenn man die Aktion der Grand Jury enthüllte, würde Nixons Position unhaltbar. Dreiundzwanzig Bürger hatten ausreichende Verdachtsmomente gefunden, den Präsidenten der Teilnahme an einer kriminellen Handlung zu beschuldigen. Wenn das bekannt würde, fiele es den Mitgliedern des Rechtsausschusses, vor allem den Republikanern und den konservativen Demokraten, weitaus leichter, sich für das Impeachment auszusprechen.

Am sichersten könnten sie ihr Ziel wohl erreichen, argumentierte Jaworski, wenn sie die Information dem Weißen Haus direkt preisgaben, um dann darüber zu verhandeln.

Sie diskutierten den Plan. Vielleicht könnten sie auch mit weniger als vierundsechzig Tonbändern auskommen, meinte einer der Anwälte; zehn bis fünfzehn mochten genügen. Man sollte dem Weißen Haus einen Kompromißvorschlag unterbreiten, insgeheim . . .

Genau das, sagte Jaworski.

Haig war mit dem Präsidenten unterwegs, als Jaworski ihn telefonisch erreichte. »Ich muß Sie sprechen, Alec. Vertraulich.« Er schlug vor, sich am folgenden Sonntag, dem 5. Mai, im Weißen Haus zu treffen. »Sie sollten einen Rechtsberater zuziehen«, empfahl er. Er werde seine beiden Assistenten, Richard Ben-Veniste und Phillip Lacovara, mitbringen.

Haig fragte, was denn im Busch sei.

»Zerbrechen Sie sich nicht unnötig den Kopf«, entgegnete Jaworski. »Aber Sie werden einen Rechtsberater brauchen, deshalb sollte Jim [St. Clair] dabei sein.«

Jaworskis Ton, seine ungewohnt vagen Formulierungen alarmierten Haig. Er rief St. Clair in Boston an, der sich darauf auch keinen Reim machen konnte. Es laufe doch alles offenbar reibungslos, meinte er. Was zum Teufel konnte so wichtig sein, daß er an einem Wochenende unbedingt nach Washington zurückfliegen mußte? Widerstrebend willigte er ein, zu der Konferenz zu kommen.

Beide, Haig und St. Clair, traten am Sonntagvormittag im Fernsehen auf, ebenfalls im Rahmen der Public-Relations-Kampagne des Weißen Hauses. Sie betonten nachdrücklich, daß der Präsident fest entschlossen sei, keine weiteren Tonbänder oder Dokumente herauszugeben.

Haig, im modischen, dezent karierten Anzug und gepunkteter Krawatte, erklärte: »Ich finde, es ist für uns alle jetzt an der Zeit, uns eine grundsätzliche Frage vorzulegen: An welchem Punkt führt die Untersuchung eines Vergehens zu Ungerechtigkeit, Maßlosigkeit und Entstellungen, mit dem Resultat, daß die Heilung schlimmer ist als die Krankheit selbst?«

Jaworski hatte einen Regierungswagen für die Fahrt zum Weißen Haus bestellt. Statt der erwarteten großen schwarzen Limousine kam ein kleines hellbraunes Kompaktauto, in dem sie kaum Platz hatten. Es brachte sie zum Diplomateneingang, wo kaum eine Möglichkeit bestand, von Reportern gesichtet zu werden. Joulwan und Haig erwarteten sie.

Joulwan ging mit Ben-Veniste und Lacovara in die Bibliothek, wo er sie mit Kriegsgeschichten unterhielt, während Haig den Sonderankläger in den Kartenraum führte.* Jaworski, im schwarzen Anzug, machte ein finsteres Gesicht. Sie ließen sich auf einem hochlehnigen Sofa nieder.

Jaworski hatte sich sorgfältig vorbereitet. Er hielt bei dieser Gelegenheit eine bei ihm sonst unübliche formelle Ausdrucksweise für angezeigt. »Alec, in der letzten Februarwoche hat die Grand Jury den Sonderankläger autorisiert, Richard Nixon als nicht angeklagten Mitverschwörer bei der Watergate-Vertuschung zu zitieren.«

Schweigend versuchte Haig, sich innerlich damit auseinanderzusetzen. Er war wütend, empfand die Überrumpelung als unfair. Doch zugleich realisierte er, daß er darauf gefaßt gewesen war. Der Präsident hatte befürchtet, Cox würde ihn als Mitverschwörer bezeichnen. Jaworski hatte es nun wirklich getan.

»Etwa fünfzehn meiner Mitarbeiter haben davon gewußt und aus Fairneß gegenüber dem Präsidenten Stillschweigen darüber bewahrt«, fuhr der Sonderankläger fort. »Jetzt zwingen Sie mich, das in einer Verhandlung offenzulegen – als Reaktion auf die Mißachtung der ›sub poena‹.«

Haig verzog keine Miene. »Also wo stehen wir nun?« fragte er schließlich.

»Wenn der Präsident gewillt ist, mir fünfzehn ode vielleicht achtzehn Tonbänder zu geben, könnten wir uns zu einem Entgegenkommen bereitfinden.« Das war der Preis.

Der General fühlte sich überrumpelt. Er brauchte Zeit zum Überlegen. St. Clair und Buzhardt mußten konsultiert werden.

Lacovara und Ben-Veniste wurden hereingerufen.

»Ich habe Alec von dem Schritt der Grand Jury unterrichtet und ihm gesagt, daß wir nicht versessen darauf sind, das publik zu machen. Alec meint . . .«

Er wurde durch St. Clairs Ankunft unterbrochen; das Flugzeug aus Boston hatte Verspätung gehabt. St. Clair schüttelte allen die Hände und setzte sich. Sein graues Nadelstreifenjackett war zugeknöpft, was ihm ein noch würdevolleres Aussehen verlieh. Er wirkte erschöpft und schläfrig.

---

* Haig glaubte, er verdanke sein Leben einem Zwischenfall, an dem auch Joulwan beteiligt war. Die beiden dienten in Vietnam in derselben Kompanie und biwakierten in einem Zelt, als ein Mörserangriff begann. Während sie in ein Deckungsloch glitten, ließ Joulwan das Anschlagbrett der Kompanie fallen, für das er verantwortlich war. Während sich beide danach bückten, erfolgte am Rand des Deckungslochs ein Einschlag, nur Zentimeter von der Stelle entfernt, an der ihre Köpfe vorher gewesen waren. Als sie wieder zu sich kamen, erklärten sie, ihr Leben Joulwans Anschlagbrett zu verdanken.

»Ich habe Alec über eine einigermaßen delikate Angelegenheit informiert«, erklärte Jaworski und gab ihm eine Kopie des Berichts. Alle verfolgten stumm, wie der Anwalt die Seiten mit geübtem Griff rasch durchblätterte, und beobachteten seinen Augenausdruck.

»Wann soll diese geheime Anklage bekanntgemacht werden?« erkundigte er sich schließlich.

Die anderen antworteten im Chor, der Präsident sei ein nicht angeklagter Mitverschwörer. Haig war irritiert. St. Clair wollte das Ganze bagatellisieren und fragte, ob Jaworski sonst noch etwas für ihn habe. Jaworski reagierte darauf nicht.

Jetzt schlug St. Clair einen harschen Ton an. Der Sonderankläger habe diesen Zeitpunkt gewählt, unterstellte er, weil er zu der Ansicht gekommen sei, der Präsident werde die Impeachment-Untersuchung durchstehen. »Hier handelt es sich um einen Versuch, den Präsidenten zu behindern, ihn in Schwierigkeiten zu bringen.«

»Das liegt nicht in unserer Absicht«, entgegnete Lacovara. »Ebensowenig wollen wir durch das gerichtliche in das Impeachment-Verfahren eingreifen. Für den Präsidenten werden nur dann unbillige Konsequenzen entstehen, wenn wir keine Übereinkunft erzielen können, die unserer Verpflichtung, ›sub poena‹ relevante Unterlagen zu bekommen, entspricht.«

»Ich sehe nicht, wieso dies relevant ist«, protestierte St. Clair.

Richter Sirica halte es für relevant, erklärte Lacovara. Er müsse darüber befinden, daß man sich über die »sub poena« hinweggesetzt habe. Die Grand Jury vertrete die Auffassung, der Präsident sei in eine strafbare Handlung verwickelt gewesen. Daher könne eben dieser Präsident auch nicht legitimiert sein, das »executive privilege« für sich in Anspruch zu nehmen.

St. Clair war anderer Meinung. »Der Präsident hat dieses Vorrecht, solange er nicht abgesetzt wird.«

Haig unterbrach die Debatte. »Es dürfte in unserem Interesse liegen, uns das gründlich zu überlegen. Wir sollten uns darüber unterhalten.«

»An was für einen Kompromiß denken Sie?« erkundigte sich St. Clair.

Jaworski erklärte sich bereit, den Bericht der Grand Jury geheimzuhalten – im Austausch gegen eine verminderte Anzahl Tonbänder.

Das ist Erpressung, dachte St. Clair. Zudem meinte er, Jaworski sei außerstande, sein Versprechen zu halten. Irgendwie würde es herauskommen, dessen war er sicher. »Bevor ich das entscheiden kann, muß ich wissen, um wie viele und um welche Tonbänder es sich genau handelt. Wir müssen das mit dem Präsidenten besprechen.«

Das überraschte Jaworski nicht. Er wußte ja, daß der Anwalt nur sehr beschränkte Vollmachten besaß.

Die Sitzung wurde formlos beendet. Ben-Veniste sollte St. Clair am folgenden Tag informieren, welche Tonbänder sie haben wollten.

Jaworski und seine Assistenten verließen das Weiße Haus optimistisch. Haig hatte kompromißbereit gewirkt, trotz St. Clairs Abwehrhaltung.

Tatsächlich aber fühlte Haig sich hereingelegt. Jaworskis Vorschlag sei ein schlechtes Geschäft, gleichgültig, wie es ausginge – eigentlich überhaupt keins, äußerte er zu St. Clair. Dann rief er Buzhardt an, der ihm beipflichtete und Ablehnung empfahl.

Nachmittags flog Haig nach Camp David, um den Präsidenten zu informieren. Nixon nahm die Nachricht gleichmütig auf, fast, als habe er damit gerechnet. Er werde sich die von Jaworski gewünschten Tonbänder anhören. Er, der Präsident, sei derjenige, der die Schadensabwägung vornehmen würde, erklärte er ostentativ.

Haig hatte eine solche Antwort vorausgesehen. Gegen 18 Uhr rief er Steve Bull an und bat ihn, im EOB-Office des Präsidenten zwei Bänder für Nixon vorzubereiten, die der Präsident mehrere Stunden lang abhörte.

Haig mußte lavieren. Eigentlich führte er einen Zweifrontenkrieg um die Tonbänder. Jaworski war zwar für den Augenblick ausgeschaltet, da er auf Nachricht wegen eines Kompromisses wartete. Im Rechtsausschuß jedoch teilte eine Mehrheit die Auffassung des Sonderanklägers, daß die redigierten Transkripte als Beweismaterial unannehmbar seien. Aber Haig sah immer noch einen Hoffnungsschimmer darin, daß ein Votum von zwanzig zu achtzehn Stimmen entschieden hatte, die Transkripte stellten keine Erfüllung der »sub poena« dar. Als Anfang April erstmals darüber abgestimmt wurde, die Herausgabe der Tonbänder »sub poena« zu verlangen, hatte das Ergebnis dreißig zu drei gelautet.

Der General konsultierte Timmons, St. Clair und Ziegler. Sie stimmten alle darin überein, daß es jetzt darauf ankomme, das Thema Impeachment so weitgehend wie nur möglich als Parteiensache hinzustellen. Die Republikaner im Ausschuß mußten bei der Stange gehalten werden. Die Entscheidung des Präsidenten, sich der »sub poena« zu widersetzen, bedurfte der Unterstützung durch andere einflußreiche Republikaner im Repräsentantenhaus, vor allem derjenigen, die nicht als unbedingte Nixon-Anhänger galten. Beispielsweise Barber B. Conable jr. von New York und John N. Erlenborn von Illinois. Conable hatte im Repräsentantenhaus, wo er als vierter Mann der Parteispitze rangierte, enormen Einfluß. Nervös, sprachgewaltig, intellektuell, wurde er von seinen Kollegen als nahezu puritanisch betrachtet, was seine persönlichen und politischen Verhaltensmaßstäbe betraf, als Mann von unbestrittener Integrität. Erlenborn, zwar zum konservativen Flügel der Partei gehörig, war für seine Unabhängigkeit bekannt und generell gegen extensive Ausübung des »executive privilege«. Unter den republikanischen Abgeordneten von Illinois war er hochangesehen; zwei seiner Kollegen, Thomas F. Railsback und Robert McClory, saßen im Rechtsausschuß.

Am Dienstag, dem 7. Mai, frühstückten Haig und St. Clair mit Conable und Erlenborn im Kasino des Weißen Hauses. Haig führte das Wort. Der Rechtsausschuß habe zusätzlich zu den »sub poena« angeforderten Tonbändern inoffiziell um weitere 141 Mitschnitte nachgesucht, deren Auslieferung wahrscheinlich ebenfalls »sub poena« verlangt würde. All diese Gespräche abschreiben zu lassen, würde viel Zeit kosten, klagte er, vielleicht sechs Monate oder sogar noch mehr. Wenn man dem Ersuchen nachkäme, bedeute das eine Verzögerung, die keiner wünschte, weder der Präsident noch der Ausschuß oder das Repräsentantenhaus. Der Präsident sei durchaus kooperationsbereit und wolle das Impeachment-Verfahren beschleunigen.

»Die Forderungen des Rechtsausschusses sind unbillig«, unterstrich St. Clair. »Was können wir tun, um jeden Anschein von Obstruktion zu vermeiden?«

Conable war beeindruckt. Haig und St. Clair sprachen wie vernünftige Männer, die sich bemühten, mit unvernünftien Partnern zu verhandeln. Er hatte eine Idee. »Nachdem der Präsident gezwungen wurde, sich in aller Öffentlichkeit zu entkleiden, läßt sich diese Frage wie beim russischen Roulett erledigen. Sagen Sie dem Ausschuß, daß nicht alle verlangten Tonbänder übergeben werden, daß er aber auf gut Glück fünf oder zehn aus denen auswählen kann, die er am dringendsten haben möchte. Diese Tonbänder, keine Abschriften, werden ausgeliefert. Damit wird deutlich, daß der Präsident nichts zu verbergen hat, und zugleich das Prinzip gewahrt, daß die Bänder dem Ausschuß nicht unbegrenzt zugänglich sind.«

Eine faszinierende Idee, fand St. Clair und versprach, darüber nachzudenken. Die Besprechung verlief ausgezeichnet. Weder bei Conable noch bei Erlenborn schien die Gefahr zu bestehen, daß sie absprangen.

Seit beinahe zwei Jahren war Watergate für Hugh Scott ein politischer Alptraum gewesen. Immer wieder hatte das Weiße Haus das Prestige des Fraktionsführers zur Unterstützung des Präsidenten in Anspruch genommen, nur um ihm dann ohne jede Vorwarnung mit Enthüllungen einen Tiefschlag zu versetzen. Doch die ganze Zeit hatte es wohl keine so höllische Woche gegeben wie die nach der Fernsehansprache des Präsidenten.

An jenem Abend war er über Nixons Worte erleichtert gewesen und ebenso über den Anblick des aufgestapelten Materials. Aber dann hatte er in den Zeitungen gelesen, die Transkripte seien alles andere als überzeugend, insbesondere das Gespräch vom 21. März, das Haig ihm im Dezember unter die Nase gehalten hatte. Scott schlug in seinem Exemplar nach und verglich die Abschrift vom 21. März mit seiner

Erinnerung an das, was ihm damals gezeigt worden war. Es bestand ein wesentlicher Unterschied – es fehlten umfängliche Passagen, die er im Dezember in dem Transkript noch gesehen hatte. Die Reporter begannen auf eine Erklärung zu dringen, wie sich der Inhalt der Abschriften mit seinen öffentlichen Äußerungen vereinbaren lasse.

Scott hatte gemeinsam mit seinen Mitarbeitern einen Satz zusammengebastelt, der allerdings keineswegs seine wahre Meinung wiedergab: »Die von mir im Januar abgegebenen Erklärungen scheinen meines Erachtens mit dem vollständigen Material, das ich gelesen habe, in Einklang zu stehen.«

Später, als er Haigs Spiel durchschaute, hatte Scott etwa zwei Drittel der zwölfhundert Seiten durchgeackert. Jetzt, am Dienstag, dem 7. Mai, hastete er morgens in sein Büro und erschien zwanzig Minuten später wieder mit einer Erklärung, die er vor einigen von seinem Pressesekretär herbeizitierten Reportern verlas. Die redigierten Abschriften, sagte der Fraktionsführer der Republikaner im Senat, bezeugten, was für »ein jämmerliches, widerwärtiges, schäbiges, unmoralisches Schauspiel« jeder der Beteiligten geboten habe.

Am gleichen Morgen war auch John Rhodes, Fraktionsführer der Republikaner im Repräsentantenhaus, in die Lektüre der Abschriften vertieft. Er hatte etwa die Hälfte gelesen und war entsetzt. Abgesehen von der amoralischen Qualität dieser Gespräche offenbarte sich darin ein Präsident, der nicht sein eigener Herr war, der nicht das Kommando führte. Rhodes hatte Nixon immer für tüchtig und seine Reserviertheit für innere Stärke gehalten. Seine Fähigkeit, harte, realistische Entscheidungen zu treffen und dabei zu bleiben, hatte ihm Bewunderung eingeflößt. Doch damit war es jetzt aus. »So einen Dreck habe ich in meinem ganzen Leben noch nicht gelesen«, sagte er.

Später erzählte ihm ein Reporter auf einer Pressekonferenz, was Senator Scott geäußert hatte. »Ich habe gegen Scotts Erklärung nichts einzuwenden«, lautete Rhodes' Kommentar.

Als sich die beiden um 14 Uhr zu ihrer allwöchentlichen Besprechung trafen, schüttelten sie sich ernster als sonst die Hände. Seit Monaten hatte es zwischen ihnen, Barry Goldwater und ein paar anderen einflußreichen Republikanern endlose Diskussionen gegeben, ob sie ins Weiße Haus gehen und auf Rücktritt drängen sollten. Rhodes und Scott waren beide der Meinung, es könne einmal der Zeitpunkt kommen, an dem sie das Schiff verlassen müßten – um des Landes und der Partei willen. Und um ihrer selbst willen. Doch sie hatten das immer als letzten Ausweg, als rein hypothetische Frage betrachtet. Jetzt war es plötzlich zur durchaus realen Möglichkeit geworden.

»Hugh, bald ist es soweit, daß wir aufs Ganze gehen müssen«, meinte Rhodes.

Scott nickte.

Im EOB war das Büro von Mort Allin, der für den Präsidenten den täglichen Pressespiegel zusammenstellte, ein beliebter Treffpunkt für die mittleren und untergeordneten Chargen des Mitarbeiterstabes. An diesem Tag waren die Erklärungen von Scott und Rhodes Thema Nummer eins in den Nachrichten und in den Gesprächen. Dieser Rückzug der republikanischen Führungsspitze kam unverhofft und war zutiefst deprimierend. Und über den Fernschreiber tickerten weitere erboste Kommentare von traditionellen Nixon-Anhängern.

Haig geriet in Rage, als er von Scotts Erklärung erfuhr, und rief ihn sofort an. »Sie sind mir in den Rücken gefallen«, schurigelte er ihn wie einen Rekruten.

Seine Äußerungen seien auf niemand persönlich gemünzt gewesen, verteidigte sich Scott.

Quatsch. Scott wisse verdammt genau, auf wen seine Worte abzielten und welchen Schaden sie dem Präsidenten zufügen würden. Das Weiße Haus versuche, die Angelegenheit ein für allemal aus der Welt zu schaffen, und nun dies.

Das Gespräch endete abrupt.

Haigs Hauptsorge galt jedoch nicht Scott. Der General hatte soeben vom Präsidenten erfahren, daß niemand weitere Tonbänder bekommen würde. Er denke nicht daran, Jaworskis Erpressung nachzugeben, die unersättlichen Forderungen des Rechtsausschusses zu erfüllen. Er sei bereits zu weit gegangen.

Haig begriff nur allzugut, was hinter den Worten des Präsidenten steckte. Er verständigte St. Clair, der wiederum Jaworski anrief. »Der Präsident wünscht keinerlei Abkommen zu treffen. Seine Entscheidung ist endgültig.«

Jaworski fiel dazu nicht viel ein. Es ging ihm nicht aus dem Kopf, wie sehr St. Clair betonte, ja überbetonte, daß dies die Entscheidung des Präsidenten, seine alleinige Entscheidung sei. Daß der Präsident nicht weiterverhandeln wollte, war für Jaworski ein Signal. Es konnte nur eines bedeuten: Der Inhalt der Tonbänder war belastend. Nixon wollte eher riskieren, daß der geheime Schritt der Grand Jury publik wurde, als die Tonbänder herauszugeben.

Um 16 Uhr machte sich St. Clair auf den Weg, um die Öffentlichkeit im allgemeinen und den Ausschuß des Repräsentantenhauses im besonderen über die Entscheidung des Präsidenten zu unterrichten. Das geschah bei einem Presseempfang, dem sogenannten »Cocktail bei Clawson«, wo Mitglieder der Administration in zwangloser Atmosphäre den geladenen Reportern zu Interviews zur Verfügung standen.

St. Clair thronte in einem Ohrensessel, die Beine übereinandergeschlagen, die Hände ausgestreckt, und verkündete, es gäbe keine Tonbänder mehr, für niemanden. Der Präsident habe den Komplex Watergate in den bereits veröffentlichten Abschriften umfassend dargelegt. »Der einzige Beweggrund für weitere Anforderungen könnte darin zu sehen sein, daß jemand die Präsidentschaft zu zersetzen beabsichtigt, was der Präsident keinesfalls hinzunehmen gedenkt«, erklärte St. Clair herausfordernd. Wenn irgendwer darauf bestehen sollte, »dann wird es zur Konfrontation kommen, da der Präsident unter keinen Umständen von seiner Überzeugung abrückt, mehr als notwendig getan zu haben«.

Barber Conable war empört über diesen Sinneswandel. Nichts mehr von Vernunft, von Konzilianz. Beim gemeinsamen Frühstück war von einer glatten Ablehnung überhaupt nicht die Rede gewesen. Sein Fazit: Jetzt mußte ein Weg gefunden werden, die Republikanische Partei von Richard Nixon zu lösen.

Gegen Abend stellte Conable fest, daß im Sitzungssaal und in den Garderobenräumen des Repräsentantenhauses allgemeine Übereinstimmung herrschte, Richard Nixon sei eine Belastung für die Partei. Einige Abgeordnete wurden sogar ausfallend. Trotzdem beschloß Conable, noch ein paar Tage abzuwarten.

An jenem Nachmittag wurde der Präsident mit dem Abhören fertig. Als Steve Bull ein Band vom 19. April 1973 markierte, entdeckte er, daß in einem Gespräch zwischen dem Präsidenten und Ehrlichman neunzehn Minuten Pfeifton waren. Entsetzt eilte er zu Buzhardt, der lässig antwortete: »Das überrascht mich nicht.«

Philip Buchen aus Grand Rapids, Michigan, war an diesem Abend bei Clay T. Whitehead, Direktor der Abteilung für Medienpolitik im Weißen Haus, zum Dinner. Buchen war Verwaltungsdirektor der *Federal Privacy Commission,* in der sein ehemaliger Sozius, der Vizepräsident der Vereinigten Staaten, den Vorsitz innehatte.

»Warum unternimmt Ford nichts, um sich aufzubauen?« fragte Whitehead. »Er weiß doch, daß die Nixon-Administration gelähmt ist. Ist der Vizepräsident auf die Amtsübernahme vorbereitet?«

Weit gefehlt, antwortete Buchen. Er kannte Ford seit Jahren und war vermutlich sein bester Freund. »Jerry kann überhaupt nichts tun, weil das so aussähe, als ob er Nixon im Stich läßt.« Ford sei nicht der Mensch, sich in einer derart heiklen Situation zu behaupten. Und er habe auch nicht die geeigneten Leute, fuhr Buchen fort, bisher seien keinerlei Vorarbeiten für eine Präsidentschaft Fords geleistet worden. Buchen hingegen hatte über diese Frage intensiv nachgedacht. »Ich bin überzeugt davon, daß durchaus mit Nixons Rücktritt oder seiner Amtsenthebung zu rechnen ist«, erklärte er. Und da man sich weder auf Ford noch auf seinen Mitarbeiterstab verlassen könne, schlage er vor, sofort ein kleines Planungsteam zu bilden.

Whitehead, Harvard-Absolvent und Doktor der Philosophie, hatte seine politische Schulung im Weißen Haus Nixons erhalten und schon bei der Amtsübernahme 1968 mitgearbeitet. Obwohl immer noch

Beamter der Nixon-Administration, hatte sich seine anfängliche Begeisterung ins Gegenteil verkehrt. Er gehörte zu den Urhebern einer konstruktiven Medienpolitik, doch seit nahezu einem Jahr hatte er operiert, als gebe es überhaupt keinen Präsidenten. Zweimal hatte Haig ihn geradezu angefleht, Nixon keine wichtigen Angelegenheiten vorzutragen, und auf die Handlungsunfähigkeit des Präsidenten hingewiesen. »Er ist nicht in der Verfassung, sich damit abzugeben.«

Whitehead freute sich auf die Präsidentschaft Fords. Er erklärte sich damit einverstanden, an den Vorbereitungsarbeiten mitzuwirken.

»Jerry darf nicht wissen, was vorgeht«, betonte Buchen. »Strikte Geheimhaltung ist unbedingt erforderlich.«

Sie diskutierten über mögliche Bundesgenossen. Buchen sprach vom »Whitehead-Projekt« und Whitehead vom »Buchen-Projekt«.

Am Morgen des 8. Mai erhielt Scott einen Anruf von George Bush, dem Vorsitzenden des *Republican National Committee*. Bush hatte Schwierigkeiten mit den Berufspolitikern in der Partei, die sich nicht mehr in Schach halten ließen und zunehmend für Nixons Rücktritt plädierten.

Auch im Kapitol verschlechtere sich die Lage, erwiderte Scott.

»Was um alles in der Welt sollen wir denn jetzt tun?« fragte Bush. Das wisse er auch nicht, bedauerte Scott.

Als nächster rief Rhodes an. »Mindestens zehn Abgeordnete haben mir heute erklärt, sie spielten nicht mehr mit.«

Im Senat sei es das gleiche, sagte Scott.

Rhodes hatte mit Goldwater darüber gesprochen, ob man zum Äußersten schreiten solle. Goldwater war gewillt, alles mitzumachen, was die beiden Fraktionsführer beschlossen. Die Bereitschaft, Nixon zu unterstützen, sei in den letzten paar Tagen weitaus beträchtlicher abgebröckelt als im gesamten Vorjahr, berichtete Rhodes.

Die Reaktion des Weißen Hauses auf die allgemeine Unzufriedenheit wurde am Nachmittag durch den Jesuitenpriester Dr. John McLaughlin, einen Sonderassistenten des Präsidenten, übermittelt. Vor Reportern gab Pater McLaughlin eine theologische Analyse der Transkripte, die zu beweisen suchte, daß sie weder amoralisch noch unmoralisch seien. Senator Scotts Charakterisierung war nach den Worten des Priesters »falsch, ungerecht und teilweise heuchlerisch. Der Präsident verhielt sich in all diesen Diskussionen ehrenhaft«.

Nixon verbrachte den Tag größtenteils zurückgezogen. Um 18.30 Uhr ging er an Bord der Präsidentenyacht *Sequoia* und fuhr den Potomac hinunter. Er saß allein am Eßtisch und starrte hinaus aufs Ufer.

Am nächsten Morgen fand um 8.30 Uhr eine Routinesitzung mit der republikanischen Führungsspitze über Wirtschaftsfragen statt. Nixon witzelte mit Senator Scott, der neben ihm saß. Scotts Bemerkungen über die Abschriften wurden nicht erwähnt. Der Präsident wirkte noch gelangweilter als sonst. Er hielt keinen seiner üblichen endlosen Monologe.

Nach der Sitzung sprach George Bush mit Barber Conable. Er denke daran, sein Amt als Vorsitzender niederzulegen. Conable machte keinen Versuch, ihm das auszureden.

Kurz darauf gesellte sich Haig zu Conable. »Oben im Kapitol werden sie ein bißchen kribbelig, wie?« Dabei grinste er spöttisch.

»Ja«, bestätigte Conable sachlich.

Rhodes hatte der Sitzung nicht beigewohnt, sondern frühstückte mit Reportern im Sheraton-Carlton Hotel, drei Blocks vom Weißen Haus entfernt, jenseits vom Lafayette Park.

Er war mißgelaunt und barsch. »Sollte Nixon zu dem Schluß kommen, daß er als Präsident nicht länger erfolgreich wirken kann, wird er etwas unternehmen«, meinte Rhodes. »Falls er zurücktreten sollte, würde ich es akzeptieren.« Eine Demission »wäre wahrscheinlich von Vorteil« für die Partei.

Später, im Wagen, meinte sein Pressesekretär J. Brian Smith: »Ihre Äußerung wird Schlagzeilen machen.«

»Das habe ich ganz bewußt gesagt«, erwiderte Rhodes. »Es entspricht genau meiner Ansicht.« Kurz darauf setzte er hinzu: »Sie können sich nicht vorstellen, wie jämmerlich mir zumute ist, wenn ich den Präsidenten nicht unterstützen kann.«

John B. Anderson von Illinois, der dritte in der republikanischen Führungsspitze des Repräsentantenhauses, gab an jenem Vormittag ebenfalls eine Pressekonferenz. Anderson, grauhaarig, weltläufig, liberal, Jurist und Harvard-Absolvent, war bei der Nixon-Administration äußerst unbeliebt. Nach seiner Überzeugung offenbarten die Transkripte einen vollständigen moralischen Zusammenbruch im Weißen Haus; ebenso irritierte ihn die Reaktion der meisten seiner Kollegen im Kongreß, der Mitarbeiter des Präsidenten und selbst der Presse. Es gebe keine annehmbare Alternative, nur sofortigen Rücktritt, erklärte Anderson. Das Tonband vom 21. März allein reiche rechtlich aus für »einen Prozeß wegen Behinderung der Justiz«. Falls der Präsident nicht zurückträte, sei ihm das Impeachment sicher.

Die ersten Ausgaben der Abendzeitungen kombinierten die Kommentare von Rhodes und Anderson. Obwohl sich die beiden unterschiedlich geäußert hatten, schienen diese verquickten Erklärungen darauf hinzudeuten, daß unter einflußreichen Republikanern eine starke Tendenz bestand, den Rücktritt des Präsidenten herbeizuführen. Leitartikel in der wohl linientreuesten republikanischen *Chicago Tribune,* im konservativen *Omaha World-Herald* sowie in der Hearst-Presse forderten den Präsidenten auf zu demissionieren. William Randolph Hearst jr., Chefredakteur der Hearst-Kette und jahrelang einer der demonstrativsten Nixon-Anhänger, zeichnete persönlich als Verfasser.

Mittags eilte der Fraktionsführer der Demokraten, Mike Mansfield, zu Senator Scott. Sie waren sich einig, daß jetzt alles drin sei, und beschlossen, sich sofort nach der Rückkehr Fords von einer Rednertour durch Illinois mit ihm zu treffen.

Selbst Ford distanzierte sich offenbar an jenem Nachmittag von Nixon. Er sprach in der Eastern Illinois University vor den Studenten des Jahrgangs 1973: »Es mag zwar leicht sein, Bezeichnendes in einer Druckseite zu streichen, aus dem Gedächtnis der Menschen aber können wir es nicht mit einer Handbewegung tilgen. Deshalb spreche ich offen über das Thema, offener vielleicht, als es manchen meiner Kollegen lieb sein dürfte.«

Um 13.08 Uhr eröffnete der Vorsitzende Peter Rodino mit einem Hammerschlag die offizielle Impeachment-Verhandlung des Rechtsausschusses. Die Zeremonie, der sieben Monate Voruntersuchung vorausgegangen waren, wurde zwanzig Minuten lang live vom nationalen Fernsehen übertragen. Dann votierte der Ausschuß nach kurzer Debatte mit einunddreißig zu sechs Stimmen für Ausschluß der Öffentlichkeit. Jedes Mitglied bekam zwei dicke Bände mit dem Beweismaterial. John Doar begann monoton aus dem ersten vorzulesen, was bewirkte, daß ein Teil der Ausschußmitglieder nicht zuhörte und die übrigen eindösten.

St. Clair war zu dieser Verlesung des Beweismaterials gegen seinen Mandanten zugelassen. Bei seiner Ankunft hatte er zu Reportern geäußert: »Es wird nicht zum Impeachment des Präsidenten kommen. Das Repräsentantenhaus wird sich nicht dafür aussprechen.« Als er an dem Anwaltstisch vor den übereinander liegenden zwei Reihen Platz nahm, in denen die achtunddreißig Ausschußmitglieder saßen, meinte er, tausend Kameras klicken zu hören. Wieder einmal fiel ihm die Verhandlung Army gegen McCarthy ein. Es erleichterte ihn, daß das Verfahren jetzt begann. Zumindest wußte er, wo er in den nächsten Wochen, vielleicht sogar Monaten seine Zeit verbringen würde. Es mochte sich hier um eine reine Formsache handeln, trotzdem war es angenehmer, als ständig nach der Pfeife des Präsidenten und Haigs tanzen zu müssen. Wie oft wurde er morgens in den Westflügel zitiert und saß dann acht bis neun Stunden herum, meist wartend. Abends kehrte er dann völlig erschöpft und frustriert an seinen eigenen Schreibtisch im EOB zurück. Er hatte das alles satt. Bei den seltenen Gelegenheiten, bei denen er den Präsidenten zu Gesicht bekam, hatte Nixon über Nichtigkeiten schwadroniert, häufig sinnloses Zeug.

Als St. Clair nach der Sitzung über seinen Eindruck befragt wurde, erklärte er: »Alles noch in der Schwebe. Ich wäre lieber wieder in meiner Praxis in Boston.«

Um 16 Uhr war Anderson mit Scott verabredet. Er plädierte nachdrücklich dafür, eine Abordnung zum Präsidenten zu schicken und ihm dringend den Rücktritt nahezulegen.

»Im Augenblick bin ich nicht dafür«, entgegnete Scott. »Jeder sollte sich sein eigenes Urteil bilden. Eine gemeinsame Aktion wäre jetzt zweifellos nicht angeraten. Die Zeit wird kommen, noch ist es zu früh.«

Es gab immer noch nicht genügend Hilfstruppen.

Scott fehlt es an Mut, dachte Anderson.

Den ganzen Tag über nieselte es. Der Präsident empfing eine Delegation von Vietnam-Veteranen, einige favorisierte Kongreßabgeordnete, fünf ausscheidende Mitarbeiter und Bruce Herschensohn, der als Schreiber gegen die Massenmedien polemisierte, mit dessen Eltern. Zwei Männer aus Louisiana überreichten eine Unterschriftensammlung für den Präsidenten.

Ziegler bezeichnete Reportern gegenüber Nixons Stimmung als »entschlossen«. Der stellvertretende Pressesekretär Gerald Warren erläuterte das: »Wie ich bereits gestern ausführte, ist der Präsident fest entschlossen, die Arbeit seiner Administration zu Ende zu bringen. Er ist entschlossen, im Amt zu bleiben – trotz aller Diskussionen und Angriffe.«

Bebe Rebozo, der vor dem Watergate-Senatsausschuß aussagte, erwähnte die »glänzende Laune« des Präsidenten. Nixon werde niemals zurücktreten, äußerte Rebozo zu Reportern, weil »er überzeugt davon ist, nichts Unrechtes getan zu haben«.

Clawson erklärte: »Der Präsident wird nicht gehen, da kann kommen, was will. Und wenn der ganze Schnee verbrennt.«

Den ganzen Nachmittag über stand in Rhodes' Büro das Telefon nicht still. Die Anrufer beanstandeten seine Äußerungen über den Rücktritt Nixons, einige drohten sogar, den Senator umzubringen. Ein FBI-Agent wurde zu seinem Schutz postiert. Abends fand eine Party im Kapitol statt. Rhodes schritt durch das Spalier der Ehrengäste, unter denen sich auch die First Lady befand. Als er sich ihr näherte, lächelte er so strahlend, wie er nur konnte.

»Wie geht es Ihnen, Mrs. Nixon?« fragte er.

Ein Photograph bat sie, für ein Bild zu posieren. »Meinetwegen«, sagte die First Lady. »Lächeln wir also, als ob wir uns mögen.«

»Es verhält sich nicht so, wie Sie's gehört haben, Mrs. Nixon.«

»Klar, das behaupten sie ja alle«, konterte sie.

Haig war endlich davon überzeugt, daß dem Weißen Haus eine einheitliche Strategie fehlte. Timmons, Clawson, Buchanan, Gergen und einige der Anwälte hatten schon seit Wochen auf Bildung eines Ausschusses gedrängt, der die Verteidigung des Präsidenten juristisch und auf dem Public-Relations-Sektor koordinieren sollte. Auf Haigs Schreibtisch lag eine weitere Aktennotiz von Gergen, die sich mit der organisatorischen Vorarbeit für das Impeachment-Verfahren befaßte. Diesmal warf Haig das Memo nicht in den Papierkorb, sondern las es: »Wir müssen uns jetzt darüber klarwerden, daß diese Aufgabe vollen Einsatz erfordert; *sie darf nicht länger mit der linken Hand erledigt werden.*«

Gergen hatte recht, fand Haig. Er beauftragte Dean Burch, den Verbindungsmann des Weißen Hauses zur Republikanischen Partei, mit der Leitung des Ausschusses, dem Buchanan, Timmons, Clawson, Gergen, Garment und Buzhardt angehören sollten.

Burch bat sämtliche Mitglieder an jenem Freitag, dem 10. Mai, in sein Büro. Vordringliches Thema waren die Gerüchte, die in der Stadt kursierten – darunter der angeblich unmittelbar bevorstehende Rücktritt des Präsidenten. Nixon hatte am Vormittag fünfundvierzig Minuten lang unter vier Augen mit Vizepräsident Ford konferiert, was natürlich zu allen möglichen Spekulationen Anlaß gab. Doch an der Gerüchtebörse wurde noch anderes gehandelt: Nixon wolle eine öffentliche Erklärung abgeben; eine Pressekonferenz abhalten; über das Fernsehen zur Nation sprechen; sämtliche »sub poena« geforderten Tonbänder ausliefern. Außerdem hieß es, das Kabinett sei zu einer Sondersitzung zusammengetreten. Außenminister Kissinger befinde sich auf dem Rückflug von Nahost, um das Rücktrittsschreiben des Präsidenten entgegenzunehmen.

Die Versammelten sahen keine andere Möglichkeit, als zu dementieren, was Jerry Warren bereits den ganzen Tag über getan hatte.

Die Lage wurde so gespannt, daß Ziegler schließlich die *New York Times* anrief und eine Erklärung durchgab: »In Washington kursieren zahllose Gerüchte. Alle, die mir heute zu Ohren kamen, sind falsch. Am häufigsten wird behauptet, Präsident Nixon beabsichtige zurückzutreten. Er ist jedoch fest entschlossen, sich nicht durch Gerüchte, Spekulationen, maßlose Anklagen oder Heuchelei aus dem Amt drängen zu lassen. Er ist gewillt, den Kampf durchzufechten, was er für seine Pflicht hält, persönlich und der Verfassung gegenüber.«

Abends wollte der Präsident wieder eine Fahrt auf der *Sequoia* unternehmen, diesmal mit seiner Frau, David und Julie. David hatte gerade ein Examen bestanden, was gefeiert werden sollte. Es war ein warmer, angenehmer Abend, eine erfrischende Brise wehte. Sie gingen an Deck, ließen sich in den Korbsesseln nieder und tranken ein Glas.

Die Zeitungen hatten an jenem Tag eine neue »Bebe«-Story gebracht. Gegen Rebozo werde wegen einer 50 000-Dollar-Spende für die Partei ermittelt, die er in bar kassiert und nicht angemeldet haben sollte.

Solche Artikel wirkten sich fast immer auf die Stimmung des Präsidenten aus, der dann noch mehr als gewöhnlich in sich gekehrt war. Während die Yacht flußabwärts fuhr, meldete ein Adjutant, Reporter warteten bereits am Pier auf die Rückkehr. Ferner stünden auf den Potomac-Brücken überall Photographen, die einen Schnappschuß erhofften.

Nixon eilte davon und ließ sich mit Ziegler verbinden. Verflucht noch mal, warum jagte ihn die Presse auf Schritt und Tritt? brüllte er ins Telefon. Warum durfte er nie ein paar Augenblicke für sich haben? Wieso war es durchgesickert, daß er sich an Bord der *Sequoia* befand? Das war doch gegen seinen ausdrücklichen Wunsch. Warum hatte Ziegler die Presse nicht in der Hand? Die Schimpfkanonade donnerte über eine Leitung, auf der – wenn auch jeweils nur einseitig – mitgehört werden konnte.

Schon die ganze Woche hindurch war David Eisenhower aufgefallen, daß die Stimme des Präsidenten merkwürdig schwankte. Er beobachtete ihn ständig auf Anzeichen für einen Zusammenbruch. Da sich sein Schwiegervater jetzt wohl kaum mit Worten besänftigen lassen dürfte, kletterte er auf die Kommandobrücke und überlegte mit Kapitän Andrew Coombs, wie man die Presse überlisten und woanders anlegen könnte.

Dann ging er zurück, um die Vorschläge mit dem Präsidenten zu besprechen, der sich jedoch inzwischen beruhigt hatte. Eine halbe Stunde später landeten sie an der gewohnten Stelle, und Nixon hastete in die wartende Limousine, bevor die Photographen auch nur seinen Schatten wahrnehmen konnten.

Der Mai 1974 bedeutete für Patricia Nixon viele einsame Tage. Von gelegentlichen Empfängen oder Damentees abgesehen, verbrachte sie die meiste Zeit in ihrem blaßgelben Schlafzimmer im zweiten Stock des Weißen Hauses. Dort schrieb sie stundenlang Briefe und las viel, trostspendende Bücher über Freundschaft und Liebe, die auf dem Nachttisch neben ihrem Himmelbett lagen.

Gegen 11 Uhr gab sie ihre Lunch-Bestellung auf – meistens Salat, Suppe oder ein Sandwich und Kaffee. Um 13 Uhr wurde serviert. In letzter Zeit ging das Tablett, bis auf den Kaffee, fast immer unberührt in die Küche zurück.

Wenn sie und der Präsident allein aßen, mußte sich das Personal stets sehr mit dem Servieren beeilen. Häufig saßen die Nixons gerade erst eine Minute bei Tisch, bis die Butler aufzutragen begannen.

Warum sie sich so hetzen müßten, wurde in der Küche gefragt.

»Eine Minute ist eine lange Zeit, wenn man nicht redet«, hatte ein Butler geantwortet.

An den Wochenenden in Camp David sahen der Präsident und seine Frau einander kaum, und wenn, dann schwiegen sie sich meistens an. Für die nähere Umgebung war ihre Entfremdung ein offenes Geheimnis. Nixons Adjutant Jack Brennan witzelte, es gehöre zu seinen Dienstpflichten, den Präsidenten zu instruieren, wie er seine Frau zu küssen habe.

Patricia Nixon hatte es stets verabscheut, die Frau eines Politikers zu sein. Seitdem Nixon als Kongreßabgeordneter nach Washington gekommen war, hatte sie sich danach gesehnt, mit Mann und Kindern nach Kalifornien zurückzukehren und dort das Leben einer amerikanischen Durchschnittsfamilie zu führen.

Seit Anfang der sechziger Jahre habe sie mit ihrem Mann keine ehelichen Beziehungen mehr gehabt, hatte die First Lady einem ihrer Ärzte im Weißen Haus anvertraut. Nach seiner Niederlage in den Gouverneurswahlen 1962 in Kalifornien wollte sie sich scheiden lassen. Vergebens hatte sie versucht, ihm das Versprechen abzunehmen, nicht noch einmal für ein öffentliches Amt zu kandidieren. Seitdem hatte sie seine Annäherungsversuche zurückgewiesen, was bei Nixon die innere Loslösung bewirkt zu haben schien. Aber nach außen hatten beide den Schein aufrechterhalten.

Watergate und insbesondere die Tonbänder hatten die Kluft vergrößert. Trotz ihrer Selbstbeherrschung hatten die Transkripte sie sichtlich aufgeregt. »Wie töricht, Tonbänder zu haben«, sagte sie zu ihren wenigen Freunden und einigen vertrauten Assistenten, wobei sie lächelte oder nervös lachte. Die Bänder seien wie Liebesbriefe, meinte sie. Man hätte sie verbrennen oder sonstwie vernichten müssen.

Die Ärzte des Weißen Hauses machten sich Sorgen um die First Lady. Im April 1973 war sie von einer Reise durch Südamerika verstört und noch abgemagerter zurückgekehrt. Sie zog sich immer mehr zurück und trank sehr viel. Das Personal hatte sie des öfteren schon am frühen Nachmittag in der Pantry im zweiten Stock erwischt, wo die Alkoholvorräte aufbewahrt wurden. Ungeschickt hatte sie dann versucht, ihr Glas mit Bourbon zu verstecken.

Ihre Pressesekretärin Helen Smith bemühte sich, die First Lady zu bewegen, daß sie öfter auf Partys oder Empfänge ging. Aber dort tauchten dann jedesmal unweigerlich Reporter mit Fragen nach Watergate auf. »Wozu darüber reden?« fragte Mrs. Nixon bedrückt, wenn Journalisten sie auf einer Reise oder bei einem Familienessen in einem Restaurant stellten.

Helen Smith hatte es schwer. War sie schon von Haldeman rücksichtslos herumgeschubst worden, so kommandierte sie jetzt Ziegler wie einen Rekruten. Er kümmerte sich weder um ihre noch um die Wünsche der First Lady. Ihre Aktennotizen ignorierte er und fragte sie fast nie nach ihrer Meinung über Patricia Nixons öffentliche Auftritte. Der Präsident behielt es sich vor, die Speisenfolge und die Gästeliste zu bestimmen und die Sitzordnung bei Staatsbanketten im Weißen Haus zu überwachen. Ziegler und der Präsident befaßten sich auch mit den kleinsten Einzelheiten, wenn die First Lady sich, selten genug und meistens nach heftigem Sträuben, in der Öffentlichkeit zeigen sollte. Tricia Nixon Cox, von ihrer Mutter Dolly genannt, teilte diese Abneigung und ging Interviews geflissentlich aus dem Weg. So wurde Julie Nixon Eisenhower, die jüngste Tochter, zur Kontaktperson der Familie mit der Außenwelt. In den Tagen nach Veröffentlichung der Tonbandabschriften wurde Helen Smith mit Bitten um Interviews bombardiert. Julie und David erklärten sich bereit, am Samstag, dem 11. Mai, die Fragen der Reporter zu beantworten.

Es war ein großes Ereignis. Die beiden standen im strahlenden Mittagssonnenschein im East Garden vor den Mikrophonen. Julie trug eine gepunktete Bluse, David ein Tennishemd.

Frage: »Ist für Sie irgendein Zeitpunkt vorstellbar, an dem der Präsident zurücktreten würde?«

»Nein absolut nicht«, antwortete David.

»Er ist jetzt fester entschlossen als je zuvor, das alles durchzustehen«, fügte Julie hinzu.

Die nächste Frage kam von Robert Pierpoint von CBS: »Mrs. Eisenhower, zunächst glaube ich mich dafür entschuldigen zu müssen, daß ich Ihnen diese Fragen stelle. Denn in unserem System ist es nicht üblich, die Sünden der Väter der nächsten Generation anzulasten, und wir haben auch keine Monarchie, in der Sie die Thronfolge antreten werden. Mir ist also nicht ganz klar, weshalb Sie hier sind, um unsere Fragen zu beantworten.«

Julie war sichtlich erregt. »Mr. Pierpoint, Ihre Frage kränkt mich wirklich. Trotzdem werde ich versuchen, sie so beherrscht wie möglich zu beantworten . . . Ich habe miterlebt, was mein Vater durchgemacht hat, und ich bin so stolz auf ihn, daß ich mich niemals davor scheuen würde, vor der Presse über alles zu sprechen, über einen Rücktritt oder jedes andere Thema. Es geht mir zwar gegen den Strich, weil ich weiß, er möchte das nicht, damit es niemand so auslegen kann, als versuchte ich, an seiner Stelle Fragen zu beantworten.«

Ihre Stimme bebte. »Ich versuche wahrhaftig nicht, an seiner Stelle Fragen zu beantworten. Ich versuche nur eins: um soviel Mut zu beten, wie er ihn beweist. Das ist alles.«

Ein anderer Journalist fragte Julie, wie ihre Mutter sich halte.

»Sie hat die Fähigkeit, die Dinge *cum grano salis* zu nehmen«, erwiderte Julie. »Sie ist sehr beherrscht und traut es sich offenbar zu, all das durchzustehen, weil sie meinen Vater liebt und an ihn glaubt.«

Gegen Ende des Interviews stellte die Tochter des Präsidenten fest: »Watergate legt ihm in keiner Weise Fesseln an. Sie brauchen sich nur seinen Terminkalender anzusehen, all das, was er tut, mit wem er zusammentrifft, dann haben Sie die Bestätigung dafür.«

Die Telefonzentrale des Weißen Hauses konnte sich vor Anrufen kaum retten, die Julie für ihren Auftritt Lob spendeten. Als Helen Smith am Spätnachmittag dem Präsidenten im Fahrstuhl begegnete,

162

erwähnte sie diese Reaktion, was er wortlos zur Kenntnis nahm. Er sieht nicht gut aus, dachte Helen Smith. Weder stark noch kraftvoll. Nixons Gesicht war schweißbedeckt. Dieser Mann ist nicht Herr der Lage, fand sie. Als sie sich abwendete, entdeckte sie Tränen in seinen Augen.

Bei wenigen Mitarbeitern des Präsidenten lösten die Transkripte solche Schockwirkung aus wie bei den intellektuellen Akademikern der Nixon-Administration: Arthur F. Burns, Vorsitzender vom *Federal Reserve Board;* Daniel Patrick Moynihan, Botschafter in Indien und früher innenpolitischer Berater; George P. Shultz, ehemaliger Chefberater für Wirtschaftsfragen. Sie lasen die Abschriften in verschiedenen Teilen der Welt. Hier trat ihnen ein Richard Nixon entgegen, wie sie ihn niemals kennengelernt hatten.

Bei all seinen Fehlern hatte er sie oft durch seine Stärke, seine Kompetenz und seinen Scharfsinn beeindruckt. Der Nixon, der in den Abschriften zum Vorschein kam, war schwach, unsicher, unentschlossen, unartikuliert, begriffsstutzig – zuweilen sogar unfähig.

Die verschwörerische Note der Diskussionen erstaunte sie weniger. In ihren Augen war Watergate schon immer typisch für das Übersteigerte, Maßlose an Nixon gewesen. Sie wußten, daß der Präsident kleinlich, bösartig, rachsüchtig, skrupellos sein konnte – vor allem wenn er mit Haldeman und Ehrlichman zusammen war. Damals blieben ihnen nur Vermutungen über die verborgene Seite seiner Persönlichkeit. Jetzt, als sie den blauen Wälzer studierten, wurde es ihnen klar: Die Kraftausdrücke, die Flüche, die ungeschliffene, zynische Sprache waren Grundzüge von Nixons Charakter, die er vor ihnen sorgfältig geheimhielt. Denn in ihnen sah er die überlegenen Denker, von denen er Achtung und Beifall erheischte.

Burns war besonders schockiert. Aus den ersten zwei Jahren der Nixon-Administration, die er als innenpolitischer Chefberater im Weißen Haus verbracht hatte, kannte er Nixon als Gesprächspartner, der sich klar, entschieden, grammatikalisch einwandfrei und sogar beredt auszudrücken wußte. Geflucht hatte er kaum, höchstens gelegentlich ein harmloses »verdammt«. In diesen Protokollen aber wimmelte es von sinnlosen Füllwörtern, unbeendeten Sätzen, ziellos abschweifenden Gedanken. »Das hier ist doch ein Dr. Jekyll, ein Fall von Persönlichkeitsspaltung. Führt Präsident Nixon ein Doppelleben? Ist er ein großer Komödiant?« Diese Fragen gingen ihm ununterbrochen durch den Kopf.

Henry Kissinger war weniger erstaunt. Er befand sich in Nahost, als die Transkripte veröffentlicht wurden. Man hatte ihm sofort ein Exemplar zugeschickt. Nachts, in seinem Hotel, und bei den Pendelflügen zwischen den Hauptstädten hatte er Zeit zum Lesen. Er legte die mitgebrachte Lektüre beiseite – ein Schachbuch, ein paar Krimis, einen

Porno-Roman – und vertiefte sich mit morbider Faszination in die Abschriften.

Kissinger gegenüber war Nixon stolz, sogar arrogant. Hier jedoch wirkte der Präsident voller Selbsthaß, blind dagegen, daß ihn seine Untergebenen tyrannisierten und ihn respektlos behandelten. Ehrlichman sprach zu dem Präsidenten wie ein gereizter Vater zu einem geistig zurückgebliebenen Kind. Die Ausdrucksweise war geradezu unglaublich. Gewiß, gelegentlich hatte der Präsident nach ein paar Gläsern jemanden schon mal als »Arschloch« bezeichnet, mehr jedoch nie. In Kissingers Gegenwart war Nixon fast prüde – sogar zimperlich.

Nixons größter persönlicher Aktivposten war für Kissinger die Bereitschaft, wichtige Entscheidungen selber zu treffen, nur bei wenigen Rat zu suchen. Doch hier mit Haldeman und Ehrlichman – »den Fanatikern« – war alles anders.

Als er in den Gesprächsaufzeichnungen verfolgte, wie die Verschwörung immer deutlicher zutage trat, bestätigte sich für Kissinger ein lange gehegter Verdacht. »Natürlich, genauso muß es passiert sein und sich entwickelt haben«, sagte er zu seinen Mitarbeitern. »Das erklärte auch, warum sich Nixon weigerte, die Verbindung zu Haldeman und Ehrlichman selbst nach ihrem Rücktritt zu lösen.«

Diese Transkripte würden Nixon ins Verderben stürzen. Selbst wenn er im Amt bliebe, wie sollte er nach alldem regieren? Seine ganze moralische Autorität sei dahin, meinte Kissinger. Die Streichungen und Verunglimpfungen deuteten auf eine andere, lange geheimgehaltene Seite von Nixons Charakter hin. Gerüchten und einigen glaubhaften Berichten zufolge sollte Nixon ständig abfällige rassistische und vor allem antisemitische Bemerkungen machen von denen einige aus den Abschriften herausgestrichen worden seien. War Nixon ein Rassist? Ein Antisemit?

Davon war Kissinger schon seit Jahren überzeugt. Als Sohn deutscher Juden, die vor den Nazis geflüchtet waren, besaß er ein besonders ausgeprägtes Gespür für das, was er als Nixons tiefverwurzeltes, aus Unwissenheit geborenes gefährliches antisemitisches Vorurteil betrachtete. Er beobachtete in ihm eine antagonistische, instinktive Reaktion, sich hier ein Feindbild zu schaffen und sich daran festzuklammern. Oft hatte er nach Besprechungen mit Nixon seinem Stellvertreter, Lawrence Eagleburger, gesagt: »Der Mann ist ein Antisemit.« Eine Äußerung Nixons, die Kissinger immer wieder aufregte, war den engen Mitarbeitern des Präsidenten wohlbekannt: »Die jüdische Verschwörung will mich fertigmachen.« Was er mit diesem häufig gebrauchten Satz meinte, bildete ein ständiges Diskussionsthema im Weißen Haus. Viele vertraten die Ansicht, die hier zum Ausdruck kommende feindselige Einstellung richte sich mehr gegen die Intellektuellen als gegen die Juden.

Ende 1971 hatte Nixon den Personalchef Fred Malek kommen

lassen, um mit ihm über eine »jüdische Verschwörung« im *Bureau of Labor Statistics,* dem Statistischen Bundesamt für Wirtschaftsdaten, zu sprechen. Nach Nixons Worten verdrehte die »Clique« die Wirtschaftszahlen, um seine Regierung zu diffamieren. Wie viele Juden im Amt beschäftigt seien, wollte er wissen. Malek ließ sich die Zahl geben und erklärte dann dem Präsidenten, daß die Methoden zur Erfassung und Auswertung von Wirtschaftsdaten seit Jahren unverändert seien. Später wurde in einer anderen Regierungsstelle eine weitere »jüdische Verschwörung« vermutet.

Malek, ein junger Absolvent von West Point und Harvard, den Haldeman in die Administration geholt hatte, wußte, daß diese Ergüsse nicht den Juden vorbehalten waren. Einmal hatte ihm der Präsident erklärt, er wünsche keine »miesen Akademiker« mehr in hohen Positionen. Die machten nur seine Programme kaputt; die meisten, wenn nicht alle Schwierigkeiten in der Regierung habe man ihnen zu verdanken. Haldeman hatte Malek angewiesen, sich nicht um solche Direktiven des Präsidenten zu kümmern, und Nixon stimmte auch weiterhin Berufungen von Akademikern und Juden zu.

Arthur Burns, selber Jude, hielt Nixon nicht für einen echten Antisemiten, wohl aber für einen Menschen mit höchst unerfreulichen Vorurteilen. Daher überraschte es ihn auch nicht, daß sich in den Tonbandaufzeichnungen offensichtlich antisemitische Bemerkungen fanden. Für Burns war Nixon eben kein großer Menschenfreund, warum sollte er denn Juden mehr lieben als Japaner oder Italiener oder Katholiken? Schließlich kannte er ja Nixons Kraftausdrücke, mit denen er ständig ganze Volksgruppen bedachte.

Burns und Kissinger hatten sich oft über dieses Thema unterhalten. Burns pflegte darauf hinzuweisen, daß der Präsident viel Bewunderung für Israel empfinde und zahlreiche Juden in seiner Regierung arbeiteten. Was ihn störte, hatte nicht unmittelbar mit Antisemitismus zu tun: Sobald der Präsident merkte, daß Juden oder Israel oder wer auch immer ihm in die Quere kamen, war er durchaus bereit, sie rücksichtslos niederzubügeln. Burns erinnerte sich noch deutlich an eine Sitzung im Weißen Haus. Damals, 1973, hatte der Präsident schlechte Laune wegen eines Zusatzes zu einem Handelsgesetz; dieser Zusatzartikel sah vor, den Handel mit der Sowjetunion einzuschränken, falls sich an der Verfolgung der sowjetischen Juden nichts ändere. »Mitglieder der jüdischen Gemeinde« machten ihm Schwierigkeiten, hatte Nixon sich beschwert, weil sie sich für diesen Zusatzartikel einsetzten. Bestünden sie auf seiner Verabschiedung, könne eine Welle des Antisemitismus auf die amerikanischen Juden niedergehen, prophezeite er. Burns beobachtete Nixon bei dieser Gelegenheit sehr genau und war beeindruckt von dessen sichtbarer Wut. Nach seiner Meinung wollte Nixon damit eigentlich sagen: Wenn die Juden seinen Willen durchkreuzten, müßten sie auch die Folgen ausbaden.

Nach einjährigem Umgang mit Nixon hatte Fred Buzhardt gelernt, die Ausfälle des Präsidenten nicht überzubewerten. Nixon schmähte jeden – Bürokraten, Kongreßabgeordnete, Reporter, Anwälte, Russen, Demokraten, Bewohner der Ostküste, Volksgruppen, seine Mitarbeiter.

Kurz nach Davids und Julies Pressekonferenz rief Fred Graham, ein Fernsehreporter von CBS, im Presseamt des Weißen Hauses an und bat um einen Kommentar zu einer für die Abendnachrichten vorgesehenen Meldung. Nach seinen Informationen habe der Präsident in zwei Tonbandaufzeichnungen herabsetzende Bemerkungen über Juden gemacht und Richter Sirica als »Itaker« bezeichnet. Als Ziegler bei Buzhardt rückfragte, versicherte der Anwalt, nichts dergleichen auf den Bändern gehört zu haben. Da Ziegler dem Journalisten die Sache nicht ausreden konnte, ließ er sämtliche Beziehungen spielen, um die Meldung zu verhindern. Doch keiner der leitenden Redakteure oder Direktoren war zu erreichen.

Am nächsten Morgen erschien ein ähnlicher Artikel von Seymour M. Hersh in der Sonntagsausgabe der *New York Times*. Er berief sich auf Gespräche zwischen Nixon und Dean vom 28. Februar und 20. März 1973. Das Weiße Haus und James Doyle, der Pressechef von Sonderankläger Jaworski, hatten vergeblich versucht, Hersh von der Meldung abzubringen. Doyle hatte die Abschriften der beiden zitierten Gespräche überprüft und keine derartigen Äußerungen entdeckt*.

Dieselben Tonbänder enthielten allerdings Bemerkungen über Volksgruppen – darunter einige, die sich als antisemitisch bezeichnen ließen –, aber Buzhardt wußte, daß es sich dabei nicht um die von Hersh zitierten handelte. Der Präsident hatte geäußert, er beabsichtige nicht, einen Juden in den Supreme Court zu berufen, wie es seine Vorgänger zuweilen getan hätten. Juden seien intelligent und aggressiv und überall in der Regierung anzutreffen. Wenn eine Minderheitengruppe Unterstützung brauche, dann zweifellos nicht die Juden. Anschließend hatte Nixon sich lobend über seinen liberalen Gegner im Supreme Court, Richter William O. Douglas, geäußert und abfällige Bemerkungen über die von ihm Ernannten gemacht.

Jetzt sahen Haig, Ziegler und Buzhardt endlich eine Gelegenheit, zurückzuschlagen. Der Präsident war zu Unrecht beschuldigt worden. Am Sonntagvormittag trat Buzhardt in einer Interviewsendung auf, um gegen die Berichte öffentlich zu Felde zu ziehen.

»Es ist manipuliert worden«, sagte er. »Man hat versucht, Bemerkungen aus den Tonbändern als rassistische Verunglimpfungen hoch-

---

* Wie man später im Weißen Haus feststellte, beruhte das Ganze auf Übertragungsfehlern. Eine der ersten Abschriften legte den Ausdruck »Judenbengel« dem Präsidenten in den Mund, während eine korrigierte Fassung ihn Dean zuschrieb. Und in einer ersten und somit unkorrigierten Fassung der anderen fraglichen Abschrift stand tatsächlich, daß der Präsident Richter Sirica als »verdammten Itaker« bezeichnet hatte. Aber in Wirklichkeit hatte Nixon folgendes gesagt, was auf englisch ähnlich klingt und bei der miserablen Tonqualität zu dem Hörfehler geführt haben dürfte: »Solche Leute brauche ich«, womit er resolute Richter wie Sirica meinte.

zuspielen, was einfach nicht der Wahrheit entspricht. Für mich ist hier eindeutig eine konzertierte Kampagne inszeniert worden, um dadurch eine Veröffentlichung der betreffenden Passagen zu bewirken. Was da geschieht, beunruhigt viele unter uns. Denn für die Frage, ob der Präsident Verrat, Bestechung, schwere Verbrechen oder Vergehen begangen hat, ist diese Art von Material zweifellos unerheblich. Ich kann das nur als böswillige, gehässige Versuche bezeichnen, die öffentliche Meinung mit allen Mitteln zu vergiften.«

Am Montag sprach sich Buzhardt in der Sitzung des Burch-Ausschusses nachdrücklich für einen Gegenzug aus. Garment erklärte sich bereit, die fraglichen Tonbänder anzuhören und gegebenenfalls vor die Fernsehkameras zu treten und die Berichte zu widerlegen.

In dieser Woche erhielt Garment um 22 Uhr zu Hause einen Anruf von Julie. »Daddy möchte Sie sehen.« Garment fuhr wieder ins Weiße Haus und ging in den Lincoln Sitting Room. Julie brachte den beiden Bier und ließ sie dann allein.

Er sei außer sich über die Berichte, sagte der Präsident. Was da von ihm behauptet werde, stimme einfach nicht.

Ihn brauche er nicht zu überzeugen, entgegnete Garment. Nixon einen Antisemiten zu nennen, sei geradezu absurd. Man brauche sich doch nur die vielen Juden anzusehen, die er in hohe Ämter berufen habe.

»Die Meldungen sind höchst unfair«, beschwerte sich der Präsident. »Die müßten eine Richtigstellung bringen.«

So einfach sei das nicht, erklärte Garment. Es gebe nur eine Möglichkeit, nämlich die entscheidenden Teile zu veröffentlichen.

Nixon war damit einverstanden.

Am nächsten Tag rief Garment bei Clifton Daniel an, dem Leiter des Washingtoner Büros der *New York Times,* und bot ihm an, sich die einschlägigen Ausschnitte der Tonbänder anzuhören. Daniel erklärte sich unter der Voraussetzung einverstanden, daß er die Gespräche vollständig abspielen dürfe.

Garment war klar, daß diese Bedingung vom Weißen Haus nur abgelehnt werden konnte. Er kannte beide Bänder und erachtete es keinesfalls als ratsam, sie irgend jemandem – schon gar nicht der *New York Times* – zugänglich zu machen. Denn sie enthielten Dinge, die sich als überaus peinlich für den Präsidenten erweisen würden. Garments Fernsehauftritt, in dem er die Meldungen widerlegen wollte, fand niemals statt.

Später teilte Ziegler dem Präsidenten mit, er sei sicher, daß ein Mitarbeiter des Weißen Hauses der *Times* und CBS Material für ihre Berichte zugespielt habe. Er glaube auch zu wissen, um wen es sich handle.

»Ich wünsche, daß er binnen fünf Minuten fliegt«, brüllte der Präsident. »Und in drei Minuten erbitte ich einen Zwischenbericht.«

Ziegler versuchte, den Betreffenden zu erreichen.

Zwei oder drei Minuten später war der Präsident wieder am Apparat. Wo blieb die Zwischenmeldung?

Er bemühe sich, den Schuldigen ausfindig zu machen, erklärte Ziegler.

Der Präsident legte auf. Bald darauf wurde ihm sein Dinner serviert, und von dem ganzen Fall war nicht mehr die Rede.

Später berichtete ihm Ziegler, er sei nicht mehr so sicher, ob er tatsächlich den richtigen Mann im Auge habe. Es wurde niemand gefeuert.

Am Montag, dem 13. Mai, gab der Präsident Rabbi Korff ein neunzig Minuten dauerndes Interview für ein Buch, das Korffs Anti-Impeachment-Bewegung veröffentlichen wollte.

»Wie schaffen Sie es nur, den Verleumdungen, Angriffen und Grausamkeiten standzuhalten, denen Sie seit anderthalb Jahren ausgesetzt sind?« fragte Korff. »Woher haben Sie die Kraft, das durchzustehen?«

»Teilweise durch Vererbung«, erklärte der Präsident. »Eine starke Mutter, ein starker Vater, die beide hart arbeiteten und übrigens tiefreligiös waren. Und eine sehr starke Familie, meine Frau und meine zwei Töchter, und meine beiden Schwiegersöhne, sie alle stehen wie ein Fels in der Brandung . . . Aber persönlicher gesprochen, geht es auf das zurück, was die Quäker als inneren Frieden bezeichnen.

»Der Mensch darf vor dem Angriff nicht zurückweichen oder den einfachen Ausweg wählen, etwa den Rücktritt. Oder – wie ich es bei anderen Gelegenheiten hätte tun können – gar nicht erst kandidieren.

»Ich behalte mein inneres Gleichgewicht. Ich überschlage mich nicht vor Begeisterung, wenn wir gewinnen, und ich verfalle nicht in tiefe Depression, wenn wir verlieren. Es bleibt immer alles ausgeglichen . . . Aber am wichtigsten ist, daß der Mensch innerlich, tief in seinem Innern, wissen muß, er ist im Recht . . .

»Wenn man später einmal auf die siebziger Jahre zurückblickt, wird man über Watergate schreiben, es sei sehr schwer begreiflich, zumal es im Wahlkampf eines Mannes passierte, der als politischer Profi galt, was ich ja auch bin.

»Ich glaube, wenn man die Schlußbilanz zieht, wird man feststellen, daß es für zahlreiche unschuldige Menschen Unruhe, Qual bedeutet hat, daß viele Schuldlose schweren Schaden an ihrem Ruf erlitten haben. Ferner befürchte ich, daß man feststellen wird, daß viele Anklagen auf tönernen Füßen standen.

»Ich bin nicht gerade ein Hätschelkind der Presse. Wenn es nicht Watergate gewesen wäre, hätte sich vermutlich etwas anderes gefunden. Aber ich werde es überleben und hoffe nur, daß auch die anderen es mit der gleichen – nennen wir es Heiterkeit und Gemütsruhe – überleben wie ich.«

13. Kapitel

An jenem Abend ging Clay Whitehead eine Aufstellung durch, was für Probleme Gerald Ford sofort nach der Amtsübernahme erwarteten. Punkt eins lautete: »Haigs Nachfolger bestimmen.«

Der Vizepräsident hatte immer noch keine Ahnung von den Planungsbesprechungen zwischen Whitehead und Buchen. Sein Glaube an Nixons Unschuld blieb unerschütterlich: Watergate war für ihn eine politische Vendetta, die Nixons alte Feinde in der Presse und im liberalen Flügel der Demokratischen Partei vollzogen.

Wenn er Nixon öffentlich verteidigte, ließ Ford meistens die Empfehlungen seiner Mitarbeiter und Berater außer acht. Seit Monaten hatten Buchen, sein politischer Assistent Robert Hartmann und seine Frau ihn gedrängt, sich politisch so zu profilieren, daß sein Schicksal nicht mehr unlöslich mit dem des Präsidenten verbunden wäre. Besonders Mrs. Ford verabscheute Nixon, ihr Mann jedoch war durch nichts von seinen Treuekundgebungen für den Präsidenten abzubringen. Selbst die redigierten Transkripte vermochten seine Grundhaltung nicht zu erschüttern. Er hatte sie auf einem Flug nach Michigan gelesen. Der verschwörerische Charakter einiger Gespräche irritierte ihn. Aber Nixons Handlungen seien im wesentlichen harmlos, obzwar taktisch falsch, äußerte er zu Hartmann. Nur das eine Mal, in seiner Rede an der Eastern Illinois University, schien der Beistand des Vizepräsidenten für seinen Boß ins Wanken zu geraten. Bei seinem anschließenden Aufenthalt in Chicago freilich verteidigte er ihn bereits wieder beflissen.

Dennoch wurden hinter der gelassenen Fassade des Vizepräsidenten Anzeichen von Unruhe wahrnehmbar. Präsident zu werden, war nie sein Ziel gewesen – weder früher noch jetzt. Sprecher des Repräsentantenhauses, das genügte ihm vollauf. Die Nominierung zum Vizepräsidenten hatte er vorwiegend deshalb akzeptiert, weil er das als angemessenen Abschluß seiner politischen Karriere ansah. Seitdem überstürzten sich die Ereignisse und gerieten außer Kontrolle. Obwohl sich die Realität der Situation seinem logischen Verstand förmlich aufdrängte, gelang es ihm, sie emotional zu verdrängen.

Am Dienstag, dem 14. Mai, traf sich Ford mittags im Kapitol mit Mike Mansfield und Hugh Scott. Die Besprechung, um die beide Fraktionsführer ersucht hatten, steigerte Fords Unbehagen.

Mit einem Verfahren vor dem Senat sei jetzt höchstwahrscheinlich zu rechnen, eröffneten sie ihm gleich zu Anfang. Man befasse sich bereits mit den einschlägigen Verfahrensfragen. Mansfield und Scott versuchten, den sichtlich erregten Ford zu beruhigen. Sie wollten ihn als Senatspräsidenten doch bloß auf dem laufenden halten. Falls das Repräsentantenhaus für das Impeachment votierte, sollte bis zu Beginn des Verfahrens anstelle von Ford wohl besser jemand anders das Präsidium übernehmen.

Ford stimmte sofort zu. Er wolle damit überhaupt nichts zu tun haben. Falls das Repräsentantenhaus sich für das Impeachment ausspräche, werde er sich bis zum Abschluß des Verfahrens nicht einmal in der Nähe des Senats zeigen. Ihm sei es zuwider, auch nur über die Sache zu reden.

Mansfield plädierte dafür, die Verhandlung live im Fernsehen zu übertragen. Die Amerikaner hätten das Vertrauen in die Institutionen ihres Landes verloren, sagte er. Deshalb sei es von entscheidender Bedeutung, den Schlußakt in der Öffentlichkeit stattfinden zu lassen, vor aller Augen. Er war sehr ernst und behandelte das Thema offensichtlich ohne jede Begeisterung. Scott war ebenfalls für eine Fernsehübertragung, und Ford schien sich dem anzuschließen.

Den Fraktionsführern lag das Image des Senats am Herzen. Alles müsse würdig vor sich gehen, bei sämtlichen Prozeduren sei peinlichst auf Fairneß zu achten. Mansfield versicherte ihnen, man werde den Wünschen des Präsidenten, was Prozedur, Zeugen, Beweismaterial und ähnliches angehe, große Beachtung beimessen. Dann verabschiedete er sich.

»Die Chancen stehen mehr als fünfzig zu fünfzig, Jerry, daß Sie bald Präsident werden«, meinte Scott.

Ford schwieg.

»Ich bitte Sie nachdrücklich um eine absolut offene Amtsführung«, sagte Scott und wartete gespannt auf Fords Antwort.

»Für mich kann es einfach nichts anderes geben, Hugh«, entgegnete der Vizepräsident schließlich.

Scott hielt es für angebracht, ihm ein paar Ratschläge zu erteilen. »Ob Sie erfolgreich mit dem Kongreß zusammenarbeiten, wird oft davon abhängen, wie die Abgeordneten mit Ihnen stehen. In Gegenwart dritter gibt's nur ›Mr. President‹; aber privat müssen Sie bei Mike, Carl [Albert] und den übrigen darauf bestehen, daß sie Sie weiter Jerry nennen.«

Angetan von der Art, wie er sein Thema aufrollte, entwickelte Scott seine Kontrastvorstellungen von einer Präsidentschaft Fords. Richard Nixon und seine Mannschaft seien distanziert, unzugänglich und verachteten Leute wie Ford und ihn, erklärte er.

Für ihn war die Nixon-Administration eine glatte Katastrophe gewesen. Er hatte fest damit gerechnet, eine wichtige Rolle in der Regierungspolitik zu spielen, an den großen Entscheidungen teilzuhaben, einen Platz an der Sonne zu bekommen. Nichts davon hatte sich verwirklicht. Das gleiche durfte sich nicht wiederholen.

Ford beruhigte ihn. Er erinnerte ihn an die freundschaftliche Verbundenheit in den Jahren, in denen »Hugh und Jerry« die Führungsrolle ihrer Partei in beiden Häusern innehatten. »Hugh, wir haben uns immer mit Vornamen angeredet, und das muß auch so bleiben – bei allen, mit denen ich zusammenarbeiten werde. Falls ich tatsächlich das Amt übernehmen sollte, möchte ich mich ganz besonders auf Sie stützen, denn wir müssen uns ja gegenseitig nichts vormachen. Ich zähle weiter auf Sie, egal, was kommt. Ihr Rat hat mir eine Menge geholfen.«

Scott war hochzufrieden.

John Rhodes, Fords Nachfolger als Fraktionsführer der Republikaner im Repräsentantenhaus, berief am folgenden Tag eine Sitzung der Führungsmannschaft ein, nicht ohne Hintergedanken. Im November stand ihm ein harter Kampf um die Wiederwahl bevor. Seit seiner Erklärung über einen wünschbaren Rücktritt Nixons war er mit Briefen und Telegrammen bombardiert worden, in denen eine eindeutige Pro-Nixon-Reaktion zum Ausdruck kam, etwa zehn zu eins. Die Zweifel, die ihn zu einem Rückzieher veranlaßten, teilte er mit den anderen führenden Republikanern, darunter Conable, Anderson und Robert Michel, dem Vorsitzenden des Wahlausschusses im Repräsentantenhaus.

Sämtliche Abgeordneten des Repräsentantenhauses mußten sich im November zur Wahl stellen, das hieß in knapp sechs Monaten. Die Aussichten für die Republikaner waren trostlos, Gelder für den Wahlkampf schwer aufzutreiben. Wenn George Bush sein Amt niederlegte, womit höchstwahrscheinlich zu rechnen war, könnte das Weiße Haus keinen Ersatzmann von Format benennen. Für die Republikaner im Kongreß dürfte das wohl kaum der geeignete Zeitpunkt sein, meinte Rhodes, sich von dem Republikaner im Weißen Haus unabhängig zu erklären. Nixon besaß die Unterstützung von Millionen eingeschworener Parteianhänger an der Basis, die Rebellen in den eigenen Reihen das Leben zur Hölle machen könnten.

John Anderson war wütend. Die Zukunft der Republikanischen Partei liege nicht bei den erzkonservativen Nixon-Anhängern, behauptete er, die Führungsspitze dürfe nicht vor ihnen kapitulieren. Rhodes gebe nach, weil ihm das Messer im Genick sitze, ließ er durchblicken.

Jetzt sei die Zeit gekommen, wirklich die Führung in die Hand zu nehmen.

Rhodes konterte hitzig, Nixon sei immer noch Präsident, immer noch Führer der Partei. Daran habe Watergate, zumindest im Augenblick, nichts geändert. Es bedeute glatten Selbstmord für die Partei, wenn die Führungsmannschaft die Unterstützung ignoriere, die Nixon nach wie vor im Lande besaß. Rhodes hatte es mit eigenen Augen und Ohren erlebt. Es handelte sich hier um Realitäten, nicht um irgendeine Briefkampagne, die man im Weißen Haus erfunden hatte.

Die anderen suchten nach einen Mittelweg zwischen Andersons Forderung, die Führungsmannschaft solle den Rücktritt verlangen, und der »Schart-euch-um-Nixon«-Parole von Rhodes. Nach einstündiger stürmischer Debatte einigten sie sich darauf, das Terrain behutsam zu sondieren. Sie würden in aller Stille die Republikaner im Repräsentantenhaus befragen, jeder von ihnen etwa fünfundzwanzig Abgeordnete.

Das Ergebnis, das sich sehr rasch abzeichnete, war von parteipolitischen Erwägungen diktiert: Vor allem anderen fürchtete eine überwältigende Mehrheit um ihre politische Zukunft, und ein Marsch auf das Weiße Haus wäre das letzte, was sie sich von ihrer Führungsmannschaft wünschten. Sie wollten erst nach der Wahl über ein Impeachment abstimmen. Sie brauchten die konservative Basis, um im November zu gewinnen. Sie brauchten die Leute, die den Wahlkampf vor Ort führten, an Haustüren klingelten, Spenden sammelten, die sich mit Nixons Kampf identifizierten. Denn für sie war Nixon der Underdog, der Mann, der von ihren eigenen Feinden – der Presse und den Liberalen im Kongreß – angegriffen wurde.

Das Fazit war unmißverständlich: Herunterspielen.

Die Nachricht über die Umfrage erreichte bald das Weiße Haus. Haig, Burch und Timmons fühlten sich ermutigt. Die Führungsspitze der Partei war in der Klemme und zunächst außer Gefecht gesetzt. Der strategische Grundsatz, das Tauziehen um das Impeachment nach Parteien abzugrenzen, hatte an der entscheidenden Stelle funktioniert. In bezug auf den Senat war Haig weniger optimistisch. Nur ein Drittel der Abgeordneten mußte sich zur Wiederwahl stellen. Es mußte etwas geschehen, um die wichtigsten Senatoren bei der Stange zu halten, insbesondere Scott und Goldwater.

Buzhardt lud Scott in jener Woche zum Lunch ein. Sie trafen sich im Kapitol. Der Anwalt begann mit unverbindlichem, liebenswürdigem Geplauder. Durch Watergate sei eine ganz bestimmte Atmosphäre entstanden – überall werde herumgeschnüffelt, unkontrollierbar, leichtfertig. Wenn da kein Riegel vorgeschoben würde, könnte es nicht bloß Nixon, sondern auch anderen an den Kragen gehen. In ganz Washington gebe es Rattennester, die möglicherweise entdeckt würden.

Scott wurde nervös. Er war schließlich kein heuriger Hase.

Zum Beispiel sei Senator Scott selber an einer Reihe von Berufungen in Regierungsämter beteiligt, fuhr Buzhardt überfreundlich fort, bei denen man die Vorschriften für den Zivildienst umgangen habe. Tatsächlich gehöre er im Kapitol sogar zu den schlimmsten Missetätern – vor allem im Hinblick auf die *General Services Administration,* die öffentlichen Dienstleistungsbetriebe. Arthur Sampson, der Leiter, sei sein Mann. Sie beide betrieben die GSA wie eine private Stellenvermittlung.

Scott hörte aufmerksam und schweigend zu. Buzhardt grub weitere peinliche Geschichten aus: Firmen, denen mit Scotts Genehmigung auf verschiedenen irregulären Wegen GSA-Kontrakte zugeschustert worden waren. Natürlich gehöre vieles davon einfach zur Politik, räumte Buzhardt ein – genauso wie ein guter Teil von Watergate. Es gab jede Menge von übler Nachrede in Washington, und zwar nicht nur auf die Tonbänder des Präsidenten beschränkt. Das gehörte zum politischen Geschäft. Jeder war angreifbar. Buzhardt besaß eine Liste, in der sämtliche von Scott befürworteten Berufungen und Subventionen verzeichnet waren.

Senator Goldwater stellte das schwierigere Problem dar. Er war weitaus unberechenbarer, so daß man Dean Burch, seinen ehemaligen Assistenten für Administrationsfragen, eigens ins Weiße Haus geholt hatte, damit er Goldwater unter Kontrolle hielt. Der Senator setzte nicht nur die Ernennungen durch, die er wünschte, sondern bekam manchmal sogar mehr, als er eigentlich wollte.

So hatte sich J. William Middendorf II., Unterstaatssekretär der Navy, vor einigen Wochen mit der Bitte an ihn gewandt, seine Nominierung für das vakante Ministeramt zu befürworten. Middendorf hatte sich 1964 als Wahlkampfhelfer bei Goldwaters Präsidentschaftskandidatur betätigt, war danach fünf Jahre Schatzmeister des *Republican National Committee* gewesen und wurde dann zum Botschafter in den Niederlanden ernannt.

Goldwater hatte Middendorf erklärt, ihm liege wahrhaftig nichts daran, ob er den Ministerposten bekäme. Botschafter und dazu die Dienstzeit als Unterstaatssekretär der Navy – mit einer solchen Karriere könne er doch eigentlich ganz zufrieden sein.

Erst nach vielem Drängen sagte Goldwater seine Unterstützung zu. Er sprach mit Burch darüber, der sich wie immer entgegenkommend zeigte.

Verteidigungsminister James Schlesinger jedoch war dagegen und rief Goldwater an.

»Okay, Sie sind der Boß«, meinte der Senator. »Mir ist's egal.«

Der stellvertretende Verteidigungsminister William P. Clements jr. erläuterte Schlesingers Einwände im einzelnen. Er sei Middendorf nicht im mindesten verpflichtet, antwortete Goldwater. Die Angelegenheit endete damit, daß Burch ihn wenige Tage später anrief. Middendorf hatte den Posten.

Ein paar Senatoren dachten nicht einmal im Traum an Fahnenflucht, unter ihnen einige Demokraten aus den Südstaaten. Senator James O. Eastland von Mississippi erneuerte sein Gelübde, niemals, unter gar keinen Umständen für die Verurteilung des Präsidenten in einem Senats-Verfahren zu stimmen. Wenn es sich um Berufungen oder andere Vergünstigungen und Ämterpatronage handelte, hatte Eastland sich stets durchgesetzt. »Ich kriege alles, was ich will«, prahlte er.

Richter John Sirica setzte die öffentliche Verhandlung, die sich mit St. Clairs Reaktion auf die Anforderung »sub poena« des Sonderanklägers befassen sollte, an einem Freitagnachmittag Mitte Mai an. Der Bericht der Grand Jury, in dem der Präsident als nicht angeklagter Mitverschwörer genannt wurde, blieb in einem eigenen Safe im Büro des Sonderanklägers unter Verschluß. Die Mitarbeiter hatten strikte Anweisung, über das Thema außerhalb des Dienstes nicht zu sprechen. Jaworski, der sich auf die mündliche Argumentation gegen die Verweigerung der Tonbänder vorbereitete, teilte St. Clair telefonisch mit, zu welchem Entschluß er gelangt sei. Solange der Rechtsausschuß das Beweismaterial überprüfte, wäre es unbillig, die Aktion der Grand Jury zu enthüllen. Er schlug St. Clair vor, gemeinsam darum zu ersuchen, daß die Verhandlung unter Ausschluß der Öffentlichkeit stattfand.

St. Clair begrüßte diese Idee als außerordentlich konstruktiv und politisch vernünftig.

In Siricas Richterzimmer jedoch bestritt er nachdrücklich jeglichen Anspruch Jaworskis auf die Tonbänder. Als Beamter der Exekutive sei der Sonderankläger an die Weisungen des Präsidenten gebunden und nicht legitimiert, Tonbänder oder sonstiges Beweismaterial vom Präsidenten »sub poena« zu fordern.

Jaworski war ernstlich schockiert. Das stehe in krassem Gegensatz zu der Zusicherung, die er von Haig erhalten habe, wandte er erregt ein. Bei den Verhandlungen über den Posten sei ihm von Haig das Recht zugestanden worden, die Herausgabe von Tonbändern zu erwirken, eine Vereinbarung, die der Rechtsausschuß des Senats bestätigt habe. Hier handle es sich um ein Privileg, um eine unabdingbare Voraussetzung für seine Tätigkeit.

Nachdem sie das Richterzimmer verlassen hatten, unterhielt sich St. Clair mit Jaworski. Die Frage der Legitimation sei das beste Argument des Präsidenten, erklärte er, und er werde es weiterhin geltend machen – ohne Rücksicht darauf, was Haig dem Sonderankläger versprochen habe. Dem Gericht jedenfalls habe Haig keinerlei Zusicherungen gegeben. Falls er von ihm Anweisungen bekäme, auf dieses Argument zu verzichten, werde er wohl das Mandat niederlegen, drohte St. Clair.

Jaworski rief Haig an und beschuldigte St. Clair, die Vereinbarung vom vergangenen Oktober umzustoßen. Das Amt des Sonderanklägers habe den Status des Präsidenten als nicht angeklagter Mitverschwörer geheimgehalten, und nun sehe man ja, was er als Gegenleistung bekomme. Der Anwalt des Präsidenten mißachte die Gebote der Fairneß. Ihm, Jaworski, bleibe nichts anderes übrig, als sich an den Kongreß zu wenden, an den Rechtsausschuß des Senats, und zu berichten, daß das Weiße Haus sich in seine Befugnisse einmische und ihn an einer effektiven Untersuchung hindere. Er unterrichte Haig über diese Absicht, wenn auch der General seinerseits ihm nicht das gleiche Entgegenkommen bewiesen und ihn vorher über die neue Taktik der Verteidigung informiert habe.

Haig hielt einen Kompromiß für ausgeschlossen.

»Dann kann ich nichts anderes tun, als das Ganze weiterzugeben«, sagte Jaworski.

»Ich verstehe«, erwiderte Haig.

Am 20. Mai legte Jaworski seinen Protest in einem Brief an Senator Eastland, den Vorsitzenden des Senats-Rechtsausschusses, schriftlich nieder. »Nach Mr. St. Clairs Einstellung«, schrieb er, »würde das mir zugesicherte Recht, den Präsidenten gerichtlich zu belangen, zur reinen Farce. Mit der Behauptung, ich sei in diesen Fragen letztlich an die Weisungen des Präsidenten gebunden, wird seitens des Rechtsbeistands des Präsidenten der Versuch unternommen, die Unabhängigkeit zu beschneiden, die in den anläßlich meiner Ernennung neu herausgegebenen Richtlinien mit ausdrücklicher Zustimmung des Präsidenten detailliert festgelegt wurde.«

St. Clair erfuhr von diesem Brief aus den Zeitungen. (Wie üblich hatte es Haig unterlassen, ihn irgendwie vorzuwarnen.) Er eilte zu Senator Eastland.

»Was hat Leon Ihrer Meinung nach vor?« fragte der Senator. »Will er damit die Grundlage für seinen Rücktritt schaffen?«

St. Clair bejahte das. Nach seiner Überzeugung hatte Jaworski einen taktischen Fehler begangen und suchte nun nach einem Ausweg, bei dem er das Gesicht wahren konnte. Die Anforderung der Tonbänder »sub poena« war von einem Gericht verfügt worden und nicht von der Grand Jury, der die Untersuchung des Falles oblag. Das verlieh ihr erfahrungsgemäß weniger Gewicht. Jaworski dürfte es außerordentlich schwerfallen, schlüssig zu beweisen, daß er die Tonbänder jetzt unbedingt brauchte. Das Weiße Haus befand sich in einer starken Position. St. Clair glaubte zuversichtlich, daß Jaworskis Schnitzer ihn die Tonbänder kosten würde.

Richter Sirica zeigte sich weniger beeindruckt von St. Clairs Argumentation als Senator Eastland. An jenem Tag verwarf er den Antrag des Anwalts und ordnete an, das Weiße Haus habe die vierundsechzig

Tonbänder herauszugeben. Der Präsident mußte sie bis zum 31. Mai ausliefern oder Berufung einlegen.

Weder der Präsident noch Haig oder St. Clair waren überrascht. Sie hatten damit gerechnet, daß Sirica gegen sie entscheiden würde, und sahen ihre Chancen darin, über ihn hinweg Berufung einzulegen.

Am nächsten Abend, dem 21. Mai, lud der Präsident Haig, St. Clair und Buzhardt zu einem Ausflug auf die *Sequoia* ein. Sie starteten gegen 18 Uhr. Der Präsident ließ Drinks an Deck bringen. Buzhardt – »der Baptist«, wie Nixon ihn nannte – bat um Ingwerbier.

Als die Yacht zu der dreizehn Seemeilen langen Fahrt den Potomac hinunter nach Mount Vernon auslief, saßen sie dem Anschein nach friedlich und entspannt in der leichten Brise. Doch ihr Gespräch drehte sich um Impeachment, Sirica, Jaworski, die Tonbänder. Es war unmöglich, Watergate zu entrinnen, nicht einmal auf diesem kurzen Ausflug. Der General und auch die Anwälte wußten, daß ihre Karriere, ihr Ruf und ihre Zukunft weitgehend von dem Schicksal der Nixon-Präsidentschaft abhingen. Vor allem Haig war auf Gedeih und Verderb ausgeliefert und – obzwar Soldat – jetzt unwiderruflich politisch als Nixon-General abgestempelt. Die Anwälte handelten zumindest noch den Traditionen ihres Berufes entsprechend; jeder hat das Recht auf einen Anwalt. Selbstverständlich hatten auch andere Militärs schon im Dienst von Präsidenten gestanden, doch niemals unter vergleichbaren Umständen. Haig verließ sich immer mehr auf Buzhardt, der ihn durch das juristische Gestrüpp geleiten, ihn davor bewahren sollte, die Grenze der Legalität zu überschreiten – wie es vielen anderen, die diesem Präsidenten zu dienen versucht hatten, widerfahren war.

Der Präsident deutete an, daß er den Kampf um seine Tonbänder notfalls bis zum Supreme Court durchfechten wolle. Seine Einstellung deckte sich durchaus mit dem Urteil von St. Clair und Buzhardt. Beide Anwälte hielten den Fall der Tonbänder, also den gerichtlichen Aspekt, für gravierender als die Impeachment-Untersuchung im Repräsentantenhaus.

Nixon wirkte ungewöhnlich verkrampft, auch noch nach ein paar Gläsern von seinem dreißig Jahre alten schottischen Whisky. Obwohl St. Clair ihn nicht besonders gut kannte, frappierte es ihn, daß dieser überaus disziplinierte Mann unfähig war, abzuschalten. Nixon schien sich um einen näheren Kontakt zu St. Clair zu bemühen, der diesen unbeholfenen Versuch irgendwie rührend fand. Der Präsident tat ihm leid; er war zwei Jahre lang juristisch schlecht beraten worden. Das hatte ihn in die ganze Watergate-Problematik verstrickt.

Nach knapp zwei Stunden waren sie in Mount Vernon, wo George Washington gelebt hatte und begraben lag. Es dämmerte bereits. Die vier gingen vor zum Bug, um der in der Navy vorgeschriebenen Zeremonie beizuwohnen. Als sie dort im Wind standen, läuteten die Schiffsglocken achtmal im Abstand von jeweils fünf Sekunden. Der

Zapfenstreich erklang, eine Bandaufnahme der Nationalhymne wurde abgespielt.

Der Präsident sagte, zu St. Clair gewandt: »Die paar lumpigen Kröten, die man bezahlt kriegt, sind lächerlich. Aber das hier, dafür lohnt sich's.«

Seine Stimme war deutlich zu hören. Haig, die Anwälte und Angehörige der Besatzung sahen stumm und verlegen weg.

Wenige Minuten später legte die Yacht an. Der Präsident und seine Gäste gingen zu dem Hubschrauber, der zweihundert Meter entfernt wartete, um sie ins Weiße Haus zurückzubringen. St. Clair setzte sich neben den Präsidenten, gegenüber von Haig und Buzhardt. Auf dem Rückflug schnitt Buzhardt die Frage an, ob man Charles Alan Wright bitten solle, zurückzukommen und an den Schriftsätzen für den Supreme Court mitzuarbeiten.

In der ersten gerichtlichen Auseinandersetzung um die Tonbänder hatte Wright nach Buzhardts Ansicht sehr überzeugend argumentiert. St. Clair war nur ein angeheuerter Staranwalt und spät mit einem Fall betraut worden, den in den Griff zu kriegen er nie richtig Zeit gehabt hatte. Außerdem besaß er kein Gespür für das Regierungsamt, für die politische Arena, für die Presse, für Washington oder für Richard Nixon. Er war es fraglos nicht gewohnt, daß seine Mandanten das Kommando führten.

Wright war gegangen, als der Präsident im letzten Herbst beschlossen hatte, den Fall der Tonbänder nicht vor den Supreme Court zu bringen. Sie sollten ihn überreden, zurückzukommen. Sicher, Druck hatte Wright nicht sonderlich standgehalten. Drohbriefe brachten ihn völlig aus der Fassung; in einem hatte es geheißen: »Ich bete sechsmal täglich um Ihren Tod.« Aber er war ein Rechtswissenschaftler, für die Beweisführung beim Supreme Court eine wesentliche Voraussetzung. Doch Buzhardts Plädoyer für Wright fand beim Präsidenten keinerlei Resonanz.

Jaworski war überzeugt davon, daß der Präsident einen Vorstoß beim Supreme Court vermeiden wollte. Die Entlassung von Cox, Haigs Kompromisse, dem Sonderankläger das Abhören bestimmter Bänder zu gestatten, die Übergabe von sieben Tonbändern im November – lauter Anzeichen dafür, daß der Präsident den Fall nicht vor den Obersten Gerichtshof bringen wollte.

Jaworski wollte die Sache forcieren. Einen Beschluß des Supreme Court über die Tonbänder vor den Gerichtsferien zu bekommen, war höchst unwahrscheinlich. Fraglos würde das Weiße Haus beim Appellationsgerichtshof gegen Siricas Entscheidung Berufung einlegen. Das konnte Wochen, sogar Monate dauern. Jaworski war zwar sicher, dort zu gewinnen, aber das würde bedeuten, daß der Fall nicht vor Herbst an den Supreme Court ginge. Den Prozeß um die Vertuschung müßte man sogar noch länger verschieben, bis Frühjahr 1975.

Und selbst wenn er gewann und die Tonbänder bekam, würde es Wochen beanspruchen, sie zu sichten und abschreiben zu lassen. Das Erinnerungsvermögen der Zeugen in dem Vertuschungsverfahren war schon jetzt nicht mehr taufrisch. Falls eine solche Verzögerung einträte, würde James Neal, der Staranwalt aus Tennessee, nach eigenen Aussagen nicht mehr als Ankläger zur Verfügung stehen.

Es war ungeheuer kompliziert. Als Anwalt hielt es Jaworski für seine Pflicht, alles in seinen Kräften Stehende zu tun, um die Impeachment-Untersuchung zu beschleunigen. Das Land hatte einen kriminellen Präsidenten. Verzögerungstaktik war Nixons beste Waffe. Die Gerichte spielten ihrer ganzen Struktur nach dem Präsidenten in die Hände.

Technisch war es möglich, das Appellationsgericht zu übergehen und den Supreme Court direkt anzurufen. In dem Fall konnte Jaworski die bisher geheimgehaltene Information beifügen, daß der Präsident ein nicht angeklagter Mitverschwörer sei. Das mochte die Richter vielleicht überzeugen, daß sie eingreifen mußten, und einen baldigen Beschluß erzwingen. Ein Präsident, der krimineller Vergehen verdächtigt wurde – das könnte sie sehr wohl aufrütteln. Doch eben diese Information mochte genausogut das Gegenteil bewirken, nämlich gar nichts zu unternehmen. Jaworski bedachte auch dies, als er abends in sein Hotel ging. Wie auch immer – es blieb ein höchst riskantes Unterfangen. Angenommen, er appellierte direkt an den Supreme Court und ersuchte lediglich um eine Vernehmung. Weiterhin angenommen, die Richter lehnten das ab, und zwar verstimmt, ärgerlich. Oder mit dem sarkastischen Hinweis, genau dafür sei schließlich der Appellationsgerichtshof da, und niemand habe Anspruch auf Sonderbehandlung. Weder ein Präsident noch ein hochnäsiger Sonderankläger.

Eine solche Schlappe konnte tödlich sein; der psychologische Sieg wäre für das Weiße Haus unermeßlich. Der Supreme Court stand angeblich bereits schwer unter Zeitdruck. Die Richter so spät in der Sitzungsperiode für die Verhandlung des Falles zu gewinnen, dürfte schwierig werden. Das Gericht hatte gute, stichhaltige Gründe, »politische« Fälle abzuschieben. Und politischer als Watergate war wohl so leicht nichts. Die Verteidigung des Weißen Hauses basierte auf dem Hauptargument, der Präsident solle wegen seines politischen Verhaltens zur Strecke gebracht werden.

Für Jaworski handelte es sich bei den Tonbändern um einen eindeutig kriminellen Tatbestand. Deshalb wollte er die Gerichte als die zuständigen Instanzen darüber entscheiden lassen. Er hoffte, daß die Richter diese Sicht teilten, und bat Philip Lacovara, den Antrag für den Supreme Court vorzubereiten.

Normalerweise hätte es Jaworski entsprochen, Haig telefonisch vorzuwarnen. Aber diesmal kam das nicht in Frage. Das Weiße Haus hatte ihn hintergangen, Haig hatte sein Versprechen gebrochen und eben damit Jaworskis Zusage, den Posten zu übernehmen, die Basis entzogen. Man war ihm in den Rücken gefallen. Er war nicht gewillt, auszuposaunen, daß er zum Gegenschlag ausholen werde.

Am Freitag, dem 24. Mai, um 16.15 Uhr legte St. Clair gegen Siricas Beschluß beim Appellationsgerichtshof Berufung ein. Sobald Lacovara davon erfuhr, rief er Michael Rodack, Gerichtsschreiber im Supreme Court, an und teilte ihm mit, er habe einen Eilantrag für eine richterliche Einvernahme. Er bekam die Registrierungsnummer des Appellationsgerichts und ließ sie einfügen.

Der Supreme Court schloß um 18 Uhr, aber Jaworski wollte seinen Eilantrag noch an diesem Abend einreichen. Haig und dem Weißen Haus durfte keine Zeit gelassen werden. Einmal wenigstens sollte der Überraschungseffekt von seiner Seite kommen. Er wollte sie überrumpeln.

Zwischen 16.30 und 17.15 Uhr sortierte Lacovara mit vier Kollegen die Papiere und heftete sie zusammen. Um 17.20 Uhr stieg Lacovara in einen Dienstwagen. Sie blieben im dichten Berufsverkehr stecken, und er erreichte den Supreme Court erst Punkt 18 Uhr. Rodack erwartete ihn bereits in Hemdsärmeln.

Geschafft.

14. Kapitel

Der kleingewachsene Mann mit dem schütteren Haar und dem freundlichen Gelehrtenblick saß hinter dem unordentlichen Schreibtisch im Westflügel des Weißen Hauses. Sein leicht verknitterter Anzug, das billige weiße Dacronhemd und die wasserziehenden schwarzen Socken wirkten in dem erlesen möblierten Büro deplaciert. Um ihn herum fanden sich überall historische Andenken an fünf Jahre Reisediplomatie im Düsenjet. An den Wänden hingen moderne Bilder, auf dem dunkelblauen Spannteppich lagen kostbare Orientbrücken. Überquellende Aktenordner mit der Aufschrift »Streng geheim« stapelten sich auf dem Schreibtisch.

Es war das Büro von Dr. Henry A. Kissinger, Außenminister der Vereinigten Staaten und Berater des Präsidenten in nationalen Sicherheitsfragen. An Kissingers Schreibtisch saß Major General Brent Scowcroft von der Air Force, einer der mächtigsten Männer in der Nixon-Administration.

Als Kissingers Stellvertreter im Nationalen Sicherheitsrat benutzte Scowcroft das Büro des Außenministers, sobald es frei war. Sein eigenes war vergleichsweise winzig, so klein, daß es in Länge und Breite weniger maß als die hohen Decken im Westflügel.

Kissingers Büro mit dem bequemen blauen Sofa, den passenden Sesseln und dem Konferenztisch, um den sechs Stühle gruppiert waren, diente Scowcroft dazu, Sitzungen abzuhalten, Besucher zu empfangen und die außenpolitischen Routinegeschäfte in Abwesenheit Kissingers zu erledigen. Er arbeitete unmittelbar im Machtzentrum der Nixon-Administration. Niemand hatte engeren, regelmäßigeren Kontakt zum Präsidenten, zu Haig und Kissinger. Wenn Kissinger im Ausland war, oblag Scowcorft der Tagesbericht an den Präsidenten; er hielt ihn auf dem laufenden über Kissingers Verhandlungen sowie über diplomatische und militärische Entwicklungen.

Scowcroft stand in nahezu ununterbrochener Verbindung zu Haig. Als Haig im Januar 1973 seinen Posten als Kissingers Stellvertreter aufgegeben hatte und Vizestabschef der Army geworden war, wurde Scowcroft, damals militärischer Adjutant des Präsidenten, Haigs Nachfolger im Nationalen Sicherheitsrat. Seitdem er im Mai 1973 als Stabschef des Präsidenten ins Weiße Haus zurückgekehrt war, hatte Haig sich sehr darum bemüht, Scowcroft über die Aspekte des Entscheidungsprozesses, die der Präsident und Kissinger nicht preisgeben wollten, umfassend zu informieren. Denn Haig erinnerte sich sehr wohl daran, wie nützlich ihm seine direkten Kontakte zu Haldeman in der ersten Amtsperiode Nixons gewesen waren. Durch Kissingers Arbeitsstil, der in extremem Maß auf die eigene Person konzentriert und geheimniskrämerisch war, entgingen seinem Stellvertreter häufig wichtige Entwicklungen und Pläne. Daher war ein eigenes Kommunikationsnetz absolut unerläßlich.

Scowcroft nahm den Hörer ab. Kissinger war am Apparat. Am 29. Mai 1974, seinem zweiunddreißigsten Tag im Nahen Osten, lag ein strapaziöser Monat mit ständigen Pendelflügen zwischen Damaskus und Jerusalem hinter ihm, in dem er sich um eine Truppenentflechtung von Israelis und Syrern auf den Golanhöhen bemüht hatte.

Da er nicht über eine Geheimleitung sprach, wählte Kissinger seine Worte sorgfältig, machte Scowcroft jedoch klar, daß er sehr gute Neuigkeiten habe. Ein streng geheimes Fernschreiben werde gleich folgen.

Ohne auf die verschlüsselte Nachricht zu warten, ging Scowcroft ins Oval Office, um den Präsidenten zu unterrichten. Es war kurz vor 9 Uhr. Die Verhandlungen im Nahen Osten hatten endlich zum Erfolg geführt. Das bedeutete unter anderem, daß Nixon die beabsichtigte Reise in das Krisengebiet bald antreten konnte.

Seit über einem Monat hatte sich Scowcroft mit diesem Besuch in Israel und den arabischen Staaten befaßt und an den geheimen Planungskonferenzen teilgenommen, die zunächst im militärischen Lagebesprechungsraum im Kellergeschoß des Westflügels stattfanden. Einen Monat lang wurde die Reise einmal angesetzt, im nächsten Augenblick wieder abgeblasen, je nachdem wie die Aussichten für eine Einigung gerade standen. Der Präsident hatte jede Phase der Entwicklung mit ungewöhnlicher Besorgnis verfolgt. Er brauchte eine Ruhepause von Watergate, eine Gelegenheit, sich als Staatsmann, als Friedensstifter darzustellen und nicht als ein Präsident, der sich mit Klauen und Zähnen gegen das Impeachment wehrt. Das hatte der Erfolg der Verhandlungen jetzt endlich möglich gemacht.

Sechs Blocks westlich vom Weißen Haus erhielt Lawrence Eagleburger in einem holzgetäfelten Raum neben Kissingers Büro im Außenministerium an jenem Morgen die gleiche gute Nachricht. Als Kissingers Stellvertreter im State Department mußte auch er sich nun um die Vorbereitungen für Nixons Reise kümmern und über die entsprechenden diplomatischen Kanäle die Voraussetzungen schaffen. Eagleburger, vierundvierzig Jahre alt, Karrierebeamter im Auswärtigen Amt, besaß in Kissingers Augen die richtige Mischung aus Intellekt, Loyalität, Entschlossenheit, Erfahrung und gesellschaftlichem Schliff, um ihn zu seinem Assistenten zu machen. In Abwesenheit seines Chefs koordinierte Eagleburger die Tagesarbeit im Außenministerium. Er und Scowcroft verwalteten dann das außenpolitische Imperium, das Kissinger in den vergangenen fünfeinhalb Jahren aufgebaut hatte.

Die beiden schirmten ihn ab, beschützten ihn – besser noch als seinerzeit Haig. Sie errichteten um ihren Chef eine Mauer des Schweigens. Denn es ging darum, Kissingers persönliche Meinung über Richard Nixon geheimzuhalten – vor der Öffentlichkeit, vor der Presse, vor den Mitarbeitern des Präsidenten. Obwohl er bestimmte Seiten von Nixons Charakter bewunderte, empfand Kissinger doch in erster Linie Abscheu und Verachtung für ihn. Eagleburger wie Scowcroft waren sich klar darüber, daß dieses Geheimnis vielleicht wichtiger war als alle anderen, die in Kissingers Tresor aufbewahrt wurden. Eine Enthüllung konnte ihrer Meinung nach Kissinger zugrunde richten und damit auch die Außenpolitik des Landes. Als die Watergate-Krise sich zuspitzte, vertraten manche – darunter Kissinger, Scowcroft und Eagleburger – die Ansicht, für die nationale Sicherheit sei es entscheidend wichtig, daß Kissinger im Amt bliebe.

Die drei bezweifelten, daß Nixon die auswärtigen Angelegenheiten ohne Kissinger meistern könne. Für sie war Kissinger die Schlüsselfigur in Amerikas Außenpolitik, und zwar nicht nur dank seiner Erfahrung und seinem Intellekt, sondern auch wegen seines Formats. Er bildete das Gegengewicht zu Nixon. Wenn Nixon ohne Kissinger Außenpolitik betreiben sollte, so argumentierten sie, würde er das ebenso nachlässig tun, wie er die ganze Watergate-Affäre behandelt hatte, insbesondere die Vertuschung.

Weder Eagleburger noch Scowcroft hielten alle negativen Gefühle Kissingers gegenüber dem Präsidenten für gerechtfertigt. Wenn er Nixon häufig als irrational, unsicher und besessen bezeichnete, so ließ sich das zuweilen ebenso von ihm selber sagen, fanden sie. Doch zumindest schluderte Kissinger nicht. Selbst in seiner schlechtesten Verfassung war er weniger *gefährlich.*

Beide kannten die seltsame Geschichte der Nixon-Kissinger-Beziehung genau. Was sie nicht von Kissinger selbst gehört hatten, war ihnen von Haig und anderen im Nationalen Sicherheitsrat und im Außenministerium zugetragen worden. Doch nicht einmal diese intime Kenntnis reichte aus, das unverständliche Verhalten der beiden zu erklären.

Zu Anfang, im Sommer 1968, als Nixon zum republikanischen Präsidentschaftskandidaten gekürt wurde, war Kissinger bitter enttäuscht. Sein Mentor, Gouverneur Nelson Rockefeller von New York, war bei der Nominierung unterlegen. Kissinger hatte zu Freunden und Kolle-

gen geäußert, Nixon sei »ungeeignet« für die Präsidentschaft, »gefährlich«, imstande, einen Atomkrieg auszulösen. Drei Wochen nach seiner Wahl hatte Nixon ihm dann angeboten, sein Berater für nationale
Sicherheitsfragen zu werden. Bei diesem Zusammentreffen hatte Kissinger seine Meinung revidiert. Er entdeckte in Nixon einen Pragmatis-
mus, durch den er sehr wohl die starren ideologischen Positionen
überwinden könnte, die für die Politik dieses kältesten aller Kalten
Krieger kennzeichnend gewesen waren. Er hatte die Angelegenheit mit
Rockefeller besprochen. Rockefeller mochte Nixon persönlich nicht,
drängte Kissinger jedoch, das Angebot anzunehmen. Auf diese Weise
könnten sie beide einen Fuß in der Tür zur Macht haben. Der fünfund-
vierzigjährige Harvard-Professor trat den Posten an.

Zwar hatte Nixon seinen alten Freund William P. Rogers zum
Außenminister ernannt, doch es war Kissinger, der größtenteils den
außen- und sicherheitspolitischen Informationsfluß zum Präsidenten
kontrollierte. Er strebte eine ähnlich persönliche Beziehung zu Nixon
an, wie er sie zu Rockefeller gehabt hatte. Mit ihm hatte er, von der
gleichen Grundeinstellung in der Behandlung außenpolitischer Fragen
ausgehend, auch die Entscheidungen stets gemeinsam getroffen.

Statt dessen sah sich Kissinger vom Präsidenten abgeriegelt durch
bürokratische Hürden, die Haldeman auf Nixons Anweisung errichtet
hatte. Genau wie jeder andere in der neuen Administration verkehrte
Kissinger mit Nixon vorwiegend schriftlich und nicht in ungezwunge-
nen Gesprächen wie mit Rockefeller. Haldeman und Ehrlichman seien
entschlossen, ihn auf Distanz zu Nixon zu halten, beschwerte er sich. Er
bezeichnete die beiden als »Idioten« und »Nazis«. Was mußte das für
ein Mann sein, der sich mit solchen Schwachköpfen umgab? Haldeman
und Ehrlichman ihrerseits machten sich offen über Kissinger lustig;
man könne ihm wegen seiner liberalen Freunde nicht trauen. Halb im
Scherz unterstellte Ehrlichman, Kissinger sei »schwul«, und fragte
Kissingers Assistenten, ob Henry, geschieden und vorübergehend
Junggeselle, überhaupt wisse, was er auf einer Cocktailparty in Georgetown mit einer Frau anfangen solle. »Gab's denn auch ein paar
Knaben für Henry auf der Party?« fragte Ehrlichman einmal und
amüsierte sich königlich über diesen gelungenen Witz.

In seinen Konferenzen mit dem Präsidenten konnte Kissinger fast
nie eine sofortige Entscheidung bekommen. Der Präsident hörte ihm
vielmehr ungeduldig zu und sagte, er werde Kissinger zu gegebener
Zeit wissen lassen, was er zu unternehmen gedenke. Oft kehrte Kissinger erschöpft in sein Büro zurück, kaute an den Fingernägeln und
wartete beklommen. Er hielt dieses System für gefährlich, vor allem,
wenn Haldeman dazwischengeschaltet wurde. Der Präsident könne
nicht differenziert genug denken, um solche Entscheidungen allein zu
fällen.

Und wenn nicht Kissinger, wer sollte ihm dabei helfen? Haldeman?

Ehrlichman? Die würden doch bei jeder noch so verrückten Idee mitspielen, die Nixon gerade durch den Kopf schoß, klagte Kissinger. Es werde keine konstruktive, kontinuierliche Politik entwickelt, sondern Nixon neige dazu, außenpolitische Fragen je nach Laune zu behandeln. Nur seine übermenschlichen Anstrengungen verhinderten eine Katastrophe, gab Kissinger zu verstehen. »Wenn es nach dem Präsidenten ginge, hätten wir jede Woche einen Atomkrieg«, äußerte er in jenen ersten Monaten mehrmals. Bei anderen Gelegenheiten schimpfte er, der Präsident sei nicht hart genug, vor allem bei der Kriegführung in Südostasien. »Wenn Nelson Präsident wäre, würden wir es denen schon zeigen.« Dieser Widerspruch – sich im einen Augenblick über Nixons Forschheit und im nächsten über seine Schwäche zu beschweren – schien mehr über Kissinger auszusagen als über Nixon, meinten seine Mitarbeiter.

Der Berater für nationale Sicherheitsfragen mokierte sich ständig über die geistigen Fähigkeiten seines Chefs. »Sagen Sie unserem Unsympath von Präsidenten, ich komme in ein paar Minuten«, herrschte er einmal eine Sekretärin an, die ihn zu einer Konferenz mit Nixon bestellte. »War unser Führer da nicht ganz große Klasse?« kommentierte Kissinger eine der ersten öffentlichen Erklärungen Nixons zum Vietnamkrieg sarkastisch. Der Präsident verdiene die Note Drei oder Vier oder sogar Vier minus, pflegte er zu sagen. Aber ins Gesicht überhäufte Kissinger den Präsidenten stets nur mit Lobsprüchen.

Er gab John Cort, einem seiner Mitarbeiter im Nationalen Sicherheitsrat, den Auftrag, für den Präsidenten eine Informationsschrift über die Nato zusammenzustellen. Als er sie bekam, meinte Kissinger, das sei ausgezeichnet, müsse aber vereinfacht werden, damit Nixon es kapieren könne. »Schreiben Sie für Nixon niemals etwas, das komplizierter ist als ein Artikel im *Reader's Digest*«, ordnete er an.

Seinen ersten Mitarbeitern gegenüber ließ er gelegentlich durchblicken, der Präsident sei unbesonnen, nahezu zügellos. Die Schwierigkeit liege teilweise darin, behauptete Kissinger, daß Nixon in außenpolitischen Fragen zu häufig aus persönlicher Verärgerung oder aus innenpolitischen Überlegungen heraus reagiere.

Anfangs bekamen die Mitarbeiter kaum direkte Anhaltspunkte, die Kissingers wenig schmeichelhafte, besorgniserregende Charakterisierung des Präsidenten bestätigten. Aber es gab anderes Material. Anfang 1970 schickte Nixon einen Informationsbericht des Nationalen Sicherheitsrates über den Besuch des laotischen Premiers Souvana Phouma und anderer südostasiatischer Politiker in China mit der Randbemerkung zurück: »Bombardiert sie.« Ein andermal wurde ihm vom Sicherheitsrat ein bedeutsames Positionspapier über Korea vorgelegt; es enthielt eine Reihe von Alternativen, die sich gegenseitig ausschlossen, und er hatte sie alle angekreuzt. Diesmal war es Haig, der seine Besorgnis ausdrückte: »Was soll man denn tun, wenn der Präsident durchdreht?«

Bei einer Zusammenkunft mit der indischen Ministerpräsidentin Indira Ghandi stellte sich heraus, daß Nixon nicht wußte, wo Bengalen, immerhin einer der wichtigsten Staaten Indiens, lag. Kissinger zitierte diesen Zwischenfall als weiteres Beispiel für Nixons »zweitklassigen Verstand«.

Dennoch kannten Kissingers Assistenten seine Angewohnheit, fast jeden mit beißender Kritik abzuqualifizieren. Als »zweitklassiges Gehirn« oder schlimmeres waren sie alle schon bezeichnet worden. Einen Kollegen hatte der Sicherheitsberater einen »psychopathischen Homosexuellen« genannt. Das hatte Leonard Garment zu dem Kommentar veranlaßt: »Henrys Charakterisierungen sind wie seine Freundinnen – doppelbödige Heuchelei.«

In den Büroräumen des Nationalen Sicherheitsrats im Kellergeschoß des Weißen Hauses gab es ständig gehässige Bemerkungen über andere – darunter viele von Kissinger. Aber er spürte auch den starken Druck. »Meine Klientel besteht aus einem einzigen Mann«, sagte er zu seinen Mitarbeitern. Indem er sich um einen engeren Kontakt zu Nixon bemühte, suchte Kissinger Zugang zum inneren Kreis.

1969 hatte ein Thema Vorrang vor allen anderen: Vietnam. Nixon, der mit dem Versprechen, den Krieg zu beenden, die Wahlen gewonnen hatte, wollte an sämtlichen Fronten operieren, und so eröffnete Kissinger die geheimen Friedensverhandlungen in Paris mit Vertretern Nordvietnams. Gleichzeitig formulierten Nixon und Kissinger einen Geheimplan zur Eskalierung des Krieges.*

Als der Präsident dem Krieg größere Aufmerksamkeit widmete und immer mehr Zeit mit der Überprüfung von möglichen Alternativen verbrachte, wuchs Kissingers Einfluß. Er kämpfte darum, die meisten wichtigen Entscheidungen des Außen- wie des Verteidigungsministeriums über den Nationalen Sicherheitsrat laufen zu lassen. Das verschaffte ihm die absolute Kontrolle über den gesamten Schriftverkehr – womit er wiederum die Konferenzen des Präsidenten in ständig steigendem Maße kontrollieren konnte.

Kissinger war eher bereit, die Befehle des Präsidenten zu befolgen, als Außenminister Rogers und Verteidigungsminister Melvin R. Laird. Er fragte nach dem Wie, nicht nach dem Warum. Wenn der Präsident einen Plan verlangte, der ein Konzept für eine uneingeschränkte

---

* Kissinger entwickelte einen streng geheimen Plan: die »November-Option«. Er sah die Verminung des Hafens von Haiphong und massive Bombereinsätze über Nordvietnam vor, Kissinger beschäftigte sich persönlich auch mit den kleinsten Details. Er berechnete selber die genauen Zeiten, in denen bei der Bombardierung bestimmter Objekte die geringsten Verluste unter der Zivilbevölkerung entstehen würden. Die Ausführung des Plans würde nach den Worten Kissingers einen »harten Schlag« für den Feind bedeuten. Doch der Präsident war besorgt wegen der starken Anti-Kriegsbewegung, die auch Lyndon Johnson schwer zu schaffen gemacht hatte, und verwirklichte daher den Plan erst sehr viel später.

Kriegsführung in Südostasien bis in die kleinsten Einzelheiten entwickelte, produzierte ihn Kissinger. Wenn Nixon beschloß, den Plan fallenzulassen und Kissinger zu geheimen Friedensverhandlungen nach Paris zu schicken, tat Kissinger auch das. Nixons Wankelmut in Verbindung mit Kissingers Abneigung, einen festen Standpunkt zu beziehen, verwirrten die Mitarbeiter des Außenministers. Es gab keine klare politische Linie. Der Meinungswechsel des Präsidenten schien sich allzu häufig und allzu extrem zu vollziehen.

»Nixon darf man nicht zu weit drängen«, warnte Kissinger seine Mitarbeiter. Wer mehr Beweise suchte, die Kissingers Charakterisierung des Präsidenten bestätigten, fand sie. Fast von Anfang an hatte Kissinger seine sämtlichen Telefonate, auch die mit dem Präsidenten, insgeheim mitschneiden und abschreiben lassen. Aus diesen Gesprächen erfuhren Kissingers Assistenten genug über den Präsidenten, was sie alarmierte. Nixon redete unzusammenhängend, machte gedankenlose Bemerkungen über Menschen und Politik, manchmal nuschelte er so, als habe er schwer getrunken. Seine Unkenntnis in wichtigen Fragen legte die Vermutung nahe, daß er faul war und unvorbereitet an die Entscheidungen heranging, die sorgfältiger Überlegung bedürfen. Seine gehässigen Anspielungen auf den minderwertigen Intelligenzgrad der Schwarzen enthüllten ein tiefverwurzeltes Vorurteil.

Ebenso wie Kissingers persönliche Meinung von Nixon war die Existenz seines verborgenen Abhörsystems ein streng gehütetes Geheimnis. Die Praxis hatte 1969 einfach genug angefangen: Eine Sekretärin hörte und stenographierte jedes Telefongespräch Kissingers mit. Mit Hilfe eines Spezialschalters konnten die Sekretärinnen in Kissingers Vorzimmer das Mikrophon an ihren Apparaten betätigen. Anfang 1970 wurde das System verfeinert, und Kissinger begann seine Telefongespräche mitzuschneiden. Ein IBM-Gerät, das in einem Schrank hinter dem Schreibtisch seiner Sekretärin eingebaut und an seinen Apparat angeschlossen war, sprang automatisch an, sobald der Hörer abgenommen wurde. Später wurden mehrere Geräte angeschlossen, so daß stets für Ersatz gesorgt war, falls eines ausfiel oder das Band abgespult war.

Kissinger nahm es mit dem Abhörsystem sehr genau. Es durften keine Schnitzer vorkommen. Diane Mathews, eine der Sekretärinnen, hatte die Aufgabe, das Gerät sorgfältig zu beobachten und einer ihrer Vorzimmerkolleginnen ein Zeichen zu geben, daß sie mitstenographierte, wenn das Band während des Gesprächs auslief. Die Sekretärin, die Kissingers Terminkalender überwachte, oder Haig hörten ebenfalls regelmäßig wichtige Telefonate mit und machten sich Notizen, vor allem bei Gesprächen mit dem Präsidenten. Bei manchen Anrufen konnte es geschehen, daß der arglose Teilnehmer gleichzeitig zu Kissinger, Haig, einer mitschreibenden und der für den Terminkalender zuständigen Sekretärin sprach. In seinem Büro im Kellergeschoß des Weißen Hauses waren acht weitere Telefone an Kissingers direkte Leitung zu Nixon angeschlossen, um den Mitschnitt und das Abschreiben zu erleichtern. Haig sorgte dafür, daß die Regel strikt eingehalten wurde, sämtliche Gespräche des Tages abtippen zu lassen, bevor die Sekretärinnen abends nach Hause gingen – bis schließlich eine eigene Nachtschicht für die Fertigstellung der Abschriften eingesetzt wurde. Nur Kissingers private Unterhaltungen mit Nancy Maginnes, seiner späteren Frau, wurden nicht abgeschrieben.*

Nixons Telefonate mit Kissinger dauerten oft eine Viertelstunde oder länger. Der Präsident wiederholte sich, brauchte mitunter Minuten, bis er zur Sache kam, oder sprang plötzlich auf ein anderes Thema über, ohne das vorhergehende beendet zu haben. Wenn ein Gespräch besonders wichtig war, stürmte Haig meist ins Vorzimmer und sagte zu den Sekretärinnen: »Können wir das sofort kriegen?«

Mitunter kam Kissinger nach solchen Gesprächen aus seinem Büro und erkundigte sich: »Wer hat das mitgehört?«

Eine der vier Vorzimmerdamen hob die Hand.

»War das nicht das Schlimmste, was Sie je in Ihrem Leben gehört haben?« fragte Kissinger dann. Bevor sie noch zustimmend nicken konnte, machte Kissinger kehrt, schüttelte den Kopf und brummte vor sich hin.

Bei einem Gespräch erläuterte der offensichtlich betrunkene Präsident Kissinger die Vietnam-Strategie seines Freundes Bebe Rebozo. Kissinger erzählte seinen Mitarbeitern davon, und danach sprach Haig eine Zeitlang von Nixon nur als von »unserem betrunkenen Freund«.

In einem anderen Gespräch erwähnte Kissinger die Zahl der amerikanischen Verluste während einer bedeutenden Schlacht in Vietnam. »Ach, Scheiß drauf!« war Nixons ganzer Kommentar.

Kissinger achtete darauf, daß die kompletten Abschriften seiner Gespräche mit dem Präsidenten in den persönlichen Akten aufbewahrt wurden, die er für seine Memoiren sammelte.

Schließlich wurde er um die Sicherheit seiner Aufzeichnungen und Akten so besorgt, daß er die brisantesten auf Rockefellers Landsitz Pocantico Hill auslagerte. Mitarbeitern vertraute er seine Befürchtungen an, Haldeman und Ehrlichman könnten versuchen, sie ihm zu stehlen. Erst als ein Rechtsberater ihn darauf hinwies, daß es ungesetzlich sei, Geheimdokumente außerhalb von Regierungsgebäuden zu lagern, ließ Kissinger die Akten wieder ins Weiße Haus schaffen.

Trotz seiner persönlichen Meinung über den Präsidenten bewirkten Kissingers Persönlichkeit und die Umstände, daß allmählich die Beziehung zu Nixon entstand, die er sich wünschte. Kissingers engste Mitar-

---

* Die Sekretärinnen hörten diese Unterhaltungen trotzdem ab und machten sich manchmal Notizen, sofern eine Verabredung getroffen wurde; solche Dinge vergaß Kissinger häufig. Zu den Pflichten der Sekretärinnen gehörten auch die private Kontoführung und die Überwachung seines allerpersönlichsten Terminkalenders.

beiter kannten seine Ausgangsbasis im Umgang mit dem Präsidenten nur allzu genau. Er hatte echten Respekt vor Nixons Perspektive einer harten, unnachgiebigen amerikanischen Außenpolitik und leistete hier einen unmittelbaren Beitrag, indem er den intellektuellen Rahmen und das Verhandlungsgeschick beisteuerte, um sie in die Tat umzusetzen. Man müsse die Russen, die Chinesen und die Kommunisten in Südostasien glauben machen, daß die Vereinigten Staaten gewillt seien, den Krieg in Südostasien weit über alle vorhandenen Vergleichsmaßstäbe hinaus zu eskalieren, um ihre Ziele zu erreichen, predigte Kissinger beharrlich.

Im Frühjahr 1970 sahen sich Nixon, Kissinger und der Stab des Nationalen Sicherheitsrates einer Krise gegenüber. Kommunistische Truppen benutzten Kambodscha als Aufmarschgebiet. Man diskutierte die Möglichkeit einer Invasion und bereitete einen entsprechenden Plan vor. Viele der liberalen Akademiker in Kissingers Stab – darunter Morton H. Halperin, Anthony Lake und William Watts – waren strikt dagegen. »Macht euch keine Sorgen deswegen«, empfahl Haig. »Der Alte ringt sich ja doch nie dazu durch. Ich hab's doch erlebt, wie er erst solche Entschlüsse gefaßt und dann gekniffen hat.«

Aber der Präsident gab seine Zustimmung. Haig – im Gegensatz zu den anderen – war hocherfreut. Kissinger nannte sie seine »blutenden Herzen«.

Watts trug Kissinger seine Einwände unter vier Augen vor.

»Ihre Ansicht ist typisch für die Feigheit des Eastern Establishment«, beschwerte sich Kissinger.

Wütend sprang Watts aus seinem Sessel auf und ging auf Kissinger los. Er wollte ihn verprügeln. Blitzschnell duckte sich Kissinger hinter seinen Schreibtisch. Er habe das doch nicht ernst gemeint, sagte er. Watts, dessen Wahl als Koordinierungsbeauftragter des Sicherheitsrates für die Invasion in Kambodscha gerade vom Präsidenten bestätigt worden war, trat von seinem Amt zurück.

»Sie haben soeben eine Order von Ihrem Oberbefehlshaber bekommen«, sagte Haig. Watts dürfe nicht zurücktreten.

»Rutschen Sie mir doch den Buckel runter, Al«, entgegnete Watts. »Genau das hab ich gerade getan.«

Kissinger rief seinen Stab im EOB zusammen und bat um Unterstützung für die Entscheidung. »Wir gehören doch alle zur Mannschaft des Präsidenten«, sagte er, »und wir müssen uns auch entsprechend benehmen.«

Für Amerikas Bereitschaft, den Krieg in Südostasien auszuweiten, zeugten auch geheime diplomatische Drohungen und die amerikanischen Bomber. Er könne den Präsidenten in Fragen wie dem Bombardement von Kambodscha dirigieren, brüstete sich Kissinger vor seinen Mitarbeitern. Indem er seine Haltung Nixons eigener Selbstdarstellung des harten, zupackenden Mannes anglich, machte sich Kissinger beim Präsidenten auch in anderen Dingen beliebt.

Einmal bemühte sich der Senatsausschuß für Auslandsbeziehungen um eine Kopie der Pentagon-Papiere, und zwar Monate, bevor deren Existenz öffentlich bekannt wurde. Haldeman, Ehrlichman, Kissinger sowie John Scali und Richard Moore, beide Assistenten des Präsidenten, trafen sich in Ehrlichmans Büro. »Lehnen Sie das Ansuchen ab«, empfahl Kissinger, »und erklären Sie ihnen, diese Papiere seien für die nationale Sicherheit essentiell.«

Scali äußerte Bedenken. Die Andeutung, man könne dem Kongreß keine Informationen anvertrauen, die nationale Sicherheitsfragen berührten, dürfte im Kapitol nicht gerade begeistert aufgenommen werden, meinte er. Scali schlug vor, die Papiere herauszugeben und eine Konfrontation zu vermeiden. Kissinger nannte Scalis Standpunkt »Memmenpolitik« und wollte gehen.

»Einen Augenblick bitte, Henry«, hielt ihn Haldeman zurück, »wir haben das noch nicht ausdiskutiert.«

»Ich schon«, entgegnete Kissinger. »Ich weiß, was unser Präsident tun wird.« Damit verließ er die Sitzung.

Die bürokratischen Mauern, die Kissinger den Weg zu Nixon verbarrikadiert hatten, fielen langsam, aber sicher.

Während unter dem Druck der Ereignisse Präsident und Außenminister einander näherkamen, entfremdete sich Kissinger vielen seiner eigenen Mitarbeiter immer mehr. Einige quittierten, sowohl politisch als auch persönlich von ihm enttäuscht, den Dienst, in der festen Überzeugung, die Problematik liege ebenso bei Kissinger wie beim Präsidenten. Ärger, Hysterie, Furcht, Unsicherheit schienen ihn geradezu aufblühen zu lassen. Er schrie seine Sekretärinnen an. Es machte ihm offensichtlich Vergnügen, seine Mitarbeiter zu demütigen. Einmal schloß er seinen rangältesten Stellvertreter Helmut Sonnenfeldt von einem offiziellen Gruppenfoto mit den Worten aus: »Sie nicht, Hal, Sie sind nicht wichtig genug.« Er traf Verabredungen mit Reportern und durchreisenden Akademikern und beschuldigte dann seine Assistenten, ihn mit Terminen zu überlasten.

Coleman Hicks, einer von den Terminsekretären, die gingen, wurde so frustriert, daß er sich von Kissinger sämtliche Verabredungen schriftlich bestätigen ließ. »Sie haben wissen lassen, daß Sie folgende Besucher empfangen wollen. Sie werden eingeplant, wenn Sie es wünschen«, lautete ein eigens dafür entworfenes Formblatt. »Bitte kreuzen Sie das entsprechende Feld an – Ja oder Nein.« Aber selbst wenn Hicks das Formular hervorzog, auf dem der Außenminister neben den Namen von unwillkommenen Besuchern sein Kreuz eingesetzt hatte, beschimpfte ihn Kissinger, er halte ihn durch gedankenlose Terminplanung von wichtigen Geschäften ab.

Sein Prestige und sein Image waren für Kissinger offenbar geradezu eine Zwangsvorstellung. Wenn ihn eine lange Liste von telefonischen Nachrichten erwartete, rief er häufig zuerst Nancy Maginnes zurück, dann Gouverneur Rockefeller, darauf Filmstars und andere Prominenz und erst danach den Präsidenten. Auf kritische Pressestimmen reagierte er ungeheuer empfindlich; er erteilte seinen Mitarbeitern den undankbaren Auftrag, abfällige Artikel abzublocken, und in den Fällen, wo sie erschienen, Beschwerde einzureichen. Diese Aufgabe wurde besonders dadurch erschwert, daß die abträglichen Artikel häufig der Wahrheit entsprachen; Kissinger selber war zuweilen der ungewollte Urheber. Denn während er viele von Washingtons einflußreichsten Journalisten hofierte, entschlüpften ihm unwillkürlich Informationen.

Kissinger hämmerte seinen Mitarbeitern ein, daß Unaufrichtigkeit zu ihrem Job gehöre. »Ihr Systemanalytiker seid viel zu integer«, äußerte er einmal. »Hier handelt sich's nicht um ein ehrliches Geschäft, das von ehrlichen Männern auf ehrliche Weise geführt wird. Denken Sie nicht, daß ich so bin, und Sie sollten es auch nicht sein.« War ein Mitarbeiter gegen Unaufrichtigkeit besonders empfindlich, so versuchte Kissinger, die Wirkung seiner augenfälligsten Täuschungsmanöver dadurch abzuschwächen, daß er sich über seine Methodik und über seine Abneigung, Ereignisse zweimal hintereinander in derselben Version zu berichten, mokierte.

Zuweilen äußerte er sich enthusiastisch über die Größe der Bombenkrater, die amerikanische B-52-Maschinen in Nordvietnam hinterlassen hatten, und einmal prahlte er Elliot Richardson gegenüber, sie würden »Le Duc Tho zu Tränen rühren«. Als sein Assistent Anthony Lake die Bombenpolitik in Frage stellte, verspottete ihn Kissinger. In einer langen, immer hitziger werdenden Diskussion erklärte er, Lakes Verhältnis zum Krieg sei »nicht männlich genug«. Lake war so außer sich über dieses Gespräch, daß er in einen Korridor im Westflügel ging und mit den Fäusten auf die Automaten einschlug. In diesem Fall konnte Haig ihm die Kündigung ausreden, aber bald darauf quittierte Lake den Dienst.*

Kissingers Unfähigkeit, weder persönliche Beziehungen noch die Organisation des Mitarbeiterstabes in den Griff zu bekommen (»Er konnte nicht einmal seine eigenen langjährigen Mitarbeiter auf der Straße erkennen«, bemerkte Coleman Hicks einmal), wurde im Kellergeschoß des Weißen Hauses als Tatsache hingenommen, mit der man leben mußte. Es war Haig, der für einen reibungslosen Ablauf sorgte, in einem Drahtseilakt zwischen dem Stab und Kissinger sowie zwischen Kissinger und dem Oval Office. Haig hielt den Papierfluß in Gang. Er

---

* Lake gehörte zu den Mitarbeitern, deren Telefone mit Genehmigung von Kissinger und Haig insgeheim angezapft wurden. Als Lake 1973 davon erfuhr, rief er Kissinger an, um mit ihm darüber zu sprechen. Kissinger erklärte, nichts von der angezapften Leitung zu wissen, und fügte nach einer Pause hinzu: »In irgendwelchen Einzelheiten.«

arbeitete mehr Stunden als jeder andere. Er schirmte die Mitarbeiter vor Kissingers Wutausbrüchen ab. Er war der perfekte Drahtseilakrobat. Gesellig, gutaussehend, liebenswürdig, trug er den Smoking ebenso lässig wie die Uniform der Army. Intellektuelle und ideologische Debatten, die den Mitarbeiterstab des Nationalen Sicherheitsrats in Schrecken versetzen, vermied er konsequent. Mit übermenschlicher Kraft ertrug er die Beleidigungen, mit denen Kissinger ihn überhäufte.

»Nur jemand, der darauf gedrillt ist, jeden Mist hinzunehmen, kann sich das gefallen lassen«, bemerkte Hicks zu seinen Kollegen.

In Haigs Gegenwart nannte Kissinger Militärs bewußt »blöde, stupide Tiere«, die man als Marionetten für die Außenpolitik benutzen müsse. Häufig stellte sich Kissinger in Haigs Bürotür und putzte ihn vor den Sekretärinnen wegen angeblicher Fehlleistungen herunter, mit denen Haig auch nicht das geringste zu tun hatte. Als die Air Force die Genehmigung bekam, die Bombardierung von Nordvietnam wiederaufzunehmen, starteten die Maschinen an bestimmten Tagen wegen des schlechten Wetters nicht. Kissinger attackierte Haig und beschwerte sich erbittert, erst hätten die Generale nach Aufhebung der Einsatzbegrenzung geschrien, und jetzt hätten die Piloten Angst, bei einem bißchen Nebel zu starten. Das Land brauche Generale, die Schlachten gewinnen könnten, und keine guten Instrukteure wie Haig.

Als Haig einmal nach Kambodscha aufbrach, wo er mit Premier Lon Nol zusammentreffen sollte, begleitete Kissinger ihn zum Dienstwagen. Reporter und Mitarbeiter warteten dort. Beim Einsteigen hielt Kissinger ihn zurück und begann den einen Stern auf seiner Schulter zu polieren. »Wenn Sie ein braver Junge sind, Al, verschaffe ich Ihnen einen zweiten«, verhieß er gönnerhaft.

Haig ertrug seinen Groll schweigend. Es war ihm immer gelungen, Reibereien mit seinen Vorgesetzten zu vermeiden. In der Johnson-Administration hatte er mit seiner unermüdlichen Arbeitsamkeit und seiner ausgeglichenen, ruhigen Art seine einflußreichen Chefs im Pentagon beeindruckt, Joseph Califano und Heeresminister Cyrus Vance. Haig war mit den besten Empfehlungen zu Kissinger gekommen, der ihn zu Beginn der Nixon-Administration als seinen militärischen Berater im Kellergeschoß des Weißen Hauses einquartiert hatte.

Zu Haigs ersten Aufgaben gehörte es, den täglichen Geheimdienstbericht für den Nationalen Sicherheitsrat vorzubereiten. Er beruhte auf umfänglichem Informationsmaterial, das im Lagebesprechungsraum des Weißen Hauses einging. Buchstäblich jeder Geheimdienstbericht, der das Weiße Haus erreichte, war ihm zugänglich, und er erwarb sich bald eine überragende Kenntnis über jedes Projekt des Nationalen Sicherheitsrates in seinen sämtlichen Aspekten. Den gewaltigen Papierberg bewältigte er geschickt; manchmal legte er seine eigenen Memos oben auf die Stapel, die zu Kissinger gingen. Als er sicherer wurde, schrieb er gelegentlich Aktennotizen um, die andere Mitarbeiter an Kissinger richteten. Mitunter schickte er Memos an die Verfasser zurück mit Anweisungen, wie Kissinger sie umformuliert haben wollte. Niemand wußte genau, ob diese Änderungswünsche vom Präsidenten, von Kissinger oder von Haig kamen. Je mehr sich Haigs Führungsrolle innerhalb des Stabes festigte, desto mehr verblaßten andere, die sich bisher als die hellsten Sterne an Kissingers Firmament betrachtet hatten.

Zwar ärgerten sich manche über Haig, seine Autorität aber stellten nur wenige in Frage. Er hatte ständigen Zugang zu Kissinger, und Haig beteuerte seinen Kollegen, daß er in ihrem Interesse handle. Wenn gelegentlich jemand aufmuckte, daß seine Aktennotiz umgeschrieben worden sei, erklärte Haig jedesmal, er schneidere sie nur maßgerecht für die Idiosynkrasien des Empfängers. Es sei besser für alle Beteiligten, meinte Haig, wenn er mit »diesen Widerlingen« – Kissinger, Haldeman, Colson und den übrigen – umgehe. Er besaß keinen politischen Ehrgeiz. »Ich muß hier rauskommen«, erinnerte er Kissingers zivile Mitarbeiter – zurück in die *echte* Army, weg von diesem Interimsdienst, der nur seine militärische Karriere ruinieren könne.

Dennoch war Kissinger die Schlüsselfigur für seinen Aufstieg, da Haig ihm nahezu unentbehrlich war. Er sorgte für Ordnung, Disziplin, Überschaubarkeit. Ohne Haig gäbe es ein Chaos. Rein militärische Entscheidungen langweilten Kissinger. Haig befaßte sich an seiner Stelle damit. Er fungierte als Verbindungsmann des Nationalen Sicherheitsrates zu den hohen Tieren im Pentagon und hielt sie bei guter Laune. (»Ich würde Sie ja zu dieser Sitzung einladen, Al, aber für die Army ist da nichts drin«, pflegte Kissinger halb im Scherz zu sagen.)

Von Kissingers wichtigsten Mitarbeitern blieb nur Haig nach der Invasion in Kambodscha im Amt, und im Juni 1970 wurde er offiziell zu Kissingers Stellvertreter ernannt. Obwohl Kissinger sich davor hütete, einem seiner Leute zuviel Macht zu geben, war er überzeugt davon, Haig unter Kontrolle halten zu können. Haig war loyal, zumindest der loyalste von Kissingers Untergebenen. (»Eins steht fest – ich habe in meinem Amt keinen, dem ich trauen kann, ausgenommen Colonel Haig«, äußerte Kissinger 1969 zu einem langjährigen FBI-Agenten, als er die mitgeschnittenen Gespräche mehrerer Mitarbeiter abhörte.)

Richard Nixon zählte ebenfalls zu den Bewunderern Haigs. Wenn der Präsident in den Räumen des Nationalen Sicherheitsrates haltmachte und Kissinger nicht mehr vorfand, unterhielt er sich mit Haig. Mitunter ließ er ihn in sein Büro kommen, um mit ihm militärische Fragen zu erörtern, die Kissinger nicht beantworten konnte oder die er seinem Stellvertreter aufgehalst hatte.

Nixon begann Haig auf die Probe zu stellen, machte vage negative Bemerkungen über Kissinger, äußerte Besorgnis darüber, daß Henry Alleingänge unternehme oder sich nicht an die vereinbarten politischen Richtlinien und Verfahrensweisen halte. Er wollte Haigs Meinung hören. Haig verstand es taktvoll, Kissinger zu verteidigen und gleichzeitig deutlich zu machen, daß seine Loyalität letztlich dem Präsidenten gelte.

Bei Kissinger wurde es allmählich zur fixen Idee, worüber Haig und Nixon unter vier Augen wohl reden mochten. Kissinger empfand sich in außenpolitischen Fragen als Konservativen, Haig jedoch gehöre zum rechten Flügel, bemerkte er. Und Kissinger machte sich Gedanken darüber, daß Haig eine private Beziehung zum Präsidenten begründen könne, die seinen eigenen Einfluß auf Nixon in außenpolitischen Angelegenheiten schmälern würde. Allmählich gelangte Kissinger zu dem Schluß, daß er Haig zuviel Macht gegeben habe. Haig sei unaufrichtig, doppelzüngig, äußerte er jetzt gelegentlich. Kissinger hatte Sorgen, daß Haig ihm für das Pentagon oder – schlimmer noch – für den Präsidenten nachspioniere.

Kissingers Unsicherheit in bezug auf seinen Stellvertreter erreichte schließlich einen solchen Grad, daß er eine seiner Sekretärinnen, Julie Pineau, fragte, wer die eindrucksvollste Persönlichkeit sei, die sie hier kennengelernt habe. Wer sei der beste Mitarbeiter im Stab des Nationalen Sicherheitsrates, der fähigste? Er war sichtlich erleichtert, als sie Winston Lord nannte, einen seiner Favoriten.

In Gegenwart Kissingers achtete Haig sehr darauf, nicht mit seiner Beziehung zu Nixon zu protzen. Er war entschlossen, bei beiden sein Ziel zu erreichen. Kissinger und seinen Mitarbeitern gegenüber bezeichnete Haig den Präsidenten mitunter als von Natur aus schwachen Menschen, dem es an Mumm fehle. Er äußerte im Scherz, Nixon und Bebe Rebozo hätten ein homosexuelles Verhältnis, wobei er die Schwulenmasche des Präsidenten, wie er sich ausdrückte, kopierte. Und bei den Männern, die er im Pentagon und im Weißen Haus hofierte, ließ Haig durchblicken, allzuoft sei Kissinger der Bremsklotz, wenn es um entschiedene militärische Aktion gehe. Er beschwerte sich über Kissingers Wutausbrüche, seine Unaufrichtigkeit, seine Unordnung, sein Zögern, die schlappschwänzigen Eierköpfe zu kränken, mit denen er sich an der Universität verbrüdert habe. Haigs Gesprächspartner werteten es als Vertrauensbeweis, wenn er ihnen solche harschen Urteile so freimütig offenbarte.

Als bei den Verhandlungen über eine Beendigung des Vietnamkrieges Fortschritte erzielt wurden, sank die Beziehung zwischen Kissinger und Haig beinahe auf den Nullpunkt. Nixon schickte Haig nach Südostasien, wo er sich ein eigenes Bild über die militärische Lage machen sollte. Haig war Nixons Verbindungsmann zu den Schlachtfeldern. Nach seiner Rückkehr setzte sich Haig mit Erfolg dafür ein, den amerikanischen Truppenrückzug langsamer zu vollziehen, als von Kissinger empfohlen. Kissinger fühlte sich düpiert.

Nixon entsandte Haig nach Paris, um Kissingers Verhandlungen mit den Nordvietnamesen zu beobachten. Haig empfahl dem Präsidenten eine härtere Haltung, als Kissinger sie am Verhandlungstisch einnahm. Kissinger reagierte bestürzt und wütend. Er fand Haigs Standpunkt weder durch militärische noch durch diplomatische Gegebenheiten gerechtfertigt. Ihre Auseinandersetzungen wurden hitzig und persönlich. Nach Kissingers Überzeugung erschwerte Haigs Einmischung eine Einigung, insbesondere die vom Präsidenten selber gewünschte – eine Einigung, die man vor dem Wahltag 1972 bekanntgeben könnte.

Am 26. Oktober, knapp zwei Wochen vor dem Wahltermin, konnte Kissinger mitteilen, daß der »Frieden greifbar nahe« sei und daß man sich über die Voraussetzungen für eine Regelung geeinigt habe. Als diese Aussicht nach der Wahl zunichte wurde, gab er Haig die Schuld. Kissinger war so gut wie sicher, daß Haig bei seinen Reisen nach Südostasien den südvietnamesischen Präsidenten Thieu überredet habe, weiter durchzuhalten und so bessere Bedingungen herauszuschlagen, als Kissinger sie ausgehandelt hatte.

Während Kissinger in Paris verhandelte, konferierte Nixon im Dezember 1972 im Weißen Haus mit Haig und Charles Colson. Die Friedensgespräche waren an einem toten Punkt angelangt. Beide erklärten dem Präsidenten, Kissinger nehme wieder einmal eine zu weiche Verhandlungsposition ein. Die Vorschläge, die er nach Washington kabelte, sahen unter anderem eine Wiederaufnahme der Bombardierung Nordvietnams vor. Haig drängte den Präsidenten, Entschlossenheit zu zeigen, um die Nordvietnamesen endlich in die Knie zu zwingen.

Nixon wägte die Alternativen ab und handelte. Haig informierte John Scali von der Entscheidung des Präsidenten: »Dieser Mann läßt sich nicht unterkriegen. Er wird die Bombardierung wiederaufnehmen, die B-52-Flugzeugträger hinschicken und denen zeigen, daß wir's verdammt ernst meinen.«

Im Januar 1973 wurde Haig stellvertretender Stabschef der US-Army, nachdem Nixon ihn über die Köpfe von 240 ranghöheren Offizieren hinweg befördert hatte. Er erhielt den vierten Generalsstern. Vier Monate später machte der Weggang von Haldeman und Ehrlichman die veränderte Situation der zweiten Nixon-Administration deutlich – für Nixon, für Kissinger, für Haig. Je mehr die Popularität des Präsidenten, seine Macht und seine Amtsautorität sanken, desto höher stieg Kissinger. Es sei nicht mehr er, der Nixon brauche, äußerte Kissinger zu seinen Mitarbeitern; jetzt sei es vielmehr Nixon, der ihn brauche. Kissinger wollte Außenminister werden. Nixon versprach ihm den Posten.

Kissinger erklärte seiner Mannschaft, weshalb er das Amt wolle. Wenn das Außenministerium zu seinem Bereich hinzukäme, würde damit seine Kontrolle über den außenpolitischen Beamtenapparat vervollständigt. Als Außenminister und zugleich Sicherheitsberater des Präsidenten könne er die Diplomatie vor der Zerstörung durch Watergate schützen. Es war Kissinger nicht entgangen, daß Nixon die amerikanische Außenpolitik ruinieren könnte, indem er sie als Mittel zum Überleben zu benutzen suchte. Ihm, Kissinger, könne die Aufgabe zufallen, diese Politik vor einem Präsidenten zu schützen, der zunehmend irrationaler und unberechenbarer würde, sagte er.

Und seine Ernennung hätte eine weitere besonders erfreuliche Folge: die Demütigung von Außenminister William Rogers. Kissinger haßte Rogers. Er hielt ihn für dumm, unfähig, schwach. Kissinger genoß es, Rogers zu erniedrigen, ihm Informationen vorzuenthalten, ihn zu verletzen. Haig erwähnte oft, welches Vergnügen es Kissinger bereite, Rogers von wichtigen außenpolitischen Entscheidungsprozessen ausgeschlossen zu sehen.

Im Spätfrühjahr 1973 dachte Rogers nicht daran, sein Amt abzutreten, schon gar nicht an Kissinger. Während Nixon überlegte, ob er Kissinger oder John Conally ernennen solle, wurde die Amtszeit von Rogers mehrmals verlängert. Der Präsident zog Conally vor und äußerte unter anderen zu Haig, er mißtraue Kissinger, der nun sein Druckmittel einsetzte: Er drohte mit Rücktritt, wenn Rogers nicht rausgeschmissen und seine, Kissingers, Nominierung zum Außenminister bekanntgegeben würde. Nixon kapitulierte, freilich widerstrebend. Er konnte es nicht über sich bringen, das Rogers perönlich mitzuteilen; ihre Freundschaft datierte zurück in die Zeiten der Eisenhower-Administration. (1952 war Rogers einer der wenigen Mitarbeiter Eisenhowers gewesen, der Nixon gegen Anschuldigungen verteidigt hatte, er unterhalte während des Wahlkampfes einen undurchsichtigen Geheimfonds.)

Nixon beauftragte Haig, Rogers die Nachricht zu überbringen und ihn zum Rücktritt zu bewegen.

Rogers, bereits empfindlich in seinem Stolz gekränkt, reagierte tief verletzt. »Sagen Sie dem Präsidenten, er soll sich zum Teufel scheren.« Er weigerte sich, zurückzutreten oder sich von Haig hinauswerfen zu lassen. Wenn er schon entlassen werden solle, dann wolle er vom Präsidenten persönlich um seinen Rücktritt gebeten werden. »Bedaure«, erklärte er Haig; es gebe keinen anderen Weg. Haig war wütend und sprachlos; er konnte sich nicht vorstellen, daß ein Kabinettsmitglied oder wer immer eine Order von seinem Oberbefehlshaber ignorierte. Nixon war verärgert; er taktierte hinhaltend und suchte nach einem Weg, die Konfrontation mit Rogers zu vermeiden.

Als Alexander Butterfield am 16. Juli 1973 die Existenz von Nixons Abhörsystem enthüllte, war Kissinger außer sich. Wie konnte es der Präsident wagen, ihre Gespräche ohne sein Wissen mitzuschneiden? Er markierte Ungläubigkeit. Die Ironie, die darin lag, konnte seinen Mitarbeitern wohl kaum verborgen bleiben. Trotzdem ließ Kissinger sich nicht beirren. Allein vom historischen Gesichtspunkt sei das Abhörsystem des Präsidenten »wahnwitzig«, erklärte er, weil undifferenziert, *wahllos*. »Acht Jahre lang Gespräche mitzuschneiden, würde auch acht Jahre zum Abhören erfordern!« äußerte er verächtlich. »Sich selber der Gnade von Historikern derart auszuliefern, ist unglaublich verantwortungslos«, insbesondere, da Nixon bei Konferenzen »so phantastische Winkelzüge« vollführe.

Wochenlang suchte Kissinger Rat bei seinen nächsten Freunden und Mitarbeitern und ließ dabei seiner Wut freien Lauf, zweifelte an Nixons Geisteszustand. Vielleicht sollte er auf das Außenministeramt verzichten und die Administration dieses Mannes endgültig verlassen, solange er noch eine Chance hatte, mit intaktem Ruf auszusteigen. Es war das erste Mal, daß die nächste Umgebung Kissingers glaubte, es sei ihm ernst damit, den Dienst zu quittieren.

Aber Rogers hatte sich das Ganze nochmals überlegt und war nunmehr bereit, sein Amt niederzulegen. In seinen Augen war Nixons Berufung auf das »executive privilege«, womit er die Herausgabe der Tonbänder verweigerte, ein empörender Scheingrund. Im August wurde Kissinger zum Außenminister nominiert, seine Ernennung im September vom Senat bestätigt.

Nach der Entlassung von Cox Ende Oktober verstärkten sich Kissingers Befürchtungen hinsichtlich des Präsidenten immer mehr. »Manchmal kriege ich es mit der Angst zu tun«, sagte er. »Der Präsident benimmt sich wie ein Verrückter.« Kissinger war zutiefst pessimistisch. Er hatte die zweite Nixon-Administration als die Jahrhundertchance betrachtet, eine neue amerikanische Außenpolitik aufzubauen, neue internationale Strukturen zu entwickeln, die auf der unbestrittenen Stärke Amerikas, auf Entspannung mit der Sowjetunion und China, auf engeren Beziehungen zu Europa basieren sollte.

Das schien nicht länger möglich. Watergate mache die Illusion von der amerikanischen Stärke zunichte, sagte er, und damit die amerikanische Außenpolitik. Er verurteilte »den brutalen Puritanismus der Zeit«. Ungeachtet von Nixons Vergehen hätten alle, die den Präsidenten angriffen, insbesondere die Presse, keine Ahnung von dem Schaden, den sie damit der internationalen Ordnung zufügten, klagte er. Der Kongreß fühle sich jetzt frei, in die Außenpolitik einzugreifen. Ausländische Staatsmänner, Verbündete wie Gegner, schienen fassungslos über die Unfähigkeit des Präsidenten, mit seinen eigenen Schwierigkeiten entschlossen aufzuräumen, Watergate vom Tisch zu bringen. Überall in der Welt zweifle man ernstlich daran, daß Amerika imstande sei, seine Verpflichtungen zu erfüllen. Indochina werde das erste große Unglück sein, das Watergate verursacht habe, prophezeite Kissinger düster. Der Kongreß, die Presse und die Bevölkerung würden es niemals zulassen, daß die Regierung die erforderliche Entschlossenheit zeige, das zu verhüten. Wenn Vietnam falle, werde die amerikanische Außenpolitik zum bloßen Mythos reduziert. Was nützt Stärke ohne den Willen, sie auch zu gebrauchen? lautete Kissingers rhetorische Frage. Die Vereinigten Staaten, ein »erbärmlicher, hilfloser Riese« – dieses Schreckgespenst war seiner Meinung nach eine treffende Charakterisierung für das Watergate-Amerika Richard Nixons.

Der Außenminister paßte seine Verhandlungtaktik dieser Lagebeurteilung an. In Gesprächen mit den Russen, den Israelis, den Arabern und anderen spielte er gelegentlich auf Nixons gefährdeten Stand im Inland an und versuchte, daraus Kapital für seine eigene Verhandlungsposition zu schlagen. Die Schwierigkeiten des Präsidenten hätten ihn entschlossener denn je gemacht, potentiellen Gegnern gegenüber eine harte Haltung einzunehmen. Sich selbst stellte Kissinger als einsichtiger und flexibler dar. Er könne die Lage der Gegenseite verstehen und habe für sie ein geneigtes Ohr. Nixon jedoch, so ließ er durchblicken, sei unkontrolliert, und man sollte ihn besser nicht allzu ernsthaft auf die Probe stellen. Wenn die Gegenseite auch nur ein wenig nachgeben könne, sei es durchaus denkbar, daß er, Kissinger, nach seiner Rückkehr den Präsidenten für eine elastischere Haltung zu gewinnen vermöchte. Der Trick funktionierte gewöhnlich, wie Kissinger und seine Mitarbeiter glaubten, aber sie bezweifelten, daß das noch lange ginge.

Scowcroft und Eagleburger bestärkten Kissinger in der Überzeugung, daß die führenden Staatsmänner der Welt ihm mehr Vertrauen entgegenbrächten als dem Präsidenten: Kissinger war das Symbol für Amerikas Weltgeltung und Kontinuität, nicht Nixon. Solche Maßstäbe waren nach Kissingers Geschmack. Dennoch sei seine Position letztlich nicht nennenswert gefestigter als die des Präsidenten, meinte er. Diese Erkenntnis machte seine Einstellung zu Nixon nur noch widersprüchlicher. »Dieser Hurensohn muß gehen«, explodierte er Anfang 1974 häufig. »Er muß zurücktreten. Das ist unvermeidlich.« Dann, nach kurzer Überlegung, sagte er zu seinen Mitarbeitern: »Nein, das sollte er nicht tun.«

Die monatelangen Nahost-Verhandlungen und die Veröffentlichung der bearbeiteten Tonbandabschriften ließen Kissinger noch weiter vom Präsidenten abrücken. Nixon sei so verzweifelt auf das Zustandekommen einer Vereinbarung für die Golanhöhen zu innenpolitischen Zwecken aus, behauptete Kissinger, daß er damit seine Strategie unterlaufe und die gesamte Friedensinitiative im Nahen Osten gefährde. Als die Gespräche wieder einmal in eine Sackgasse geraten waren, äußerte Kissinger gegenüber dem syrischen Präsidenten, wenn sich nicht in Kürze Fortschritte zeigten, werde er die Verhandlungen abbrechen. »Falls das nicht bis Montag geregelt ist, fahre ich nach Hause.« Es war eine riskante Taktik. Kissingers Gespür für den richtigen Zeitpunkt sagte ihm, daß es klappen würde.

In Key Biscayne teilte Ziegler Reportern mit, der Präsident habe Kissinger angewiesen, nicht eher aus Nahost zurückzukehren, bis eine Übereinkunft erzielt sei. Zum Glück erreichte die Nachricht von Zieglers Erklärung Damaskus erst, nachdem Präsident Assad die gewünschte Konzession gemacht hatte. Die Verhandlungen steuerten rasch auf eine Einigung zu.

Kissinger war wütend. Nixon wolle um jeden Preis die Illusion nähren, er sei für die Verhandlungsführung verantwortlich, um damit seinen Hals zu retten. »Ich bin derjenige, der die Stellung jedes verdammten Soldaten auf den Golanhöhen kennt – nicht er«, beschwerte er sich.

15. Kapitel

Für Nixon sah sich die Situation von Washington aus anders an. Die Nahost-Regelung sei das Ergebnis seiner Arbeit, erklärte er seiner Familie. »Henry wollte nach Hause kommen, und ich ließ ihn dort bleiben.« Die Verhandlungen seien erfolgreich verlaufen, weil die führenden Staatsmänner im Nahen Osten wüßten, daß sie sich »nur auf mein Wort« verlassen könnten. Sein Besuch im Krisengebiet sei jetzt unbedingt erforderlich, um zu zeigen, daß sein persönliches Engagement den Ausbruch eines neuen Krieges verhindern würde.

Am 29. Mai betrat Nixon um 13.02 Uhr den Presseraum des Weißen Hauses, um das Zustandekommen der Vereinbarung live über Fernsehen und Rundfunk bekanntzugeben. Er sah hager und erschöpft aus. »Es handelt sich zweifellos um eine große diplomatische Leistung«, sagte der Präsident, »und Außenminister Kissinger verdient höchste Anerkennung für die Arbeit, die er gemeinsam mit seinem Mitarbeiterstab geleistet hat ... Was die Vereinigten Staaten angeht, so werden wir unsere diplomatischen Initiativen fortsetzen und mit sämtlichen beteiligten Regierungen auf das Ziel hinarbeiten, eine dauerhafte Regelung zu erreichen, einen dauerhaften Frieden.«

An jenem Abend hatte der Präsident auf der *Sequoia* elf Kongreßabgeordnete zu Gast, zumeist Südstaatler. Bei Rindslende hörten sie Nixon zu, der sich in Hochstimmung über den Waffenstillstand in Nahost ausließ. Nach seinen Worten zählte das Abkommen zu den triumphalen außenpolitischen Erfolgen seiner Regierung. Er nannte Leistungen der Vergangenheit und spekulierte über zukünftige. Haig saß stumm bei Tisch. Der Kongreßabgeordnete von Mississippi, G. V. »Sonny« Montgomery, von der Presse als Nixons »Lieblingsmann im Kongreß« apostrophiert, fragte den Präsidenten, was für Hilfe er bei Watergate brauche.

»Wenn ich mich für schuldig hielte, würde ich gehen«, antwortete der Präsident. Es gebe ein paar Tonbänder, deren Inhalt aus Gründen der nationalen Sicherheit so delikat sei, daß er sie niemals ausliefern würde. »Niemals.«

Am Freitag, dem 31. Mai, frühstückte Nixon mit Haig, Scowcroft und Kissinger. Er begrüßte den Außenminister – der gerade aus Nahost zurückgekehrt war – mit nervösem Lachen.

»Wo haben Sie denn gesteckt, Henry?«

Kissinger fand das durchaus nicht komisch.

Am gleichen Morgen hatten die Richter am Supreme Court eine Sitzung, in der sie über den Antrag des Sonderanklägers berieten, über den Streit um die Tonbänder ohne vorherige Revision durch den Appellationsgerichtshof zu entscheiden. St. Clair hatte am Vortag seinen Gegenschriftsatz eingereicht und den Richtern dringend nahegelegt, nicht »überstürzt zu urteilen«, da eine Verhandlung des Falles in dieser Sitzungsperiode die Impeachment-Untersuchung des Repräsentantenhauses präjudizieren könne. Buzhardt hatte die Tagesordnung des Supreme Court überprüft und baute darauf, daß sie gewinnen würden. Der Terminkalender war voll. Das lieferte den Richtern eine bequeme Ausrede, der Sache auszuweichen.

Doch im Weißen Haus unterschätzte man, wie sehr Nixons Verhalten den Obersten Gerichtshof vor den Kopf gestoßen hatte. Die vom Präsidenten ernannten Richter – Chief Justice Burger, Harry A. Blackmun und Lewis F. Powell jr.* – hatten alle ihren Abscheu graduell unterschiedlich geäußert – ihren Beamten gegenüber und untereinander. Nixon schien gewillt zu sein, die gesetzlichen Normen offen zu verhöhnen in der Erwartung, sie würden ihn schon retten. Ihrer Meinung nach hatte er sie als Garde postiert, daher waren sie auf der Hut.

Zu Beginn der Konferenz vertraten die Richter anscheinend gegensätzliche Standpunkte: Potter Stewart, Powell und Douglas sprachen sich für die Übernahme des Falles aus; der Chief Justice, Blackmun und Byron R. White waren dagegen; Thurgood Marshall und Williams J. Brennan jr. hielten sich zurück, während die anderen diskutierten. Sie wußten sehr wohl, sollte es ihnen nicht gelingen, den Fall beschleunigt auf die Tagesordnung zu setzen, würde das Impeachment-Verfahren stattfinden, ohne daß der Kongreßausschuß eine Chance hätte, die strittigen Tonbänder zu bekommen.

Richter Stewart trug seine Argumente nachdrücklich vor: Das Gericht habe die Verpflichtung, den Streitfall sobald als möglich zu klären, nicht ihm auszuweichen; es gehe hier um ein elementares Prinzip. Die Gegenauffassung lautete: Gerade die Bedeutung dieser Angelegenheit verlange eine umfassende gerichtliche Überprüfung,

---

* William H. Rehnquist, der vierte von Nixon berufene Richter hatte sich für befangen erklärt, weil er unter John Mitchell stellvertretender Justizminister gewesen war.

weshalb sie zuerst vor dem Appellationsgerichtshof verhandelt werden sollte.

Richter Marshall, dessen Einstellung von den anderen niemals ernstlich in Zweifel gezogen wurde, und auch Richter Brennan schlugen sich eindeutig auf Stewarts Seite. St. Clairs Schriftsatz scheine auf einer grundlegenden Verkennung der Situation zu basieren. Er argumentierte, von Rechts wegen verbiete es sich dem Gericht, sich mit einem Fall zu befassen, der das Ergebnis des Impeachment-Verfahrens berühren könnte. Einige Richter empfanden das als beleidigend. In praktischer Beziehung möge da zwar etwas dran sein, aber sie bezweifelten, daß es eine gesetzliche Handhabe für seine Auffassung gebe.

Um 15 Uhr verkündete das Gericht, es werde den Fall beschleunigt verhandeln, unter Umgehung des Appellationsgerichtshofes. Der Chief Justice setzte die Termine für Schriftsätze und mündliche Beweisführung fest. Das Urteil konnte vor August gefällt werden.

Buzhardt deutete den Beschluß als eindeutiges Anzeichen dafür, daß der Supreme Court beabsichtigte, in den Hauptpunkten gegen den Präsidenten zu entscheiden. St. Clair war anderer Meinung. Sie würden trotzdem gewinnen, prophezeite er.

Der Präsident hatte eine Sitzung mit seinen langjährigen politischen Beratern Dean Burch, Anne L. Armstrong, Roy Ash und Kenneth Cole, als der Beschluß des Obersten Gerichtshofes verkündet wurde. Er bat um Vorschläge für den Bericht zur Lage der Nation und für die Gesetzesvorlagen für 1975. »Ich möchte die Meinung der Kabinettsmitglieder kennenlernen, damit ich entscheiden kann, was wir uns vornehmen und was zurückgestellt wird.«

Am Montag, dem 3. Juni, war St. Clair morgens wieder im Bezirksgericht, um die Versuche von Colson und Ehrlichman abzuwehren, die Unterlagen des Weißen Hauses über den Einbruch in die Praxis von Ellsbergs Psychiater zu bekommen. Richter Gerhard A. Gesell war die Hinhaltemanöver endgültig leid. Bei ihrem letzten Zusammentreffen hatte er St. Clair gewarnt, wenn der Präsident die »sub poena« verlangten Akten nicht herausgebe, müsse man das Verfahren gegen Colson und Ehrlichman einstellen, und er würde den Präsidenten persönlich für die Verhinderung des Prozesses haftbar machen.

»Das schert mich einen Dreck«, hatte Nixon seinen Anwälten geantwortet. In erster Linie fand er es nicht fair, daß ein Mann wie Ellsberg frei herumlaufen durfte und seine ehemaligen Mitarbeiter vor Gericht stehen sollten.

Der Gerichtssaal war gerammelt voll von Zuschauern und Reportern. St. Clair wartete nervös, um festzustellen, ob Gesell seine Drohung wahrmachen und den Präsidenten der Vereinigten Staaten wegen Mißachtung des Gerichts zur Verantwortung ziehen würde. Colson ging zur Richterbank und flüsterte etwas, das St. Clair bei dem allgemeinen Stimmengewirr nicht verstehen konnte. Er war 1973 durch Colson in den Watergate-Fall eingeführt worden, als dieser ihn mit seiner Vertretung betraut hatte. Später hatte Colson ihn dem Präsidenten namentlich empfohlen. Jetzt näherte sich Colson, von St. Clair scharf beobachtet, der Richterbank. Er sprach sehr leise zu dem Richter. Irgend etwas ging vor. Im Gerichtssaal trat Stille ein.

»Ich plädiere auf schuldig, Euer Ehren«, sagte Colson. Man hörte schweres Atmen, auch St. Clair rang nach Luft. Er riß sich zusammen, fischte eine Zehn-Cent-Münze aus der Tasche und gab sie seinem Assistenten Jack McCahill. Der stellvertretende Pressesekretär Jerry Warren sollte zumindest sofort telefonisch Bescheid bekommen.

Am Nachmittag ging St. Clair mit den jungen Anwälten seines Stabes ins Oval Office. Sie waren sehr aufgebracht, weil sie ihren Klienten noch nie zu Gesicht bekommen hatten, und endlich hatte der Präsident eingewilligt, sie zu empfangen. Sie standen am Rande des tiefblauen ovalen Teppichs und betrachteten aufmerksam das eingestickte goldene Präsidentensiegel. Einer bemerkte, daß der Fußboden mit Linoleum, einer schlechten Imitation von Holzmaserung, ausgelegt war. Der Präsident bemühte sich um belanglose Konversation. Der Photograph des Weißen Hauses machte eine Gruppenaufnahme vom Mandanten und seinen Anwälten. Nach zehn Minuten wurden sie hinauskomplimentiert.

Leon Jaworski war inzwischen überzeugt davon, daß der Präsident den größten Teil, wenn nicht die gesamte fehlenden achtzehneinhalb Gesprächsminuten auf dem Tonband vom 20. Juni gelöscht hatte. Aber ihm fehlte der Beweis dafür. Am 6. Juni wurde Steve Bull wieder vor der Grand Jury des Watergate-Ausschusses vernommen. Neben Rose Mary Woods war von ihm als einzigem aus dem persönlichen Mitarbeiterstab des Präsidenten bekannt, daß er mit dem Tonband zu tun gehabt hatte. Bull schien der öffentliche Makel von Watergate hoffnungslos anzuhaften, obwohl der Sonderkläger ihn nie als Verdächtigen betrachtet hatte.

Die fünfstündige Sitzung war anstrengend. Jaworskis Assistent bei der Grand Jury, Ben-Veniste, machte nicht einmal eine Mittagspause. Doch Bull konnte seinen Aussagen vom vergangenen Herbst keine weiteren Einzelheiten, die Tonbandlücke betreffend, hinzufügen. Ben-Veniste kam jetzt auf die jüngste Überprüfung der Tonbänder zu sprechen, die der Präsident im Mai vorgenommen hatte.

Bull übergab ihm einen Aktendeckel mit seinen Notizen. Die Bänder waren auf unnumerierten Seiten in der Reihenfolge aufgelistet, wie sie der Präsident abgehört hatte. Jetzt hatte Ben-Veniste das, was er wollte: eine Liste der Tonbänder, die der Präsident für die wichtigsten hielt. Er wußte nun, welche Bänder Nixon unmittelbar vor der Ablehnung des Kompromißangebotes, seinen Status als nicht angeklagter Mitverschwörer geheimzuhalten, abgespielt hatte.

Die namentliche Nennung des Präsidenten durch die Grand Jury war kein Geheimnis mehr. Die Morgenausgaben der *Los Angeles Times* und der *Washington Post* hatten die Meldung in riesigen Balkenüberschriften gebracht. Ron Ostrow, der Reporter der *Times*, hatte die Geschichte von einem der Anwälte, der die in der Vertuschungsaffäre Angeklagten verteidigte.

St. Clairs Kommentar beinhaltete weder eine Bestätigung noch ein Dementi des Berichts: »Das der Grand Jury vorliegende Beweismaterial bietet für eine derartige Beschuldigung durch die Grand Jury keinen Anhaltspunkt, sondern widerlegt sie vielmehr. Zudem liegt das Beweismaterial der Grand Jury im Falle Watergate, das sich auf den Präsidenten bezieht, dem Ausschuß des Repräsentantenhauses vor und beweist – zusammmen mit den Informationen, die der Präsident danach dem Ausschuß zur Verfügung gestellt hat – die Unschuld des Präsidenten.«

Bull war an jenem Tag nicht der einzige aus dem Mitarbeiterstab des Präsidenten, der einer rigorosen Befragung unterzogen wurde. Henry Kissinger hielt eine Pressekonferenz ab. Er erwartete einen freundlichen, sogar beglückwünschenden Empfang. Es war seine erste Zusammenkunft mit Journalisten seit seiner erfolgreichen Rückkehr aus dem Nahen Osten. Doch die Reporter zeigten mehr Interesse für das Abhörsystem der Regierung als für Reisediplomatie. Seit seiner Zeugenvernehmung im vorigen Herbst hatte Kissinger seine Rolle beim Abhören von Journalisten und Mitarbeitern des Weißen Hauses heruntergespielt. Unter Eid hatte er behauptet, anderen nur die Namen seiner Assistenten weitergegeben zu haben, die Zugang zu durchgesickerten Informationen besaßen. Niemals habe er empfohlen, jemanden abhören zu lassen, hatte er geschworen.

Jetzt sah sich Kissinger neuen Beschuldigungen gegenüber. Der Rechtsausschuß des Repräsentantenhauses hatte eine komplette, unverfälschte Abschrift eines Gespräches zwischen John Dean und dem Präsidenten herstellen lassen, die seine Behauptung erschütterte. Bei einer Diskussion über die Anfänge des Abhörprogramms hatte Nixon am 28. Februar 1973 gesagt: »Ich weiß, daß er (Kissinger) es verlangt hat.«

Die gezielten Fragen der Reporter brachten den Außenminister in Rage.

Hatte er empfohlen, seine Mitarbeiter abzuhören?

»Eine direkte Empfehlung habe ich nicht gegeben.« Er schob die Unterlippe trotzig vor.

Was für eine Empfehlung dann?

»Es handelt sich hier um eine Pressekonferenz und nicht um ein

Kreuzverhör«, fuhr Kissinger auf sie los. »Ich habe mich seit fünfeinhalb Jahren bemüht, dieser Regierung zu dienen. Ich führe mein Amt nicht konspirativ.«

Hatte er einen Anwalt verpflichtet, »um die Verteidigung gegen eine mögliche Anklage wegen Meineids vorzubereiten?«

Kissinger versuchte sich zu beherrschen, wobei er wütend die Fäuste im Rücken ballte. Selbst seine engsten Mitarbeiter hatten ihn noch nie so zornig erlebt. Er verneinte die Frage.

Kissinger sah seine schlimmsten Befürchtungen über die zersetzende Auswirkung von Watergate bestätigt. In den folgenden beiden Tagen schäumte er über diesen Angriff auf seine Ehre, seine Integrität. Am Samstagvormittag besprach er die Angelegenheit beim Frühstück mit Senator Mike Mansfield. Die Gehässigkeit der Presse erschwere es ihm außerordentlich, Außenpolitik zu betreiben, setzte er dem Demokraten aus Montana auseinander. Wenn die Verdächtigungen gegen ihn nicht aufhörten, werde es ihm unmöglich, seine Aufgaben zu erfüllen. Er müsse dann wohl zurücktreten. Mansfield versuchte den Außenminister zu beruhigen. Er solle sich das doch noch einmal überlegen, sich nicht provozieren lassen.

Die Sonntagsausgabe der *New York Times* enthielt weitere Informationen über die Tonbänder, die zu Kissingers Behauptung, faktisch keine Rolle in dem Überwachungsprogramm zu spielen, in krassem Widerspruch standen.

Kissinger rief Mansfield in seiner Wohnung an. Er sei so verstört über die Artikelschwemme, daß er den Präsidenten vermutlich nicht in den Nahen Osten begleiten werde, sagte er. Seine Anwesenheit könne vom eigentlichen Zweck der Reise ablenken.

Wiederum bemühte sich Mansfield, ihn zu besänftigen: »So dürfen Sie einfach nicht denken. Sie fahren. Sie werden gebraucht. Sie können außerordentlich hilfreich sein. Amerika rechnet auf Sie.«

16. Kapitel

Im Weißen Haus war die Ankündigung der Nixon-Reise nach Ägypten, Saudi-Arabien, Syrien, Israel und Jordanien in fünf getrennten Mitteilungen an die Presse gegangen, um den üblichen arabischen Einwänden zuvorzukommen, daß sie auf einem Papier mit Israel genannt wurden. Bill Henkel, der Leiter des Voraus-Teams, war bereits in Nahost, wo er sich bemühte, die Vorbereitungen, die regulär mehrere Monate beansprucht hätten, in einer Woche zu erledigen. Für die Reise mußten außergewöhnliche Vorsichtsmaßnahmen getroffen werden. Geheimdienst und CIA wiesen darauf hin, daß Terroristen versuchen könnten, den Präsidenten zu ermorden.

Von Nixons Standpunkt aus wurde der Nahe Osten, verglichen mit Watergate, immer verlockender. Alles, was er jetzt brauchte, war eine eindrucksvolle Verabschiedung. Das hatte man seinem Freund Rabbi Korff überlassen. Am Sonntag, dem 9. Juni, versammelten sich nachmittags vierzehnhundert Menschen im Regency-Ballsaal des Shoreham Hotels zu einem Festessen, das vom *National Citizens Committee for Fairness to the Presidency* veranstaltet wurde. Während man auf die Ankunft des Präsidenten wartete, meinte der republikanische Senator Carl T. Curtis von Nebraska: »Die Meute, die Jagd auf Nixon macht, auch diejenigen, die einen Prozeß durchpeitschen wollen, werden noch ihr blaues Wunder erleben.«

Das Publikum spendete rauschenden Beifall.

Als John Volpe, Botschafter in Italien, das Wort ergriff, sprang die Menge spontan auf. »Sie brauchen sich doch bloß die Nixon-Familie anzusehen«, sagte er. »Bei denen herrscht noch wahrer Zusammenhalt.«

Die Töchter Nixons bekamen Anstecknadeln. Mrs. Nixon wurde als Schutzpatronin der amerikanischen Familie geehrt. Tricia erklärte: »Sie werden uns immer gegenwärtig sein, an jedem Tag der Präsidentschaft meines Vaters – noch weitere neunhundertfünfundsechzig Tage.«

Um 15.05 Uhr erschien der Präsident und wurde mit donnerndem Beifall begrüßt. Er ging sorgsam zu Werk und warb für das Präsidentenamt, nicht für sich selbst. »Wie Sie wissen, treten Mrs. Nixon und ich morgen eine sehr weite Reise an. Sie führt uns fünfzehntausend Meilen weg von hier, wobei wir fünf Länder besuchen werden, von denen vier noch nie einen Präsidenten der Vereinigten Staaten zu Gast hatten.« Die Massenversammlung am Vorabend dieser Reise werde, wie er sagte, »lange in Erinnerung bleiben, nicht nur beim jetzigen, sondern ebenso bei allen künftigen Präsidenten, denen Ihr Einsatz gilt«.

Er zählte Triumphe der Vergangenheit auf: Beendigung des Vietnamkrieges, Aufnahme der Beziehungen zu China, erfolgreiche Entspannungspolitik gegenüber der Sowjetunion. Dann wandte er sich seinen noch weiterreichenden ehrgeizigen Zielen zu. »Ich kann Ihnen versichern, daß sich die Hoffnung, eine Welt, in der Frieden herrscht, zu schaffen, auf die Führung der Vereinigten Staaten gründet, und daß diese Führung natürlich in den Händen des jeweiligen Präsidenten liegt . . . Ich werde nichts tun, was dieses Amt schwächen könnte, solange ich es innehabe.«

Er wurde von Beifall unterbrochen. »Gott segne Nixon«, schrie die Menge.

»Zum Abschluß noch eine persönliche Bemerkung«, sagte der Präsident und zitierte einen Brief, den eine Stenotypistin des Weißen Hauses von ihrem Chef bekommen hatte: »»Wir sind gemeinsam am 20. Januar 1969 nach Washington gekommen, um an diesem großen Geschehen teilzunehmen. Und wir werden gemeinsam erst dann gehen, wenn wir unsere Arbeit vollendet haben, und das hocherhobenen Hauptes – am 20. Januar 1977.‹«

Die Menge raste. Tricia und Edward Cox standen zu seiner Linken, Rabbi Korff rechts von ihm. Er erhob den rechten Arm und spreizte die Finger zum gewohnten V-Zeichen. Als er das Podium verließ, hinkte er leicht.

Als die *Air Force One*, die Präsidentenmaschine, am nächsten Morgen Richtung Salzburg flog, dachte Henry Kissinger immer noch angestrengt nach. Er saß mit Eagleburger und Scowcroft in dem geräumigen Abteil für die Mitarbeiter, direkt hinter der Privatkabine des Präsidenten. Kissinger sah furchtbar erschöpft aus, fanden sie. Scowcroft meinte, man hätte die Nixon-Reise rund sechs Wochen aufschieben sollen, um Kissinger Zeit zu geben, daß er sich von dem anstrengenden Monat in Nahost erholen konnte. Die Beschuldigungen in Sachen Abhörprogramm hatten ihn zermürbt. Doch der Präsident wollte unbedingt außer Landes gehen, um sich in der Pose des Weltfriedensstifters zu präsentieren. Da mußten Kissingers Probleme eben zurückstehen.

Aber die Beschuldigungen waren ernst. Der Rechtsausschuß des Repräsentantenhauses besaß jetzt Fotokopien von sämtlichen Handakten des FBI über die angezapften Leitungen. Sie enthielten Protokolle, die Kissinger sogar noch mehr hineinziehen mußten. In manchen wurden Haigs Äußerungen zitiert, Kissinger habe gewisse Abhöraktionen persönlich gefordert und dem FBI gegenüber erklärt, wer immer Informationen an die Presse weitergebe, müsse ausgeschaltet werden. Kissinger hatte das Hauptquartier des FBI aufgesucht, um dort die Abschriften der mitgeschnittenen Gespräche zu lesen.

Im Flugzeug äußerte er zu seinen Mitarbeitern, er sehe einen endlosen Angriff auf sich zukommen. Eagleburger wie Scowcroft erkannten, daß Kissinger in seiner Zeugenaussage die Wahrheit verschleiert hatte. Sie suchten nach einem Ausweg. Eagleburger hatte Kissinger bereits vorgeschlagen, eine Pressekonferenz abzuhalten, in der er die Artikel dementieren und notfalls mit seinem Rücktritt drohen sollte. Scowcroft war dagegen gewesen. Es seien verhältnismäßig wenig Berichte erschienen, meinte er; eine solche Drohung würde als Hinweis gewertet werden, daß Kissinger in dem Fall übertrieben empfindlich reagiere, und die Vermutung nahelegen, er vertusche etwas. Kissinger jedoch schwenkte auf Eagleburgers Standpunkt ein.

Er durfte den Angriff nicht ignorieren; früher oder später müßte er dazu Stellung nehmen. Wenn die achtunddreißig Mitglieder des Rechtsausschusses die FBI-Dokumente erst einmal in Händen hätten, würden sie im ungünstigsten Zusammenhang bekannt werden. Vielleicht war es an der Zeit, zur Offensive überzugehen.

»Dann tun Sie es, Henry«, riet Eagleburger.

Kissinger ging nach vorn zu Haig. »Ich habe jetzt genug, dem muß sofort entgegengetreten werden«, erklärte er dem General. Eine eventuelle Rücktrittsdrohung erwähnte er nicht, sondern nur, daß er an eine Pressekonferenz denke.

Haig trug die Angelegenheit dem Präsidenten vor. Als er zurückkam, gab er zu verstehen, daß Nixon befürchte, eine Pressekonferenz könne von seiner Mission ablenken, Kissinger solle es sich doch noch einmal überlegen.

Ziegler war noch weniger angetan von der Idee und schlug Kissinger vor, nach der üblichen Taktik des Weißen Hauses zu verfahren und abzuleugnen. »Ich würde denen nicht die Ehre antun und Kommentare abgeben.«

Doch als das Flugzeug in Österreich landete, erfuhren sie von einem neuen abträglichen Bericht sowie von einem Leitartikel in der *New York Times*; das Presseamt des Außenministeriums erwartete noch mehr. Außer sich sprach Kissinger bis zum Morgengrauen mit Eagleburger und Scowcroft und mit Beratern in Washington. Sein Entschluß stand fest. Allen war klar, wenn die Presseangriffe mit voller Wucht weitergingen, müßte er seine Drohung wohl wahrmachen. Öffentlich konnte so etwas nur einmal ausgesprochen werden.

Kissinger mußte die Serie von Beschuldigung und Dementi durchbrechen, er brauchte eine Pause vor erneuten Zeitungsattacken. Mansfield hatte ihm mitgeteilt, der Senatsausschuß für Auslandsbeziehungen werde ihn vorladen, damit er zu den neuen Anklagen Stellung nehmen könne. Kissinger beschloß, dem zuvorzukommen: Er würde öffentlich fordern, die Untersuchung der gegen ihn erhobenen Anschuldigungen zu eröffnen, und dadurch eine Kampfpause erzwingen. Vernehmungen konnten erst nach der Nahostreise stattfinden. Kissingers Mitarbeiter hätten also Zeit, die Protokolle und Dokumente zu sammeln, mit denen sich jede einzelne Beschuldigung kontern und die Version des Außenministers untermauern ließ. Er würde sich vor einem überaus wohlwollenden Tribunal befinden, vor Senatoren, die ihn und seine Politik unterstützten. Er entwarf einen Brief an den Ausschuß.

Um 5 Uhr morgens begannen die Mitarbeiter des Presseamtes an die Hotelzimmertüren der Reporter zu klopfen. Vor dem Frühstück sollte eine Pressekonferenz stattfinden. Als sie sich in dem gewölbeartigen Raum im Kavalierhaus versammelten, erwarteten die meisten, Kissinger werde von den Hoffnungen sprechen, die er an die Reise des Präsidenten knüpfte.

Er ging zum Mikrophon. »Am letzten Donnerstag berichteten einige von Ihnen, daß ich gereizt, verärgert, nervös, verwirrt wirke. All diese Bezeichnungen treffen den Tatbestand«, begann er. Dann verlas er seinen Brief an den Ausschuß und gab seiner Besorgnis Ausdruck, daß er keine Gelegenheit gehabt habe, ausführlich auf die Anschuldigungen zu antworten.

»Es ist der Eindruck entstanden, ich sei an einer illegalen oder fragwürdigen Handlung beteiligt gewesen und versuche nun, das durch eine irreführende Aussage zu verschleiern.« Er erläuterte die Situation aus seiner Sicht:

Im Jahre 1969 führte er delikate Verhandlungen, die durch undichte Stellen gefährdet wurden; einige seiner Mitarbeiter waren wegen ihrer Verbindungen zur vorhergehenden Administration verdächtig; er hatte erfahren, daß frühere Regierungen Telefonüberwachungen zum Schutz der nationalen Sicherheit durchgeführt hätten. Dementsprechend hatte er Informationen über diejenigen geliefert, die Zugang zu durchgesickerten Tatsachen besaßen. Er hatte gewußt, daß ihre Telefone wahrscheinlich angezapft würden. Doch hatte der Präsident und nicht er das Abhörsystem veranlaßt. Obwohl es ihm widerstrebte, hatte er es akzeptiert.

Er warb um Verständnis. »Sie alle, die Sie hier in diesem Raum versammelt sind, wissen durch Ihren Beruf, daß die Wahrheit sehr häufig unwägbare Aspekte aufweist.« Er beklagte das Klima, in dem

»anonyme Quellen die Glaubwürdigkeit und die Ehre von hohen Staatsdienern angreifen können, ohne daß man sie auch nur auffordert, sich zu erkennen zu geben«.

Bei dieser Anspielung zuckten seine Mitarbeiter zusammen. Sie alle wußten, daß Kissingers Glaubwürdigkeit durch Aktennotizen des FBI, die von Direktor J. Edgar Hoover persönlich unterschrieben waren, in Frage gestellt wurde und ebenso durch die auf Band aufgenommenen Worte des Präsidenten, nicht aber durch anonyme Quellen.

Kissinger schien den Tränen nahe, als er mit erstickter Stimme von seinem Platz in der Geschichte sprach. »Wenn die Historiker ihren Bericht schreiben, wird man sich wohl daran erinnern, daß vielleicht einige Menschenleben gerettet wurden, daß vielleicht manche Mütter ruhiger schlafen können, aber das überlasse ich der Geschichte. Was ich nicht der Geschichte zu überlassen gedenke, ist eine Diskussion, die meine Ehre, mein Ansehen in der Öffentlichkeit betrifft. Ich habe geglaubt, das Meine tun zu müssen, um den in diesem Land aufgerissenen Graben zu überbrücken. Ich glaubte, das Meine tun zu müssen, um Sinn und Inhalt amerikanischer Wertvorstellungen zu wahren und zu erreichen, daß die Amerikaner stolz darauf sind, wie die Interessen ihres Staates vertreten werden. Das kann ich nur tun, wenn mein Ruf unumstritten und die notwendige Vertrauensbasis in der Öffentlichkeit gegeben ist. Ohne diese Voraussetzungen kann ich die Aufgaben, die ich übernommen habe, nicht erfüllen und werde sie in dem Fall sofort an Personen weitergeben, die dem Angriff in der Öffentlichkeit weniger ausgesetzt sind.«

Die Fragen der Reporter zeigten, daß sie skeptisch waren.

»Ich möchte in aller Deutlichkeit klarstellen, daß ich das nicht als Drohung ausspreche, um damit Unterstützung zu gewinnen«, antwortete Kissinger. »Ich konstatiere vielmehr eine objektive Tatsache. Es ist unmöglich und unvereinbar mit dem Ansehen der Vereinigten Staaten, daß ihr Außenminister einem derartigen Angriff ausgesetzt ist, und das angesichts der Gefahren, mit denen wir konfrontiert sind, der Risiken, die wir vielleicht eingehen, und der Gelegenheiten, die wir vielleicht ergreifen müssen. Dies ist eine Tatsache, keine Drohung.«

Ein Reporter fragte sich laut, ob der gleiche Maßstab nicht besser auf den Präsidenten anzuwenden wäre.

»Der Präsident ist der einzige von der Nation gewählte Staatsdiener«, entgegnete Kissinger. »Wenn ein Präsident angegriffen wird und zurücktritt, würde das fundamentale Probleme der Staatspolitik aufwerfen. Nach meiner Auffassung kann ein Präsident nur entsprechend den dafür vorgesehenen verfassungsmäßigen Verfahren sein Amt aufgeben . . .«

Schließlich verließen Kissinger, Haig und Ziegler wutgeladen im militärischen Gleichschritt den Raum.

Minuten später stürmte Ziegler in sein Stabsquartier. Er hatte es nicht gewollt, daß Kissinger eine Pressekonferenz abhielt, geschweige denn mit seinem Rücktritt drohte. Ein unglücklicher Auftakt für die Präsidentenreise. Er fluchte. Wieder stand Kissinger im Mittelpunkt und nicht der Präsident. Abermals richtete sich das Hauptaugenmerk auf einen Regierungsskandal. Wie, zum Teufel, konnten sie von Watergate ablenken, wenn Kissinger die Affäre über den Atlantik mitzerrte?

Haig berichtete Kissinger über Nixons Reaktion. »Gute Arbeit, der Präsident wird Ihren Rücktritt nicht annehmen.«

Dennoch war Haig verstört. Diese Geschichte tat seiner eigenen Glaubwürdigkeit Abbruch. Er war derjenige Stellvertreter Kissingers, der jede Abhörmaßnahme durch das FBI hatte durchführen lassen. Kissingers Dementis waren dazu angetan, noch mehr Aufmerksamkeit auf seine, Haigs, Rolle zu richten. Selbstverständlich würde er der Kronzeuge vor dem Senatsausschuß für Auslandsbeziehungen sein. Die zentrale Frage wäre, wer die Abhörmaßnahmen eingeleitet hatte – der Präsident, Kissinger oder Haig? Watergate zog den Präsidenten in einen Strudel, und jetzt wurden auch Außenminister Kissinger und er gefährdet.

An jenem Abend speiste Kissinger mit Scowcroft, Eagleburger und Peter Rodman, seinem persönlichen Referenten. Die Pressekonferenz hatte gleichsam als Katharsis gewirkt. Er spielte sie nochmals durch, während er sein Wiener Schnitzel verzehrte. Hatte er damit das Richtige getan? Hatte er die richtigen Dinge gesagt? Wie würde die Reaktion ausfallen? Was würden die Russen davon halten?

Seine Mitarbeiter beruhigten ihn mit Erfolg. Zum erstenmal in seiner Laufbahn hatte Kissinger in der Öffentlichkeit das gleiche Vabanquespiel riskiert, das für Richard Nixon seit Jahren glücklich ausgegangen war. Er begriff, daß es Nixons nahezu dämonischer Mut war, der den Präsidenten zu dem gemacht hatte, was er geworden war. Nixon geht häufig ebenso sorglos mit der Macht um wie ein Seiltänzer, der drei Drinks herunterkippt, bevor er den Abgrund überquert, dachte Kissinger – das war es, was er an Nixons Führungsstil bewunderte und zugleich fürchtete. Jetzt hatte er sich auf das gleiche waghalsige Unternehmen eingelassen.

Während im Gefolge des Präsidenten die meisten Gedanken um Richard Nixons politisches Überleben kreisten, galten die Sorgen seines Leibarztes Major General Walter Tkach dem physischen Zustand des Präsidenten. In den Jahren von Nixons Vizepräsidentschaft und Präsidentschaft hatte Tkach seinen Patienten regelmäßig untersucht. Nixon war insgesamt gesund und neigte nicht dazu, sich über geringfügige Beschwerden zu beklagen. Tkach bezog seine Informationen aus der Umgebung des Präsidenten, vor allem vom Kammerdiener Manolo Sanchez. Es war ungewöhnlich, daß Nixon ihn spontan rufen ließ, wie er es an diesem Tag tat. Tkach eilte in das Wohnzimmer der Präsidentensuite.

Nixon begrüßte ihn flüchtig und zog dann das linke Hosenbein hoch. Tkach sah, daß das Bein entzündet und geschwollen war. Er untersuchte es eingehender, nahm eine Reihe von weiteren Kontrollen vor, die seine Befürchtungen bestätigten. In einer Beinvene habe sich ein Blutpfropfen gebildet, erklärte er. Phlebitis, Venenentzündung. Es bestehe die Gefahr, daß der Pfropfen sich löse und ins Herz oder in die Lunge wandere, was zum Tode führen könne.

Die Reise fortzusetzen, wäre ein unverantwortliches Risiko, warnte er seinen Patienten. Überanstrengung durch langes Stehen, Treppensteigen, ausgedehnte Spaziergänge, sogar schon durch Übereinanderschlagen der Beine könne den Blutpfropfen in Bewegung setzen. Er empfahl dem Präsidenten, sich sofort in ein Krankenhaus zu begeben und erst zur weiteren Behandlung nach Washington zurückzufliegen, wenn durch ausreichende Bettruhe eine gewisse Stabilisierung gewährleistet sei.

Der Präsident wollte nichts davon hören. »Der Zweck dieser Reise ist wichtiger als mein Leben. Ich weiß, es ist ein kalkuliertes Risiko.« Er sei verpflichtet, das zu beenden, was er begonnen habe.

Tkach gab ihm einen Stützstrumpf. Nixon probierte ihn an. Zu unbequem, erklärte er.

Nachdem er seinen Patienten verlassen hatte, eilte Tkach in Haigs Zimmer. Er zitterte, als er ihm die Diagnose mitteilte. »Ich werde ihm strikt verordnen, nach Hause zu fliegen.« Damit sauste Tkach zum Konferenzraum, wo Bull und Henkel ein provisorisches Büro eingerichtet hatten.

Er kam ohne Umschweife zur Sache. »Muß der Präsident viel stehen? Muß er lange Spaziergänge unternehmen? Hat er viel Treppen zu steigen?«

Das Protokoll verlangte von Nixon, daß er größtenteils auf den Füßen war. Am nächsten Tag – Kairo, sagte Henkel – würde es besonders anstrengend, viel Stehen, Gehen, Steigen.

»Besteht eine Möglichkeit, das zu ändern?« fragte Tkach verstört.

»Nein, dafür ist es zu spät«, erwiderte Henkel.

Sie wanderten auf und ab, damit die übrigen Anwesenden nichts mitkriegten. Nixon gehöre ins Krankenhaus, erklärte Tkach; er hätte die Reise niemals unternehmen dürfen. »Der Präsident spielt mit seinem Leben«, sagte er. »Er will meinen Rat nicht befolgen, mir nicht einmal zuhören.« Er erläuterte, wie eine Loslösung des Blutpfropfens zum sofortigen Tode führen könnte.

Für gewöhnlich ließ Tkachs Besorgnis um die Gesundheit des Präsidenten Henkel und Bull völlig kalt. Er war leicht alarmiert. Sie holten lieber den Rat von Nixons anderem Leibarzt ein, Lieutnant Commander William Lukash. Im Weißen Haus kursierte der Scherz, Tkach führe zwei Heilmittel in seiner Arzttasche mit – ein Fläschchen Aspirin und Bill Lukashs Telefonnummer. Der Präsident hatte jedoch Lukash inzwischen insgeheim holen lassen. Es war das erste Mal, daß beide Ärzte ihn auf einer Reise begleiteten. Nixon vermied es zwar geflissentlich, seinen ranghöheren Leibarzt zu kränken, hatte aber mehr Vertrauen zu dem jüngeren. Lukash wirkte präziser und selbstsicherer.

Seine Diagnose war die gleiche und seine Warnung nicht minder düster. Auch er versuchte den Präsidenten zu überreden, daß er die Reise abbrach. Nixon war ihm gegenüber genauso unnachgiebig. Er erteilte seine eigenen Anweisungen: Niemand durfte seinen Zustand erwähnen; er war strikt geheimzuhalten. Eine Bekanntgabe würde die Ziele seiner Präsidentschaft weiter gefährden.

An jenem Abend trafen in Washington Whitehead und Buchen erstmals mit den neuen Mitgliedern des Amtsübergabe-Teams zusammen: Brian Lamb, Whiteheads Assistent; Larry Lynn, ehemaliger Mitarbeiter von Kissinger im Nationalen Sicherheitsrat; Jonathan Moore, früher Assistent bei Rockefeller und dann bei Elliot Richardson. Die fünf Männer saßen um Whiteheads Eßzimmertisch und tranken Coca-Cola.

Buchen skizzierte das Problem. Es mußten die Grundlagen geschaffen werden für den Fall einer kurzfristigen Amtsübernahme Fords. Ford selber hätte nichts mit einer solchen Vorbereitung zu tun, Buchen handelte also auf eigene Faust. Ford wußte nichts von der Existenz der Gruppe. Buchen sprach von Ford als altem Freund – ehrlich und anständig, aber in bezug auf die Präsidentschaft kaum von Sachkenntnis getrübt. Er würde buchstäblich ein Handbuch brauchen, meinte Buchen, das in einfachen, übersichtlichen Abschnitten jede von einem neuen Präsidenten verlangte Entscheidung und Handlung genau spezifizierte.

Es gab ein weiteres Problem. Falls Ford Präsident wurde, würden ihn seine alten politischen Freunde belagern, ihn mit Ideen und Ratschlägen bombardieren. Ford sei von jeher anfällig für solche Pressionen gewesen, sagte Buchen.

Der Name des ehemaligen Verteidigungsministers Laird fiel. Redegewandt, charmant und intelligent, darin waren sich alle einig. Aber zugleich war er ein unverbesserlicher Plänemacher, der garantiert an den neuen Präsidenten – sollte es jemals dazu kommen – mit grandiosen Projekten herantreten würde. Sie müßten einen Weg finden, Ford gegen seinen Einfluß abzuschirmen.

Es gab noch ein weiteres Hindernis: Haig. Ford mochte den Stabschef inzwischen bereits und vertraute ihm. Besonders Lynn und Moore machten sich deshalb Gedanken. Haig könne man nicht trauen, meinte Lynn. Die Fähigkeit des Generals, zu täuschen, zu hintergehen sowie seine Stellung im Weißen Haus Nixons könnten Ford gefährlich werden. Haig war der typische anpassungsbeflissene Bürokrat. Moore erläuterte das näher: Der General war müde, verbraucht; er wäre ganz natürlicherweise vollauf damit beschäftigt, sein Verhalten und seine Verbindungen in der Vergangenheit zu rechtfertigen. Männer wie Haig wären niemals imstande, dem neuen Präsidenten absolut treu und ergeben zu dienen.

Das Team beschloß, daß jeder kurze Expertisen über sein Fachgebiet verfassen solle – Wirtschaft, Nationaler Sicherheitsrat, Ministerien und so weiter. Ihrer Schätzung nach hatten sie bis Anfang September Zeit, diese Arbeit fertigzustellen.

Ein letzter Punkt stand auf der Tagesordnung: Nixons Zukunft unter juristischem Aspekt. Übereinstimmend befanden sie, daß Ford vor Gesuchen abgeschirmt werden müsse, Nixon nach dem Ausscheiden aus dem Amt eine gesetzliche Vorzugsbehandlung zuzubilligen. Der abtretende Präsident sollte Respekt erfahren, keine Belästigung oder Rache; doch es bestand die Gefahr, daß jemand an Ford wegen eines Kuhhandels herantreten könnte. Der neue Präsident müsse vorgewarnt werden, daß er derartige Versuche unbedingt zurückweisen sollte.

Whitehead begleitete Buchen zu seinem Wagen, um noch unter vier Augen mit ihm zu sprechen. Was würde geschehen, wenn Nixon im Impeachment-Verfahren schuldig gesprochen würde und sich dann weigerte, aus dem Amt zu scheiden? Vielleicht sei die Vorstellung, daß sich der Präsident einer Amtsenthebung widersetzte, gar nicht so abwegig. Angenommen, er schnappte über und versuchte, mit Hilfe des Militärs im Amt zu bleiben. Die beiden überlegten, ob sie diese Frage nicht mit Verteidigungsminister James Schlesinger erörtern sollten. Was wäre, wenn man den Präsidenten mit Hilfe des Fünfundzwanzigsten Verfassungszusatzes, der eine Klausel bezüglich Regierungsunfähigkeit enthielt, aus dem Amt entfernen müßte?*
Sie befanden es als ihre Pflicht, noch so abwegige, noch so unvorstellbare Möglichkeiten in Betracht zu ziehen.

Am Morgen des 12. Juni trat der Präsident mit seinem Gefolge den drei Stunden und fünfundvierzig Minuten dauernden Flug von Salzburg nach Kairo an. Als die Autokolonne in die ägyptische Hauptstadt einfuhr, wurde ihr ein triumphaler Empfang zuteil. Mehrere hunderttausend Menschen säumten die Straßen, drängten sich auf Dächern und Balkonen. Eine Dreiviertelstunde lang stand Nixon zusammen mit Präsident Anwar Sadat in einer offenen Limousine. Jubelnde Arbeiter, Soldaten, Schulkinder – die man zu Tausenden auf Lastwagen herangeholt hatte – schwenkten Transparente und Tafeln, die den Präsiden-

---

* Nach dem Fünfundzwanzigsten Verfassungszusatz können der Vizepräsident und eine Mehrheit der Kabinettsmitglieder erklären, daß der Präsident »außerstande ist, den Befugnissen und Pflichten seines Amtes nachzukommen«, woraufhin der Vizepräsident Präsident würde. Falls jedoch der Präsident eine solche Unfähigkeit abstreitet, entscheiden beide Häuser des Kongresses darüber. Zur Amtsenthebung des Präsidenten wäre dann jeweils eine Zweidrittelmehrheit erforderlich.

ten als »Ehrenmann« priesen und beide als große Staatsmänner, dem Frieden und Fortschritt verpflichtet, bezeichneten.

Sadat war ein perfekter Gastgeber. Seine Begrüßungsworte schienen genau Nixons Ziel zu erfassen: »Die Vereinigten Staaten unter der Führung von Präsident Nixon spielen eine entscheidende Rolle auf dem Weg zum Frieden und zur Ruhe in dieser Region. Hierin liegt eine große Herausforderung, aber ich bin davon überzeugt, daß Staatsmänner vom Format Präsident Nixons mit gutem Willen und Entschlossenheit ihr gewachsen sind.«

Nixon bedankte sich bei Sadat persönlich für das Massenaufgebot.

»Warten Sie, bis wir nach Alexandria kommen«, meinte Sadat.

Henkel hatte gegen einen Aufenthalt dort heftig protestiert. Wenn der Präsident mit Gefolge in Alexandria übernachtete, bedeutete das zusätzliche Sicherheitsvorkehrungen und ein offizielles Festbankett, ohne daß dafür eine Botschaft mit den entsprechenden Räumlichkeiten zur Verfügung stand. Der amerikanische Botschafter war ebenfalls dagegen; daß Nixon Auftritte in der Öffentlichkeit substantiellen Gesprächen vorzog, traf ihn tief. Doch der Präsident ließ sie beide abblitzen. Die Zugreise nach Alexandria sei für Sadat politisch wichtig, erklärte er.

Wie versprochen, war das Massenaufgebot spektakulär, schon bevor sie die Hafenstadt erreichten. Die ganze Strecke wurde von Bauern, Soldaten, Arbeitern gesäumt. Frauen drängten sich dicht an den vorbeibrausenden Zug heran und verliehen ihrer Begeisterung mit dem hohen Singsang arabischer Gebete Ausdruck. Ein prachtvoller weißer Hengst mit einem Soldaten, der die Fahnen beider Länder trug, galoppierte neben den Gleisen. Das Pferd scheute, warf den Reiter ab und trabte allein weiter. Nach Zieglers Schätzung waren zwei Millionen Menschen auf den Beinen.

Das Gefolge des Präsidenten fuhr in einem Luxuswagen aus dem neunzehnten Jahrhundert. Viele tranken dunkles Starkbier aus Literflaschen. Dr. Lukash las in einem Bestseller.

Ein Geheimdienstagent unterbrach ihn dabei. »Sie werden vorn gewünscht.«

Als Lukash zum Präsidenten gelangte, war er entsetzt. Nixon stand – den Rat seiner Ärzte völlig ignorierend – in dem seitlich offenen viktorianischen Aussichtswagen und winkte der Menge zu. Er und Sadat wechselten ständig die Plätze und hielten sich oben an den Messinggriffen fest, um nicht das Gleichgewicht zu verlieren, während sie die Ovationen entgegennahmen.

Lukash sah, daß der Präsident sich nach Kräften bemühte, seine starken Schmerzen zu verbergen. Er zog sich nach hinten auf die rote Lederbank zurück. Durch die bodenlangen grünen Portieren, die den Wagen unterteilten, war er außer Sichtweite der vorne postierten Kamerateams. Er griff in seine Arzttasche.

Wenige Minuten später humpelte Nixon in ein Privatabteil vorn im Zug, in das Lukash ihm folgte. Der Arzt gab ihm ein schmerzstillendes Mittel und beschwor ihn, sitzenzubleiben. Nixon ging zurück zu Sadat und stellte sich neben ihn.

Der Verzweiflung nahe, überprüften die Geheimdienstagenten die Menschenmassen. Berichten zufolge hatten Terroristen einen israelischen Kibbuz überfallen, wobei drei Frauen getötet worden waren. In Beirut übernahm eine palästinensische Terroristengruppe die Verantwortung für den Anschlag. »So sollte jeder Araber Nixon empfangen, den Hauptimperialisten der Welt«, hieß es in ihrer Verlautbarung. Trotz des Massenaufgebots von schwerbewaffneten ägyptischen Sicherheitskräften hielten es Nixons Geheimdienstleute für ein unsinniges Risiko, daß er ungeschützt den riesigen Menschenmengen begegnete.

Dr. Tkach machte Dick Keiser ausfindig, den Chef der Leibwächter, und teilte ihm mit, wie sehr ihn Nixons Verhalten beunruhige.

»Einen Präsidenten, der sich unbedingt umbringen will, kann man nicht beschützen«, entgegnete Keiser.

Kurz vor der Ankunft in Alexandria unterhielten sich Nixon und Sadat zwanglos mit mehreren der 126 mitreisenden Reporter. Nixon ging wieder an die offene Seite des Wagens und machte sie auf die gewaltigen begeisterten Menschenmassen aufmerksam.

Sadat zeigte auf eines der zahlosen Transparente: »Wir vertrauen Nixon.« – »Er hat jedes seiner Versprechen auch gehalten«, übersetzte Sadat.

Von der Vorausmannschaft des Weißen Hauses ermutigt, hatten ägyptische Beamte in Alexandria einen Empfang im amerikanischen Wahlkampfstil organisiert. Als der Zug ankam, standen bereits mehr als eine Million Menschen an den Kaimauern und auf den Straßen. Manche waren die Laternenpfähle hochgeklettert.

Der Autokonvoi des Präsidenten fuhr zum Ras El Tin Palast, wo Nixon ein Festbankett für Sadat gab. Eine mit verschwenderischem Luxus ausgestattete Residenz, die zu erbauen König Faruk dreißig Jahre gebraucht hatte. Als er einen Toast auf Sadat ausbrachte, kam der Präsident wieder auf die Menschenmassen zu sprechen. »Ein altes Sprichwort lautet, man kann die Menschen zwar auf Kommando auf die Straßen herausholen, aber etwas aus ihnen herausholen auf Kommando – das kann man nicht«, sagte er. »Sie haben unsere Herzen bewegt, und ich bin sicher, auch die Herzen der Millionen Amerikaner, die den Empfang im Fernsehen verfolgt haben.«

Kissinger wandte sich an Eagleburger und Scowcroft. »Ein Jammer, daß man solche Menschenmassen nicht in den Vereinigten Staaten auf die Straßen herausholen kann«, meinte er. Die drei lachten.

Am nächsten Tag, dem 14. Juni, flog der Präsident mit dem Hubschrauber nach Giseh und besichtigte, wiederum seinen Ärzten zum Trotz, gemeinsam mit Sadat die Pyramiden zu Fuß. Nach Kairo zurückgekehrt, verkündeten die beiden Staatsmänner den Abschluß eines Abkommens über wirtschaftliche Kooperation – darunter eine verbindliche Zusage der Vereinigten Staaten, Atomreaktoren und Erdöl an Ägypten zu verkaufen. Zum Zeichen seiner Freundschaft machte der Präsident Sadat spontan den Hubschrauber zum Geschenk, mit dem sie geflogen waren und der zwei Millionen Dollar gekostet hatte. Nixons Begleiter frotzelten den Piloten, er wäre wohl das nächste Staatsgeschenk des Präsidenten.

Als sie im Konvoi zum Flughafen fuhren, stieg der Präsident aus seinem Lincoln-Kabriolett mit Schiebedach, mischte sich unter die Massen, die ihn sofort johlend umdrängten. Die Geheimdienstagenten, fassungslos über diesen Leichtsinn, droschen auf die gesichtslosen Leiber ein, bis sie endlich einen Kordon um ihn bilden konnten. Dann schubsten sie ihn so behutsam wie möglich zurück ins Auto und fuhren schleunigst weiter. Erleichtert über dieses knappe Entkommen, fragten sich die Sicherheitsbeamten, warum Haig nicht eingegriffen habe; das war schließlich Aufgabe des Stabschefs. Haldeman hatte gelegentlich zugelassen, daß der Präsident in Autokolonnen und Menschenmengen kleine Risiken einging, aber doch nie etwas derart Gefährliches. Was stimmte hier nicht? Konnte Haig nicht vernünftig mit dem Präsidenten reden?

Nixon aber tat nach wie vor nur, was ihm paßte. Er gab Anweisung, die gesamte Freizeit, die ihm das Protokoll gewährte, für weitere Auftritte in der Öffentlichkeit vorzusehen, vor allem, wenn man mit großen Menschenmengen rechnen könne. Nachmittags flog er über das Rote Meer nach Saudi-Arabien, wo er für die Fahrt bis Dschidda König Feisals Rolls-Royce benutzte. Der Geheimdienst, der es stets vorzieht, daß ein Präsident seine eigene, von einem Agenten gesteuerte Limousine nimmt, war entgeistert. Der Präsident tat anscheinend alles, was er nur konnte, um seinen Schutz zu erschweren.

Am nächsten Morgen lehnte er es ab, sich von irgendeinem Wagen fahren zu lassen. Trotz der Schmerzen im Bein bestand er darauf, die fünf Minuten durch die Parkanlagen des Al Hamra Palastes, wo er mit dem König zusammentreffen sollte, zu Fuß zurückzulegen.

Bei der feierlichen Verabschiedung am Nachmittag ging Feisal in seiner Rede über die bei solchen Anlässen üblichen Komplimente hinaus. »Von größter Bedeutung ist, daß unsere Freunde in den Vereinigten Staaten weise genug sind, hinter Ihnen zu stehen, sich um Sie zu scharen, Mr. President, bei Ihren großherzigen, in der Geschichte der Menschheit nahezu einmaligen Bemühungen, die der Sicherung von Frieden und Gerechtigkeit in der Welt gelten. Und jeder, der innerhalb oder außerhalb der Vereinigten Staaten von Amerika sich gegen Sie, Mr. President, stellt oder gegen uns, Ihre Freunde in diesem

Teil der Welt, hat fraglos nur eins im Sinn, nämlich alles zunichte zu machen . . . Unheil zu stiften.«

Der Präsident flog weiter nach Osten, nach Damaskus. Wieder mißachtete er den Rat derer, die für seine Sicherheit verantwortlich waren. Sie hatten darauf gedrängt, diesen Teil der Reise zu streichen. Syrien hatte 1967 Die Beziehungen zu den Vereinigten Staaten abgebrochen. Die fehlenden diplomatischen Einrichtungen machten es unmöglich, sich ausreichende Geheiminformationen über terroristische Aktivitäten zu verschaffen. Die außerordentlich große Zahl von palästinensischen Flüchtlingen verursachte dem Geheimdienst schwere Sorgen. Noch schlimmer war, daß die nur begrenzt verfügbaren Mitteilungen des amerikanischen Nachrichtendienstes Skepsis bekundeten, ob Präsident Assad sowohl die Regierung als auch die Bevölkerung im revolutionären Syrien unter Kontrolle zu halten vermochte.

Dreißig Minuten vor Damaskus flog die Präsidentenmaschine in viereinhalbtausend Meter Höhe. George Joulwan, Haigs Assistent, sah von links zwei MIG-Düsenjäger russischer Bauart herankommen. »Seht mal«, rief er, »wir kriegen Jagdflugzeuggeleit.«

Ein anderer deutete auf zwei weitere Düsenjäger, die von rechts heranflogen.

Brent Scowcroft wußte, daß eine solche Eskorte vom Voraus-Team stets untersagt wurde. »Das wäre wahrhaftig ein bombastisches Ende«, meinte er.

Henkel stand auf, um Erkundigungen einzuziehen. Als er zurückkam, setzte die Maschine zum Sturzflug an und machte ein paar Rollings. Henkel wurde durch den Gang auf den Sitz neben Scowcroft geschleudert. Er sah in dessen sanfte graue Augen, die wie zwei Silberdollarmünzen herausquollen.

Colonel Ralph Albertazzie, der Pilot des Präsidenten, zog den Riesenvogel durch mehrere Kurven und Schräglagen, bis er sich nach sieben Minuten vergewissert hatte, daß die vier syrischen Düsenjäger harmlos waren. Endlich überzeugt, setzte Albertazzie zur Landung an.

Als die Maschine ausrollte, beschlagnahmten syrische Sicherheitsbeamte immer noch säuberlich gedruckte Flugblätter, die vormittags in den Armenvierteln von Damaskus verteilt worden waren: »Der ganze Krieg, das ganze Blut, das amerikanische Bomben gefordert haben, all die Toten, die wir beweinen – sollen diese unendlichen Opfer nur dafür gebracht worden sein, damit Nixon und Kissinger, der Prophet des Imperialismus, Damaskus besuchen können und uns hundert Millionen Dollar schenken?«

Die rund fünfzig Kilometer lange Strecke in die Stadt war von Soldaten gesäumt, die automatische Gewehre russischer Herkunft vom Typ AK-47 trugen. Als die Menschenmenge dichter wurde, verlangte der Präsident, das Schiebedach der Limousine zu öffnen. Lächelnd und winkend stand er im Wagen. Die Zuschauer verhielten sich größtenteils diszipliniert, eher neugierig als begeistert. »Das revolutionäre Damaskus begrüßt Präsident Nixon«, hieß es auf den Transparenten.

Seine Begegnung mit Assad war instruktiv. Während sie sich unterhielten, wandte sich Assads junger Sohn mit der Frage an seinen Vater: »Ist das nicht der Nixon, von dem du im Fernsehen gesagt hast, daß er ein ausländischer Teufel und ein Freund der Juden ist? Warum sitzt du jetzt hier mit ihm?«

Assad sagte zu Nixon: »So ist mein Sohn, und so ist auch mein Volk. Nun kennen Sie meine Probleme.«

Am Sonntag, dem 16. Juni, verkündeten die beiden Staatsmänner nachmittags die Wiederaufnahme der diplomatischen Beziehungen zwischen ihren Ländern. Dann flog der Präsident weiter nach Israel, um den Israelis die gleichen Atomkraft-Kapazitäten zu versprechen, die er den Ägyptern angeboten hatte. Neunzehntausend Soldaten und Sicherheitsbeamte wurden für die schärfsten Sicherheitsvorkehrungen aufgeboten, die man je bei einem ausländischen Staatsbesuch ergriffen hatte. An der Straße nach Jerusalem standen Arbeiter und Kinder, die den Tag freibekommen hatten. Ihre Transparente drückten gemischte Gefühle aus: »Herzlich willkommen«; »Lassen Sie uns nicht im Stich«; »Sie können der Justiz nicht davonlaufen«; und: »Willkommen, Präsident *Ford.*«

Nach einem Besuch in Jordanien am 17. Juni flog der Präsident nach Hause. An Bord der *Air Force One* kam er in einem rotkarierten Sportsakko aus seiner Kabine und ging nach hinten zu den Plätzen der Mitarbeiter. Bei jedem blieb er stehen und unterhielt sich mit ihm, die Mitglieder des Pressekorps ausgenommen. Er war sonnengebräunt, sah aber müde aus. In neun Tagen hatte er rund 26 600 km zurückgelegt und war mit sieben Staatsoberhäuptern zusammengetroffen. Als er zu Redenschreiber Dave Gergen kam, zögerte er. »Ich habe eine Menge von Ihrem Material verwendet«, sagte er. »Nicht alles natürlich. Das verstehen Sie doch.« Gergen nickte.

»Möchten Sie gern Botschafter werden, nachdem Sie jetzt diese Erfahrung gesammelt haben?« fragte Nixon.

Gergen, dreiunddreißig Jahre alt, verschlug es die Sprache. Die Vorstellung war einfach absurd.

Der Präsident erkundigte sich, ob er Französisch könne.

»Nicht besonders.«

»Dann werde ich Sie in den Irak schicken«, meinte Nixon.

Der blauweiße Hubschrauber des Präsidenten landete am Mittwoch, dem 19. Juni, um 16.29 Uhr auf dem südlichen Rasen. Vizepräsident Ford, Kabinettsmitglieder, zweihundert jugendliche Republikaner und die meisten Mitarbeiter erwarteten ihn. Sie winkten mit amerikanischen Fähnchen und skandierten: »Noch zwei Jahre. Noch zwei Jahre.«

Als Ford den Präsidenten daheim begrüßte, zitierte er ein arabisches Sprichwort: »Möge Allah das Ende besser machen als den Anfang.«

17. Kapitel

Am 21. Juni war Nixons vierunddreißigster Hochzeitstag. An jenem Tag wurde Charles W. Colson, der ehemalige Sonderberater des Präsidenten, zu einer Haftstrafe von einem bis zu drei Jahren verurteilt. Colson verlas eine vorbereitete Erklärung, in der er den Präsidenten in seine Straftat einbezog. Nixon habe ihn »bei zahlreichen Gelegenheiten gedrängt, nachteilige Einzelheiten über Daniel Ellsberg zu verbreiten«, eben das, wofür Colson ins Gefängnis mußte. Er sei überzeugt davon, daß der Präsident »glaubte, im nationalen Interesse zu handeln«, fügte er hinzu.

Nixon verbrachte drei Tage in Camp David, um sich auszuruhen und sich auf seinen Besuch in der Sowjetunion vorzubereiten. Obwohl die Schwellung am Bein etwas zurückgegangen war, beschworen ihn seine Ärzte, die Reise zu verschieben. Er weigerte sich. Der Presse, die schließlich doch von seiner Erkrankung erfahren hatte, wurde mitgeteilt, er habe sich auf der letzten Reise »eine leichte Venenentzündung« zugezogen, die jedoch abgeklungen sei.

Die Besatzung der *Air Force One* hatte kaum Zeit, die Maschine zu warten, als der Präsident schon wieder vor Watergate floh, diesmal mit dem Ziel Brüssel und danach Sowjetunion. Beim Flug über den Atlantik wurde sein Bein hochgelagert, um die Schmerzen zu mildern. Er freute sich auf die Zusammenkunft mit Breschnew. Der Generalsekretär der Kommunistischen Partei war sein Freund.

Die sechsunddreißig Stunden in Belgien waren vorwiegend offiziellen Sitzungen gewidmet, in denen Amerikas Nato-Partnern versichert wurde, daß der Präsident keine Abkommen mit der Sowjetunion abschließen werde, ohne sie vorher zu konsultieren.

Am Flugplatz Wnukowo ließ Generalsäkretär Breschnew den Dolmetscher vorerst stehen und eilte über die Rollbahn, um Nixon zu begrüßen. Als sie in Breschnews schwarzer Sil-Limousine zum Kreml fuhren, plauderten sie angeregt, hielten zwischendurch und winkten den an vorherbestimmten Stellen am Straßenrand postierten Leuten zu, die vielfach sowjetische und amerikanische Fähnchen schwenkten.

Der Präsident empfand für seinen sowjetischen Amtskollegen aufrichtige Sympathie. Einerseits sicherlich ein skrupelloser Politiker, konnte Breschnew andererseits heiter, sentimental, gesellig sein und ein großartiger Erzähler. Er besaß die Grundeigenschaften des ungeschliffenen, raubeinigen, trinkfesten Kumpels, wie Kissinger einmal vertraulich bemerkte – Eigenschaften, die Nixon selber zwar fehlten, ihn aber faszinierten.

Trotz des herzlichen Empfangs wußte der Präsident, daß mehr von Breschnew nicht zu erwarten war. Die sowjetische Presse hatte Watergate weitgehend ignoriert. Wenn davon die Rede war, wurde es als Komplott gegen die Entspannungspolitik dargestellt. Doch im Kreml verstand man die prekäre Situation Nixons. Als Journalisten getarnte, in Washington stationierte KGB-Agenten hatten bei amerikanischen Politikern und Reportern sondiert, ob der Präsident wohl seine Amtsperiode beenden werde. Sowjetische Stellen versicherten westlichen Journalisten angelegentlich, daß sie von der Moskauer Gipfelkonferenz keine spektakulären Resultate erwarteten. Sie erhofften sich vielmehr davon eine »Institutionalisierung« von Treffen auf höchster Ebene, unabhängig davon, wer Präsident sei.

Der Präsident hatte das übliche Geschenk für Breschnew mitgebracht, – ein amerikanisches Automobil für den umfänglichen Wagenpark des Generalsekretärs. Bei ihren ersten beiden Begegnungen, 1972 und 1973, waren zwei Modelle für 10 000 Dollar herausgesprungen, eine Cadillac-Limousine und ein Lincoln Continental. Diesmal handelte es sich um einen Chevrolet Monte Carlo für 5578 Dollar, nicht gerade imposant in einer Garage, in der bereits ein Citroën-Maserati-Sportwagen, Rolls-Royce- und Mercedes-Limousinen und Breschnews Lieblingsauto, ein neuer Sportzweisitzer vom Typ Mercedes 300 SL, standen. Doch Breschnew hatte erfahren, daß die Zeitschrift *Motor Trend* den Monte Carlo zum »Auto des Jahres« gewählt hatte, und wissen lassen, daß er gern einen besitzen würde.

Das Gipfeltreffen zwischen Nixon und Breschnew hatte 1972 zum Abschluß eines Vertrages geführt, der für beide Länder eine Begrenzung der defensiven und offensiven Atomraketensysteme beinhaltete – das Paradestück in den außenpolitischen Abkommen der Regierung. Beim zweiten Gipfeltreffen 1973 hatte der Watergate-Senatsausschuß mit Rücksicht auf Breschnews Besuch in den Vereinigten Staaten die Vernehmung von John Dean eine Woche lang ausgesetzt und ihn quasi auf Eis gelegt. Das dritte von 1974 war dem Kongreß suspekt, wo die weitverbreitete Befürchtung herrschte, der Präsident könne irgendwie aus Verzweiflung zum »Ausverkauf« getrieben werden, um ein Rüstungsbegrenzungsabkommen auszuhandeln, das ihn in der Öffentlichkeit aufwertete.

Nixon und Kissinger vertraten beide die Auffassung, daß einer

Begrenzung der Kernwaffensysteme und der Aufrechterhaltung des atomaren Gleichgewichts die Schlüsselrolle zukam, um eine Entspannung im Verhältnis zur Sowjetunion zu erreichen. Und im Rahmen ihrer Gesamtstrategie hatte, was den Weltfrieden anging, das amerikanisch-sowjetische Verhältnis die Schlüsselfunktion. Überall, in jeder Region der Erde, basierte der Einfluß der Vereinigten Staaten auf einer fragilen, kooperativen Beziehung zu den Russen. Jede größere diplomatische Aktion wurde im Hinblick auf die zu erwartende sowjetische Reaktion gewertet. Ob die Vereinigten Staaten in der Lage waren, den Frieden in Nahost voranzubringen – oder in Vietnam zu kämpfen –, hing von der zumindest stillschweigenden Duldung der Russen ab. Weil das atomare Gleichgewicht die Voraussetzung für so vieles bildete, war Nixon wie Kissinger nichts wichtiger als ein SALT-Abkommen, also eine Begrenzung strategischer Waffen.

In vertraulichen Gesprächen mit Kissinger hatte der Präsident häufig den zwingendsten Grund erwähnt, der ihn zu einer Reduzierung des atomaren Wettrüstens bewog. Er befürchtete, daß die Vereinigten Staaten dabei den kürzeren ziehen würden, da eine solche fortgesetzte militärische Konkurrenz zu teuer kam. Das Land wäre vermutlich außerstande, die Kosten für einen weitergeführten kalten Krieg zu tragen. Nach Meinung des Präsidenten würde Amerika unter dem Druck mit größter Wahrscheinlichkeit zusammenbrechen. Denn neben der wirtschaftlichen Gefährdung sah er auch eine Schwäche des Widerstandswillens. Zu viele der gleichen politischen Kritiker, die ihn im Fall Watergate an die Wand drängten, würden eine harte Haltung gegenüber den Russen nicht unterstützen.

In seinen und Kissingers Augen stand 1974 bei dem Gipfeltreffen besonders viel auf dem Spiel. Wenn sie einen so knallharten Vorschlag auf den Tisch legten, wie sie es am liebsten täten, würde dessen Ablehnung fast unausweichlich zu einer Eskalation des Wettrüstens führen. Unterbreiteten sie jedoch ein bescheideneres Angebot, dessen Annahme durch die Sowjets wahrscheinlicher wäre, würden Nixons Kritiker ihn beschuldigen, er habe seine Forderungen wegen Watergate zu weit heruntergeschraubt und betreibe damit den Ausverkauf der amerikanischen Interessen. Kissinger wie der Präsident hatten sich für die zweite Möglichkeit entschlossen und waren bereit, das damit verbundene Risiko bei den Kritikern zu Hause auf sich zu nehmen. Beide waren sich einig, daß ihr Vorschlag den amerikanischen Interessen diene. Doch nach Kissingers Einschätzung wurden die Aussichten auf ein zufriedenstellendes Abkommen durch Watergate wesentlich gemindert. Die Sowjets dürften vermutlich ausprobieren, wie weit der Präsident nachgeben würde. Kissinger war keineswegs davon überzeugt, daß Nixon diesem Druck standhalten könne.

Seine Besorgnis galt jedoch nicht nur Nixons Willensstärke. Der Präsident hatte seine Hausaufgaben nicht gemacht und wirkte unkonzentriert, nervös. Sofern er seine Informationsunterlagen nicht binnen Stunden durcharbeitete, würde er niemals imstande sein, die wesentlichen Einzelheiten der komplizierten Verhandlungen zu erfassen, befürchtete Kissinger.

Normalerweise hätte er sich mit seinen Sorgen an Haig gewandt. Aber dafür blieb wenig Zeit, und zudem war Kissinger nicht gewillt, mit dem General zu sprechen. Bei den Vorbereitungen für die Reise hatte man Haig direkt an die Präsidentensuite angrenzende Räume im Kreml zugewiesen. Kissinger, der dort wohnen wollte, hatte durch Scowcroft scharf protestieren lassen. Haigs Antwort lautete, der Stabschef des Weißen Hauses müsse in unmittelbarer Nähe des Präsidenten untergebracht werden. Der Kampf um die Suite dauerte mehrere Tage, und die Vorausmannschaft wurde durch widersprüchliche Anweisungen in Trab gehalten. Die Techniker des Weißen Hauses installierten Telefone, Fernschreiber und sonstige Kommunikationsmittel, montierten sie wieder ab, schlossen sie neuerlich an, und das etliche Male, je nachdem, wer beim Streit um die Räumlichkeiten gerade die Oberhand hatte.

Scowcroft bemerkte, daß Kissinger kaum noch an sich halten konnte. Er war ausgelaugt, verkrampft und noch aufbrausender als gewöhnlich. Schließlich gewann Haig den Wettstreit um die Räume; technisch gesehen arbeitete die Vorausmannschaft für ihn. Kissinger war nicht bereit, sich noch weiter zu exponieren, und appellierte nicht an den Präsidenten wegen einer Entscheidung, setzte aber seine Attacken auf Haig fort. Bei dem Gipfeltreffen handle es sich um eine diplomatische Reise, äußerte er zu seinen Assistenten – warum, zum Teufel, mußte der Stabschef, insgesamt nichts weiter als ein Bürokrat, in der Nähe des Präsidenten sein? Er, und nicht Haig, hatte die Gipfelstrategie zu lenken. Er, und nicht Haig, würde den Präsidenten davon abhalten, einen schweren Fehler zu begehen. Er, und nicht Haig, würde die eigentlichen Verhandlungen führen, wenn der Präsident seine herkömmlichen Trinksprüche und die Sitzungen für die Photographen absolviert hätte. Haig hatte keine Ahnung von dem Gipfeltreffen.

»General Haig setzt sich nur für seine eigenen Interessen ein, und wenn's hart auf hart geht, kommt zuerst er dran«, bemerkte Kissinger bissig.

Beim abendlichen Festbankett im Granowitaja-Palast im Kreml machte sich der Präsident den ersten Austausch von Trinksprüchen zunutze, um die bestehenden Rüstungsabkommen in seinem Sinne zu deuten. Er erhob sein Glas. Die Abkommen, sagte er, »wurden ermöglicht durch eine persönliche Beziehung, die zwischen dem Generalsekretär und dem Präsidenten der Vereinigten Staaten entstand. Und diese persönliche Beziehung erstreckt sich auf die führenden Beamten beider Regierungen. Es wurde gesagt, jedes Abkommen sei nur so gut wie der Wille der Vertragspartner, sich daran zu halten. Dank unserer persönlichen Beziehung besteht kein Zweifel an unserem Willen, diese Vereinbarungen einzuhalten und weitere zu schließen, wenn sie im beiderseitigen Interesse liegen.«

Die sowjetische Nachrichtenagentur *Tass* übersetzte den Trinkspruch des Präsidenten am nächsten Morgen anders. »Persönliche Beziehung« wurde zu »den Beziehungen, die sich zwischen uns entwikkelt haben« – was besagte, daß sich die Entspannung auf die beiderseitigen Interessen zweier Nationen, nicht Einzelpersonen, gründete. Als der Moskauer Korrespondent der *Washington Post*, Robert Kaiser, den Bericht beim Frühstück las, fiel ihm diese Abweichung sofort auf. Er fragte Jerry Warren deswegen. Warrens Kinnlade schien herunterzufallen; er eilte zu Ziegler, um ihn zu informieren.

Nachmittags teilte Ziegler Reportern mit, es sei lediglich ein Übersetzungsfehler unterlaufen, der in der Abendausgabe der *Iswestija* korrigiert würde. Er präsentierte Leonid Samjatin, den Direktor von *Tass*, der vorsichtig formulierte: »Generalsekretär Breschnew und Präsident Nixon haben die Bedeutung ihrer persönlichen Beziehung wiederholt unterstrichen.« Ziegler strahlte. Doch die Abendzeitung wiederholte den angeblichen Übersetzungsfehler, und sowjetische Quellen ließen ausgesuchte amerikanische Korrespondenten in Moskau wissen, daß diese feine Unterscheidung wohl kaum von ungefähr kommen dürfte.

Während die offiziellen Gespräche tagsüber weitergingen, betrieben die Sowjets ein Spiel, das den Präsidenten und seinen Stab über den Zeitplan im ungewissen ließ. Sitzungen wurden verschoben, weil Breschnew sich aufs Ohr gelegt hatte, dann erschien plötzlich ein Protokollbeamter am Eingang zur Präsidentensuite und meldete, eine Konferenz stehe unmittelbar bevor. Das wiederholte sich während der ersten Sitzungen. Nixon und seine Mitarbeiter waren irritiert, nahmen diese sowjetische Zermürbungstaktik jedoch wohl oder übel hin.

Die psychologische Offensive dauerte am Samstag, dem 29. Juni, an. Breschnew bestand darauf, der Präsident solle mit ihm zu seinem Landsitz am Schwarzen Meer fliegen. Dann wurde die Reise verschoben, angeblich wegen des Wetters, danach auf einen späteren Zeitpunkt festgesetzt. Als nächstes verlegte man sie wieder vor – um eine Wetterbesserung auszunutzen, wie die Russen sagten. Kurz darauf wurde sie abermals vertagt, und wenige Minuten später informierte man die Amerikaner, man werde in einer halben Stunde starten.

Breschnew und Nixon aßen Kaviar an Bord der Iljuschin-62 des Generalsekretärs. Nach einem vierundneunzig Minuten dauernden Flug fuhren sie zu Breschnews Datscha oberhalb von Oreanda.* Bre-

---

* Oreanda ist ein Vorort von Jalta, nur knapp sechs Kilometer vom Zentrum entfernt. Als die Russen zunächst Jalta als einen der Verhandlungsorte vorschlugen, erhob die amerikanische Vorausmannschaft Einwände. Sie hatten Bedenken, daß Jalta, Schauplatz der historischen Zusammenkunft von 1945 zwischen Roosevelt, Stalin und Churchill, nach wie vor als Symbol für einen amerikanischen

schnew begleitete den Präsidenten zum Rand des Steilhangs und dann in einen Aufzug aus Plexiglas, in dem sie zum Strand hinunterfuhren. Während die beiden Staatsmänner den Sonnenuntergang betrachteten, stellte Ziegler die große Ähnlichkeit zwischen dem luxuriösen Feriendomizil des Generalsekretärs und dem Landsitz Nixons in San Clemente fest.

Am nächsten Morgen ging Breschnew mit seinem Gast zum Strand hinunter zu dem direkt am Meer gelegenen Swimmingpool. Sie kletterten den Steilhang zur Datscha hinauf, wanderten durch die üppigen Gärten und bewunderten die Seerosenteiche. Haig, Kissinger und einige von Breschnews Stellvertretern folgten im Schlepptau.

Dann bestand der Präsident unversehens darauf, mit Breschnew unter vier Augen zu sprechen. Die beiden Staatsmänner begaben sich zu einem Sitzungsraum, der zwischen dem Hauptgebäude und der Gästedatscha lag, während die anderen am Swimmingpool warteten. Laut Tagesplan sollte Kissinger den Präsidenten zu sämtlichen Konferenzen begleiten; die Verhandlungen traten jetzt in die entscheidende Phase. Er war wütend, daß man ihn ausschloß. Zumeist arrangierte sich der Präsident gut mit Breschnew; aber Nixon hatte das Informationsmaterial immer noch nicht intus, und Kissinger meinte, der Präsident sei Breschnew nicht gewachsen, der stets hervorragend unterrichtet war. Breschnew beherrschte auch Detailfragen, die Nixon gewöhnlich seinen Mitarbeitern überließ, aus dem Handgelenk. Kissinger war besorgt, der Präsident könne einen gravierenden Fehler begehen, ihm nicht vertraute Themenbereiche berühren, ungewollt Konzessionen machen.

Kissinger schwitzte. Eine Stunde verstrich. Er wanderte am Swimmingpool auf und ab. Anderthalb Stunden. Er sprach zu seinen Mitarbeitern von seinen Befürchtungen. So lange waren Nixon und Breschnew noch nie allein gewesen. Zwei Stunden. Kissinger sah die beiden an dem Konferenztisch aus hellem Holz sitzen, neben sich Tabletts mit verschiedenen Getränken.

Endlich wurden die anderen zu der Sitzung zugezogen. Als die offiziellen Gespräche wiederaufgenommen wurden, schien es, als hätten die beiden Staatsmänner die Verhandlungsmaterie überhaupt nicht erörtert. Die Tagesordnung wurde an genau der gleichen Stelle fortgesetzt, als sei nichts geschehen. Kissinger und Haig waren zutiefst beunruhigt, die übrigen Begleiter des Präsidenten ebenfalls. Sie hatten keine Ahnung, worüber die beiden gesprochen hatten. Aber was auch immer das gewesen sein mochte, es zeigte sich, daß der Präsident keinerlei Zugeständnisse gemacht und dadurch die amerikanische Ver-

»Ausverkauf« an die Russen gelten würde. Daher trugen sie die Frage in Washington vor, und der Präsident erwiderte, wenn Breschnew es so wolle, habe er nichts dagegen. Die Sowjets willigten ihrerseits ein, als Verhandlungsort nur Oreanda zu erwähnen.

handlungsstrategie gefährdet hatte. Als die Gespräche sich technischen Fragen zuwandten, überließ Nixon seinem Außenminister die Führung. Breschnew leitete die Verhandlungen für die sowjetische Seite weiter, wobei ihm zwei Generale Botendienste leisteten und ständig Unterlagen über Fernsteuerraketen anschleppen mußten.

Dann erklärte Breschnew unvermittelt, ein Abkommen über die Begrenzung von atomaren Offensivwaffen komme nicht in Frage. Die Amerikaner müßten den Russen eine größere Anzahl von Fernlenkraketen zugestehen als Ausgleich für US-Langstreckenbomber in Europa und Raketen mit Mehrfach-Sprengköpfen.

Der Präsident schien verblüfft. Auch Kissinger war bestürzt. Mit Widerstand hatten sie zwar gerechnet, jedoch nicht in diesem Ausmaß. Breschnew nahm eine extrem harte Haltung ein.

Sie versuchten es abermals.

Breschnew ließ sich nichts abringen.

Der Präsident saß da und starrte durch das Fenster aufs Meer. Er wollte unbedingt mit irgendeiner Vereinbarung nach Washington zurückkehren, konnte aber keine weiteren Zugeständnisse machen, ohne strategische Interessen der Vereinigten Staaten zu opfern. Ihm blieb keine Karte mehr, die er ausspielen konnte. Er hielt seine Position aufrecht.

Abends speiste man an Bord einer Yacht der sowjetischen Marine. Nixon und Breschnew gingen nach achtern, wo sie tranken, während sie im Schatten der kahlen Felsenhänge des Jailagebirges über das Schwarze Meer dahinglitten. Breschnew, mit Sonnenbrille, rauchte eine Zigarette nach der anderen. Der linke Ärmel seines blaugrauen Jacketts schob sich über das sonnengebräunte Handgelenk und zeigte eine teure goldene Uhr. Der Präsident, in grauer Hose und kastanienbraunem Sportsakko, am Revers die übliche Nadel mit dem Sternenbanner, starrte über das Wasser, zuweilen ernst und nachdenklich, während der Wind ihm die Haarsträhnen ins Gesicht blies.

Am nächsten Tag kehrten Breschnew und Kissinger nach Moskau zurück, und der Präsident fuhr nach Minsk*, wo er die Gedenkstätte Katyn besuchte. Am 22. März 1943 waren dort 149 Russen in einer Scheune zusammengetrieben und von den Nazi-Truppen bei lebendigem Leib verbrannt worden. Er ging über das riesige offene Gelände, blieb bei dem Mahnmal stehen, der grob behauenen Figur eines Bauern, der den Körper eines toten Kindes im Arm hält. Hier setzte er sich allein an einen kleinen Tisch und trug sich ins Gästebuch ein. Man hörte nur die Gedenkglocken, die alle fünfzehn Sekunden läuteten,

---

* Das Presseflugzeug, das dem Präsidenten folgte, verlor beim Start einen Reifen, und während des Fluges fiel ein Motor aus. Der Navigator der sowjetischen Maschine kam in die Passagierkabine, schenkte sich ein Glas Wodka ein und dann noch zwei, die er ins Cockpit mitnahm.

und das Klicken der Fotoapparate. Auf die Presseleute wirkte die einsame Gestalt des Präsidenten unheimlich, besorgniserregend.

Am Montagabend kehrte Nixon nach Moskau zurück und konferierte mit Kissinger, der mit Breschnew gesprochen und danach fünf Stunden lang mit Außenminister Andrej Gromyko verhandelt hatte. Sie hatten schließlich einen Alternativvorschlag erarbeitet, um einen Ausweg aus der Sackgasse zu finden, in die das Abkommen zur Begrenzung atomarer Offensivwaffen offenbar geraten war. Beide Seiten würden ein Protokoll unterzeichnen, in dem sie sich verpflichteten, zu einem noch unbestimmten Zeitpunkt über eine Vereinbarung zu verhandeln, die bis 1985 gelten sollte. Es war nicht mehr als ein Beschluß, sich irgendwann in der Zukunft zu einigen. Für gewöhnlich verabscheute Kissinger solche Abmachungen, die seiner Meinung nach den späteren Verhandlungsspielraum einengten. Aber beide Seiten stimmten darin überein, dies sei immerhin noch dem Eingeständnis vorzuziehen, daß die Entspannungspolitik den Elan verloren habe. So hätten sie wenigstens diese Fiktion einer Vereinbarung und dazu die Regelung von zwei weitaus unwichtigeren Fragen: Begrenzung von unterirdischen Atombomben-Versuchen und Installation von Raketenabwehrsystemen. Die Enttäuschung des Präsidenten war unverkennbar. Er hatte wesentlich mehr erhofft.

Am späteren Abend traf er mit Breschnew zu einem letzten Austausch von Trinksprüchen zusammen. Breschnew bemerkte, die Abkommen »hätten vermutlich weiterreichend sein können«. Der Präsident unterstrich noch einmal die große Bedeutung, die seinen »persönlichen Beziehungen«, seiner »persönlichen Freundschaft« und seinem »persönlichen Verhältnis« zu Breschnew zukam. Der Generalsekretär reagierte nicht auf den Wink, sondern sprach von »Gefühlen der Achtung und Freundschaft« zwischen dem amerikanischen und russischen Volk.

Am nächsten Morgen fand die feierliche Unterzeichnung statt. Ziegler bemühte sich, das Gipfeltreffen über die tatsächlich erzielten Fortschritte hinaus für die Öffentlichkeit dadurch auszuschmücken, daß er die Abkommen zum historischen Durchbruch hochstilisierte. Während der ganzen Reise hatte er hartnäckig darauf bestanden, daß die obligaten Fotos nur den Präsidenten und Breschnew zeigten, unter Ausschluß von Kissinger. Auf sämtlichen Aufnahmen von den Hauptstaatsakten – bis auf eine – waren denn auch die beiden Staatsmänner allein zu sehen.

Während des neuneinhalb Stunden dauernden Rückflugs in die Vereinigten Staaten arbeitete der Präsident an einer Rede (»Der Entwicklungsprozeß des Friedens geht stetig voran . . .«), die bei einem Aufenthalt in Maine live über Fernsehen gehalten werden sollte. Von dort wollte er direkt nach Key Biscayne weiterfliegen, ohne Washington auch nur einen Besuch abzustatten.

Vizepräsident Ford leitete die vom Fernsehen übertragene Begrüßungszeremonie in Maine. »Ich kann nicht umhin, festzustellen«, sagte er, »daß das Bibelwort ›Selig sind die Friedensstifter‹ sich abermals bestätigt hat.«

18. Kapitel

Peter Rodino und sein Rechtsberater John Doar hatten sorgfältig darauf geachtet, ihre Gefühle und Schlußfolgerungen beim Fortgang des Impeachment-Verfahrens zu verbergen. Jede öffentliche Erklärung und jeder private Schachzug waren darauf berechnet, den Anschein von Neutralität zu wahren, eine geradezu unumgängliche Haltung. Sie belieferten den Ausschuß mit dem gebündelten Beweismaterial für die vom Weißen Haus Nixons begangenen Straftaten – alles ohne Kommentar. Ihre Strategie war dazu bestimmt, eine nicht parteigebundene Mehrheit für das Impeachment zu schaffen, die sich aus den einundzwanzig Demokraten und vielleicht einem halben Dutzend Republikaner des Ausschusses zusammensetzte.

Als er am 27. Juni aus dem Verhandlungsraum zum Lunch in sein Büro zurückging, war der Vorsitzende nervös. Nach sechs Wochen Anhörungen unter Ausschluß der Öffentlichkeit stand er unter heftigem Druck, das Verfahren zu beschleunigen. Die Republikaner beschuldigten die Demokraten, die Voruntersuchung absichtlich in die Länge zu ziehen. Die demokratische Führungsspitze reagierte empfindlich auf diese Anwürfe und wurde unruhig.

Er machte in dem kleinen Raum halt, in dem sein Assistent Francis O'Brien mit drei Reportern schwatzte – Sam Donaldson von der Fernsehstation ABC sowie Paul Houston und Jack Nelson von der *Los Angeles Times*. Die Presse war ausnehmend sanft mit Rodino umgesprungen – dem Kongreßabgeordneten Mister Jedermann aus Newark, unprätentiös, fair, gerecht.

Was für ein Votum zeichnete sich nach Meinung des Vorsitzenden ab?

Rodino ließ seine sonstige Vorsicht außer acht und sagte, was er dachte: Alle einundzwanzig Demokraten im Ausschuß würden für das Impeachment stimmen; er habe keine offizielle Auszählung vorgenommen, sei aber so gut wie sicher. Die einundzwanzig Stimmen reichten für die Anklageerhebung durch das Repräsentantenhaus aus, aber er halte es für wesentlich, zumindest fünf Republikaner herüberzuziehen und damit dem Ganzen noch mehr Gewicht zu verleihen.

Nelson, ein erfahrener Reporter in Washington, hatte keinen Grund zu der Annahme, daß Rodinos Kommentare inoffiziell seien. In seinem Artikel auf der Titelseite der *Los Angeles Times* am nächsten Morgen hieß es, Rodino habe ungenannten »Besuchern« in seinem Büro erzählt, er rechne mit dem Votum aller einundzwanzig Demokraten für das Impeachment; dann wurden die sechs Republikaner genannt, die sich nach Rodinos Meinung höchstwahrscheinlich der Mehrheit anschließen würden – William S. Cohen von Maine, Caldwell M. Butler von Virginia, Hamilton Fish jr. und Henry P. Smith von New York sowie McClory und Railsback von Illinois. Weiter berichtete die *Times*, Rodino sei zu dem Schluß gekommen, das Beweismaterial reiche aus, um einen Prozeß vor dem Senat zu rechtfertigen. Es handelte sich um eine »background«-Story – Nelson hatte die Tatsachen berichtet, ohne Rodino als Quelle zu nennen oder ihn direkt zu zitieren.

Am Spätvormittag des nächsten Tages überreichte O'Brien dem Vorsitzenden den ausgeschnittenen Artikel. Rodino wurde aschfahl. Seine Stegreifkommentare konnten das sorgfältig aufgebaute Image von Unparteilichkeit zerstören und damit jede Hoffnung, republikanische Stimmen zu gewinnen.

Im Weißen Haus verlor Clawson keine Zeit. Falls der Bericht der *Los Angeles Times* zutreffe, sagte er, solle man Rodino als Vorsitzenden durch einen redlichen Demokraten ablösen.

Sprecher Albert rief Rodino an und drängte ihn, sich im Repräsentantenhaus zu verteidigen. Rodino ging in den Sitzungssaal und teilte seinen Kollegen mit: »Ich möchte unmißverständlich und kategorisch feststellen, daß diese Erklärung nicht zutrifft. Sie entbehrt jeder wie auch immer gearteten sachlichen Grundlage.«

In seiner abendlichen Fernsehsendung sagte Sam Donaldson, er habe Rodinos Äußerung für eine inoffizielle Lagebeurteilung gehalten, aber da sie wiedergegeben und dementiert worden sei, fühle er sich verpflichtet, die Richtigkeit von Nelsons Darstellung zu bestätigen.

Am nächsten Tag bezeichnete Clawson die Untersuchung des Rechtsausschusses als »Hexenjagd einer Partei«, und Pater John McLaughlin nannte Rodino einen »ungehobelten politischen Taktiker«, der sich selbst als ungeeignet für dieses Amt erklären sollte.

Durch seinen Schnitzer entnervt, fand sich Rodino plötzlich in der Defensive; seine Glaubwürdigkeit bei den sogenannten Wechselwählern (den gemäßigten Republikaner und den Demokraten der Südstaaten im Ausschuß) war überstrapaziert.

Rodinos größte Sorge galt dem Republikaner Thomas Railsback aus Moline, Illinois. In seinen Augen fungierte Railsback als Stimmungsbarometer in Sachen Impeachment. Er konnte zwei bis vier weitere Republikaner mitziehen. Ein farbloser Parlamentarier, hatte Railsback normalerweise wenig Einfluß auf seine Kollegen, aber das Impeachment war für ihn eine echte Gewissensfrage, und jeder wußte das. Falls Railsback schließlich gegen den Präsidenten stimmte, könnte das ein Impeachment für Amerikas Rotarier und andere Erzkonservative akzeptabel machen.

Die Impeachment-Untersuchung füllte Railsback restlos aus. Seine Abende verbrachte er damit, das Beweismaterial mit Kollegen im Ausschuß zu diskutieren oder die Tonbänder abzuhören. Das hatte er so oft getan, daß ihm mehrere Irrtümer in deren Abschriften, die dem Ausschuß vorlagen, aufgefallen waren. Railsback nahm am gesellschaftlichen Leben Washingtons, wie es in den Salons von Georgetown gängig war, nicht teil und war daher überrascht, als Joseph Alsop, der bekannte politische Kolumnist, ihn zu sich zum Lunch einlud. Alsops Anruf klang fast wie ein Befehl. Railsback erschien pünktlich.

Alsop verkehrte in jenen intellektuellen Kreisen, mit denen Railsback selten zusammenkam. Ein Vertrauter von Kissinger und Haig, war er zu der Auffassung gelangt, der Präsident sei »zu neunundneunzig Prozent verrückt«. Doch genau wie Kissinger und Haig scheute auch Alsop das Schreckgespenst Impeachment; er fürchtete die Auswirkung auf das politische System, auf Kissingers störanfällige Außenpolitik, auf den Kampf in Indochina. Der Nation würde schwerer und dauerhafter Schaden erwachsen, wenn ein Präsident aus dem Amt vertrieben würde. Alle Präsidenten nahmen es mit dem Gesetz nicht allzu genau, meinte er – das lag in der Natur der Sache. Es war Nixons Pech, persönlich so wenig Sympathie zu erwecken, daß er dafür zur Rechenschaft gezogen wurde.

Impeachment wäre eine Katastrophe, so Alsop zu Railsback. Es würde an den Grundfesten der Präsidentschaft rütteln und das Amt als solches schwächen – ein Triumph für die politischen Außenseiter. Die Kernfrage war nicht Richard Nixon, betonte Alsop, sondern der Fortbestand von Amerikas Stärke und Tradition. Über die Aussicht, daß Ford Präsident würde, mokierte sich Alsop – über die Absurdität, daß ein Mann, der von einem einzigen Wahlkreis in Michigan gewählt worden war, der nicht die geringste außenpolitische Erfahrung und keinerlei Vorstellung von Exekutive besaß, ins Weiße Haus einziehen sollte.

Railsback war verblüfft über Alsops unverhüllte Parteinahme; das erschien ungehörig, wichtigtuerisch, sogar empörend. Trotzdem fand er ihn faszinierend. Alsop lud Railsback nochmals ein – zum Frühstück und zu einem weiteren Lunch. Bei ihrer letzten Zusammenkunft Anfang Juli ließ sich Railsback von Alsop zusichern, ihr Gespräch absolut vertraulich zu behandeln, und legte dann seinen Standpunkt dar. Er werde *nicht* für eine Amtsenthebung Richard Nixons stimmen.

Alsop hielt die Republik für gerettet.

230

St. Clairs Belastung war gewaltig: seinen schwierigen Klienten vor dem Supreme Court vertreten; ihn vor dem Rechtsausschuß verteidigen, wobei jeder Schritt mit dem Public-Relations-Apparat des Weißen Hauses koordiniert werden mußte. Zudem hatte Buzhardt Mitte Juni einen Herzanfall erlitten, von dem er sich zu Hause erholte.

Buzhardt las die Schriftsätze für den Obersten Gerichtshof durch und war entsetzt über deren Qualität. St. Clairs Argumente für die Verweigerung der Tonbänder waren dünn, manchmal kaum mehr als Haarspaltereien. Keine Rede von der klaren, fachkundigen Beweisführung, mit der Charles Alan Wright an die erste Auseinandersetzung um die Tonbänder herangegangen war. St. Clair, der noch nie vor dem Supreme Court aufgetreten war, hatte ein Großteil der Arbeit seinen sogar noch weniger erfahrenen Assistenten überlassen.

Jaworski und Lacovara ihrerseits hatten viel Mühe und Sorgfalt auf die Vorbereitung ihrer Schriftsätze verwandt und beschlossen, sich in die mündliche Beweisführung vor Gericht zu teilen. Allein Jaworskis Anwesenheit würde die große Tragweite des Falles unterstreichen; Lacovara wiederum war mehr mit den juristischen Kniffen vertraut. Sie waren sich darin einig, das Gericht bei jeder Gelegenheit daran zu erinnern, daß sie die Regierung vertraten und daß Richard Nixon nicht als Präsident vor Gericht stehe, sondern als Einzelperson. Deshalb würden sie darauf bestehen, rechts von der Richterbank zu sitzen, der für die Regierung reservierten Seite.

Eine weitere Protokollfrage bereitete Jaworski Schwierigkeiten. Anwälte der Regierung erschienen vor dem Supreme Court traditonsgemäß im feierlichen Cut. Vor Jahren war er aber einmal in einem geliehenen Cutaway aufgetreten, der ihm nicht recht paßte. Seiner Meinung nach hatte er wie ein Pinguin ausgesehen und wollte diesen Mißgriff nicht wiederholen. Lacovara trieb eine Abhandlung über die Gepflogenheiten des Supreme Court auf, fotokopierte den Abschnitt über Kleidungsvorschriften und schickte ihn Jaworski. Die Antwort lautete: »Sie sollten froh sein, daß ich nicht in Cowboystiefeln und Lederhose aufkreuze.«

Am Montag, dem 8. Juli, trug Jaworski einen dunkelblauen Straßenanzug. Als die Regierungslimousine kurz nach neun Uhr vor dem Gerichtsgebäude vorfuhr, brachen die Menschen, die in einer Schlange auf Einlaß warteten, in Beifall aus. »Mach denen die Hölle heiß, Leon« und »Immer feste, Leon«, brüllten sie. Jaworski, Lacovara und James Neal konnten sich nur mit Mühe einen Weg bahnen.

Drinnen warteten sie beklommen nahezu eine halbe Stunde in dem sonst vom stellvertretenden Justizminister benutzten Raum. Um die Spannung zu lösen, spekulierten sie darüber, wie sie vor den Richtern auf den alten Bildern an den Wänden jeweils plädieren würden. Kurz vor zehn Uhr nahmen sie ihre Plätze an dem Tisch rechts von der Richterbank ein. An dem anderen saß St. Clair.

Zwei Minuten nach zehn Uhr kamen die acht Richter in ihren schwarzen Roben herein. Im überfüllten Saal wurde es still, als Chief Justice Burger die Verhandlung eröffnete. »Sie können anfangen, sobald Sie soweit sind, Mr. Jaworski.«

Jaworski wirkte nervös. Unbeholfen und langatmig rollte er auf, wie die Verhandlungen der Grand Jury verlaufen waren. Er stellte fest, daß die Grand Jury den Präsidenten als nicht angeklagten Mitverschwörer benannt habe, und kam dann stockend zum Kernpunkt: Wer ist der Schiedsrichter über die Verfassung?

»Nun, der Präsident mag mit seiner Auslegung der Verfassung im Recht sein«, sagte Jaworski. »Aber er kann ebenso im Unrecht sein. Und wer ist in dem Fall da, der es ihm sagt? Und wenn niemand da ist, steht dem Präsidenten natürlich jede weitere Fehlinterpretation frei. Was wird dann aus unserer verfassungsmäßigen Regierungsform? . . . Die verfassungsmäßige Regierungsform dieser Nation ist ernsthaft gefährdet, wenn der Präsident, wenn jeder Präsident erklären kann, daß die Verfassung das meint, was er befindet, und daß niemand, nicht einmal der Supreme Court, ihn eines anderen belehren darf.«

Richter Stewart hatte hierzu einige Fragen. Jaworski faßte zusammen: »Ich will damit folgendes sagen: Wenn er der einzige Richter ist und sich in seiner Auslegung irrt, dann bleibt seine Interpretation auch weiterhin irrig.«

»Dann wird dieses Gericht ihm das sagen«, meinte Richter Stewart. »Darum geht es doch in diesem Fall, oder?«

»Ja, Sir, eben das halte ich für die entscheidende Frage«, pflichtete ihm Jaworski bereitwillig bei.

Nun nahm er St. Clairs Grundvoraussetzung unter die Lupe. Nach den Bedingungen, die bei seiner Ernennung zum Sonderankläger festgelegt wurden, sei in dem Fall keine interne Auseinandersetzung innerhalb der Exekutive involviert. Jaworski berief sich darauf, daß ihm Haig, Bork und Justizminister William B. Saxbe, der Nachfolger von Richardson, das unbestreitbare Recht zugesichert hätten, den Präsidenten in der Frage des »executive privilege« gerichtlich zu belangen. Es sei Sache des Gerichts, sagte er darüber zu entscheiden, wer in den wesentlichen Punkten recht habe.

Im Gegensatz zu Jaworski war St. Clair freundlich und entspannt, als er mit seinen Ausführungen begann. Nachdrücklich betonte er seine Auffassung, das Gericht sei für diese Auseinandersetzung innerhalb der Exekutive nicht zuständig. Dem Sonderankläger seien zwar einige Befugnisse übertragen worden; dennoch sei der Präsident immer noch der Präsident, und an dieser Tatsache könne das Gericht nichts ändern. Jaworski sei an Anweisungen und Entscheidungen des Präsidenten ebenso gebunden wie jeder Angehörige der Exekutive. Falls das Gericht verfügte, der Präsident habe seine Tonbänder herauszugeben, würden sie unweigerlich zum Rechtsausschuß des Repräsentantenhauses gelangen. Mit diesem Schritt würde das Gericht, wenn auch indirekt, in ein Impeachment-Verfahren verwickelt, wofür der Verfassung nach eindeutig und ausschließlich der Kongreß zuständig sei.

St. Clair wurde zweihundertsiebzehnmal durch Fragen der Richter unterbrochen. Doch ihre Skepsis schien ihn nicht zu schrecken. Sie zweifelten offenbar an seiner These, das »executive privilege« sei absolut, und der Präsident, nicht die Gerichte, habe als letzte Instanz darüber zu entscheiden, welches Beweismaterial ausgehändigt werden solle, selbst in einem Kriminalfall.

Das »executive privilege« sei essentiell für den Schutz der Privatsphäre des Präsidenten, gleich unter welchen Umständen, davon ließ sich St. Clair nicht abbringen. Beispielsweise gelte es für Gespräcme, die der Präsident etwa über die Ernennung eines Richters führe.

Richter Marshall entdeckte in dieser Argumentation eine schwache Stelle. »Und wenn nun ein zur Ernennung vorgeschlagener Richter mit dem Präsidenten ein Abkommen gegen Geld trifft . . . würden sie das für gewichtig halten?«

»Unbedingt«, antwortete St. Clair.

Nach St. Clairs Argumentation wäre der Präsident aber nicht verpflichtet, den Mitschnitt eines solchen Gespräches auszuliefern, stellte Marshall fest.

»Ich würde meinen«, erwiderte St. Clair, »daß das nicht veröffentlicht werden dürfte, sofern es sich um eine vertrauliche Besprechung gehandelt hat. Wenn der Präsident eine solche Persönlichkeit ernennt, liegt das Rechtsmittel klar auf der Hand – Impeachment.«

»Wenn Sie aber nicht davon wissen, wie wollen Sie denn ein Impeachment-Verfahren einleiten?« bohrte Marshall weiter.

»Nun, wenn Sie davon wissen, dann können Sie den Fall darlegen. Andernfalls eben nicht.«

»So, jetzt sind Sie in der Zwickmühle, oder?«

»Nein, das glaube ich nicht.«

Marshall versuchte es zu erklären. »Wenn Sie wissen, daß der Präsident etwas Unrechtes tut, können Sie ein Impeachment-Verfahren anstrengen, aber um das herauszufinden, gibt es eben nur diesen einen Weg. Da irgendwo haben Sie mir nicht mehr folgen können. Weil nicht sein kann, was nicht sein darf.«

Das Publikum brach in Gelächter aus.

Wenige Minuten später begann Lacovara namens der Vereinigten Staaten St. Clair zu widerlegen. Er hatte kaum angesetzt, als Richter White ihn dringend ersuchte, sich auf die Frage des »executive privilege« zu konzentrieren.

Nichts war Lacovara lieber. Er wollte einen entscheidenden Punkt herausstellen, den Jaworski ausgelassen hatte, nämlich die Relevanz von Nixons Status als nicht angeklagter Mitverschwörer. »Dieser Präsident befindet sich nicht in einer Position, dieses Privileg für sich in

Anspruch zu nehmen. Denn bereits eine summarische Darstellung des Falles läßt auf den ersten Blick erkennen, daß es bei diesen Gesprächen nicht um legitime Regierungsgeschäfte oder um die Wahrung legitimer öffentlichen Interessen ging. Wie wir in unserem vierundneunzig Seiten umfassenden Anhang aufgezeigt haben und wie auch die Grand Jury vorbrachte, dienten diese Gespräche der Förderung einer kriminellen Verschwörung, um die Vereinigten Staaten zu betrügen und die Justiz zu behindern.«

Zu St. Clairs Argument, der Supreme Court dürfe nicht in einen politischen Streitfall hineingezogen werden, zitierte Lacovara Beispiele, in denen der Oberste Gerichtshof Fälle mit politischen Implikationen entschieden hatte. Das Gericht sei verpflichtet, die Verfassung zu interpretieren. »Das ist alles, was wir heute fordern. Und es ist auch alles, was Richter Sirica getan hat. Unserer Meinung nach hat er damit richtig gehandelt . . . Wir bitten das Hohe Gericht, sich Richter Siricas Entscheidung in vollem Umfang ausdrücklich, eindeutig und *definitiv* anzuschließen.«

St. Clair nahm die ihm zustehenden fünfzehn Minuten nicht restlos in Anspruch, um Lacovara zu widerlegen. Er räumte ein, daß der Supreme Court häufig über Fälle mit politischen Bezügen entschieden habe. Der jetzt anstehende sei jedoch insofern anders gelagert, als er sich auf das Impeachment-Verfahren auswirken würde.

».. . Der Präsident steht nicht über dem Gesetz. Das behauptet er auch nicht. Er vertritt vielmehr den Standpunkt, daß das Gesetz auf ihn als Präsidenten nur in einer Form angewendet werden kann, nämlich durch Impeachment, nicht durch Nennung als Mitverschwörer in einem Anklagebeschluß der Grand Jury, nicht durch Anklageerhebung oder sonstiges . . .«

Die Verhandlung wurde kurz nach 13 Uhr geschlossen. St. Clair kam lächelnd aus dem Saal. Er plauderte mit Reportern und gab Autogramme. »Ich denke, es lief sehr gut«, sagte er. Jaworski wirkte weniger optimistisch, lächelte aber der Menge zu und dankte für den Beifall. In der Presseabteilung des Anklägers ließ sich James Doyle von den anderen Anwälten des Stabes berichten. Jaworski habe nicht besonders gut abgeschnitten, St. Clair dagegen viel besser; Lacovaras Erwiderung jedoch sei ein Bravourstück gewesen. Buzhardts Informationen lauteten ähnlich.

An jenem Nachmittag traf St. Clair vierzig Minuten lang mit Nixon zusammen. Es sei gut gelaufen, berichtete er dem Präsidenten, sehr gut. Ihre Chancen stünden hervorragend, daran glaube er fest.

Der Präsident sollte die Woche in Washington verbringen, die erste seit zwei Monaten, die er durchgehend in der Hauptstadt weilte. Sein Terminkalender war voll – Sitzungen mit Kabinettsmitgliedern, Wirtschaftsberatern und führenden Kongreßabgeordneten, dazu verschiedene Repräsentationspflichten. Die Konferenzen würden zeigen, daß ein Mann an der Spitze des Landes stand, der sowohl innenpolitisch Aktivität entfaltete als auch seine internationale Führungsrolle ausfüllte. Nixon schien durch seine Reisen und durch St. Clairs Lagebeurteilung neue Kräfte gewonnen zu haben. Eine Meinungsumfrage ergab, daß dreiundfünfzig Prozent der Befragten die Medienberichterstattung über Watergate für übertrieben hielten.

Am Dienstag, dem 9. Juli, konterkarierte Rodino nachmittags das Bestreben des Präsidenten, einen normalen Geschäftsablauf zu demonstrieren. Er veröffentlichte acht Tonbänder in der Version des Rechtsausschusses. Es zeigten sich bestürzende Unterschiede zwischen den Abschriften, die das Weiße Haus zustande gebracht hatte, und dem, was die Mitarbeiter des Ausschusses durch Verwendung besserer Geräte in den gleichen Aufzeichnungen zu hören vermochten. Für Rodino ein Beweis, daß die Vertuschung nach wie vor im Gange war, im Einverständnis mit Haig und Nixons Anwälten. Sein Stab hatte auf 131 Seiten einen genauen Textvergleich angestellt, der an die hundert größere Abweichungen und Auslassungen aufzeigte. Die redaktionelle Bearbeitung des Weißen Hauses erwies sich als vorsätzlich. Änderungen waren offenbar auf St. Clairs Behauptung zugeschnitten, der Präsident habe bis zum 21. März 1973 nichts von der Vertuschung gewußt und dann eingegriffen, um dem ein Ende zu setzen. Laut Fassung des Weißen Hauses über die Sitzung vom 22. März 1973 teilte der Präsident seinen Mitarbeitern mit, John Mitchell empfehle, »daß wir Flexibilität zeigen, um von der Vertuschung wegzukommen«. In der Abschrift des Ausschusses hieß es, Nixon habe Mitchell im entgegengesetzten Sinne zitiert, nämlich: »daß wir Flexibilität zeigen . . ., *um die Vertuschung weiterzuführen*«.* Die Anweisung Nixons an Mitchell vom gleichen Tag, die Haig, St. Clair und Buzhardt dem Ausschuß vorzuenthalten versucht hatten, stand ebenfalls darin: »Ich scheiß drauf, was geschieht. Ich wünsche, daß ihr alle mauert. Sollen sie sich doch auf das Fifth Amendment berufen, auf Vertuschung oder sonstwas, Hauptsache, der Plan wird gerettet. Darum geht's, um nichts weiter.«

St. Clair versuchte, die Weglassungen und Abweichungen zu rechtfertigen. Dieser Abschnitt sei fortgefallen, weil man ihn nicht für relevant gehalten habe, erklärte er vor Reportern. Nach seinen Worten betraf er den Watergate-Senatsausschuß und beinhaltete *de jure* keine Behinderung der Justiz, da er sich auf eine Untersuchung des Kongresses und nicht des Justizministeriums bezog. Bei der »sub poena« verlangten Herausgabe handelte es sich um ein Gespräch zwischen Nixon, Dean und Mitchell. Die nicht in der Abschrift wiedergegebene Unterhaltung fand statt, nachdem Dean offenbar den Raum verlassen

---

* Hervorhebung der Autoren.

hatte, und wurde daher nicht von der »sub poena« betroffen. So St. Clair.

Wie stand es mit den anderen Abweichungen?

»Ich würde das nicht als dramatisch ansehen. Meine Erfahrung hat gezeigt, wenn man diese Bänder drei Leuten zum Abhören gibt, bekommt man auch drei verschiedene Lesarten.«

Ziegler bemühte sich, die Wirkung der Enthüllungen herunterzuspielen. Er ließ Reporter der beiden großen Rundfunkstationen kommen und erhob die Beschuldigung, die Veröffentlichung sei »eine hochgeputschte Public-Relations-Kampagne« von Rodino, Doar und den Demokraten. »Sie haben diesen Weg gewählt, weil sich die Nachrichtenmedien so nur auf einen Teil der Tonbänder konzentrieren. Sie sollten das gesamte Beweismaterial publizieren, und zwar auf einmal und nicht scheibchenweise.«

Die Schlagzeilen in der Morgenausgabe der *Washington Post* vom 10. Juli lauteten: »Abschriften zeigen Nixons Verbindung mit Vertuschung«. Um zehn Uhr empfingen der Präsident und Kissinger die Führungsspitze beider Parteien im Kabinettssaal, um sie eingehend über die Reisen in den Nahen Osten und die Sowjetunion zu unterrichten.

Nixon begann mit einem langen Monolog, in dem er feststellte, seine harte Haltung in Nahost und gegenüber den Nato-Führern in Europa seien Grund genug gewesen, einen kühlen Empfang in Rußland zu gewärtigen. »Es kam anders. Bei keinem der bisherigen Gipfeltreffen waren die Diskussionen so ergiebig und so wenig aggressiv wie diesmal . . . Wir erzielten Fortschritte, die man vor zwei Jahren als gigantisch erachtet hätte, aber jetzt, wo so viel erreicht ist, erscheinen sie vielleicht nicht so wichtig.«

Er wandte sich den Einzelheiten des Atomwaffen-Abkommens zu. Senator Mansfield und Senator Robert E. Byrd, der Einpeitscher der Demokraten, waren offenbar eingeschlafen. Nixon erinnerte an frühere Gipfeltreffen. »1972 fuhren wir zu einer der Datschas, und ich saß viereinhalb Stunden mit drei Sowjet-Führern zusammen. Ich wurde mächtig in die Zange genommen wegen Vietnam. Ganz gewaltig. Breschnew rannte hin und her und schlug auf den Tisch. 1973 ging ich um 23 Uhr zu Bett. Henry weckte mich um Mitternacht und sagte: ›Breschnew möchte reden.‹ Wir saßen von 24 bis 3.30 Uhr zusammen. Diesmal bekam ich eine Abreibung wegen Nahost. Wenn wir in beiden Fällen weich geworden wären, hätten wir keinen globalen Fortschritt erzielt. Aber wir blieben hart.«

Der Präsident blickte in die Runde. »Die Vereinigten Staaten haben die Wahl, entweder ein Abkommen zu schließen, das unseren und ihren Zielen entspricht . . .«

Kissinger, ständig auf dem Sprung, griff den Faden auf. »Etwas

Interessantes hat sich herausgestellt – sie schätzen unsere Kampfkraft unter der Perspektive . . .«

Nixon unterbrach ihn. »Es war eine harte Diskussion, aber keine, die in einer Sackgasse endete. Sie kehren zurück und reden mit ihren Leuten, und wir tun das gleiche. Ich unterhielt mich mit Verteidigungsminister Gretschko und stellte fest, daß es ihm keineswegs völlig an Verständigungsbereitschaft fehlte. Man kann also sehen, daß sie den starken Mann markieren wollen.«

»Den was?« fragte der schwerhörige Senator Stennis.

»Den starken Mann markieren! Starken Mann!« wiederholte der Präsident laut. Man kicherte. »Und in dem Fall werden Sie in Ihrem Ausschuß mehr Geld für Waffen bewilligen müssen, John.«

Kissinger erwähnte China. »Wir rechnen damit, daß China zwischen 1978 und 1980 in der Lage sein dürfte, im Gegenschlag Millionen von Sowjets zu töten.«

Der Präsident unterbrach ihn. »Wir glauben, China würde den Verlust der Hälfte seiner Bevölkerung hinnehmen.«

Frankreich. Kissinger sagte: »Pompidou stand im letzten Jahr so sehr unter Medikamenten, daß er nicht klar denken konnte.«

Kissinger begann die Diskussion zu beherrschen. »Eines der größten Probleme in den Ost-West-Beziehungen liegt darin, daß in den Vereinigten Staaten ständig von unserer bevorstehenden militärischen Unterlegenheit die Rede ist. Diese Frage mußten wir überall beantworten. Deshalb müssen wir dafür Sorge tragen, daß unsere Debatte daheim nicht ausufert.«

Er fuhr mit seinem Bericht fort, Land für Land.

Italien. Laut Kissinger sei es »in einer miserablen Verfassung. Verzeihen Sie, aber mit ihnen zu verhandeln ist so, als wenn man zu einer Gruppe von Harvard-Professoren spricht«. Gelächter. »Man hat einfach nicht das Gefühl, daß irgendwas dabei herauskommt.«

Bundesrepublik Deutschland. Der neue Kanzler Helmut Schmidt »leidet nicht an dieser sterilen Gefühlsduselei, von der Brandt am Schluß geplagt wurde«, kommentierte Kissinger.

Das Gipfeltreffen in Rußland. »Die Hauptsitzung fand am Sonntagnachmittag auf der Krim statt, wo der Präsident und Breschnew nachrichtendienstliche Erkenntnisse austauschten. Wenn ich so sagen darf – jeder andere wäre wegen Weitergabe solcher Informationen verhaftet worden.«

Breschnews Weigerung, zu irgendeinem Abkommen mit Nixon zu gelangen, erwähnte der Außenminister nicht; trotzdem schien der Präsident dank Kissingers Offenherzigkeit ein Ausufern der Diskussion zu befürchten. Deshalb gab er jetzt seine Interpretation der sowjetisch-amerikanischen Beziehungen: »Warum haben die Sowjets verzichtet und es uns überlassen, eine Regelung für Berlin, Vietnam und Nahost zu finden? Erstens weil die Vereinigten Staaten groß, mächtig und stahlhart sind, und das wissen sie. Zweitens die Friedensbesessenheit in der UdSSR. Zwanzig Millionen Russen wurden im Zweiten Weltkrieg getötet. Wir müssen auf diesen Angstfaktor setzen, ihn wirken lassen, aber ebenso den der Hoffnung.«

Abends hatte der Präsident zehn konservative Kongreßabgeordnete beider Parteien auf seiner Yacht zu Gast. Regen trieb sie unter Deck, wo Nixon abermals über seine Reisen nach Nahost und Rußland monologisierte.

Er verbreitete sich ausführlich über die Menschenmassen, vor allem die in Ägypten. Wie freundlich sie gewesen waren. Wie sie Beifall klatschten, als ihr Führer Nasser – nein, natürlich Sadat . . . Wie bereit die Ägypter waren, den Wünschen der Russen entgegenzuhandeln. Dieses Verhältnis mußte gepflegt werden, die Freundschaft mit Nasser nämlich. Diesmal verbesserte er sich nicht, und auch später sprach er wiederum von Nasser.

Die Kongreßabgeordneten sahen sich betreten an. Der Präsident schwadronierte weiter. Die Russen seien vom Frieden förmlich »besessen«. Er habe sich einen endlosen russischen Film über das Gemetzel im Zweiten Weltkrieg ansehen müssen.

Zum Dinner gab es Rindslende. Der Präsident war in seiner New Yorker Zeit zum Weinkenner geworden, und seine Leibmarke, ein 1966er Château Margaux, die Flasche zu rund dreißig Dollar, war stets auf der *Sequoia* vorrätig. Wenn zahlreiche Kongreßabgeordnete an Bord waren, hatten die Stewards genaue Verhaltensmaßregeln bekommen: Sie mußten den Gästen einen ganz ordentlichen Wein zu sechs Dollar auftischen, sein Glas aber aus einer Flasche Château Margaux, die in eine Serviette eingehüllt war, vollschenken.

Gepflegt und sonnengebräunt erschien John Dean im Verhandlungssaal des Rechtsausschusses kurz vor zehn Uhr am Donnerstag, dem 11. Juli. Er lächelte und schüttelte St. Clair die Hand. Dann nahm er am Zeugentisch Platz.

Ein Jahr lang hatten die Verbündeten des Präsidenten auf die Gelegenheit gewartet, Dean unter Eid zu befragen. Im Weißen Haus galt er als die verschlagene, intrigante »Graue Eminenz« – diese Bezeichnung stammte von Kolumnist Joseph Alsop –, die den Präsidenten in die Vertuschung hineingezogen hatte. St. Clair war bereit. Das würde die Hauptrunde in Sachen Watergate – das klassische Duell zwischen einem bedeutenden Anwalt, der ein Kreuzverhör vornahm, und einem wichtigen Zeugen. Im Fall Army gegen McCarthy hatte St. Clair miterlebt, wie Joseph Welch in einem berechtigten Zornausbruch McCarthy zu Boden gehen ließ. Er erhoffte sich einen ähnlichen Triumph.

Doar kam als erster dran; Deans Antworten waren kühl, wohlformuliert und ausführlich. Die chronologische Folge der Ereignisse war ihm absolut geläufig; er erinnerte sich so präzise an Einzelheiten wie bereits im vergangenen Sommer in den Verhören vor dem Watergate-Senatsausschuß.

Um 14.10 Uhr begann St. Clair mit der Befragung. Er konzentrierte sich sofort auf den Angelpunkt seiner Verteidigung – daß Nixon die Zahlung von 75 000 Dollar, die Howard Hunt am 21. März erhalten hatte, *nicht* gebilligt habe. Während er sprach, fixierte er den Ausschuß, eine Technik, die Anwälte vor Gericht anwenden, um einen Zeugen zu entnerven und die Geschworenen an ihre Pflicht zu gemahnen.

Bei seinen Recherchen war St. Clair auf eine verblüffende Erklärung Deans vor dem Senatsausschuß gestoßen, eine Erklärung, die nach seiner Überzeugung in sich ausreichte, den Präsidenten von der Ereignisserie auszunehmen, die zur Zahlung der 75 000 Dollar führte. Er ergriff den grünen Pappband mit den Zeugenaussagen vor dem Watergate-Ausschuß und las von Seite 1423 vor. Sie bezog sich auf die Zusammenkunft des Präsidenten mit Dean vom 21. März*. Dean hatte ausgesagt: »Und die Geldfrage blieb in dieser Besprechung weitgehend in der Schwebe. Nichts wurde geklärt.«

»Erinnern Sie sich an diese Aussage?« fragte St. Clair.

»Ja, in bezug auf . . .«

St. Clair unterbrach ihn scharf. »Ist das die Wahrheit?«

»Ja, in bezug auf die Beschaffung von einer Million Dollar. Meiner Meinung nach war in keiner Weise geklärt worden, wie die Million Dollar zu beschaffen wäre.«

St. Clair hatte sich geirrt: In dieser Besprechung wurde das Thema Geld zweimal erörtert – wie man irgendwann eine Million Dollar auftreiben sollte, um sämtliche Einbrecher auszuzahlen; und Hunt, der umgehend 120 000 Dollar forderte, von denen 75 000 am gleichen Tag entrichtet wurden. Dean hatte niemals behauptet, die Frage nach Beschaffung der Million Dollar sei gelöst worden.

Doch St. Clair zitierte, immer noch verwirrt, Deans protokollierte Aussage zum zweitenmal. »Ist das die Wahrheit?« fragte er wiederum.

»Ich bleibe bei meiner letzten Antwort, Mr. St. Clair.« Dean erkannte seinen Punktvorsprung und hakte nach. Bis zu seiner Besprechung mit dem Präsidenten habe er die Beteiligung an jeder Entscheidung abgelehnt, die weitere Zahlungen an die Einbrecher zur Folge gehabt hätte, erklärte er.

»Als ich hineinging, wollte ich versuchen, die Zahlung an Hunt zu verhindern. Und als ich herauskam, war ich umgedreht worden . . . Der Präsident hielt sie für wünschenswert.«

* In seiner Zeugenaussage vor dem Watergate-Ausschuß hatte Dean irrtümlich bekundet, die Sitzung habe am 13. März stattgefunden.

Die Befragung wurde fortgesetzt. Dean bewies weiterhin seine überlegene Kenntnis und Beherrschung der Materie. Mehrmals verbesserte er St. Clair, was Daten oder Namen anbelangte. Dann wollte St. Clair von ihm Auskunft über eine Frage, die John Mitchell beim Präsidenten angeschnitten habe.

»Ich sagte aus, daß Mr. *Ehrlichman* die Frage anschnitt«, stellte Dean richtig.

»Es wäre wesentlich einfacher, wenn Sie nach Möglichkeit nur mit ja oder nein antworten würden«, fuhr ihn St. Clair an. »Wir haben schließlich nicht unbegrenzt Zeit.«

»Gewiß.«

»Besten Dank«, entgegnete St. Clair kühl, als habe er endlich einen Punkt gewonnen.

»Aber ich möchte den Ausschuß in vollem Umfang über alles informieren, was ich weiß«, fügte Dean hinzu.

»Das ist mir klar. Jetzt beantworten Sie nur die Frage!«

Einige Ausschußmitglieder erhoben Einwände; St. Clair versuche, den Zeugen einzuschüchtern.

Der Anwalt ging in die Defensive. »Mir kommt es lediglich darauf an, Mr. Chairman, daß die Antworten sehr ausführlich und großenteils nicht sachdienlich waren. Doch ich will die Frage nicht vertiefen, sondern fortfahren.«

St. Clair erschien es absurd, daß ein so wichtiger Zeuge wie Dean nur einen halben Tag ins Kreuzverhör genommen werden sollte. Jetzt bekam er Vorträge von ihm, aber keine Antworten. Dean ist ein smarter kleiner Bastard, sagte sich St. Clair, aber lassen wir seine Sermone über uns ergehen, denn schließlich wird er sich doch verplappern.

Der Vorsitzende bat St. Clair, seine Frage zu wiederholen.

»Ich muß mich entschuldigen«, sagte er. »Darf ich bitten, sie zu verlesen? Ich kann mich nicht mehr daran erinnern.«

Dean reagierte prompt. »Ich erinnere mich an die Frage und an die Antwort, die ich geben wollte. Damit würden wir Zeit sparen.«

»Einverstanden, Mr. St. Clair?« fragte der Vorsitzende.

»Ja«, antwortete St. Clair hilflos.

Dean wiederholte die Frage und beantwortete sie.

St. Clair versuchte, den Faden wiederaufzugreifen. Berichtete Ehrlichman am Nachmittag des 21. März dem Präsidenten über das zur Debatte stehende Gespräch?

»Das Gespräch hatte am Morgen des 22. März stattgefunden«, verbesserte Dean ihn abermals, »demnach hätte er unmöglich am Nachmittag des 21. darüber berichten können.«

Die Frage war zwar nicht schwerwiegend, aber St. Clair wurde klar, daß man ihn aufs Glatteis geführt hatte. »Tut mir leid. Ich habe mich versprochen«, sagte er kleinlaut.

Der Anwalt des Präsidenten erholte sich nicht mehr. Um 16.35 Uhr beendete er sein Verhör. Jetzt waren die Ausschußmitglieder an der Reihe. Während jeder Dean fünf Minuten lang befragte, hockte St. Clair zusammengesunken auf seinem Stuhl, den Kopf im Nacken und starrte an die Decke. Mehrmals schloß er die Augen. Er hatte die Gelegenheit verpaßt, eine Rede wie seinerzeit Joe Welch zu halten und John Dean fertigzumachen.

19. Kapitel

David Eisenhower spielte gern. In der ersten Amtsperiode Nixons hatten er und der Präsident häufig Lochbillard gespielt, von ihnen Golf genannt. Dabei wurden die Kugeln jeweils vor eines der sechs Löcher gelegt und eine vor das Queue; es ging darum, alle sieben Kugeln mit möglichst wenig Stößen in die Löcher zu bugsieren, was dem Präsidenten einmal mit dreien gelungen war. Seit 1971 hatte er jedoch mit Lochbillard aufgehört.

Je weiter die zweite Amtsperiode fortschritt, desto mehr spielte David. So auf dem Tennisplatz des Weißen Hauses eine Art Federballspiel mit ein paar Mitarbeitern. Es hieß *Home Run Derby*, und man mußte dabei den Ball über die Hecke schlagen. Manchmal konnte er Julie überreden, mitzumachen. Die beiden spielten auch häufig Bridge. Außerdem schätzte David das Brettspiel *Diplomacy*, bei dem er immer gewann.

Sein Lieblingsspiel aber war *American Professional Baseball Association*, bei dem die Teilnehmer als Mannschaftskapitäne fungierten. Auf komplizierten, von Computern errechneten Tabellen waren die Durchschnittswerte verzeichnet, die sämtliche Spieler jedes Baseballteams seit den fünfziger Jahren erzielt hatten. David, der die Aufstellung änderte und die Stärken und Schwächen der echten Mannschaften kannte, konnte jeweils zehn bis fünfzehn Spiele mehr gewinnen, als es dem Team in der betreffenden Saison tatsächlich gelungen war. Oft spielte er allein oder mit seinem Kommilitonen Brooks Harrington, gut einen Meter fünfundachtzig groß, ehemaliger Football-Spieler auf dem College, politisch liberal. Im Spätfrühjahr und Frühsommer 1974 verbrachte David täglich bis zu drei oder vier Stunden beim APBA-Spiel.

Über diese Leidenschaft für Baseball – er hatte den vergangenen Sommer als Sportberichterstatter für eine Zeitung in Philadelphia verbracht – mokierten sich viele Mitarbeiter des Weißen Hauses. Wenn sie ihn am Spätnachmittag mit einem Packen juristischer Lehrbücher unter dem Arm durchs Haus gehen sahen, witzelte Tom DeCair vom Presseamt: »David ist zurück vom Baseball-Training.« Andere nannten ihn einen Hohlkopf.

Aber bei allem Prestigeverlust erfüllten die langen Stunden, die er mit Baseballspiel oder *Diplomacy* zubrachte, offenbar doch den beabsichtigten Zweck, David zu einer gewissen Distanz zu den Problemen von Watergate zu verhelfen. Harrington, inzwischen sein bester Freund, bedrängte ihn nicht damit, obwohl das Thema unweigerlich aufkam. Als die bearbeiteten Abschriften im April veröffentlicht wurden, sagte David zu ihm: »Du und ich, wir wissen beide, wie das ausgehen wird.« In diesen Wochen versuchte David, keine Nachrichtenmagazine zu lesen; wenn Harrington dann einen Artikel erwähnte, wollte David ihn doch sehen. Er schnappte sich eine Ausgabe von *Time*, las sie und kam kopfschüttelnd zurück.

David erzählte Harrington, einem ehemaligen Angehörigen des Marine Corps, daß er daran denke, wieder zur Navy zu gehen. Er wolle weg von allem und habe das auch seiner Großmutter Mamie Eisenhower gesagt. »Sie hüpfte fast aus dem Bett vor Freude.«

Doch eine solche Flucht nützte letztlich auch nicht mehr als das stundenlange Spielen, meinte er. David setzte sich mit etwas auseinander, das er vorher nicht ganz erkannt hatte: Als er Julie heiratete, war er nicht nur Mitglied der Nixon-Familie, sondern auch der Nixon-Administration geworden. Annehmlichkeiten, Reisen, den Status eines inoffiziellen Präsidentenberaters – all das hatte diese Ehe mit sich gebracht. Und jetzt zerfiel die Administration ebenso wie alles andere.

Die Verteidigung ihres Vaters beanspruchte Julie völlig, so daß ihre Ehe darunter litt. Ihre Liebe zu ihm war unkompliziert. Sie betrachtete jede negative Entwicklung als rein technische Frage und bat David, sie nicht mit solchen Bagatellen zu behelligen. Der Präsident wandte sich immer mehr Julie zu und suchte bei ihr Liebe, Hingabe und Beistand.

Diese Situation widerstrebte David. Er wollte seine Frau zurückhaben. Ihre Erkrankung Anfang des Jahres, eine Tubenschwangerschaft, hielt er für psychosomatisch; es sei dazu gekommen, weil sie sich derart über das Schicksal ihres Vaters aufgeregt habe, äußerte er Harrington gegenüber.

Davids Verhalten bedrückte Mrs. Nixon. »Warum stehst du Julie nicht zur Seite?« Nach ihren Worten verteidigte Julie ihren Vater draußen an der Front, während David in der Bibliothek studierte oder irgendwo *Diplomacy* spielte. Einmal war es zu einer lautstarken Auseinandersetzung gekommen, und David hatte fluchtartig das Zimmer verlassen.

Er kämpfte mit aller Kraft um eine klare Abgrenzung zwischen Politik, Loyalität der Familie gegenüber und seinen persönlichen moralischen Grundsätzen, seinem Eigenleben. Es war schwer, den richtigen Standort zu finden.

Der Präsident hatte gewünscht, daß David ihn in die Sowjetunion begleiten und bei der Unterrichtung der Presse helfen solle. Doch David lehnte ab. Statt dessen nahm er nach dem Frühjahrssemester sechs Wochen Urlaub, um festzustellen, ob er und Julie überhaupt noch ein eigenes Leben führen könnten.

Der negative Ausgang von Watergate stand für ihn fest. Damit stieß er jedoch bei Julie auf taube Ohren. Ihre bedingungslose Loyalität machte es ihr unmöglich, sich mit den Ereignissen sachlich und unvoreingenommen auseinanderzusetzen. Gegen ihren Starrsinn ließ sich schwer ankämpfen. Mitunter kam sie ihm wie eine Westernheldin vor – die treue, ergebene Tochter, die ihren von Feinden umzingelten, unschuldigen Vater verteidigt. David, zumindest ein Teil von ihm, wollte dazu beitragen, daß sie recht behielt.

Seine Einstellung zur Nixon-Administration war zutiefst persönlich gefärbt. 1968 hatte er Nixon ein Memorandum geschickt, in dem er ihm auseinandersetzte, warum er für die Präsidentschaft kandidieren sollte. Das Wahlergebnis damals stimmte sie alle euphorisch, im Gegensatz zur Siegesfeier 1972. David und die übrige Familie wußten, daß Watergate dem Präsidenten furchtbar zusetzte, und 1973 sahen sie, wie es ihn allmählich zugrunde richtete. Präsident zu sein, mache keinen Spaß mehr, nachdem Haldeman und Ehrlichman gegangen seien, erklärte Nixon. Das nächste Jahr war noch schlimmer. Auch für David.

»Wir sind unschuldig«, beteuerte der Präsident wiederholt. Und David empfand Teilnahme für Mr. Nixon, wie er ihn immer nannte. Vielleicht könnte eine Erfahrung, die er selber in der Navy gemacht hatte, ihm die Probleme des Präsidenten näherbringen. Damals, als Lieutenant auf der U.S.S. *Albany*, hatte auch er einmal etwas vertuscht.

David wurde mit einer zusätzlichen Funktion betraut: Abwehroffizier. Als er die Aufgabe übernahm, hatte er Hunderte von Geheimpapieren quittiert, also den Empfang der Dokumente von seinem Vorgänger bestätigt. Es fehlte die Zeit, die Unterlagen auf ihre Vollständigkeit hin zu kontrollieren, geschweige denn jede einzelne Akte seitenweise abzuzeichnen, wie es die Vorschrift verlangte.

Als David nur noch einen knappen Monat an Bord vor sich hatte, forderte sein direkter Vorgesetzter von ihm einen kompletten Rechenschaftsbericht über die mehr als vierhundert Publikationen. Bei der ersten Überprüfung vermißte David dreißig. Nach gründlicher Inspektion des ganzen Schiffes fehlten immer noch zehn. Es waren die schlimmsten drei Wochen seines Lebens, wie er seinen Freunden erzählte – voller Schreckensvisionen vom Militärgefängnis Portsmouth, während er suchte und suchte. Schließlich fand er alle bis auf eine: ein Geheimdossier über russische Infrarotdetektoren. Er hatte den Empfang von vier Druckexemplaren quittiert und nur drei ausfindig gemacht. In ihrer Verzweiflung ersannen David und ein anderer Offizier einen komplizierten Plan, um die Behörden zu täuschen. Sie verbrannten eine zusätzliche Dünndruckausgabe der Publikation und erklärten, es habe sich um eins der Originale gehandelt. Dann beglaubigten sie den Bericht, in dem es hieß, das fehlende Exemplar sei nach den Vorschriften über die Vernichtung von zusätzlichem Geheimmaterial verbrannt worden.

Da David ja nicht mit Sicherheit wußte, was er damals quittiert hatte – nie herausbekam, ob ursprünglich tatsächlich vier Exemplare vorhanden gewesen waren –, redete er sich ein, er habe möglicherweise doch nichts Unrechtes getan. Ebensowenig wie vielleicht sein Schwiegervater.

Den Abend des 11. Juli verbrachten Brooks Harrington und seine Frau Carol, Lieutenant bei der Navy und Assistentin des Leiters der Einheit für Beziehungen zwischen den Rassen, mit den Familien Nixon, Cox und den Eisenhower an Bord der *Sequoia*. Bei wunderbarem Sommerwetter mit Temperaturen um fünfundzwanzig Grad nahmen sie ihre Drinks an Deck.

Der Präsident fragte Carol Harrington, wo sie Brooks kennengelernt habe.

In der Guantánamo Bay Navy Base auf Kuba, was ihn zu interessieren schien.

Er erkundigte sich, wie die Basis organisiert sei. Hatte es irgendwelche Zwischenfälle mit dem Castro-Regime gegeben? Wie viele Zivilisten waren dort beschäftigt? Wurde sie häufig von Schiffen der Navy angelaufen? War es ein angenehmer Dienst? War die Basis gegen Angriffe abgesichert?

»Erzähle ihnen von der Rußlandreise, Dick«, bat Mrs. Nixon schließlich. Die Bootsfahrt war eigens zu dem Zweck arrangiert worden.

Er schwärmte förmlich – besonders von seiner persönlichen Beziehung zu Breschnew, wobei er sie ersuchte, darüber zu niemandem zu sprechen. Wortreich entwarf er ein Bild der beiden führenden Staatsmänner der Welt, denen gewisse konservative Wertbegriffe gemeinsam waren – was die Gesellschaft ihrer Länder, das Wesen politischer Führung betraf. Sie gehörten als einzige dem exklusivsten Klub dieser Erde an. Nur sie konnten einander verstehen. Nur sie vermochten zu erfassen, welch schwere Last die Führung der zwei Supermächte bedeutete.

Brooks zuckte zusammen. In seinen Ohren klang das nach snobistischer Vereinsmeierei.

»Die Russen haben dich vermißt, David«, stichelte der Präsident.

David fühlte sich schuldbewußt.

Nixon erzählte von einer Bootsfahrt, die er mit Breschnew unternommen habe und bei der er beinahe erfroren sei. Plötzlich grübelte er geistesabwesend vor sich hin.

Die *Sequoia* fuhr weiter den Potomac hinunter und passierte eine Brücke. Mrs. Nixon wies darauf hin, daß diesmal zum Glück keine Reporter am Geländer stünden.

Julie wuselte geschäftig um ihren Vater herum. »Fühlst du dich auch wohl, Daddy? Scheint dir die Sonne in die Augen? Möchtest du noch einen Drink?«

Er registrierte ihre Fragen kaum.

Als Harrington sich erkundigte, ob die sowjetischen Politiker das Militär hofieren müßten um sich an der Macht zu behaupten, wurde Nixons Interesse wieder geweckt.

Er verneinte und begann sich über das Wesen des Militärs auszulassen. Wenn man den amerikanischen Militärs einen Vorschlag mache, einen Hinweis gebe, erklärte er, sagten sie zunächst nein, das ginge nicht. Als Beispiel nannte er die Invasion in Kambodscha im Jahre 1970. Damals hatten die Militärs für Zurückhaltung plädiert, die Operation als zu riskant und nur bedingt nützlich bezeichnet. Er sei die treibende Kraft gewesen, betonte Nixon, derjenige, der das entscheidende Wort sprechen mußte.

Sie plauderten angeregt und entspannt, bis David eine Bemerkung über die Enthüllung von Nixons Abhörsystem entschlüpfte. Die Töchter des Präsidenten zuckten zusammen, er zog sich wieder in sein Schneckenhaus zurück, und das Gespräch stockte. Zum Glück war es Zeit zum Dinner.

Der Präsident ging ans Kopfende des Tisches und deutete auf den Platz zu seiner Linken. »Julie sitzt hier.« Brooks dirigierte er auf den Stuhl rechts von ihm.

Die Stewards servierten Steaks. Der Präsident starrte, immer noch geistesabwesend, auf seinen Teller.

»Iß doch dein Steak, Daddy«, bat Julie.

Er nahm einen Bissen.

»Ist es denn nicht gut?«

Die anderen begannen verlegen über Rindfleischpreise zu reden und warteten auf irgendeine Reaktion des Präsidenten der weiterhin mit gesenktem Blick im Essen herumstocherte.

Ein Steward erkundigte sich, was sie als Nachtisch wünschten.

Julie wandte sich an ihren Vater. »Nimm doch ein Stück Apfelkuchen.«

Er schüttelte verneinend den Kopf.

»Wie wär's mit Eiscreme, Daddy?«

Nein.

Sie erklärte dem Steward, der Präsident wünsche Eiscreme mit Schokoladensoße.

Nixon fügte sich und löffelte das Dessert.

»War das Essen nicht gut?« fragte sie.

»Es war schon in Ordnung. Nicht so gut wie letztesmal.«

Nach dem Dinner zogen sie sich nach achtern in die Kabine zurück, um sich weiter zu unterhalten. Ein Jahr zuvor hatte sich der Präsident jede Zeitschrift oder Zeitung an Bord verbeten. (Im Weißen Haus wurde nur der Sportteil der *Washington Post* allmorgendlich auf den Tisch neben seiner Tür gelegt.)

Nixon wollte von Brooks und David wissen, was sie von ihrer Generation hielten. Die erschreckend nachlassende Opferbereitschaft der Jugend bereitete ihm Sorgen.

Brooks hatte als Organisator in Oklahoma für Schwarze und Indianer gearbeitet. Doch sowie der Einsatz beendet war, verlor sich bei allen offenbar auch wieder jedes soziale Bewußtsein. Keiner wollte sich für eine Sache engagieren, die über seine eigenen Interessen hinausging. Der Präsident nickte.

David sprach von seinen Kommilitonen in Amherst, die nie ein Wort gegen den Krieg verloren hatten, bis sie eine niedrige Rekrutierungsnummer bekamen.

Nixon fand es bedenklich, daß Geschäftsleute sich für ihren Beruf entschuldigten, als sei er nicht mehr ehrbar. Zu viele Amerikaner lebten von Regierungsalmosen. Selbstvertrauen sei vielleicht überholt.

Julie schlug vor, Brooks solle für den Kongreß kandidieren.

Brooks und David auch, meinte der Präsident. Seine Stimme bekämen beide. Er erkundigte sich, wie alt Brooks sei.

Sechsundzwanzig.

»Warten Sie, bis Sie zweiunddreißig sind, und dann gehen Sie ran«, riet der Präsident.

20. Kapitel

Am Freitag, dem 12. Juli, veröffentlichte der Rechtsausschuß des Repräsentantenhauses sein Beweismaterial – 3888 Seiten. Doar und sein Mitarbeiterstab hatten rein chronologisch und ohne jeden Kommentar die Fälle von Machtmißbrauch im Weißen Haus Nixons katalogisiert.

Die Titelseiten der Zeitungen waren voll von vernichtenden Auszügen.

Mittags wurde Jerry Warren bestürmt. Bereits am Morgen hatte St. Clair öffentlich geäußert, er rechne damit, daß der Ausschuß für das Impeachment stimmen würde – das erste derartige Zugeständnis des Weißen Hauses.

Wie der Präsident die Lage beurteile, wollten die Reporter von Warren wissen.

Der Präsident rechne ebenfalls damit, daß der Ausschuß einen Antrag auf Impeachment vorlegen werde, erklärte Warren.

Die Reporter rannten zu den Telefonen.

Wenige Minuten später stand Ziegler auf dem Podium, um die Wogen zu glätten.

»Der Präsident erkennt an, daß es sich hier um ein politisches Verfahren handelt. Er wäre nicht überrascht, wenn der Ausschuß gegen ihn votierte«, erklärte Ziegler. »Er ist jedoch der festen Meinung, daß das Repräsentantenhaus nicht für Impeachment stimmen wird.«

Um 16 Uhr begab sich der Präsident an Bord der *Air Force One* und flog – nach der Darstellung des Weißen Hauses – zu einem Arbeitsurlaub an die Westküste. Eine knappe Stunde danach trafen weitere Hiobsbotschaften ein: John Ehrlichman war der Verschwörung schuldig befunden worden, die Bürgerrechte von Daniel Ellsbergs Psychiater verletzt und ferner in drei weiteren Anklagepunkten das FBI und die Grand Jury belogen zu haben.

An Bord des Flugzeugs erfuhr Ziegler nähere Einzelheiten von seinen Mitarbeitern im Washingtoner Presseamt, die wissen wollten, was sie den Reportern sagen sollten.

Er war ratlos und gab Anweisung, aus den Akten herauszusuchen, wie man in den Fällen reagiert hatte, in denen andere Mitarbeiter sich schuldig bekannt, ins Gefängnis gekommen oder verurteilt worden waren.

In Washington stöberte man eine Erklärung auf, die im Namen des Präsidenten nach der Verurteilung seines ehemaligen Terminsekretärs Dwight L. Chapin herausgegeben worden war und in der Nixon Chapins Familie seiner Anteilnahme versichert hatte. Man setzte dafür einfach Ehrlichmans Namen ein und veröffentlichte die Erklärung zum zweitenmal.

Leon Jaworski traf Vorbereitungen. Nicht einmal seine vertrautesten Mitarbeiter wußten genau, was er vorhatte. Er rief seinen Freund Joseph Califano an. In einer derart schwerwiegenden Frage brauchte er einen erfahrenen Fachmann, um sämtliche Aspekte zu prüfen. Jaworski war bekannt, daß Califano in Kontakt mit Haig stand. Seit Monaten hatten der General wie der Ankläger Califano als Mittelsmann benutzt, um das Terrain zu sondieren.

Jaworski war jetzt sicher, daß der Präsident tief in Schwierigkeiten steckte, aus denen er sich unmöglich herauswinden konnte. Sobald Nixon seine Lage klarer erkannte, mochte sich alles über Nacht ändern.

Mit dem Rücken zur Wand, würde selbst der stolzeste Mann ein Gegengeschäft abschließen. Es war keineswegs unvorstellbar, daß Richard Nixon bald bereit wäre, über einen Vergleich zu verhandeln Und Jaworski seinerseits war bereit, die Bedingungen zu erörtern.

Für den Ankläger war dies das heikelste Thema. Die einzige öffentliche Kritik gegen ihn bezog sich darauf, daß er einigen von Nixons Leuten zugestanden hatte, sich schuldig zu bekennen, und zwar in einer herabgesetzten Zahl von Anklagepunkten. Was hatte der Präsident anzubieten? Konnte Jaworski ihn auffordern, sein Amt aufzugeben? Besaß irgend jemand das Recht, das von einem Präsidenten zu verlangen? Würde der Sonderankläger damit in das Impeachment-Verfahren eingreifen? Konnte Jaworski auf einer Zeugenaussage Nixons gegen die anderen der Vertuschung Angeklagten bestehen? Der Präsident als Kronzeuge – das klang absurd. Sollte Jaworski den Eröffnungszug machen? Wie konnte er sie wissen lassen, daß er bereit war, etwas auszuhandeln?

Jaworski wollte das nationale Interesse im weitesten Sinne im Auge behalten. Ihm lag daran, Watergate so schnell wie möglich zu beenden, und das am besten dadurch, daß man den Präsidenten sein Amt verschachern ließ. Damit würde dem Land eine Zerreißprobe erspart und die Ungewißheit aufhören. Haigs Kommentare waren in jüngster

Zeit ungewöhnlich beunruhigend. Er hatte Jaworski gegenüber angedeutet, der Präsident sei labil – faktisch unkontrolliert. Jetzt standen nach Haigs Worten tatsächlich vor allem das nationale Interesse, vielleicht die nationale Sicherheit auf dem Spiel.

Es gab da aber noch einen Faktor. Jaworski war überzeugt, Nixon niemals vor Gericht bringen zu können. Das Repräsentantenhaus würde für Impeachment stimmen und der Senat den Schuldspruch fällen. Der Prozeß gegen die der Vertuschung Angeklagten begann im Herbst. Bei der damit verbundenen Publizität mußte man ausschließen, daß Nixon, ein ehemaliger Präsident, ein faires Gerichtsverfahren bekäme. Wenn er einen Vergleich aushandelte, würde Jaworski damit nicht viel verschenken.

Es war eine sehr hypothetische Diskussion. Jaworski und Califano prüften die Kernpunkte, die Prioritäten, die Fragen der Fairneß und der Gleichheit vor dem Gesetz. Jaworski bleibe keine andere Alternative, als die Entwicklungen abzuwarten, meinte Califano. Sie wollten in Verbindung bleiben.

An jenem Dienstag, dem 17. Juli, trafen sich die Senatoren Scott und Mansfield im Büro des republikanischen Fraktionsführers. Sie waren sich einig, daß die Vorbereitung für ein Senats-Verfahren sofort beginnen sollte. Scotts Mitarbeiter Ken Davis erhielt Anweisung, den Apparat in Gang zu setzen. Man mußte einen Verfahrensausschuß bilden, Eintrittskarten drucken lassen, die Fernsehstationen insgeheim kontaktieren, um Direktübertragungen zu vereinbaren.

St. Clair bereitete sich auf das Schlußplädoyer vor, das er am 18. Juli vor dem Rechtsausschuß des Repräsentantenhauses halten sollte. Am Vorabend speiste er mit einigen Mitarbeitern im Jenkins Hill, einem nur ein paar Blocks vom Verhandlungssaal des Ausschusses entfernten Restaurant. Sie erörterten die Lage.

»Was hat Hauser wegen der Abschrift veranlaßt?« erkundigte sich St. Clair bei McCahill.

»Sie ist fertig«, entgegnete McCahill.

»Rufen Sie ihn an, er soll sie herbringen«, ordnete St. Clair an.

Kurz darauf erschien Hauser. Die Abschrift umfaßte zweieinhalb Seiten, ein Ausschnitt aus einem Gespräch, das Nixon und Haldeman am Morgen des 22. März 1973 geführt hatten. St. Clair versuchte immer noch, die Anschuldigung zu entkräften, der Präsident habe die Zahlung von 75 000 Dollar Schmiergeld gebilligt. Eine Stelle aus dem Transkript wollte er aktenkundig machen; zwei Sätze des Präsidenten an Haldeman: »Ich gedenke nicht, mich von Hunt erpressen zu lassen. Das geht zu weit.«

»Für mich sieht's recht gut aus«, lautete St. Clairs Resümee.

Sein Pressechef Larry Speakes war anderer Meinung. Der Ausschnitt stammte aus einem Gespräch, dessen Herausgabe »sub poena«

gefordert worden war und das der Präsident dem Ausschuß vorenthalten hatte. Wenn die Abschrift zu einem so späten Zeitpunkt vorgelegt wurde, wäre das für die Öffentlichkeitsarbeit eine Katastrophe, fand Speakes. Aber St. Clair war schließlich ein Anwalt, der seine 300 000 Dollar im Jahr einstrich und wissen mußte, was er tat. Speakes behielt seinen Rat für sich. Malcolm J. Howard, ein anderer Assistent von St. Clair, war ebenso besorgt, warnte jedoch davor, sich in eine Auseinandersetzung mit St. Clair einzulassen. »Sobald Jim sich mal zu was entschlossen hat, bleibt's dabei.«

Am nächsten Morgen stellte St. Clair nochmals Überlegungen an. Er sei nicht sicher, ob es eine gute Idee gewesen sei, die Abschrift als Beweismittel einzuführen, äußerte er zu Speakes und Howard während der Fahrt zum Kapitol. »Ich weiß nicht . . .«

Speakes wollte die Gelegenheit nützen. »Tja, Mr. St. Clair, ich meine . . .« Howard, der zwischen den beiden im Fond saß, versetzte ihm mit dem Ellbogen einen Rippenstoß, und der Satz blieb unbeendet.

Um 10.25 Uhr bat Rodino um Ruhe. St. Clair, der damit rechnete, sofort aufgerufen zu werden, war überrascht, als der Vorsitzende Doar das Wort erteilte, um noch einige letzte Fragen zur Geschäftsordnung vorzubringen. Doar berichtete dem Ausschuß, der Präsident habe die letzte Forderung nach Herausgabe von Tonbändern »sub poena« abgelehnt. Ferner hatte der Ausschuß das Weiße Haus um Ehrlichmans handschriftliche Notizen über seine Unterredungen mit dem Präsidenten ersucht. Doar schilderte in seiner gespreizten, monotonen Sprechweise, wie der Ausschuß durch irgendeine Überschneidung plötzlich zwei Exemplare dieser Aufzeichnungen erhalten habe – eins von St. Clair und das andere vom Sonderankläger. Das von St. Clair umfaßte 175 Seiten, darunter 88 leere, mit insgesamt 643 Zeilen. Das gleiche Material, das der Sonderankläger vom Weißen Haus bekommen hatte, enthielt die doppelte Zeilenanzahl.

St. Clair schäumte innerlich, da Doar ja dem Ausschuß den Schluß nahelegte, er habe wichtiges Material vorsätzlich zurückgehalten. Er hatte Doar bereits erklärt, daß es sich um ein simples Versehen gehandelt habe, daß von seiner Seite aus keinerlei Täuschung beabsichtigt gewesen, daß die Konfusion durch Buzhardts Herzanfall entstanden sei. Dadurch habe er, St. Clair, nicht mehr überblickt, was bereits an wen gegangen sei. Dieser ungünstige Auftakt für sein Plädoyer mißfiel ihm gründlich.

Endlich rief ihn Rodino auf.

St. Clair hatte sich kaum Notizen gemacht und sprach fast frei, aufrichtig, sogar freundlich. Er konzentrierte sich ganz auf die zwei Reihen, in denen die Ausschußmitglieder saßen. »Ich möchte Ihnen keineswegs verhehlen, welch ungeheure Verantwortung ich in diesem Fall empfinde, in dem ich den Präsidenten der Vereinigten Staaten vertrete . . .« Aber noch größer sei die Verantwortung des Ausschusses, dem die Entscheidung obliege.

Ein Votum für ein Impeachment lasse sich nur durch Beweismaterial rechtfertigen, das »eindeutig und überzeugend« sei – »denn wäre diese Voraussetzung nicht restlos erfüllt, so würde das in meiner Sicht innerhalb der Bevölkerung zur Gegenanklage, zu Verbitterung führen und Gräben aufreißen. Und das zum Schaden der Vereinigten Staaten von Amerika.«

Tatsächlich existiere nur eine strafbare Handlung, deren man den Präsidenten beschuldige, um ein Impeachment zu begründen: die Zahlung von Schweigegeld an Hunt. »Mr. Dean löste die Ereignisse aus, die zur Zahlung des Honorars für Mr. Hunts Anwalt führten. Und ich behaupte, er hätte am Morgen des 21. März irgendwo Tennis spielen können, statt mit dem Präsidenten zusammenzutreffen, und es wäre zu dem gleichen Ergebnis gekommen.«

Da der Präsident die Zahlung weder angeordnet noch autorisiert hatte, blieb nach St. Clairs Worten nur noch die Frage, ob er gewußt habe, daß sie erfolgt sei, oder nicht. Er würde beweisen, daß der Präsident keine Kenntnis davon gehabt habe.

»Der Präsident hat mich ermächtigt, diesem Ausschuß die auszugsweise Abschrift eines Gespräches vorzulegen, das er am Morgen des 22. März mit Mr. Haldeman geführt hat . . . Denken Sie jetzt bitte daran, hier spricht der Präsident am 22. März zu Mr. Haldeman. Und er sagt unter anderem: › Ich gedenke nicht, mich von Hunt erpressen zu lassen. Das geht zu weit.‹«

Empörte Einwände gegen Einführung dieses neuen Beweismittels in letzter Stunde wurden laut. Doch Rodino brachte die Proteste zum Schweigen und bat St. Clair fortzufahren.

Wie hatte der Präsident auf Deans Enthüllungen vom 21. März reagiert? Seine Entscheidung sei zwar nicht blitzartig, aber immerhin doch erfolgt, sagte St. Clair. Ende April habe Richard Nixon die schriftlichen Rücktrittsgesuche von Dean, Ehrlichman und Haldeman erhalten.

Der Anwalt sprach jetzt schneller.

Lag hier eine Behinderung der Justiz vor? Nein. Alle sagten vor dem Senatsausschuß frei und unbehindert aus, desgleichen vor der Grand Jury. Ein neuer Justizminister wurde ernannt, ebenso ein Sonderankläger.

»Der Präsident drängte Mr. Dean, die Wahrheit zu sagen. Er drängte Mr. Magruder, sich vom Verdacht des Meineids zu reinigen. Er sagte Mr. Mitchell«, hier legte er eine Pause ein, denn dieser Teil war schwieriger, »der Präsident wolle so oder so endlich Klarheit schaffen, seinetwegen solle Mr. Mitchell nicht schweigen. Und schließlich wurde gegen alle diese Herren von einer Grand Jury Anklage erhoben, und sie erwarten jetzt ihren Prozeß, so daß man vom Resultat her nur feststellen kann: Das Verfahren hat funktioniert. Vielleicht hätte es um Tage früher funktionieren sollen. Ich weiß es nicht. Ich für meinen Teil erhebe keinen Anspruch auf Vollkommenheit und das auch nicht für den Präsidenten ... Wenn wir unsere Mitarbeiter, denen etwas zur Last gelegt wird, jedesmal rausschmeißen würden, säßen wir garantiert ohne irgendwelche Hilfskräfte da ... Was hätten Sie denn grundsätzlich anders gemacht? Ist denn durch eine solche Verzögerung um Tage der Bevölkerung der Vereinigten Staaten effektiv ein Schaden erwachsen?«

Als St. Clair geendet hatte, erhob sich abermals ein Proteststurm gegen die Einführung einer neuen Abschrift. Sie umfaßte nur zweieinhalb Seiten, während das Gespräch, für das insgesamt »sub poena« galt, eine Stunde und vierundzwanzig Minuten gedauert hatte.[*]

St. Clair versprach, die Einwände der Ausschußmitglieder dem Präsidenten vorzutragen.

»Ich möchte Ihnen meinen Dank für das bewiesene Entgegenkommen aussprechen«, sagte Rodino zu St. Clair. »Wir verkennen durchaus nicht, daß Sie eine außerordentlich schwierige Zeit hinter sich haben, und halten Ihnen das zugute.«

Der Vorsitzende konnte seine Wut gerade noch verbergen. St. Clairs Verhalten während der Untersuchung empörte ihn. Vor Monaten hatten sie ein privates Gespräch geführt. »Hier geht es um etwas weit Größeres«, hatte Rodino dem Anwalt des Präsidenten erklärt. »Ich rede jetzt nicht von einem bestimmten Klienten oder von einem bestimmten Ausschuß, sondern von unserem Land und unserer Verfassung.« St. Clair hatte ihm beigepflichtet. Nun bestand bei Rodino nicht mehr der geringste Zweifel, daß er tauben Ohren gepredigt hatte. Seine Beschwerdeliste gegen St. Clair war lang: Verweigerung von Anforderungen »sub poena«; unglaublich schlampige, nahezu kriminelle Bearbeitung der Transkripte; das Versäumnis, alle Bänder selber abzuhören; die Bereitschaft, vor dem Ausschuß aufzutreten, ohne das Beweismaterial im Weißen Haus überprüft zu haben.

Rodino wußte, was es St. Clair kostete, zuzugeben, daß er nur beschränkt Zugang zu seinem Mandanten, zu den Tonbändern und anderem Beweismaterial besaß. Der Präsident traf die juristischen Entscheidungen selber, St. Clair war eine Marionette – ein weiterer Handlanger des bankrotten Public-Relations-Apparats im Weißen Haus. Ein Anwalt mit Selbstachtung hätte in St. Clairs Lage sein Mandat niedergelegt. Das war Rodinos Meinung.

---

[*] Laut Transkript hatte der Präsident ferner in bezug auf Hunt geäußert: »Der Richter gab ihm fünfunddreißig Jahre.« Die Verurteilung der Watergate-Verschwörer fand erst am 23. März statt – am Tag nach dem vorgeblichen Datum der Abschrift –, und Hunt hatte tatsächlich eine vorläufige Haftstrafe von fünfunddreißig Jahren erhalten. So erweckte es den Anschein, als spreche der Präsident über ein Ereignis, das noch gar nicht stattgefunden hatte. Die Aufdeckung dieses Widerspruchs ließ Zweifel an der Rechtswirksamkeit der Abschrift selbst aufkommen, und der Ausschuß eröffnete eine Untersuchung der Angelegenheit, die nie geklärt wurde.

St. Clair packte seine Papiere zusammen, stieß den Stuhl zurück und stand auf. Er ging hinüber zu Doar und Albert Jenner, dem Rechtsberater der Republikaner, und schüttelte ihnen die Hände.

Seiner Ansicht nach hatte er den Fall gewonnen – vermutlich nicht im Rechtsausschuß, aber höchstwahrscheinlich im Repräsentantenhaus; und wenn nicht dort, so bestimmt im Senat. Er hatte die scharenweisen Überläufer gestoppt, dessen war er sicher; er hatte die Streitfrage eingegrenzt und damit den Republikanern im Ausschuß einen festen Anhaltspunkt gegeben; vielleicht würden die drei Demokraten aus den Südstaaten sich den siebzehn Republikanern anschließen und das Impeachment im Ausschuß mit zwanzig zu achtzehn Stimmen zu Fall bringen. Das freilich war zweifelhaft und sein Optimismus möglicherweise übertrieben, dennoch hatte er ein gutes Gefühl. Das sichere, wohlerwogene Votum würde auf Freispruch lauten, vor allem im Senat. Er hatte dafür gesorgt, daß die zweieinhalb Seiten zu den Akten genommen wurden; das würde in einem Senats-Verfahren helfen. Ein ausgezeichneter Tag, fand er.

Caldwell Butler, noch immer unentschieden, wie er stimmen sollte, trug an jenem Abend in sein Tagebuch ein: »Ein wahrlich meisterhaftes Plädoyer . . . Wenn der Rechtsausschuß eine Jury wäre, die sich zur Beratung zurückziehen und sofort einen Beschluß fassen müßte, hätte St. Clair den Sieg davongetragen.«

Am nächsten Tag war Doar an der Reihe. Monatelang hatte er peinlich jede auch nur andeutungsweise Stellungnahme vermieden. Jetzt sprach er nicht mehr monoton, sondern mit einer Leidenschaft, die seine Enttäuschung, seinen Zorn und seine tiefe innere Überzeugung widerspiegelte.

St. Clair habe die Dinge auf den Kopf gestellt, sagte er. »Wenn Sie sich die Beweismittel betrachten . . ., befinden Sie sich im Labyrinth des Weißen Hauses, in einem byzantinischen Imperium. Dort war *ja* gleichbedeutend mit *nein, grünes Licht* mit *Stop* und *Vielleicht* mit *bestimmt*. Das auseinanderzuhalten, ist für jeden verwirrend, befremdlich, rätselhaft, schwierig. Doch darin liegt ja gerade das Wesen der Straftat – daß durch Anwendung dieser Mittel alles geschehen wird, um irrezuführen, zu täuschen, Unklarheiten zu schaffen und so den eigentlichen Zweck der Entscheidung zu verschleiern.

»Nach meinem Urteil sprechen in diesem Fall erdrückende Tatsachen dafür, daß der Präsident der Vereinigten Staaten einen großangelegten Plan gebilligt hat, der eine generelle illegale elektronische Überwachung vorsah, und daß dieser Plan durch ihm unterstellte Personen in die Tat umgesetzt wurde . . . Demzufolge erkläre ich . . ., der Präsident traf die Entscheidung, dies zu vertuschen, kurz nach dem Einbruch vom 17. Juni und wird von diesem Tage an der Vertuschung beschuldigt.

»Was auf seinen Beschluß hin nach dem Watergate-Einbruch zu geschehen hatte, setzte nicht nur seine eigenen Angestellten in Aktion, sondern ebenso die Behörden der Vereinigten Staaten, darunter das Justizministerium, das FBI, den CIA und den Geheimdienst. Das bedingte Meineid, Vernichtung von Beweismaterial, Behinderung der Justiz – lauter Straftaten. Aber vor allem anderen erforderte es vorsätzliche, arglistige, fortgesetzte und bis heute fortdauernde Irreführung des amerikanischen Volkes.«

St. Clair, der bei Doars Rede nicht anwesend war, holte sich eine Nachmittagsausgabe der *Washington Star-News* an einem Zeitungsstand vor dem Weißen Haus. Die Schlagzeile »Doar fordert Impeachment« überraschte ihn. Er hatte angenommen, Doar würde nicht so scharf vorgehen. Andererseits war ihm klar, daß jemand auf sein Plädoyer vom Vortag antworten mußte. Alles in allem konnte er das Ganze nachvollziehen. Es war unfair, Doar zu zwingen, bis zum Schluß neutral zu bleiben, so daß er dann seine gesamte Stellungnahme in einen Nachmittag hineinpacken mußte. Nur so durfte sich Doars grundlegender Irrtum erklären lassen: Dem Artikel zufolge hatte Doar vor dem Ausschuß betont, der Präsident habe die Vertuschung »angeordnet«. Ein extremer Standpunkt, eine unhaltbare Behauptung, ein strategischer Fehler. Für St. Clair ein weiteres Zeichen, daß der Präsident gewinnen würde, wenn nicht im Ausschuß, dann am Ende.

In der Präsidentenvilla am kalifornischen Strand reagierte Ziegler auf Doars Ausführungen mit Donnergetöse. Er bezeichnete ihn als »parteiisch«, »radikal« und »voreingenommen«. Doar meine offenbar, er arbeite für einen »Schauprozeß«.

St. Clair traf am Montag, dem 22. Juli, um 9 Uhr in San Clemente ein, drei Tage nach Doars Auftritt. Er wollte nur den Präsidenten informieren und vielleicht eine Partie Golf spielen. Aber Ziegler hatte eine vom Fernsehen übertragene Pressekonferenz für ihn einberufen, in der er Doars Anschuldigungen gegen den Präsidenten widerlegen sollte. St. Clair konferierte fast zwei Stunden mit Nixon und Haig und verbrachte den Rest des Tages damit, sich zu präparieren.

Die Reporter interessierten sich jedoch weit mehr für St. Clairs Prognose über die bevorstehende Entscheidung des Supreme Court als für Verhandlungen, die in der vergangenen Woche vor dem Rechtsausschuß stattgefunden hatten. Sie wollten wissen, ob Nixon einer Anordnung, die Tonbänder herauszugeben, Folge leisten würde.

St. Clair bemühte sich, seine Besorgnis zu kaschieren, und drückte sich nach besten Kräften um die Frage herum. Tatsächlich hatte er keine Ahnung, was Nixon tun würde, sollte der Supreme Court gegen ihn entscheiden. Der Präsident hatte sämtlichen Mitarbeitern jede Auskunft darüber strikt untersagt, ob er sich einem solchen Spruch fügen würde. Eine derartige Zusicherung könne das Gericht womöglich zu seinen Ungunsten beeinflussen, hatte er erklärt. Wenn die Richter jedoch annahmen, er sei gewillt, ihnen die Stirn zu bieten, wäre vielleicht ein für ihn positives Ergebnis zu erwarten. Denn sein Widerstand würde der Autorität des Gerichts die Basis entziehen und eine Verfassungskrise heraufbeschwören. Eine Drohung, die Nixon mit dieser Taktik zu verstehen geben wollte.

St. Clair hatte sich dem gefügt. Ihm war durchaus klar, was für eine schlechte Figur er machte. Es sei unangebracht, beteuerte er den Reportern beharrlich, wenn er zu einem schwebenden Verfahren Kommentare abgeben würde.

An jenem Tag hatte der Präsident seinen alten Freund Robert Finch, ehemaliger Minister für Gesundheit, Erziehung und Wohlfahrt, eingeladen, ihn in San Clemente zu besuchen. Finch fand Nixon sehr müde aussehend. Der Präsident schien im Hinblick auf seine Zukunftaussichten fatalistisch zu sein; keine Andeutung, was er tun würde, um das Impeachment zu vermeiden. Das Land sei durch Watergate so aufgerieben, sagte Nixon, daß Außenpolitik und Wirtschaft zu kurz kämen. Angesichts der unsicheren Weltlage könne er nicht einfach auf seine Führungsrolle verzichten – zurücktreten.

Der Nachdruck, der in den Worten des Präsidenten lag, die Überzeugung, die dahinter stand, bewegten Finch tief. Zunächst hatte er angenommen, daß Nixon ihn vielleicht bitten wolle, nach Washington zurückzukehren und bei der Verteidigung mitzuhelfen. Doch das war offensichtlich ein Irrtum. Freilich wußte Finch auch nach einer Dreiviertelstunde noch nicht mehr über den eigentlichen Grund der Einladung.

Der Präsident schweifte vom Thema ab. In den fernöstlichen Ländern, in denen Kriegsrecht herrschte, hatten die Regierungen nach seinen Worten viel günstigere Voraussetzungen, harte Maßnahmen zur Gesundung ihrer Volkswirtschaft zu ergreifen, als die westeuropäischen, die auf hauchdünnen parlamentarichen Mehrheiten basierten. Er gab einen Überblick über die Weltlage: Erdölproblem, Nahost, Fernost. Der Einfluß Chinas, die Wirtschaft Japans. Die chinesisch-japanischen, die russisch-chinesischen Beziehungen. Watergate erschwere es den Vereinigten Staaten, auf internationaler Ebene mitzuhalten.

Plötzlich wechselte er das Thema und drückte sein Bedauern darüber aus, daß Finch nicht für den Senat oder für den Gouverneursposten von Kalifornien kandidiert habe. Ein peinlicher Augenblick. Finch hatte seine dahingehenden Pläne aufgegeben, als offenkundig wurde, daß er durch seine langjährige Verbindung zu Nixon die Wahl unmöglich gewinnen könnte. Wirtschaftliche Schwierigkeiten hätten ihn daran gehindert, in diesem Jahr zu kandidieren, log er dem Präsidenten vor.

Aber Nixon schien es besser zu wissen. Er sprach von der Loyalität seiner alten Freunde und davon, wie hart es ihn treffe, daß sie durch Watergate in Mitleidenschaft gezogen wurden.

Beim Aufbruch begegnete Finch dem Hofphotographen des Weißen Hauses, Ollie Atkins. Der Zweck dieser Zusammenkunft sei ihm rätselhaft, sagte er. Der Präsident habe jemanden dahaben wollen, mit dem er reden, zu dem er Kontakt finden könne, erklärte Atkins. Weiter gar nichts.

In Washington kristallisierte sich im Rechtsausschuß endlich eine aus Mitgliedern beider Parteien bestehende Mehrheit heraus. Die Schlüsselrolle für den Konsensus fiel immer noch den »Unentschiedenen« zu – drei Demokraten aus den Südstaaten und der kleinen Gruppe republikanischer Wechselwähler. Rodino hatte sich in den letzten Wochen mehrmals mit Walter D. Flowers, einem Demokraten aus Alabama, unterhalten und ihn jedesmal ermuntert, die Unentschiedenen zusammenzutrommeln und irgendwie eine Einigung zurechtzuzimmern. Doch es war nie dazu gekommen. Zwar standen sie alle in unregelmäßiger Verbindung, tauschten gelegentlich ihre Ansichten über das Beweismaterial aus, aber trotzdem mußten sie sich als Gruppe zusammenfinden. Die Zeit wurde knapp. In zwei Tagen sollten die letzten vom Fernsehen übertragenen Beratungen des Ausschusses stattfinden, und es bestand immer noch keine Einigung darüber, welche Artikel der Verfassung für ein Impeachment anzuwenden wären. In der Mittagspause begab sich Rodino abermals zu Flowers.

Während des Wochenendes hatte Flowers sich endgültig und unwiderruflich entschlossen, für ein Impeachment zu stimmen. »Ich werde das mit Tom (Railsback) besprechen und versuchen, ein Treffen zu arrangieren«, teilte er Rodino mit.

Railsback war gerade aus Illinois zurückgekehrt, wo er abermals das Beweismaterial, die Plädoyers der Anwälte, seine Notizen überprüft hatte. In den drei Wochen, seitdem er Joseph Alsop erklärt hatte, er würde nicht für Impeachment votieren, war er ständig mehr vom Präsidenten abgerückt. Daß Richard Nixon – direkt oder durch Haldeman – die Anweisungen gegeben hatte, davor konnte man einfach nicht die Augen verschließen.

Railsback war wütend über die republikanische Führung im Ausschuß. Hutchinson, der ranghöchste Republikaner, betrachtete es als Pflicht der Parteimitglieder, einen republikanischen Präsidenten zu retten. Ein beschämender Standpunkt.

Railsback erinnerte sich an einen Anruf von William Hewett, dem Präsidenten von Deere and Company, der riesigen Landwirtschaftgerätefabrik mit dem Hauptsitz in seinem Heimatbezirk. Hewett hatte damals, Anfang des Frühjahrs, gesagt, Peter M. Flanigan vom Weißen Haus habe ihm gegenüber zweimal telefonisch den Wunsch geäußert, er solle mit Railsback über seine Haltung im Rechtsausschuß sprechen.

Railsback verargte es Richard Nixon, daß er auf solche Weise im Weißen Haus regierte. Unter diesem Aspekt wirkte das Beweismaterial für ein Impeachment weitaus überzeugender.

Railsback hatte beschlossen, daß er Farbe bekennen wolle – gegen das Ganze, gegen Verschleierung, gegen Verschleppungstaktik, gegen Verheimlichung, gegen Lügen, gegen Betrug. Zudem würde das Votum Nixon ja nicht ins Gefängnis bringen. Es handelte sich lediglich um eine Abstimmung darüber, ob er im Amt bleiben solle. An jenem Nachmittag teilte er Flowers mit, er werde bei Cohen, Fish und Butler sondieren. Flowers würde mit James R. Mann und Ray Thornton Kontakt aufnehmen, seinen demokratischen Kollegen aus den Südstaaten.

Am Dienstag, dem 23. Juli, trafen sich die sieben Kongreßabgeordneten morgens um acht Uhr in Railsbacks Büro bei Kaffee und Blätterteiggebäck. Es bestand Übereinstimmung, daß die von John Doar herangezogenen Impeachment-Artikel unannehmbar seien und daß sie versuchen sollten, einen Kompromiß zu erarbeiten, der dem gesamten Ausschuß vorzulegen wäre. Die Sitzung dauerte bereits eine Stunde, und keiner hatte bisher deutlich ausgesprochen, daß er für Impeachment stimmen würde. Schließlich machte Flowers einen direkten Vorstoß. »Rechtfertigt die Kenntnis, die wir jetzt besitzen, den äußersten Schritt einer Amtsenthebung?« fragte er die anderen.

Jeder schien zustimmend zu nicken – sie würden alle für Impeachment votieren.

Flowers flachste mit Butler. »Caldwell, ist Ihnen klar, daß sämtliche Ü-Wagen aus Roanoke bis zum Abend hier sein und Jagd auf Sie machen werden?«

Zweiter Teil

Mittwoch, 24. Juli

Jaworski und Lacovara fuhren schweigend mit einer Regierungslimousine durch Washington. Sie glaubten zuversichtlich daran, daß der Supreme Court zu ihren Gunsten entschieden hatte. Das eigentliche Hasardspiel war ihr Ersuchen vom Mai gewesen, das Appellationsgericht zu übergehen. Jetzt lautete die Frage nur, ob sie alle acht Richter, die abstimmten, auf ihrer Seite hatten. NBC-Reporter Carl Stern hatte eine Stunde zuvor telefonisch einen Tip durchgegeben, das Votum sei einstimmig, doch Jaworski, von Natur aus vorsichtig, wollte es von den Richtern persönlich hören.

Sie kamen am Sitzungssaal des Senats vorbei, in dem Senator Sam Ervin genau ein Jahr und einen Tag zuvor den Anwesenden und den Fernsehzuschauern im ganzen Land ein Schreiben des Präsidenten über die Tonbänder vorgelesen hatte. »Bevor die Öffentlichkeit von ihrer Existenz erfuhr«, hatte Nixon darin erklärt, »habe ich mir einige angehört. Die Bänder stimmen hundertprozentig mit dem überein, was mir als wahr bekannt ist und was ich auch als wahr bezeichnet habe.«

Dem Supreme Court gegenüber trugen zwei Männer mit Nixon- und Kissinger-Masken ein großes Transparent, auf dem Nixons mitgeschnittene Bemerkung zu Mitchell vom 22. März stand: »Mir ist es scheißegal, was passiert. Ich verlange von euch allen, daß ihr hier mauert. Sollen sie doch mit dem Fifth Amendment, mit Vertuschung oder sonst was kommen, wenn das – den Plan rettet. Nur darum geht's.«

Jaworski und Lacovara, die sich ihren Weg durch eine dichte Menge von Reportern, Photographen und applaudierenden Zuschauern bahnen mußten, betraten den Gerichtssaal um kurz vor 11 Uhr. Jerry Murphy saß am Verteidigertisch links. Sie selbst ließen sich an dem für die Regierung reservierten Tisch rechts nieder.

In dem dicht besetzten Gerichtssaal war es sehr still, als die Richter in ihren schwarzen Roben hereinkamen. Lacovara spielte mit dem losen Faden an seinem »Glücksanzug«, den er bei all seinen Auftritten vor Gericht getragen hatte.

Chief Justice Warren Burger nahm seinen Platz in der Mitte der Richterbank ein und begann langsam zu lesen. Da er das Urteil persönlich verkündete, stand für Jaworski und Lacovara sofort fest: Es mußte einstimmig ausgefallen sein.

Nur die Richter und ihre Schreiber wußten, wie hundertprozentig diese Einstimmigkeit war. Am 9. Juli, bloß einen Tag nach der mündlichen Verhandlung, hatten die Richter einstimmig gegen den Präsidenten entschieden. Burger hatte es selbst übernommen, die Urteilsbegründung zu formulieren. Er teilte einige der Ansichten des Präsidenten in bezug auf das »executive privilege« und wollte eine verfassungsmäßige Grundlage für dieses Vorrecht schaffen. Die anderen Richter jedoch hielten seine Begründung für unzureichend und schlugen weitgehende Änderungen vor. Burger bemühte sich zwar, ihre Vorschläge einzuarbeiten, brachte aber immer noch kein zufriedenstellendes Ergebnis zustande. Schließlich erklärte sich Justice Potter Stewart bereit, an der Begründung mitzuarbeiten. Allmählich gaben die übrigen Richter die Entwürfe mit immer weniger Änderungsvorschlägen zurück. Am Tag vor der Urteilsverkündung akzeptierten sie die endgültige Fassung, die zwar eine konstitutionelle Basis für das »executive privilege« anerkannte, den speziellen Anspruch des Präsidenten jedoch als »generalisiert« und »undifferenziert« ablehnte. Mit wohlabgewogenen, aber dennoch unmißverständlichen Worten verfügte das Gericht, der Präsident habe die Tonbänder mit vierundsechzig »sub poena« verlangten Gesprächen an Richter Sirica herauszugeben.

Murphy hörte, wie Burger schloß: »Dementsprechend wird das zur Berufung anstehende Urteil bestätigt.« Er stand auf, als die Richter den Saal verließen, und überlegte nur, wo er das nächste Telefon finden könnte.

Im Weißen Haus eilte Buzhardts Assistent Richard Hauser zum Büro seines Chefs, wobei er »Alle achte« vor sich hinmurmelte. »Was heißt das?« erkundigte sich Jane Thomas, Buzhardts Sekretärin, als Hauser vorbeihastete.

Buzhardt war keineswegs überrascht. Er und Haig waren seit langem auf eine negative Entscheidung gefaßt. Sobald der Supreme Court das Appellationsgericht überging, waren sie so gut wie sicher gewesen, daß der Präsident verlieren würde. Als Buzhardt erfuhr, daß der Chief Justice die Urteilsbegründung der Mehrheit formulierte, rief er Haig in San Clemente an, um ihm mitzuteilen, daß die Entscheidung nicht nur negativ, sondern vermutlich sogar einstimmig ausfallen würde. Das komplizierte alles. Ohne Gegenauffassung einer Minderheit blieb wenig Spielraum für eine teilweise Herausgabe. Und der Präsident hätte die Unterstützung der von ihm selbst berufenen Richter verloren, die angeblich seine Rechtsanschauung teilten.

Haig hatte die Warnung zwar gehört, aber nicht über Strategie diskutieren wollen, sondern abwarten. Und jetzt erklärte ihm Buzhardt, sie könnten nun nicht länger warten, und verlangte Instruktionen. Wie sollten sie reagieren?

Zuerst müsse er den Präsidenten informieren. Das wolle er gleich versuchen und dann zurückrufen.

Haigs Assistent Charles Wardell brachte ihm den Text der Presseagenturen, und der General ging damit zur Residenz hinüber. In San Clemente war es erst kurz nach 8.30 Uhr. Der Präsident war noch nicht in seinem Büro.

Als Haig zurückrief, leerte Buzhardt gerade wieder eine Tasse jenes pechschwarzen Kaffees, den er wie ein Süchtiger trank. Jetzt würde er seine Anweisungen erhalten. Doch der Präsident kam selbst an den Apparat. Buzhardt war verwundert; er hatte seit langem nicht mit ihm gesprochen.

»Es könnte da ein Problem mit dem Band vom 23. Juni geben, Fred«, sagte Nixon.

Buzhardt dachte, der Präsident müsse damit eine Frage der nationalen Sicherheit meinen.

»Kümmern Sie sich sofort darum und rufen Sie dann Al zurück«, lautete Nixons Anweisung.

Ziegler verfolgte die Urteilsverkündung des Supreme Court auf dem Bildschirm in seiner Hotelsuite. Während die morgendliche Brandung hundert Meter unter seinem Fenster an den Strand rauschte, machte er sich rasch ein paar Notizen. Er wußte, daß er den Vormittag beim Präsidenten mit der Abfassung einer Entgegnung verbringen würde. Nixon würde ihn mit Forderungen nach immer mehr Informationen, nach Alternativen überschütten.

Mit einer geborgten Honda fuhr er um kurz nach 9 Uhr zu Nixons Landsitz. Trotz der Kalifornienbräune fand Zieglers Sekretärin Connie Gerrard ihn blaß und müde. An seine Herrschermanieren gewöhnt, brachte sie ihm Jackett, Hemd, Krawatte und Straßenschuhe ins Büro. Sie und die anderen Sekretärinnen teilten sich in die Aufgabe, die Sachen ihres Chefs zur Reinigung und in die Wäscherei zu bringen und ihm Kleidungsstücke zu kaufen. Manchmal suchte sie mehrere Paar neue Schuhe aus, ließ ihn sie anprobieren, beriet ihn bei der Wahl von Farbe und Form und trug die abgelehnten dann jeweils in das Geschäft zurück.

Ziegler hatte in letzter Zeit dreißig Pfund abgenommen. Das bedeutete, daß er eine Menge neuer Sachen brauchte. Seine Mitarbeiter fügten sich mit mehr oder weniger Toleranz in diese Dienstleistungen; denn sie erkannten, daß seine Forderungen an sie lediglich eine Abreaktion der Pressionen waren, die der Präsident auf ihn ausübte. Seine Temperamentsausbrüche wurden mit ähnlichen Gründen entschuldigt. Nixon ließ seine Wut an Ziegler aus, das war bekannt, und Ziegler wiederum an jedem, der gerade greifbar war.*

Connie Gerrard gab ihm die Morgenzeitungen, in denen die wichtigen Stellen bereits gelb markiert waren, und wartete dann, um sicherzugehen, daß er die Motorradschlüssel nicht wieder verloren hatte. Ziegler warf nicht mal einen Blick auf die Zeitungen. Er rief laut nach seinem Kaffee, machte sich auf einem Block Notizen und eilte wieder zur Tür hinaus.

Haigs Sekretärin Muriel Hartley hatte keine Lust, sich mit Ziegler zu befassen – weder jetzt noch sonst irgendwann. Als er an ihr vorbei auf Haigs Bürotür zustürmte, versuchte sie vergeblich, ihn aufzuhalten. »Dieser Scheißkerl drängt sich einfach überall rein«, hatte sie sich einmal beschwert. »Sogar Dr. Kissinger fragt zuerst.« Sie hatte Haig vorgeschlagen, ein Schloß an seiner Tür anzubringen, das sie mit einem Knopfdruck von ihrem Schreibtisch aus öffnen konnte. Haig hatte abgelehnt. Aber sie wußte, daß er Ziegler häufig nicht empfangen wollte.

Heute mochte es anders sein. Der General hatte sich fünfundvierzig Minuten zuvor in die Residenz begeben, um den Präsidenten zu informieren, und war gerade erst mit verkniffenem Mund zurückgekommen. Jetzt saß er mit St. Clair und Joulwan in seinem Büro, und alle machten grimmige Gesichter. Die Tür zwischen Haigs Büro und dem des Präsidenten war geschlossen, als Ziegler eintrat, obwohl der Präsident noch immer nicht eingetroffen war.

Nixon war explodiert, als Haig ihm von dem einstimmigen Beschluß des Gerichts berichtete. Wie konnten die Männer, die er ernannt hatte – Burger, Blackmun und Powell – gegen ihr Gewissen handeln, ihm die Unterstützung verweigern? Für Nixon war die Frage, ob er sich dem Urteil beugen sollte, immer noch offen; er wollte keine vorschnelle Entscheidung treffen, sondern die Alternativen sorgfältig abwägen. Vielleicht würde er am Ende seine so oft wiederholte Drohung wahrmachen – die Tonbänder verbrennen und zurücktreten.

Als Ziegler hörte, was Haig zu sagen hatte, wußte er, was ihm

---

* Weniger tolerant standen die Mitarbeiter des Presseamtes Zieglers Forderung gegenüber, ihm seinen Kaffee in einer gleichen Tasse wie dem Präsidenten – cremefarbenes Lenox-Porzellan mit dem Präsidentensiegel in Silber – zu servieren und seinen Scotch ausschließlich in einem Cocktailglas mit dem Präsidentenemblem auszuschenken. Unmut, vereint mit Spott über die Art, wie sie von Ziegler behandelt wurden, veranlaßte sie dazu, das philippinische Suffix *Chon* an ihre Namen anzuhängen (die Diener des Präsidenten und seiner Familie waren durchweg Filipinos). So oblag es Anne »Chon« Grier, Zieglers Wäsche in die vier Blocks vom Weißen Haus entfernte Wäscherei zu bringen und wieder abzuholen; Karin Chon Nordstrom hatte in seinen unordentlichen Hotelzimmern nach Unterwäsche und anderen vergessenen Gegenständen zu fahnden; Judy Chon Johnson mußte ihm jeden Morgen eine Packung Marlboro, ein Streichholzbriefchen mit dem Präsidentensiegel, eine Rolle Cert und den Tagesbedarf an Titralac gegen Magenbeschwerden auf den Schreibtisch legen; Connie Chon Gerrard hing stundenlang am Telefon und versuchte Tennispartien mit Partnern zu vereinbaren, deren Rangstufe im Weißen Haus Zieglers Sinn fürs Protokoll entsprach und die ihm gleichzeitig sportlich gewachsen waren; Tim Chon Smith mußte Zieglers Schuhe regelmäßig auf Hochglanz polieren lassen.

bevorstand. Der Präsident mußte Dampf ablassen, und die Aufgabe, den Prügelknaben zu spielen, fiel wieder einmal ihm zu. Haig nahm seinen Teil zwar ebenfalls hin, verwies aber, wann immer möglich, auf Ziegler. Häufig saß Ziegler stundenlang beim Präsidenten und lauschte abwechselnd seinen unbeherrschten, wirren Tiraden und seinen endlosen Fragen und Informationsforderungen. Zuweilen war es einfach zuviel.

Der Präsident hat unverbindliches Geplauder stets verabscheut, in letzter Zeit jedoch unterbrach er dauernd jedes Gespräch und schwadronierte weitschweifig, zumeist über seine vergangenen Triumphe. Dann plötzlich schien er in die Gegenwart zurückkatapultiert zu werden und kam mit lächerlichen, schlechthin unannehmbaren Vorschlägen. Ziegler wertete diese Zwischenbemerkungen als Stegreifideen, die man nicht wörtlich nehmen durfte, was er auch nicht tat. Genau wie Haig hatte Ziegler es gelernt, Nixons empörendste Befehle einfach zu ignorieren. Haldeman hatte einmal gesagt, es sei die Pflicht eines Präsidenten-Mitarbeiters, von eindeutig unangebrachten Forderungen keine Notiz zu nehmen, selbst wenn der Präsident ausdrücklich darauf bestehe.

Durch seinen kometenhaften Aufstieg nach Haldemans und Ehrlichmans Ausscheiden war Ziegler auf eine derartige Ausweichtaktik nur sehr schlecht vorbereitet und hatte einige der unüberlegten Eingebungen des Präsidenten weitergeleitet. Allmählich jedoch hatte er gelernt, die meisten irgendwie im Sande verlaufen zu lassen. Als er sicherer wurde, äußerte er einmal, er habe nie gewußt, was für Jasager Haldeman und Ehrlichman gewesen seien. Häufig brauchte der Präsident nur Zeit – zuweilen bloß ein paar Minuten –, um wieder zur Vernunft zu kommen.

Der Präsident schien Ziegler täglich mehr Vertrauen zu schenken, und es erleichterte ihn offenbar, mit ihm zusammen seine Gedanken zu durchleuchten. Ziegler war beeindruckt von seiner Vielschichtigkeit und Sensibilität. Wenn nur die Welt den richtigen Richard Nixon kennenlernte, meinte er oft, würde die Öffentlichkeit ihn weit mehr schätzen.

Im vergangenen Jahr war Ziegler im wahrsten Sinn des Wortes zum Berater des Präsidenten geworden – zu seinem Vertrauten und Alter ego. Jeder, auch der kleinste Schritt, den der Präsident tat, wurde immer wieder mit Ziegler durchdiskutiert. Ziegler verfolgte die schmerzhaften Einbußen an Popularität, an politischer Macht und somit an Energie des Präsidenten. Und dennoch konnte Nixon mitunter außerordentlich gründlich und rege sein. Er lechzte nach Tatsachen, Informationen, Aspekten, Alternativen.

Die Ansprüche des Präsidenten füllten Zieglers Tage voll aus. Er hatte überhaupt keine Zeit; er konnte nur dasitzen, zuhören, Anordnungen auszuführen trachten und – bevor er seinen Auftrag auch nur halbwegs erledigt hatte – einen Anruf des Präsidenten entgegennehmen, der ihm befahl, zurückzukommen und abermals zuzuhören. Er hatte gelernt, sich mit Hilfe seiner Sekretärinnen gelegentlich verleugnen zu lassen.

Ziegler sah sich allmählich als eine Art Schmelztiegel, in dem die Entscheidungen des Präsidenten Gestalt annahmen. Seine Fähigkeit, Anordnungen im voraus zu erahnen, war gewachsen. Er ließ Diane Sawyer und Gannon Listen vorbereiten, die positive Vorschläge über jeden nur denkbaren Aspekt der Situation enthielten und die er dann im gegebenen Augenblick so ins Gespräch einflocht, als wäre der Präsident darauf gekommen. Er beobachtete, wie die Kurve Nixonscher Entscheidungsprozesse stieg und fiel und wartete auf den richtigen Moment, um seine Ansicht durchzubringen. Er gab seine Ratschläge behutsam, weil er stets fürchtete, sie könnten als zu scharf und hart interpretiert werden. Zahlreiche Assistenten waren in Ungnade gefallen, weil ihr Rat Nixon nicht paßte.

Während sich der Präsident immer mehr auf das Abwägen seiner Watergate-Alternativen beschränkte, blieb die Führung der Regierungsgeschäfte General Haig überlassen. An innenpolitischen Fragen hatte Nixon jedes Interesse verloren, und der Außenpolitik widmete er nur gelegentlich spontane Aufmerksamkeit. Haig erinnerte ihn zuweilen daran, daß es an der Zeit wäre, eine Entscheidung zu treffen, Ziegler jedoch mußte sich dann hinsetzen und zuhören, wenn der Präsident in endlosen Selbstgesprächen mit sich rang.

Heute mußte ein Entschluß gefaßt werden.

Buzhardt ging, wie immer, methodisch vor, als er nach dem Gespräch vom 23. Juni fahndete. Das Tagebuch des Präsidenten bestätigte, daß die Zusammenkunft mit Haldeman im Oval Office zwischen 10.04 und 11.39 Uhr stattgefunden hatte. Buzhardt rief einen Geheimdienstbeamten an und bat um das Band. Während er darauf wartete, daß es aus dem Registraturtresor des EOB heraufgebracht wurde, bereitete er die Abspielanlage vor. Die Löschtaste seines Recorders Sony 800B war bereits elektrisch ausgeschaltet, zur Vorsicht aber blockierte er den Mechanismus noch, indem er einen Plastikblock unter die Löschtaste rammte, damit sie nicht gedrückt werden konnte. Denn hier handelte es sich um ein Originalband, von dem keine Kopien existierten und das der Präsident persönlich als »Problem« bezeichnet hatte.

Der Ausdruck »Problem« war ein häufig vom Präsidenten benutzter Euphemismus für Katastrophe, konnte aber auch ein Zeichen von Überreaktion sein. Nach Buzhardts Ansicht fehlte es dem Präsidenten in gewissen Fällen an Urteilsvermögen. Er tat entweder zu wenig oder zu viel. Als die undichten Stellen entdeckt wurden, war er weit über jedes vernünftige Maß hinausgegangen: Er hatte die Klempner eingesetzt und den Huston-Plan gutgeheißen. Bei John Dean hatte er zu wenig reagiert, hatte zuerst überhaupt nicht erkannt, wie sehr Dean ihm schaden konnte; auf die Tatsache, daß Dean eine Anzahl Dokumente mitgenommen hatte, war wiederum eine übertriebene Reaktion erfolgt. Als Haldeman und Ehrlichman in die Vertuschung verwickelt wurden, hatte er auf die Forderung nach intensiveren Ermittlungen zu stark reagiert und genehmigt, daß ein Sonderankläger ernannt wurde. Das »Massaker« vom Samstag gehörte ebenfalls zu seinen übertriebenen Reaktionen. Nixon hatte sich mit den Tonbändern verkalkuliert: Er hätte sie sofort verbrennen müssen, fand Buzhardt; daß er so heftig um sie kämpfte, hatte die Aufmerksamkeit der Öffentlichkeit erregt und das Interesse des ganzen Landes auf sie fixiert. Und dann hatte der Präsident plötzlich eine Wendung um einhundertachtzig Grad gemacht und einen Teil der Tonbänder herausgegeben. Anschließend hatte er die Öffentlichkeit mit eintausendzweihundert Seiten umfassenden Transkripten überschwemmt, aber durch rigoroses Redigieren jeden eventuell gewonnenen Kredit wieder verspielt. Daß es zu einer öffentlichen Abrechnung kommen würde, schien Nixon einfach nicht begreifen zu können.

Len Garment hat recht, dachte Buzhardt. Watergate war eine Folge von heimlichen, unzusammenhängenden Transaktionen. Es hatte keine allumfassende Strategie gegeben, nur ein durchweg schlechtes Urteilsvermögen. Eine Zeitlang hatte Buzhardt beinahe auf etwas gewartet, das die Verteidigung des Präsidenten restlos unterminierte. Er hatte sich jedoch zu der Auffassung gezwungen, daß die Tonbänder von Nixons Watergate-Gesprächen so etwas vielleicht doch nicht enthielten. Er meinte immer noch, der Präsident habe, zumindest *de jure,* bei der Vertuschung das Gesetz nicht übertreten. Falls es ein Problem gab, lag es vermutlich eher in seiner Finanzgebarung oder im Amtsmißbrauch gegenüber der Staatskasse IRS.

Im Juni hatte ihn der Präsident gefragt, wie sich der Supreme Court gegenüber Fragen der nationalen Sicherheit auf den Bändern verhalten würde, und angedeutet, daß auf diesem Gebiet möglicherweise ein Problem existiere. »Die müssen uns mit der nationalen Sicherheit ein bißchen Spielraum lassen. Wie wird das laufen, Fred?« Buzhardt antwortete, er habe keine Ahnung, wie das Gericht dergleichen beurteilen werde. Vielleicht würde Buzhardt jetzt erfahren, was es mit diesem Problem der nationalen Sicherheit auf sich hatte. Das mußte der Grund sein, warum Nixon wollte, daß er sich das Band anhörte. Das Datum des 23. Juni 1972 war Buzhardt wohlbekannt. In seiner Erklärung vom 22. Mai 1973 hatte der Präsident jede politische Motivation für seine Anweisungen an Haldemann vom 23. Juni abgestritten.

Es dauerte vierzig Minuten, bis das Band eintraf. Buzhardt nahm es aus seinem Behälter und legte es auf. Dann stülpte er den großen Kopfhörer über. Er hatte Schwierigkeiten, den Anfang des Gespräches zu finden, denn es war das erste auf dem Band, während er sonst immer erst Hunderte von Metern abspulen lassen mußte.

Zunächst kam eine Weile gar nichts, dann hörte er Haldemans Stimme: ein Routinegespräch zwischen ihm und dem Präsidenten, in dem ein Termin für eine Sitzung mit Außenminister William Rogers festgelegt wurde. Dann sagte Haldeman: »Nun, wegen der Ermittlungen . . . Sie wissen doch, der Einbruch bei den Demokraten, da sind wir wieder in einer Problemzone, weil das FBI nicht unter Kontrolle ist, weil Gary nicht so recht weiß, wie er es unter Kontrolle halten soll, und nun haben sie . . . nun führt ihre Untersuchung auf ergiebigen Boden, weil sie den Weg des Geldes zurückverfolgen konnten, nicht durch das Geld selbst, sondern durch die Bank, Quellen, den Bankier selbst. Und es läuft jetzt in eine Richtung, die uns nicht erwünscht sein kann.«

Buzhardt realisierte, daß er als einer von wenigen die Tonbandaufzeichnung eines Gesprächs hörte, das so kurz nach dem Einbruch stattgefunden hatte. Offenbar gab es nur eine noch frühere Bezugnahme auf Watergate, und zwar auf jener berüchtigten Aufzeichnung vom 20. Juni – in den gelöschten achtzehneinhalb Minuten des Gesprächs zwischen Haldeman und dem Präsidenten.

Buzhardt fand, daß Haldeman eine recht ausführliche und intelligente Erklärung der ersten Watergate-Ermittlungen gab. Was meinte er damit, daß sie sich »wieder in der Problemzone« befänden; daß »das FBI nicht unter Kontrolle« sei; daß die Untersuchung »auf ergiebigen Boden führt«? Das konnte sich auf Fragen der nationalen Sicherheit beziehen oder auch nicht.

Haldeman fuhr fort: ». . . womit Mitchell gestern kam und was John Dean letzte Nacht sehr sorgfältig analysiert und beurteilt hat, stimmt jetzt mit Mitchells Empfehlung überein, die einzige Lösung für diese Angelegenheit – und dazu sind wir hervorragend in der Lage – . . . die einzige Lösung für diese Angelegenheit ist, daß wir jetzt Walters bei Pat Gray anrufen und ihn einfach sagen lassen: ›Halt dich, verdammt noch mal, da raus, aus dieser, dieser Sache hier, wir wollen nicht, daß du damit weitermachst.‹ Das ist keine ungewöhnliche Entwicklung – und damit wäre der Fall erledigt.«

Buzhardt erkannte den Zusammenhang. Der Präsident hatte vor vierzehn Monaten zugegeben, daß Haldeman und Ehrlichman den stellvertretenden CIA-Direktor Walters kontaktiert hatten, um »sicherzustellen, daß durch die Untersuchung des Einbruchs weder die Geheimoperation des CIA noch die der *Special Investigations Unit* (Klempner) diskreditiert wurden«.

Doch der Präsident hatte in seiner Erklärung vom 22. Mai auch behauptet: ». . . es lag sicher nicht in meiner Absicht, noch war es mein Wunsch, die Untersuchung des Watergate-Einbruchs oder damit zusammenhängender Aktionen in irgendeiner Weise zu behindern.«

Buzhardts Stimmung sank. Dieses Band bewies, daß Haldeman beabsichtigt hatte, die Watergate-Untersuchung mit Hilfe des CIA zu behindern. Und es nannte außerdem Mitchell als Urheber des Plans. Vielleicht führte der Präsident noch einen legitimen Belang der nationalen Sicherheit an. Damit ließen sich die Gewässer trüben. Einer ähnlichen Schwierigkeit hatten sie sich bei dem Band vom 21. März 1973 gegenübergesehen, als Nixon die Zahlung von Schweigegeld an Hunt zu genehmigen schien. Die Anwälte des Präsidenten hatten argumentiert, Nixon habe später im gleichen Gespräch den Vorschlag abgelehnt, doch Buzhardt hatte diese Behauptung immer bezweifelt. Diesmal sah es tatsächlich ernst aus, aber er gab die Hoffnung noch nicht auf.

»Was ist mit Pat Gray – meinen Sie, daß Pat Gray nicht mitmachen will?« erkundigte sich Nixon.

»Pat will schon«, antwortete Haldeman, »er weiß bloß nicht, wie, und er hat keine . . . er hat keinerlei Basis dafür. Mit dem da aber hat er dann die Basis.«

Buzhardt hörte, wie der Präsident Fragen über die Untersuchung stellte und Haldeman ihm erklärte, auf welche Weise das Dahlberg- und das Texas-Geld Spuren hinterlassen hatten.*

Allmählich begriff der Präsident Haldemans Absicht. Bezugnehmend auf das Geld, das seine Wahlhelfer bereits weitergeschleust hatten, fragte er: »Was sollen sie sagen? Daß die Kubaner an sie herangetreten sind? Das muß Dahlberg sagen, und die Texaner ebenfalls. Ist das damit beabsichtigt?«

»Nun, wenn sie wollen. Aber damit verlassen wir uns ständig auf immer mehr Leute. Das ist das Problem. Und sie werden aufhören, wenn wir . . . wenn wir diesen anderen Schritt unternähmen.« Haldeman kam auf Mitchells Vertuschungsplan zurück.

»Ja, gut.«

»Und sie scheinen das Gefühl zu haben, daß man sie dazu bringen muß, daß sie aufhören.«

»Ja, gut«, wiederholte Nixon.

»Sie meinen, das läßt sich nur durch Anweisung des Weißen Hauses machen. Und zwar an [CIA-Direktor] Helms und . . . wie heißt er doch gleich – Walters.«

---

* Kenneth H. Dahlberg, ein Spendensammler für Nixons Wahlkampagne, erzielte 24 000 Dollar an Barbeiträgen, ließ sich darüber einen Bankscheck ausstellen, den er Nixons Wiederwahlkomitee in Washington übergab. Der Scheck wurde dann auf das Bankkonto von Bernard Barker, einem der Watergate-Einbrecher, eingezahlt und stellte für die Ermittlungsbeamten das erste Glied der Kette zwischen dem Einbruch und den Wahlgeldern Nixons dar.
  Manuel Ogarrio, ein mexikanischer Anwalt, diente als Leitstelle für die Beiträge texanischer Spender zu Nixons Wahlkampffonds. Das Geld wurde durch seine Bank in Mexico City »geschleust«, damit der Ursprung nicht zu verfolgen war. Außer dem Dahlberg-Scheck wurden vier weitere auf Ogarrios Konto gezogene Schecks im Gesamtbetrag von 89 000 Dollar auf Barkers Konto eingezahlt.

Buzhardt spürte, daß er hier möglicherweise auf eine rauchende Pistole gestoßen war. Der Präsident hatte persönlich einen ersten Schritt zur Vertuschung von Watergate gebilligt – nicht aus Ignoranz, sondern nachdem man ihm die politischen Pressionen auseinandergesetzt hatte –, um eine Geldspur zu verschleiern, die zu seinem Wiederwahlkomitee führte.

»Und der Vorschlag wäre der, daß Ehrlichman und ich sie [die CIA-Beamten] hinzuziehen«, fuhr Haldeman fort.

»Ja, gut«, sagte Nixon ungeduldig. »Wie wollen Sie ihn hinzuziehen? Ich meine, wollen Sie einfach . . . Na, wir haben Helms vor verdammt vielen Sachen geschützt.«

»Genau das sagt Ehrlichman.«

»Natürlich, da ist Hunt, der wird vieles aufdecken«, meinte Nixon. »Wenn man den Wundschorf abkratzt, sind da · 'ne Menge Sachen drunter, und wir denken eben, daß es sehr schade würde, wenn das Ganze weiterginge. Das zieht die Kubaner mit hinein, Hunt und einen Haufen Gaunereien, mit denen wir selbst nichts zu tun haben.«

Jetzt verstand Buzhardt, wie sich der Präsident diese Rechtfertigung mit der nationalen Sicherheit hatte einreden können.

»Was zum Teufel hat Mitchell von dieser Sache gewußt und wenn – wieviel?« Das bezog sich auf die Watergate-Abhöraffäre.

»Ich glaube nicht, daß er die Einzelheiten kannte, aber gewußt hat er wohl davon.«

Dieses Gespräch, das erkannte Buzhardt deprimiert, widerlegte die Behauptung des Präsidenten, er habe nichts von einer Beteiligung seiner Assistenten an Watergate gewußt, bis John Dean im folgenden März zu ihm gekommen sei. Es stellte Nixon direkt ins Zentrum der Vertuschung, lieferte ihm einen Grund dafür: Er vertuschte die Beteiligung seines Wahlkampfmanagers Mitchell. Und sein Ton verriet noch viel mehr. Da war weder Überraschung noch Empörung. »Was hat Mitchell davon gewußt und wenn – wieviel?« hatte der Präsident gefragt. Also war ihm Mitchells Beteiligung entweder bekannt, oder er hatte sie stark vermutet.

Nixon fuhr fort: »Er wußte also nicht, wie es gehandhabt werden sollte – mit Dahlberg und den Texanern und so weiter? Na, wer war denn das Arschloch, das davon wußte? Liddy? Ist das der Kerl? Der muß verrückt sein.«

»Ist er auch.«

»Ich meine, bei dem tickt's doch nicht richtig, oder? Liegt da nicht der Hund begraben?« fragte Nixon.

»Nein, aber er stand anscheinend unter Druck, mehr Informationen beizubringen, und je stärker der Druck wurde, desto mehr drängte er die Leute, noch härter vorzugehen bei . . .«

»Druck von Mitchell?««

»Anscheinend.«

»Ach so, Mitchell«, sagte Nixon. »Mitchell war auch schon soweit wie Sie, daß das, was ich von Ihnen brauche, Informationen über . . .«

»Gemstone sind, ja«, ergänzte Haldeman.

Buzhardt konnte es nicht genau sagen, aber es klang wie »Gemstone«, der geheime Codename für Gordon Liddys Spionageplan, zu dem die elektronischen Abhöranlagen und der Einbruch im Watergate-Hotel gehörten. Haldeman hielt tatsächlich mit nichts vor dem Präsidenten zurück.

»Ja, gut«, sagte Nixon abrupt. »Ich verstehe jetzt. Wir wollen Mitchell und die übrigen nicht im nachhinein kritisieren. Gott sei Dank, daß es nicht Colson war.«

Haldeman berichtete dem Präsidenten, das FBI sei nach der Befragung Colsons zu dem Schluß gekommen, der Einbruch sei nicht vom Weißen Haus veranlaßt worden, sondern vermutlich ein CIA-Unternehmen – Kubaner und CIA. »Die Ausschaltung des CIA würde also . . .«

»Nun, nicht sicher über ihre Analyse«, unterbrach Nixon »Ich lasse mich nicht soweit hineinziehen. Ich bin . . .« Den Rest des Satzes konnte Buzhardt nicht verstehen.

»Nein, Sir, das verlangen wir nicht von Ihnen«, sagte Haldeman beruhigend.

»Ziehen Sie sie hinzu«, befahl Nixon.

»Gut«, antwortete Haldeman.

»Auf die harte Masche. Die sind auch hart, und wir werden ebenso hart sein.«

»Okay. Wird gemacht.«

Von nationaler Sicherheit war kein Wort erwähnt worden. Der Präsident und Haldeman schützten diese Behauptung nur vor, um das FBI mit Hilfe des CIA dazu zu bewegen, daß es seine Untersuchung abbrach. Buzhardt trank einen Schluck Kaffee. Nationale Sicherheit war nichts als ein Trick.

Nun wandten sich der Präsident und Haldeman anderen Themen zu: dem Rücktritt des Protokollchefs, dem Lobbyismus im Zusammenhang mit einem Steuergesetzentwurf, der internationalen Finanz, dem italienischen Währungsproblem. (»Die Lira kümmert mich einen Scheißdreck«, bemerkte Nixon.) Dann aber kamen sie auf Watergate zurück. Der Präsident erklärte Haldeman eingehend, wie er mit Helms und Walters umgehen sollte:

». . . Sagen Sie: ›Hören Sie, das Problem ist, daß dies die ganze, die ganze Schweinebucht-Sache wieder aufrollt, und der Präsident findet einfach, daß‹ – ohne in Einzelheiten zu gehen. Lügen Sie nicht soweit, daß Sie sagen, es gibt keine Beteiligung, sagen Sie nur: ›Das ist eine Komödie der Irrungen‹, ohne näher darauf einzugehen, ›der Präsident meint, daß dadurch die ganze Schweinebucht-Geschichte wiederaufgerollt wird‹. Und: ›Weil diese Leute aufs Ganze gehen, und daß sie das

FBI einschalten sollten und sagen, daß wir zum Besten des Landes wünschen: ›Untersucht diesen Fall nicht weiter, basta!‹«

Jetzt wandten sich die beiden wieder den Angelegenheiten des Oval Office zu. Buzhardt stoppte das Tonband, spulte es zurück und hörte es sich noch einmal an. Auch dieses zweite Abspielen änderte nichts an seinem Eindruck. Das Band war vernichtend. Buzhardt war niedergeschmettert. Er hatte gehört, daß der Präsident den Plan guthieß. Buzhardt hatte die »rauchende Pistole« gefunden. Er hatte gehört, wie der Präsident sie lud, zielte und abfeuerte.

Buzhardt nahm den Kopfhörer von den schmerzenden Ohren. Er saß und starrte auf seinen mit Akten bedeckten Schreibtisch. Das Spiel ist aus, dachte er.

Erst eine Woche zuvor hatte St. Clair den Vorwurf des Rechtsausschusses zurückgewiesen, der Präsident habe den CIA in die Untersuchungen des FBI eingeschaltet, um sie zu behindern, und seine Beweisführung auf die Erklärung vom 22. Mai gestützt. Er hatte sie ausführlich zitiert und die Schlußfolgerung gezogen, der Präsident habe den CIA nur erwähnt, um die Aufdeckung einer nicht damit in Zusammenhang stehenden geheimen CIA-Operation zu verhindern. In St. Clairs Schriftsatz wurde ferner behauptet, der Präsident habe »von einem angeblichen Plan, die Justiz zu behindern unter Anwendung von Mitteln wie dem versuchten Einsatz des CIA zur Vereitelung der Watergate-Ermittlungen des FBI keinerlei Kenntnis gehabt«.

Sie hatten den Ausschuß irregeführt.

Buzhardt griff zum Telefon. »Geben Sie mir San Clemente.« Es dauerte ein wenig, bis die Zentrale die Verbindung mit Kalifornien und Haig herstellte.

»Also, wir haben die rauchende Pistole gefunden«, begann er. Seine Stimme klang ruhig und emotionslos.

»Sind Sie sicher?«

»Ja. Bob hat ihm an jenem Tag viel gesagt.«

Haig nahm das gelassen auf. Er zeigte sich nicht überrascht, als Buzhardt ihm beschrieb, wie der Präsident Haldeman ermächtigt hatte, den CIA zu kontaktieren. Buzhardt berichtete ihm, Haldeman habe das Gespräch mit den Worten eröffnet: ». . . wir sind *wieder* in der Problemzone, weil das FBI nicht unter Kontrolle ist.« Ein klarer Hinweis auf ein früheres Gespräch, meinte Buzhardt, vielleicht das vom 20. Juni, auf eine Stelle innerhalb der gelöschten achtzehneinhalb Minuten.

Das könne nur eines bedeuten, entgegnete Haig. Der Präsident habe die achtzehneinhalb Minuten selbst gelöscht. Leider passe alles zusammen.

Buzhardt unterstrich die Tragweite dieses neuen Problems. Dem Präsidenten als Oberhaupt der Exekutive unterstanden FBI und CIA. Daher war die Anweisung an Haldeman im streng technischen Sinn vermutlich keine Behinderung der Justiz. Mit Sicherheit aber war sie ein Machtmißbrauch oder Mißbrauch einer Behörde. Nach nahezu jeglicher Definition handelte es sich hier um ein Vergehen, das zum Impeachment führte.

»Nun«, fragte Haig, »was sollen wir Ihrer Meinung nach tun?«

Darüber hatte Buzhardt schon nachgedacht. »Wir müssen auch die Gerichtsentscheidung berücksichtigen. Ich denke, der Präsident sollte seine Alternativen erwägen.« Hätte es keine rauchende Pistole gegeben, wäre er dafür gewesen, Richter Sirica Abschriften anstelle der Bänder zu übergeben und zu argumentieren, damit seien sie der Auflage nachgekommen, doch dieser Weg war nun verbaut. Täten sie das jetzt, machten sie sich alle eines Verbrechens mitschuldig.

Der Präsident könne die Bänder ausliefern und das Beste hoffen, realistischer aber wäre es, gar nichts herauszugeben, meinte Buzhardt. Das sei nur möglich, wenn der Präsident zurückträte. Ein Rücktritt würde die Impeachment-Untersuchung des Rechtsausschusses beenden, der dann ja auch die Bänder nicht mehr brauchte. Was den Sonderankläger betreffe, so gäbe es nur eine Möglichkeit, nämlich sämtliche Anklagen fallenzulassen – durch Amnestie für alle. Eine Weigerung, der Entscheidung des Supreme Court nachzukommen, wiederholte Buzhardt, müsse Rücktritt und Begnadigung nach sich ziehen. Er neige dazu, diesen Weg zu empfehlen.

Es gebe aber noch einen weiteren guten Grund für den Rücktritt des Präsidenten. Der dem Rechtsausschuß vorgelegte Schriftsatz enthalte eine gravierende, falsche Darstellung der Ereignisse vom 23. Juni 1972. Buzhardt erinnerte Haig daran, daß ein Anwalt, der an einer Irreführung des Gerichts beteiligt war, dazu verpflichtet sei, seinen Mandanten zur Abänderung seines Schuld- oder Nichtschuldbekenntnisses zu veranlassen oder die falsche Darstellung selbst zu berichtigen. Ein Rücktritt stelle eine Abänderung des Nichtschuldbekenntnisses vor dem Rechtsausschuß dar. Die einzige andere Möglichkeit sei, das Band sofort herauszugeben.

Haig entgegnete, daß er in Kürze mit St. Clair zusammen den Präsidenten aufsuchen werde. »Sie hören wieder von uns.«

Kurz nach 13 Uhr traf sich Buzhardt mit Timmons, Burch und Garment im Kasino des Weißen Hauses, die mit ernster Miene die Gerichtsentscheidung diskutierten, doch Buzhardt erwähnte, als er sich zu ihnen setzte, kein Wort von dem, was er wußte.

Timmons meinte, der Präsident müsse zurücktreten. Dabei ging er von der Annahme aus, die Tonbänder müßten verheerend sein, sonst hätte der Präsident nicht so hartnäckig um sie gekämpft. Seiner Meinung nach sollte Nixon seinen Rücktritt damit begründen, daß die Geheimhaltung von Präsidentengesprächen gewahrt bleiben müsse. Der Präsident täte besser daran, das »executive privilege« in Anspruch zu nehmen und die Auslieferung der Bänder zu verweigern – sie notfalls zu verbrennen –, und zwar mit der Begründung, daß ihre Auslieferung der Präsidentschaft einen irreparablen Schaden zufügen würde. So würde er wegen einer Grundsatzfrage zurücktreten und nicht aus dem Amt gejagt werden. Timmons hatte Haig morgens gefragt: »Inwieweit wird ein Rücktritt erwogen?« Haig hatte sich nicht festgelegt, sondern einfach erwidert, man ziehe alle Alternativen in Erwägung.

Timmons' Argumente fanden hier, beim Lunch, weitaus mehr Resonanz. Buzhardt und Burch stimmten ihm zu. Garment rutschte auf seinem Stuhl hin und her und drückte sein Erstaunen darüber aus, daß sie so schnell das Handtuch werfen wollten. Er habe am Vormittag mit Charlie Wright gesprochen, berichtete er. Wright habe verlangt, man solle keinen Präzedenzfall schaffen, bei dem der Kongreß einen Präsidenten ohne verfassungsgemäße Abstimmung aus dem Amt entferne. Es liege eine gewisse Aufrichtigkeit darin, alles bis zum Ende durchzustehen, erklärte Garment. Die anderen ließen sich nicht überzeugen.

Nach dem Lunch schlenderten Garment und Buzhardt über die West Executive Avenue zu ihren Büros zurück. Als sie in der frühen Nachmittagssonne dahinschritten, fragte Garment: »Was ist denn nun los?«

Buzhardt straffte sich ein wenig und blinzelte ihn an. »Es steht schlecht, Len.«

Garment drängte nicht auf Einzelheiten. Er vermutete das Schlimmste.

Buzhardts Gedanken kreisten um die Frage der Begnadigungen. Seit dem er Rechtsberater des Präsidenten geworden war, hatte er sich vor der Empfehlung gehütet, das Begnadigungsrecht des Präsidenten anzuwenden. Und jetzt erwog er Amnestie für eine ganze Kategorie von Männern, die schon Watergate-Angeklagte waren oder es noch werden sollten. Er ließ seine Mitarbeiter eine Liste aller Personen aufstellen, die begnadigt werden müßten, falls der Präsident zurücktrat und die Herausgabe der Tonbänder verweigerte. Es war eine lange, vielfältige Liste – über dreißig Leute, von Herbert L. (Bart) Porter, Termindirektor in Nixons Wiederwahlkomitee (der gestanden hatte, FBI-Beamte belogen zu haben), bis zu Howard Hunt, Haldeman, Ehrlichman und Mitchell. Gegen die letzten drei hatte noch gar kein Prozeß stattgefunden. Der Präsident konnte nicht einige begnadigen, und andere nicht.

Dave Gergen saß allein in seinem Büro und entwarf ein Telegramm an Haig. Er führte aus, der Präsident könne diesen Supreme-Court-Rückschlag in einen Vorteil für sich verwandeln, wenn er in einer dramatischen persönlichen Ansprache an die Nation verkündete, er werde die Tonbänder herausgeben. Es sei wichtig, daß Sirica innerhalb kürzester

Zeit möglichst viele Originaltonbänder bekomme. Außerdem sei ein Datum für den Abschluß der Übergabe festzusetzen. »Lassen Sie uns zur Abwechslung mal die gespannte Atmosphäre lockern«, schlug er vor. Und empfahl außerdem, der Präsident solle die Bänder dem Rechtsausschuß übergeben.

Gergen wußte nicht, was sich in San Clemente tat und wie der Präsident reagieren würde, doch er hielt es für wichtig, das Interesse der Öffentlichkeit von einem zum Einsiedler gewordenen Präsidenten, der die Bänder herausgeben mochte oder auch nicht, ab- und auf einen zugänglichen Präsidenten, der sich an das Gesetz gebunden fühlte, hinzulenken.

Haig durchquerte das Gelände von San Clemente, um das Arbeitszimmer des Präsidenten in der Residenz aufzusuchen. Er konnte voraussagen, wie Buzhardts Schlußfolgerungen auf Nixon wirken würden.

Von seinem Lehnstuhl aus sah Nixon zu ihm empor. Ruhig umriß Haig Buzhardts Interpretation des Tonbands vom 23. Juni und seine Analyse der gegebenen Alternativen.

Der Präsident kochte. Buzhardt liege völlig schief, behauptete er. Alles auf diesem Band sei schon in seinen vorhergehenden Erklärungen bekanntgegeben worden, auch in der vom 22. Mai, sowie in den Zeugenaussagen von Haldeman und Ehrlichman vor dem Watergate-Senatsausschuß und überaus umfassend in den geheimen Gedächtnisprotokollen des CIA. *Er* wisse, was *er* gemeint habe, protestierte der Präsident, und was *er* gemeint habe, sei, Haldeman solle lediglich sicherstellen, daß das FBI nicht längst begrabene, von der Schweinebuchtlandung übriggebliebene CIA-Geheimnisse gefährde. Dann starrte der Präsident, wie er es so häufig tat, Haig durchdringend an und betonte, er sei unschuldig, sei nur um die nationale Sicherheit besorgt gewesen.

Der Präsident kritisierte die Urteilsfähigkeit seines Anwalts: Buzhardt sei wahrscheinlich müde, er habe sich noch nicht von seinem kürzlichen Herzanfall erholt; außerdem neige er stets zur Panik. Er sei auch im November in Panik geraten, als er und Garment zum Rücktritt geraten hatten. Er habe sich damals geirrt, und er irre sich auch jetzt. Nein, schloß der Präsident, Buzhardt sei nicht in der Lage, eine vernünftige Beurteilung abzugeben. Wie stehe es denn mit St. Clair?

Haig bat St. Clair telefonisch herüber.

Der Anwalt hatte bereits mit Buzhardt gesprochen und kannte also dessen Einschätzung der Lage. Vorsichtshalber hatte er noch den Secret Service in Washington angerufen, um sich zu vergewissern, daß die Tonbänder in Sicherheit waren. Doch St. Clairs Sorge galt zunächst der Entscheidung des Supreme Court, und er wollte keine voreiligen Schlüsse auf den Inhalt der Tonbänder ziehen. Gab es eine Möglichkeit, die Herausgabe zu umgehen? Voller Unruhe hatte er darauf gewartet, daß der Wortlaut des Urteils ans Weiße Haus durchgegeben wurde. »Vereinigte Staaten gegen Nixon« war der größte Fall in seiner Laufbahn, und er hatte geglaubt, ihn gewonnen zu haben. Daß er ihn verloren hatte, war für ihn niederschmetternd. Als er die Entscheidung las, wurde ihm klar, daß man die Bänder an Sirica ausliefern mußte.

»Der Präsident steht nicht über dem Gesetz. Das behauptet er auch nicht«, hatte St. Clair vor Gericht erklärt. Und gehofft, der Präsident habe verstanden, was das bedeutete. Nixon hatte ihm niemals genau mitgeteilt, was er im Fall einer negativen Entscheidung tun würde, aber St. Clair wußte, daß er als Jurist dem Präsidenten zu vorbehaltsloser Erfüllung raten mußte.

Als St. Clair in der Residenz eintraf, sprach er das Nixon und Haig gegenüber offen aus. Der Präsident ließ sich nicht überzeugen. Ja, er überlegte sogar, ob es nicht, um die Macht seines Amtes zu wahren, seine verfassungsmäßige Pflicht sei, sich dem Gerichtsbeschluß zu widersetzen.

Haig und St. Clair erwiderten, das bedeute mit Sicherheit Impeachment und Schuldspruch.

Trotzdem, meinte der Präsident, habe er eine gewisse Verpflichtung, diesen Kampf bis vor das Impeachment-Forum zu tragen. Die Folgen für das Präsidentenamt seien schwerwiegend, deswegen müsse der Fall auf jede denkbare Weise durchgespielt und in aller Öffentlichkeit verhandelt werden. Habe St. Clair denn nicht vor Gericht erklärt, das »Gesetz könne auf ihn als Präsidenten nur in einer Form angewendet werden – nämlich durch Impeachment?«

Die Diskussion ging noch zwei Stunden weiter, bis der Präsident den Gedanken an Erfüllung zu akzeptieren schien. Bezeichnenderweise war er wieder einmal zu einem Entschluß gelangt, ohne ihn eigentlich selber gefaßt zu haben.

St. Clair versuchte, seinem Mandanten zu erklären, was Richter Sirica und der Sonderankläger vermutlich von ihm erwarteten.

Aber es müsse Ausnahmen für Material geben, das unter die Rubrik der nationalen Sicherheit falle, beharrte Nixon.

Darüber habe Sirica zu befinden, antwortete St. Clair. Genau wie bei den ersten Tonbändern.

Der Präsident verlangte Zeit, um alle Tonbänder selbst abzuhören. Sie dürften keinesfalls en bloc ausgeliefert werden. St. Clair solle Sirica mitteilen, daß sie Zeit brauchten – Wochen, vielleicht auch mehr –, wenn sie gründliche Arbeit leisten wollten.

»Das kann ich nicht.« St. Clair erinnerte den Präsidenten daran, daß Jaworskis Strategie stets darauf abgezielt hatte, die Tonbänder möglichst schnell in die Hand zu bekommen, damit der Vertuschungs-Prozeß, wie geplant, im Herbst stattfinden konnte. Daher würde Sirica mit Sicherheit eine sofortige Herausgabe befürworten. St. Clair, der zwischen zwei Stühlen saß, spürte, daß er zu einem leichtfertigen Versuch, wiederum Zeit zu schinden, benutzt wurde. Sein Renommee würde weiteren Schaden erleiden.

Nixons Wut flammte wieder auf. Er habe Schwierigkeiten genug damit, daß ihm das Gericht befehlen wolle, *was* er zu tun habe. Es würde ihm jetzt nicht auch noch befehlen, *wann* er es zu tun habe. Und St. Clair sei sein Anwalt, also solle er für den nötigen Aufschub sorgen. Er, Nixon, verlange das. Und damit basta.

St. Clair war gekränkt. Wieder einmal wollte ihm sein Mandant vorschreiben, wie er den Fall behandeln sollte. Er hatte keine Lust mehr zum Diskutieren. Der Präsident hatte sich mit der Herausgabe mehr oder weniger einverstanden erklärt.

Buzhardts deprimierende Schlußfolgerungen aus dem Band vom 23. Juni wurden vorläufig in den Hintergrund gedrängt. Unter dem Druck, der Öffentlichkeit zu versichern, die Bänder würden ausgeliefert, begaben sich Haig, St. Clair und Ziegler in Haigs Büro, um eine Einwilligungserklärung auszuarbeiten.

Haig teilte Buzhardt telefonisch mit, Nixon stimme seiner Analyse nicht zu, sondern behaupte hartnäckig, das Band vom 23. Juni sei »nicht so schlimm«. Er habe beschlossen, seine Bereitschaft zum Nachgeben zu verkünden.

Buzhardt entgegnete, dieser Entschluß sei verfrüht; damit würden nur die unvermeidlichen Folgen hinausgeschoben. Bei Abwägung dieser Konsequenzen erscheine die Alternative, nicht nachzugeben und zurückzutreten, äußerst attraktiv. Das dürfte die letzte Chance des Präsidenten sein, sich auf einen Grundsatzstandpunkt zu stellen und aus dem Amt zu scheiden, ohne auf vernichtende Weise bloßgestellt zu werden. Außerdem mochte der Himmel wissen, was auf den übrigen Bändern noch alles sei.

Haig wiederholte, der Präsident sei entschlossen, sich zu fügen. Rücktritt, Nichtherausgabe, Begnadigungen – das alles abzuwägen, sei zuviel für diesen Tag. Der Präsident sei in düsterer Stimmung. Der 23. Juni, die Folgen einer solchen Enthüllung – all diese Überlegungen müßten vorerst zurückgestellt werden.

Buzhardt kapitulierte. Der Präsident wählte tatsächlich den Weg des geringsten Widerstands; eine Einwilligungserklärung würde das schwerere Problem zwar hinausschieben, aber es blieb trotzdem bestehen, und Buzhardt wußte, daß es schon bald wieder aufs Tapet kommen würde. Und dann gab es keine bequeme Lösung mehr. Bis dahin mußten verschiedene Leute informiert werden. Timmons hatte ihm erzählt, der republikanische Fraktionsführer im Repräsentantenhaus, Rhodes, habe geschworen, den Kampf gegen das Impeachment anzuführen. Buzhardt telefonierte mit Timmons und berichtete ihm, daß es ein bedenkliches Tonband gab; Timmons möge Rhodes warnen und ihn bitten, nichts zu sagen oder zu tun, bis er wieder von Timmons höre. Timmons versprach es.

Ray Price war an jenem Morgen schon zeitig in seinem Büro auf dem Gelände von San Clemente eingetroffen, um an der Ansprache des Präsidenten über die Wirtschaftslage zu arbeiten. Sie war für den folgenden Tag angesetzt. Er hatte kaum angefangen, als der Fernschreiber von Associated Press die Meldung über das Urteil des Supreme Court durchtickerte. Price notierte sich ein paar Gedanken für eine entsprechende Entgegnung, schickte Haig und Ziegler seine Vorschläge und arbeitete dann weiter an der Rede über die Wirtschaftslage. Kurz darauf wurde er von Haig unterbrochen, der mit ihm besprechen wollte, wie die Entgegnung des Präsidenten zu formulieren sei. Nach dem Entwurf von Price bereiteten Haig, St. Clair, Ziegler und Price eine Erklärung für den Präsidenten vor.

Jerry Warren wartete auf Nachricht von Ziegler. Die Presse hatte ihn den ganzen Vormittag belästigt. Würde der Präsident nachgeben? Würde er sich gegen das Gesetz stellen? Wann war eine Erklärung über den Entschluß des Präsidenten zu erwarten? Und wenn er sich fügen wollte, wann würden die Bänder dann veröffentlicht werden?

Warren wußte keine Antwort. Hinsichtlich der Informationen war er von Ziegler abhängig. Ziegler hatte zwar dauernd angerufen, aber nur, um zu hören, wie die Presse reagierte, wie sie die Gerichtsentscheidung und die verzögerte Bekanntmachung des Präsidenten brachte. Warren wußte, daß diese Fragen vom Präsidenten kamen.

Warren erkundigte sich bei Ziegler, wann eine Erklärung zu erwarten sei; die Verzögerung beunruhigte ihn. Manche Reporter schienen zu glauben, der Präsident werde dem Gericht sagen, sie könnten ihn mal, sagte er. Es gingen Meldungen hinaus, die mit den Worten begannen: »Präsident Nixon, isoliert hier in seiner Villa am Meer . . .« Und auch die Mitarbeiter würden nervös. Auf diese sehr höfliche Art drängte Warren auf eine Antwort. Ziegler blieb notgedrungen zurückhaltend; er konnte dem Präsidenten nicht vorgreifen. Es werde alles nur Mögliche getan, um eine Erklärung fertigzustellen, versicherte er.

Tom DeCair erkundigte sich nach der Verzögerung. »Ron wird uns Bescheid geben, wenn's soweit ist«, antwortete Warren kühl.

Endlich rief Ziegler an, um Warren zu sagen, St. Clair werde sich um 16 Uhr der Presse stellen. Wo, stehe allerdings noch nicht fest. Das San Clemente Inn sei nicht verfügbar. Der Besitzer habe den sonst immer benutzten Raum an ein ortsansässiges Unternehmen vermietet. Das sei lukrativer und ein Dauergeschäft, habe er gemeint.

Warren und Ziegler überlegten, ob man die Cafeteria der *Concordia Elementary School* nehmen solle, aber der Neuaufbau von Kameras und Ausrüstung wäre wohl zu umständlich. Außerdem gefiel ihnen der Gedanke nicht, daß der Anwalt des Präsidenten aus der Cafeteria einer

Grundschule live vor das amerikanische Fernsehpublikum treten sollte. Schließlich fanden sie einen passenden Raum im *Surf and Sand*. Warren war froh, wenigstens etwas mitteilen zu können.

Haig diktierte Muriel Hartley die Erklärung, die St. Clair abgeben würde. St. Clair, Ziegler, Price und Joulwan hörten zu, als Haig den Text sprach. Er war so zahllose Male neu abgefaßt worden, daß Haig ihn einfach herunterrasseln konnte – zuweilen viel zu schnell für Muriel Hartley. Haig wurde ungeduldig, wenn sie nicht mitkam.

Wenige Minuten später nahm er die getippte Erklärung und brachte sie dem Präsidenten. Bald darauf war er zurück: Der Präsident sei einverstanden. Ziegler eilte in sein Büro, rief das Presseamt an und diktierte Shirley Browne, Warrens Sekretärin, die Erklärung ins Telefon. Danach fuhr er mit St. Clair ins *Surf and Sand*.

Price unterhielt sich währenddessen mit dem Präsidenten über die Ansprache am nächsten Tag. Nachdem einige Vorschläge anderer Berater eingefügt worden waren, hatte er Nixon gegen 14.30 Uhr den letzten Entwurf gebracht.

Der Präsident war nachdenklich. Zuerst schien er über das Urteil sprechen zu wollen. Er hatte offenbar das Gefühl, die Lage sei wohl doch nicht so rosig. Dann aber versuchte er Price aufzumuntern. Sie unterhielten sich ein paar Minuten lang über allgemeine Dinge, dann kam der Präsident zur Sache.

Price würdigte die strategische Bedeutung einer großen Ansprache an die Öffentlichkeit. Sie würde beweisen, daß sich der Präsident von der Gerichtsentscheidung nicht entmutigen ließ – daß er sich trotz dieses Urteils und des krankhaften Interesses, das die Presse für Watergate entwickelte, direkt dem Hauptproblem des Landes, der Wirtschaftslage, zuwandte.

Die Limousine des Weißen Hauses jagte nach Norden, an den Luxuswohnungen von Laguna Beach vorbei und die Einfahrt zum Parkplatz des *Surf and Sand* hinauf. Die Insassen – St. Clair und Ziegler – wurden von herbeieilenden Reportern umringt, gingen aber unverzüglich ins Pressebüro.

Ziegler bat Judy Johnson, sein Rasierzeug für St. Clair zu holen. Inzwischen suchte er den nervösen St. Clair zu beruhigen. Clawson gesellte sich zu ihnen, froh, endlich dabei sein zu dürfen, und voller Erwartung, an dieser historischen Pressekonferenz teilzunehmen.

Als sich St. Clair rasiert hatte, ging er langsam hinüber in den Presseraum. Das Podium, für Ziegler und Warren eingerichtet, war zu hoch, so daß er direkt in die Scheinwerfer blickte.

»Ich habe mit dem Präsidenten über die Entscheidung des Supreme Court gesprochen«, begann er. »Er hat mir diese Erklärung übergeben und mich gebeten, sie Ihnen vorzulesen: ›Obwohl ich natürlich von dem Urteil enttäuscht bin, respektiere und akzeptiere ich es jedoch und habe Mr. St. Clair angewiesen, alle notwendigen Schritte zu unternehmen, um diesem Gerichtsbeschluß voll nachzukommen.‹«

Gleichzeitig behauptete Nixon allerdings, im Prinzip einen Sieg errungen zu haben: »Mit Dankbarkeit konnte ich feststellen, daß das Gericht sowohl die Gültigkeit als auch die grundsätzliche Bedeutung des ›executive privilege‹ bestätigt hat – jenes Prinzips, das aufrechtzuerhalten ich bemüht war.«

St. Clair legte das Blatt hin. »Wie uns allen bekannt ist, hat der Präsident stets fest an Gesetz und Recht geglaubt ... In Befolgung seiner Anweisungen wird mit dem zeitraubenden Prozeß, die Bänder abzuhören, sofort begonnen werden.«

Wieder in Zieglers Büro angelangt, fiel St. Clair, völlig erschöpft von der Nervenanspannung, in einen Sessel. Es war ein traumatischer Tag gewesen. Doch jetzt, da er den Lärm des Pressezimmers hinter sich hatte, konnte er sich allmählich entspannen. Ziegler beschloß, seine alkoholfreie Diät zu vergessen, und schickte Judy Johnson in die Bar, um zwei doppelte Scotch mit Wasser zu holen.

»Nun, Judy, wie fanden Sie es?« fragte er sie, als sie zurückkam.

Judy Johnson kannte Zieglers ständiges Bedürfnis nach Bestätigung. Es gehörte zu ihrem Job, im Pressezimmer herumzuhorchen und ihrem Chef dann die Reaktionen der wichtigsten Reporter zu melden. An diesem Tag hatte sie jedoch keine Zeit dazu gehabt, daher äußerte sie ihre eigene Meinung. »Sie waren sehr ernst«, antwortete sie Ziegler, der kaum mehr getan hatte, als St. Clair vorzustellen.

»Zu ernst?« erkundigte sich Ziegler besorgt. »Wirkte ich deprimiert?«

»Nein. Nur sehr, sehr ernst.«

Als sie hinausgehen wollte, fragte St. Clair: »Wie wird Ihrer Meinung nach die Reaktion ausfallen?«

»Der Öffentlichkeit oder der Presse?«

»Beides.« »Erleichtert.«

St. Clair horchte auf. »Wie meinen Sie das? Glauben Sie, die haben wirklich gedacht, der Präsident der Vereinigten Staaten würde sich einer Entscheidung des Supreme Court nicht beugen?«

Judy Johnson sah ihm in die Augen. »Das vielleicht nicht, aber es war eine Erleichterung, daß es jemand ausgesprochen hat.«

Die unentschiedenen Mitglieder des Rechtsausschusses, die sich zu einer brüchigen Koalition zusammengeschlossen hatten, kamen an jenem Vormittag wieder in Railsbacks Büro zusammen, um den Text eines Impeachment-Anklagepunktes zu formulieren, in dem der Präsident der Watergate-Vertuschung beschuldigt wurde. Die Anklage – Punkt Eins – mußte genau aufzeigen, was Nixon getan hatte, das ein Impeachment rechtfertigte. Falls keine direkten Handlungen genannt werden konnten, würde es schlicht heißen, der Präsident habe die

Aktivitäten anderer Personen »geduldet« oder »gebilligt«. Mann und Flowers erklärten, daß Rodino und die Demokraten, die für Impeachment waren, einen von der Koalition erarbeiteten Entwurf akzeptieren würden. Die Koalition erstrebte eine konservative Anklage. Sowie einer von ihnen für Mäßigung plädierte, stimmten die anderen eilig zu. Railsback dachte, wie wenig selbstsicher sie doch seien; ihre Befürwortung des Impeachment stand auf sehr schwachen Füßen.

Um 19.45 Uhr rief Rodino den Rechtsausschuß zur Ordnung. Alle achtunddreißig Mitglieder waren anwesend. Millionen Menschen sahen am Bildschirm zu.

»Bevor ich beginne«, sagte Rodino, »gestatten Sie mir eine persönliche Bemerkung. Während der gesamten gewissenhaften Arbeit dieses Ausschusses habe ich mich als Vorsitzender von einem simplen Prinzip leiten lassen – dem Prinzip, daß das Gesetz auf jeden Menschen gleichermaßen gerecht angewandt werden muß . . . Es ist jetzt nahezu fünfzehn Jahrhunderte her, daß Kaiser Justinian, von dessen Namen sich das Wort ›Justiz‹ ableitet, dieses Prinzip für die freien Bürger Roms aufstellte.«

Als er diese Worte aufschrieb, hatte Rodino an jene Zeit zurückgedacht, da er eine persönliche Mitteilung von Präsident Nixon bekam. Das war im Herbst 1973 gewesen, nachdem Rodino ein Preis der Justinian Society verliehen worden war. Ein Bote hatte das Schreiben vom Weißen Haus gebracht: einen Glückwunsch, mit dem privaten »RN« des Präsidenten unterzeichnet. Das war wenige Tage vor dem »Massaker« vom Samstag gewesen.

Railsback hatte fast den ganzen Tag an dem Entwurf für den Anklagepunkt Eins gearbeitet und sich wenig Zeit für eine Einleitung genommen, sondern nur ein paar Notizen gemacht. Als sich die Fernsehkameras auf ihn richteten, wirkte er nervös und aufgeregt und manchmal, wenn er seiner Sorge und Ungewißheit Ausdruck gab, sogar atemlos. »Lassen Sie mich sagen, daß ich zu jenen gehöre, denen gerade diese Untersuchung schmerzlich ist . . . Richard Nixon, der zweimal für mich in meinem Distriktwahlkampf aufgetreten ist, den ich als Freund betrachte, der mich, wenn ich mit ihm zusammen war, immer nur freundlich behandelt hat . . .«

Er schilderte den Ablauf der Ereignisse, brachte die meisten Daten richtig, einige jedoch falsch: den Versuch, Watergate zu vertuschen, die Zahlung von Schweigegeld, die Lügen, das Vorenthalten von Beweismaterial, den Mißbrauch von FBI und CIA, die Herausgabe von Aussagen vor der Grand Jury an Haldeman. »Ich kann mich nur wundern; wenn man das alles zusammen in diesem Licht sieht – ich mache mir Sorgen, große Sorgen. Ich hoffe, der Präsident . . . Ich wünschte, der Präsident könnte etwas tun, das ihn entlastet. Ich wünschte, er würde die Informationen, deren Herausgabe wir ›sub poena‹ gefordert haben, ausliefern. Ich mache mir große Sorgen.«

Donnerstag, 25. Juli

Am nächsten Nachmittag flog der Präsident mit seinem Hubschrauber nach Los Angeles, wo er vor einer Gruppe von Industriellen Prices Rede über die Wirtschaftslage halten wollte. Die Ansprache sollte vom Fernsehen übertragen werden, und das Weiße Haus hatte sie als große Präsidentenverlautbarung angekündigt. Haig und Ziegler hofften, sie würden die Gedanken sowohl des Präsidenten als auch des gesamten Landes wenigstens vorübergehend von Watergate ablenken, doch große Erwartungen hegte niemand. Gergen hatte Haig ein Memo geschickt, in dem er sich dagegen aussprach. »Eine halbstündige Rede in der gegenwärtigen Atmosphäre und mit diesem Inhalt hat nur wenig Aussichten auf Erfolg«, hatte er geschrieben. Nach Gergens Meinung war die Rede lächerlich vereinfachend und würde dem Weißen Haus nur Spott eintragen. Doch Nixon war entschlossen, sie trotzdem zu halten.

Als die Gruppe des Präsidenten an den Demonstranten vor dem Century Plaza Hotel vorbeikam, fand Steve Bull, daß sie genauso aussähen wie diejenigen aus dem Wahlkampf von 1972. Ihre Plakate lauteten allerdings anders; das Thema war nicht mehr der Krieg, sondern ein weit simpleres: Nixon.

Der Präsident wurde in eine Suite im achtzehnten Stock geführt. Obwohl er sich erst eine Stunde zuvor rasiert hatte, verliehen die Bartstoppeln seinem Gesicht jene graue Tönung, die ihm auch schon während der Fernsehdebatten mit John Kennedy im Jahre 1960 zu schaffen gemacht hatte. Nixon schickte einen Adjutanten nach einem Elektrorasierer, den gleich darauf ein Hotelangestellter brachte. Der Präsident rasierte sich hastig. Als er den Los Angeles Room betrat, in dem eintausendsiebenhundert Industriemagnaten auf ihn warteten, wirkte er nervös.

Price hatte eine klassische Nixon-Rede geschrieben. Sie begann mit einer Reihe von Voraussetzungen für die Ursachen der Inflation: die absinkende Getreideproduktion, das Ölembargo der Nahoststaaten, ein Wirtschaftsboom in den Industrieländern. Unangenehme Lösungen wurden rasch abgetan: spektakuläre Sofortmaßnahmen wie Lohn- und Preiskontrolle, Steuererhöhungen, Steuersenkungen. Es folgte ein weiterer Katalog allgemein akzeptierter Erkenntnisse, die der Präsident ebenfalls ablehnte. Dann endlich eine Lösung: Der Präsident bat jeden Amerikaner, seinen Konsum um anderthalb Prozent zu senken und die Differenz zu sparen.

Wie Gergen befürchtet hatte, erntete die Ansprache fast durchweg Hohngelächter. Falls jedermann anderthalb Prozent seines Einkommens sparte, würde sich die Rezession verstärken, wenn nicht gar zur Depression führen, meinten anscheinend die meisten Wirtschaftsexperten. In einem Leitartikel wurde der Vorschlag des Präsidenten als »Biß auf eine Wattekugel« bezeichnet.

In Washington eröffnete der Rechtsausschuß eine weitere zehnstündige, vom Fernsehen übertragene Debatte über die Impeachment-Anklagepunkte. Jedem der achtunddreißig Mitglieder standen fünfzehn Minuten Redezeit zu.

Der dritte Sprecher war Caldwell Butler aus Virginia. Er hatte in der Nacht zuvor bis drei Uhr früh an seiner Rede gearbeitet. Am Morgen war sie in seinem Büro abgetippt worden, aber er hatte sich strikt geweigert, sie der Presse zu übergeben, weil er fürchtete, daß er seine Meinung noch ändern werde. Ruhig begann er von Nixon zu sprechen. »Ich habe während jedes Wahlkampfes, an dem er teilnahm, mit ihm zusammengearbeitet . . . Und ich bin ihm zutiefst dankbar für die Freundlichkeit und Höflichkeit, die er mir im Laufe der Jahre immer wieder bewiesen hat. Die Loyalität, die ich ihm schulde, vergesse ich keineswegs.«

Er sprach mehrere Minuten, ohne seinen Standpunkt erkennen zu lassen. Dann sagte er: »Es ergeben sich erschreckende Implikationen für die Zukunft unseres Landes, wenn wir gegen den Präsidenten der Vereinigten Staaten keine Impeachment-Anklage erheben . . . Tun wir es nicht, machen wir uns mitschuldig, weil wir ein Verhalten dulden und ungestraft hingehen lassen, das zu den berechtigten Erwartungen des amerikanischen Volkes in totalem Widerspruch steht.

»Die Bürger der Vereinigten Staaten müssen voraussetzen dürfen, daß ihr Präsident die Wahrheit sagt. Das Schema der falschen und halbwahren Darstellungen, das sich aus unseren Ermittlungen ergibt, enthüllt eine Politik des Präsidenten, die auf der zynischen Voraussetzung fußt, daß die Wahrheit an sich manipulierbar sei.

»Es ist ein trauriges Kapitel in der amerikanischen Geschichte, aber ich kann das, was ich gehört habe, nicht einfach hinnehmen; ich kann es nicht entschuldigen, und ich kann und will es nicht dulden.«

Er werde für Impeachment wegen Behinderung der Justiz und Machtmißbrauch stimmen, »aber ich werde es nicht gern tun«.

Freitag, 26. Juli

Als St. Clair am Freitagvormittag nach Washington zurückkehrte, hatte er wenig Grund zum Optimismus. Kurz bevor er San Clemente verließ, hatte er abermals mit dem Präsidenten gesprochen und ihm klarzumachen versucht, daß Richter Sirica keine Manöver dulden würde, die nur Zeit schinden sollten. Nixon war ausfallend geworden: Er werde sich weder vom Gericht noch von seinen Anwälten herumstoßen lassen. St. Clair hatte bei Haig Trost gesucht, der ihn mitfühlend anhörte; aber die Anweisung blieb bestehen: Verschafft mir mehr Zeit.

Als er mit McCahill zum Gericht fuhr, berichtete St. Clair seinem Assistenten, der Präsident gedenke kein Band auszuliefern, das er nicht persönlich abgehört habe. Der Präsident sei soweit, daß er zu Sirica sagen würde, er könne ihn mal, erzählte St. Clair – trotz einstimmigem Beschluß und erklärter Einwilligung.

McCahill drückte sein Erstaunen darüber aus, daß der Präsident glaubte, in einem Fall, den er einstimmig verloren hatte, Bedingungen stellen zu können. Das sei doch ausgeschlossen.

St. Clair sah nervös zum Wagenfenster hinaus. McCahill hatte ihn noch nie so abweisend, zerstreut und gereizt erlebt.

»Wir haben den Fall verloren«, fuhr McCahill fort. Das war schließlich nicht zu bestreiten. »Also müssen wir die Bänder herausgeben.«

Das müsse der Präsident entscheiden, entgegnete St. Clair. Er selbst stand zwischen dem Präsidenten und dem Gericht. Irgendwie versuchte er beiden gerecht zu werden. »Wenn Sirica ihn zu hart bedrängt, gibt unser Mandant möglicherweise gar nichts heraus.« Es stand auf Messers Schneide.

Vor dem Gericht stieg St. Clair aus und begann das, was seine Assistenten den »St. Clair Trick« getauft hatten. Normalerweise schritt er in raschem Tempo aus, sobald jedoch Kameras, Mikrophone und Reporter in der Nähe waren, verlangsamte er seine Gangart bis zum Trauermarsch. Seine Assistenten waren immer wieder über seine Hakken gestolpert, ehe sie sich an den Rhythmus gewöhnten.

Während St. Clair dem Eingang zustrebte, erwähnte ABC-Reporter Sam Donaldson, daß er am Sonntag in der Sendung *Issues and Answers* (Fragen und Antworten) auftreten solle.

St. Clair erwiderte mit leichtem Lächeln: »Auf keinen Fall.«

Donaldson glaubte nicht recht gehört zu haben und fragte ihn, ob er am Sonntag im Fernsehen erscheinen werde.

»Auf keinen Fall.«

Larry Speakes, St. Clairs Presseassistent, war verwirrt. St. Clair hatte doch zugesagt. Ob er wirklich nicht auftreten wolle, erkundigte er sich.

»Auf keinen Fall«, wiederholte St. Clair.

St. Clair schob sich an den Kameras vorbei ins Gerichtsgebäude. Als er das Richterzimmer betrat, erlosch sein Lächeln. Er ließ sich auch nicht zu seinem üblichen Wortgeplänkel mit der Presse oder den Juristen aus dem Amt des Sonderanklägers herbei. Er hatte eine unangenehme Aufgabe vor sich und wollte sie so schnell wie möglich hinter sich bringen.

Er setzte Richter Sirica auseinander, daß der Geheimdienst am vergangenen Vormittag mit dem Kopieren aller Bänder begonnen habe. Er versicherte dem Richter, sowohl die Originalbänder als auch die Kopien der »sub poena« geforderten Gespräche würden herausgegeben werden. Er sei jedoch *nicht* in der Lage, alle Bänder »in soundso viel Stunden« zuzusichern.

McCahill zuckte zusammen.

Die Anwälte des Weißen Hauses müßten das Material sichten und jeden Anspruch auf »executive privilege« verzeichnen, sagte St. Clair. Und mehr noch, der Präsident wünsche sich alle Bänder anzuhören, die er bisher noch nicht gehört hatte. »Der Präsident ist der festen Überzeugung, daß er ... wissen müsse, was er dem Gericht aushändige.«

Sirica wies darauf hin, daß er in seiner ursprünglichen Verfügung vom 20. Mai die Herausgabe der vierundsechzig Tonbandgespräche sowie des Verzeichnisses des Weißen Hauses innerhalb von elf Tagen verlangt habe. St. Clair hatte Einspruch gegen diese Verfügung erhoben; der Supreme Court hatte dagegen entschieden. Ob der Supreme Court seine Verfügung nicht »in jeder Hinsicht« unterstützt habe, wollte Sirica von St. Clair wissen.

Mit gezwungenem Lächeln gab St. Clair zu, daß der Supreme Court Richter Sirica mit »acht zu null Stimmen« recht gegeben habe.

Sirica erwiderte, er verlange die Bänder sobald wie möglich. Er forderte St. Clair auf, sich mit Jaworski nebenan im Geschworenenzimmer über einen Zeitplan zu einigen. Gelinge ihnen das nicht, werde er selber einen festsetzen.

St. Clairs aus San Clemente vom Fernsehen übertragene Bemerkungen über »den zeitraubenden Prozeß des Abhörens« waren Jaworski eine Warnung gewesen. Er hatte die leeren Versprechungen des Weißen Hauses, sich zu beeilen, was eine Verzögerung von Wochen und

Monaten bedeutete, gründlich satt, und er hatte das Gericht auf seiner Seite. Also erklärte er St. Clair, daß er wenigstens etwas sofort haben müsse. Die zwanzig Gespräche, die bereits in redigierter Form veröffentlicht wurden, seien doch sicherlich ganz abgehört worden. Warum konnten die nicht sofort übergeben werden? Als nächste Sendung verlangte Jaworski dann die Bänder, die sich der Präsident im Mai angehört hatte. Er rechnete. Von diesen sechzehn Gesprächen galt für dreizehn »sub poena«. Die würden als nächste drankommen. Blieben noch einunddreißig.

St. Clair wies darauf hin, daß er, wie immer, hinsichtlich der Bänder sehr wenig Gewißheit geben könne. Über jene einunddreißig Gespräche sei überhaupt noch nichts bekannt. Einige seien vielleicht gar nicht mitgeschnitten worden. Lücken könnten entstanden sein, während die Bänder ausgewechselt wurden. Ein Gespräch habe vielleicht an einem Telefon stattgefunden, das nicht an das automatische Abhörsystem angeschlossen war.

Jaworski erwiderte, mit den Ungewißheiten könne man sich später befassen. Er verlange die erste Sendung bis Montag.

»Ich bin nicht befugt, eine bindende Zusage zu geben, daß Sie die Bänder bis Montag bekommen«, erklärte St. Clair unumwunden.

Doch allmählich kamen sie zu einer Einigung – unter der Voraussetzung, daß der Präsident sie persönlich billige; St. Clair sei nicht befugt, für ihn Entscheidungen zu fällen. Im Gerichtssaal erklärte der Anwalt Sirica, daß die ersten zwanzig Bänder bis nächsten Dienstag um 16 Uhr übergeben würden. Innerhalb einer Woche würde St. Clair dann jene Gespräche ausliefern, die sich der Präsident im Mai angehört hatte. Die übrigen sollten herausgegeben werden, sobald sie abgeschrieben und korrigiert waren, selbst wenn es sich jeweils nur um eins oder zwei handelte.

Voll Unbehagen wiederholte St. Clair noch einmal, er könne nichts Endgültiges sagen, bis sich der Präsident einverstanden erklärt habe; er selber besitze keine Vollmacht.

Sirica erinnerte ihn daran, daß er alles in seiner Macht Stehende unternehmen werde, eine Verzögerung des Watergate-Vertuschungs-Prozesses zu verhindern. Er behielt sich vor, das Weiße Haus zu mahnen, falls auf diese Vereinbarung hin keine Tonbänder ausgeliefert würden. Der Richter sah St. Clair fest in die Augen und verlangte, daß der Anwalt sich die Bänder persönlich anhörte.

St. Clair war entsetzt. Das konnte der Richter doch nicht ernst meinen, er begriff offenbar nicht, was er da verlangte, er mußte sich doch denken können, daß das eine unmögliche Forderung war – es würde Wochen in Anspruch nehmen. Aber er war sich klar darüber, daß Sirica ihn persönlich für das verantwortlich machte, was dem Gericht vorgelegt werden sollte. Siricas Implikation war eindeutig: Seit Monaten hatten es die Anwälte tunlichst vermieden, sich Bänder anzuhören, von denen der Präsident nicht wollte, daß sie sie hörten. Das sollte jetzt anders werden.

St. Clair machte sich Sorgen darüber, daß er zum potentiellen Zeugen wurde, falls das Material nicht vollständig oder falls daran herummanipuliert worden war. Von Buzhardt wußte er, daß zumindest ein Band vernichtende Informationen enthielt, die der legal eingesetzten Behörde bisher vorenthalten worden waren. Er stand vor dem Richter, spielte mit seinen Fingern, richtete den Blick auf einen Punkt in mittlerer Entfernung und versuchte sich herauszureden, indem er sich als »schlechten Zuhörer« bezeichnete.

Sirica ließ sich nicht umstimmen.

Widerwillig sagte St. Clair zu. Siricas Forderung beunruhigte ihn tief. Er war wieder einmal gedemütigt worden.

»Na schön, jetzt kommen wir endlich vorwärts«, erklärte Sirica.

Kurz nachdem St. Clair in sein Büro zurückgekehrt war, erschien Buzhardt bei ihm. St. Clair beschwerte sich über die Art, wie ihn der Präsident und Richter Sirica behandelt hatten. Doch Buzhardt war weit mehr daran interessiert, seine Meinung über das Band vom 23. Juni zu erfahren. Er bestand darauf, daß St. Clair es sich sofort anhörte. Schließlich war es das bisher vernichtendste Beweisstück gegen seinen Mandanten.

St. Clair weigerte sich. Jetzt nicht.

Buzhardt war fassungslos.

St. Clair, immer noch an den Ereignissen der letzten Tage krankend, erklärte, daß er müde sei und eine Mittagsmaschine nach Boston nehmen wolle. Er habe eine wichtige Verabredung.

Buzhardt sagte, meinetwegen, aber es komme nicmt in Frage, daß er am Wochenende allein an der Vorbereitung der ersten Bänder arbeite.

Okay, antwortete St. Clair und verschwand.

St. Clair hatte nicht nur das Tonbandproblem beiseite geschoben, sondern es auch McCahill und seinen anderen Assistenten überlassen, sich mit den Verhandlungen des Rechtsausschusses und der erwarteten Abstimmung am nächsten Tag herumzuschlagen. Seine Verabredung war ein Golfspiel.

Dave Gergen rechnete damit, daß der Rechtsausschuß zumindest einen Impeachment-Anklagepunkt billigte und daß darauf eine lange, abträgliche Debatte im Plenum des Repräsentantenhauses folgen würde. Daher richtete er ein vertrauliches Memorandum, »Argumente für Alternative Zwei«, an Dean Burch, der dem Strategie-Ausschuß des Weißen Hauses vorstand. Gergen schlug vor, der Präsident solle der Debatte mit einer dramatischen Ansprache zuvorkommen, in der er eine sofortige Proforma-Abstimmung im Repräsentantenhaus über ein Impeachment forderte.

Das würde RNs Überlebenschancen erhöhen und wäre letztlich besser für das Land und die Republikanische Partei. Aus folgenden Gründen: Die Stimmen für ein Impeachment häufen sich, und ein weiteres Anwachsen der Lawine ist wahrscheinlich nicht zu verhindern ... Vor uns liegen weitere Anklagen, weitere Enhüllungen auf Tonbändern, der Watergate-Prozeß, schlechte Berichte über die Wirtschaft und Unsicherheitsfaktoren im Ausland. Kurz gesagt, es stehen sehr wenig gute Nachrichten in Aussicht.

Gergen schätzte, daß es zu einer zwei-zu-eins oder sogar einer drei-zu-eins Entscheidung im Repräsentantenhaus und infolgedessen zu einer Katastrophe im Senat kommen werde. Eine Maßnahme des Präsidenten, die ein Senatsverfahren förderte, würde ihm insofern einen psychologischen Vorteil verschaffen, als er sich selbst einem Urteil gestellt haben würde, anstatt von einem entfesselten Parlament dazu gezwungen zu werden. Eine Senatsverhandlung würde sich an feste Beweisregeln halten. Sie würde dem Weißen Haus die beste Möglichkeit geben, sich zu verteidigen und die Relevanz der vielfältigen, vage formulierten Beschuldigungen wegen nicht belegter Vergehen des Präsidenten zu attackierenä »RN braucht jetzt einen Volltreffer vor der Öffentlichkeit«, schrieb Gergen. »er muß in dieser Sache wieder die Oberhand gewinnen, und das wird ihm nur mit einem drastischen Schritt gelingen.«

Gergens Memo fand im Weißen Haus geneigte Ohren. Die Mitarbeiter, bis auf gelegentliche Telefonate mit Haig oder Ziegler in San Clemente von Informationen abgeschnitten, waren demoralisiert; sie hatten das Vertrauen in ihre eigene Kompetenz verloren. Burchs Strategie-Team trat zusammen.

Timmons hatte unglücklich zugesehen, wie die Parteigänger des Präsidenten im Rechtsausschuß allmählich von ihm abfielenä Er revidierte seine optimistische Einstellung zu einem Impeachment. Die Pro-Impeachment-Republikaner wirkten sehr überzeugend. Bei einer landesweit vom Fernsehen übertragenen Debatte im Plenum konnten sie mit ihrem Zorn und ihrer Empörung durchaus noch den letzten Rest an Unterstützung für den Präsidenten zunichte machen. Timmons drängte die anderen, Alternative Zwei in ernsthafte Erwägung zu ziehen: die Niederlage im Repräsentantenhaus zuzugeben und vor den Senat zu gehen.

Pat Buchanan war dagegen. Genau wie Nixon, hielt er die meisten Kongreßmitglieder für Schwächlinge. Wenn der Präsident im Repräsentantenhaus schon untergehen mußte, sollte er wenigstens ein paar Kongreßmitglieder mitnehmen. »Wir sollten diesen Weichlingen einheizen«, meinte er. Das Repräsentantenhaus vom Druck zu befreien, würde dem Senat nur noch mehr Auftrieb geben. »Wir sind zu diesen Burschen viel zu nett gewesen, und was haben wir nun davon?«

Es war Burch, der Licht in das Dunkel brachte. Diskussionen über Alternativen seien absurd. Es gebe keine Alternativen, solange sie nicht wüßten, was die Bänder, die an Sirica gingen, enthielten. Einzelne Ausschnitte würden durchsickern, entweder bei einer Debatte im Repräsentantenhaus oder bei der Senatsverhandlung. Wie konnten sie den Präsidenten im Kapitol verteidigen, wenn sie selbst keine Ahnung von dem Beweismaterial hatten, das dem Gericht vorgelegt werden sollte?

Timmons stimmte ihm voll und ganz zu. Um die lang, wirr und kümmerlich erklärte Besessenheit, mit der Nixon sich an die Bänder klammerte, kamen sie nicht herum. Es wäre töricht, anzunehmen, sie könnten jetzt, da seine Glaubwürdigkeit in der Luft zerfetzt worden war, neue Hilfstruppen zusammentrommeln. Die Abgeordneten beider Häuser würden Beweise dafür verlangen, daß es keine weiteren Zeitbomben gab.

Sie diskutierten dieses Problem nicht zum erstenmal. Sie trafen den Präsidenten an seinem empfindlichsten Punkt, daran brauchten sie nicht erinnert zu werden. Er hatte sich strikt geweigert, irgendeinem seiner Mitarbeiter außer Buzhardt Einblick in die Bänder zu gewähren. Und selbst Buzhardt, sonst immer viel zu optimistisch, war besorgt. Der Präsident würde sie ihnen bestimmt nicht unbegrenzt zugänglich machen. Dennoch mußten sie *etwas* mehr wissen, wenn sie eine Verteidigung vorbereiten sollten. Sie mußten einen Vertreter wählen, der sich die Bänder anhörte.

Es mußte ein politischer Realist sein. Sie einigten sich auf Buchanan. Er kannte die Anklage, die Verteidigung, die Zeugenaussagen, und er war lange genug dabei, um mit den Personen und den Codeworten vertraut zu sein. Und wichtiger noch: Der Präsident hatte mehr Vertrauen zu ihm als zu den anderen. Pat Buchanan war stur, er würde sich nicht einschüchtern lassen.

Samstag, 27. Juli

Buzhardt war überzeugt, daß das Tonband vom 23. Juni die Position des Präsidenten vollständig untergrub, aber er bekam darin keinerlei Unterstützung. Haig war sich nicht sicher. Der Präsident widersprach kategorisch. Und St. Clair hatte sich nicht nur geweigert, die Bänder abzuhören, sondern ruhig erklärt, er sei zuversichtlich, genügend Beweismaterial zu besitzen, um alle Anschuldigungen zu widerlegen, der Präsident habe die Justiz behindert oder allein dadurch, daß er Haldeman beauftragt hatte, mit dem CIA zu reden, sein Amt mißbraucht.

Am Samstagmorgen bat Buzhardt um Buchanans Besuch in seinem EOB-Büro. Haig hatte ihn angewiesen, Buchanans Meinung über das Tonband vom 23. Juni auszuloten, ohne ihm direkt zu sagen, was es enthielt.

Als Buchanan eintraf, versuchte Buzhardt sich abzusichern. Was würde geschehen, wenn es hinsichtlich des Inhalts eines Tonbandes ein schwerwiegendes Problem gäbe? »Al bat mich, Sie danach zu fragen«, erklärte Buzhardt.

Buchanan wollte wissen, was er damit meine.

»Nun, was würden Sie sagen, wenn das Band einen Beweis dafür enthielte, daß der Präsident schon früher von der Vertuschung wußte, als er behauptet?«

»Ist das ein frühes oder ein spätes Band?« erkundigte sich Buchanan. Und führte, ehe Buzhardt antworten konnte, seinen Gedanken zu Ende. »Wenn das Datum nicht feststeht, können wir damit fertig werden. Wenn es aus dem März stammt, würde das bedeuten, daß er sich um eine Woche oder so geirrt hat. Wenn es aber vom Juni oder Juli 1972 ist, dann ist das die rauchende Pistole.«

Buchanan wünschte nähere Informationen, doch Buzhardt sagte lediglich: »Es ist sehr ernst.«

In San Clemente begann der Präsident einen typischen Arbeitstag mit einem Vortrag von Haig und Ziegler. Später empfing er mit Ken Cole,

290

seinem Berater für innere Angelegenheiten, den Minister für Wohnungs- und Städtebau James T. Lynn. Der Minister bat mit Coles Unterstützung, einem Gesetzesentwurf des Repräsentantenhauses für Wohnungsbau mit Gewinnbeteiligung gegen den Entwurf des Senats zum Sieg zu verhelfen; mit dem Entwurf des Repräsentantenhauses sei eine Kostenminderung um 1,2 Milliarden Dollar verbunden.

Als sie mit der Darlegung ihrer Meinung begannen, fanden sie, daß der Präsident müde aussah. Nixon kannte die Materie; er hatte Coles Informationspapier gelesen. In Wirklichkeit war die Sache längst entschieden und dies nur noch ein Ritual. Das wußten sowohl der Präsident als auch Cole, denn so pflegte Nixon stets zu arbeiten. Nur Lynn hatte keine Ahnung, daß er eine Rolle in einem vorher festgelegten Drehbuch spielte.

Der Präsident gab seine Zustimmung und brachte das Gespräch auf die für den folgenden Januar angesetzte Rede zur Lage der Nation 1975. Während der anschließenden Diskussion wurden bestimmte Entwürfe für Gesetzesvorlagen erwähnt, die im Herbst fällig wurden. Nixon lächelte schwach und wollte offenbar etwas sagen, hielt aber unvermittelt inne; seine Augen verschleierten sich. Er wandte den Blick ab; das Lächeln flackerte. Der Präsident schien an der Zukunft irgend etwas unwiderstehlich erheiternd zu finden.

Zum erstenmal kam Cole der Gedanke, daß der Präsident seine Amtsperiode möglicherweise nicht beenden werde.

Lynn versuchte die Atmosphäre aufzulockern. »Sie haben viele Menschen draußen im Land, die Sie nach Kräften unterstützen.«

»Glauben Sie wirklich?« fragte der Präsident.

»Jawohl, Sir«, bestätigte Lynn nachdrücklich.

Der Präsident wartete auf weitere ermutigende Worte, doch jetzt kam Bull wieder herein, um ihm zu melden, daß er zu einer Verleihung des Freiheitsordens (Medal of Freedom) müsse. Durchs Fenster sahen sie, daß sich die Presse bereits versammelt hatte.

Der Präsident erhob sich. »Macht nur so weiter«, sagte er.

Bull reichte ihm die Unterlagen. »Wie heißt der Mann?« erkundigte sich Nixon.

Bull gab ihm einen kurzen Überblick, während der Präsident in den Unterlagen blätterte. »Es ist ein Dr. Charles L. Lowman. Über sein Alter besteht eine gewisse Unklarheit, er ist entweder dreiundneunzig oder vierundneunzig. Zuerst sprechen Sie, und Brennan überreicht Ihnen den Orden für ihn. Den hängen Sie ihm um den Hals. Und anschließend spricht er dann ein paar Worte.«

Der Präsident hatte Schwierigkeiten mit dem Namen; er wiederholte ihn mehrmals laut, verhedderte sich dabei aber jedesmal. Bull war daran gewöhnt, dem Präsidenten bei den Namen helfen zu müssen. Geduldig blieb er in seiner Nähe, bis Nixon ihn sich gemerkt hatte. Der Präsident brachte häufig die Namen seiner engsten Mitarbeiter und sogar der Kabinettsmitglieder durcheinander. Einmal hatte er den Landwirtschaftsminister Butz mit Wally statt mit Earl angeredet*. Zunächst bereitete es ihm sogar Schwierigkeiten, sich den Namen seines Schwiegersohnes zu merken. Die persönlichen Mitarbeiter des Präsidenten pflegten Cox einfach als »den neuen jungen Mann« zu bezeichnen.

Der Präsident wies Bull an, Dr. und Mrs. Lowman zu dem üblichen Anwärmgespräch in sein Arbeitszimmer zu bitten. Die Zeremonie auf dem Rasen gleich hinter seinem Büro verlief ohne Zwischenfälle, obwohl mehrere Reporter feststellten, der Präsident sei unruhig und verhaspele sich häufiger als sonst.

Ollie Atkins, der die Zeremonie photographierte, hatte gerade ein paar Schnappschüsse gemacht, als derselbe Orden einem anderen Empfänger verliehen wurde. Bull und Brennan waren hinter das flache Bürogebäude gegangen, und Atkins hatte Brennan geknipst, der sich vor Lachen bog, während Bull den Orden King Timahoe überreichte, dem irischen Setter des Präsidenten.

Nach dem Lunch fuhr der Präsident mit Tricia und Ed Cox an den abgelegenen Red Beach hinaus, wo er den Nachmittag verbringen wollte. Er hinkte ein wenig, schien aber das Debakel, das sich in Washington anbahnte, zu vergessen.

Das Presseamt dagegen nicht. Da Ziegler kein Vertrauen zu den Reportern besaß, hatte er seine Sekretärinnen gebeten, die Sitzung des Rechtsausschusses zu verfolgen und ihm alle fünfzehn Minuten Bericht zu erstatten. An jenem Samstag, als der Ausschuß seine erste formelle Abstimmung vornahm, bestand er darauf, daß Diane Sawyer, seine zuverlässigste Assistentin, diese Aufgabe übernahm.

Auf dem Fernsehschirm trugen eine Anzahl Ausschußmitglieder mit lauter Stimme den ganzen Nachmittag hindurch jene sorgfältig vorbereiteten *Specifics* vor, die Nixons eifrigste Verteidiger im Ausschuß gefordert hatten, Details, die erklärten, wie alles gekommen war: die Gespräche, die Manipulationspläne, die Einzelheiten der Vertuschung.

Zuletzt wollte der republikanische Abgeordnete Charles W. Sandman jr. von New Jersey, der am lautesten nach Spezifikationen geschrien hatte, dem allen ein Ende machen. »Bitte, langweilen wir die amerikanische Öffentlichkeit doch nicht mit dem Wiederkäuen von Dingen, die wir bereits gehört haben. Sie haben siebenundzwanzig Stimmen. Kommen wir lieber zur Sache.«

Aber es war zu spät, und die Aufzählung – für das Fernsehpublikum bestimmt – ging weiter. Es war beinahe 19 Uhr, als Rodino zur Abstimmung über Punkt Eins aufrief. Die Kamera, die von einem

---

* Wally Butts war erster Footballtrainer an der *University of Georgia* gewesen.

292

Ausschußmitglied zum anderen wanderte, vom ältesten bis zum jüngsten, zeigte nur zu Masken erstarrte Gesichter.

Sandman hatte richtig gezählt. Die Impeachment-Befürworter bekamen genau siebenundzwanzig Stimmen.

In San Clemente rief Diane Sawyer: »Ach, der arme Präsident! Der arme Präsident!« Und lief zu Ziegler, um zu berichten. Ziegler war erschüttert und wußte nicht mal genau, wo sich der Präsident im Augenblick aufhielt. Die Zentrale erreichte Manolo Sanchez in einem Wohnwagen am Red Beach. Ziegler hatte den Präsidenten gar nicht sprechen wollen, sondern nur seinen Aufenthaltsort in Erfahrung zu bringen gesucht. Bevor er das jedoch erklären konnte, war Nixon schon am Apparat, und Ziegler sprudelte die Nachricht heraus.

Der Präsident reagierte gelassen. Er wolle noch eine Weile am Strand bleiben und dann ins Büro zurückkehren.

Caldwell Butler sagte später, als er seine Tageserinnerungen auf Band diktierte:

Noch nie hat mich ein Erlebnis so erschüttert. Hätte ich nicht im Rampenlicht der Öffentlichkeit gestanden, ich weiß nicht, ob ich nicht geweint oder wenigstens ein paar Tränen vergossen hätte . . . Es gab keine lauten Stimmen, keine laute Abstimmung – unmöglich, in einer so ruhigen Atmosphäre im stillen zu votieren. Ich gab meine Stimme ab. Ich kann es einfach nicht beschreiben, was ich zu diesem Zeitpunkt empfand, nur eine absolute Leere – ein Beraubtsein, so könnte man es wohl ausdrücken – ein Nichtvorhandensein jeglichen Wunsches, irgend etwas anderes zu tun, als den Raum zu verlassen.

Ich war mir der Folgen für unser Land bewußt und [hatte] dieses absolute Gefühl der Traurigkeit über das Ganze, daß es dazu gekommen war, aber . . . Und mehr war es eigentlich nicht – einfach ein Gefühl der Trauer für das Land. Und mit allem Respekt vor jenen, die meinen, daß es unter unseren Kollegen einige gab, die glücklich darüber waren – ich glaube es nicht.

Nach der Abstimmung kehrte Rodino in die Ausschußbüros zurück, und Ken Harding, der Gerichtsdiener, sagte ihm, er habe einen Anruf bekommen, daß auf dem National Airport gerade ein Kamikaze-Flieger mit Ziel Ausschußbüro gestartet sei. Ein paar Mitarbeiter sahen aus dem Fenster. John Doar saß auf einer Couch, Francis O'Brian ihm gegenüber in einem Sessel. Rodino lehnte, die Arme verschränkt, an einem Schreibtisch, während sie den Entwurf zu einem Bericht an das Repräsentantenhaus erörterten.

Das Gespräch verstummte. Rodino begann zu zittern. Dann umklammerte er mit den kleinen Händen seine Oberarme, und Tränen strömten ihm übers Gesicht. Lautlos weinend verließ er das Zimmer, suchte einen Waschraum auf und ging dann ins Büro des Rechtsexperten, wo er seine Frau zu Hause anrief.

»Ich bete zu Gott, daß wir das Richtige getan haben. Ich hatte gehofft, es hätte nicht dazu kommen müssen.«

Sonntag, 28. Juli

Am Morgen setzte Haig sein bestes Gesicht auf. Die Zeitungen schrieben, das Weiße Haus verfüge über keinen strategischen Plan zum Widerstand gegen das Impeachment. Ein Bericht meldete, die Spitzenberater des Präsidenten hätten aufgegeben. Haig mußte diesen Eindruck widerlegen. Der General und der Präsident waren beide der Ansicht, daß Haig die Administration mit größerem Nachdruck und größerer Glaubwürdigkeit verteidigen konnte als jeder andere.

Während die übrige Begleitung des Präsidenten die Rückreise nach Washington vorbereitete, fuhr Haig nach Los Angeles, wo er von Mike Wallace für CBS interviewt werden sollte. Zwar hatten sie schon ein Interview im Kasten, das an jenem Abend in Wallaces beliebter Sendung *60 Minutes* gebracht werden sollte, doch Wallace brauchte neues Material und kam sofort zum Kern der Sache: »General, das war eine niederschmetternde Woche für den Präsidenten: eine einstimmige Entscheidung des Supreme Court gegen ihn und dann, gestern abend, eine Abstimmung des Rechtsausschusses – Impeachment. Wie trägt er es?«

Haigs Antwort war verblüffend« »Die . . . innere Kraft des Präsidenten, seine Erkenntnis der eigenen Schwächen sowie seiner Schuld oder Nichtschuld hat ihm über diese schwere Zeit hinweggeholfen und wird ihm auch in den vor uns liegenden Wochen helfen.« Haig wollte das nicht näher erklären. Es war seine Absicht, die elf Stimmen für den Präsidenten als Sieg hinzustellen. Der Rechtsausschuß bestehe fast ganz aus Liberalen und sei daher für Maßnahmen gegen den Präsidenten empfänglich, sagte er. Damals im Februar habe das Weiße Haus nur mit drei bis vier der siebzehn republikanischen Ausschußmitglieder gerechnet.

»Einen Moment«, unterbrach Wallace.

Haig fuhr fort, ohne den Einwurf zu beachten. Ja, es habe damals Diskussionen gegeben, in deren Verlauf die politischen Experten zu dem Schluß kamen, daß man nur auf drei oder vier rechnen könne.

»Wir sind zuversichtlich, daß die Abstimmung im Plenum ganz anders ausfällt.«

Wallace widersprach: »General Haig, die Lagebeurteilung des Weißen Hauses über Watergate hat sich in den letzten zwei Jahren immer wieder als falsch erwiesen. Warum sollte man jetzt glauben, daß Sie nicht wieder nur im Dunkeln pfeifen?«

»Hier geht's um eine schwerwiegende Sache, Mike.«

»Und Sie treiben Obstruktion«, entgegnete Wallace. »Ich kann's Ihnen nicht übelnehmen . . . Und man fragt sich, welche Strategie, falls überhaupt, das Weiße Haus anwendet, um zu verhindern, daß es so kommt. Diesmal müssen Sie mehr tun, als Abgeordnete aus den Südstaaten zur Besänftigung nachts mit der *Sequoia* auf dem Potomac spazierenzufahren.«

Haig attackierte die Ermittlungen des Ausschusses. »Mit diesem Aufgebot an Talent, mit der vielen Zeit, die dafür aufgewendet wurde, und mit dem eindeutigen Ziel, wenigstens einen Anschein von Unrecht zu finden – damit *mußten* sie ja Erfolg haben! Ich bin jetzt seit über zwölf Monaten beim Präsidenten – kein glücklicher Zeitpunkt für meinen Dienstantritt . . . Es gab Leute, die mir rieten: ›Mach's nicht! Wenn du das Steuer der *Titanic* übernehmen willst, dann tu's!‹ Ich bin nicht dieser Ansicht. Ich weiß, daß es unten im Wurzelwerk jedes Mitarbeiterstabs und jeder Organisation Leute gibt, die, wenn es stürmisch wird, nach dem Grund dafür forschen. Weil sie nicht verstehen können, wieso Schwierigkeiten entstehen und warum nicht alles eine ununterbrochene Kette schöner Erfolge sein kann.

»Selbstverständlich haben wir einen strategischen Plan, und der zielt darauf ab, daß die damit befaßten Körperschaften sich auf die Fakten im Beweismaterial konzentrieren und daß Gefühlsbetontheit, unterschwellige persönliche Meinungen, die zu Vorurteilen und vorschnellen Schlüssen führen, hoffentlich vermieden werden. Wir jedenfalls meinen – bei Berücksichtigung des objektiven Tatbestandes und der vorhandenen Beweise –, daß kein Grund für ein Impeachment besteht.«

»Wäre es nicht möglich«, erkundigte sich Wallace, »daß der Präsident freiwillig zurücktritt, um dem Land das Trauma einer Senatsverhandlung zu ersparen?«

Haig wog seine Worte sorgfältig ab. Er ließ die Tür offen. Maßgebend wäre »das Wom1 des amerikanischen Volkes. Das wird das Kriterium sein, nach dem Richard Nixion regiert, verwaltet, wie Sie wollen, sein Amt behält oder möglicherweise beschließt, es aufzugeben«.

Haig kehrte nach San Clemente zurück, um die Heimreise nach Washington zu beaufsichtigen. Das war diesmal komplizierter als sonst, da mehr Mitarbeiter als gewöhnlich mitgekommen waren. Viele trödelten beim Abschied vom Hauspersonal. Mrs. Nixon wirkte noch mehr in sich gekehrt als sonst; sie war blaß und ernst, als sie an Bord ging.

Die *Air Force One* startete um 14.26 Uhr zum Flug nach Washington. Die Stimmung war bedrückt. Haig und Ziegler saßen vorn in der Kabine des Präsidenten. Beide kamen nach hinten, um sich mit den Reportern im Presseabteil zu unterhalten; sie hielten beide die Linie ein, auf die sie sich nach der Abstimmung des Rechtsausschusses geeinigt hatten. Es habe Rückschläge gegeben, einen »dreifachen Holzhammer«, räumte Haig ein, aber sie hofften immer noch auf das Votum im Plenum. Der Präsident, behauptete Ziegler, sei von den jüngsten Entwicklungen enttäuscht, aber keineswegs entmutigt. Haig glaubte nicht an einen Rücktritt. Wie er diese Möglichkeit ausschließen könne, fragten die Reporter. »Der Präsident richtet sich bei seinen Entscheidungen nach den Interessen des amerikanischen Volkes«, erklärte Haig.

Als der Präsident landete, hatte sich die Reaktion des Kongresses auf die Abstimmung im Rechtsausschuß verhärtet. Nur wenige Abgeordnete schienen die Meinung von Haig und Ziegler über Nixons Chancen zu teilen. Selbst Rhodes war offenbar bereit, sich geschlagen zu geben, und erklärte öffentlich, eine ungekürzt vom Fernsehen übertragene Verteidigung der Amtsführung des Präsidenten im Repräsentantenhaus sei »die einzige Möglichkeit« für ihn, einem Impeachment zu entgehen.

Der Präsident telefonierte nach seiner Ankunft im Weißen Haus mit Julie. Er hatte in den letzten Monaten beinahe täglich mit ihr gesprochen. »Kopf hoch!« sagte er. Seine Stimme klang bei dem Versuch, sie zu beruhigen, kraftvoll, frisch und optimistisch. »Nicht den Mut sinken lassen.«

Julies Optimismus jedoch war abgeflaut. St. Clair hatte ihr zwei Tage vor der Entscheidung des Supreme Court mitgeteilt, der Präsident habe eine gute Siegeschance. Mehrmals hatte sie ihrem Vater gesagt, sie halte seine Anwälte für unfähig, und St. Clairs falsche Einschätzung der Lage bestärkte sie nur darin. David hatte ihre Zuversicht noch nie geteilt. Als er von dem Urteil erfuhr, hatte er nüchtern zu seinem Freund Brooks Harrington gesagt: »Wie hätte es auch anders sein können?« Zum Zeitpunkt der ersten Abstimmung im Rechtsausschuß wurde Julie ebenfalls fatalistisch. Sie sah sich die Sitzung nicht im Fernsehen an, und als ihr David das Ergebnis mitteilte, war sie keineswegs überrascht.

Am späten Sonntagabend ging der Präsident in sein Schlafzimmer. Der Raum, schlicht, doch elegant mit antiken Möbeln eingerichtet, war noch genauso, wie er ihn verlassen hatte. An der Innenseite der Tür zum Bad hing ein blauweiß gestreifter Schlafanzug. Auf dem kleinen Schreibtisch lagen Tabak und Pfeife. Sechs Bücher – Geschichtswerke

und Biographien – lagen auf dem Nachttischchen neben dem Vierpfo-
stenbett. Eines hatte Churchill zum Thema, ein anderes die Intellektuellen um Kennedy und Johnson, die das Land in den Vietnamkrieg
gestürzt hatten.

Montag, 29. Juli

David Gergen hatte in seinem Eckbüro im EOB gerade hinter seinem Schreibtisch Platz genommen, da klingelte das Telefon.

»Der General möchte Sie sprechen«, sagte Haigs Sekretärin knapp.

Gergen folgte immer sofort, wenn Haig rief. Außerdem war er erleichtert, daß der Präsident mit seinen Spitzenmitarbeitern endlich wieder in Washington war; solange sie sich in Kalifornien aufhielten, fühlte sich Gergen noch isolierter als sonst. Als er die West Executive Avenue überquerte, überlegte er, was Haig zu besprechen haben mochte. Vielleicht wollte sich der Präsident im Fernsehen verteidigen. Eine Rede? Eine Erklärung? Eine Strategie-Sitzung? Weitere Hiobsbotschaften?

Als er das grüne Büro des Generals betrat, sah Gergen sofort, daß Haig ärgerlich war. Der Stabschef stand allein an seinem großen Tisch und trommelte, ohne aufzublicken, mit den Fingern einen Wirbel auf die Sonntagsausgabe der *Washington Post*. Endlich schob Haig die Zeitung beiseite. Er befahl Gergen, Platz zu nehmen, und machte ihn auf zwei Artikel der Titelseite aufmerksam. Einer, mit Datumszeile San Clemente, meldete ohne jede nähere Erklärung, die engsten Mitarbeiter des Präsidenten (wahrscheinlich inklusive Haig) flüsterten sich gegenseitig zu, daß Nixon nicht im Amt bleiben könne. Der zweite Bericht, aus Washington, schilderte einen völlig kopflosen Mitarbeiterstab und einen Präsidenten, der sich aus der Realität und dem Bannkreis des Impeachment zurückgezogen hatte. Nixons Mitarbeiter, hieß es in dem Artikel, gäben insgeheim alle zu, daß es ihnen nicht gelungen sei, eine Strategie zu entwickeln, die die Absetzung des Präsidenten verhindere. Als Quellen wurden Mitarbeiter des Weißen Hauses genannt, die für die Verbindung zum Kongreß, für Public Relations und das Abfassen von Reden für die Nixon-Administration verantwortlich waren.

Haig war wütend. Die Artikel widersprachen vollkommen der Linie, die er und Ziegler seit dem Votum im Rechtsausschuß sehr behutsam verfolgten: Jawohl, es habe gewisse Rückschläge gegeben, aber man hoffe zuversichtlich, daß der Präsident im Amt bleibe.

Der General wollte wissen, woher diese Berichte stammten. Dies sei zwar keine Klempneraktion, keine Suche nach undichten Stellen, aber er müsse wissen, wer die Informanten seien. Der letzte Akt des Watergate-Dramas stehe unmittelbar bevor, und Mitarbeiter des Präsidenten, die Reportern gegenüber negative Kommentare abgäben, seien alles andere als eine Hilfe. Er, als Stabschef, könne und wolle ein solches Verhalten nicht tolerieren. Die Probleme müßten mit Logik und Verantwortungsgefühl behandelt werden – mit Fairneß sowohl dem Präsidenten als auch dem Land gegenüber.

Haig beschuldigte Gergen nicht direkt, obwohl er wußte, daß Ziegler ihn für einen notorischen Schwätzer hielt. Er wollte wissen, ob es in Gergens Ghostwriter-Team »Klatschbasen« gäbe, die man abschieben müsse. Wer waren die Leute, die den Mund nicht halten konnten? Sie müßten auf der Stelle verschwinden.

»Wahrscheinlich bin ich selbst die größte Klatschbase«, erwiderte Gergen kühl. Jetzt machten sich die Wochen, Monate, beinahe Jahre der Frustration bemerkbar. Jawohl, er habe mit Reportern gesprochen. Gergen griff nach der Zeitung und überflog den Bericht aus Washington. »Hier bin ich; das da.« Er deutete auf zwei Abschnitte:

Ein Mitarbeiter des Präsidenten im Weißen Haus gab am Freitag offenbar der Meinung einer Minderheit Ausdruck, als er sagte, es sei »verlockend, das Problem hochzuspielen, denn der beste Zeitpunkt für eine Reaktion und die Entwicklung einer Strategie ist der nach der Abstimmung im Rechtsausschuß«.

Derselbe Mitarbeiter meinte jedoch auch, das Weiße Haus habe das Thema Watergate zwei Jahre lang falsch angefaßt, und deutete Zweifel an der Möglichkeit an, zu diesem späten Termin noch einen homogenen Plan auszuarbeiten.

Gergen ließ die Zeitung sinken und starrte Haig an. Es stehe schlecht, sagte Gergen. Es gebe keine Koordination, und er sei tatsächlich keineswegs optimistisch, ob man so spät noch eine wirksame Verteidigung für den Präsidenten organisieren könne.

Der General hielt ihm vor, die *Washington Post* sei wohl kaum das geeignete Forum, seine Frustrationen zu äußern. Haig bezweifelte, daß die liberale Presse imstande sei, solche Informationen fair zu behandeln, sie nicht zu Sensationen aufzubauschen. Es gebe so etwas wie Loyalität, ja sogar Patriotismus, erklärte er streng, und das gelte für jeden Mitarbeiter.

Gergen antwortete, er verstehe das, komme sich jedoch albern vor, wenn er jetzt versuchen solle, die optimistische Fassade aufrechtzuerhalten. Das habe er monatelang gemacht; er habe seinen Bekannten bei der Presse immer wieder erklärt, der Präsident sei in der Watergate-Angelegenheit über den Berg. Er habe sich kompromittiert.

»Was glauben Sie denn, was ich getan habe?« schoß Haig zurück. Er sei derjenige, der an der Front stehe, der seinen Kopf hinhalte. Und er schlage sich mit sehr schweren Zweifeln herum. »Er ist in jeder Hinsicht schuldig.«

Gergen war verblüfft. Schließlich war Haig *der* Loyalist.

Der Stabschef atmete tief durch. Er müsse trotzdem das Ganze zusammenhalten. Und das sei wiederum eine Frage der Loyalität und des Patriotismus. Er habe seine Entscheidung getroffen und werde durchhalten. Jeder Mitarbeiter im Weißen Haus sollte entweder dasselbe tun oder den Hut nehmen.

Dazu war nichts mehr zu sagen. Gergen stand auf und wollte gehen; Haig ist mir gegenüber zum erstenmal aufrichtig gewesen, dachte er. Der General war in seiner Achtung beträchtlich gestiegen. Als Gergen das Büro verließ, sah er draußen Clawson warten – den nächsten, der zu dem Thema undichte Stellen gehört werden sollte.

Timmons und Burch suchten Haig ebenfalls auf, allerdings nicht wegen der Lecks. Sie wollten Haig mitteilen, wie ernst die Lage war – nicht nur im Kongreß, sondern auch im Weißen Haus. Es bestehe auf beiden Seiten der Pennsylvania Avenue die Gefahr von Auflösung, warnten sie ihn.

Bevor der Präsident nach San Clemente aufgebrochen war, hatte Timmons Grund zu der Annahme gehabt, daß sich die Lage besserte. Der Schock der Transkripte schien ein bißchen abgeflaut zu sein, und die Auslandsreisen des Präsidenten hatten das Ihre dazu getan, die Aufmerksamkeit von Watergate abzulenken. Doch dann war Ehrlichman verurteilt worden, und der Supreme Court hatte seine Entscheidung gefällt. Der Rechtsausschuß hatte im Fernsehen getagt, und die Verrückten, wie Timmons die Hauptkritiker des Präsidenten dort nannte, hatten gar nicht verrückt gespielt. Im Gegenteil, Timmons fand, die Verhandlungen auf dem Bildschirm seien ein Glücksfall von Public Relations für die Gegner des Präsidenten gewesen und hätten die Öffentlichkeit überzeugt, daß der Ausschuß durchaus kein Scheingericht war.

Während der Präsident, Haig und Ziegler in San Clemente Urlaub machten, war die strategische Gruppe ohne Anweisungen von oben lahmgelegt. Einige Mitglieder waren erbittert darüber, daß man sie hier sich selbst überließ, während ihre Chefs in Kalifornien die Köpfe zusammensteckten.

Timmons und Burch erklärten Haig, was sie brauchen würden, wenn sie im Repräsentantenhaus ein Nachhutgefecht weiterführen sollten, um das Votum für ein Impeachment zu verhindern. Zuerst müßten sie eine schnelle Schadenseinschätzung der Tonbänder haben. Die übrigen politischen Mitarbeiter, vor allem in Timmons' Verbindungsbüro zum Kongreß, waren flintenscheu und würden nicht weiterhin den eigenen Ruf aufs Spiel setzen, solange sie nicht wenigstens eine Ahnung von der Beschaffenheit des Beweismaterials hatten. Sie fühlten sich kompromittiert. Zweitens verlangten Timmons und Burch eine persönliche Zusicherung des Präsidenten, daß er aktiv an seiner Verteidigung mitarbeiten werde, daß auch er sich persönlich einsetzen, sich vielleicht ans Telefon hängen und seinen Einfluß bei den Abgeordneten geltend machen werde.

Haig hatte großen Respekt vor den beiden. Er vertraute ihrem politischen Urteilsvermögen. Er hatte Verständnis dafür, daß sie zögerten, für den Präsidenten ins Blaue hinein die Trommel zu rühren, aber er konnte ihnen nicht garantieren, daß ihre Forderungen erfüllt wurden. Er werde mit dem Präsidenten sprechen und ihnen Bescheid geben.

An diesem Vormittag saß Ron Ziegler in seinem Büro mit einem der mutmaßlichen Schwätzer zusammen, der auf Haigs persönlichen Befehl während der ersten Nixon-Administration abgehört worden war: William Safire, einem ehemaligen Ghostwriter Nixons, aus dem Weißen Haus ausgeschieden und jetzt Kolumnist bei der *New York Times*. Safire entdeckte bei Ziegler eine »gereizte Selbstsicherheit und Frustration«, wie er es später beschrieb.

Ihr Gespräch wurde durch einen Anruf unterbrochen. Nachdem Ziegler ein paar Sekunden zugehört hatte, schloß er verzweifelt die Augen. Gegen John B. Conally, Nixons Favoriten für die Nachfolge Spiro Agnews als Vizepräsident, war gerade Anklage wegen angeblicher Annahme von 10 000 Dollar illegaler Zuwendungen sowie wegen Verschwörung und Meineid im Zusammenhang mit der Erhöhung der Milchsubventionen erhoben worden.

Ziegler legte den Hörer auf. Er wandte sich an Safire und fragte hilflos: »Wissen die Leute eigentlich, was in diesem Land vorgeht?«

Ziegler war überzeugt, daß die Anklage bewußt zu dem Zeitpunkt erfolgte, als der Rechtsausschuß die Impeachment-Debatte abschloß.* Eine Unverschämtheit, meinte er.

Im Pressebüro wurde die Nachricht mit Unglauben, Zorn und Galgenhumor aufgenommen. »Zehntausend Dollar, das ist für John Conally ein Pappenstiel!« meinte Diane Sawyer. Sie schüttelte den Kopf. Undenkbar, daß Conally mit seinen Millionen zehntausend Dollar angenommen haben sollte.

»Schade, daß Nixon nicht Conally zum Vizepräsidenten gemacht hat«, bemerkte ein anderer Mitarbeiter. »Dann wär's ein Aufwaschen gewesen.«

Dieser Prozeß war für Jerry Warren einer von vielen. Bei der täglichen Presseinformation wurde er mit Fragen über die Zukunft des

---

* In Wirklichkeit war der Zeitpunkt auf eine Vereinbarung zwischen dem Sonderankläger und Connallys Anwalt zurückzuführen. Jaworski hatte zugesagt, die Anklage bis zum ersten Gerichtstag nach der Eheschließung von Conallys Sohn aufzuschieben. Die Hochzeit hatte am Samstag, dem 27. Juli, stattgefunden. Conally wurde später freigesprochen.

Präsidenten bombardiert. Ein Rücktritt komme nicht in Frage, beteuerte er, selbst wenn das Plenum für ein Impeachment stimme. »Im Weißen Haus konzentriert sich die Aufmerksamkeit nicht auf ... Dinge, die mit dem Senat zu tun haben; wir denken nicht, daß es an den Senat gehen wird.«

Doch die Senatoren Mansfield, Scott, Byrd und Griffin trafen sich wenige Minuten nach Warrens Erklärung in aller Stille im Kapitol, um die Vorbereitungen für den ersten Prozeß gegen einen Präsidenten seit 106 Jahren zu treffen. Als Grundlage ihrer Diskussion diente ein Resolutionsentwurf, der Regeln und Verfahrensweisen festlegte. Außerdem kamen die Fragen der Eintrittskarten für Zuschauer, der Fernsehübertragungen und der Pflichten des Gerichtsdieners im Senat zur Sprache. Senator Scotts Assistent Ken David hatte mit den Sendern direkt zusammengearbeitet und war froh, daß die Vorbereitungen, von einer kurzen Erwähnung in *Newsweek* abgesehen, bisher der Öffentlichkeit entgangen waren.

Nach der Sitzung kehrte Scott in sein Büro zurück, um sich mit John Rhodes zu unterhalten. Der Fraktionsführer war ernst. Die Situation verschlechtere sich zusehends, berichtete er. Es bestehe die Möglichkeit, daß von 435 Abgeordneten über 300 für ein Impeachment votieren würden.

Rhodes hatte sich immer noch nicht offiziell festgelegt. Sein Pressesekretär Jay Smith hatte ihm jüngst ein dreizehn Seiten langes Memo übergeben, das sich mit den politischen Aspekten der Situation befaßte. Darin wurde unter anderem darauf hingewiesen, daß Rhodes seine Position als Fraktionsführer verlieren würde, wenn er für ein Impeachment stimme. »Eines haben Sie vergessen«, hatte Rhodes erwidert. »Wie zum Teufel sollen wir die Republikanische Partei wieder auf die Beine kriegen, wenn der Spuk vorbei ist?« In dem Versuch, die Massenflucht zu stoppen, hatte Rhodes anschließend in zwanglosen Sitzungen bei den Abgeordneten auf den Busch geklopft. Die alte Idee, eine Pro-forma-Abstimmung im Repräsentantenhaus abzuhalten, um dann das Ganze schleunigst an den Senat weiterzuleiten, gewinne immer mehr an Boden, berichtete er Scott.

Die beiden prüften die jüngsten Fälle von Überläufern; bei den Konservativen war es zu ernsthaften Erosionen gekommen. An jenem Vormittag hatte Howard Phillips die Bildung einer Gruppe »Konservative für die Amtsenthebung des Präsidenten« verkündet. Und John M. Ashbrook, konservativer Abgeordneter der Republikaner aus Ohio, 1972 erfolgloser Bewerber um die Präsidentschaftskandidatur, hatte erklärt, daß er jetzt für ein Impeachment sei.

Beide Fraktionsführer waren sich einig, daß ein Impeachment durch das Repräsentantenhaus nicht zu vermeiden sei.

Doch auch im Senat stünden die Dinge nicht sehr rosig, erklärte

Scott. Er meinte zu wissen, daß es schon sechzig Stimmen gegen den Präsidenten gebe, nur sieben weniger als die für einen Schuldspruch notwendige Zweidrittelmehrheit. Das war in diesem Stadium sehr schlecht, und es sah aus, als würde es noch schlechter werden, vor allem, wenn die Tonbänder Nachteiliges enthielten.

Der Präsident war inzwischen wieder mit seinen Tonbändern allein, die er sich seit 11 Uhr in seinem Büro im EOB anhörte. Bull saß abrufbereit im Vorzimmer. Um kurz nach 17 Uhr rief der Präsident St. Clair und Buzhardt zu sich. Er habe die erste Gruppe von zwanzig Gesprächen abgehört, die Bänder, die St. Clair am morgigen Dienstag Sirica übergeben müsse.

Damit war das Dringendste erledigt, doch Buzhardt hatte ein weiteres Problem: den 23. Juni.

Der Präsident fragte ihn, ob er sich die beiden anderen Gespräche angehört habe, die er mit Haldeman an jenem Tag geführt hatte.

»Nein«, antwortete Buzhardt. »Nur das erste.«

»Gut, dann werde ich die noch überprüfen«, erklärte der Präsident.

Um kurz vor 18 Uhr klingelte in Bulls Wohnung das Telefon der Direktleitung zum Weißen Haus. Bull war gerade erst nach Hause gekommen und müde. Er erwartete, die Zentrale zu hören, doch der Präsident war selbst am Apparat. Er bat Bull, gegen 20 Uhr vorbeizukommen und ein oder zwei weitere Bänder für ihn aufzulegen.

Dann machte der Präsident mit seiner Frau und Julie eine Bootsfahrt auf dem Potomac. Es war eine der kürzesten dieses Sommers, nur eine Stunde und fünfzehn Minuten, und die Stimmung war die ganze Zeit bedrückt. Auf Lieutenant Commander Coombs wirkte Julie weinerlich.

Die *Sequoia* legte um halb acht wieder an, und der Präsident kehrte zu seinem Rendezvous mit dem Tonbandgerät ins Weiße Haus zurück. Julie ging nach Hause zu David. Kurz nach ihrer Ankunft läutete das Telefon. David meldete sich: Ben Stein. Er meinte, David solle den Fernseher einschalten, da Sandman und der Abgeordnete Charles Wiggins von Kalifornien eine virtuose Verteidigung des Präsidenten lieferten. »Die beiden sagen wirklich Positives«, berichtete Stein. »Sie sollten den Apparat einschalten, es ist vielleicht das letztemal, daß jemand etwas Gutes über den Präsidenten sagt.«

»Wie steht's denn Ihrer Meinung nach um ihn?« fragte David.

»Schlecht.«

»Sehr schlecht«, meinte David. Er gab Julie den Hörer und ging den Fernseher einschalten.

»Wie steht's?« fragte auch Julie.

Stein wußte nie so recht, was er ihr sagen sollte. Während des Frühlings und Sommers waren ihre häufigen Gespräche stets nach demselben Schema verlaufen. Stein versuchte immer, sich etwas Positives einfallen zu lassen. Heute schätzte er sich glücklich: Er konnte ihr von Sandmans und Wiggins' Plädoyer erzählen.

Doch Julie war nicht aufzuheitern. Wie sie es in letzter Zeit mehrmals getan hatte, fragte sie Stein, ob er glaube, daß die Mitarbeiter des Weißen Hauses bei der Stange bleiben würden.

»Doch, das glaube ich«, antwortete Stein, bemüht, zuversichtlich zu klingen. »Wie geht's Ihrem Vater?«

»O danke, ganz gut«, sagte sie nicht sehr überzeugend.

Stein versuchte noch einmal, sie aufzuheitern, und begann ihre Eltern zu rühmen. »Sie sind so stark. Wie Pioniere, sogar wie Lincoln.«

Julie nahm solche Lobsprüche stets kommentarlos hin.

Während sie telefonierten, billigte der Rechtsausschuß einen zweiten Impeachment-Anklagepunkt, der dem Präsidenten Machtmißbrauch und wiederholte Verletzung der verfassungsmäßigen Rechte amerikanischer Staatsbürger vorwarf. Diesmal lautete das Votum achtundzwanzig zu zehn. Ein weiterer Republikaner, Robert McClory von Illinois, war zur Mehrheit übergelaufen.

Der Präsident hörte sich bis spät in den Abend hinein Tonbänder an. Endlich setzte er den drückenden Kopfhörer ab und erhob sich, um Bull zu sich zu rufen. Sein Gesicht verriet deutlich, wie müde er war.

»Ich habe genug gehört«, sagte er.

Dienstag, 30. Juli

Trotz seiner Müdigkeit hatte Nixon Schlafstörungen – ein Problem, das immer häufiger auftauchte und der Familie allmählich Sorgen machte. Seit Jahren hatte er strikt einen festen Zeitplan eingehalten, doch während dieses Frühlings und Sommers war sein Tageslauf unberechenbar geworden. Mitarbeiter, die das Problem kannten oder ahnten, vor allem Haig, Ziegler und Bull, mußten den Terminkalender des Präsidenten immer wieder abändern, um ihn seinen unregelmäßigen Arbeitsstunden anzugleichen.

An diesem Vormittag hatte er um 11 Uhr einen Termin mit Minister Simon, Scowcroft und Kenneth Rush, seinem neuen Wirtschaftsberater – den einzigen für den ganzen Tag. Als er um 10.30 Uhr noch nicht unten war, ließ Ziegler durch Judy Johnson nachfragen, wo er stecke. Sanchez, der es als einziger sicher wissen mußte, antwortete, der Präsident schlafe noch. Der Termin wurde auf 15 Uhr verschoben. Mittags jedoch saß Nixon im Lincoln Sitting Room und hörte sich weitere Tonbänder an. Um 15 Uhr war er immer noch damit beschäftigt.

St. Clair sollte um 16 Uhr mit den ersten zwanzig Tonbändern bei Sirica sein. Obwohl diese Gespräche überprüft worden waren, bevor die redigierten Transkripte veröffentlicht wurden, dauerte es lange, sie zu katalogisieren und eine Liste der Abschnitte aufzustellen, die der Präsident aus Gründen der nationalen Sicherheit oder des »executive privilege« zurückhalten wollte. Zu lange, wie St. Clair fand. Als der Termin näher rückte, riß ihm die Geduld. »Ich habe nicht den ganzen Tag Zeit!« schrie er Hauser durchs Telefon an. »Ich muß zum Gericht. Schaffen Sie mir die Liste her!«

St. Clairs hektisch schuftende Mitarbeiter hatten außerdem noch die mühselige Aufgabe, sämtliche Notizen zu suchen, die Haldeman, Colson oder Ehrlichman während der Gespräche oder anschließend gemacht hatten und die ebenfalls »sub poena« verlangt wurden.

St. Clair bekam weder die Liste noch die Aufzeichnungen rechtzeitig. Buzhardt, der mit den Dokumenten am vertrautesten war, konnte bei der Suche nicht helfen. Als Haigs inoffizieller persönlicher Berater hatte er den General zu einer Verhandlung im Senatsausschuß für Auslandsbeziehungen begleitet, wo Haig drei Stunden lang ein hochnotpeinliches Verhör über die Abhöraktionen der Regierung über sich ergehen ließ. Buzhardts Unterstützung war kaum vonnöten; Haig taktierte sehr geschickt.

Erst nach 15.30 Uhr brach St. Clair in Begleitung einiger Mitarbeiter mit dem Wagen zum Gericht auf. Als sie sich dem Gebäude näherten, entdeckte St. Clair die Reporter, die sich vor dem Eingang drängten. »Seht euch diese Aasgeier an!« höhnte er wütend.

Don Popeo, einer seiner Assistenten, bat den Chauffeur, zum Hintereingang zu fahren. »Nein, nein, nein!« protestierte St. Clair. »Halten Sie vor dem Vordereingang.«

Als der Wagen bremste, setzte St. Clair sein strahlendstes Lächeln auf. »Okay, spielen wir das Spielchen mit.« Er stieg aus, um die Aasgeier zu begrüßen.

Um 15.48 Uhr übergab der Anwalt des Präsidenten die zwanzig Tonbänder und erklärte voll Unbehagen, daß nach den Notizen noch gesucht werde. Alles Schriftliche – Aufzeichnungen, Katalog und Liste des unter das »executive privilege« fallenden Materials – werde am nächsten Tag nachgereicht, versicherte er dem Richter.

Endlich erschien der Präsident zu seinem Termin mit Simon, Rush und Scowcroft, um mit ihnen über die internationale Wirtschaftslage und Simons kürzlichen Besuch im Nahen Osten zu sprechen. Er schien sich auf die Themen zu konzentrieren. Scowcroft hatte den Eindruck einer ganz normalen Sitzung. Simon meinte, den Präsidenten selten so ruhig und zuversichtlich erlebt zu haben. Nach der einstündigen Besprechung berichtete der Finanzminister den Reportern weitschweifig, der Präsident sei so stark wie eh und je.

Nixon war noch immer entspannt, ja fröhlich, als Buzhardt am frühen Abend das Präsidentenbüro im EOB betrat.

Der Präsident fragte ihn wiederum, ob er sich die beiden anderen Gespräche vom 23. Juni angehört habe.

Buzhardt verneinte.

Nun, sagte der Präsident, *er* habe das inzwischen getan. Sie bewiesen seine Behauptung, das FBI sei aus legitimen Gründen der nationalen Sicherheit irregeführt worden, und nicht aus politischen Erwägungen.

Buzhardt versprach, sie sich sofort anzuhören. Mit den Kopien des Präsidenten eilte er in sein Büro. Er ließ das Band bis zum zweiten Nixon–Haldeman-Gespräch jenes Tages – von 13.04 bis 13.13 Uhr – durchlaufen und setzte den Kopfhörer auf.

»Okay, einfach aufschieben«, hörte er den Präsidenten sagen, konnte den Rest aber nicht verstehen. Kratzende Geräusche waren vernehmbar, als schreibe der Präsident beim Sprechen. Dann hörten sie auf. »Sagen Sie einfach«, fuhr der Präsident fort, und nun kam wieder etwas Unverständliches. Danach: ». . . sehr schlecht, daß wir diesen Hunt haben, er weiß zu verdammt viel, und er war beteiligt – das wissen wir zufällig.«

Buzhardt hielt das Tonband an. Diese Andeutung war nicht so schlimm, fand er. Der Präsident wußte von Hunts Beteiligung. Das war niemals verheimlicht worden. Buzhardt ließ das Band weiterlaufen und hörte Nixon in vagen Formulierungen davon sprechen, daß Hunt »noch die ganze Schweinebuchtsache hochgehen läßt«. Er schien zu überlegen, welche Ausrede oder Tarngeschichte man dem CIA auftischen sollte: »Ich möchte nicht, daß die auf die Idee kommen, wir täten das, weil wir an die Politik denken«, sagte der Präsident.

»Richtig«, antwortete Haldeman.

»Aber ich würde ihnen auch nicht direkt sagen, daß es nicht politisch ist . . .«

»Richtig.«

Hatte er das wirklich gehört? Buzhardt spulte das Band zurück und hörte sich die Stelle noch einmal an. Ja.

Buzhardt ließ das Gespräch bis zum Ende ablaufen, dann nahm er den Kopfhörer ab. Es waren tatsächlich, wie der Präsident behauptet hatte, Hinweise auf den CIA und nationale Sicherheit, aber sie klangen, als untermauerten Nixon und Haldeman noch die Vertuschungsstory, auf die sie sich zuvor an jenem Tag geeinigt hatten. Probten sie ihren Text? Buzhardt nahm sich die nächste Nixon–Haldeman-Unterhaltung vor, eine Sitzung im EOB, die am selben Nachmittag zwischen 14.20 und 14.45 Uhr stattgefunden hatte. Sie war unvollständig, legte aber ebenfalls die Vermutung nahe, daß der CIA dazu benutzt wurde, das FBI aus politischen Gründen zu stoppen.

Buzhardt legte den Kopfhörer hin und kehrte ins Büro des Präsidenten zurück.

»Nun, alles klar?« fragte Nixon.

»Nein. Die beiden Gespräche verschlimmern die Sache noch.«

Nixon widersprach. Sie zeigten, daß es tatsächlich um nationale Sicherheit ging.

»Das zeigen die Bänder nicht«, erwiderte Buzhardt. »Sie lassen eindeutig erkennen, daß nationale Sicherheit nur vorgeschoben wurde.«

»Ich muß doch wissen, was ich gemeint habe!« Der Präsident schrie es beinahe. »Und ganz egal, was auf den Tonbändern ist, das alles geschah nur aus Gründen der nationalen Sicherheit!«

»Was für Gründen?«

Der Präsident antwortete nicht.

Buzhardt wiederholte seine Schlußfolgerung.

Die beiden starrten einander an. Endlich brach Nixon das Schweigen. »Ich bin nicht Ihrer Meinung«, sagte er nachdrücklich und verließ das Zimmer.

Buzhardt beruhigte sich langsam. Als er den Korridor zu seinem Büro entlangging, dachte er daran, wie oft er vom Dienst nach Hause gekommen war und zu seiner Frau gesagt hatte: »Ich glaube, der Präsident meint, wenn er mich überzeugen kann, ist alles in Ordnung.« Doch diesmal war der Anwalt unbeeinflußbar.

Überzeugter denn je, daß die Gespräche vom 23. Juni tödlich waren, rief er St. Clair an. Er berichtete ihm von seiner letzten Diskussion mit dem Präsidenten und bestand nunmehr darauf, daß St. Clair sich die Tonbänder anhörte.

Als St. Clair erschien, wirkte er besorgt. In San Clemente hatte ihm der Präsident, wie er sich erinnerte, gesagt, das erste Band sei »nicht so schlimm«. Als er sich jetzt das Gespräch anhörte, hatte er Schwierigkeiten, den Sinn zu erfassen. Unter anderem erkannte er einige Mitspieler in dem Drama nicht und wußte wohl auch nicht genug über die ganze Affäre. Geduldig identifizierte Buzhardt für ihn Dahlberg und Ogarrio und erläuterte ihm, welche Rolle sie bei den Ereignissen spielten.

St. Clair wollte das Band noch einmal hören. Doch auch dieses zweite Abspielen konnte ihn nicht überzeugen, daß die Einschätzung des Präsidenten falsch sei. Es gebe immer noch keinen juristischen Tatbestand. Das Gespräch sei nicht beweiskräftig.

Buzhardt erläuterte ihm, es stehe in direktem Widerspruch zu dem, was der Präsident in seiner Erklärung vom 22. Mai gesagt hatte. Jene Rekonstruktion der Ereignisse bilde jedoch die Grundlage für die Verteidigung des Präsidenten – einen »Fixpunkt«, wie es Buzhardt nannte. Und jedes Beweismaterial, das die Erklärung vom 22. Mai untergrub, war vermutlich tödlich. Zwei Jahre lang hatte der Präsident an seiner Version festgehalten, hatte geleugnet, daß er vertuschen wollte. Oberflächlich gesehen, mochte sich das Band nicht so schlimm anhören, in Zusammenhang mit jenem ausdrücklichen Abstreiten jedoch war es ein Tiefschlag für den Präsidenten, für Haig und Buzhardt.

Er umriß die Hintergründe der Erklärung vom 22. Mai. Als sie entworfen wurde, seien sich Haig, er und auch der Präsident klar darüber gewesen, daß sie definitiv sein und alles abdecken müsse. Und das habe sie auch, sagte Buzhardt – bis jetzt. Sie als Anwälte müßten doch praktisch denken. Wenn der Präsident in diesem Punkt gelogen habe, was mochte dann wohl auf den anderen Bändern sein?

St. Clair antwortete, er sei zwar nicht überzeugt, sehe aber ein großes Problem darin.

Buzhardt war offensichtlich enttäuscht. »Nehmen Sie es doch mal in einem anderen Zusammenhang«, meinte er. Das Band widerspreche ganz offen St. Clairs eigenen Auslassungen vor dem Rechtsausschuß.

Jetzt schien St. Clair endlich zu begreifen. Er hörte sich das Band ein drittes Mal an und hielt seine unmißverständliche Behauptung vor dem Ausschuß dagegen, nationale Sicherheit sei die einzige Motivation für die Befehle an den CIA. Seine Position war unhaltbar geworden. Das Band bewies, daß der Präsident das Land, seine engsten Mitarbeiter und seine Anwälte belogen hatte – und zwar über zwei Jahre lang. Selbst wenn es keine juristische Schuld bewies, bedeutete es doch mit Sicherheit Impeachment und Verurteilung. Das sah auch St. Clair jetzt ein. Er brauchte Zeit, um nachzudenken. Er mußte sich überlegen, welche Alternativen *ihm* so spät noch blieben.

An jenem Abend ging Mrs. Nixon mit Helene Drown, einer alten Freundin aus Kalifornien, zu David und Julie zum Abendessen. David hatte sie noch nie so in sich gekehrt erlebt. Julie und er versuchten sie aus sich herauszuholen, aber sie blieb sehr still, geistesabwesend, wortkarg. Sie wollte nicht über den Rechtsausschuß reden. Sie wollte überhaupt nicht reden.

Der Ausschuß schloß seine Arbeit ab. Er billigte den dritten Impeachment-Anklagepunkt wegen Mißachtung seiner Anordnung »sub poena«. Das Votum lautete einundzwanzig zu siebzehn. Zwei weitere Punkte, die Nixon illegale Vertuschung der Bombardierung von Kambodscha und Steuerbetrug zur Last legten, wurden mit sechsundzwanzig gegen zwölf Stimmen abgelehnt.

Als das letzte Abstimmungsergebnis registriert war, beendete Rodino um kurz nach 23 Uhr die Sitzung. Die Führungsmannschaft des Repräsentantenhauses hatte eingewilligt, in ungefähr zwei Wochen, sobald der Schlußbericht des Ausschusses fertig war, mit der Plenardebatte zu beginnen. Ziegler hatte die Sitzung mit Diane Sawyer in seinem Büro verfolgt. Wie üblich, schickte er Warren vor, um die offizielle Entgegnung abzugeben: Das Weiße Haus sei weiterhin zuversichtlich, daß das Plenum nicht für ein Impeachment votieren werde.

In Wirklichkeit waren die Mitarbeiter des Präsidenten verstört; sie hatten jedes Vertrauen in das Abstimmungsergebnis im Repräsentantenhaus, in die Unschuld des Präsidenten, in seine Regierungsfähigkeit und ineinander verloren.

Burch und Timmons hatten fast den ganzen Tag damit verbracht, im Kapitol herumzuhorchen. Nixon könne von Glück sagen, wenn er im Repräsentantenhaus einhundert Stimmen bekäme, erklärten selbst seine eifrigsten Verteidiger. Die vom Fernsehen übertragene Impeachment-Voruntersuchung habe verderblich gewirkt. Es spreche vieles dafür, daß man die Angelegenheit so rasch wie möglich an den Senat weiterleiten werde.

Sowohl Burch als auch Timmons hatten sich an jenem Tag in der

Sitzung der Hauptmitarbeiter über Haig geärgert. Der Stabschef hatte dauernd auf ein »Problem« in den Tonbändern angespielt, ohne den Mannen an der Front zu sagen, worum es sich handelte. Schlimmer noch, Haig hatte St. Clair nachgegeben und entschieden, daß Buchanan sich die Bänder nicht anhören dürfe. Buchanan sei kein Anwalt und daher auch nicht durch das im Verhältnis Anwalt–Mandant geltende Vorrecht abgedeckt.

Timmons, der sah, daß die Wahlmöglichkeiten immer geringer wurden, drängte Haig zu Alternative zwei. Den ganzen Fall auf den Senat abzuschieben, sei Nixons beste, vielleicht sogar einzige Chance. Timmons versuchte dem General die Zusicherung abzuringen, daß er den Vorschlag dem Präsidenten unterbreiten werde. Schließlich erklärte sich Haig einverstanden.

Mittwoch, 31. Juli

Am Vormittag hielt St. Clair im Kapitol eine Zusammenkunft mit der *Chowder and Marching Society,* einer Gruppe republikanischer Abgeordneter, die im Weißen Haus als wohlwollend galten. (Der Abgeordnete Nixon gehörte 1949 zu den Gründungsmitgliedern des Clubs.) St. Clair setzte sich jetzt doch mit der Tatsache auseinander, daß die Verteidigung des Präsidenten eher eine politische als eine juristische Sache war. Es war eine harte Sitzung. Die Clubmitglieder wurden von ihren Wählern unter Druck gesetzt. Sie schienen die Schuld daran ebensosehr St. Clair zu geben wie dem Präsidenten. Schließlich kam Tom Railsback dem Anwalt zu Hilfe. St. Clair habe in einem schwierigen Fall ausgezeichnete Arbeit geleistet, erklärte er.

St. Clair verließ die Sitzung zutiefst erschüttert. Die letzten vierundzwanzig Stunden waren brutal gewesen. Endlich überzeugt von den unvermeidlichen Folgen des Tonbands vom 23. Juni, war er müde, deprimiert und suchte nach einem Rückzugsweg. Die Prozedur, den Präsidenten aus dem Amt zu entfernen, ob nun durch Rücktritt oder Impeachment und Schuldspruch, mußte unbedingt beschleunigt werden. St. Clair zog Rücktritt vor. Das ginge schneller und wäre ehrenhafter. Und würde St. Clair die berufliche Peinlichkeit und Frustration ersparen, vor dem Repräsentantenhaus und dem Senat einen hoffnungslosen Fall vertreten zu müssen.

Er suchte Buzhardt auf, der St. Clairs plötzliche Bekehrung begrüßte. Rücktritt sei der bessere Weg, stimmte Buzhardt bereitwillig zu. Beide Anwälte erwogen, dem Präsidenten eine Empfehlung vorzulegen, beschlossen aber, zunächst mit Haig zu sprechen. Der Stabschef mußte sein Einverständnis geben, wenn ihre Lagebeurteilung beim Präsidenten Eindruck machen sollte. Buzhardt wußte, daß Haig dem Präsidenten nicht gern gegenübertrat. Aber seiner Meinung nach begann der General die allgemeine Tendenz zum Fatalismus zu teilen.

Die Anwälte begaben sich zu Haigs Büro. Der General war beschäftigt, ließ ihnen aber mitteilen, daß er sie in Kürze empfangen werde.

»Al«, begann Buzhardt, als sie schließlich bei ihm saßen, »Jim und ich möchten den Präsidenten sprechen.«

Haigs Miene war ernst, und er sagte nichts. Die Anwälte erläuterten ihre Position: Selbst wenn sie irgendwie aufzeigen konnten, daß das Band ein ungenügender Beweis für eine Behinderung der Justiz sei, würde seine Bekanntmachung die Öffentlichkeit und den Kongreß empören. Das Band zeige deutlich, daß der Präsident hinsichtlich seiner Beteiligung an der Vertuschung zwei Jahre lang gelogen habe. Rechtlich gesehen, sei es vielleicht nicht schlimmer als das Gespräch vom 21. März; politisch jedoch bleibe dem Präsidenten, sobald es veröffentlicht wurde, keine Chance.

»Al« sagte Buzhardt, »das bringt ihn um.«

Haig zog ihre Beurteilung nicht in Zweifel. Ein wenig nervös erklärten ihm die Anwälte, wozu sie als Juristen verpflichtet seien. Sie müßten die Sache berichten. Buzhardt sprach vom Berufsethos und wiederholte, was er eine Woche zuvor gesagt hatte: Wenn ein Anwalt feststelle, daß ein Mandant Beweismaterial unterschlagen habe, sei er verpflichtet, dieses Beweismaterial aufzudecken oder den Mandanten zu einem Schuldbekenntnis zu bewegen. In diesem Fall komme ein Rücktritt einer Abänderung des Nichtschuldbekenntnisses gleich.

Haig war anscheinend derselben Meinung. Die Frage sei jetzt nicht mehr, ob, sondern wie der Präsident aus dem Amt scheide, räumte er ein. Haig neigte zum Rücktritt. Am Vortag, vertraute er den Anwälten an, sei der Präsident fast entschlossen gewesen, zurückzutreten. Heute habe Nixon jedoch seine Meinung wieder geändert und Haig erklärt, er gedenke den Kampf unbedingt bis zum bitteren Ende zu führen.

Haig war ziemlich sicher, daß das Impeachment-Verfahren nicht durchgeführt werden dürfe, doch wie sich das am besten erreichen ließ, war ihm keineswegs klar.

Haig und Buzhardt hatten dieses Problem schon früher diskutiert. Der General hatte starke Zweifel daran geäußert, daß es Buzhardts und seine Aufgabe sei, einen Präsidenten zum Rücktritt zu zwingen. Er hatte sogar in Frage gestellt, ob es ihnen zukomme, einen Rücktritt zu empfehlen. Das wäre ebenfalls eine Art Druck. Es gebe sowohl verfassungsmäßige als auch moralische Überlegungen und etliche Gefahren. Er und die Anwälte hätten Zugang zum Präsidenten, sie übten eigentlich einen unzulässigen Einfluß auf ihn aus. Sie seien schließlich nur Mitarbeiter. Niemand habe sie gewählt. Der Präsident dagegen sei vom Volk gewählt worden. Angenommen, ein Expräsident beschuldige seine Mitarbeiter und ihre Verbündeten im Kongreß, ihn aus dem Amt gedrängt zu haben? Kamen sie damit nicht einem Staatsstreich gefährlich nahe?

Außerdem sei da die Frage, ob sie mit einer derartigen Empfehlung überhaupt Erfolg hätten. Der Präsident werde sie wahrscheinlich nicht einmal anhören. Und den Präsidenten einschüchtern, indem sie mit

Rücktritt drohten, wollten sie nun doch nicht. Das hätten sie ihm vor langer Zeit versprochen, um ihm klarzumachen, daß er ihnen die Wahrheit anvertrauen könne – daß sie ihn nicht im Stich lassen würden, ganz gleich, wie schlimm es kommen werde.

Der Präsident sei ihnen gegenüber nicht aufrichtig gewesen, gewiß, doch Haig war sicher, daß er sich für ehrlich gehalten hatte. Richard Nixon lebe nur in seiner privaten Realität, meinte Haig. Und es mit dieser privaten Einstellung zur Realität aufnehmen zu wollen, sei unmöglich.

Nixon selbst müsse die Entscheidung treffen, erklärte Haig. So müsse es jedenfalls aufgefaßt werden – vom Präsidenten, vom Land, von den Geschichtsschreibern. »Er muß das aus freien Stücken tun«, beharrte Haig. »Wir können ihn nicht dazu zwingen.« Falls die Berater des Präsidenten um ihre Meinung gefragt würden, könnten sie ja im psychologisch richtigen Moment den Rücktritt als attraktive Alternative empfehlen, es dürfe jedoch niemals der Eindruck entstehen, sie hätten Nixon darauf hingewiesen, daß er keine andere Möglichkeit habe. Zugegeben, ein sehr feiner Unterschied.

Inzwischen müsse der Ablauf der Ereignisse irgendwie verlangsamt werden, müßten Vorbereitungen getroffen, andere hinzugezogen werden. Vor allem Price und Buchanan. Die würden schreiben, was immer es für den Präsidenten zu schreiben gab, und daß eine Menge Wichtiges geschrieben werden müsse, daran bestehe wohl kein Zweifel. Außerdem seien Price und Buchanan als Resonanzboden vorzüglich geeignet. Der Präsident habe Vertrauen zu ihnen. Er, Haig, ebenfalls.

Auch wenn man ausschloß, dem Präsidenten den Rücktritt dringend anzuraten – eine Konditionierung mußte jedenfalls stattfinden. Irgend jemand mußte mit Nixon sprechen, ihm die Realitäten aufzeigen, ihm klarmachen, wie sehr das Band seine Lage verschlechterte.

»Al, diese Bürde sollten Sie nicht allein tragen«, meinte Buzhardt. »Wir werden es ihm beibringen.«

Haig erklärte sich bereit, sie zum Präsidenten zu begleiten. Schließlich waren sie verpflichtet, ihrem Mandanten zu erklären, wie unhaltbar seine Situation ihrer Meinung nach geworden war. Doch wenn es zu einer eindeutigen Rücktrittsempfehlung komme, warnte Haig, werde er nicht mitmachen.

Haig verließ den Westflügel und begab sich ins Präsidentenbüro im EOB, um Nixon mitzuteilen, daß Buzhardt und St. Clair ihn sprechen wollten.

»Dafür besteht keinerlei Anlaß«, fuhr der Präsident auf.

Sie wollten ihm lediglich ihre Lagebeurteilung persönlich unterbreiten.

Nixon blieb fest. Er wolle nichts von ihnen hören. Er kenne ihre Ansichten. Sie wollten nur, daß er zurückträte, sie meinten, es sei alles aus.

Haig kehrte über die Straße zurück, um St. Clair und Buzhardt zu informieren. Wieder einmal wolle der Präsident seine Anwälte nicht sehen.

Was nun? Buzhardt und St. Clair waren sich darüber klar, daß alles von Haig abhing. Er müsse den Präsidenten davon überzeugen, daß seine Sache verloren sei, daß er abtreten müsse, sagte Buzhardt.

»Ich werde ihn nicht drängen«, wiederholte Haig. »Er muß diese Entscheidung allein treffen.« Und im Augenblick sei der Präsident überzeugt, daß seine Anwälte sich irrten.

»Sollte ich mir das Tonband anhören?« fragte Haig.

»Nein, tun Sie das nicht«, riet Buzhardt ihm abermals. Doch eine Abschrift solle sofort angefertigt werden, damit Haig sich eine bessere Vorstellung vom Ausmaß des Problems machen könne. Und die Anwälte könnten ihn an Hand eines Transkripts besser beraten, wie er den Präsidenten behandeln solle.

Haig stimmte zu. Er ging abermals über die Straße, um die Erlaubnis zur Abschrift einzuholen. Diesmal dauerte die Unterredung mit dem Präsidenten länger. Nixon sah keine Notwendigkeit für ein Transkript. Haig diskutierte mit ihm. Es wäre schwierig, ohne Abschrift eine Entgegnung zu formulieren, sagte er. Zögernd willigte der Präsident ein.

Doch wer sollte das Tonband abschreiben? Rose kam zweifellos nicht in Frage. Wem konnte man eine so heikle Aufgabe anvertrauen? Schließlich einigte man sich auf Patricia McKee, Haldemans ehemalige Sekretärin. Sie hatte das feinste Ohr für Stimmen. Die Anwälte kehrten in ihre Büros zurück.

Haig blieb in seinem Arbeitszimmer und überlegte, eine Zigarette nach der anderen paffend, was als nächstes zu tun sei. Er stand auf und ging zu Kissingers Büro im Weißen Haus hinüber. Er fand nur Scowcroft. Kissinger war nicht da.

Scowcroft sah Haig an, daß er beunruhigt war. »Was ist passiert?« fragte er.

Haig setzte sich. »Sie werden es nicht für möglich halten«, antwortete er. »Der Präsident weigert sich, seine Anwälte zu empfangen. Wir haben ein weiteres Problem, und das können wir in diesem Klima nicht durchstehen.«

Scowcroft stieß nicht nach. Er vermutete, daß dieses »Problem« mit den Tonbändern zu tun hatte. Er erinnerte sich an ein Gespräch, das er im Frühjahr mit Kissinger geführt hatte. »Da muß wirklich Übles auf den Tonbändern sein«, hatte Kissinger gesagt, »sonst würde der Präsident nicht so hart darum kämpfen.« Scowcroft hatte gemeint, der Präsident kämpfe womöglich ums Prinzip – um die Geheimhaltung der Vorgänge in seinem Amt. Es sei richtig, hatte Kissinger erwidert, daß der Präsident um sein Amt besorgt sei. »Aber er würde das Prinzip bedenkenlos opfern, um Richard Nixon zu retten. Er ist zwar um sein

Amt besorgt, um Richard Nixon aber ist er noch mehr besorgt.« Jetzt schien es, als seien Kissingers Mutmaßungen hinsichtlich der Tonbänder begründet gewesen.

Haig stand auf, um Kissinger zu suchen. Diese Nachricht wollte er ihm auf gar keinen Fall telefonisch mitteilen. Man wußte nie, wie viele Leute mithörten.

Er fand Kissinger kurz darauf und umriß in seiner indirekten Art die jüngsten Entwicklungen. Das gegenseitige Mißtrauen war nicht zu übersehen. Haig war Kissinger gegenüber fast ebenso vage wie zuvor bei Scowcroft. Es existiere ein bedenkliches Band, sagte er, zwar nicht unbedingt tödlich, doch einige der Anwälte hielten es dafür. Es habe schon früher Krisen gegeben, und die Anwälte neigten manchmal zur Panik. Aber das Tonband »macht klar, daß der Präsident an der Watergate-Vertuschung beteiligt war«.

Kissinger war kaum überrascht, aber Haig gegenüber vorsichtig. Der Minister hatte gewisse Interessen zu wahren. Watergate schadete bereits seiner Außenpolitik. Die Aussicht auf eine Senatsverhandlung, selbst eine kurze, rief alptraumhafte Visionen wach. Sie mußte unter allen Umständen vermieden werden. Der Präsident würde auf Monate hinaus handlungsunfähig sein.

Diese Gedanken teilte Kissinger dem General jedoch nicht mit. Er wollte auf beiden Seiten des Zaunes stehen – zeigen, daß er den Ernst der Lage kannte, gleichzeitig aber beweisen, daß er nicht zu denjenigen gehörte, die den Präsidenten im Stich ließen. Kissinger mochte Haig keine ehrliche Meinung anvertrauen. Jede Bemerkung, die er machte, konnte dem Präsidenten zu Ohren kommen. Haig sorgte immer für sich selbst.

Haig ließ ähnliche Vorsicht walten. Behutsam gab er zu verstehen, daß der Präsident nicht gestürzt werden dürfe. Es sei seine und Kissingers Aufgabe, die Regierung funktionsfähig zu halten, bis es zu einer ruhigen Lösung komme.

Kissinger fand, daß jedermann sich nun außerordentliche Disziplin auferlegen müsse; die Lage sei hochexplosiv. Er und Haig mochten zwar nicht ehrlich zueinander sein, aber sie konnten vielleicht zusammenarbeiten.

Am frühen Morgen erhielt Buchanan zu Hause einen Anruf von Timmons, wonach Haig anscheinend sein Versprechen gehalten und mit Nixon die Alternative Zwei besprochen hatte.

Trotz seiner Opposition gegen den Plan* versprach Buchanan, Reportern die Nachricht zuzustecken. Kurz darauf sollte er am *Sperling Breakfast* teilnehmen, einem von Godfrey Sperling vom *Christian*

---

* Der Plan wurde auch »Frey-Plan« genannt, nach dem Abgeordneten Louis Frey jr., einem Republikaner aus Florida, der fünf Monate zuvor vergeblich vorgeschlagen hatte, die Impeachment-Ermittlungen zu beschleunigen.

Science Monitor inszenierten Journalistentreffen. Dieses offizielle Frühstück ermöglichte es den Politikern, zehn bis zwanzig Reporter als politische Barometer zu testen.

An jenem Vormittag erwähnte Buchanan den Reportern gegenüber, das Weiße Haus erwäge eine Anerkennung der Abstimmung im Repräsentantenhaus und die direkte Weiterleitung des Falles an den Senat. Es war das erste öffentliche Eingeständnis der Administration, daß der Präsident im Repräsentantenhaus eine Niederlage erleiden würde.

Buchanans »Nachricht« ging um 10 Uhr über den Draht. Im Kapitol wurde sie mit Zorn und Unglauben aufgenommen, vor allem bei den Parteigängern des Präsidenten im Rechtsausschuß. Wiggins war wütend. »Es ist mir gleich, ob Nixon mich anruft und sagt, daß er das wirklich will. Ich halte es nicht für richtig.« Am frühen Nachmittag war Buchanan eifrig damit beschäftigt, seinen eigenen Versuchsballon platzen zu lassen. »Die Anhänger des Präsidenten im Kapitol sind entsetzt«, berichtete er Timmons. Als die Reaktionen immer negativer wurden, bekam Dean Burch Anweisung vom Präsidenten: »Aufhören mit dem Plan.«

Das Weiße Haus hatte nicht nur die Stimmung im Repräsentantenhaus falsch eingeschätzt, sondern auch nicht annähernd begriffen, was sich im Senat abspielte. Burch und Timmons hatten dort mit einer festen Basis von fünfunddreißig bis vierzig Nixon-Anhängern gerechnet. Senator William E. Brock III. von Tennessee, vom Weißen Haus als sichere Pro-Nixon-Stimme bewertet, äußerte sich an jenem Tag in seinem Büro einem Reporter gegenüber verwundert über die »Traumwelt«, in der Nixon und seine Mitarbeiter sich offenbar verlören. Es gebe nur eine einzige Möglichkeit, wie Richard Nixon im Senat gewinnen könne, meinte Brock, und das sei »neues, entlastendes Beweismaterial«. Und nachdem er fünfzehn Monate lang zugesehen habe, wie die Verteidigung des Präsidenten unter dem Gewicht von Nixons eigenen Handlungen in sich zusammengebrochen sei, sehe er »keine realistische Möglichkeit, für einen Freispruch zu stimmen – und das ist die Ansicht vieler Republikaner, mit denen sie rechnen. Mindestens die Hälfte der Republikaner auf seiner Seite sind bereits umgeschwenkt. Nixons Kerntruppe im Senat zählt höchstens noch zwanzig bis sechsundzwanzig Stimmen«. Er brauchte aber vierunddreißig, und in der Garderobe wurde an jenem Tag viel von Rücktritt gesprochen. Zahlreiche Senatoren, auf die sich das Weiße Haus verließ, waren für ein schnelles Ende.

»Ich glaube nicht, daß der Präsident um diese Überlegung herumkommt, wenn er endlich das Zahlenverhältnis im Senat begreift«, meinte Brock. »Aber wenn er sagt: ›Ich will ein Verfahren‹, dann soll er es in Gottes Namen kriegen, und es wird ein fairer Prozeß werden. Es gibt jetzt kein Zögern mehr und keine Ängstlichkeit«, dafür hätten die Verhandlungen im Rechtsausschuß gesorgt. »Das Gefühl, daß ein Schuldspruch für das Land gut ist – und daß es sicherer ist, dafür zu stimmen – wächst allgemein.«

Brock bezweifelte jedoch, daß eine Abordnung vom Kapitol zum Weißen Haus marschieren und auf Rücktritt drängen werde. »Er würde sie ja doch nicht anhören. Irgendwann hat praktisch jeder schon mal versucht, ihm zu helfen, hat gebettelt und gefleht – aber er will einfach nicht hören . . . Der Präsident hat zu viele Leute zu oft Risiken ausgesetzt . . . Das Weiße Haus hat seinen Kredit an gutem Willen und Glaubwürdigkeit restlos verspielt.«

Derselbe Reporter traf Barry Goldwater im Kapitol, der Brocks Einschätzung der Lage bestätigte. »Es gibt keinen einzigen Menschen, der das jetzt noch aufhalten kann, das kann nicht einmal eine Gruppe. Wenn der Präsident hören wollte, hätte er das inzwischen getan«, meinte Goldwater. Die Nixon-Präsidentschaft sei erledigt.

Zwei weitere einflußreiche republikanische Senatoren der »sicheren« Mannschaft, Robert Dole von Kansas und John G. Tower von Texas, neigten ebenfalls zum Schuldspruch. Tower erklärte seine Gründe: »Wahrscheinlich gibt es einen bestimmten Grad von Amoralität, den nahezu alle Politiker tolerieren. Aber es gibt auch eine Schwelle, und da liegt das Problem des Präsidenten . . . Die Senatoren sind sich der historischen Bedeutung dieser Anklage wohl bewußt, und sehr wenige . . . werden bereit sein, sich ihrer Pflicht zu entziehen – insbesondere für Richard Nixon.«

Dole, als Vorsitzender der Republikaner, hatte sich mit seiner ständigen Verteidigung Nixons im Präsidentschaftswahlkampf 1972 schwer die Finger verbrannt. An diesem Tag war seine Erbitterung nicht zu übersehen. »Alles, was Nixon anfaßt, zerfällt zu Asche. Aber jetzt ist das Trauma vorüber . . . Das Argument, das Land könne den Druck nicht länger ertragen, ist keine Vermutung mehr. Achtundfünfzig bis sechzig Stimmen für einen Schuldspruch stehen bereits so gut wie fest.« Ohne neue Beweise würden die restlichen ganz von selbst kommen, meinte er.

Am späteren Nachmittag versammelten sich die Hauptmitarbeiter in Haigs Büro. Timmons, Burch und Gergen drängten ihn schon seit Tagen, eine organisierte Verteidigung zu dirigieren. »Jeder spricht davon, die Impeachment-Anklagepunkte mit sorgfältig vorbereiteten und dokumentierten Schriftsätzen zu widerlegen, aber niemand unternimmt etwas«, beschwerte sich Gergen.

Haig war endlich dazu bereit. Es waren ungefähr ein Dutzend ausgewählte Mitarbeiter anwesend: Ghostwriter, Anwälte und Verbindungsleute zum Kongreß. Sie wollten eine Verteidigung gegen jeden einzelnen Impeachment-Anklagepunkt zusammenstellen, zuerst für das Plenum im Repräsentantenhaus und dann – das schien ihnen jetzt festzustehen – für eine Verhandlung im Senat. Weder Haig noch Buzhardt erwähnten das Tonband.

Das Unternehmen, erklärte der General, werde von ihm, Ziegler, Buchanan, Price, Timmons, Buzhardt, St. Clair, Burch und Charles Lichenstein, Burchs Stellvertreter, beaufsichtigt. Sie würden die Strategie festlegen. Joulwan sollte mit seinem Klemmbrett dabeisitzen. Für jeden Impeachment-Anklagepunkt werde eine eigene Arbeitsgruppe mit jeweils einem Anwalt und einem Ghostwriter eingesetzt, die ihre Entscheidungen dann ausführen sollte.

Clawson, dessen Eifer grenzenlos war, rief sein Team sofort zusammen. Die Aussicht auf einen Kampf schien ihn zu beflügeln. Er erinnerte einige Anwesende an einen Football-Trainer, der seine Mannschaft nach einer katastrophalen ersten Halbzeit anfeuert. Okay, ihr Arschlöcher, schien er zu sagen, jetzt gehn wir raus und schlagen ein paar Köpfe ein.

Buzhardt hatte während der Sitzung in Haigs Büro praktisch überhaupt nichts gesagt. Er wollte sich nicht beteiligen. Er ging frühzeitig nach Hause und sagte zu seiner Frau, der Präsident werde nicht mehr lange im Amt sein. »Wahrscheinlich tritt er Freitag zurück.«

St. Clair suchte bei Leonard Garment Rat. Mit gefühlsbetonten Worten schilderte er die ausweglose Situation, in der er sich befand: ein Tonband, ein Mandant, der seine Anwälte erst belog und sich dann weigerte, sie zu empfangen, Kongreßabgeordnete, die offenbar mehr ihm als dem Präsidenten die Schuld gaben. Welche Verpflichtungen hatte ein Anwalt in einer solchen Situation? Er hatte vor dem Rechtsausschuß und den Gerichten falsche und irreführende Angaben gemacht. Gab es jetzt nicht höhere Verpflichtungen als die Verteidigung eines Mandanten? Vielleicht sollte er das Mandat niederlegen.

Garment trank seinen Kaffee, hörte schweigend zu und überlegte. Die üblichen Maßstäbe des Verhältnisses zwischen Anwalt und Mandant ließen sich in diesem Fall nicht anwenden, befand er schließlich. Dafür sei er zu außergewöhnlich, bringe nie dagewesene Verpflichtungen mit sich. Irgendwie habe der Anwalt des Präsidenten gleichzeitig dem Amt, der Person und dem nationalen Interesse zu dienen. Wenn St. Clair ausgerechnet jetzt sein Mandat niederlegte, wäre keinem damit gedient, meinte Garment. Es sei eine Zeit »extremer Verpflichtungen«, eine Zeit für besondere Sorgfalt und Einfühlung – zum Wohle des Mandanten und der Institution. Jeder Beteiligte »fache jetzt die erlöschenden Lebensgeister an«, sagte Garment. Jeder müsse seine Rolle bis zum Ende durchhalten.

Letztlich werde St. Clair dafür geachtet werden, daß er das durchgestanden habe, versicherte Garment. Es sei für den Anwalt des Präsidenten besonders wichtig, Ruhe zu bewahren, ein Stabilisationsfaktor zu sein. Sonst käme es zum Chaos. Die Stimmung im Lande, im Kongreß, in der Presse sei feindselig, bitter. Wenn die Verfassung funktionieren solle, dürfe dabei das Präsidentenamt nicht zu Bruch gehen.

St. Clair fühlte sich durch diesen Rat beruhigt. Er festigte seine instinktive Gelassenheit. Während er sich seinen Weg durchs Weiße Haus suchte, Dokumente studierte, Aussagen las, war er zu dem Schluß gekommen, daß an diesem Fall kaum etwas ganz schwarz oder ganz weiß war. Viele Ereignisse, die zuerst das Ergebnis einer bewußten Handlung des Präsidenten oder seiner Mitarbeiter zu sein schienen, waren in Wirklichkeit gar nicht bewußt herbeigeführt worden. Garment hatte recht. Alles konnte außer Kontrolle geraten. Es mochte zu einer Krise kommen. Die Lage war heikel. Selbstverständlich würde er bleiben.

Es war beinahe 18 Uhr, als Haig den Vortrag beim Präsidenten über sein Vormittagsgespräch mit Kissinger beendete. Der Präsident war vom EOB ins Oval Office hinübergegangen, und Haig hatte ihn bis zur Einfahrt begleitet, wo der General von St. Clairs Pressesekretär Larry Speakes und einer Limousine erwartet wurde.

Seit Monaten hatte Speakes ihn gedrängt, sich mit Senator James Eastland von Mississippi zusammenzusetzen. Speakes war der Ansicht, daß Eastland, sein ehemaliger Chef, die Schlüsselfigur für einen Erfolg im Senatsverfahren sei. Im Juni 1973, als er den Präsidenten zur Einweihung eines Denkmals für den verstorbenen Senator Everett M. Dirksen von Illinois begleitete, hatte Eastland zu Nixon gesagt: »Es ist mir gleich, ob Sie schuldig oder unschuldig sind – ich werde für Sie stimmen.«

Speakes führte Haig ins Büro des Senators und machte die beiden miteinander bekannt. Zwanglos unterhielten sie sich etwa fünfunddreißig Minuten. Eastland bestätigte, daß die Alternativen des Präsidenten ernst seien. Um seine Überlebenschancen sei es schlecht bestellt.

Haig hatte sich mit Leuten beraten, von denen er annahm, daß sich der Präsident normalerweise um Rat an sie gewandt hätte: Kissinger, Eastland, die Anwälte. Keiner schien den Gedanken an einen Rücktritt von sich zu weisen. Was immer geschehen mochte, er wollte, daß der Vizepräsident auf dem laufenden war. Der Präsident hatte zugestimmt, daß Ford zu unterrichten sei. Jetzt, um 19.30 Uhr und allein in seinem Büro, rief Haig bei Ford an.

Der Vizepräsident war jedoch schon fort, und Haig sprach statt dessen mit Robert Hartmann, Fords Stabschef. Haig hielt nicht viel von Hartmann, einem ehemaligen Journalisten, den er als schweren Trinker und Schwätzer einstufte. Er wollte bei ihm auf keinen Fall –

auch nicht andeutungsweise – den Eindruck hinterlassen, daß es einen ungewöhnlichen Grund für seinen Anruf gäbe; eine solche Neuigkeit würde sofort an eine Reihe nixonfeindlicher Reporter weitergeleitet werden. Der General fragte daher ruhig, ob er den Vizepräsidenten am nächsten Morgen kurz sprechen könne. Hartmann trug den Termin in Fords Kalender ein.

Während Haig mit Hartmann sprach, setzten Buchen und Whitehead ihre Vorbereitungen für eine Amtsübergabe fort. Beide waren jetzt so gut wie sicher, daß ihre Planungen einer Realität galten.

David Eisenhower fand, daß die Ereignisse der Kontrolle des Präsidenten entglitten. Zweimal schon in dieser Woche hatte sein Schwiegervater gesagt, er erwarte Julie und David am Wochenende bestimmt in Camp David. Die ungewohnte Dringlichkeit seiner Bitte überzeugten David und Julie davon, daß etwas Wichtiges bevorstand.

An jenem Mittag hatte David sich mit Pat Buchanan zum Lunch getroffen, doch Pat hatte nichts Konkretes gesagt. Im Gegenteil, Buchanan hatte einen sehr harten Standpunkt vertreten, hatte gefordert, der Präsident solle bei der Debatte im Repräsentantenhaus nichts zugeben, Nixons Anhänger sollten ihn als einen Mann darstellen, der von der Presse und seinen demokratischen Gegnern bedrängt und für die gleichen Sünden, die bei seinen Vorgängern toleriert worden waren, verfolgt wurde.

David hatte heftig mit Buchanan gestritten. »Angesichts der Rechtsausschuß-Abstimmung kann er nur noch *nolo contendere* plädieren«, meinte er, und seine »Fehler« zugeben. David war felsenfest davon überzeugt, daß Mr. Nixon weniger wegen seiner Handlungsweise als wegen seines wiederholten Leugnens in Schwierigkeiten sei. »Die Realität der Transkripte« untergrabe zuviel, sagte David. Der Präsident solle »seine Beteiligung an der Vertuschung zugeben« und bekennen, daß er sich zwar einer sträflichen Fehlbeurteilung schuldig gemacht habe – jedoch keines kriminellen Verhaltens. Mit Reue, selbst in elfter Stunde, werde Mr. Nixon viel weiter kommen als mit Kontroversen, glaubte David.

Die Diskussion ging abends weiter, als die Eisenhowers und die Buchanans in Pater John McLaughlins Appartement im Watergate Hotel dinierten. Buchanan, voll Unbehagen, weil die Tochter des Präsidenten mit am Tisch saß, fand wenig Gefallen an dem Gespräch. Aber David schien fest entschlossen, die Frage »Was zeigt das Beweismaterial?« aufs Tapet zu bringen und zu beantworten. Es zeige, daß der Präsident an der Vertuschung beteiligt gewesen sei. Julie ließ ihre Wut an David aus. Ungerührt erklärte er, in der Debatte im Repräsentantenhaus »sollten Mr. Nixons Übergriffe als grundsätzlich der Realität entsprechend zugegeben werden«. Seine Frau kochte bis zum Ende des Abends vor Zorn.

Auch Richard Nixon war an jenem Abend wütend. Er hatte den größten Teil des Tages mit Ron Ziegler verbracht, der wieder mal Hiobsbotschaften für ihn hatte: John Ehrlichman war zu zwanzig Monaten bis fünf Jahren Gefängnis für seine Beteiligung an dem Einbruch bei Daniel Ellsbergs Psychiater verurteilt worden – »eine beschämende Episode in der Geschichte dieses Landes«, hatte der Richter, Gerhard A. Gesell, es genannt.

Zieglers Gespräche mit den Anwälten an diesem Tag hatten ihn tief deprimiert. Die Alternativen des Präsidenten wurden immer geringer, die Tonbänder waren offenbar katastrophal. Haig schien überzeugt zu sein, daß die Anwälte recht hatten, daß der Präsident gezwungen sein werde, zurückzutreten oder einem Schuldspruch im Senat entgegenzusehen.

Doch Nixon weigerte sich, das zu akzeptieren, und an diesem Abend, mit Ziegler allein im Lincoln Sitting Room, hatte er keine Lust, seinem Mitarbeiter zuzuhören. Ziegler fand sich in der Rolle, die ihm am unangenehmsten war: Er mußte trübe Alternativen aufzeigen, denen der Präsident sich nicht stellen wollte, Neuland beackern, grausame Wahlmöglichkeiten herausarbeiten, auf ungünstige Fakten hinweisen. Die drastischen Alternativen, die dem Präsidenten jetzt bevorstünden, seien nicht das Werk seiner Feinde, sagte Ziegler. Diesmal seien es die Anwälte, Haig, vielleicht sogar er selbst, die keinen bequemen Ausweg sähen.

Die Reaktion des Präsidenten ähnelte der Julies auf Davids Worte an jenem Abend. Für Vater und Tochter sagten David und Ziegler offenkundig Dinge, die von präsidententreuen Personen nicht ausgesprochen werden sollten, nahezu illoyal, Worte, die das Vertrauensverhältnis, das sie alle miteinander verband, zu zerstören schienen.

Ziegler war verzweifelt. Er wollte nur, daß der Präsident seine furchtbare Lage begriff, daß er die unerbittlichen Tatsachen, die binnen kurzem auf ihn zukamen, erkannte. Doch der Präsident wollte nicht einmal die Bedeutung seiner Worte auf den Tonbändern akzeptieren und weigerte sich zu glauben, daß die Anwälte in seinem Interesse handelten.

Nixon stand auf und wies Ziegler die Tür.

Ziegler glaubte seinen Ohren nicht zu trauen. Nixon war so wütend, so blind vor Zorn, daß Ziegler meinte, der Präsident werde nie wieder mit ihm sprechen.

»Raus!«

Donnerstag, 1. August

Der Vizepräsident traf am frühen Morgen in seinem Büro im EOB ein. Am Vortag war er von einer seiner ausgedehnten Rundreisen zurückgekehrt, auf der er den Präsidenten in Muncie, Canton und Las Vegas verteidigt hatte. Er war immer noch überzeugt, der Präsident sei keiner ein Impeachment rechtfertigenden Handlung schuldig, und wollte am Samstag bereits wieder abreisen, um in Louisiana und Mississippi für ihn zu plädieren.

Als Haig eintraf, besprach Ford die Reise gerade mit Hartmann. Er schickte Hartmann nicht hinaus. Haig hatte von jeher an Fords Fähigkeiten und Urteilsvermögen gezweifelt. Daß Hartmann dem Gespräch beiwohnen durfte, machte diese Zweifel nicht gerade geringer.

Haig war noch bedachtsamer als sonst. Es gebe neues Beweismaterial auf den Tonbändern, die binnen kurzem dem Richter übergeben werden sollten, sagte er – Beweismaterial, das zu der Darstellung des Präsidenten in Widerspruch stehe. Ohne das im einzelnen zu begründen, teilte Haig dem Vizepräsidenten mit, daß es die Abstimmung im Repräsentantenhaus wahrscheinlich entscheidend beeinflussen würde. St. Clair sei sehr verärgert darüber, daß man ihn den Fall des Präsidenten vor dem Rechtsausschuß hatte falsch darlegen lassen.

Weder Ford noch Hartmann faßten Haigs Besuch als ein Alarmsignal auf. Nach gut zwanzig Minuten brach Ford die Sitzung ab; er habe einen Termin im Kapitol. Das Gespräch war weder besonders sensationell noch besonders beunruhigend gewesen. Nach Fords Eindruck hatte Haig im Grunde nur gesagt: »Der Weg, der vor uns liegt, könnte schwieriger sein, als wir gedacht haben.«

Haig begab sich in sein Büro im Westflügel. Kurz darauf kam Buzhardt mit dem Transkript, das Patricia McKee gerade fertiggetippt hatte. Obwohl Buzhardt und St. Clair ihm die Unterhaltung vom 23. Juni detailliert geschildert hatten, war Haig die volle Bedeutung nicht klar gewesen. »Großer Gott!« stöhnte er. Der Widerspruch zwischen den tatsächlichen Worten und den Unschuldsbeteuerungen des Präsidenten war eklatant. Fünfzehn Monate lang hatte Haig diesen Augenblick gefürchtet, ihn die Hälfte der Zeit erwartet. Während der anderen Hälfte war er überzeugt gewesen, daß Nixon durchhalten konnte. Jetzt fragte er sich, ob er nicht alles falsch gemacht habe, und wollte von Buzhardt wissen, was er nun tun solle.

Die Antwort: Das Transkript müsse schnellstmöglich herausgegeben werden, zumindest an den Rechtsausschuß. St. Clair sei außer sich, weil der Ausschuß schon seinen Bericht ausarbeite und man nicht zulassen dürfe, daß die zehn Nixontreuen ohne dieses neue Beweismaterial eine abweichende Darstellung gäben. Schlimm genug, daß St. Clair den Ausschuß in Unkenntnis des neuen Tonbandes über das Impeachment habe abstimmen lassen. Die Zeit reiche noch für die Behauptung, daß St. Clair den Inhalt nicht gekannt habe, als die Abstimmung im Ausschuß stattfand, daß er nur ganz allgemein von der Existenz des Bandes gewußt habe. Doch diese Geschichte würde nicht standhalten, wenn nicht das Weiße Haus jetzt die Initiative ergreife und schleunigst das Band freiwillig vorlege. Das Plenum ohne das Beweismaterial über das Impeachment abstimmen zu lassen, sei undenkbar. Sirica würde das Band innerhalb von Stunden in Händen haben; es solle noch am selben Tag übergeben werden. Jaworski werde dafür sorgen, daß es in den Besitz des Repräsentantenhauses gelange. Und dann bestehe kein Zweifel mehr daran, daß die Mitarbeiter des Präsidenten von dem Beweismaterial Kenntnis gehabt hätten.

Haig stimmte zu. Die Abschrift müsse veröffentlicht oder zuallermindest dem Ausschuß übergeben werden. Wenn sie das Beweismaterial noch länger zurückhielten, würde man sie alle hängen – St. Clair, Buzhardt und Haig.

Buzhardt und Haig erörterten die Strategie. Haig brauchte für die Auslieferung eines Transkripts an den Ausschuß die Genehmigung des Präsidenten. Ferner erhob sich die Frage, wann es veröffentlicht werden sollte. Mit Sicherheit werde man nun Price hinzuziehen müssen, meinte Haig. Buchanan wahrscheinlich auch. »Ray kann den Mund halten und eine gute Rede aus dem Ärmel schütteln«, ergänzte Buzhardt. Haig und Buzhardt waren sich wieder einmal einig darin, daß die Möglichkeiten des Präsidenten begrenzt seien. Ein Impeachment-Verfahren sei ihm sicher, eine Verurteilung so gut wie sicher. Haig berichtete Buzhardt von seinem Treffen mit Ford, bei dem allerdings Hartmann zugegen gewesen sei. Jetzt müsse er Ford unbedingt abermals aufsuchen. Der Mann könne bald der neue Präsident sein. Er müsse vorgewarnt werden. Zuerst aber müsse er, Haig, mit Nixon sprechen.

Haig hatte sich seit Monaten schon als stellvertretenden Präsidenten betrachtet. Jedes verdammte Problem war auf seinem statt auf Nixons Schreibtisch gelandet. Als Stabschef eines mit anderen Dingen beschäftigten Präsidenten war er derjenige, der das Ganze zusammenhalten mußte. Er bestimmte, was an den Präsidenten weiterging, und welche Entscheidungen er im Namen des Präsidentschaftsamtes selber traf. Es war zuviel für einen Mitarbeiter, eine unzumutbare Belastung.

Doch noch etwas anderes lastete schwer auf Haig, als er jetzt zu Nixon ging. Sobald das Tonband veröffentlicht wurde, könnte Nixon nicht mehr wirksam regieren. Nixon war zunehmend labil, von Zwangsvorstellungen getrieben, erschöpft. Bis jetzt war zumindest der Anschein einer ordnungsgemäßen Regierung aufrechterhalten worden. Die Präsidentschaft *schien* zu funktionieren. Doch wenn sich der Präsident auch nach Veröffentlichung des Tonbandes noch an sein Amt klammerte, wäre jede Spur von moralischer Autorität dahin. Eine Verhandlung im Senat würde zum Alptraum werden. Sogar die Legitimität der Regierung würde man in Frage stellen.

Und was war mit Haig selbst? Er hatte das Ganze abgestützt, diese langzeitige Vertuschung ermöglicht. Sich selbst gegenüber konnte er behaupten, nichts gewußt zu haben. Vor einer direkten Beteiligung hatte er sich zwar gehütet, aber es hatte überall Anzeichen und Hinweise gegeben, während des ganzen langen Weges. Immerhin hatte er keine Kenntnis von einem bestimmten Tonband oder Dokument gehabt. Bis zu dem Tag, an dem der Supreme Court sein Urteil fällte. Er war niemals ganz sicher gewesen. »*Was wußte er und wann wußte er es?*«

Wie immer, wandte sich Haig praktischen Problemen zu. Mit moralischen Fragen befaßte er sich nie lange.

Der Präsident war gegen 9 Uhr im Oval Office eingetroffen. Sein Zorn vom Vorabend schien sich gelegt zu haben. Bevor er zum EOB hinüberging, um sich Tonbänder anzuhören, sprach er kurz mit Rose Mary Woods und Ziegler. Ein Termin um 11 mit seinen wirtschaftlichen Spitzenberatern wurde auf 16 Uhr verschoben.

Wieder überquerte Haig die West Executive Avenue zum EOB. Ernst erklärte er dem Präsidenten, daß er das Transkript gelesen habe und sich im wesentlichen der Beurteilung der Anwälte anschließe. Das Band sei aller Wahrscheinlichkeit nach tödlich.

»Es ist doch alles in den Aussagen«, erwiderte der Präsident. Er erweckte den Eindruck, als habe er es satt, immer wieder diesen so simplen Punkt erörtern zu müssen. Kompletter Unsinn, daraus eine Staatsaffäre zu machen. Das war doch alles vor fünfzehn Monaten herausgekommen, als die Walters-Memoranden ausgeliefert wurden. Haldeman, Ehrlichman, alle hatten dazu ausgesagt. Nationale Sicherheit. Basta.

Nein, widersprach Haig. Die Unterhaltung über die Tarnungsgeschichte, über die politischen Erwägungen unterminiere das alles. Das gehe klar aus der Abschrift hervor.

»Aber ich habe Pat Gray zehn Tage später angewiesen, eingehende Ermittlungen anzustellen«, erwiderte der Präsident mit einer Armbewegung, als wolle er den Tisch abräumen.

Jetzt machte sich Haigs Enttäuschung Luft. »Verdammt noch mal, es ist nicht alles in den Aussagen!« Dieses Beweismaterial sei neu, anders und, in der gegenwärtigen Atmosphäre, erdrückend, unüberwindlich.

Der Präsident blieb gelassen. Noch einmal versuchte er zu erklären. Für ihn gebe es nichts Neues.

Haig widersprach. Das Problem liege tiefer; das Tonband beweise eindeutig, daß der Präsident fast unmittelbar danach von Mitchells Beteiligung gewußt habe. Die langen Monate des Abstreitens – alles umsonst.

Es war ein entnervendes Gespräch. Haig drängte, insistierte, versuchte dem Präsidenten immer wieder zu versichern, daß er die Situation nicht so sehen wolle, daß ihm aber keine andere Wahl bleibe. Es stehe alles dort in der Abschrift. Die jetzt zur Beurteilung an den Ausschuß gehen werde. Buzhardt und St. Clair bestünden darauf.

Endlich schien der Präsident zu begreifen. Er wurde still, in sich gekehrt. Beinahe mechanisch bat er Haig, die Alternativen zu prüfen, eine Liste anzufertigen. Was könne man tun?

Haig antwortete, er werde darüber nachdenken und mit den Anwälten sprechen. Außerdem müsse er unbedingt den Vizepräsidenten aufsuchen.

Als Haig in sein Büro zurückkam, wartete Buzhardt auf ihn. Der General war zufrieden, weil er seine Ansicht vermittelt hatte, auch ohne sie direkt auszusprechen. Dem Präsidenten und dem Land werde am besten gedient sein, wenn Nixon zurücktrete.

Haig rief unmittelbar darauf den Vizepräsidenten an – diesmal ohne den Umweg über Hartmann – und bat um eine weitere Unterredung. Ford war erst um 15.30 Uhr frei.

Inzwischen arbeiteten Haig und Buzhardt die Alternativen aus. Wenn man voraussetzte, daß das Transkript veröffentlicht wurde, gab es nicht viele. Der Präsident konnte versuchen, durchzuhalten, dem Impeachment-Prozeß seinen Lauf lassen und sich bis zur Verhandlung vor dem Senat durchkämpfen. Diese Vorstellung ließ sie schaudern. Oder der Präsident konnte zurücktreten. Sie machten eine Liste der verschiedenen Alternativen:

1. Der Präsident konnte nach dem 25. Verfassungszusatz vorübergehende Amtsunfähigkeit vorschützen.

2. Er konnte abwarten, die Entscheidung über einen Rücktritt bis zu einem späteren Zeitpunkt des Impeachment-Verfahrens aufschieben, vielleicht bis nach der Abstimmung im Repräsentantenhaus.

3. Er konnte versuchen, mit einem Mißtrauensvotum durchzukom-

men. Das würde schiefgehen, meinten Buzhardt und Haig, aber vielleicht konnten Timmons oder Burch jemanden dazu herumkriegen, einen Mißtrauensantrag einzubringen. Man konnte es jedenfalls in die Liste aufnehmen.

4. Der Präsident konnte sich selbst begnadigen und zurücktreten.

6. Er konnte zurücktreten und hoffen, daß Ford ihn begnadigen werde.

Ob der Präsident sich denn selbst begnadigen könne, fragte Haig den Anwalt.

Ja. Buzhardt war der Frage nachgegangen. Der Präsident könne sich selbst begnadigen. Oder Ford könne es tun, sobald er Präsident würde.

Ob Ford ihn begnadigen könne, noch ehe er eines Verbrechens angeklagt werde?

Soweit Buzhardt sagen könne, sei das aufgrund der Begnadigungsvollmacht des Präsidenten möglich.

Gegen 15.30 Uhr kehrte Haig ins EOB zurück, um Ford aufzusuchen. Da Hartmann nicht anwesend war, kam Haig sofort zur Sache. Das Tonband vom 23. Juni sei ernst. Die Anwälte des Präsidenten hätten es sich angehört. Haig schilderte Ford den Inhalt.

Ford lauschte schweigend.

Das Band sei verheerend, erklärte Haig, eine Katastrophe. Es bringe sofortige, klare Konsequenzen mit sich. *Ob Ford darauf vorbereitet sei, sehr kurzfristig die Präsidentschaft zu übernehmen?*

Ford war wie betäubt. Das war unglaublich. Vor einem Jahr noch war er ein Abgeordneter von Michigan gewesen. Und jetzt fragte ihn der Stabschef des Präsidenten, ob er bereit sei, das Amt zu übernehmen. Fords monatelanger Wiederstand gegen ein Impeachment brach zusammen.

Haig fragte ihn, ob er bereit sei, dem Präsidenten zu empfehlen, welchen Weg er beschreiten solle.

Ford wollte mehr hören.

Alles deute auf Rücktritt hin, sagte Haig, aber sicher sei er nicht. Wie stelle sich Ford den Zeitplan vor, falls sich der Präsident für den Rücktritt entscheiden werde?

Ford zögerte. Haig verwickelte ihn in ein Gespräch über Amtsübergabeprobleme, die zu bewältigen wären – Termine, Organisationsfragen. Taktvoll begann der General die Alternativen darzulegen, die er mit Buzhardt ausgearbeitet hatte, wies aber darauf hin, daß er keine spezielle Lösung befürworte. Er brachte die Frage der Begnadigungen aufs Tapet: Ob der Präsident sich selber begnadigen solle, ob andere begnadigt werden sollten, ob der Präsident begnadigt werden solle, wenn er zurückträte. Haig erbat Fords Meinung zu jeder einzelnen Alternative.

Ford erkundigte sich nach der Begnadigungsvollmacht eines Präsidenten.

»Ein Präsident«, erwiderte Haig klipp und klar, »besitzt das Recht, Begnadigung zu gewähren.« Es sei ein uneingeschränktes Recht, das ausgeübt werden könne, bevor eine Strafanklage erhoben worden sei. Als Nichtjurist sei er natürlich nicht in der Lage, eine definitive Meinung über eine Rechtsfrage abzugeben. Seine Information stamme von einem Anwalt des Weißen Hauses.

Ford wirkte während dieser dreiviertelstündigen Unterredung verwirrt, zuweilen nahezu benommen. Schließlich erklärte er Haig einfach, er müsse darüber nachdenken. Er brauche Zeit, ehe er einen Rat gebe. Er müsse mit seiner Frau sprechen und sich mit St. Clair beraten. Vor allem aber wolle er selber sich darüber klarwerden.

Nixon saß den ganzen Nachmittag hindurch allein in seinem EOB-Büro. Der Termin mit seinen Wirtschaftsberatern wurde abgesagt. Zum vierten oder fünften Mal erinnerte er seine Familie an die Wochenendpläne. Er wollte sie alle in Camp David sehen – Pat, Julie, Tricia, David und Eddie.

Am Spätnachmittag wollte der Präsident das Weiße Haus für eine Weile verlassen, wollte Muße haben, um außer Reichweite des Telefons, außer Reichweite von Ziegler und Haig, von allem, was ihn bedrückte, nachzudenken. Sein Freund Bebe Rebozo wurde am Abend aus Florida erwartet, und sie wollten allein auf der *Sequoia* ihr Dinner einnehmen.

Rebozo sollte am nächsten Tag wieder einmal vor dem Watergate-Senatsausschuß erscheinen. Er traf am frühen Abend ein, fuhr direkt zum Weißen Haus und begab sich unmittelbar darauf mit dem Präsidenten zum Navy Yard.

Lieutenant Commander Coombs ließ um 19.30 Uhr ablegen. Der Abend war heiß und schwül, obwohl eine kleine Brise wehte. Nachdem die Stewards abgeräumt hatten, ging Rebozo zu seinem üblichen Schwatz mit der Besatzung und überließ den Präsidenten seinen Gedanken.

Haig versammelte inzwischen in seinem Büro die Arbeitsgruppen, die die Verteidigung gegen die drei Impeachment-Anklagepunkte organisieren sollten. Burch und Timmons verlangten jetzt unerbittlich, wenn nicht sie, müsse wenigstens Buchanan die Transkripte lesen, die Richter Sirica übergeben werden sollten. Das sei ihr Recht, sie seien den Parteigängern des Präsidenten im Rechtsausschuß und der gesamten Minderheit, die sich an der Verteidigung beteiligen wolle, verpflichtet. Der Präsident könne seine Anhänger nicht mit weiteren negativen Überraschungen sabotieren. Es gehe nicht mehr um das Schicksal eines Präsidenten, sondern um das der Republikanischen Partei. Man könne von keinem vernünftigen Republikaner erwarten, daß er sich für den Präsidenten stark mache, ohne eine Schadensbeurteilung zu haben.

Haig habe von »Problemen« gesprochen. Was für Probleme? Wie schwer? Warum könne man dem Mitarbeiterstab des Präsidenten nicht die Wahrheit anvertrauen?

Buzhardt saß voll Unbehagen da und schwieg. Solche Diskussionen hatte er schon mehrfach erlebt. Sobald dieses Thema zur Sprache kam, wandten sich ihm die Köpfe zu, warteten alle auf ein Zeichen von ihm. Das er nicht geben konnte und wollte. Denn dies war die zweite Garnitur, und Haig bestand darauf, sie so lange auszuschließen, bis der Präsident etwas anderes anordnete.

Lichenstein fand Buzhardts Verhalten typisch für diesen wahnsinnigen Versuch, eine Verteidigung blindlings zu führen, und wurde wütend. Wenn sich die Mitarbeiter lediglich auf Buzhardts Interpretation stützen konnten, mochten sie letztlich alle vor Gericht kommen. Er war immer noch empört über Buzhardts Fehlinterpretation all jener anderen Tonbänder und der redigierten Transkripte. Buzhardt, fand er, höre zwar dieselben Worte, lege aber Bedeutungen hinein, die gewöhnlichen Sterblichen entgingen. Burch teilte die Besorgnis seines Stellvertreters zwar bis zu einem gewissen Grad, hegte aber nicht die gleiche Feindseligkeit, während allein die Erwähnung von Buzhardts Namen den sonst so ausgeglichenen Lichenstein in Aufregung versetzte. »Buchstäblich verrückt . . . wahnsinnig . . . er sieht eine Realität, die nicht die gleiche ist wie die unsere«, sagte er von dem Anwalt.

Während Buzhardt seinen Rat für sich behielt, zeigte sich Haig unnachgiebig. Er wies Burch, Timmons und die anderen an, sich aufgrund aller in den Akten verfügbaren Informationen auf eine Widerlegung der Anklagen zu konzentrieren. Mit seinen Gedanken war er jedoch anderswo und vertagte die Sitzung unvermittelt.

Kurz darauf ließ er Price wieder rufen. Buzhardt war geblieben. Price setzte sich zu den beiden an den Tisch. Die Konferenz habe ihn verwirrt, gestand er.

»Sie diente vorwiegend zur Tarnung«, erwiderte Haig. Jetzt aber komme man zur Sache. Das »Problem« sei tatsächlich ernst. Haig erklärte Price, was die Tonbänder vom 23. Juni enthielten, und Buzhardt reichte ihm das Teiltranskript.

Price überflog es. »Das ist das Ende.«

Haig nickte. Die Situation sei folgende: Ein komplettes Transkript des Tonbandes werde binnen kurzem dem Rechtsausschuß übermittelt und außerdem veröffentlicht. Der Präsident sei damit einverstanden und werde natürlich eine Erklärung abgeben, die Price entwerfen müsse. Von da an werde vermutlich alles in der Luft hängen. Der Präsident erwäge seine Alternativen. »Ein Rücktritt wäre möglich«, sagte Haig ernst. Für diesen Fall müsse Price die Rücktrittsrede schreiben. Ein Rücktritt könne mit der Veröffentlichung des neuen Transkripts zusammenfallen, aber auch später erfolgen. Der Entwurf werde sowohl die neue Abschrift erklären wie auch als Grundlage für eine Rücktrittsrede dienen müssen. »Fangen Sie lieber gleich damit an«, riet Haig. Buzhardt werde ihm die Details erläutern.

Bevor er sich an die Arbeit machte, hatte Price einige Zeit zum Überlegen. Was war passiert? Er empfand dem Präsidenten gegenüber keine Bitterkeit, nur Trauer und Mitgefühl. Nach seiner Überzeugung war Nixon in diesen zwei Jahren keineswegs von seinem Gedächtnis im Stich gelassen worden. Der Präsident hatte lediglich an sein besseres Ich geglaubt, an das Ich, das er hervorkehrte, wenn er mit Männern wie Arthur Burns, Henry Kissinger und Patrick Moynihan zusammen war. Aber Price kannte auch das andere Ich. Er hatte sich über Nixons negative Seiten nie Illusionen gemacht: seine Psychose, die Fähigkeit zum Haß, das Bedürfnis nach Rache, den Wunsch, alle zu vernichten, in denen er seine Feinde sah. Doch was immer Nixon getan hatte, war für Price nichts, gemessen an dieser Infamie. Er erinnerte sich an das Frühjahr 1973, als Nixon sich zuerst mit der nüchternen Tatsache auseinandergesetzt hatte, daß er seine Amtszeit womöglich nicht beenden würde. Der Präsident hatte ihm nicht wortwörtlich gesagt: »Dann werde ich vielleicht nicht mehr da sein«, aber es hatte eine Art stille Verständigung zwischen ihnen gegeben, einen fast kindlichen Ausdruck auf Nixons Gesicht, der zu sagen schien: »Warum ich? Was habe ich getan? Wie sind wir in diese schreckliche Lage gekommen?«

Price hatte sein letztes Jahr im Weißen Haus nutzen wollen, um neue Ideen und neue Talente einzubringen und das, was er als Nixons gute Bestrebungen für das Land und seine Regierung erkannte, zu fördern. Es hatte nicht sein sollen. Wie alle anderen im Weißen Haus, hatte die Watergate-Lawine auch Price überrollt.

Er wußte, daß es im Weißen Haus Leute gab, die in ihm, was Nixon betraf, einen hoffnungslosen Romantiker, ja einen Verehrer sahen. Und sein Glaube begann auch jetzt nicht zu wanken. Der Präsident war im Unrecht, er hatte die Justiz behindert. Das alles gab Price zu. Doch diese Dinge mußten im Zusammenhang begriffen werden. Was Nixon jetzt angetan wurde, war überproportional. Price setzte sich an seine Schreibmaschine, um den Empfindungen des Präsidenten Ausdruck zu verleihen. Die Geschichte würde diese Episode als extremen Sonderfall, als Verirrung betrachten. Die Strafe war zu schwer, wenn man sie gegen die Erfolge des Präsidenten, gegen seinen politischen Weitblick abwog.

Im Presseamt war es an diesem Tag verhältnismäßig still. Ziegler hatte beinahe die ganze Zeit mit dem Präsidenten oder seinen Anwälten verhandelt. Wenn er herein- oder herauskam, wirkte er melancholisch und bekümmert. Es gab weder Scherze noch Temperamentsausbrüche. Er hatte sein unberechenbares Wesen unter Kontrolle und schien bemüht, nett zu seinen Mitarbeitern zu sein. »Als könnte er damit fünf Scheißjahre gutmachen«, bemerkte eine seiner Sekretärinnen. Seine

Ruhe war aufschlußreich. Ebenso die neuen Schlösser, die Ziegler an seinen Schreibtischschubladen hatte anbringen lassen.

Die Pressevertreter fragten sich, wo Ziegler sein mochte. Sie hatten ihn eine ganze Woche nicht gesehen. In der heutigen Informationsstunde hatten sie Warren gefragt, ob man Ziegler einen Maulkorb umgehängt habe. Warren hatte es ausdrücklich verneinen müssen.

Ziegler war jeden Tag bis spät abends im Weißen Haus, war häufig mit dem Präsidenten zusammen und diskutierte mit ihm die Alternativen. Immer wieder. Ziegler war ratlos: hierher gezogen von seiner Loyalität zum Präsidenten, dorthin gestoßen von den Ratschlägen der Anwälte, gespaltener Meinung über den Kurs, den Haig offenbar einzuschlagen gedachte – Rücktritt –, und von seinen eigenen Zweifeln gequält. Der Präsident selbst war ebenfalls hin und her gerissen. In diesem Moment war er überzeugt, im Senat zu gewinnen, im nächsten, daß er verlieren würde, daß er zurücktreten müsse. Jetzt wollte er ohne Rücksicht auf die Folgen bis zum Ende kämpfen. Dann wieder zurücktreten. Es war ein Teufelskreis. Ziegler, sein wichtigstes Echo, erlebte die tiefe Verzweiflung des Präsidenten aus erster Hand.

An jenem Abend schrieb Judy Johnson in ihr Tagebuch: »Stille. Irgend etwas braut sich zusammen.«

330

Freitag, 2. August

Der Freitagvormittag war bedeckt und drückend. Die Sonne war durch die Südfenster von Haigs Büro kaum zu sehen, als sich die Spitzen der Strategie-Gruppe versammelten: Ziegler, Buzhardt, St. Clair, Timmons, Burch, Buchanan und Joulwan. Haig wollte sie alle jetzt besser ins Bild setzen, ihnen einen detaillierteren Überblick über das Problem geben.

Auf seiner Couch sitzend, bat er Buzhardt, die Hiobsbotschaft zu erklären, und alle warteten geduldig, während Buzhardt seine Gedanken sammelte.

»Ich muß Ihnen mitteilen, daß sich etwas sehr Schwerwiegendes ergeben hat ...«

»Ich höre direkt, wie sich die Arschlöcher zusammenziehen«, warf Haig ein. Er erntete nervöses Gelächter.

Buzhardt begann von neuem. Eines der Tonbänder enthalte Beweismaterial, das der Sache des Präsidenten schade. Unklar wie immer, vermochte Buzhardt das Problem nicht exakt darzulegen, ließ aber keinen Zweifel daran, daß es den Präsidenten mit der Vertuschung in Zusammenhang brachte.

»Wir werden es der Führungsspitze beibringen müssen«, verkündete Haig. Die Abschrift werde vermutlich am Montag veröffentlicht.

»Al«, warf Buchanan ein, »geben Sie mir fünf Minuten, um meine Adidas anzuziehen.« Er hatte sich gerade neue Laufschuhe gekauft.

Das neue Beweismaterial erschwere zwar ihre Aufgabe, erklärte Haig, sie sollten aber trotzdem die Verteidigung des Präsidenten weiterhin vorbereiten.

Nach der Sitzung ging Ziegler mit Buzhardt in dessen Büro, wo ihm der Anwalt eine Kopie der Abschrift übergab, die er anschließend mit ihm durchging. Dabei erläuterte er ihm, wie vorher St. Clair und Haig, warum dies und jenes bedeutsam sei.

Ziegler las ruhig, ohne jede Gemütsbewegung. Buzhardt war überrascht: Noch nie hatte er den Pressechef des Präsidenten so gedämpft

331

erlebt. Ziegler legte das Transkript beiseite. Er stimmte Buzhardt völlig zu: Es sei alles aus; aber er wolle das Schriftstück nochmals gründlich studieren.

St. Clair traf sich um 8 Uhr mit Ford, der eine juristische Beurteilung verlangte. Ohne ins Detail zu gehen, informierte St. Clair den Vizepräsidenten, er halte das neue Beweismaterial für so gravierend, daß ein Impeachment sicher und ein Schuldspruch höchstwahrscheinlich sei.

Ford brachte die Alternativen zur Sprache, die Haig ihm am Tag zuvor präsentiert hatte, und bat St. Clair um Stellungnahme, der wenig hilfreich war. Er betonte, daß er nicht der Anwalt sei, der Haig eine juristische Auskunft über die Begnadigungsvollmacht des Präsidenten gegeben hatte.

Nach der Unterredung ging St. Clair zu Buzhardt, um mit ihm nochmals die juristischen Verpflichtungen durchzusprechen. Garments Worte hatten ihm den Rücken gestärkt.

Buzhardt litt, seine Toleranzgrenze war erreicht. Über ein Jahr lang hatte der Präsident ihm glatt ins Gesicht gelogen. Ein Anwalt sei verpflichtet, seinen Mandanten zur Abänderung des Nichtschuldbekenntnisses zu bewegen, wiederholte er nachdrücklich. Der Präsident müsse zurücktreten.

St. Clair hatte Buzhardts Moralisieren allmählich satt. »Mann Gottes!« fuhr er ihn an. »Wir sind nicht die einzigen Anwälte, die von ihrem Mandanten belogen werden!« Wenn der Präsident die Abschrift veröffentliche, sei sein eigenes ethisches Problem gelöst, könne er weitermachen. Jeder Mensch, auch der schuldige, verdiene es, gut verteidigt zu werden. Dazu sei er bereit, nicht aber zu einer Rücktrittsempfehlung – eine rein politische Frage und für einen Anwalt überdimensional. St. Clairs Wankelmut gab Buzhardt zu denken. Zwei Tage zuvor, hielt er ihm vor, habe St. Clair noch zum Präsidenten gehen und ihn zum Rücktritt bewegen wollen. Buzhardt betonte, daß auch er sich für die Verteidigung des Präsidenten persönlich und beruflich eingesetzt habe. Doch hier gehe es um das nationale Interesse. Ein Rücktritt sei notwendig.

Anschließend eilte St. Clair zu Haig, um zu besprechen, wie der Rechtsausschuß informiert werden solle. Haig schlug vor, zunächst Wiggins zu unterrichten, was St. Clair begrüßte. Er fühlte sich Wiggins für dessen großartige, leidenschaftliche Verteidigung des Präsidenten verpflichtet und wollte ihm unbedingt die Nachricht persönlich überbringen. Wenn er Wiggins überzeugen könnte, daß die Anwälte des Weißen Hauses an der Zurückhaltung des Beweismaterials keine Schuld treffe, hätte er bei den übrigen Anhängern des Präsidenten gewonnenes Spiel.

Während Haig und St. Clair sich über ihre Strategie Gedanken machten, trafen sich Barry Goldwater und Hugh Scott im Kapitol, um die Lage im Senat zu diskutieren. Keiner von beiden wußte von der neuen Abschrift, und sie hatten auch keinen konkreten Anhaltspunkt dafür, daß sich ein weiteres Unwetter zusammenbraute.

Scott hatte eine Kopie der Aufstellung, nach der Buzhardt am Vortag das Votum im Senat abgeschätzt hatte. Sie wies sechsunddreißig Senatoren, zwei mehr als notwendig, als Garanten für Nixons Freispruch aus. Scott hatte neben zehn der von Buzhardt abgehakten Namen ein Fragezeichen gemacht: Baker von Tennessee, Marlow W. Cook von Kentucky, Peter Dominick von Colorado, Griffin von Michigan, J. A. McClure von Idaho, William B. Roth jr. von Delaware, Robert A. Taft jr. von Ohio, Herman Talmadge von Georgia, Tower von Texas – und Scott.

Goldwater fügte einen weiteren Namen hinzu: Goldwater. Er werde wahrscheinlich nach Anklagepunkt Zwei für einen Schuldspruch stimmen: Machtmißbrauch.

Beide waren der Ansicht, daß bis zum Votum im Senat ein weiterer Erdrutsch zu erwarten und damit die Verurteilung sicher sei. Seine Kollegen drängten ihn, den Präsidenten aufzusuchen, sagte Goldwater. Er solle Nixon erklären, wo seine Pflicht liege, und ihn um den Rücktritt bitten. Aber Goldwater war dagegen, daß Scott, Rhodes, er selbst oder sonst jemand sich auf so etwas einließ. »Er würde uns ja nicht mal empfangen.« Immerhin sollten Scott und er in Verbindung bleiben, für den Fall, daß ein solcher Schritt oder eine gemeinsame Erklärung ratsam werde. »Der Präsident ist erledigt«, sagte Goldwater. »Die einzige Hoffnung, das Land zu einen, ist jetzt der Vizepräsident.«

Um 13 Uhr kamen Scott, Mansfield und Ford zusammen, um das Vorgehen bei einer Senatsverhandlung zu besprechen. Fords Unbehagen war spürbar, obwohl er in seiner Eigenschaft als Vorsitzender des Senats zugegen war. Scott sprach, als sei ein Schuldspruch ausgemachte Sache, und stellte Überlegungen an, wie sich der Vizepräsident am Tag der Urteilsverkündung verhalten solle und andere Protokollfragen zu lösen seien. »Sie müssen leicht erreichbar sein, aber nicht im Senatsflügel des Kapitols«, empfahl Scott. So nahe, das wäre schlechter Stil und würde den Eindruck von Übereifer erwecken, den Ford ja bestimmt vermeiden wolle.

Mansfield versicherte Ford, er habe Verständnis für seine Probleme, und versprach ihm, sich für die Rechte des Präsidenten voll einzusetzen, nichts zu überstürzen. Er schlug dem Vizepräsidenten vor, am Tag der Urteilsverkündung zu Hause zu bleiben.

Nein, widersprach Scott. Es sei besser, wenn der Vizepräsident auf der Repräsentantenseite des Kapitols warte und sich für den Amtseid bereithalte. Irgend jemand werde ihn vereidigen müssen, und der

Betreffende sollte ebenfalls sofort greifbar sein. Scott warnte Ford noch einmal: »Vermeiden Sie während der Verhandlung jeden Kontakt mit dem Senat!«

Der Vizepräsident erwiderte, er werde sich dann keinesfalls in der Nähe des Senats aufhalten, auch nicht während einer Debatte über die Verfahrensregeln, sofern es dazu käme. Ebensowenig gedenke er sein Vorrecht, bei Stimmengleichheit zu entscheiden, auszuüben. Ford machte die Erörterung dieser hypothetischen Situation sichtlich nervös.

Nach einigen weiteren Bemerkungen zu Verfahrensfragen verabschiedete sich Mansfield. Jetzt berichtete Scott dem Vizepräsidenten von seinem Gespräch mit Goldwater. Der Präsident habe sechsunddreißig Stimmen im Senat, »aber elf davon wackeln«.

Ford gab keinen Kommentar.

Scott begriff. Der Vizepräsident mußte zum Präsidenten halten. »Ihn weiter zu unterstützen, wird aber später die Einigung des Landes erschweren«, gab Scott zu bedenken. Seine Augen glänzten feucht. »Sie sind jetzt alles, was wir haben, und ich meine damit das Land, nicht die Partei.« Er begann zu schluchzen.

Auch Fords Augen röteten sich. »Na, na«, versuchte er Scott zu trösten, brach jedoch ebenfalls fast zusammen, als er von »der Tragödie« sprach. Beide brauchten eine Weile, um sich wieder zu fassen.

Ford kam nochmals auf seine Unterstützung des Präsidenten zurück. Innerhalb von vier bis fünf Tagen werde er eine öffentliche Erklärung abgeben.

Scott unterbrach ihn mit dem Vorschlag, man solle die Gelegenheit benutzen, sich für neutral zu erklären. Ford könnte seine Ansprache mit dem Satz beginnen: »Als der einzige Exekutiv-Beamte mit legislativer Verantwortung ...«

Ford griff den Gedanken auf: »Da die Exekutive und die Legislative sich jetzt in Konfrontation befinden, sollte man tunlichst jeden Anschein vermeiden, daß in den Prozeß eingegriffen oder der Versuch unternommen wird, das Ergebnis zu beeinflussen.«

Doch dann machte Ford den Vorschlag, seine Rede mit einer Vertrauenserklärung in die Unschuld des Präsidenten zu beenden und dabei klar zu sagen, das sei seine letzte Äußerung zu diesem Thema. Scott wollte das besser nicht diskutieren. Ford fand Mississippi oder Louisiana für eine solche Ansprache geeignet.

Scott protestierte energisch. »Eine Erklärung von nationaler Tragweite muß in der Hauptstadt abgegeben werden, und sonst nirgends.«

Damit hatte er vermutlich recht. Ford war einverstanden, die Rede in Washington zu halten. Er dankte Scott für seinen Rat und bat ihn dringend, weiter mit ihm und Senator Goldwater in Verbindung zu bleiben.

Scott betonte nochmals, daß Ford sich unbedingt an die von ihnen skizzierte Erklärung halten müsse. Es dürfe keine losen Enden geben, an denen sich die Reporter festhaken könnten.

Obwohl er ihm seit Monaten enge Zusammenarbeit versprochen hatte, brachte Ford es jetzt nicht über sich, ihm mitzuteilen, was sich in den letzten vierundzwanzig Stunden abgespielt hatte.

Charles Wiggins, dem es nicht gelungen war, sieben seiner republikanischen Kollegen im Rechtsausschuß vom Votum für ein Impeachment abzubringen, hatte eine neue Strategie entwickelt: die Republikaner im Repräsentantenhaus zu überreden, daß sie bis zur Plenardebatte abwarteten. Wenn sich verhindern ließe, daß sie vorher von der Flut mitgerissen wurden, könnte Nixon 180 Stimmen halten. Kurz nach den Ausschuß-Verhandlungen hatte Wiggins seinen Plan Hutchinson und John Rhodes unterbreitet, die ihn beide darin bestärkten.

An diesem Tag fand Wiggins gegen 13.20 Uhr eine Nachricht vor, St. Clair anzurufen.

»Können Sie zu einer Besprechung mit Al Haig und mir herüberkommen?« fragte St. Clair. Wiggins bejahte, und sie einigten sich auf 14.30 Uhr.

Der General und St. Clair, an einem großen Arbeitstisch sitzend, erhoben sich, als Wiggins eintrat. Hier ist Al Haig, dachte Wiggins, der Mann, der dieses Land regiert, und hat nicht mal einen richtigen Schreibtisch. Durch die regennassen Fenster gegenüber genoß er den herrlichen Ausblick auf den Südrasen, die Ellipse dahinter und das Washington Denkmal.

»Der Präsident und ich möchten Ihnen danken für alles, was Sie getan haben«, begann Haig. »Der Präsident würde sich gern persönlich bei Ihnen bedanken, aber das wäre wohl nicht angeraten.«

Vor St. Clair lag ein halbes Dutzend maschinenbeschriebene Bogen. »Als wir die Tonbänder für Richter Sirica vorbereiteten, sind wir auf eines gestoßen, das diesen Fall beeinflussen wird«, sagte er und nannte das Datum des Gesprächs: 23. Juni 1972. Er begann die Vorgeschichte zu beschreiben.

Wiggins, der mit dem Fall durchaus vertraut war, unterbrach ihn. »Danke, die Bedeutung des Datums ist mir bekannt.«

St. Clair reichte Wiggins die beschriebenen Seiten. Der Abgeordnete sah sofort, daß es sich um neues Beweismaterial handelte, daß es von entscheidender Bedeutung war und daß es eindeutig die Behauptungen der Verteidigung widerlegte. Als er fertig war, blätterte Wiggins zur ersten Seite zurück, las das ganze noch einmal; dann legte er das Transkript hin. »Was werden Sie tun?«

»Das Band ist in Siricas Händen; wir werden Montag dem Rechtsausschuß eine Kopie übermitteln«, antwortete St. Clair. Er sei »von Berufs wegen verpflichtet«, es dem Ausschuß zu übergeben, bevor dieser dem Repräsentantenhaus seinen Bericht vorlege.

Wann Haig und St. Clair von diesem Beweismaterial Kenntnis erhalten hätten? Wiggins fragte es ruhig und höflich.

St. Clair antwortete, sie seien beim Abschreiben der letzten Gruppe jener Tonbänder darauf gestoßen, die an Sirica übergeben werden sollten, und begann sich zu entschuldigen.

Haig unterbrach ihn und erklärte, er habe zum gleichen Zeitpunkt davon erfahren. Auch er entschuldigte sich. Keiner von beiden erwähnte, daß sie schon neun Tage zuvor dringend vor diesem Beweismaterial gewarnt worden waren, also vor der ersten Abstimmung im Rechtsausschuß.

Und der Präsident? wollte Wiggins wissen.

Falls er sich an das Gespräch selbst nicht mehr erinnert haben sollte, antwortete Haig, habe er im Mai davon erfahren oder wenigstens damals Gelegenheit gehabt, sich das Band anzuhören. Es sei ihm gebracht worden, und als er aus seinem Büro gekommen sei, habe er zu Haig gesagt: »Ich habe Besseres zu tun, als mir Tonbänder anzuhören.«

Eins stehe fest, meinte Wiggins: Der Präsident durfte das Beweismaterial nicht länger zurückhalten. Es gab nur zwei Möglichkeiten: Er konnte sich auf das *Fifth Amendment* berufen, oder er mußte alles offenlegen.

Es sei bereits beschlossen, das Transkript zu veröffentlichen, lautete die Antwort.

»Nun, dann sollte er alles herausgeben und um Verzeihung bitten«, erwiderte der Abgeordnete. »Hat er vielleicht noch eine Checkers-Rede auf Lager?« Er las das Transkript zur Sicherheit noch ein drittes Mal und sah dann St. Clair an. »Das hier ist nicht mißzuverstehen.«

Wie Wiggins die vermutliche Auswirkung auf die Mitglieder des Rechtsausschusses einschätze, die gegen die Impeachment-Anklagepunkte gestimmt hätten, fragte Haig.

Das Band werde »sehr großen Schaden anrichten«, erwiderte Wiggins. Sie würden alle ihre Einstellung revidieren müssen. »Das kostet Sie vier bis neun Stimmen, und nicht mal meiner selbst bin ich ganz sicher.«

Wiggins hatte wenig Zweifel an dem Zweck dieser Zusammenkunft: Man wollte ihn über die Loyalisten im Rechtsausschuß aushorchen. Wenn man ihn nach diesem Besuch frage, erklärte Wiggins daher von sich aus, werde er antworten: »Kein Kommentar.« Er blickte auf die Papiere hinunter. »Das Ganze ist wirklich sehr traurig.«

Zutiefst deprimiert ging er zu seinem Wagen zurück. Er bemühte sich, nicht emotional zu reagieren, sondern klar zu überlegen, ob er einer einzigen Abschrift nicht zu große Bedeutung beimaß. Aber es war eindeutig. In seinem Büro starrte er auf die Dokumente, die Akten, die Listen, die sich auf seinem Schreibtisch stapelten. Monatelang hatte er sich nur auf Nixons Verteidigung verlegt, mit einer

336

beispiellosen Intensität daran gearbeitet. Er warf die gesamten Unterlagen in den Papierkorb.

Ein Mitarbeiter kam herein. »Na, gute Nachrichten vom Weißen Haus?«

»Nichts Gutes«, antwortete Wiggins und fuhr nach Hause. Das war die einzige Möglichkeit, seinen Kollegen und den Reportern aus dem Weg zu gehen.

Haig und St. Clair hatten gehofft, daß Wiggins den Weg bereiten, die Katastrophenmeldung verbreiten werde. Doch Wiggins stand zu seinem Wort und hielt den Mund.

Haig wandte sich wieder der Aufgabe zu, die Führungsspitze der Republikaner zu mobilisieren. Jedoch ohne viel Erfolg. Scott und Rhodes fürchteten, gegeneinander ausgespielt zu werden, und schworen, niemals einzeln ins Weiße Haus zu gehen. Als Rhodes ihm mitteilte, er habe am Nachmittag eine Besprechung mit Haig, erinnerte ihn Scott an das Versprechen. Kurz darauf rief Haig bei ihm an. Scott lehnte es ab zu kommen. Eine Stunde vor der vereinbarten Zusammenkunft mit dem General sagte auch Rhodes telefonisch ab.

Der Vizepräsident informierte Haig, er gedenke keinerlei Empfehlung auszusprechen, was der Präsident tun oder lassen solle. Nichts von dem, was sie gestern besprochen hätten, solle Nixons Entscheidung beeinflussen.

Haig pflichtete ihm restlos bei, hängte auf und überlegte, was nun zu unternehmen sei. Er hatte lediglich Wiggins' Lagebeurteilung, und die würde den Präsidenten niemals davon überzeugen, daß alles aus war. Also wandte er sich an Senator Robert P. Griffin, in seinen Augen vertrauenswürdiger als Scott.

Griffin wollte gerade ins Wochenende aufbrechen. Haig erklärte ihm, er habe vertrauliche Informationen, von denen Griffin seiner Ansicht nach Kenntnis erhalten sollte. Jim St. Clair habe sich die Tonbänder angehört, die Richter Sirica übergeben worden waren. Eines der Bänder sei vernichtend; ein verheerender Beweis. Es zeige deutlich, daß der Präsident schon wenige Tage nach dem Einbruch Kenntnis von der Vertuschung gehabt habe. Der Präsident habe das amerikanische Volk belogen. Es gebe keine zufriedenstellende Erklärung dafür.

Griffin fragte, was jetzt geschehen solle.

Der Präsident werde über das Wochenende in Camp David überlegen, was getan werden müsse und könne, erwiderte Haig. Er selber solle eine genaue Einschätzung der Stimmung im Senat beschaffen Der Präsident brauche das Ergebnis, um die richtige Entscheidung, eine auf Fakten, nicht auf Phantasie basierende, treffen zu können. Dieses Gespräch war ungeheuer heikel für Haig. Er durfte nicht den Anschein erwecken, als bitte er um mehr als angebracht. Er ließ Griffin wissen, die Lage sei prekär; alles, was den Präsidenten dazu bringen würde, sich der Realität zu stellen, sei von Bedeutung. In den letzten Monaten sei es schwierig gewesen, zu Nixon durchzudringen. Und an diesem Wochenende würden folgenschwere Entscheidungen getroffen werden.

Griffin bedankte sich bei Haig für den Anruf und legte auf. Er war seit achtzehn Jahren mit Nixon befreundet, seit der damalige Vizepräsident 1956 in Michigan bei seiner ersten Kandidatur für den Kongreß als Wahlkampfredner aufgetreten war. Griffin hatte gewonnen. Als die Junior-Handelskammer ihn 1959 als einen der zehn fähigsten jungen Männer der Vereinigten Staaten nominierte, hatte Richard Nixon sich für ihn eingesetzt.

Marjorie Griffin und Pat Nixon mochten einander. Als die Watergate-Probleme des Präsidenten immer stärker wurden, hatte sich Nixon zuweilen an den zehn Jahre jüngeren Griffin um moralische Unterstützung gewandt. »Ich bin unschuldig«, hatte Nixon einmal nach einer Konferenz mit der Führungsspitze gesagt. »Ich brauche Ihre Hilfe.« Und Griffin hatte sich überschlagen – bis ihn die eigene Skepsis an den Punkt ohne Wiederkehr geführt hatte. Im Frühsommer hatte er schon geahnt, daß Watergate vor den Senat kommen werde. Seitdem hatte er wiederholt erfolglos versucht, die Begeisterung zu dämpfen, mit der sein alter Freund und Kollege aus Michigan, der Vizepräsident, sich für den Präsidenten stark machte. »Sie brauchen sich doch nicht gleich aufzuführen, als wären Sie Nixons Strafverteidiger«, hatte er zu Ford gesagt.

Doch der Vizepräsident wollte nicht zurückstecken. Das könne aussehen, als versuche er, sich in das Präsidentenamt zu drängen, erklärte Ford.

An diesem Tag hatte Griffin beim Lunch mit dem Vizepräsidenten keinen Meinungsumschwung registriert. Ford hatte ihm nichts von dem gesagt, was er eben von Haig erfahren hatte.

Gegen 16 Uhr flog Griffin nach Michigan. Er wollte gern etwas tun, um Nixon umzustimmen. Er wußte, daß der Präsident nichts unternehmen würde, solange er nicht dazu gezwungen war. Wenn es nach seiner Ansicht auch nur die geringste Chance gab, sich in der Senatsverhandlung durchzumogeln, würde Nixon, an dergleichen gewohnt, das garantiert versuchen. Der Senator überlegte angestrengt und beschloß, Nixon einen Brief zu schreiben.

Die Bemühungen der Präsidenten-Hilfstruppen im Weißen Haus verpufften. Alle Arbeitsgruppen waren lahmgelegt. Es gab zu viele Hinweise darauf, daß irgend etwas oberfaul war. Persönliche Skrupel an dem Sinn der von ihnen geforderten Anstrengungen nagten an ihnen. Haig, Ziegler und die anderen im inneren Kreis schienen nicht mit dem Herzen dabei zu sein. Im Weißen Haus war wohlbekannt, daß Haig sich am Vortag zweimal mit Ford getroffen hatte.

338

Zum erstenmal hatte Jerry Warren zugegeben, daß die Situation des Präsidenten im Repräsentantenhaus ernst war. »Sie müssen den Präsidenten als Underdog sehen«, hatte Warren bei seiner täglichen Pressekonferenz gesagt. »Wir stehen vor einem Kampf im Kapitol, aber bei einem politischen Kampf hat man immer eine Gewinnchance.«

McCahill und Stein arbeiteten den ganzen Tag lang an der Verteidigung gegen Anklagepunkt Eins – Behinderung der Justiz. Obwohl St. Clair sich weigerte, darüber zu sprechen, erkannte MacCahill an seiner Reaktion, daß irgend etwas nicht stimmte. Mehrmals hatte er Stein erklärt: »Ich weiß eben, daß wir dieses ganze Zeug vermutlich abändern müssen.«

Stein versuchte MacCahill zu beruhigen. »Die Tonbänder werden zeigen, daß es besser steht, als wir denken.« McCahill bezweifelte das.

Kurz vor 18 Uhr wurden die Verteidiger wieder zu Haig gerufen, der ungeheuer abgespannt wirkte und größtenteils Joulwan reden ließ.

Buchanan war erleichtert, daß es wenigstens eine gewisse Organisation gab. Joulwans Einsatzschema, das sämtliche Aufträge auswies, imponierte ihm. Es sah aus, als sei endlich eine ernsthafte, koordinierte Verteidigung im Gang. Er selbst war zum Kampf bereit. »Meine Leute werden das ganze Wochenende über zur Stelle sein.«

Als die Besprechung um kurz nach 18.30 Uhr endete, bat der General Buchanan, noch zu bleiben. Auch St. Clair und Price blieben auf ihren Plätzen. Joulwan saß, wie gewöhnlich, auf der Couch. Einige Minuten später kam Ziegler.

Haig übernahm wie gewohnt das Präsidium. »Wir leben alle seit einiger Zeit mit dieser qualvollen Gewißheit«, wandte er sich an Buchanan. »Jetzt möchten wir Sie auch einweihen.« Das »problematische Tonband« sei tödlich.

Buchanan war keineswegs überrascht. Buzhardt hatte es ihm praktisch gesagt, und Haigs und Buzhardts Bemerkungen bei der strategischen Sitzung am Vormittag hatten seinen Eindruck bestätigt. »Ein frühes oder ein spätes Band?« fragte er.

»Ein frühes.«

»Vom 23. Juni?«

»Richtig.« Haig schien verblüfft.

»Das hatte ich die ganze Zeit befürchtet«, erklärte Buchanan. Er wurde rot vor Zorn und warf Price einen vielsagenden Blick zu. Die Erinnerung an die Vorbereitung jener Verteidigungserklärung vom 22. Mai 1973 war schmerzlich. Sie hatten alles doppelt und dreifach überprüft, hatten Buzhardt zum Präsidenten geschickt, um sich zu vergewissern, daß es keine politischen Hintergründe gab. »CIA?« erkundigte sich Buchanan sachkundig.

»Ja.«

Haig erklärte ihm, was das Tonband enthielt. »Was soll er Ihrer Ansicht nach tun?«

Buchanans Antwort kam prompt und entschieden. »Er muß zurücktreten.«

»Grundsätzlich sind Sie zu derselben Folgerung gelangt wie alle anderen«, antwortete Haig. »Der Präsident erwägt, am Montag zurückzutreten. In dieser Woche hat er bereits zweimal an Rücktritt gedacht und ist dann wieder davor zurückgeschreckt. Ray arbeitet an einer Rücktrittsrede.«

Buchanan bat um ein Transkript. Während sie darauf warteten, überlegten sie, was eine Rücktrittsrede enthalten müsse. »Der Präsident darf auf keinen Fall sagen: ›Ich unternehme diesen Schritt, um dem Land den Schock eines Impeachment zu ersparen‹«, erklärte Buchanan. »Er muß sich strikt an die Wahrheit halten, sonst werden noch mehr Gräben aufgerissen. Wir müssen unserer Bevölkerung und allen anderen erklären, warum es dazu kommen mußte – wegen des Tonbandinhalts, weil er gelogen hat.«

Über die Frage, ob der Präsident sich in seiner Rücktrittsrede ausdrücklich schuldig bekennen solle, wurde nicht diskutiert; das Transkript würde für sich sprechen. Haig und Buzhardt nahmen an, daß es am Montag zum Rücktritt kommen würde. Und wenn nicht – das Transkript würde bis dahin veröffentlicht sein.

»Andernfalls lege ich das Mandat nieder«, sagte St. Clair ruhig, und niemand protestierte.

Die Abschrift müsse dem Rechtsausschuß übergeben werden, meinte Buchanan.

Haig antwortete, Wiggins habe sie bereits gesehen und geäußert, sie werde viele, wenn nicht alle Verteidiger des Präsidenten im Rechtsausschuß umstimmen.

Das Transkript kam. Als Buchanan den Wortlaut des Gesprächs zwischen Haldeman und dem Präsidenten las, hieb er vor Zorn mit der Faust auf den Tisch und rief: »Du lieber Himmel!«

Haigs Sprechanlage summte. Der Präsident. Er wünschte, daß man ihm umgehend das Transkript hinaufschickte.

»Wir machen lieber eine Kopie«, meinte Joulwan; er nahm Buchanan die Blätter ab und kam bald darauf mit einer einzigen Xerox-Kopie zurück, die er Buchanan gab, damit er seine Lektüre beenden konnte.

Endlich blickte Buchanan auf. »Er muß zurücktreten.«

Nach der dreiviertelstündigen Besprechung kehrte er in sein Büro zurück, wo seine Frau Shelley ihn bereits erwartete. »Alles aus«, berichtete er. Und dann schlug er vor, gemeinsam in eine Bar zu gehen und den Anlaß nach »gutem, alten irischen Brauch« zu begießen.

Ziegler hatte während der Sitzung kein Wort gesagt. Er wußte, daß Buchanans Urteil von großer Bedeutung für den Präsidenten war. Nixon betrachtete Buchanan fast wie einen Sohn; er bewunderte seine

Politik und respektierte seine Ansichten. Jetzt hatte sich Buchanan dem Urteil von Price, St. Clair, Buzhardt und Haig, das Tonband sei tödlich, angeschlossen. Ziegler fand, daß sie wahrscheinlich recht hätten, war aber immer noch nicht sicher. Er befürchtete, daß Haig und die anderen übereilt handeln, eine Situation schaffen könnten, in der ein Rücktritt – ob richtig oder falsch – unvermeidlich wäre. Buzhardt drängte heftig darauf, noch ehe das Band veröffentlicht wurde, bevor jemand Gelegenheit hatte, seine Wirkung auf den Senat objektiv einzuschätzen. Verwirrt und voll Sorge ging Ziegler mit dem Transkript und seinen Zweifeln zu Frank Gannon.

»So schlimm ist es nicht«, fand Gannon. Zahlreiche Formulierungen ließen sich unterschiedlich auslegen. »Es ist ein frühes Band, das eine frühe Kenntnis der Beteiligung des Weißen Hauses an dem Einbruch beweist.« Doch nach Gannons Eindruck enthielt der Abschnitt über legitime CIA-Erwägungen und nationale Sicherheit eine »größere Wortzahl« als der kurze, der sich mit den politischen Implikationen des Einbruchs befaßte. »Zwei Wochen eine Information zurückzuhalten, ist nicht sehr lange. Und er hat Gray doch innerhalb von zwei Wochen angewiesen, Watergate zu untersuchen, ganz gleich, wohin es führen möge.«

Das Problem lag laut Gannon darin, daß Nixon bei seinen Rücktrittsüberlegungen die eigentliche Bedeutung des Tonbandes verkannte. Er ließ sich von den Reaktionen seiner Berater beeinflussen. Der tatsächliche Schaden beruhte darauf, daß man das Tonband zwei Jahre lang zurückgehalten hatte. Aber es sei keineswegs die rauchende Pistole, meinte er, es sei denn, die Leute im Weißen Haus stuften es unnötigerweise als Mordwaffe ein.

Gannons Argumentation ähnelte durchaus Nixons Erklärung, die er Buzhardt Anfang der Woche gegeben hatte. Für Ziegler klang sie überzeugend. Fraglos bot die wahre Bedeutung des Tonbands keine ausreichende Handhabe, den Präsidenten zu diesem Zeitpunkt auf Rücktritt festzunageln. Die gleichen Leute, die jetzt auf Rücktritt drängten, waren auch für die Tonbänder sowie für die Verteidigung des Präsidenten verantwortlich. Es war verständlich. Auch sie standen an der Front. In Gannons und Zieglers Augen gerieten sie jetzt in Panik.

Ziegler sagte, der Präsident werde am Montag vermutlich vor die Kameras treten, wahrscheinlich mit einer Rücktrittsrede, obwohl auch das nicht sicher sei.

Das Tonband rechtfertigte einen so drastischen Schritt nicht, entgegnete Gannon. Und wenn der Präsident schließlich doch demissionierte, dann nicht ausgerechnet wegen dieses Gesprächs.

Ziegler ließ sich überzeugen.

Als Buchanan und die anderen gegangen waren, blieb Haig allein in seinem Büro. Gegen 21 Uhr telefonierte er mit seinem jüngeren

Bruder Frank, einem Jesuitenpriester und Professor für Kernphysik am Loyola College in Baltimore. Obwohl sie sich sehr nahestanden, hatten sie sich in den letzten vier Monaten nur ein einziges Mal gesehen.

Al Haig erkundigte sich nach dem Zustand ihrer vierundachtzigjährigen Mutter, die an Angina pectoris litt und kürzlich ins Krankenhaus gekommen war, und bat Frank, nach ihr zu sehen. Er selber werde dazu vorerst nicht in der Lage sein, erklärte er, da die Situation im Weißen Haus ziemlich hektisch sei.

Frank fand, sein Bruder klinge nervös, beinahe verzweifelt. Er wußte, daß Al im Weißen Haus schweren Belastungen ausgesetzt war. Im vergangenen Monat hatte er ihn am Telefon gefragt, ob er denn keinen habe, auf den er sich verlassen könne. Haig hatte Buzhardt als einen der wenigen genannt. Frank jedoch wußte, daß Buzhardt durch seinen Herzanfall nicht sehr hilfreich sein konnte. Er nahm an, sein Bruder wolle jetzt vielleicht mit jemandem sprechen, der nichts mit dem Weißen Haus zu tun hatte. »Wir haben uns lange nicht gesehen«, sagte Frank. »Wir sollten uns mal zusammensetzen.«

Nach einer langen Pause erst kam Al Haig mit einem Vorschlag. »Wie wär's morgen zum Lunch?«

Sie verabredeten sich und plauderten dann noch eine Weile über die Mutter. Frank erinnerte sich an ein kürzliches Gespräch mit ihr. »Wenn Al nur so vernünftig gewesen wäre und Jura studiert hätte, dann wäre vielleicht etwas aus ihm geworden«, hatte sie gesagt.

Was er denn noch hätte werden sollen, hatte Frank sie gefragt. Al sei doch schon Stabschef des Präsidenten.

»Er könnte Senator von Pennsylvania sein«, hatte Mrs. Haig geantwortet.

Seit dem Spätfrühling hatten David und Julie Eisenhower beinahe ständig im Weißen Haus gelebt. Nach der Rückkehr des Präsidenten aus San Clemente hatten sie sozusagen ihren Wohnsitz dorthin verlegt. Ihr Dasein kreiste um Nixon und seine Verteidigung. Obwohl der Watergate-Komplex nicht oft diskutiert wurde, beherrschte er ihr Leben in der Residenz. Nixon hatte sie mit seiner Furcht angesteckt, daß er letztlich der Verlierer sein werde.

An diesem Tag hatte David mit Bebe Rebozo ein ausgedehntes Lunch im Solarium eingenommen, einem großen Raum mit riesigen Panoramafenstern. Sie unterhielten sich über die zunehmenden Watergate-Probleme des Präsidenten wie auch Rebozos. Die Untersuchung des Watergate-Senatsausschusses im Zusammenhang mit den 100 000 Dollar in bar, die Rebozo von dem Milliardär Howard Hughes erhalten hatte, war zu einer gründlichen Erforschung seines Privatlebens und seines Finanzgebarens angewachsen. Die Staatskasse IRS und der Sonderankläger brüteten jetzt ebenfalls über Rebozos Akten. Seine

Tage verbrachte er mit Anwälten und Ermittlungsbeamten. An jenem Mittag jedoch galt seine Sorge mehr den Problemen des Präsidenten. Rebozo war unglücklich. Er brachte die Rücktrittsfrage aufs Tapet, das Für und Wider, wenn der Präsident sein Amt freiwillig aufgab.

Rebozo sprach nur selten so offen über die Situation. Für David war das ein Hinweis, das sich ein Wandel in der Einstellung des Präsidenten ergeben hatte oder kurz bevorstand.

Ob es sich für Nixon lohne, seine Sache im Senat durchzufechten, fragte Rebozo und suchte vergebens nach einer Antwort. Er versuchte alles zu rekonstruieren, die ganze Kette von Ereignissen, die Watergate zu derartigen Dimensionen hatten anschwellen lassen. Sein Ton verriet kaum Bitterkeit – nur Bestürzung und Ärger über die Anwälte. Für Rebozo waren sie großenteils schuld an den Schwierigkeiten. Wirklich verblüffend sei die Kraft, die der Präsident beweise, die Tatsache, daß er nach alldem immer noch auf dem Posten sei.

Dieser Gedanke beunruhigte David. Der Präsident war passiv, mutlos. Monatelang hatte David erwartet, daß »Mr. Nixon durchdrehte«, wie er es manchmal nannte. Er hatte mit Julie darüber gesprochen. David glaubte, der Präsident könne Selbstmord begehen. Die Politik war Nixons Lebensinhalt – sein einziger. Und nun ging es damit zu Ende, das sah sogar Mr. Nixon in seinen lichten Momenten ein. David schien überzeugt zu sein, daß er das Weiße Haus nicht lebend verlassen werde.

Gegen 18.30 Uhr bekam David in einer Jura-Vorlesung die Mitteilung, er solle sofort seine Frau anrufen. David verließ den Hörsaal und ging zum Telefon.

»Komm bitte nach Hause«, sagte Julie.

Sofort. Gemeint war damit natürlich das Weiße Haus; sowohl die Stimme seiner Frau als auch ihre Nervosität ließen einiges befürchten. David lief in den Hörsaal zurück, stopfte Bücher und Papiere in seine Aktenmappe und ging die fünf Blocks zu Fuß. Er vermutete, daß die Familie wieder einmal zur Besprechung einer Watergate-Krise zusammengerufen wurde, genau wie im Mai und Dezember 1973. David kannte das Ritual: zuhören, Alternativen abwägen, Mr. Nixon den Rücken stärken und schließlich für Kampf stimmen.

Im Weißen Haus eilte er nach oben zu Julie. Sie hatte mit ihrem Vater gesprochen. »Daddy sagt, es ist alles aus.«

David ging zum Lincoln Sitting Room, wo er den Präsidenten und Rebozo fand. Wie üblich hatte der Präsident niemanden zu sich gebeten. Wenn er Gesellschaft brauchte, ließ er das einfach erkennen.

Der Präsident war immer noch im dunkelblauen Anzug mit Krawatte. Die Klimaanlage lief auf vollen Touren, und wie gewöhnlich brannte ein Feuer im Kamin. Der Präsident starrte, die Füße auf einer Ottomane, in die Flammen. Es dauerte einen Moment, bis er merkte, daß David im Zimmer war.

»Es ist aus«, sagte Nixon zu seinem Schwiegersohn. »Bis Montag müssen wir uns entscheiden, ob wir das Feld räumen.« Seine Stimme erstarb, und er starrte weiter ins Feuer.

»Warum ist es aus?« erkundigte sich David.

Es gebe ein neues Tonband, antwortete der Präsident. Die Frage, ob er weiterkämpfen oder zurücktreten wolle, müsse bis Montag entschieden werden, weil dann das Transkript veröffentlicht würde. »Für Montagabend werden Stellungnahmen ausgearbeitet«, ergänzte er. Worüber, sagte er nicht.

Nixon rief Haig an, er solle ihm das Transkript heraufschicken. Das werde die Situation erklären, sagte er niedergeschlagen zu David. Buzhardt halte sie für aussichtslos. Fred habe schon seit dem Tag der Supreme-Court-Entscheidung gesagt, es sei aus.

Und St. Clair?

»St. Clair ist aufgeregt«, antwortete der Präsident ohne nähere Erklärung. Er schien sich über seine Anwälte zu ärgern. Sie wollten aufgeben, bevor er dazu bereit war.

Als das Transkript eintraf, ging David damit in ein anderes Zimmer. Julie folgte ihm. Rebozo, Tricia Cox und Mrs. Nixon kamen und gingen im Lincoln Sitting Room, als wollten sie sich bewußt ablösen.

Die Lektüre der Abschrift überzeugte David, daß alles aus war, durch Impeachment oder durch Rücktritt. Julie widersprach ihm nicht, stimmte ihm aber auch nicht zu. Sie kehrten in den Lincoln Sitting Room zurück, und David setzte sich neben den Präsidenten.

»Nach meinem Gefühl sind wir weder so unschuldig, wie wir es behauptet haben, noch so schuldig, wie es die anderen behaupten«, sagte er.

Nixon reagierte nicht; er starrte weiterhin ins Feuer. Sie waren alle mit seiner Gewohnheit vertraut, Gespräche um sich herum weiterlaufen zu lassen.

Der Präsident hatte sein Amt immer mit der Familie geteilt. Er hatte sie stets einbezogen, und sie waren jeweils zur Stelle, wenn Entscheidungen getroffen wurden. Jetzt versuchten sie als Familie, sich mit dem Gedanken an Impeachment oder Rücktritt auseinanderzusetzen. Sie suchten nach einem Bezugssystem, nach einer Möglichkeit, das, was ihnen zustieß, in eine Relation zu bringen. Glich es der Situation, am Wahlabend zu verlieren? Oder wurden sie, wie Charles I., geköpft? »Oder sind wir die Romanows?« überlegte David laut.

Der Trick, bei der Nixon-Familie ein Argument anzubringen, hatte schon immer darin bestanden, von einer akzeptierten Voraussetzung auszugehen und dann zu differenzieren. Als Prämisse für diesen Abend galt, daß Watergate – was immer seine Bedeutung war – eine Ungerechtigkeit sei, eine Belanglosigkeit, die Nixon von Rechts wegen nicht die Präsidentschaft kosten dürfe. Aber es war der Präsident selbst, der auf die unerbittliche Realität hinwies. Das Impeachment-Verfahren sei jetzt eine Gewißheit, sagte er, Schuldspruch durch den Senat eine Wahrscheinlichkeit. Die Familie müsse sich darauf einstellen. Dann verfiel er wieder in Schweigen.

David, der mit dem Rücken zum Kamin saß, beobachtete, wie sich die Flammen in Nixons glasigen Augen spiegelten. Der Präsident wirkte traurig und gebrochen. David hatte ihn noch nie so elend gesehen.

Als das Telefon läutete, nahm Nixon den Hörer ab. Das Gespräch war nur kurz. »Ich wünschte, er hätte das nicht gesagt«, antwortete der Präsident. Dann drehte er sich um und erklärte, Haig habe ihn gerade über Buchanans Reaktion informiert. »Pat hält es für tödlich. Er hat reagiert, wie ich es erwartete.« Und abermals starrte er ins Feuer.

Julie war vor allem darum besorgt, daß sich ihr Vater nicht von Abtrünnigen beeinflussen ließ. Ihre Verbindungen zum Stab waren ausgezeichnet; am Nachmittag hatte sie durch mehrere Anrufe erfahren, daß einige Mitarbeiter »desertierten«.

Fraglos sei der Stab »entmutigt«, meinte der Präsident. Auf Abtrünnige müsse man gefaßt sein, sobald das Transkript veröffentlicht werde.

Und das Kabinett? Würden die Minister standhalten?

Nixon schüttelte langsam den Kopf. Im günstigsten Fall würden sechs Kabinettsmitglieder zurücktreten, wenn er während eines Senatsverfahrens im Amt zu bleiben versuchte. David war überzeugt, daß sein Schwiegervater keinen Anhaltspunkt für diese Voraussage hatte und daß er die Lage in den schwärzesten Farben schilderte. Er bezweckte damit offenbar, daß sich die Familie auf den Rücktritt gefaßt machen sollte, der zwar, was ihn betraf, immer noch in der Luft hing. Was immer geschah, sie würden alle für die kommenden Tage außergewöhnliche Kräfte mobilisieren müssen.

Gegen 21 Uhr erschien Ed Cox und bekam das Transkript zu lesen. Er ging ruhig und anwaltsgemäß an die Sache heran und fand das Tonband »nicht so beweiskräftig«. »Nur nichts überstürzen«, warnte er. Zuweilen klang er beinahe optimistisch, als das Gespräch zwischen den Familienmitgliedern hin und her ging. Sie wußten alle, daß der Präsident auf seine Art um ihre Lagebeurteilung bat.

Julie unterstrich immer wieder ihre Befürchtung, der Vater werde eines Morgens aufwachen und es bereuen, wenn er nicht durchhielte. Er brauche doch jetzt noch nicht zurückzutreten, zumal das Transkript bisher nicht einmal publik sei. Selbst wenn es den Schuldspruch bedeute, wäre es vielleicht richtig, eine Verhandlung vor dem Senat durchzufechten.

David empfand dieses Kamingespräch als Totenglocke. Aus Rücksicht auf Julie und ihren Vater schwächte er seine Ansicht jedoch ab, malte ein positiveres Bild, als er es sah. Die Abschrift stelle nur einen Teil der Geschichte dar, erklärte er. Mr. Nixon solle sich nicht von den vermutlichen Folgen beeinflussen lassen, sondern nur davon, was er für richtig halte. Und wofür er sich auch entscheide, sie würden alle zu ihm stehen. Er habe schon früher brillante Einfälle gehabt. Es gebe immer die Chance, daß er noch einmal einen habe, sogar jetzt.

Rebozo äußerte keine eigene Meinung, sondern wiederholte nur, was die anderen sagten. Er wirkte müde und deprimiert.

Mrs. Nixon sprach sehr wenig. Alle nahmen größte Rücksicht auf ihre Gefühle, denn sie wußten, daß sie nie sehr glücklich gewesen war, schon gar nicht während der Zeit in Washington.

Sobald jemand die Möglichkeit erwähnte, der Präsident könne das Tonband überleben, erstarrte Nixon. Es sei vorbei, behauptete er hartnäckig. Er schien zu fürchten, die anderen hielten aus lauter Rücksichtnahme auf ihn ihre wahre Meinung zurück. Ihre Reaktionen schienen seine Qual nur zu verdoppeln. Nein, wiederholte er, sie müßten alle einsehen, daß dies das Ende sei.

Für David hieß die Frage nur, ob es zu einer schnellen Hinrichtung kam, oder ob es ihnen gehen würde wie den Überlebenden in einem Roman: daß sie finster auf das Ende warteten, das ihnen mit Sicherheit bevorstand.

Nixon selbst wollte teils kämpfen, sie alle durchbringen, sie retten. Kapitulation würde als generelles Schuldbekenntnis gewertet, meinte er, als Eingeständnis all dessen, wessen ihn seine Feinde beschuldigten – »all dessen, was sie über uns gesagt haben«. Das werde er nicht zulassen. Die unmittelbare Frage sei, was »sie« – der Kongreß und die Presse – mit der Abschrift anfangen würden. Vielleicht gebe es noch einen Weg, sich zu behaupten, die »beste Rede meines Lebens« zu halten. Doch er schien diese Möglichkeit zu verwerfen, kaum daß er sie ausgesprochen hatte.

Normalerweise verfolgte Nixon jedes Gespräch genau mit den Augen, fixierte jeden, der gerade sprach oder angesprochen wurde. An diesem Abend nicht. David fand, Mr. Nixon wirke beinahe wie unter Drogeneinfluß. Er sprach leise, ließ Sätze und Gedanken unbeendet, mied alle Blicke. Je später es wurde, desto zerfahrener agierte er und schien kurz vor dem totalen Zusammenbruch zu stehen. Er begann in Erinnerungen zu schwelgen. Das war der allerschwierigste Augenblick, das Zeichen, daß er kapitulierte. Er sprach von den ersten Zeiten im Weißen Haus – außenpolitische Initiativen, Tricias Hochzeit, das Weiße Haus selbst, seine Geschichte, sein Komfort, Freunde, Mitarbeiter, Parties. Eine Erinnerung löste die nächste aus. Doch die Ereignisse nach dem 17. Juni 1972 wurden nicht erwähnt, nicht einmal der Triumph der Wiederwahl.

Als das Gespräch allmählich versiegte, war es beinahe Mitternacht. Das Problem blieb ungelöst, zumindest unartikuliert.

»Ich vertage die Entscheidung vorerst«, erklärte Nixon schließlich. »Wir werden morgen früh zusammenkommen und darüber befinden.«

Er rief Haig an. Kein Beschluß, sagte er. Die anderen verabschiedeten sich, und Richard Nixon saß wieder allein vor dem Kaminfeuer.

Vom Schlafzimmer aus rief Julie bei Buchanan an.

Shelley Buchanan weckte ihren Mann, der nach etlichen Martinis schon halb eingeschlafen war, und berichtete ihm, daß Julie ihn sprechen wolle. Buchanan kannte den Grund. Das habe Zeit bis morgen, sagte er. Shelley erklärte Julie, Pat schlafe bereits.

Diese Antwort genügte Julie und David. Sogar Buchanan stand im Lager der Rücktrittsbefürworter.

Samstag, 3. August

Als Buchanan am Samstag um kurz vor 9.30 Uhr in sein Büro kam, rief er Julie zurück. »Kommen Sie rüber«, bat sie ihn. Er ließ sich Zeit. Übermäßige Eile hätte die Krisenatmosphäre nur gesteigert, und es würde ohnehin ein recht problematischer Besuch werden.

Buchanan wurde, genau wie Rebozo, als Familienmitglied behandelt. Von seiner Frau Shelley und Rose Woods abgesehen, war er mit Nixon länger zusammen als jeder andere Mitarbeiter. Keiner war für den Präsidenten psychologisch so wichtig. Sie besaßen beide den gleichen politischen Instinkt. Und jetzt mußte Buchanan der Präsidentenfamilie Richard Nixons Rücktritt empfehlen.

Nach einer halben Stunde überquerte er die West Executive Avenue und fuhr mit dem Lift ins Solarium hinauf. Als er eintrat, tranken sie Kaffee: Julie, David, Tricia, Ed und Rebozo.

Ohne Umschweife umriß Julie die sogenannte »Familienposition«. Sie seien gegen den Rücktritt, selbst wenn das Schuldspruch durch den Senat bedeute. »Daddy ist kein Drückeberger«, erklärte sie. »Es wäre besser für Daddy, wenn er dem Land alles offen darlegte. Er hätte ein Forum, vor dem er aufzeigen könnte, aus welch trivialen Gründen man ihm die Präsidentschaft nimmt. Er könnte dieser Bagatelle seine Erfolge gegenüberstellen.« Und es bestehe immer die, wenn auch entfernte Möglichkeit, daß er sich im Senat behaupten könne. »Er möchte es durchfechten, Pat.«

Buchanan trank seinen Kaffee.

Morgens habe sich ihr Vater beschwert, sein Mitarbeiterstab gebe auf, bevor er selbst dazu bereit sei, berichtete Julie. Aus ihren Telefongesprächen wisse sie, daß der Kampfgeist der Mitarbeiter zusammenzubrechen drohe.

Buchanan begriff. Wenn der Präsident von seinen Mitarbeitern im Stich gelassen wurde, nähme ihm das auch noch die Chance, den Kampf in Würde zu beenden. Der Präsident konnte nur durchhalten, solange sein Stab loyal blieb.

Buchanan fühlte sich unbehaglich. Anspielungen auf die Desertion von Mitarbeitern beunruhigten ihn; er wollte keine Diskussion darüber, wer Nixon treu bleiben und wer ihn verlassen würde. Verbitterung zwischen der Familie und dem Stab des Präsidenten hätte jetzt gerade noch gefehlt.

»Wenn der Präsident beschließt, seine Sache im Senat durchzufechten, werde ich ihm zur Seite stehen«, versicherte Buchanan ruhig. »Ich werde nicht mit dem Fallschirm abspringen. Aber es gibt keine Chance, im Senat zu gewinnen. Wenn er bleibt, werden ihn in Kürze selbst seine nächsten Freunde verlassen. Zuerst die *Chowder and Marching Society,* dann die Partei und danach einige der Mitarbeiter. Die Leute werden seinen Rücktritt fordern. Wenn er nicht demissioniert, wird die Partei im November eine furchtbare Niederlage erleben.«

Buchanan schluckte schwer. »Verdammt, ich verstehe ja, warum er bleiben will. Aber man würde ihn verleumden, Julie. Es bedeutet eine steile Talfahrt – für ihn, für die konservative Sache und für das Land. Irgendwann kommt ein Zeitpunkt, da muß man sich sagen: ›Es ist aus, es ist vorbei.‹ Nichts wäre damit erreicht, daß man es durch den Senat zieht – für keinen von uns.« Das auszusprechen, sei nicht leicht, »aber wir sind doch alte Freunde«.

David war von Buchanans Argumenten beeindruckt. Er begann sie mit eigenen Worten zu wiederholen, doch seine Frau fuhr ihm über den Mund. »Das hat Pat bereits gesagt. Deine Ansicht kennen wir.«

Das Gespräch wandte sich wieder dem Stab zu. Die Familie wollte wissen, warum bestimmte wichtige Mitarbeiter so heftig für Rücktritt plädierten.

»Ist das eine Reaktion auf das Tonband selbst oder auf etwas anderes?« erkundigte sich Ed Cox.

»Sie sind nur realistisch«, erwiderte Buchanan. »Nehmen Sie zum Beispiel Wiggins. Der Rechtsausschuß ist schon auf der anderen Seite.« Von Wiggins wußten sie alle nichts. Buchanan berichtete von dem Besuch des Abgeordneten und seiner Reaktion auf die Abschrift.

»Aber das Tonband ist nicht so beweiskräftig«, behauptete Cox abermals. Das Tonband sei jedenfalls so vieldeutig auszulegen, daß man wenigstens versuchen könne, die Situation zu retten.

Buchanan schwieg, suchte nach den richtigen Worten. Das war der schwierigste Teil. »Das Problem dabei ist nicht Watergate oder die Vertuschung, sondern daß er dem amerikanischen Volk nicht die Wahrheit gesagt hat.« Er stockte. »Das Tonband macht deutlich, daß er dem Land gegenüber rund achtzehn Monate lang nicht aufrichtig gewesen ist. Und der Präsident kann kein Land regieren, das er bewußt anderthalb Jahre lang irregeführt hat.«

Rebozo unterbrach das kurze Schweigen. Er lächelte leicht. »Der Präsident hat sich gedacht, daß Sie für den Rücktritt sein würden«, meinte er freundlich.

Pat sei nur realistisch und vorurteilslos, konterte David.

Julie warf ihm einen drohenden Blick zu.

Hastig fuhr Rebozo fort: »Pat, wir sprechen über einen bedeutenden Mann. Er hat sich nie vor einem Kampf gedrückt. Und er hat Großes für sein Land geleistet.« Er wollte wissen, wieso das Tonband beweise, daß der Präsident achtzehn Monate lang gelogen habe. Ihm scheine es vielmehr, als habe der Präsident die ganze Zeit immer nur dasselbe gesagt. Daß er unschuldig sei. Wie könne ein Unschuldiger als Präsident der Vereinigten Staaten zurücktreten?

Buchanan versuchte es noch einmal. Er erläuterte die Hintergründe der Erklärung vom 22. Mai. »Price und ich haben damals die Frage angeschnitten. Wir haben Fred zu ihm geschickt, um ihn danach zu fragen. Zu dem Zeitpunkt war dem Präsidenten die Existenz der Tonbänder bekannt. Es wäre eine Kleinigkeit gewesen, das zu überprüfen.«

David war ungeduldig. Die Diskussion vom Vorabend und jetzt diese – er fürchtete, daß sich das gleiche Gespräch endlos wiederholen werde. Sie täten gut daran, die Konsequenzen dessen, was Pat gesagt habe, zu erwägen, meinte er. Vor allem in bezug auf den Schaden für die Partei, das Land und Mr. Nixon, wenn er sich durchzuboxen versuchte.

Julie ging hoch. »Das haben wir bereits von Pat gehört, okay, David? Du brauchst uns das nicht noch einmal vorzubeten.«

David sah ein, daß er tatsächlich vieles wiederholte. Er redete ebensoviel wie Buchanan. Auch Ed schien sich über ihn zu ärgern.

Cox nahm sein Kreuzverhör wieder auf. Warum müsse die Partei im November unbedingt eine schwere Niederlage erleiden? Wie sahen die Zahlen aus? Wie viele Sitze würden verlorengehen? Warum müsse jetzt sofort über einen Rücktritt entschieden werden? Wie viele Mitarbeiter würden gehen?

Buchanan imponierte Cox – seine Eindringlichkeit, seine Intelligenz und seine Forderung, von Tatsachen auszugehen, nicht von Emotionen. Er war einigermaßen überrascht. Er erinnerte sich nicht, wer Ed den Spitznamen »der Prinz« verpaßt hatte, doch Buchanan selbst hatte das Seine dazu beigetragen, daß er haften blieb. Buchanan war ein Stadtjunge, der auf der Straße groß geworden war. Er hatte in Cox immer den verzogenen Bengel gesehen, der seine Schwielen vom Tennisspielen im Country Club hatte. Diese Meinung revidierte er jetzt, als Cox mit der Diskussion fortfuhr: Warum solle der Präsident zurücktreten, bevor die Reaktion der Politiker und der Öffentlichkeit auf die Abschrift getestet worden war? Was könne es schaden, abzuwarten, bis das Tonband bekannt wurde?

Buchanan hatte ähnliche Überlegungen angestellt. Er wußte, wie die Reaktion der Politiker und der Öffentlichkeit ausfallen würde. Und wenn der Präsident, wenn selbst Julie diese Reaktion erlebten, würden sie einsehen, wie weise ein Rücktritt wäre – Nixon zuliebe.

»Vielleicht fällt die Reaktion gar nicht so schlecht aus, wie Sie denken«, meinte Julie. »Warum nicht noch ein bißchen warten – vielleicht zwei Wochen?«

Buchanan stimmte zu. Es war besser, wenn sich der Präsident von den Ereignissen überzeugte, statt von den Ansichten seiner Mitarbeiter beeinflussen ließ.

Der Besuch, der über eine Stunde gedauert hatte, endete beiderseits mit dem Eindruck, daß etwas erreicht worden war. Buchanan erkannte, daß die von Julie behauptete Familiensolidarität nicht existierte. Rebozo war unsicher. Cox versuchte realistisch zu sein. Tricia schwieg. Und David hielt offenbar den Rücktritt für das Klügste.

Auf dem Rückweg machte Buchanan eine Stippvisite bei Rose Woods. Beide mochten sich sehr: die Iren des Weißen Hauses, verbunden durch Temperament, unerschütterliche Loyalität zu Richard Nixon und – wahrscheinlich mehr als jeder andere – Verständnis für ihn.

Rose Woods war bekümmert; ihre Augen waren rot und geschwollen, ihre Stimme zitterte.

»Na, wie hält sich der Alte?« fragte Buchanan.

Sie mußte sich viel zu sehr zusammenreißen, um die Frage beantworten zu können.

Rose Woods hatte sich nie große Illusionen über Watergate gemacht, vor allem seit dem Frühjahr 1973. Sie hatte das Thema mehr als einmal mit Buchanan diskutiert, präzise Formulierungen jedoch stets vermieden. (»Rose, diesmal verkorkst er wirklich alles, und wir beide wissen das.« Und Rose hatte dazu genickt, mit einer hilflosen Miene, die zu sagen schien: »Aber was kann man tun?«) Vorübergehend hatte Rose Woods es sogar für besser gehalten, wenn der Präsident zurückträte. Sie erkannte deutlicher als jeder andere, was ihn diese Affäre kostete. Lieber sollte er sich mit dem Rest von Ehre zurückziehen, als am Ende doch vernichtet und gedemütigt zu werden. Aber sie wußte ebensogut wie Buchanan, daß Nixon entschlossen war, nicht aufzugeben, und auch sie war leidenschaftlich davon überzeugt, daß er ein Opfer seiner Feinde war.

Die letzten neun Monate im Weißen Haus waren qualvoll für sie gewesen. Ihre Verbitterung über Garment (einst ein guter Freund), Buzhardt und Haig hatte sich seit der Episode der Achtzehneinhalb-Minuten-Lücke vertieft. Sie fühlte sich verspottet, von der Presse wie von den Mitarbeitern, die ihre Aussage fadenscheinig fanden und sich darüber mokierten.*

---

* Im privaten Kreis hatte Buchanan erklärt: »Rose weiß, daß sie einen ganzen Teil davon gelöscht hat. Sie wollte ihn schützen. Ich habe sie nie gefragt, und sie hat mir nie erzählt, was geschehen ist. Aber man kann es sich unschwer vorstellen. Nachdem Rose den ersten Teil gelöscht hatte, wird der

An diesem Samstagvormittag sprachen die beiden nicht über den Rücktritt: Jeder kannte die Einstellung des anderen. Rose Woods war strikt dagegen; der Zeitpunkt für einen Rücktritt sei längst vorbei, der Schaden nicht wiedergutzumachen. Er solle mit fliegenden Fahnen untergehen. Alle sollten sehen, was »sie« einem großen Präsidenten antaten.

Als Buchanan ihr Büro verließ, gesellte sich Rebozo zu ihm, und sie gingen den Korridor entlang zu Haig. Buchanan wollte den Stabschef über seine Besprechung mit der Familie informieren. Aber Haig hatte Besuch.

»Warum gehen wir nicht zu *ihm*?« fragte Rebozo. Sie überquerten wieder die West Executive Avenue und betraten die Empfangsräume des Präsidentenbüros im EOB. »Sagen Sie ihm, daß wir da sind«, bat Rebozo den Kammerdiener Manolo Sanchez. Als auch nach mehreren Minuten keine Reaktion des Präsidenten erfolgte, kehrte Buchanan in sein Büro zurück.

Ein paar Schritte hinter ihm kam Ziegler. »Es ist beschlossen, die Sache im Senat durchzufechten«, verkündete er.

Buchanan explodierte. Das sei genau das, was man vermeiden müsse. Der Präsident bringe sich in eine ausweglose Situation. Ziegler, hin und her gerissen zwischen den Alternativen Kampf und Rückzug, wollte jetzt nicht Stellung nehmen. Er richte sich ganz nach den Wünschen des Präsidenten.

Als Ziegler fort war, ließ Buchanan sich mit Julie verbinden. Sie sprachen kurz über den jüngsten Beschluß des Präsidenten.

»Wir alle werden Vater unterstützen – auch David«, erklärte sie. David kam ebenfalls an den Apparat und bestätigte Julies Mitteilung.

»Okay«, antwortete Buchanan. »Wenn das die Entscheidung ist – unterstützen wir ihn eben.« Er war alles andere als begeistert von dieser Aussicht.

Nach einem hastigen Lunch ging Buchanan in Buzhardts Büro, wo er St. Clair antraf.

»Der Präsident wird bis zum letzten kämpfen«, sagte St. Clair. »Wir werden dem Land zeigen, was es bedeutet, den Präsidenten der Vereinigten Staaten unter Anklage zu stellen und zu verurteilen.«

Buchanan war entsetzt. Zum erstenmal in seiner politischen Laufbahn war er die Taube. Er sah Buzhardt an.

Alte gesagt haben: ›O Gott, Rose, irgend jemand hat das Tonband eingeschaltet gelassen!‹« An dieser Stelle seiner Erzählung pflegte Buchanan Nixon zu imitieren, wie er die Augen schloß und auf die Taste drückte, die den Rest der achtzehneinhalb Minuten löschte. Nach seiner Theorie hatte Nixon das Tonband Rose Woods gegeben, weil sie wußte, was sie damit machen sollte. »Entweder hat Nixon etwas gesagt wie: ›Überlegen Sie mal, was wir damit machen sollten, Rose‹, oder sie hat es von vornherein gewußt.« Wenn er an die Stelle kam, wo der Präsident die Augen schloß, pflegte Buchanan schallend zu lachen.

Buzhardt erklärte, auch er sei mit diesem Entschluß einverstanden, wirkte aber nicht so beflissen wie St. Clair.

»Wissen Sie eigentlich, was uns damit bevorsteht?« fragte Buchanan ihn ungläubig.

Er wiederholte die Argumente, die er bei der Familie vorgebracht hatte.

Buzhardt pflichtete ihm bei. Er sei mit dem Entschluß einverstanden, erklärte er, weil er gewiß sei, daß er nicht endgültig sein könne. Die »endgültigen« Entscheidungen würden ja doch ständig geändert. Es gebe keinen überzeugenden Grund für die Annahme, die Ereignisse würden den Präsidenten nicht abermals zu einer Kehrtwendung zwingen.

Die Gefahr bei St. Clair lag nach Buchanans Ansicht weniger in seiner Bereitschaft, den Präsidenten zu verteidigen, als vielmehr darin, daß er mit seiner Begeisterung dazu beitragen würde, den Präsidenten zu einer öffentlichen Erklärung am Montag zu drängen, die sie alle noch bereuen würden. »Laßt Nixon die Bedeutung der Tonbänder bestreiten«, meinte Buchanan, »aber ermutigt ihn nicht zu dem Schwur, im Amt zu bleiben, bis jede Stimme im Senat gezählt worden ist.«

Buzhardt sagte nicht viel. Er war verärgert. Für ihn versuchte St. Clair nur, sich für die Verteidigung eines hoffnungslosen Falles den Rücken zu stärken. Die ganze Woche hindurch hatte er sich in einer Zickzackkurve befunden und war gerade jetzt im Aufwärtstrend. Er würde auch wieder herunterkommen.

Nach fünfzehn Minuten fruchtloser Diskussion kehrte Buchanan in sein Büro zurück und rief Haig an. Die beiden kamen gut miteinander aus. Buchanan hatte mit Haig in fünfzehn Monaten mehr Zeit verbracht als mit Haldeman in über vier Jahren. Haig entzog sich ihm nie. Buchanan wußte, daß er ihn jederzeit anrufen und fragen konnte: »Warum tun Sie das eigentlich?« Und Haig würde sagen: »Kommen Sie rüber, wir wollen das besprechen.« Genau das geschah auch jetzt.

Buchanan fiel gleich mit der Tür ins Haus. »Ich glaube, Al, man ist sich hier nicht über die Tragweite dieses Entschlusses im klaren. Wenn der Präsident es zu einem dramatischen Finale kommen läßt, dann hat er meines Erachtens keine Ahnung, wie sich das auf ihn, die Partei, das Land, seinen Platz in der Geschichte, einfach auf alles auswirken wird. Unsere Aufgabe ist es, ihn daran zu hindern, daß er es Agnew nachmacht und etwas tut, was er später bereut*. Er braucht sich doch nicht selbst in diese aussichtslose Position zu manövrieren. Das Tonband wird ihn ohnehin erledigen. Die Ereignisse werden dafür sorgen.«

Haig stimmte ihm zu. Er fand, die Familie dränge den Präsidenten in

---

* Vizepräsident Agnew hatte bis zum Tag seines Rücktritts ausdrücklich versichert, daß er sein Amt nicht aufgeben werde.

eine unwiderrufliche Situation. St. Clairs Eifer machte ihm ebenfalls Sorgen. Er war schon lange der Ansicht, daß St. Clairs Urteil, vor allem in politischer Hinsicht, unrealistisch sei.

»Manche Leute sind sich über die Folgen dessen, was sie sagen und tun, nicht im klaren«, betonte Buchanan.

»Damit haben Sie durchaus recht«, erwiderte Haig.

St. Clairs Stellvertreter McCahill hatte seinen Chef seit Tagen nirgends aufstöbern können. Als St. Clair schließlich an jenem Nachmittag in seinem Büro auftauchte, hatte McCahill einige Fragen: »Wie steht die Sache? Was ist auf den Tonbändern?«

»Einige interessante Dinge«, antwortete St. Clair.

»Wie interessant?«

»Sehr interessant.« Damit ging St. Clair hinaus.

Robert Griffin hatte in der Nacht nicht gut geschlafen. Am Samstagmorgen stand er sehr früh auf und überlegte, in seinem Arbeitszimmer auf und ab gehend, was er in seinem Brief an Nixon sagen sollte. Gegen 8.30 Uhr machte er sich Notizen, wobei er die Formulierungen mit seiner Frau diskutierte. Er schrieb den Brief immer wieder um, verschwieg, daß er von neuem Beweismaterial wußte, versuchte aber klarzustellen, daß eine Verurteilung im Senat so gut wie sicher sei. Nach vier Entwürfen war er endlich zufrieden.

Später erreichte er den Vizepräsidenten über die Zentrale des Weißen Hauses. Ford war auf Wahlkampfreise in Mississippi und Louisiana unterwegs. Anspielungen auf ein Impeachment vermied er in seinen Reden. Von Reportern nach den Gründen befragt, erklärte Ford, seiner Meinung nach habe der Präsident keine Veranlassung zu einem Impeachment gegeben.

Ford hörte zu, während Griffin ihm den Brief vorlas: »Ich hege nicht den geringsten Zweifel daran, daß das Repräsentantenhaus, wenn Sie nicht freiwillig zurücktreten, für die Impeachment-Anklagepunkte votieren und damit eine Verhandlung vor dem Senat herbeiführen wird.« Der Senat werde die Tonbänder »sub poena« fordern. »Sollten Sie sich dem widersetzen, werde ich das als ein mit Impeachment zu ahndendes Vergehen betrachten und entsprechend stimmen.«

Ein schwerer Schritt für einen loyalen Republikaner. Griffin überlegte, ob Ford ihm raten würde, den Brief abzuschicken, oder sagen: »Nein, tun Sie das nicht.« Ford jedoch sagte lediglich: »Danke.« Griffin erklärte ihm, daß er von einem neuen, abträglichen Tonband Kenntnis habe. Ford antwortete unbestimmt, doch Griffin hatte den Eindruck, der Vizepräsident wisse von dem neuen Beweismaterial.

Kurz vor Mittag diktierte Griffin den Brief seinem Pressesekretär und wies ihn an, das Schreiben sofort im Weißen Haus abliefern zu lassen. Griffin wollte, daß der Brief eine möglichst durchschlagende

Wirkung ausübte. Er sollte der Presse übergeben werden, um aber jeden Anschein von Effekthascherei zu vermeiden, lediglich den Zeitungen von Michigan. Die Nachrichtenagenturen würden sich schon früh genug darauf stürzen.

Griffins Brief war unterwegs zum Weißen Haus, als Frank Haig eintraf, um seinen Bruder zu einem späten Lunch abzuholen. Sie gingen ins Kasino hinunter und setzten sich an einen Ecktisch. Al Haig wirkte heute im Vergleich zum Vorabend sichtlich erleichtert. Er schien sich wieder in der Hand, die Situation unter Kontrolle zu haben. Zuerst sprachen sie über den Gesundheitszustand der Mutter.

Ziegler blieb an ihrem Tisch stehen, um Haig zu fragen, ob er am Nachmittag eine Zusammenkunft zwischen St. Clair und dem Präsidenten arrangieren solle. Haig hielt das für eine gute Idee. Nach dem Dessert machte Haig seinen Bruder mit St. Clair und dessen Frau bekannt, die in der Nähe saßen. St. Clair fühlte sich nicht wohl und hatte keine Lust zu einer Unterhaltung, also kehrten die beiden in das Büro des Generals zurück.

Frank Haig setzte sich, während sein Bruder unruhig hin und her wanderte und in großen Zügen schilderte, was vor sich ging.

Zum Ärger von Muriel Hartley tauchte Ziegler unentwegt auf – angeblich, um verschiedenes auszurichten. »Warum kümmert er sich nicht um seinen eigenen Kram?« beschwerte sie sich bei Judy Johnson.

Frank Haig beglückwünschte seinen Bruder zu dem Geschick, mit dem er am Sonntag zuvor das Fernsehinterview mit Mike Wallace hinter sich gebracht hatte.

»Ein interessantes Problem«, meinte Haig. »Wie macht man das Spiel, wenn man keine Karten hat?«

Kurz darauf erreichte Haig die Mitteilung, der Präsident wolle ihn sprechen. Griffins Brief war eingetroffen. Als Haig kam, war Nixon in Rage. Solche Drohungen bestärkten ihn nur in dem Entschluß zum Durchhalten. Es sei der Brief eines Defätisten. Er tobte eine ganze Weile.

Haig erwähnte seinen Anruf bei Griffin vom Vortag nicht. Er wußte sehr wohl, daß er damit den Brief ausgelöst hatte. Er hörte zu, während der Präsident über die Schlappschwänze von Gesetzgebern schimpfte. Endlich beruhigte sich Nixon.

Um 17.15 Uhr folgte die Familie dem Präsidenten die Hubschrauberrampe hinauf, um mit ihm nach Camp David zu fliegen. Der Griffin-Brief muß ein schwerer Schlag gewesen sein, dachte David. Der Präsident sah furchtbar aus.

Um sich noch weiter abzusichern, sagte Haig zu Buzhardt, wahrscheinlich habe Ford seinem alten Freund Griffin einen Tip gegeben – im Weißen Haus gebe es niemanden, der Griffin so nahestehe.

Beim Abendessen mit der Familie wiederholte der Präsident seinen

Entschluß, nicht aufzugeben. Er wolle es zumindest versuchen, sich alle Möglichkeiten offenzuhalten, erklärte er. Und dann befragte er abermals die Familie. Ed hielt seinen Entschluß für richtig, es gebe keinen Grund zur Panik. Julie war ebenfalls zufrieden. Mrs. Nixon, Tricia und David sagten wenig, weder dafür noch dagegen. David war ziemlich sicher, daß ein Rücktritt die einzige Möglichkeit sei. Er fand den Präsidenten nicht überzeugend. »Was sagt ihr dazu?« fragte sein Schwiegervater immer wieder.

Die Antworten fielen vage aus.

»Was würdet ihr sagen, wenn wir zehn Senatoren hätten?« bohrte er weiter. »Würde sich das Durchhalten dann lohnen?«

David war bedrückt. Zehn Senatoren. Nur noch zehn? Das bedeutete, neunzig dagegen. »Denk an dich selbst«, meinte er.

»Also, David, du bist genau wie Al«, erwiderte der Präsident. Auch Haig scheine immer wieder zu sagen: »Denken Sie an sich selbst, statt an das Land.« Doch wenn Mr. Nixon an das Land dachte, dann lautete die Antwort, daß er weiterkämpfte, das wußte David; sein Schwiegervater war überzeugt, daß ihn das Land brauchte. Und wenn David ihm empfahl, er solle an sich selber denken, versuchte er ihn damit zu beschwichtigen, zu sagen: »Du kannst jetzt ruhig an Rücktritt denken; du hast es dir redlich verdient.« So konnte man einem stolzen Mann beibringen, er dürfe, wenigstens ein einziges Mal, seinen Gegnern ausweichen.

Die Sonne ging unter. Nixon sah aus dem Fenster. Rechts lag der Swimmingpool, direkt davor der Golfrasen; dahinter erstreckte sich das weite Tal. Er deutete auf den Golfrasen und sagte, wie sehr er ihm doch gefalle, wie sehr er ihn vermissen werde. Aber er werde weiterkämpfen. Dann verließ er abrupt den Tisch und kam auch nicht zurück, als sich die Familie zur abendlichen Filmvorführung versammelte.

Jan Barbieri und Anne Grier waren, als sie ihr Büro betraten, auf einen hektischen Tag vorbereitet. Am Freitag war immer wieder die Rede davon gewesen, daß eine Verteidigungsstrategie ausgearbeitet werden solle, und das Personal war gebeten worden, sich am Wochenende zur Verfügung zu halten.

Normalerweise wimmelte es samstags im Weißen Haus ab 9 Uhr von Mitarbeitern, die alles, was sie während der Woche aufgeschoben hatten, nachholen wollten. An diesem Samstagvormittag war alles still. Nirgends schien sich etwas zu tun.

Anne Grier und Jan Barbieri begannen nach Erklärungen dafür zu suchen, telefonierten hin und her und meldeten sich gegenseitig die Ergebnisse. Jan Barbieri, die wußte, daß Gergen Material für die Verteidigung des Präsidenten durcharbeitete, fragte ihn, ob sie am Sonntag hereinkommen solle.

»Nein«, antwortete Gergen, »außerdem interessiert sich sowieso

356

niemand für das Material.« Er wußte auch nicht genau, was los war, aber in vielen Büros brannte kein Licht.

Dann erfuhren Jan Barbieri und Anne Grier, daß die für 14 Uhr angesetzte Konferenz der Strategie-Gruppe abgesagt worden war. Die gesamte Familie fliege mit Rebozo nach Camp David. Aber Ray Price und seine Sekretärin Margaret Foote waren im Haus. Das war ungewöhnlich; es bedeutete, daß etwas Schwerwiegendes in der Luft lag.

Anne Grier wollte von Diane Sawyer wissen: »Denkt der Präsident an Rücktritt?« Statt des erwarteten kategorischen Nein kam die Gegenfrage: »Würden *Sie* nicht daran denken?«

Jan Barbieri sah, wie Ziegler sich die Treppe hochschleppte; dabei war es erst Mittag. Sonst pflegte Zieglers Energie in Streßsituationen zu wachsen.

Am Spätnachmittag erkundigte sich Anne Grier bei Tom DeCair, ob er glaube, daß Nixon zurücktreten werde. »Keine Ahnung.« Sie wollten feststellen, ob Price noch da war. DeCair telefonierte; Margaret Foote meldete sich. DeCair sagte: »Verzeihung, falsch verbunden.« Als Anne Grier und Jan Barbieri um sieben Uhr abends das Weiße Haus verließen, waren Price und Margaret Foote noch im Büro.

Pat Buchanan verließ das Weiße Haus am Samstag, wütend und frustriert, gegen 17 Uhr. Später, als er zu Hause fünf Bier getrunken und gerade ein sechstes aufgemacht hatte, bekam er einen Anruf von Price. Auch Price war verärgert. Haig hatte ihm mitgeteilt, der Präsident wolle es durchfechten. Jetzt mußte Price eine *Nichtrücktritts*rede entwerfen, in der versucht werden sollte, die Konsequenzen aus dem Tonband vom 23. Juni zu verharmlosen. Nixon sollte die Ansprache am Montagabend im Fernsehen halten.

Price hielt es für katastrophal, wenn der Präsident dem Land verkündete, daß er trotz aller Beweise dafür, daß er zwei Jahre lang gelogen und getäuscht hatte, nicht aufgeben wolle. Price sagte, er mache sich Gedanken über die Einstellung einiger Leute, mit denen er gesprochen habe. Vor allem der Anwälte. Man müsse einen Mittelweg finden, um den Präsidenten vor einem unwiderruflichen Schritt zu bewahren. Sie verabredeten sich für den nächsten Morgen in Buchanans Büro.

Gegen 22 Uhr beschlossen David und Julie, nach Washington zurückzukehren. In Camp David war es deprimierend geworden. Man konnte dort nur wenig tun, um die Lage zu verbessern. Aus der Familienbesprechung, die der Präsident ihnen zugesagt hatte, war nichts Rechtes geworden. Er hatte keinen ernsthaften Versuch gegeben, das Problem in den Griff zu kriegen oder darüber zu diskutieren, was unternommen werden mußte. Und es sah auch nicht aus, als werde es noch dazu kommen.

In Washington versuchte David ein wenig zu lernen, konnte sich aber einfach nicht auf die juristischen Lehrbücher konzentrieren. Kurz vor Mitternacht gab er es auf und rief seinen Freund Brooks Harrington an. Er mußte mit irgend jemandem sprechen.

Die übrige Familie sei gegen den Rücktritt, berichtete David bedrückt. Seit Freitagabend könne ihm der Präsident nicht mehr in die Augen sehen. Das Hauptproblem lag seiner Meinung nach darin, daß Mr. Nixon befürchtete, ihre Achtung zu verlieren, falls er zurückträte. Daher müßten sie ihn jetzt davon überzeugen, daß sie ihn, komme, was wolle, weiterhin lieben würden.

David wirkte nervös und müde. Harrington suchte nach Trostworten. Die Harringtons hatten die Abendmesse besucht. »Carol und ich haben eine Kerze für euch angezündet«, sagte Brooks.

David schluchzte auf und begann zu weinen.

Sonntag, 4. August

Der Beweis, daß sich der Präsident zu einem Katastrophenkurs entschlossen hatte, war in der Ansprache enthalten, die Price um 9 Uhr in Buchanans Büro mitbrachte. Sie bestätigte Buchanans schlimmste Befürchtungen. Was als Rücktrittsrede konzipiert worden war, glich nun einer Trutzerklärung. Der Präsident wollte der Nation verkünden, nur ein Schuldspruch durch den Senat könne ihn veranlassen, das Amt aufzugeben, in das er gewählt worden sei.

Kopfschüttelnd las Buchanan den Text: »Obwohl ich meine politische Basis verloren habe, werde ich ums Prinzip kämpfen . . . Ich werde persönlich vor den Senat treten und den Kampf bis zum bitteren Ende weiterführen.« Damit schaufele sich der Präsident selbst das Grab, sagte Buchanan. »Er darf sich doch nicht derart festlegen.«

Price meinte, ihn brauche Buchanan nicht zu überzeugen. Er tue lediglich seine Pflicht, befolge Anweisungen.

Sie vereinbarten, daß Buchanan ein Memo an Haig schicken solle, das sie gemeinsam entwarfen. Es befaßte sich mit dem unmittelbar anstehenden Problem: den Präsidenten daran zu hindern, daß er öffentlich schwor, nicht aufzugeben.

Der Präsident dürfe auf keinen Fall geloben, vor dem Senat zu erscheinen, damit sei gar nichts gewonnen, schrieben sie. Und am Montagabend dürfe er nicht im Fernsehen auftreten. Könne man Nixon nicht daran hindern, müsse er sich auf eine dreiminütige, gefilmte Erklärung im Presseraum beschränken, in der er lediglich den Inhalt des Tonbandes vom 23. Juni darlegen dürfe.

Auf einem Block notierte sich Buchanan den Entwurf für die letzten Sätze: »Legen Sie ihn nicht auf die Erklärung fest, er werde durchhalten. Wir konnten ihn nicht zum Rücktritt bewegen, aber die Ereignisse werden es schaffen. Warten Sie ab, bis das Tonband mitsamt seinen Folgen ihn überzeugt.«

Zusammen mit Price redigierte er es noch etwas und diktierte das Memo dann Margarete Foote.

»Es ist nur zum Besten des Alten«, sagte Buchanan zu Price. »Für die Zukunft wäre es schlimm, wenn wir ihn zu etwas überreden, das er nicht für richtig hält. Sein ganzes Leben würde er sagen: ›Ich habe mich von Beratern dazu beschwatzen lassen, dabei hätte ich es bestimmt geschafft.‹ Wir sollten uns zurückhalten und die Bombe einfach platzen lassen; der Präsident muß die Druckwelle zu spüren bekommen. Er muß die Realität selbst erkennen.«

Price ging, um sich für den Nachmittagsflug nach Camp David fertigzumachen. Buchanan sollte eigentlich nicht mitkommen, aber jetzt wollte er gern dabei sein. Er rief Haig an und erklärte dem General, er stehe auf Wunsch zur Verfügung.

Während er auf Haigs Rückruf wartete, zog Buchanan eine Trainingshose an. Es klingelte, als er gerade seine neuen blauweißen Laufschuhe zuschnürte. Buchanan solle mitkommen nach Camp David. Er bat Shelley telefonisch, ihm Jackett und Krawatte ins Büro zu bringen. Dann verließ er das EOB durch das Kellergeschoß – nur wenige Meter entfernt von dem Büro, in dem Howard Hunt und die Klempner gearbeitet hatten.

Diana Gwin, die Assistentin von Stabssekretär Jerry Jones, machte Sonntagsdienst in Haigs Büro; Wardell hatte sie gebeten, im Vorzimmer das Telefon zu übernehmen. Diana fand, der General sehe ungewöhnlich abgespannt aus, als er gegen 9.30 Uhr mit Joulwan eintraf. Haig machte ein weiteres Problem zu schaffen: das Wetter. Es regnete, daher konnten sie möglicherweise nicht mit dem Hubschrauber nach Camp David fliegen.

Wardell schlug vor, ein Auto zu nehmen. Er kannte den eigentlichen Anlaß für Haigs Nervosität. Am Mittwoch hatte er ihm von dem Tonband erzählt. »Ich weiß nicht, ob ich meine Handlungsweise rechtfertigen kann«, hatte der General gesagt.

Diane fragte Wardell, was los sei. »Warten Sie ab«, antwortete er. »Die Scheiße wird jeden Moment den Ventilator treffen. Morgen soll ein katastrophales Tonband herauskommen.« Diane und Wardell begannen es das »Killer-Band« zu nennen.

Gegen Mittag klärte es sich auf. Eilig versammelten sich die Teilnehmer für die Fahrt zum Startplatz: Ziegler, Pat und Shelley Buchanan, Price, Joulwan, St. Clair mit Frau, Haig mit Frau. Als sie die Limousine bestiegen, sah Haig zum blauen Himmel auf und warf dann, bevor er einstieg, Wardell einen vorwurfsvollen Blick zu.

Ziegler und die Ghostwriter nahmen den zweiten Wagen. Buchanan reichte Ziegler eine Kopie des Memos und sagte, Price finde es gut. Finster nickte Ziegler zu jedem Punkt bis auf den letzten, daß ein Rücktritt unvermeidlich sei. »Ich bin einverstanden mit allem, bis auf den letzten Abschnitt«, erklärte er. Buchanan war es gewöhnt, daß Ziegler niemals erkennen ließ, ob er seine oder die Gedanken des Präsidenten wiedergab. Doch wenigstens war er jetzt auch gegen eine öffentliche Kampfansage.

Im Hubschrauber übergab Buchanan das Memo Haig, der es rasch durchlas. Die »Zwei-Stufen«-Strategie, das Band freizugeben und zu warten, bis die Ereignisse den Präsidenten überzeugten, sagte ihm zu. »Ich bin einverstanden«, damit gab er das Blatt über die Schulter an Buchanan zurück, der es St. Clair weiterreichte. Er hoffte, daß diese abwartende Haltung der angeborenen Vorsicht des Anwalts entsprach und dessen jüngste Begeisterung für einen Kampf im Senat ein wenig dämpfte.

St. Clair jedoch vollzog wieder einmal eine Kehrtwendung. Er lehnte die Empfehlung ab und umriß seine neueste Einstellung: »Er muß morgen zurücktreten.« Wer eine andere Ansicht vertrete, diene nicht den Interessen des Landes.

Alle widersprachen ihm laut, um sich bei dem Lärm des Hubschraubers verständlich zu machen.

In Camp David begab sich Haig sofort zum Präsidenten. Buchanan, Price, St. Clair und Ziegler setzten in ihrem Quartier ihre erbitterte Debatte fort, die immer hitziger wurde. Buchanan schloß daraus, daß St. Clairs abermaliger Gesinnungswandel weitgehend auf der Sorge um seinen Ruf als Anwalt beruhte.

Ziegler war heftig erregt. Ein Rücktritt am folgenden Tag sei ausgeschlossen. Jeder Versuch, den Präsidenten zu etwas zu zwingen, würde fehlschlagen und könnte sogar mit einer Katastrophe enden. Der Präsident halte das Band vom 23. Juni nicht für tödlich.

Buchanan war der Ansicht, der Weg zu Nixon führte über Ziegler, und wollte sich in eine gemäßigte Position zwischen St. Clairs sofortiger Rücktrittsforderung und der Bereitschaft zum Kampf manövrieren. Darum verstärkte er seine Attacke gegen St. Clair. »Gebt das Band heraus, und er wird binnen einer Woche oder zehn Tagen Vernunft annehmen. Und für das Land ist es verdammt viel besser.« Amerika brauche Zeit, um das Band zu verdauen; dann würden die meisten Menschen zur selben Schlußfolgerung kommen, zu der auch Nixon gelangen müsse: daß ein Rücktritt nicht zu vermeiden sei.

St. Clair ließ sich nicht überzeugen. »Wieviel Schläge kann ein Mensch einstecken? Wieviel kann das Land einstecken? Wir helfen dem Präsidenten nicht, wenn wir ihn gewähren lassen.«

»Aber Jim, ich habe ihm schon dreimal zum Rücktritt geraten«, sagte Buchanan. »Durch Al Haig, durch Bebe Rebozo und durch die Familie.«

Nach einer halben Stunde kam Haig zurück.

»Hat er begriffen, Al?« fragte Buchanan. »Weiß der Präsident jetzt, wo ich stehe?«

»Ja«, antwortete Haig. Und Buchanan sah St. Clair mit einem Blick an, der besagte: »Sehen Sie?«

St. Clair wollte Einwände erheben, doch Haig unterbrach ihn. Der Präsident sei einverstanden, statt einer Fernsehansprache eine schriftliche Erklärung abzugeben, die am folgenden Tag zusammen mit dem Transkript veröffentlicht werden solle.

Ziegler ging zum Präsidenten, und das Gespräch wandte sich nunmehr der schriftlichen Erklärung zu. Price machte sich sofort an die Arbeit. Er brauchte nicht lange zu überlegen. Ein Teil der ursprünglich vorgesehenen Ansprache befaßte sich mit dem Tonband. Price schnitt ihn heraus und formulierte ihn etwas unbestimmter. In der Erklärung sollte weder von Rücktritt noch von Kampf bis zum Ende die Rede sein.

Während Price arbeitete, diskutierten Haig, St. Clair und Buchanan weiter. Wenn man dem Präsidenten vorschreiben wolle, was er zu tun habe, sagte Haig zu St. Clair, löse man damit unter Umständen die gleiche Reaktion aus wie Griffins Brief am Tag zuvor und erreiche nur, daß Nixon noch störrischer werde. Nach und nach lenkte St. Clair ein.

Haig und St. Clair wollten die Loyalisten im Rechtsausschuß am Montag informieren. Damit wußte aber John Rhodes immer noch nicht Bescheid. Rhodes hatte für Montag eine Pressekonferenz angesetzt und dem Weißen Haus versichert, er werde bei der Debatte im Repräsentantenhaus persönlich die Anti-Impeachment-Streitmacht anführen.

»Wir können den Mann unmöglich so in der Luft hängen lassen«, meinte Buchanan.

Haig rief Rhodes an. »Es gibt da einige Entwicklungen, über die ich Ihnen nichts mitteilen kann«, erklärte er. »Aber ich rate Ihnen dringend, Ihre Pressekonferenz abzusagen.«

Rhodes glaubte noch nie eine so verzagte Stimme gehört zu haben. »Wann werde ich erfahren, um was es geht?«

»Morgen«, antwortete Haig. »Ich werde Sie informieren.«

Rhodes bedankte sich und bat Jay Smith, seinen Pressesekretär, die Konferenz abzusagen. »Ich glaube, jetzt kommt es zum Rücktritt.«

Kurz nach 14 Uhr traf man sich zum Lunch. Auf ausdrücklichen Wunsch des Präsidenten waren einige Ehefrauen mit nach Camp David gekommen. Patricia Haig hatte mit Billie St. Clair stundenlang Walderdbeeren gesammelt. Es herrschte beinahe Picknickstimmung, und die Ehemänner waren entschlossen, es wenigstens während des Essens dabei zu belassen: kurzgebratene Steaks, dazu frisches Gemüse.

Nach dem Dessert zogen sich die Männer zurück und besprachen Prices Entwurf. Er hatte die Grundzüge für die Erklärung umrissen:

1. Beim Abhören der laut Supreme-Court-Entscheidung auszuliefernden Tonbänder habe der Präsident in seinen früheren Erklärungen zu Watergate eine schwerwiegende Auslassung entdeckt.

2. Er habe festgestellt, daß er am 23. Juni 1972 den Befehl zur Einstellung der FBI-Ermittlungen nicht nur aus Gründen der nationalen Sicherheit, sondern auch aus politischen erteilt habe.

3. Daher sollten dem Rechtsausschuß des Repräsentantenhauses, der seine Beratungen auf unvollständige und falsche Informationen gestützt habe, komplette Abschriften der Gespräche vom 23. Juni übergeben werden.

4. Ein Votum des Repräsentantenhauses für ein Impeachment stehe fest. Daher werde ein Senatsverfahren stattfinden. Um sicherzustellen, daß keine weiteren wichtigen Informationen übersehen würden, werde der Präsident dem Senat freiwillig das gesamte Material aushändigen, das dem Sonderankläger übergeben worden sei.

5. Der Präsident erkenne zwar den Schaden, den diese Entdeckung seinem Fall zugefügt habe, sei aber nach wie vor überzeugt, daß die Unterlagen in ihrer Gesamtheit den extremen Schritt eines Impeachment-Verfahrens und einer Verurteilung nicht rechtfertigten. Welche Fehler er im Zusammenhang mit Watergate auch gemacht habe, die grundlegende Wahrheit bleibe doch, daß er – als ihm alle Fakten zur Kenntnis gebracht worden waren – auf einer gründlichen Untersuchung und Strafverfolgung der Schuldigen bestanden habe.

Price fand, sein Entwurf gebe seiner festen Überzeugung Ausdruck, der Handlungsweise des Präsidenten sechs Tage nach dem Watergate-Einbruch liege keinerlei schuldhafte Absicht zugrunde, und Nixon habe nichts getan, was ein Impeachment-Verfahren erforderlich mache.

Buchanan war zufrieden darüber, daß sich der Präsident nicht zu einem Kampf bis aufs Messer verpflichtete. Mit welchen Worten auch immer Price die harten Tatsachen abmilderte, an der Auswirkung einer solchen Erklärung konnte es keinen Zweifel geben. Immerhin aber ließ sie dem Präsidenten ein wenig Spielraum.

Haig dagegen war nicht zufrieden. Zunächst sei die Erklärung nicht korrekt. Sie deute an, daß Nixon sich das Band erst nach der Supreme-Court-Entscheidung angehört habe. In Wahrheit habe er es aber schon im Mai gehört.

Price und Buchanan waren verwirrt. Warum hatte er es sich im Mai angehört?

Der Präsident habe es damals getan, erklärte Haig, weil Jaworski ihm den Kompromiß angeboten hatte, sich auf bestimmte Tonbänder zu einigen und dafür Nixons Status als nicht angeklagter Mitverschwörer geheimzuhalten. Buzhardt, St. Clair und er seien alle an der Sache im Mai beteiligt gewesen. Die Erklärung müsse das deutlich machen: Sie wußten nicht, daß Jaworskis Angebot vom Präsidenten abgelehnt worden sei, nachdem er sich das Tonband vom 23. Juni angehört hatte.

Buchanan und Price waren empört. Sie – und viele andere – hatten ihren eigenen Ruf aufs Spiel gesetzt, als sie bei der Verteidigung des Präsidenten Dinge sagten, von denen Nixon genau wußte, daß sie falsch waren.

Ziegler nahm den Präsidenten in Schutz. Nixon habe das Band bestimmt erst nach der Supreme-Court-Entscheidung gehört. Sie müßten sich irren. Er ging seinen Chef fragen.

Haig beschloß, ebenfalls nachzuforschen. Er ließ Joulwan bei Wardell anrufen und ihn bitten, im Tagebuch unter dem 5. Mai zu verifizieren, daß St. Clair und er an diesem Datum zugegen waren, als Jaworski seinen Vorschlag unterbreitete. Joulwan war wenige Minuten später zurück: Es stimmte.

Dann versuchte Haig diejenigen zu erreichen, die das genaue Datum nennen konnten, an dem sich der Präsident das Band angehört hatte: Bull, Shepard und Buzhardt. Mit den ersten beiden hatte er schon gesprochen und wollte gerade Buzhardt anrufen, als Ziegler zurückkam. Sie berichteten ihm, was sie bisher festgestellt hatten: Jaworski, Haig und St. Clair waren am 5. Mai zusammengekommen. Nach Aussage von Bull und Shepard hatte sich der Präsident das Band am 6. Mai angehört. Am Tag darauf hatte der Präsident St. Clair angewiesen, das Angebot Jaworskis abzulehnen.

Ziegler schrie, das sei nicht wahr. »Der Präsident sagt, er habe es damals noch nicht gehört. Erst Ende Mai.« Sie alle zögen voreilig falsche Schlüsse.

»Hören Sie, Ron«, sagte Buchanan mit erhobener Stimme, »wir haben die Unterlagen. Der einzige Tag, an dem die Bänder ausgegeben wurden, war der 6. Mai. Und die Jaworski-Sache spielte zur gleichen Zeit. Es gibt gar keine andere Möglichkeit.«

»Das glaube ich nicht!« entgegnete Ziegler schrill. »Der Präsident sagt, daß es anders war.« Daß das Tonband ausgegeben wurde, sei kein Beweis dafür, daß der Präsident es auch gehört habe. Und selbst wenn, dann habe er seine Bedeutung eben nicht erkannt. Ziegler stand mit seiner Meinung allein.

Haig fand, es lohne sich nicht, ihm zu widersprechen. Er rief Buzhardt im Weißen Haus an. Hatte der Präsident, als er die Tonbänder überprüfte, auch das Gespräch vom 23. Juni abgehört?

Wann? Im Januar oder im Mai?

Entweder – oder.

Buzhardt sah in seinen Aufzeichnungen nach. Der Präsident habe sich das Band am 6. Mai angehört, sagte er.

Haig erklärte ihm, worum es ging und was Ziegler behauptete.

Es gebe noch ein weiteres wichtiges Indiz, sagte Buzhardt. Erst vor zwölf Tagen, am 24. Juni, habe der Präsident ihn, wie Haig sich erinnern werde, ausdrücklich gebeten, sich das Band vom 23. Juni 1973 anzuhören. Es könne kein Zweifel daran bestehen, daß der

Präsident das Band bereits gehört habe, sonst hätte er es nicht als potentielles Problem bezeichnen können.

Das war der entscheidende Beweis für Buchanan, Price und St. Clair, Ziegler jedoch blieb stur. Er müsse absolut sicher sein, ihre These persönlich verifizieren. Obwohl Haig das für Zeitverschwendung hielt, erklärte er sich zu einer Zusammenkunft mit Bull und Buzhardt am selben Abend im Weißen Haus bereit. Er rief Bull an, den er jedoch erst um 18 Uhr erreichte. »Ich fliege gleich hier ab und möchte Sie und Jerry Jones um 20 Uhr in mein Büro bitten.« Jones war für die Registrierung der Tonbänder verantwortlich.

Als Bull gerade ins Weiße Haus zurückkehren wollte, erhielt er einen weiteren Anruf, diesmal vom Präsidenten. Ob Bull sicher sei, daß er, Nixon, sich das Tonband am 6. Mai angehört habe?

Ganz sicher.

»Wirklich ganz sicher?« wiederholte der Präsident. »Ich dachte, es wäre später gewesen.«

Unmöglich, meinte Bull. Es stehe in den Unterlagen.

Sei es denkbar, daß Bull das Band zwar aufgelegt, der Präsident es sich aber nicht angehört habe?

»Nein, Mr. President, ich erinnere mich genau an den Tag.« Das Zählwerk zeige, daß sich der Präsident das Band tatsächlich angehört habe, daß es nicht nur aufgelegt worden sei. Das sei hundertprozentig, versicherte Bull.

Als Bull im Weißen Haus eintraf, war zunächst nur Jones da, doch die Gruppe aus Camp David kam bald darauf. Buzhardt ging mit ihnen in Haigs Büro.

Haig fragte Jones, wann der Präsident das Band vom 23. Juni erhalten habe.

Es sei am 6. Mai an Bull ausgegeben worden.

Haig wandte sich an Bull. »Wann hat er es sich angehört?«

Während Bull nochmals in seinen Notizen nachsah, erklärte Price: »Es ist sehr wichtig.«

»Es könnte tödlich sein«, ergänzte Haig.

Bull musterte die beiden. »Meine Unterlagen zeigen, daß sich der Präsident das Band am 6. Mai angehört hat.«

»Wer weiß davon?« fragte Haig.

Bull hatte es bei seiner Zeugenaussage am 6. Juni der Grand Jury mitgeteilt. Außerdem hatte er seine Unterlagen zur Verfügung gestellt. Haig reagierte nicht verärgert, wie Bull erwartete, sondern schwieg.

»Okay, das wär's«, sagte er schließlich. »Ein höchstwahrscheinlich tödlicher Beweis.« Es klang resigniert. Es gebe nichts weiter zu besprechen. Auch Ziegler hatte keine Einwände mehr.

Nachdem Bull und Jones gegangen waren, wandten sich die anderen wieder Prices Entwurf zu. Haig reichte Buzhardt eine Kopie und berichtete ihm, was sich in Camp David abgespielt hatte. Der Präsident beharre darauf, das Band nicht abgehört zu haben, und verlange, die Erklärung solle diese Behauptung untermauern. Haigs Miene fragte: »Ist das nicht unglaublich?«

Buzhardt schüttelte betrübt den Kopf. In der Erklärung könne nicht stehen, daß der Präsident das Band nicht abgehört habe, weil die Aufzeichnungen das Gegenteil bewiesen, die der Sonderankläger sowie die Grand Jury in Händen hätten.

Schließlich erarbeitete die Gruppe einen, wie sie hofften, akzeptablen Kompromiß. Price könne schreiben, der Präsident habe die Bänder im Mai überprüft, ohne jedoch das genaue Datum zu nennen. Das mochte genügen. Damit wäre die Kernfrage umgangen. Doch Haig und St. Clair hielten das nicht für ausreichend. Sie verlangten, der Präsident müsse bestätigen, daß er ihnen zu jenem Zeitpunkt nicht gesagt habe, was auf dem Tonband sei. St. Clair forderte, der Präsident müsse außerdem die Verantwortung dafür übernehmen, daß das Band dem Sonderankläger und dem Rechtsausschuß vorenthalten worden war.

Sie ließen dem Präsidenten durch Ziegler ausrichten: Er dürfe nicht länger Tatsachen abstreiten, die in den Unterlagen festgehalten seien, sondern müsse die Situation ein für allemal klarstellen.

Für Buzhardt standen Haig und St. Clair kurz davor, mit Drohungen zu argumentieren. Er versuchte sie zu beschwichtigen; ruhig erinnerte er sie daran, daß sie sich alle darauf geeinigt hätten, den Rücktritt nicht zu erzwingen, daß dieser Schritt des Präsidenten freiwillig erfolgen, daß Nixon ihn vor allem so ansehen müsse. Price werde schon etwas austüfteln, versicherte Buzhardt.

Haig und St. Clair beruhigten sich. Die Diskussion wandte sich wieder der Frage zu, wie man eine Zwei-Stufen-Strategie ausarbeiten könne. Was war am nächsten Tag zu tun? Wer mußte informiert werden, bevor das Transkript veröffentlicht wurde?

Gleich nach der Besprechung begann Haig zu telefonieren. Zuerst erreichte er Finanzminister William Simon. »Ich habe schlechte Nachrichten, die für den Präsidenten tödlich sein könnten.« Er schilderte das Transkript. Außerdem werde der Präsident eine schriftliche Erklärung abgeben, aber die sei noch in der Mache.

Als Haig berichtete, was in die Erklärung aufgenommen werden sollte, machte er seiner Enttäuschung Luft. Buzhardt, St. Clair und er würden alle zurücktreten, »wenn der Präsident nicht die Karten offen auf den Tisch legt«.

Montag, 5. August

Haig traf zeitig im Weißen Haus ein. Er hatte diese Pflichtübung schon oft erledigt: schwierige Informationen weitergeben, die richtigen Leute in der richtigen Reihenfolge benachrichtigen, damit sich niemand unnötig gekränkt fühlte. Auf diese Weise schuf Haig sich Freunde und behielt sie auch. Er beherrschte die Technik, die bürokratischen und politischen Institutionen ein wenig früher über Entscheidungen des Präsidenten zu unterrichten, gerade rechtzeitig, um die Tatsachen zu verdauen, ohne sie jedoch noch weiterverbreiten zu können.

Diesmal war es kritisch; der Zeitplan mußte exakt funktionieren. Das neue Transkript durfte keine Panik auslösen, seine Bedeutung jedoch nicht heruntergespielt werden. Das war der springende Punkt bei dem Zwei-Stufen-Plan. Das Schuldmaß des Präsidenten mußte allmählich, aber tief ins allgemeine Bewußtsein dringen. Diesmal hatte Nixon keine großartige Geste in petto, um das Land abzulenken oder das Offensichtliche wegzuerklären. Keine Rede wie bei Vietnam, dem Rücktritt Haldemans und Ehrlichmans oder der Herausgabe der redigierten Abschriften. Heute war Haig allein auf sich gestellt.

Unbedingt vorgewarnt werden mußten die zehn Republikaner im Rechtsausschuß, die sich für den Präsidenten stark gemacht hatten; die republikanische Führungsspitze im Senat; die wichtigsten Freunde unter den Demokraten wie Eastland und Stennis; ferner Jaworksi, George Bush, das Kabinett und der schwergeprüfte Stab des Weißen Hauses. Die Mitarbeiter wollte sich Haig selbst vornehmen.

Die Reporter würden die Erklärung und die Abschrift am Spätnachmittag bekommen, früh genug, um den Inhalt zu erfassen, aber zu spät, um eine Massenflucht auszulösen. Im Kapitol konnten sich die Abgeordneten beraten, bevor sie sich exponierten oder Erklärungen abgaben. Auf diese Weise würde sich das Drama über einige Tage hinziehen.

Diejenigen, die das Transkript gesehen hatten, waren einer Meinung. Dennoch konnte Haig der allgemeineren Reaktion nicht absolut sicher sein. Ein Konsensus der Hauptmitarbeiter – Ziegler, Buzhardt, St. Clair, Price, Buchanan, Burch und er selbst – hatte sich oft als falsch erwiesen. Die Reaktion von Wiggins und Griffin mochte darauf hindeuten, daß der Fall entschieden war. Trotzdem mußte er vorsichtig sein, seine Position beim Präsidenten wahren und andere ihre Schlüsse ziehen lassen. Er würde still in der Mitte sitzenbleiben und seine Gefühle dadurch bekunden, daß er einfach nicht, wie üblich und von allen erwartet, den Präsidenten aktiv unterstützte. Haig hatte den Präsidenten schon anderen Orkanen trotzen sehen. Und auch aus diesem konnte er sich vielleicht retten. Nixon verfügte über verborgene Kraftquellen und über eine ungeheure Machtfülle durch sein Amt – das war Haig absolut klar. Er bezweifelte zwar, daß Richard Nixon noch einmal Hilfstruppen um sich scharen konnte, sicher war er jedoch nicht. Selbst jetzt vermochte er nicht mit Bestimmtheit zu sagen, ob er den Präsidenten wirklich kannte.

Als Buzhardt ziemlich früh in Haigs Büro eintraf, war George Bush bereits dort – unterrichtet und erleichtert. Endlich sah der Parteivorsitzende mal in einer Sache klar. Das vieldeutige Beweismaterial gegen den Präsidenten hat die Partei gespalten, dachte Bush. Die drei besprachen den Tagesplan. Buzhardt und Dean Burch wollten am Nachmittag John Rhodes mit der Lage vertraut machen. Das war heikel. Die Presse erwartete, daß Rhodes heute erklärte, ob er die Führung der Impeachment-Gegner übernehmen werde. Haig hatte ihm zwar davon abgeraten, aber man mußte an Rhodes vorsichtig herangehen.

Haig brauchte Übereinstimmung. Die Freunde des Präsidenten, bestimmte, zuverlässige Mitarbeiter, ein paar Politiker, deren Motivation über jeden Verdacht erhaben war, mußten binnen kurzem alle zur gleichen Schlußfolgerung kommen. Haig wollte nicht allein den Kopf hinhalten. Sie würden Rhodes nicht unter Druck setzen, doch Buzhardt hoffte, ihm verständlich machen zu können, daß es nur diese einzige Lösung gab. Bush wollte mitkommen. Das abzulehnen wäre unhöflich gewesen.

Kurz nach 9.15 Uhr versammelten sich Burch, Timmons, Buchanan, Lichenstein, Clawson und Richard Moore in Burchs Büro, um sich von Buchanan ins Bild setzen zu lassen. Er schilderte das Wochenende in Camp David: Price, St. Clair und er selbst in einer Villa, Nixon in einer anderen, Haig und Ziegler als reitende Boten; die sture Behauptung des Präsidenten, das Transkript meine nicht das, was es sage; und dann ihre eigenen »Ermittlungen«, die bestätigten, daß der Präsident sich das Band angehört hatte.

Buchanan rieb sich die Hände, wippte in seinem Sessel und versuchte auszudrücken, was er nach fast zehn Jahren in Richard Nixons Diensten empfand. Er grübelte darüber nach, wie schwer er und die anderen an der Verteidigung geschuftet, wie sie immer wieder erklärt hatten, der *Old Man* sei ein Opfer – nicht ohne Fehl, aber ein Opfer.

368

Buchanan schien wieder kurz vor dem Überkochen. Der Alte hatte ihn und alle anderen belogen. Er hatte kriminellen Handlungen Vorschub geleistet. Der Präsident hatte sich das Band schon drei Monate zuvor, im Mai, angehört. Seit damals hatte er gewußt, daß es die schlimmsten Verdachtsmomente bestätigte, und deswegen den von Jaworski angebotenen Kompromiß abgelehnt. Die Familie, vor allem Julie, drängte den Präsidenten, nicht zurückzutreten. Buchanan jedoch war ganz eindeutig anderer Meinung. Es sei alles aus, sagte er.

Er rief im Anwaltsbüro an, um sich eine Kopie der Abschrift schicken zu lassen. Jeff Shepard zitterte, als er zum Xerox-Apparat ging. »Jetzt ist es soweit«, sagte er zu Ann Morgan, Gergens Assistentin. »Sie haben die rauchende Pistole gefunden.« Dann ging er mit der Kopie in Burchs Büro und las sie dort laut vor.

Danach sagte Clawson zu Lichenstein: »Leider besteht keine Nachfrage nach konservativen Journalisten.«

Die Gruppe hatte keine wirksame Verteidigung organisieren können. Jetzt brach sie endgültig zusammen. »Jemand soll Eis holen«, sagte Burch.

Jemand holte den Scotch.

»Auf den Präsidenten«, sagte Timmons. Es war ein ernster Augenblick. Gruß und Abschied.

Kurz darauf war Timmons am Telefon. »Kommen Sie rüber, wir schreiben Resümees«, bat er einen seiner Assistenten.

Flüchtig überlegte Timmons, ob Haig alle wichtigen Leute erreicht hatte. »Dean, weiß Bush schon von dem Transkript?«

»Ja.«

»Na, und was hat er getan?«

»Dem ist der Arsch mit Grundeis abgegangen«, antwortete Burch.

An jenem Vormittag erhielt Leon Jaworski in seinem Büro in Houston einen Anruf von Haig.

Der General war alles andere als offen. Er schilderte das neue Transkript und erklärte, weder er noch die Anwälte hätten bis jetzt etwas von seiner Existenz geahnt. »Das war ein regelrechter Schock«, behauptete er.

St. Clair kam an den Apparat. »Es muß ausgeliefert werden. Ich habe dem Rechtsausschuß eine falsche Darstellung gegeben.«

Jaworski registrierte ihre Nervosität, besonders bei St. Clair. Der Anwalt des Präsidenten informierte den Sonderankläger nicht nur, sondern versuchte sich abzusichern, klarzustellen, daß er auf der Herausgabe bestanden habe. Nach den sieben Monaten, die er mit St. Clair verhandelt hatte, war Jaworski zu dem Schluß gelangt, daß der Bostoner Anwalt überschätzt wurde. Er war eindeutig schlecht informiert und hatte Nixons Verteidigung nicht unter Kontrolle. Jaworski betrachtete ihn mittlerweile nur als ein weiteres Zubehörteil in der

Public-Relations-Maschinerie des Weißen Hauses – ein weiterer Mitarbeiter, der die Unschuld des Präsidenten beteuerte.

Das neue Band kam nicht überraschend. Jaworski hatte so etwas erwartet. Es klang, als sei es der Verteidigung des Präsidenten abträglich, aber von solchen gab es ja bereits so viele. Er sah keinen Grund, nach Washington zurückzueilen.

Um 10 Uhr kam der Präsident mit dem Hubschrauber aus Camp David zurück. Als er landete, ließ Ziegler von Connie Gerrard bei Price einen Umschlag abholen, dessen Inhalt sie aber nicht lesen dürfe. Xur Vorsicht hatte Price ihn jedoch mit einem Klebestreifen verschlossen. Sie übergab das Päckchen Stuart Stout im Büro des Protokollchefs, der es dem Präsidenten brachte. Es enthielt Prices achtseitigen vierten Entwurf für die Erklärung am Nachmittag.

Während der Präsident ihn las, rief St. Clair gegen 11 Uhr McCahill zu sich. »Das Band vom 23. Juni enthält übles Material«, sagte er und erklärte ihm die Einzelheiten. McCahill fand es ebenfalls schlimm. »Meinen Sie, ich soll das Mandat niederlegen?« fragte St. Clair.

McCahill war entsetzt. Die jungen Anwälte des Teams rissen oft Witze über Bomben, die direkt auf ihrem Bunker detonierten. »Ich gehe«, sagten sie auch gelegentlich. Manchmal scherzten sie, der Sonderankläger werde Buzhardt als nicht angeklagten Mitverschwörer bezeichnen. Aber St. Clair meinte es ernst. Er berichtete seinem Mitarbeiter, daß ihr Mandant Beweismaterial vorenthalten habe.

McCahill versuchte klar zu denken. Seine erste Reaktion auf problematische Enthüllungen war bisher gewesen: Okay, wie können wir das erklären, wo gibt es eine Rechtfertigung, sehen wir uns die Sache doch mal an. Seltsamerweise hatten St. Clair und McCahill niemals darüber gesprochen, ob sie den Präsidenten für unschuldig hielten. Sie waren vielbeschäftigte Anwälte; sie hatten einfach an der Verteidigung gearbeitet. McCahill pflegte zu St. Clair zu sagen, im Weißen Haus zu arbeiten sei so, als müsse man sich im Dunkeln rasieren. Er war sogar so weit gegangen, St. Clair zu drängen, er möge den Präsidenten fragen, welche Verteidigungslinie sie verfolgen sollten, da er die Tatsachen ja kenne, die Anwälte aber nur raten könnten. St. Clair hatte ihm jedoch erwidert, der Präsident habe andere Dinge im Kopf als seine juristische Verteidigung; McCahill hatte das akzeptiert. Und nun fragte ihn sein Chef, ob er das Mandat niederlegen solle.

McCahills Antwort: nein, nicht in dieser Situation. In einem normalen Fall vielleicht, in diesem aber hätte der Präsident dann keinen Anwalt mehr, denn McCahill würde natürlich ebenfalls gehen und die übrigen juristischen Mitarbeiter vermutlich auch. Es sei denkbar, daß der Präsident der Vereinigten Staaten gar keinen Anwalt mehr bekommen könnte.

St. Clair, der immer noch die Einzelheiten des Price-Entwurfs für sich behielt, meinte, er könne den Präsidenten vielleicht dazu bringen, öffentlich zu erklären, die Anwälte hätten von diesem neuen Beweismaterial nichts gewußt.

McCahill überlegte, ob der Präsident zurücktreten werde.

»Soweit ich weiß, gehen wir vor den Senat«, antwortete St. Clair.

»Na ja, dann mache ich mich wieder an die Arbeit«, sagte McCahill. Er wollte eine umfassende Analyse des Transkripts ausarbeiten, zuvor jedoch mußte er noch einmal zu Sirica. Ben-Veniste wollte die Sekretärinnen, die einige Bänder abgeschrieben hatten, »sub poena« vorladen, um festzustellen, ob es noch mehr Lücken gab.

Auf dem Rückflug nach Washington dachte Senator Robert Griffin darüber nach, ob und welche Wirkung sein Brief vom Samstag gehabt haben mochte. Nicht genug, fand er schließlich; dann holte er seinen Notizblock und einen blauen Filzschreiber heraus.

Um 10.30 Uhr, nach einer geschlossenen Sitzung des Verfahrensausschusses für die Senatsverhandlung, verlas Griffin vor Reportern im Kapitol seine Erklärung. Er sprach mit leiser, bedrückter Stimme.

»Ich denke, daß wir an einem Punkt angelangt sind, da sowohl dem nationalen als auch seinem eigenen Interesse am besten durch einen Rücktritt gedient wäre. Und nicht nur seine Feinde sind dieser Ansicht; auch zahlreiche seiner Freunde – ich selbst rechne mich ebenfalls dazu – halten das jetzt für den angemessensten Schritt. Daß das für ihn eine schwere, furchtbare Entscheidung ist, brauche ich nicht zu betonen, aber ich bin überzeugt davon, daß auch er die Notwendigkeit einsehen wird.«

Der zweite Mann der Republikaner im Senat hatte sich für den Rücktritt ausgesprochen und vorausgesagt, der Präsident werde einsehen, daß das der beste Weg sei.

Im Weißen Haus hatte sich der Beginn der täglichen Presse-Information bereits um zwei Stunden verzögert, als Gerald Warren um 13.00 Uhr den Presseraum betrat, um zu verkünden, man werde noch zwei Stunden warten müssen. Ziegler rief seine Mitarbeiter in seinem kleinen Büro zusammen: Diane Sawyer, Jerry Warren, Judy Johnson, Connie Gerrard, Karin Nordstrom und Frank Gannon.

»Ich möchte Ihnen nur kurz berichten, was geschehen ist.« Er war ruhig, kühl, bedrückt, versuchte aber keine Rechtfertigung. »Wir werden heute nachmittag Material herausgeben, das einige unter Ihnen schockieren wird. Sie werden eine Erklärung des Präsidenten tippen. Dazu drei Transkripte von Gesprächen des Präsidenten.« Sein Ton war dienstlich.

»Es besteht folgendes Problem: Mr. St. Clair hat gewisse Erklärungen abgegeben, von denen der Präsident, wie er selber sagte, wußte, daß der Sachverhalt anders war, als Mr. St. Clair ihn dargestellt hat.

Das konnte meiner Meinung nach nur geschehen, weil sich der Präsident nicht auf das Gesamtproblem konzentriert hat.

»Es bleibt jedem von Ihnen überlassen, daraus seine eigenen Schlüsse zu ziehen. Ich selbst bin fest überzeugt, daß der Präsident einfach vergessen hatte, daß er das gesagt und daß er das Tonband abgehört hat.«

Zahlreiche Leute würden den Rücktritt des Präsidenten verlangen, fuhr Ziegler fort, und viele Mitarbeiter im Weißen Haus würden sich enttäuscht und verletzt fühlen. Ihm selbst habe die Situation schwer zugesetzt, er sehe jedoch ein, daß auch ein Präsident menschliche Schwächen haben könne; ein Einundsechzigjähriger mit so großer Verantwortung könnte durchaus mal ein Band abhören und dann nicht darüber sprechen, weil er sich nicht intensiv mit dem Inhalt oder möglichen Folgen befassen wollte.

Judy Johnson weinte.

»Mit den Tränen ist jetzt Schluß«, sagte Ziegler. »Wir werden sachlich sein und unsere Arbeit tun wie immer.« Er bat alle, die Information für sich zu behalten, bis sie allgemein bekanntgegeben würde.

Anne Grier hatte während der Mittagspause das Weiße Haus verlassen, um sich eine Schallplatte zu besorgen. Als sie zurückkam, fand sie die Pressebüros leer und Zieglers Tür geschlossen. Als die anderen endlich auftauchten, konnte sie nur mühsam herauskriegen, was passiert war. Diane Sawyer sagte: »Mein Gott, ich kann einfach nicht glauben, was da steht! Ihr etwa?« Sie berichtete Anne Grier, Ron wolle sie gleich privat sprechen, doch Ziegler hatte anderweitig zu tun, und Anne Grier wandte sich wieder an Diane Sawyer. Ein Transkript vom 23. Juni solle veröffentlicht werden, erklärte Diane, und zwar ein übles.

»Was ist denn so schlimm daran?«

»Der Präsident hat auf dem Band etwas gesagt und dann zugelassen, daß St. Clair etwas sagt, von dem er weiß, daß es nicht stimmt. Ron erklärt das damit, daß der Präsident zu fertig war, um das zu erfassen, was er gehört hat, und sich auf das, was St. Clair tat, zu konzentrieren.«

Na ja, der Präsident ist nicht ganz unschuldig, aber bestimmt nicht so schuldig, wie die Leute annehmen, dachte Anne Grier.

Karin Nordstrom jedoch warf ein: »So ein Quatsch! Denkt der wirklich, daß wir ihm das abkaufen?«

Bald war die Erklärung des Präsidenten vervielfältigt und das Transkript auf festem Papier abgeschrieben. Judy Johnson, Anne Grier und Karin Nordstrom eilten damit an die Xerox-Apparate.

Die Verzögerung der Informationsstunde hatte die Presse alarmiert, und immer mehr Reporter strömten ins Weiße Haus. Der Presseraum war überfüllt, die Leute drängten sich bis auf den Rasen vor dem Eingang zum Westflügel. Mehrere Reporter lagen verbotenerweise auf dem Gras. Tom DeCair hatte den Eindruck, die Presse lechze nach Blut: Die Reporter setzten sich über Vorschriften und Konventionen hinweg, weil sie das Ende witterten. Ziegler beschwichtigte ihn. Sie hätten schon öfter schwere Zeiten durchgestanden. Von Rücktritt könne keine Rede sein.

Warren war nahezu kopflos. Ziegler sagte zu ihm, das Problem sei nun, dem Präsidenten über seine persönliche Qualen hinwegzuhelfen.

John Rhodes blieb zu Hause. Bei der Absage seiner Pressekonferenz hatte er Krankheit vorgeschützt, und diese Rolle wollte er durchhalten. Gegen 8.30 Uhr hatte ihn Wiggings angerufen und ihm den Inhalt des Tonbandes geschildert.

Gegen 13.15 Uhr erschienen Buzhardt, Burch und Bush bei Rhodes. Buzhardt erklärte ihm, daß sie eine kleine Bombe hätten – klein, aber hochexplosiv. Sie setzten sich ins Wohnzimmer und Rhodes las die Auszüge. Danach herrschte Schweigen.

»Das ist unglaublich.«

»Ja«, stimmte ihm Buzhardt zu. »Das war es für mich auch.«

»Das bedeutet, daß er um ein Impeachment nicht herumkommt«, sagte Rhodes. »Es bedeutet ferner, daß ich nicht darum herumkomme, für ein Impeachment zu stimmen.«

Buzhardt seufzte erleichtert auf.

»Das kann ich gut verstehen«, meinte Burch.

»Wissen Sie«, fuhr Rhodes fort, »nach meiner Ansicht sollte man das Ganze auf schnellstem Wege dem Senat übergeben, denn damit, daß es im Repräsentantenhaus breitgewalzt wird, ist keinem gedient, weder dem Land noch sonst jemand. Wenn Sie überhaupt noch eine Chance haben, was ich bezweifle, dann höchstens im Senat.«

Nach der Schlappe, die er vor mehreren Monaten hatte einstecken müssen, als er Rücktritt vorschlug, dachte Rhodes gar nicht daran, noch einmal davon zu sprechen, nicht einmal privat, nicht einmal mit den engsten Mitarbeitern des Präsidenten.

Die drei verabschiedeten sich zufrieden.

Um 15 Uhr versammelten sich die Demokraten des Rechtsausschusses im Repräsentantenhaus. Rodino verkündete, er hoffe, daß die Impeachment-Debatte im Plenum in zwei Wochen, am 19. August, beginnen könne. Er veranschlage fünfundsiebzig Stunden für die allgemeine Aussprache.

Um 15.50 Uhr tagten auf Veranlassung von Timmons die Verteidiger des Präsidenten im Rechtsausschuß im Büro von Leslie C. Arend. St. Clair und Timmons begannen gerade mit ihrem Vortrag, als Buzhardt und Burch eintrafen.

Dieses Auditorium kannte den Fall gründlich, daher zeitigte das neue Transkript spontane Wirkung. Die Reaktionen reichten von

Empörung bis Verzweiflung. Ihre Forderung nach »Spezifizierung« hatte jetzt den Beigeschmack von grausamer Ironie.

St. Clair rechtfertigte sich. Er habe das Mandat niederlegen wollen, wenn sich der Präsident der Veröffentlichung widersetzt hätte, sagte er, ohne zu erwähnen, daß er am 24. Juli von dem neuen Beweismaterial erfahren hatte, am Tag der Eröffnungsdebatte des Rechtsausschusses im Fernsehen. Der Zorn der Präsidentenverteidiger im Kongreß konzentrierte sich auf Nixon.

Anschließend gingen St. Clair, Buzhardt und Timmons in Scotts Büro, wo eine Zusammenkunft mit der Führungsspitze der Senats-Republikaner stattfand – Scott, Griffin, Tower, Brock und Norris Cotton von New Hampshire. Der Arbeitsraum war wie ein Wohnzimmer eingerichtet: der Schreibtisch in die Ecke gerückt, orientalische Bilder an den Wänden, kleine, chinesische Figuren auf dem Kaminsims, an der Decke ein riesiger Kronleuchter. Die Senatoren saßen steif auf Goldbrokatsofas, während St. Clair ihnen erklärte, daß er wieder mal schlechte Nachrichten bringe.

Scott unterbrach ihn. Er befürchtete, das Weiße Haus versuche wiederum, die Republikaner zu spalten, und erkundigte sich, ob John Rhodes informiert worden sei. Als die Frage bejaht wurde, legte sich sein Mißtrauen etwas.

Die Uhr auf dem Kaminsims zeigte kurz nach 16 Uhr, als St. Clair sagte, er habe eine neues, nachteiliges Transkript, das in diesem Moment veröffentlicht werde. Kopien wurden herumgereicht. St. Clair erklärte, er habe auf Publikmachung bestanden. »Ich sagte dem Präsidenten, andernfalls habe er einen Anwalt weniger.«

Niemand sprach, während die fünf Senatoren lasen.

»Ich hatte ein berufliches Problem – ob ich weiterhin Anwalt des Präsidenten bleiben könne«, sagte St. Clair, als sie fertig waren. »Aber da er es veröffentlicht hat, kann ich mit meiner Verteidigung fortfahren.« Bis zu diesem letzten Band habe er geglaubt, den Fall gewonnen zu haben.

»Wo?« fragte Scott. Die anderen Senatoren, vor allem Tower, äußerten ebenfalls Zweifel. St. Clair antwortete nicht direkt darauf. Er wußte von Haig, daß sich die Skepsis der Senatoren hinsichtlich Watergate in und um Scotts Büro herum lokalisieren ließ.

Die Senatoren waren mit dem Fall bei weitem nicht so vertraut wie die Republikaner im Rechtsausschuß, doch die Bedeutung der Abschrift war allen klar. »Die ändert die Sachlage wieder mal völlig«, meinte Scott. Er fand es merkwürdig, daß die Vertreter des Weißen Hauses nicht mal versucht hatten, den Inhalt des Bandes zu rechtfertigen. Man trennte sich höflich.

Während Buzhardt, St. Clair, Timmons und Burch im Kapitol waren, versammelten sich etwa hundert Mitarbeiter des Weißen Hauses in einem Saal des EOB. Chuck Wardell hatte Anweisung, Haig zu rufen, wenn alle da waren. Jeder Platz war besetzt, viele standen sogar in den Gängen. Haig verspätete sich, weil er die Kabinettsmitglieder noch informieren mußte, die schwer aufzufinden waren.

Die Mitarbeiter im EOB verstummten, als Haig mit halbstündiger Verspätung eintraf. Er stieg aufs Podium und sprach ins Mikrophon, knapp, nüchtern, soldatisch.

»Danke, daß Sie gekommen sind. Ich habe die leidige Aufgabe, Ihnen schlechte Nachrichten zu bringen. Der Präsident hat Tonbänder abgehört. Alle, bis auf eins, stimmen mit seinen früheren Erklärungen überein. Die eine Ausnahme ist aber so schwerwiegend, daß eine Erläuterung angezeigt ist. Es handelt sich um das Tonband vom 23. Juni 1972.«

Der Rechtsausschuß, der Sonderankläger und Richter Sirica seien informiert worden. »Das Tonband zeigt, daß frühere Erklärungen hinsichtlich der CIA-Beteiligung unvollständig und falsch waren. Ich weiß, daß diese Abschrift es Ihnen und dem Präsidenten wieder schwermacht.« Er hoffe, sie würden alle auf ihren Posten bleiben. »Wenn nicht aus Loyalität zum Präsidenten, dann aus Loyalität zu unserem Land. Ich habe im Krieg an der Front gestanden und kann sagen, daß nie jemand so tapfer gewesen ist wie die Mitarbeiter des Weißen Hauses.«

Dann las Haig die Erklärung vor, in der der Präsident zugab, daß die Abschrift mit seinen früheren Verlautbarungen nicht übereinstimmte. Der Präsident habe sich zwar die Tonbänder im Mai angehört, jedoch die Implikationen nicht erkannt und niemanden informiert:

Das war eine schwerwiegende Unterlassung, für die ich die volle Verantwortung übernehme und die ich zutiefst bedaure. Es ist mir klar, daß dieses zusätzliche Beweismaterial meinem Fall weiter schaden kann, vor allem, weil es die Aufmerksamkeit ausschließlich auf sich zieht, statt auf das gesamte Beweismaterial.

Welche Fehler ich im Zusammenhang mit Watergate auch gemacht habe, so bleibt doch primär wahr, daß ich, als ich Kenntnis von sämtlichen Tatsachen erhielt, eine umfassende Untersuchung und die Strafverfolgung der Schuldigen angeordnet habe. Ich bin fest überzeugt, daß das Material in seiner Gesamtheit den extremen Schritt eines Impeachment und der Amtsenthebung eines Präsidenten nicht rechtfertigt. Ich vertraue darauf, daß sich diese Auffassung bei der Durchführung des verfassungsmäßigen Verfahrens durchsetzen wird.

Als Haig das Podium verließ, erhoben sich die Zuhörer und applaudierten. Dann wurde es plötzlich still im Saal. Die Mitarbeiter konnten über Haigs Worte nachdenken: »Wenn nicht aus Loyalität zum Präsidenten, dann aus Loyalität zu unserem Land.«

Vielen von ihnen fiel es schwer, die Situation zu beurteilen. Anscheinend war der Präsident zum Kampf entschlossen, und seine Erklärung endete auch mit einer optimistischen Note. Doch Haigs Verhalten und sein Ton waren keineswegs so aggressiv wie sonst. Langsam verließen die Mitarbeiter den Saal. Viele schienen nicht zu wissen, was tun. Die Watergate-Veteranen bemühten sich um Kopien der Abschrift, denn in seinen Erklärungen neigte der Präsident dazu, die Tragweite von Enthüllungen zu verschleiern.

Buzhardts Assistent Dick Hauser ließ sich von Haigs Appell diesmal jedoch nicht beeinflussen. In seinem Büro verfaßte er sein Kündigungsschreiben. »Als Anwalt«, erklärte er, »ist man darauf gefaßt, von seinem Mandanten belogen zu werden, aber nicht, wenn es sich dabei um den Präsidenten handelt«. Er entwarf mehrere Versionen, lange und kurze, und hing den ganzen Nachmittag am Telefon, um sich bei seinen Freunden Rat zu holen.

Monate zuvor, als Hauser überlegte, ob er für den Präsidenten arbeiten sollte, hatte Buzhardt zu ihm gesagt: »Ich werde gut aus dieser Sache herauskommen. Der Präsident genauso. Und wenn ich es schaffe, dann Sie auch.« Jetzt glaubte Hauser, einen Fehler gemacht zu haben, den er korrigieren mußte. Er ging zu Buzhardt. Normalerweise hätte Buzhardt versucht, ihn umzustimmen. Heute fehlte ihm einfach die Zeit dazu.

Ken Cole, Chefberater des Präsidenten für innere Angelegenheiten, rief seine Mitarbeiter zusammen und erklärte ihnen, wenn einige kündigen wollten, könne er das verstehen. Doch wenn sie blieben, erwarte er, daß sie sich hundertprozentig dafür einsetzten, die Regierung funktionsfähig zu halten. Cole selbst kochte innerlich, daß man ihn so getäuscht hatte.

Viele Mitarbeiter waren heftig erregt. Bill Henkel holte sich eine Kopie der Abschrift, doch in seinem Büro brummte er: »Scheiße!« und schleuderte sie quer durchs Zimmer. Gergen und Agnes Waldron, die Leiterin des Forschungsbüros, gingen zu McCahill, um ihm ihr Mitgefühl auszusprechen. Für die Anwälte schien das alles noch schlimmer zu sein.

Als Reaktion auf Krisensituationen pflegte man im Weißen Haus Sitzungen einzuberufen. Joulwan versammelte eine Anzahl Mitarbeiter der mittleren Kader im Roosevelt Room, darunter Gergen, Jones, Powell Moore, Ken Khachigian und David Parker. Sie erhielten zunächst die beiden kürzeren Transkripte vom 23. Juni 1972; eine Viertelstunde lang lasen sie und fragten sich, was die ganze Aufregung sollte. Dann bekamen sie den Text von Nixons erstem Gespräch mit Haldeman an jenem Tag, der vierunddreißig Seiten umfaßte.

Gergen und Parker waren entsetzt über den Inhalt und sahen einander sprachlos an, während sie einen Schock nach dem anderen zu verkraften suchten. Alle lasen jetzt einzelne Sätze laut.

Es gab Proteste. Der Präsident über Herb Klein: »bei dem ist 'ne Schraube locker.« Der Ausspruch des Präsidenten, die Lira kümmere ihn einen Scheißdreck. Über Kunst: »Die Kunst, wissen Sie, das sind die Juden, die sind links – mit anderen Worten, Hände weg.« Die Frisuren seiner Frau und seiner Töchter: »Der Hubschrauber ... macht ihnen die Haare kaputt und so.« Warum hatte man so was stehenlassen? Konnte man das noch ändern? Joulwan wurde jetzt klar, daß Haig, Ziegler und die Anwälte in ihrer Eile, das Material herauszugeben, den Public-Relations-Aspekt übersehen hatten. Er stürmte ins Pressebüro, verlangte, die Veröffentlichung zu stoppen. Zu spät; über hundert Exemplare waren bereits verteilt. Unmöglich, sie zurückzufordern und dann eine revidierte Fassung auszugeben.

Überall im Weißen Haus und im EOB standen Grüppchen von Mitarbeitern herum, die sich leise unterhielten. Gearbeitet wurde praktisch nicht mehr. Wayne Valis, ein Assistent von William Baroody, einem politischen Berater des Präsidenten, holte sich eine Kopie des Transkripts aus dem Pressebüro und las sie in Baroodys EOB-Büro vor. Jemand fragte, wie viele Stimmen der Präsident jetzt noch im Kongreß bekäme.

»Überhaupt keine, begreifen Sie das nicht?« antwortete Baroody.

Tom Korologos flüchtete sich in Galgenhumor. Senator Howard Baker imitierend, wiederholte er dessen ständige Frage während der Watergate-Vernehmungen im Vorjahr: »Was wußte der Präsident, und wann wußte er es? Na, jetzt wissen wir's genau.«

Bruce Herschensohn hatte Haigs Vortrag versäumt, bekam aber sofort Berichte. Haig habe den Präsidenten diesmal nicht verteidigt. Irgend etwas sei anders geworden. Herschensohn rief Haig an. Keine Antwort. Er las die Transkripte vom 23. Juni und die Erklärung des Präsidenten. Es war etwas im Busch, fand er. Ihm erschien die Erklärung abträglicher als die Transkripte. Er las sie abermals. Die Abschriften ließen sich noch rechtfertigen, zumindest aber verschieden auslegen. Man konnte sie so und so auffassen. Die Sorge um die nationale Sicherheit war echt, auch wenn der Präsident in seinen Gesprächen mit Haldeman nicht ausdrücklich darauf hingewiesen hatte. Eine freiwillige Untersuchung von Watergate in der Woche nach dem Einbruch hätte mit Sicherheit zu den Klempnern und der wichtigen Aufgabe, neue Lecks zu stopfen, geführt. Außerdem kam ein menschlicher Faktor hinzu: Der Präsident hatte seine Freunde und Assistenten schützen wollen.

Lawrence Higby bekam einen Anruf von seinem ehemaligen Chef H. R. Haldeman, der die Nachricht gehört hatte. Warum man so viel zugegeben habe, wollte er wissen. Higby erklärte ihm, der Rücktrittsdruck nehme ständig zu, und es scheine, daß der Präsident nachgeben werde. »Das glaube ich auch«, antwortete Haldeman. »Er wird nachgeben. Wenn er es tut, dann ist das ein Fehler. Das Problem ist in dem Fall das *Wie*.«

Die Sorge des ehemaligen Stabschefs, der in Kürze wegen der Watergate-Vertuschung vor Gericht stehen würde, galt seinen eigenen Papieren und Nixons Tonbändern. Was würde damit geschehen, wenn Nixon aus dem Amt schied?

»Wenn er die Zeche zahlen und zurücktreten will, müßte er einen

Schlußstrich unter Watergate ziehen«, meinte Haldeman. Und damit wäre auch die Frage der Tonbänder ein für allemal erledigt. Nixon müßte sie in die Hand bekommen und außerdem alle Beteiligten begnadigen. Auch die Vietnam-Deserteure könne er begnadigen. Das würde den Nixon- und den Kriegsgegnern die Amnestie schmackhafter machen.

Ben Stein hatte Haig schockiert zugehört und wanderte nun umher, fassungslos, daß Watergate dahin geführt hatte. Ray Price brauchte Ruhe für seine Arbeit an der Rücktrittsrede und versuchte Stein zu beschäftigen. Er trug ihm auf, eine Kampfrede zu entwerfen.

»Das ist Ihre Chance, etwas Großes zu vollbringen«, meinte Price. »Schreiben Sie eine Ansprache, die den Amerikanern Tränen in die Augen treibt und sie fordern läßt, der Präsident solle im Amt bleiben.« Stein stürzte sich mit Begeisterung auf die Schreibmaschine.

Price hatte zwar die Unschlüssigkeit des Präsidenten in der Rücktrittsfrage miterlebt, glaubte aber, daß er schließlich doch aus dem Amt scheiden werde. Er sprach mit seinem Freund Len Garment darüber. Garment, bei seinen Kollegen als der beste Analytiker der Nixonschen Psyche bekannt, war überzeugt, der Präsident werde nicht aufgeben. Sie wetteten um ein Dinner.

Im Plenum beobachtete Barber Conable, wie Wiggins und seine Verbündeten vom Rechtsausschuß mit Leichenbittermienen hereinkamen. Das war das Zeichen, auf das er gewartet hatte. Um 15.45 Uhr hatte ihn John Rhodes angerufen. »Sie sind der einzige Mann der Spitze, an dem mir etwas liegt«, lautete seine Warnung, »vielleicht wollen Sie sich absichern«. Jetzt trat Conable vor den Fernsehkameras die Flucht nach vorn an. »Wenn die Transkripte so sind, wie Nixon sagt, werde ich für Impeachment nach Anklagepunkt Eins stimmen. Ich mag keine Führer, die irreführen.«

Dann trat Wiggins mit einer vorbereiteten Erklärung vor die Kameras. Seine Augen waren feucht, und seine Stimme klang nicht mehr zuversichtlich. Man merkte ihm an, wie er litt, und seine Offenheit verlieh diesem demütigenden Augenblick Würde. »Ich bin zu der schmerzlichen Erkenntnis gekommen, daß der Präsident der Vereinigten Staaten zurücktreten muß«, sagte Wiggins, um Fassung ringend. Wenn er das nicht täte, »werde ich daraus schließen, daß die großartige politische Laufbahn von Richard Nixon gegen seinen Willen beendet werden muß«.

Von den zehn Parteigängern Nixons wechselten an diesem Nachmittag nur Wiggins und der Abgeordnete von Iowa, Wiley Mayne, öffentlich die Fronten. Alle anderen erklärten, nachdenken zu müssen. John Anderson, der liberale Republikaner, zögerte ebenfalls. Seit er vor drei Monaten den Präsidenten zum Rücktritt aufgefordert hatte, war er vorsichtiger geworden.

Die Parteispitzen der Republikaner im Senat gaben von Scotts Büro aus eine Erklärung von nur einem Satz ab: »Der Präsident hat richtig gehandelt, als er vor der Abstimmung im Repräsentantenhaus wichtiges zusätzliches Beweismaterial veröffentlichte.«

Rabbi Korffs Reaktion war heftig. Er wollte den Präsidenten sprechen, hatte ihn aber den ganzen Tag nicht erreicht. Nach langem Antichambrieren wurde er zu David Eisenhower ins Solarium geführt. Der Rabbi riet zum Kampf. David erklärte ihm, daß der Präsident wahrscheinlich zurücktreten werde. Dann ging David in den Lincoln Sitting Room hinüber, wo der Präsident wieder Zuflucht gesucht hatte, und übermittelte ihm Korffs Botschaft.

Der Präsident wollte Korff nicht sehen. Er schien sich auch nicht für die Erklärung zu interessieren, die gerade veröffentlicht worden war. Richard Nixon sah seinen Schwiegersohn nicht an. Es sei traurig, sagte er, daß seine Mitarbeiter – Haig, St. Clair, Buzhardt und Buchanan – nicht so seien wie Korff. Es wäre schön, sie jetzt an seiner Seite zu haben. Aber er mache ihnen keinen Vorwurf.

Julie eilte in den Ostflügel. Die Familie hatte einen Ausflug auf der *Sequoia* vor, und Julie wollte möglichst viele Mitarbeiterinnen zusammentrommeln, die ihrem Vater zujubelten, wenn er das Weiße Haus verließ.

Um 17.15 Uhr passierten Mrs. Nixon, David, Julie, Rose Mary Woods und der Präsident den Diplomateneingang. Nixon trug ein hellblaues Sportsakko. Er sah alt aus. Rund fünfzig Sekretärinnen säumten die Auffahrt. Zuerst wirkte Nixon überrascht und verlegen. Zu David scherzte er ungeschickt über die vielen hübschen Mädchen: Die hätte er wohl gern um sich gehabt, als er in der Navy war. David und Julie lachten. Mrs. Nixon bemühte sich um ein fröhliches Gesicht, lächelte und küßte ein paar ihrer Freundinnen.

»Wir lieben Sie wie eh und je«, sagte eine.

Das beteuerten mehrere andere, und es gab Applaus. Julie hatte eine Ovation daraus machen wollen, und einen Augenblick schien es fast, als sei nichts geschehen.

Eine Viertelstunde später ging die Familie an Bord der *Sequoia*. Lieutenant Commander Coombs beschloß, flußabwärts zu fahren; er vermutete, der Präsident wolle keine Leute sehen. Nixon begann wieder Erinnerungen auszukramen, von seiner Präsidentschaft in der Vergangenheit zu sprechen. »Es war schön, die Yacht zur Verfügung gehabt zu haben.«

Kurz vor 19 Uhr rief Joulwan eine erweiterte Mitarbeitergruppe der mittleren Kader zusammen.

Parker meinte, der Präsident solle eine Kabinettsitzung anberaumen.

Speakes fand das neue Material unbedeutend und unterschiedlich auslegbar. Khachigian und er waren weiterhin für Kampf. Gergen und Jerry Jones hielten Rücktritt für die einzig ehrenvolle Lösung. Die meisten anderen zweifelten, ob es klug wäre, offen zu sprechen. Bis auf Ann Morgan. »George, Sie sind doch Soldat«, sagte sie zu Joulwan. »Sie können doch Ihre Männer nicht dauernd ohne Munition an die Front schicken.« Da die Kantine des Weißen Hauses geschlossen war, ließ man Sandwiches holen. Ziegler steckte nervös den Kopf zur Tür herein, ohne ein Wort zu sagen.

In Haigs Büro informierten St. Clair und Buzhardt den General über die Gespräche im Kongreß. Die Reaktion sei sehr ernst ausgefallen, meinten beide. St. Clair erzählte, er habe den Abgeordneten gesagt, daß er das Mandat niedergelegt hätte, wenn die Transkripte nicht veröffentlicht worden wären. Buzhardt fand, St. Clair treibe Effekthascherei. Er hatte seine Drohung nie dem Präsidenten gegenüber ausgesprochen, und Nixon hatte ja ohnehin nie ernsthaft vorgehabt, die Transkripte zurückzuhalten.

Haig stellte die Abendnachrichten an. Die drei großen Sendeanstalten widmeten dem neuen Beweismaterial dreizehn bis siebzehn Minuten, die Reaktion schien jedoch weniger hart auszufallen als von Haig erwartet. Walter Cronkite von CBS und John Chancellor von NBC sprachen von »einem Sturm in der Hauptstadt der Nation« und sagten, der Präsident habe dem Land »einen Schlag versetzt«, doch CBS erklärte, ob das Tonband eine rauchende Pistole sei oder nicht, müsse man dem Senat überlassen. Die Meldungen von *United Press International* begannen mit dem Eingeständnis des Präsidenten, er habe durch sein Handeln die FBI-Ermittlungen »verlangsamt«, sie jedoch nicht unbedingt torpediert.

Das Repräsentantenhaus konnte man zweifellos abschreiben. Den Senat vermutlich auch, obwohl die Bedeutung der Reaktion dort schwer einzuschätzen war. Nur Griffin forderte den Rücktritt. Goldwater und Stennis enthielten sich eines Kommentars. Senator Curtis fand nicht, daß der Präsident zurücktreten solle. Senator Strom Thurmond von South Carolina erklärte, wenn der Präsident von seiner Unschuld überzeugt sei, solle er »bis zum letzten kämpfen«. Auch Senator Edward M. Kennedy war der Meinung, daß dem Land mit einer Fortsetzung des verfassungsmäßigen Verfahrens am besten gedient wäre.

Nach den Nachrichten wandte sich Haig an Buzhardt. »Vielleicht liegen wir falsch.« Ob ein Freispruch denn noch möglich sei, fragte er verblüfft.

Der Präsident, der an Bord der *Sequoia* Nachricht über die Reaktion im Kongreß erwartete, verließ den Tisch kurz vor dem Dessert, um über das Funktelefon mit Haig zu sprechen. Der General gestaltete seinen Bericht so pessimistisch wie möglich.

Zum Teufel mit diesen »Schlappschwänzen im Repräsentantenhaus«, wetterte Nixon. Er werde ihr Votum akzeptieren und im Senat siegen.

Er glaube nicht, daß der Präsident jetzt noch im Senat gewinnen könne, meinte Haig.

Das Thema Rücktritt stand, was den Präsidenten anging, nicht einmal zur Debatte. Er blieb bei seinem Entschluß, die Sache durchzufechten. Nach dem Telefonat setzte er sich allein auf das überdachte Heck, wo sich Julie zu ihm gesellte. »Ich habe schlechte Nachrichten«, sagte er.

Der Ausflug hatte ihrem Vater das Rückgrat stärken sollen. Jetzt wirkte er völlig gebrochen.

Der Präsident pflegte Lieutenant Commander Coombs nur bei Betreten der *Sequoia* die Hand zu schütteln. Als die Yacht jedoch um kurz nach 19.30 Uhr wieder anlegte, blieb er stehen, um dem Kapitän nochmals die Hand zu reichen.

»Es war wunderbar«, sagte er ernst.

Mrs. Nixon sagte dasselbe.

»Es war wirklich schön«, fügte Julie hinzu.

Nachdem er dem Präsidenten Bericht erstattet hatte, ging Haig in den Roosevelt Room. Joulwan besprach mit der Strategie-Gruppe verschiedene Möglichkeiten. Haig kündigte für den nächsten Tag eine Kabinettssitzung an. »Der Präsident wird nicht zurücktreten«, sagte er. »Das ist sein fester Entschluß, und wir müssen tun, was er will. Das ist kein Kamikaze-Auftrag.« Seine feste, aber freundliche Art ließ keinen Widerspruch aufkommen.

Buzhardt spürte, wie die Macht schwand. Sie brauchten dringend einen Plan. Der Vizepräsident mußte in der Stadt bleiben. Ford sollte am Wochenende zu einer Vortragsreise nach Kalifornien aufbrechen.

Vizepräsident Ford hatte am Nachmittag gesagt, daß er sich ganz aus dem Impeachment-Verfahren zurückziehen und auch keinen Kommentar mehr abgeben werde. Dann ging er nach Hause. Robert Hartmann erreichte ihn dort und erbot sich, über die Transkripte zu referieren. Er kenne den Inhalt in etwa, antwortete Ford, und wolle die Morgenzeitungen abwarten.

Nach dem Ausflug auf der *Sequoia* rief Ben Stein bei Julie an. »Sie sollten sich auf das Schlimmste gefaßt machen. Das Ende steht kurz bevor. Sie sind sehr begabt und sollten an Ihre eigene Zukunft denken.«

»Finden Sie, er sollte zurücktreten?«

»Wenn er es gesundheitlich aushält, dann nicht«, meinte Stein. Die Menschen, die den Präsidenten so quälten, sollten sich die Hände möglichst blutig machen. Trotzdem bestehe kein Zweifel daran, daß der Senat den Präsidenten verurteilen werde.

»Um seine Gesundheit geht es dabei nicht«, sagte Julie. »Sein ganzes Leben ist ruiniert.« Ihre Stimme klang traurig, aber sie weinte nicht. Ihr Vater habe zurücktreten wollen, fuhr sie fort, aber nach ihrem Eindruck habe die Familie ihm das ausgeredet. Es sei wichtig, daß er nicht aufgebe, daß seine Feinde sähen, was sie ihm angetan hätten. »Damit sie später erkennen, daß sie im Unrecht waren und so etwas nie wieder tun.«

»Ja«, sagte Stein, »er ist ein großer Mann, ein ganz großer Mann.«

Julie und David diskutierten bis spät in die Nacht.

Auch der Präsident blieb lange auf. Als er gegen 4 Uhr zu Bett ging, ließ er sich von Sanchez ein Frühstück servieren. Haig hatte fast die ganze Nacht über telefoniert, um alle Kabinettsmitglieder über die geplante Sitzung zu informieren.

Buchanan, Richard Moore und Pater McLaughlin hatten zusammengesessen und Scotch getrunken. McLaughlin, peinlich berührt vom Auftauchen des neuen Beweismaterials, bezeichnete sich als Opfer einer »ungeheuerlichen Tatsachenverdrehung«.

Goldwater konnte in jener Nacht nicht schlafen. Dean Burch hatte ihm am Spätnachmittag eine Kopie der Abschriften gebracht. Goldwater war entsetzt über sich, daß er Richard Nixon so lange hingenommen hatte. Er wußte, daß ihn der Präsident, die Presse und der Kongreß als eine Art Testperson für Nixons Überlebenschancen betrachteten. Am nächsten Tag mußte er überlegen, was er tun sollte.

Das Presseamt war seit dem frühen Abend verlassen. Den Reportern hatte man versichert, daß sich nichts mehr tun werde. Gelegentlich läutete ein Telefon. Die Fernschreiber tickerten pausenlos. In einem Vorbericht von eintausendfünfhundert Worten hatte Frank Cormier von *Associated Press* geschrieben: »Einst als politischer Wundermann bejubelt, hat Richard M. Nixon zusehen müssen, wie seine Wahltriumphe zu Asche zerfielen und viele sich fragten, ob er wirklich einen so sicheren politischen Instinkt besaß.«

Die Straße vor dem Weißen Haus war fast menschenleer. Hin und wieder fuhr ein Wagen mit auswärtigem Nummernschild im Schrittempo über die Pennsylvania Avenue, während die Insassen neugierig hinausstarrten, und gab dann wieder Gas.

Zwei junge Männer mit Rucksäcken sprachen den Wachtposten am Tor an. »Wo bekommen wir Pässe?« fragte der eine.

»Dort drüben.« Der Posten deutete zur Paßstelle jenseits vom Lafayette Park hinüber. »Aber die öffnen erst um neun.«

Drinnen machte ein Pförtner seine Runden. Im Presseamt kehrte er die Stapel von Verlautbarungsmaterial in eine riesige Abfalltonne.

Dienstag, 6. August

Am Dienstagmorgen, wieder an seinem Schreibtisch, rief Haig die Kabinettsmitglieder an, die von der Sitzung noch nichts wußten. Das war vermutlich am wenigsten wichtig für ihn, denn an diesem Tag mußte sich Haig dem Kongreß und der Familie Nixon stellen.

Die Ereignisse drängten dem Ende zu, und Haig wußte, daß er leicht in eine Falle geraten konnte. Ein Grundelement des Drehbuchs schien zu versagen. Jedesmal, wenn der Präsident hörte, daß jemand im Kapitol seinen Rücktritt verlangte, festigte sich sein Durchhaltewillen. Seine Tiraden lauteten immer gleich: Er lasse sich nicht von einem legislativen Coup aus dem Amt zwingen; wenn sie ihn loswerden wollten, sollten sie für das Impeachment stimmen und ihn verurteilen. Nixon glaubte immer noch nicht, daß er im Senat verlieren würde.

Haig und Buzhardt hatten das Problem am Vorabend noch einmal durchgesprochen. Sie waren sich einig darüber, daß von der republikanischen Führungsmannschaft keinesfalls weitere Rücktrittsforderungen kommen dürften. Zugleich mußten die Politiker Nixon jedoch klarmachen, daß sie sein Impeachment und die Verurteilung für unvermeidlich hielten. Dann würde der Präsident vielleicht allmählich einsehen, daß ein Rücktritt der beste Ausweg war. Er mußte selbst zu dieser Erkenntnis kommen, sie als seinen eigenen Entschluß betrachten.

Haig wunderte sich über die Familie. Er hatte den festen Eindruck gehabt, daß wenigstens David die Notwendigkeit eines Rücktritts einsah. Der Präsident jedoch behauptete, seine Familie stehe geschlossen hinter seinem Kampfentschluß. Haig rief David an, um ihn zu fragen, was denn nun eigentlich los sei.

David, immer noch überzeugt, der Präsident werde einlenken, meinte, Haig solle ruhig Blut bewahren. Die Mitarbeiter übersähen die zahlreichen menschlichen Faktoren. Haig und die anderen konzentrierten sich allzusehr auf die juristischen Implikationen und das inkriminierende Beweismaterial, ohne zu bedenken, wie der Präsident wohl auf die Situation reagiere. Wenn ihn die Familie nicht unterstütze, könne das dem Präsidenten den Rücktritt noch schwerer machen. »Wir müssen ihm zeigen, daß er uns nichts zu beweisen braucht«, sagte David. Jedes Zureden ihrerseits würde vom Präsidenten als vernichtendes moralisches Urteil aufgefaßt werden. Und dagegen wehre sich sein Schwiegervater noch mehr als gegen den Rücktritt selbst. Die Familie müsse dem Präsidenten zeigen, daß sie ihn liebe, komme was wolle.

Haig hielt nicht viel von Amateurpsychologie.

»Glauben Sie mir«, antwortete David, »ich weiß genau, was ich tue.« Mr. Nixon könne eine politische Niederlage hinnehmen, aber keinen moralischen Schuldspruch.

Um 9 Uhr kam die niedergeschlagene, entmutigte Strategie-Gruppe zusammen. Die meisten Mitglieder – unter anderem Buzhardt, Timmons, Buchanan und Gergen – waren bereit, die Arbeit einzustellen. Nur Clawson und Khachigian schienen unbedingt weiterkämpfen zu wollen, hatten aber keine Ahnung, wie. Dieser Vormittag verlief anders als sonst nach vernichtenden Watergate-Enthüllungen. Keine organisierte Propaganda-Kampagne. Keine Erklärungen, keine Hintergrundinformationen und nur wenige Konferenzen.

Um 10 Uhr traf sich St. Clair auf McCahills Vorschlag mit seinen Assistenten. Er schätzte Sitzungen nicht sonderlich, leitete sie straff, ließ nie zu, daß die Diskussion auf irrelevante Dinge abschweifte. Er verhielt sich den Mitarbeitern gegenüber ebenso reserviert wie zu Fremden. An diesem Vormittag lag eine Spur von Gereiztheit und Verdrießlichkeit in seiner Stimme.

Zweck der Besprechung sei, verkündete St. Clair, ihnen mitzuteilen, daß sich der Präsident der Verhandlung im Senat stellen wolle. Die Arbeit habe weiterzulaufen wie gewöhnlich. Und was das neue Beweismaterial angehe: »Das behandeln wir wie jedes andere Problem.« Er beabsichtigte, auf eine technische Verteidigung hinzuarbeiten. Es existiere keinerlei Beweis dafür, daß der Präsident von der gesamten Vertuschung gewußt habe.

Der gleiche Unterschied wurde auch von den militanteren Verteidigern des Präsidenten gemacht. Es gebe eine kleine Vertuschung: den Versuch, die FBI-Ermittlungen mit Hilfe des CIA zu verzögern. Und die große Vertuschung: die geheime, organisierte Auszahlung von Geldern an die ersten Watergate-Angeklagten. Man könne plädieren, der Präsident sei nur an der kleinen Vertuschung beteiligt gewesen.

»Der Präsident will sich der Verhandlung stellen«, wiederholte St. Clair. Als Rechtsberater des Präsidenten hätten sie viel Arbeit vor sich. Gehorsam verließen sie das Büro.

Die für 10 anberaumte Kabinettsitzung war auf 11 Uhr verschoben worden, weil der Präsident um 10 noch nicht aufgestanden war.

Mit dem Glockenschlag betrat Nixon den Raum und nahm seinen Platz in der Mitte des ovalen Tisches ein. Der übliche Applaus blieb aus. Der Lederstuhl des Präsidenten hatte eine etwas höhere Lehne als die anderen. Direkt vor ihm, unter der Platte des Tisches, den er dem Weißen Haus vermacht hatte, war Platz für zwei Knöpfe. Mit dem einen hatte er Haldeman rufen können; auf dem anderen stand »Butterfield«, er setzte das Abhörsystem im Kabinettsaal in Gang. Jetzt gab es weder Haldeman noch die Abhöranlage.

Kissinger saß rechts von Nixon, Verteidigungsminister Schlesinger links, Ford schräg links dem Präsidenten gegenüber. Diener servierten Kaffee.

»Zunächst möchte ich das wichtigste Problem besprechen, dem sich unser Land gegenübersieht«, begann der Präsident, »und das uns auch international berührt – die Inflation.«

Die Kabinettsmitglieder sahen einander ungläubig an.

Doch Nixon kam schnell auf das Thema, das die Gedanken aller beschäftigte. »Ich möchte die Fakten aufdecken«, erklärte er. Und nannte Watergate »eine der größten Eseleien aller Zeiten. Ich nehme alles, was damit zusammenhängt, auf mich«. Er habe erfahrene Anwälte konsultiert, die ihm gesagt hätten, es gebe keinerlei Behinderung der Justiz und auch kein das Impeachment rechtfertigendes Vergehen.

»Wenn es das gäbe«, fuhr er fort, »würde ich keine Minute länger im Amt bleiben. Ich habe mich dabei einfach innenpolitisch verkalkuliert. Weil CIA und FBI sich in den Haaren lagen, wollte ich . . . Sie alle wissen, daß es mir fast ausschließlich um die nationale Sicherheit ging . . . aber ich habe auch gewisse politische Interessen erwähnt.

»Das Kabinett hat sich großartig gehalten. Das hat mich sehr gerührt. Manche, darunter einige gute Freunde, halten es für das Beste, wenn ich zurückträte und nicht die Zerreißprobe einer Senatsverhandlung auf mich nehme. Auf diesen Schritt zu verzichten, der mich von einem schweren persönlichen Druck befreien und die Verfassung ändern würde, würde zugleich bedeuten, daß andere Präsidenten ebenfalls aus dem Amt gedrängt werden könnten. Ich habe das in Erwägung gezogen. Man sollte es auch in Erwägung ziehen, aber ich mußte einen Entschluß fassen.

»Ein Präsident ist in einer solchen Sache in einer anderen Position als der normale Staatsbürger. Meiner Ansicht nach sollte ich diesen Schritt nicht tun, der die Verfassung ändert und einen Präzedenzfall schafft. Es wäre das parlamentarische System mit all seinen Schwächen und keiner seiner Stärken, von meinem und dem Standpunkt meiner Familie aus etwas, das ich in Betracht ziehen mußte.

»Ich werde jedes Urteil annehmen, das der Senat ausspricht, ich weiß, daß das Ergebnis möglicherweise ungünstig für mich ausfallen wird.«

Während er sprach, sah der Präsident niemanden an.

Wohnungs- und Städtebauminister Lynn wartete auf ein Lidzucken, auf eine nervöse Handbewegung, irgendein Zeichen dafür, daß der Präsident bluffte. Er kam zu dem Ergebnis, daß Nixon tatsächlich kämpfen wollte. Sonst war er der beste Pokerspieler, dem Lynn jemals begegnet war.

»Ich habe die Bänder Meter um Meter analysiert, so gut ich konnte«, fuhr der Präsident fort, »nach meinem besten Erinnerungsvermögen, und habe nirgends ein das Impeachment rechtfertigendes Vergehen gefunden. Aus diesem Grund ist ein Rücktritt für mich nicht akzeptabel.

»Ich verlange von keinem von Ihnen etwas, das Sie in Verlegenheit bringen, Ihre persönlichen Interessen beeinträchtigen würde. Ich bitte Sie nur, diese Regierung gut zu führen.

»Ich habe während Watergate die Bewilligung von fünfunddreißig Milliarden Dollar abgelehnt. Ich beabsichtige, die Inflation mit allen verfügbaren Mitteln zu bekämpfen. Es war kein leichtes Jahr, keine leichte Woche. Ich möchte das Richtige für mein Land tun. Für mich auch, aber das andere kommt zuerst.

»Ich habe ein sehr loyales, kompetentes Kabinett. Wenn ich zurücktrete, würde das die Verfassung ändern. Einige von Ihnen werden anderer Meinung sein; das respektiere ich. Aber ich habe meinen Entschluß gefaßt. Sie brauchen nicht von Watergate zu sprechen. Ich schlage vor, Sie sprechen lieber über das Gute, das diese Administration bewirkt hat. Watergate wird durch das verfassungsmäßige Verfahren zu einem Ende gebracht werden.«

Er werde dem Repräsentantenhaus das gesamte Beweismaterial zur Verfügung stellen. »Obwohl ich es noch einen Monat hinauszögern könnte, wird nichts zurückgehalten werden. Ich verlange nicht, daß Sie sich mit meinen Problemen herumschlagen, aber es wird Zeit, bei der Staatsführung ein bißchen Extraarbeit zu leisten.

»Wenn ich wüßte, daß es ein Vergehen gibt, das ein Impeachment rechtfertigt, würde ich den Senat nicht der Belastung aussetzen, es beweisen zu müssen. Ich habe ein verdammt gutes Kabinett. Ich werde alles mit erhobenem Kopf durchstehen – bis zum bitteren Ende, falls es soweit kommt.«

Finanzminister Simon, der rechts neben Ford dem Präsidenten gegenübersaß, meinte, der Präsident flehe das Kabinett an, aufzustehen und ihm zuzujubeln. Aber das würde nicht geschehen. Das Schweigen mußte dem Präsidenten sagen, was er bereits wußte: daß niemand ihn bestürmen würde, im Amt zu bleiben.

Abwartend sah der Präsident Ford an.

»Ich bin in einer schwierigen Lage«, sagte Ford. »Ich teile Ihre Ansicht, daß diese Episode eine echte Tragödie ist. Niemand hegt mehr Bewunderung und Zuneigung für Sie als ich. Aber gestern habe ich beschlossen, mich aufgrund meiner Verpflichtungen dem Kongreß und der Öffentlichkeit gegenüber weiterer Kommentare über dieses Thema zu enthalten, da ich interessierte Partei bin.

»Selbstverständlich kommt es zum Impeachment«, erklärte Ford ein wenig zu offen. »Ich kann das Senatsurteil nicht voraussehen. Ich gebe auch keinen Kommentar dazu. Sie haben die beste Außenpolitik gemacht, die dieses Land jemals gehabt hat, einfach phantastisch, und das erkennen die Leute an. Ihre Inflationspolitik unterstütze ich rückhaltlos.«

»Sie haben genau die richtige Einstellung«, erwiderte der Präsident, der den Vizepräsidenten über den Tisch hinweg ansah.

Für Ford waren die Sitzung und die Worte des Präsidenten abwegig. Er fand Nixons Verhalten diesem Augenblick unangemessen.

»Wenn Sie erneut kandidieren«, sagte der Präsident zu Ford, »werden Sie Ihre eigene Wahlkampagne führen müssen. Ich hatte sehr anständige Leute, aber das entschuldigt ihr Verhalten nicht.«

Wieder auf das Budget zurückkommend, wiederholte der Präsident, daß es bei den Einsparungen keine heiligen Kühe geben werde. Die Diskussion darüber dauerte etwa eine halbe Stunde. Dann wandte sich der Präsident dem bevorstehenden Gipfeltreffen zur Weltwirtschaftslage zu.

Justizminister Saxbe, dem Präsidenten direkt gegenüber, unterbrach ihn. »Mr. President, ich glaube, wir sollten auf eine Gipfelkonferenz verzichten. Wir müssen sicher sein, ob Sie regierungsfähig sind.«

Der Präsident antwortete ihm ruhig und herablassend wie einem Schuljungen: »Bill, ich bin regierungsfähig – genau wie in den letzten fünf Jahren.«

George Bush, der am Tischende rechts vom Präsidenten saß, erklärte, er sei Saxbes Meinung. Die Regierungsfähigkeit des Präsidenten sei beeinträchtigt.

Der Präsident begann ihn zu belehren, aber da griff Kissinger ein. Er wollte eine offene Auseinandersetzung verhindern. »Es ist eine schwierige Zeit für unser Land. Wir müssen zeigen, daß wir funktionsfähig sind. Wir müssen unbedingt zeigen, daß kein Land uns in die Quere kommen kann, sondern daß wir weiter in der Lage sind, den Frieden zu sichern.«

Der Präsident vertagte die Sitzung auf 12.30 Uhr.

Vor den Toren des Weißen Hauses hatten sich Menschenmassen versammelt, und auf die Kabinettsmitglieder warteten mehr Reporter als sonst. Simon war sofort umringt. »Der Präsident ist der festen Überzeugung, keine ein Impeachment rechtfertigende Handlung begangen zu haben«, sagte er. »Er will bleiben.«

Draußen vor den Toren riefen Stimmen: »Sagen Sie uns, was passiert ist! Sagen Sie uns, was passiert ist!«

Kissinger blieb noch, als die Sitzung aufgehoben wurde, und sprach kurz mit dem Präsidenten. Dann kehrte der Außenminister in sein

Büro im Westflügel zurück. »Der Präsident hat nur sehr wenig Unterstützung gefunden«, berichtete er General Scowcroft. Justizminister Saxbe bezeichnete er als »Schlappschwanz«. Saxbe und George Bush hätten sich kleinlich und gefühllos verhalten. Er verglich die Situation mit einem Königshof des siebzehnten Jahrhunderts, wo die herumwuselnden Höflinge stets nur ihr eigenes und nicht das Wohl des Landes im Auge hatten. Die Kabinettssitzung hatte ihn deprimiert; es bestand immer die Möglichkeit, daß eine ausländische Macht sich zu einer Unbesonnenheit hinreißen ließ.

Barry Goldwater war zeitig ins Büro gefahren. Nach einem vergrübelten Abend empfand er jetzt Zorn. Die Schuld an diesem Alptraum gab er sich zum Teil selber. Er hätte Nixon stärker zur Offenheit drängen sollen. Seine Sorge hatte dem Amt und der Partei gegolten, nicht Nixon, und trotzdem war er überfürsorglich gewesen. Er hatte lange gebraucht, um zu dieser strikten, nüchternen Einstellung zu kommen. Himmel, dachte Goldwater, ich habe ja nie ein richtiges Gespräch mit Nixon geführt, bin nie richtig zu ihm durchgedrungen! Er war zu ihm gegangen, um etwas zu besprechen, und der Präsident hatte getan, als habe er nichts gehört. Jetzt erst merkte Goldwater, daß er ihn nicht einmal mochte. Nixon war auf die äußeren Zeichen der Macht fixiert: Trompeter, Wachtposten in Galauniform, Zeremoniell. Für Goldwater war das – einer seiner Lieblingsausdrücke – »ein Eimer voll Scheiße«.

Goldwater hielt Nixon nicht für einen »Männermann«, einen, mit dem man trinken oder Witze reißen oder ein offenes Wort reden konnte. Wie anders John F. Kennedy doch da gewesen war! In einem besonders kritischen Moment während der Schweinebucht-Landung hatte Präsident Kennedy zu ihm gesagt: »Sie wollen also diesen beschissenen Job.«

Goldwater kam nunmehr zu dem Ergebnis, daß Nixon übergeschnappt sei, und das schon eine ganze Weile, und daß er von dem Watergate-Einbruch vermutlich vorher gewußt habe.

Kurz nach Goldwaters Ankunft im Büro rief Bush an, um ihm zu sagen, daß eine dringende Kabinettssitzung anberaumt sei. Der Senator reagierte heftig. »Ich glaube nicht, daß der Präsident im Senat noch fünfzehn Stimmen bekommt«, sagte er zu Bush. »Und ich werde mich nicht mehr vor ihn stellen.«

Bush wußte nicht recht, was er jetzt tun sollte. Nixon war offenbar fest entschlossen, sich und der Partei noch mehr Schaden zuzufügen. »Wie können wir dem Präsidenten beibringen, wie ernst die Lage ist?« fragte er Goldwater.

Der Senator hatte keine Antwort, versprach aber, mit Bush in Verbindung zu bleiben.

Vor der Kabinettssitzung verbreitete Bush die düstere Prognose Goldwaters weiter, unter anderem an Dean Burch.

Goldwater nahm an einer Verhandlung des Senats-Raumfahrtausschusses teil, als er erfuhr, daß Haig oder Burch um seinen Anruf baten. Er unterbrach den Zeugen, dem er gerade eine Frage gestellt hatte, entschuldigte sich und ging telefonieren. Er erreichte Burch. »Zwischen dreizehn und siebzehn Senatsstimmen«, teilte ihm Goldwater mit, seine vorherige Schätzung präzisierend. »Und mehr nicht. Ich habe mit genügend Leuten gesprochen, um zu wissen, daß er verloren hat.« Er bat Burch, das Haig auszurichten.

Burch informierte Haig nach der Kabinettssitzung. Das hatte Haig gebraucht. Damit wollte er dem Schicksal nachhelfen, und nun brauchte er es nicht selbst auszusprechen.

Der Vizepräsident hatte eine Vormittagsansprache ausfallen lassen, um an der Kabinettssitzung teilzunehmen. Um 13.15 Uhr begab er sich zum Abendessen der Senats-GOP.

Senator Tower bat ihn sofort, von der Kabinettssitzung zu berichten. Ford wich aus. Er habe dem Kabinett erklärt, er werde keinen Kommentar mehr geben, und der Präsident sei einverstanden. »Im übrigen hat sich die Sitzung mit der Wirtschaftslage befaßt.«

Die sonst so gelassenen Lunch-Teilnehmer explodierten. Die Senatoren verlangten weitere Einzelheiten über den ersten Teil der Sitzung.

»Der Präsident betonte, er sei keines Impeachment-Vergehens schuldig«, antwortete Ford. »Er gab zu, den Kampf im Repräsentantenhaus verloren zu haben, und daß der Senat die endgültige Entscheidung treffen müsse. Die Kabinettsmitglieder sagten nicht viel. George Bush erklärte, die Lage im Repräsentantenhaus sei ernst.«

»Was hat George sonst noch gesagt?« fragte Goldwater, der überlegte, ob Bush sich im Kabinett anders geäußert hatte als ihm gegenüber am Morgen.

»Er hat nur allgemein von der sich verschlechternden Situation im Repräsentantenhaus gesprochen«, antwortete Ford.

»Na, das geht uns eine ganze Menge an!« Goldwater explodierte. »Die Republikaner im Rechtsausschuß und John Rhodes sehen ein, daß die Lage hoffnungslos ist. Vielleicht hat der Präsident recht damit, daß der Senat das letzte Wort hat, aber er hat höchstens juristisch und technisch recht. Wir können das nicht länger mitmachen. Wir lassen uns nicht dauernd weiterbelügen. Das Beste, was er für Amerika tun kann, wäre, wenn er das Weiße Haus schleunigst räumt, und zwar noch heute nachmittag.« Goldwaters gebräuntes Gesicht rötete sich.

»Wir haben alle darauf gewartet, daß Barry das sagt«, meinte Senator Jacob K. Javits von New York. »Er hat uns aus dem Herzen gesprochen. Für alle wäre es besser, wenn der Präsident noch heute zurückträte.«

Goldwater wurde ans Telefon geholt: Haig. Die Zentrale sagte, der General spreche aus dem Oval Office. Als Goldwater es in der Leitung klicken hörte, vermutete er, daß der Präsident an einem Nebenanschluß mithörte.

»Barry«, begann Haig, »sagen Sie mir ehrlich, was der Senat Ihrer Meinung nach tun wird.« Von Burch wußte Haig, daß Goldwater seinen mitteilsamen Tag hatte.

Jetzt war Goldwater endgültig überzeugt, daß der Präsident mithörte. Das war seine Chance, seine Mitteilung nachdrücklich an den richtigen Mann zu bringen.

»Der Präsident hat nur zwölf Stimmen im Senat, Al«, erklärte er. »Er hat mich zum letztenmal belogen, und meine Kollegen dito.«

Drinnen versuchte der Vizepräsident die Gruppe zu beschwichtigen. »Henry Kissinger hat dringend an das Kabinett appelliert, wegen der außenpolitischen Probleme zusammenzuhalten. Trotz Watergate müsse das Kabinett hinsichtlich der Außenpolitik einig sein. Und das war keineswegs nur so dahingesagt. Es sei ein denkbar ungünstiger Zeitpunkt, der Außenpolitik der Vereinigten Staaten oder ihrer Durchführung die Unterstützung zu versagen.« Ford schien sich beinahe zu scheuen, über das Geschehene zu sprechen.

»Es ist erschreckend, daß die große Besorgnis der Republikaner nicht die geringste Wirkung auf das Weiße Haus ausübt«, sagte Senator Brock.

Der vierundsiebzigjährige konservative Senator Norris Cotton lieferte den ersten konkreten Vorschlag. Er saß einen Platz von Ford entfernt und wandte sich zu ihm um. »Ich habe das gemeinsam mit allen durchlitten«, erklärte er. »Wir sind alle in einer unmöglichen Lage. Wir sind potentielle Geschworene, und unsere Position verhärtet sich, obwohl wir nicht einmal das Beweismaterial kennen. Für das Wohl des Landes jedoch ist all unser Gerede hier läppisch. Wir sollten mit dem Präsidenten sprechen und ihm klarmachen, wie gefährdet er ist, wenn es zur Verhandlung vor dem Senat kommt. Ich empfinde wie Barry. Wir sehen hier alle ganz ruhig zu, wie der Präsident nach seinem Belieben und in seinem Tempo weitergeht. Wir dürfen nicht länger stillsitzen.«

Wenn Norris Cotton das sagte, war die Lage wirklich ernst.

»Gentlemen, bei dem Verlauf, den dieses Gespräch nimmt, muß ich den Raum verlassen«, sagte Ford. »Ich darf nicht bleiben. Es wäre nicht richtig, wenn ich noch bliebe.« Er verabschiedete sich unter dem Beifall der aufgesprungenen Anwesenden.

Die Senatoren setzten ihre Diskussion fort.

Wallace Bennett von Utah: »Nach meiner Meinung schadet sein Rücktritt mehr als eine Verurteilung.«

Dominick von Colorado: »Weiß der Präsident, wie uns zumute ist? Die Liste der potentiellen Anklagepunkte gegen ihn ist unglaublich. Man kann ihn nicht verteidigen. Er sollte jetzt gehen und sich nicht vom Kongreß rauswerfen lassen.«

Tower von Texas: »Wir sind mit alldem noch nicht zum Weißen Haus gegangen, weil die Informationen im Augenblick zu sehr gefiltert werden. Wir kommen nicht durch.«

Clifford P. Hansen von Wyoming: »Wir müssen eine Delegation ins Weiße Haus schicken. Ich bin dafür, daß Barry Goldwater, Jack Javits und Bob Griffin dem Präsidenten unsere Meinung vortragen.«

Brock von Tennessee: »Das Weiße Haus erstellt gegenwärtig eine ›Schadenskalkulation‹. Informiert Tom Korologos oder Bill Timmons über eure Ansichten.«

Roth von Delaware: »Wir müssen noch heute handeln.«

Charles H. Percy von Illinois: »Ich finde, wir sollten uns fragen, ob das Tempo im Land mit dieser Stadt Schritt hält. Illinois sagt, nehmt etwas Gas weg. Keinen Frühstart.«

Milton R. Young von North Dakota: »Wenn der Senat einen Prozeß führt, geht die Republikanische Partei mit unter.«

Griffin von Michigan: »Hoffentlich steht das, was wir hier sagen, nicht morgen früh in der *Washington Post*. Bill Brock hat recht, das Weiße Haus ist gut informiert, man hat die Stimmen gezählt. Ich habe mit Al Haig und Tom Korologos gesprochen.«

Edward W. Brooke von Massachusetts: »Wir müssen realistisch sein. Das Land und die Partei haben Schaden erlitten . . . Das Zwei-Parteien-System ist wichtig. Eine Senatsverhandlung, die laut St. Clair sechs Monate dauern kann, würde die gesamte im Kongreß jetzt anhängige Gesetzgebungsarbeit lahmlegen. Das wäre dem Land abträglich . . . Und der Präsident – was kann er durch ein Senatsverfahren gewinnen? Wenn er sich zum Impeachmentprozeß entschließt, verliert er unweigerlich . . . Eine Delegation muß ihn aufsuchen und ihm die Alternativen klarmachen. Wenn er jetzt nicht zurücktritt, erleiden Land und Partei schweren Schaden.«

William L. Scott von Virginia: »Wir sind alle durch die jüngsten Ereignisse geschockt, aber werden wir nächste Woche ebenso empfinden? Ich bin für die Delegation. Trotzdem sollten wir ein paar Tage darüber nachdenken.«

McClure von Idaho: »Ich bin Bob Griffins Meinung, was undichte Stellen hier angeht. Wenn ihr mit Reportern sprecht, schließt mich also bitte nicht in eure Stimmungsprognose ein. Macht euch nicht bei der Presse lieb Kind, indem ihr unsere Kommentare weitergebt. Das Weiße Haus muß einen korrekten Bericht über diese Sitzung bekommen. Die Parteispitze kann hingehen, aber Barry Goldwater ist als einziger dafür robust genug.«

Charles M. Mathias jr. von Maryland: »Norris Cottons Vorschlag ist gut in bezug auf das, was das Weiße Haus wissen sollte. Wir müssen dem Präsidenten persönlich unsere Einstellung klarmachen. Die Frage ist nur, wie . . . Es muß eine effektvolle Demonstration werden.«

Cotton von New Hampshire: »Wenn im Land der Eindruck entsteht, daß wir vorschnell urteilen, kriegen wir Schwierigkeiten. Wir müssen objektiv bleiben.«

Mathias: »Einverstanden. Das Repräsentantenhaus hat noch nicht abgestimmt.«

Peter V. Domenici von New Mexico: »Unsere Führungsmannschaft sollte ins Weiße Haus gehen.«

Jerry Warren war verwirrt. Trotz der eindeutigen Erklärung des Präsidenten vor dem Kabinett, daß er nicht zurücktreten werde, hatte Ziegler ihn vor der Presse-Informationsstunde beiseite genommen und ihn angewiesen, ein bißchen abzuwiegeln. »Machen Sie die Tür nicht so fest zu wie Simon«, riet Ziegler.

»Ich halte einen Rücktritt für unvermeidlich, Ron«, platzte Warren heraus. So offen war er selten seinem Chef gegenüber, der sicher genügend Probleme mit dem Präsidenten hatte. Ziegler sah Warren schweigend an und ließ die Bemerkung durchgehen.

Daß Ziegler so wortkarg war, hatte mehr als nur die üblichen Gründe. Kurz zuvor hatte Ray Prices Sekretärin Judy Johnson angerufen.

»Es ist fertig«, hatte Margaret Foote gesagt.

Judy Johnson wußte zwar nicht, was sie meinte, hatte die Nachricht aber an Ziegler weitergegeben.

Ziegler war persönlich zu Price ins EOB hinübergegangen und hatte den Aktenhefter abgeholt. In seinem Büro schloß er ihn ein. Er enthielt Prices Entwurf für eine Rücktrittsrede. Ziegler wollte nicht, daß Warren davon erfuhr. Seit achtzehn Monaten war Warren der Strohmann der Regierung. Er erfuhr alles zuletzt, wurde bewußt im unklaren gelassen, damit er nicht direkt lügen mußte. Der Präsident, Haig und Ziegler versuchten allerdings nie, durch Warren offenkundig falsche Informationen zu verbreiten. Seine Glaubwürdigkeit mußte, soweit sie reichte, erhalten bleiben.

Warren hatte seine Rolle mühsam gelernt und akzeptiert. Diesmal hatte er seine eigene Meinung geäußert. Zieglers Schweigen mochte ein Hinweis sein; vielleicht war er aber auch einfach zu müde und abgespannt, um zu widersprechen.

Ziegler kannte den Grund, warum der Präsident dem Kabinett gegenüber betont hatte, er werde bleiben: Er wollte sich noch eine Weile alle Möglichkeiten offenhalten. Schon die geringste Andeutung, er werde eventuell aufgeben, käme der Ankündigung seines Rücktritts gleich. Sie könnte sogar zur Provokation werden. Die Abtrünnigen würden alles niederwalzen. Das letzte Fähnlein der Loyalisten hätte dann wirklich Grund, ihn im Stich zu lassen. Außerdem bestand die Möglichkeit, daß der Präsident durchhalten würde. Oder daß es eine Auslandskrise gab, die einen Rücktritt verhinderte.

Ziegler wies Warren an, zu sagen, der Präsident wähle das verfassungsmäßige Verfahren. Das würde – im Gegensatz zu Simons Darstellung – als weniger starre Haltung ausgelegt werden. Während seiner halbstündigen Presse-Information benutzte Warren den Ausdruck »verfassungsmäßiges Verfahren« ein dutzendmal. Es war eine turbulente Sitzung, selbst nach den augenblicklichen Maßstäben, und Warrens Auftrag lautete, die Schärfen zu mildern, die Position ein wenig zu verändern. Simon widersprechen konnte er nicht. Das hieße, dem Präsidenten selbst widersprechen.

Frage: »Können Sie heute sagen, daß der Präsident nicht zurücktritt?«

Warren: ». . . Der Präsident beabsichtigt, das verfassungsmäßige Verfahren einzuschlagen.«

Frage: »Jerry, Sie weichen aus!«

Warren: »Ich weiche nicht aus. Ich rücke nur die Perspektive zurecht.«

Frage: »Können Sie uns heute wiederholen, Jerry . . . Dies ist wichtig. Gestern sagten Sie, er werde nicht zurücktreten. Können Sie das heute auch noch sagen?«

Warren: »Die Frage ist nicht – wenn ich so frei sein darf –, ob der Präsident zurücktritt oder nicht. Der Präsident beabsichtigt – und das hat er heute dem Kabinett gesagt –, dem verfassungsmäßigen Verfahren zu folgen. Das bedeutet, daß er nicht vorhat, zurückzutreten.«

Doch als Warrens Presse-Information endete, hatten alle zehn Parteigänger des Präsidenten im Rechtsausschuß verkündet, sie würden für ein Impeachment stimmen. Ebenso Rhodes, obwohl er sich der Rücktrittsforderung vorsichtshalber nicht angeschlossen hatte.

Repräsentantenhaus und Senat waren nervös. Die Abgeordneten standen in den Garderobenräumen herum, sammelten sich um die Fernschreiber, rangen die Hände. Niemand wußte, wer das Weiße Haus wirklich führte. Al Haig war kein adäquates Machtsymbol. Die meisten suchten nach einem Weg, Richard Nixons Verzicht auf das Präsidentenamt zu beschleunigen.

Griffin war beunruhigt. Seine Rücktrittsforderung, ein schwerer Schritt für ihn, war ein Fiasko gewesen. An diesem Nachmittag rief ihn Ed Cox im Büro an. Er kannte Cox nur flüchtig, der jetzt am Telefon äußerst verstört wirkte. Cox wußte nicht, an wen er sich wenden sollte. Er wollte mit jemandem sprechen, der eine führende Position im Senat einnahm. Das Gespräch sollte streng vertraulich behandelt werden.

Als Schwiegersohn des Präsidenten fühlte sich Cox für das Geschehen mitverantwortlich. Ihm als Familienmitglied waren beunruhigende Informationen bekanntgeworden. Es müsse geschehen, der Präsident müsse zurücktreten. David Eisenhower meine das auch, sagte Cox, doch ihre Frauen hätten sie nicht überzeugen können. In dem Punkt stoße man bei den Präsidententöchtern auf taube Ohren, und sie hätten enormen Einfluß auf ihren Vater. Mit seiner Frau habe Cox nicht einmal darüber sprechen können.

Auf der *Sequoia*-Fahrt am Abend zuvor habe es der Präsident eindeutig klargestellt, daß er nicht zurücktreten werde. Cox fragte, wie es im Senat aussehe.

Mindestens ein Senatsmitglied werde den Präsidenten aufsuchen und ihm erklären, wie verzweifelt die Situation geworden sei, antwortete Griffin.

Das sei gut, fand Cox, wiederholte aber seine Überzeugung, daß der Präsident nicht aufgeben werde. Cox hörte sich verzagt an. Er fürchtete um den Geisteszustand des Präsidenten. Nixon schlafe nicht und trinke viel. Der Mann könne nicht mehr lange aushalten. Der Präsident benehme sich gegen jede Vernunft.

Griffin sagte, er habe kürzlich an mehreren Sitzungen mit dem Präsidenten teilgenommen, da sei Nixon durchaus normal und vernünftig gewesen.

Das sei ja das Problem, erwiderte Cox. Es gehe auf und ab mit dem Präsidenten.

»Der Präsident . . .«, begann Cox. Seine Stimme hob sich. »Der Präsident ist in der letzten Nacht durch die Korridore gewandert und hat auf die Bilder ehemaliger Präsidenten eingeredet – hat Reden gehalten und mit den Gemälden an der Wand gesprochen.«

Griffin erstarrte.

Auch um Mrs. Nixon sorgte sich Cox. Sie sei als einzige spät abends in der Nähe des Präsidenten, und sie habe keine Kraft mehr. Ihre Depressionen seien so schlimm, daß sie nichts mehr bewältigen könne. Cox versuchte zu erklären. Er sage es höchst ungern, aber er mache sich Sorgen darum, was der Präsident sich antun könnte. »*Der Präsident nimmt sich vielleicht das Leben.*«

Griffin schlug vor, ein paar Männer vom Geheimdienst in die Privaträume einzuquartieren.

Ja, antwortete Cox, das sei eine gute Idee. Er werde das veranlassen.

Cox und Griffin waren sich einig, daß der Präsident sich unter diesem Druck erstaunlich gehalten habe. Griffin wollte Cox, der sich dauernd verhaspelte und selbst recht labil klang, beruhigen.

»Mit meiner Frau kann ich nicht sprechen«, jammerte Cox. »Sie will unter keinen Umständen, daß ihr Vater zurücktritt.«

Griffins größte Sorge galt Mrs. Nixon. Wer stand ihr am nächsten?

Mamie Eisenhower, doch so eng sei das Verhältnis nun auch wieder nicht.

Wie wäre es mit Billy Graham?

Das hielt Cox für eine gute Idee, und Griffin versprach, Graham anzurufen und ihn zu bitten, mit den Nixons zu sprechen.

Das tat er sofort und hinterließ in Chicago eine Nachricht für Graham. Er war erschüttert. Ed Cox neigte bestimmt nicht zur Hysterie. Und doch hatte Griffin selten einen so verstörten Erwachsenen erlebt. Es gab zahllose Möglichkeiten für eine Katastrophe. Makabre Visionen tauchten blitzartig auf. Das konnte man nicht einfach auf sich beruhen lassen. Griffin ging zu Ford in den Senat hinüber und berichtete dem Vizepräsidenten von seinen Sorgen.

Ford war weder erregt noch beunruhigt, drückte jedoch sein Mitgefühl für die Familie Nixon aus. Er schien einen fertigen Plan zu haben. An diesem Tag hatte er wieder mit Haig gesprochen. Alles lief glatt. Der Präsident habe am Vormittag im Kabinett keine gute Figur gemacht, sagte Ford; das sei alles sehr traurig. Griffin wußte nicht recht, wovon Ford eigentlich sprach.

Man erwarte, daß Präsident Nixon zurücktrete, erklärte Ford, und dann werde er selbst Präsident. Das müsse aber noch vertraulich behandelt werden. Ford wirkte sachlich und irgendwie distanziert.

Griffin verabschiedete sich bestürzt. Er hatte alles getan, was er als Republikaner tun konnte. Er hatte einen außergewöhnlichen Brief geschrieben und erklärt, er werde für einen Schuldspruch stimmen, falls der Präsident nicht sämtliche Tonbänder ausliefere, und war dann sogar so weit gegangen, den Präsidenten zum Rücktritt aufzufordern. Zwei sehr mutige Schritte für einen gewöhnlich vorsichtigen Mann. Jetzt schien es, als strebe der Präsident in die eine Richtung, Haig und Ford in die andere und Ed Cox vielleicht in eine dritte.

Als er Graham schließlich erreichte, sagte er ihm, daß die Nixons Hilfe brauchten. Der Präsident sei schrecklich deprimiert, Dr. Graham könne ihm vielleicht geistlichen Trost spenden. Als alter Freund sei er einer der wenigen, die helfen könnten. Es stehe sehr ernst.

Graham wollte sich Richard Nixon nicht aufdrängen, ganz bestimmt nicht zu diesem Zeitpunkt. Er rief im Weißen Haus an und hinterließ, daß er zur Verfügung stehe. Dann flog er nach New York, damit er wenigstens an der Ostküste war. Von New York aus rief er nochmals im Weißen Haus an und hinterließ seine Telefonnummer. Er sei in der Nähe und könne notfalls sofort eine Maschine nach Washington nehmen.

Der Präsident war nicht restlos von Goldwaters Lagebeurteilung überzeugt. Goldwater war leicht erregbar. Der Präsident war sicher, daß er noch Freunde im Senat hatte. Vergangene Woche hatte Bill Timmons via Haig berichtet, der Präsident habe fünfunddreißig Stimmen, und acht bis zehn weitere hätten sich noch nicht festgelegt. Jetzt zitierte der Präsident Timmons allein zu sich.

Der harte Kern sei auf zwanzig Stimmen zusammengeschmolzen, erklärte Timmons, und es bestehe keine Hoffnung, die zum Freispruch notwendigen vierunddreißig Stimmen zu bekommen. Aber er sei kein Jurist, fügte Timmons vorsichtig hinzu, und wenn die Anwälte meinten, den Fall auf juristischer Basis gewinnen zu können, lasse sich vielleicht einiges von dem verlorenen Terrain zurückerobern. Nixon interessierte sich für Einzelheiten. Er nannte Timmons fünf Senatoren, die er anrufen sollte.

Timmons berichtete, alle fünf Nixon-Loyalisten hätten gesagt, sie würden nicht für einen Schuldspruch stimmen, doch alle hielten die Lage für hoffnungslos.

Um 16.30 Uhr trafen sich acht Mitglieder der republikanischen Führungsmannschaft des Senats, um zu entscheiden, wer dem Weißen Haus eine Adresse überbringen sollte. Die Senatoren Javits und Goldwater waren als Vertreter des linken und des rechten Parteiflügels anwesend. Die übrigen waren Hugh Scott, Griffin, Brock, Tower, Bennett und Cotton.

John Stennis wurde vorgeschlagen, doch Scott bestand darauf, dies sei ein Republikaner-Problem, das auch von Republikanern gelöst werden müsse.

Schließlich einigte man sich darauf, daß Goldwater allein gehen solle.

Um 17.19 Uhr rief Goldwater bei Bill Timmons an. Er kam nicht durch. Auf dem Rückweg ins Büro schaute Goldwater bei Stennis herein und fragte, ob er am nächsten Tag mit ihm ins Weiße Haus gehen wolle. »Im Prinzip schon«, antwortete Stennis, »aber ich bin für das verfassungsmäßige Verfahren.« Goldwater war sicher, Stennis überreden zu können, machte aber keinen Versuch dazu.

Als nächstes telefonierte Goldwater mit Dean Burch. »Ich weiß, was Sie wollen«, sagte Burch. Er lud Goldwater am nächsten Tag vor seinem Besuch beim Präsidenten zum Lunch zu sich ein. Goldwater sagte zu.

Die Mitarbeiter des Weißen Hauses hielten Ausschau nach Hinweisen. Price wurde genau beobachtet, ob er arbeitete. Wenn der Präsident zurücktrat, mußte er das verkünden, brauchte also eine Rede. Die logischerweise Price schreiben würde.

Es gab Berichte, nach denen Vizepräsident Ford seine Vortragsreise an die Westküste, die am Donnerstag beginnen sollte, absagen werde.

Am Nachmittag besuchte Rabbi Korff den Präsidenten. »Kann ich etwas für Sie tun?« fragte Nixon.

»Ich möchte nicht, daß Sie zurücktreten.«

»Die Außenpolitik könnte irreparablen Schaden erleiden«, gab der Präsident zu bedenken. »Wenn ich in einem Senatsverfahren erscheine, das im Fernsehen übertragen wird, würde das zur Polarisierung des Landes führen.«

Eine halbe Stunde hing der Präsident seinen Überlegungen nach. Er sagte nicht, was er vorhatte, doch Korff gewann den Eindruck, daß der Präsident demissionieren wollte. Nixon schwankte, schimpfte auf seine

Feinde, beklagte die massive Ungerechtigkeit des Ganzen, nur um dann wieder auf den Schaden zurückzukommen, den ein Senatsverfahren dem Land zufügen würde.

Korff erbat sich eine signierte Photographie und ging. Er hatte nach diesem Besuch eine Pressekonferenz angesetzt, die er aber jetzt absagte. Er verließ das Haus durch einen Seiteneingang. Ein Reporter holte ihn ein. Korff war sichtlich entmutigt, wollte den Präsidenten jedoch weiterhin unterstützen. »Richard Nixon wird als der größte Präsident des Jahrhunderts in die Geschichte eingehen.«

Washington war eine Gerüchteküche. Einige der Senatoren, die am GOP-Arbeitsessen teilgenommen hatten, berichteten den Reportern, es gebe eine Anti-Nixon-Welle, und Goldwater meine, der Präsident solle zurücktreten. Einer Meldung zufolge hatte Goldwater sogar gesagt, der Präsident *werde* zurücktreten. Sie wurde im Fernsehen gebracht. Genau wie ein ebenso falscher Bericht, wonach Goldwater am Nachmittag versucht habe, ins Weiße Haus zu gelangen und abgewiesen worden sei.

Kurz vor 19 Uhr beschwerte sich Goldwater telefonisch bei Scott, einer seiner Mitarbeiter habe den Plan ausgeplaudert, Goldwater ins Weiße Haus zu entsenden. Danach rief Goldwater einen der Fernsehreporter an und beschimpfte ihn wegen der Falschmeldung. Je mehr Goldwater darüber nachdachte, desto wütender wurde er. Schließlich stürmte er in den Sitzungssaal des Senats und bat um Genehmigung, dreißig Sekunden lang zu sprechen. Sie wurde gewährt, und Goldwater dementierte die Berichte. Dann sah er zur Pressegalerie hinauf, die sich rasch füllte, schüttelte die Faust und rief: »Ihr seid ein Scheißvolk!«

Das erntete Applaus von der Besuchergalerie und einigen Senatoren.

Burch hatte Goldwater erzählt, der Präsident neige immer mehr zum Rücktritt, hatte aber betont, es sei wichtig, daß sich niemand öffentlich auf Griffins Seite schlage.

Abends besprach Goldwater die Lage mit seiner Frau. Am Mittwoch wolle er den Rücktritt fordern, und das werde zur politischen Katastrophe in Arizona führen, wo er sich zur Wiederwahl stellte. Er überlegte, ob er seine Kandidatur zurückziehen sollte. »Nein«, erklärte seine Frau energisch.

Bis zur Mittagszeit behandelte der Präsident die Reaktion auf die Transkripte vom 23. Juni einigermaßen nonchalant. Wieder einmal fragte sich Haig, ob der Präsident ihm überhaupt glaube. Er mußte ihn davon überzeugen, daß seine Mitarbeiter ihn nicht belogen. Die Hiobsbotschaften vom Kapitol räumten dieses Problem zwar aus, schufen aber ein neues. Haig machte sich Sorgen über die Zusammenkunft zwischen Goldwater und dem Präsidenten. Der Vorschlag durfte nicht von Goldwater kommen. Außerdem ging Goldwater leicht in die Luft. Eine Konfrontation wäre katastrophal und konnte den Widerstand des Präsidenten nur verhärten. Der Präsident durfte weder unter Druck vom Kongreß noch unter dem seiner Mitarbeiter zurücktreten. Zuerst mußte man ihn überzeugen, daß er die Möglichkeit hatte, im Amt zu bleiben. Haig saß in seinem Büro und erwog den nächsten Schritt. »Die nächsten Tage werden ein Trauerspiel«, sagte er zu seinen Mitarbeitern und wiederholte den Ausspruch, für den er bei seinen Kollegen berühmt wurde: »Es ist einfach unglaublich, was in diesen letzten Wochen geschehen ist.«

Haig hatte genügend Entscheidungen Nixons miterlebt, um jetzt zu spüren, daß der Präsident so gut wie entschlossen zum Rücktritt war. Seine Äußerungen darüber waren keineswegs eindeutig, wiesen aber in die Richtung. Mehr konnte man im Augenblick nicht erwarten. Nixons Phalanx brach zusammen oder war zumindest neutralisiert. Die Nachrichten vom Kapitol – Goldwater, Rhodes, die Rechtsausschuß-Loyalisten, Nixons heißgeliebte Südstaaten-Demokraten – lauteten durchweg ungünstig. Ford versuchte nicht länger zum Kampf aufzurufen. Das Kabinett war zum Schweigen verurteilt.

Haig arbeitete auf eine Rücktrittserklärung am Donnerstagabend hin. Dabei gab es ein Problem. Der Präsident hatte gesagt, er werde eine Rücktrittserklärung für Donnerstagabend *erwägen*. Erwägen. Sein Entschluß stand keineswegs fest. Also mußte Haig etwas unternehmen. Er sagte zu Kissinger und Ford, am Donnerstag wäre es soweit.

An jenem Dienstag erhielt Haig einen Anruf von Haldeman. Haldeman wollte begnadigt werden. Haig reagierte unverbindlich, wenig ermutigend und besorgt. So etwas kam ihm gerade jetzt äußerst ungelegen. Er rief Jaworski in Houston an.

»Leon, Sie sollten lieber zurückkommen. Sie müssen jetzt hier sein.« Jaworski versprach, sofort aufzubrechen.

Um 19 Uhr traf Philip Buchen mit dem Taxi zum Dinner bei Gerald Ford ein. Betty Ford begrüßte ihn an der Tür, dann gingen beide ins Arbeitszimmer, um sich die Abendnachrichten anzusehen und auf Ford zu warten. Buchen trank einen Martini. »Heute hat die GOP Richard Nixon aufgegeben«, lautete der erste Satz der CBS-Nachrichten. Jede Meldung über den Präsidenten klang wie ein Nekrolog.

Ford wurde in einem Interview gefragt, ob Präsident Nixon ihn auf dem laufenden halte. Die lächelnde Antwort: »Kein Kommentar.«

Als der Vizepräsident kam, zog er sich gleich die Badehose an. Während ein Diener die letzten Dinnervorbereitungen traf, schwamm Ford ein paar Runden.

Nach dem Essen setzten sich Ford, Mrs. Ford und Buchen ins Wohnzimmer. Ford wirkte vollkommen gelassen.

Buchen hielt es nicht mehr aus. »Hör mal«, begann er, »sag mir doch endlich, was eigentlich los ist.«

»In zweiundsiebzig Stunden ist alles vorüber«, antwortete Ford ruhig. Er habe das vorhin von Haig erfahren.

Verdammt, dachte Buchen. Am liebsten hätte er sofort mit dem Organisieren begonnen. Fords Ruhe machte Buchen noch nervöser, seine Trägheit bekümmerte ihn. Er verstand zwar, daß sein Freund nichts unternehmen wollte, was so aussah, als dränge er zur Präsidentschaft, doch jetzt war nicht mehr die Zeit für solche Äußerlichkeiten. Der Mann, der seit fünfunddreißig Jahren Buchens Freund war, sollte in Kürze die Regierung übernehmen.

Buchen berichtete Ford von seiner und Whiteheads Arbeit. Sie hatten jämmerlich wenig geschafft, jetzt, da die Amtsübergabe in zweiundsiebzig Stunden bevorstand. »Paß auf«, bat Buchen, »du sagst mir jetzt, wen ich sofort mobilisieren kann.« Das Amtsübergabe-Team müßte erweitert werden. Buchen, Whitehead, Jonathan Moore, Brian Lamb und Larry Lynn waren dem nicht gewachsen. Man brauchte Leute mit mehr Format und Erfahrung. Ford nannte Senator Griffin, den ehemaligen Abgeordneten John W. Byrnes von Wisconsin, Innenminister Morton, den Vizepräsidenten der U. S. Steel William C. Whyte und Bryce Harlow, der vor einigen Monaten das Weiße Haus verlassen hatte.

Buchen wollte noch jemanden, der nicht aus Washington war, und schlug den ehemaligen Gouverneur von Pennsylvania, William W. Scranton, vor. Ford war einverstanden.

Buchen versprach, alle noch am selben Abend zu kontaktieren. Betty Ford gab ihm die Telefonnummern.

»Wir werden uns so schnell wie möglich zusammensetzen«, sagte Buchen. Ford erklärte, vor allem dürften keine Informationen durchsickern.

Buchen machte sich offenbar mehr Gedanken als Ford über all das, was bevorstand: die Vereidigung, die ersten Ernennungen, Instruktionen, die Antrittsrede, lauter Dinge, die sich ein neuer Präsident normalerweise monatelang überlegen konnte. Buchen hatte es eilig, aufzubrechen und sich ans Telefon zu hängen.

Als sie zur Tür gingen, gab er Betty Ford einen Kuß und legte dem nächsten Präsidenten den Arm um die Schultern. Er murmelte ein paar aufmunternde Worte. Jeder einzelne werde sich seiner Aufgabe gewachsen zeigen, meinte er. »Es ist soweit.« Durch die Ereignisse kam ein Mann an die Präsidentschaft, der bisher nur in Ionia und Kent County in einem der neunzehn Wahlbezirke von Michigan kandidiert hatte. »Ich bin stolz auf dich«, sagte Buchen zum Abschied.

Unterwegs dachte Buchen über seine lange Freundschaft mit Ford nach. Im Sommer 1940 hatte Buchen in einer Anwaltskanzlei in New York City gearbeitet und wäre fast als Sozius eingestiegen, hatte sich

aber statt dessen mit Ford zusammengetan. Die New Yorker Anwaltskanzlei war die gleiche, in die Anfang der sechziger Jahre Richard
Nixon eintrat. Wenn er in New York geblieben wäre – ob er dann einer
der Anwaltspartner geworden wäre, die Nixon nach Washington mitgenommen hatte? Was hätte er wohl in der Watergate-Affäre getan?

Der erste Anruf, den Buchen von seinem Club aus tätigte, galt seiner
Frau. Dann rief er Whitehead an. »Ich habe gerade mit Jerry gesprochen«, berichtete Buchen bewegt, »und er hat mir erzählt, was Haig zu
ihm gesagt hat. ›In zweiundsiebzig Stunden sind Sie Präsident.‹« Sie
verabredeten, die alten und neuen Mitglieder des Amtsübergabe-
Teams zusammenzurufen.

Bill Whyte gegenüber war Buchen weniger präzise. »Der Vizepräsident möchte, daß sich eine Gruppe seiner engsten Berater zusammen-
setzt«, erklärte er. Whyte bot sein Haus als Treffpunkt an.

Bei Bryce Harlow mußte sich Buchen am Telefon erst vorstellen. Er
spreche im Auftrag des Vizepräsidenten, sagte er und bat Harlow, am
folgenden Tag an einer wichtigen Sitzung teilzunehmen. Harlow hatte
keine Ahnung, wer Buchen war, und warum er sich unbedingt mit ihm
treffen sollte, schob aber seine Bedenken beiseite, als er hörte, daß die
Sitzung bei Bill Whyte stattfand. Denn daß Whyte sich an keiner
Infamie beteiligen würde, wußte er.

Im Ostflügel, wo die Mitarbeiter saßen, die am engsten mit dem
Privatleben der First Family verbunden waren, sagte Susan Dolibois,
früher in Charles Colsons Ressort tätig und eine eingeschworene
Loyalistin, die neuen Abschriften seien ein Schlag ins Gesicht. Proto-
kollchef Rex Scouten, der während der Vizepräsidentenzeit zu Nixons
Geheimdienstlern gehört hatte, zeigte sich versöhnlich. Seine Hauptsorge galt der Familie. Terry Ivey, Presseassistentin von Mrs. Nixon,
war tiefunglücklich, niedergeschmettert von der Tatsache, daß der
Präsident seine Tochter Julie hatte im Land umherreisen und sich von
ihr verteidigen lassen, ohne ihr die Wahrheit zu sagen. Der Präsident
hatte Julie zwar davon abgeraten, wie Ivey wußte, ihr aber nicht
erklärt, warum.

Haig schlief in dieser Nacht nur wenige Stunden. Er war fester
entschlossen denn je, hart mit dem Kongreß umzuspringen. Die republikanische Führungsspitzen durfte nicht ins Weiße Haus gestürmt
kommen, um den Rücktritt zu erzwingen – für Haig eine größere
Gefahr als ein Militärputsch. Denn das würde das politische System
Amerikas für immer verändern.

Haig überließ sich seiner Verbitterung, soweit er sich überhaupt
dergleichen gestattete. Nixon war ein Produkt des politischen Systems,
keine Ausnahmeerscheinung, und Haig sah auch unter Ford keine
Chancen für eine Verbesserung. Sein Fazit: Jemand wie er würde es in
der Politik wohl nie zu etwas bringen.

Mittwoch, 7. August

An diesem Vormittag empfand Alexander Haig die Bürde des Regierens besonders schwer. Es war seine Aufgabe, eine Schlappe zu verhindern. Haig wollte den Weg ebnen – für das Land, für den Präsidenten und für sich selbst. Er konnte die Erosion sehen, hören, fühlen. Alles brach zusammen. Dies war das letzte, traurige Kapitel der Schlacht, eine Niederlage von nie erlebten Ausmaßen. Er hatte viel über Niederlagen gelesen, und so sahen sie nun aus: Krach, Unvernunft, Zusammenbruch überall. Diese Allseitigkeit schien so unerwartet, in ruhigeren Momenten jedoch wieder klar und unausweichlich. Der Kongreß, die Presse, die traditionellen Nixon-Parteigänger, die Mitarbeiter des Weißen Hauses, sogar die alten Freunde – mit allen wurde Haig, wie er glaubte, fertig. Bei Nixon war er dessen nicht sicher. Er befürchtete, der Präsident könnte sich umbringen.

In den vergangenen Monaten hatte es gewisse Anspielungen auf Tod und Selbstmord gegeben. Zuerst nur vage, und häufig barsch, ungeduldig; vermutlich dachte der Präsident nur laut. In dieser Woche hatte Nixon das Thema offen angeschnitten – unter vier Augen.

»Bei euch, in eurem Beruf –«, der Präsident meinte die Army, er schien in Haig immer noch den Offizier zu sehen –, »habt ihr eine Möglichkeit, derartige Probleme zu lösen. Irgend jemand läßt eine Pistole in der Schublade liegen.« Haig wartete.

»Ich habe keine Pistole«, fuhr der Präsident bedrückt fort, als gehöre dies auch zu einer langen Reihe von Entbehrungen, als bäte er beinahe darum, ihm eine zu geben. Im gleichen Ton sprach er immer von seinen Eltern, die niemals Geld gehabt hätten.

Anschließend alarmierte Haig die Ärzte des Präsidenten. Er ordnete an, Nixon keine Medikamente mehr zu geben, ihm sämtliche Schlaf- und Beruhigungstabletten wegzunehmen.

Außerdem besprach Haig das Problem mit Buzhardt. Zuerst äußerte sich Haig nur unbestimmt. Er erwähnte die Medikamente. Es gehe nicht unbedingt um Selbstmord; die Tabletten könnten die Entscheidungen beeinflussen, die der Präsident treffen und durchführen müsse. Er dürfe sie nicht als Abschirmung gegen die Realität zur Hand haben.

Er, Haig, werde mit allen denkbaren Vorsichtsmaßnahmen sicherstellen, daß Watergate nicht mit dem Selbstmord des Präsidenten ende. Es könne sein, daß der Präsident darin den einzigen Ausweg sehe, sich und dem Land weitere qualvolle Anklagen zu ersparen. Daher habe Haig dafür gesorgt, daß der Präsident keinen Selbstmord begehen könne.

Nixon sei nicht der Typ dafür, antwortete Buzhardt. Er habe schon viele Krisen überstanden. Je schwieriger die Lage, desto widerstandsfähiger werde er. Und Nixon sei zudem tiefreligiös. Fromme Menschen brächten sich nicht um.

Dann unterhielten sie sich über ihre Erfahrungen mit Nixon. Haig bedauerte, den Präsidenten nicht richtig zu kennen, er habe sich ihm nie nahe gefühlt. Nixon sei so verschlossen. Er frage sich manchmal, was er wohl mache, wenn er allein sei, er verbringe so viele Stunden allein. Buzhardt empfand, wie er sagte, ebenfalls diese unüberbrückbare Distanz, glaubte aber, einen Einblick in das Wesen Nixons bekommen zu haben wie kein anderer.

Haig wußte, worauf Buzhardt anspielte. Nachdem das geheime Abhörsystem entdeckt worden war und sie nach den beiden fehlenden Tonbändern und dem fehlenden Tonbanddiktat vom 15. April suchten, hatte Nixon dem Anwalt einige andere Tonbanddiktate übergeben – ein auf Band gesprochenes Tagebuch. Vielleicht werde das seinen Verdacht zerstreuen, hatte Nixon gemeint. Als Buzhardt sie abhörte, wurde ihm klar, daß sie sich auf gar keinen Fall für fremde Ohren eigneten. Nixon hatte sie nicht mal von Rose Woods abschreiben lassen. Einige von ihnen standen »sub poena«, doch Buzhardt hatte Richter Sirica erklärt, sie seien viel zu persönlich, um veröffentlicht zu werden. Sirica hatte sich eines angehört, ihm zugestimmt und dem Sonderankläger gesagt, sie trügen nichts zur Aufklärung bei.

Auf diesen Bändern glaubte Buzhardt den wahren Nixon, ohne seinen Schutzpanzer, gehört zu haben. Es sei selten, daß ein Mann in einem solchen Amt ein so aufrichtiges Tagebuch führe, sagte Buzhardt zu Haig. Normalerweise dienten die Tagebücher von Persönlichkeiten des öffentlichen Lebens dazu, ein stark aufpoliertes Bild für die Historiker zu zeichnen. Die Nixon-Aufzeichnungen seien das genaue Gegenteil. Den Präsidenten seine Gefühle offenbaren zu hören – das sei für ihn das bewegendste Erlebnis von ganz Watergate gewesen, sagte Buzhardt. Es war eine düstere, beinahe dostojewskische Reise in Nixons Ängste, Besessenheiten, Animositäten, Leidenschaften, Unzulänglichkeiten.

Buzhardt, der jahrelang Ärzte über die Geisteskrankheit seiner Mutter konsultiert hatte, hielt diese Diktiersitzungen für eine gute Therapie. Der Anwalt wollte nicht in Einzelheiten gehen, nicht einmal

Haig gegenüber. Er sagte nur, Nixon habe aus echtem Gefühl heraus und dabei seltsamerweise über alltägliche Dinge gesprochen: das Wetter, die Blumen im Garten des Weißen Hauses, Vögel.

Eines sei klar: Der Präsident glaube, seine wahren Gefühle um jeden Preis unterdrücken zu müssen. Dazu habe er sich offenbar schon als junger Mann entschlossen, nur wohlberechnete Gefühle zu zeigen. Er war überzeugt, daß seine Umwelt es so wollte.

Leider seien Nixons Instinkte häufig feiner als seine Berechnungen. Der Präsident führe eine Art Geheimleben – Stoff für einen psychologischen Roman. Er kenne Mitgefühl. Er habe über John Dean gesprochen: Man dürfe Dean nicht zu hart beurteilen, denn er sei ein junger Mann, dem alles über den Kopf gewachsen sei.

Der Präsident sei von Natur aus introvertiert. Er habe auf Band über seine Reaktionen bei Begegnungen mit Menschen und bei Wahlkämpfen gesprochen: Er hasse das alles, aber er tue es trotzdem und lege sich einen Panzer zu, den niemand durchstoßen könne. Enge menschliche Beziehungen seien unmöglich. Das Verhältnis zu seiner Frau sei rein formell. Selbst seiner Tochter Julie gegenüber zeige er selten seine Gefühle. Er spiele den starken, tröstenden Vater, während er in Wirklichkeit selber getröstet werden wolle. Doch Buzhardt glaubte, daß sein Panzer noch intakt sei und daß er halten werde.

Haig hatte keine Lust, sich mit solchen Analysen aufzuhalten. Ungeduldig wandte er sich den taktischen Problemen zu. Er mußte so unauffällig wie möglich fortfahren, die Grundlage für den Rücktritt zu schaffen.

Zunächst und unmittelbar war da Goldwaters Bitte, dem Präsidenten eine Botschaft der republikanischen Parteiführung zu überbringen. Sie lautete: Rücktritt. Dem mußte er unter allen Umständen zuvorkommen, und zwar persönlich. Er mußte Goldwater selbst sprechen, aber nicht im Weißen Haus. Es gab schon viel zu viele Gerüchte. Das Kapitol kam ebenfalls nicht in Frage. Haig sprach mit Burch, der ihm mitteilte, Goldwater habe eine Einladung zum Lunch bei ihm zu Hause angenommen. Es wurde beschlossen, daß Haig ebenfalls daran teilnehmen sollte.

Burch rief Goldwater an, um die Zeit festzusetzen – 12.30 Uhr – und ihm zu sagen, daß Haig auch komme.

»Werden Sie einen Anzug tragen?« fragte Burch. Goldwater pflegte gewöhnlich in Jeans und Cowboystiefeln zu erscheinen.

»Scheiße, was erwarten Sie denn?« antwortete Goldwater; schließlich sei es ein ernster Anlaß. Dann sagte ihm Burch, der Präsident werde ihn gegen 16 Uhr empfangen.

Inzwischen ging Haig zum Präsidenten und brachte ihm die geplante Zusammenkunft bei: Nixon solle Goldwater Gelegenheit geben, ihn über seine Chancen im Senat zu informieren. Der Präsident wandte ein, er brauche ein umfassenderes Bild, und verlangte, Rhodes und

Scott müßten Goldwater begleiten. Haig verabschiedete sich. Es war zu spät, um Scott und Rhodes persönlich aufzusuchen. Darum bat er Timmons, die beiden zu unterrichten.

Auch Timmons meinte, Druck durch den Kongreß könne bei Nixon genau das Gegenteil bewirken. Die Parteiführer sollten dem Präsidenten lediglich erklären, die Situation sei hoffnungslos, dann wären sie alle fein raus. Niemand, fand Timmons, auch er selbst nicht, könne es verantworten, mehr zu sagen. Nixon werde, allen zum Trotz, das tun, was er wolle. Das habe er schon immer getan.

Um 13.15 Uhr traf Timmons in Scotts Büro ein und teilte ihm mit, der Präsident lasse die beiden Republikaner und Goldwater zu sich bitten. Scott war geschmeichelt; er hielt es für richtig. »Der Präsident schwankt, was den Rücktritt angeht«, erklärte Timmons. »Seine Familie will, daß er bleibt. Niemand weiß, was wirklich geschehen wird. Es sieht nach Rücktritt aus, aber während ich hier mit Ihnen spreche, hat er seine Meinung vielleicht schon wieder geändert.« Er sagte offen, eine Rücktrittsforderung werde den Widerstand des Präsidenten nur noch versteifen, und Scott versprach ihm, vorsichtig zu sein.

Rhodes gegenüber war Timmons weniger offen. »Der Präsident möchte mit Ihnen, Hugh Scott und Barry Goldwater sprechen«, begann er.

»Und worüber?« fragte Rhodes.

»Er möchte eine Entscheidung treffen und will sich über die Situation in beiden Häusern informieren, bevor er sie trifft.«

»Geht es bei dieser Entscheidung um die Möglichkeit eines Rücktritts?«

Timmons bejahte und teilte Rhodes den Termin mit.

Haig wollte Scott die Taktik selbst darlegen. Er schob seinen Groll vorerst beiseite und rief ihn an. »Hugh, der Präsident hat sich schon mehrmals fast überzeugen lassen. Das Problem ist jetzt die Familie. Wenn Sie seinen Rücktritt verlangen, wird er vermutlich wieder störrisch. Könnten Sie ihm ganz einfach die Situation schildern? Er kennt sie. Aber er muß es von Ihnen hören. Er muß erfahren, daß es keine Alternative gibt. Weiter nichts.«

Scott versprach es.

Bob Haldeman schritt energisch über die Straße, wenige Blocks vom Weißen Haus entfernt. Er war beunruhigt und wollte mit Frank Strickler, einem seiner Anwälte, die Lage diskutieren. Haldeman hatte am Tag zuvor mit dem Präsidenten telefoniert, doch das Thema Amnestie war nicht offen erörtert worden. Strickler kam sofort zur Sache. Wenn Haldeman begnadigt werden wolle, solle er dem Präsidenten schleunigst ein präzis formuliertes Gesuch vorlegen. Ein direkter persönlicher Appell sei vermutlich die einzige Möglichkeit.

Seit zehn Tagen wußten Haldeman und Strickler, daß sich eine neue

Krise zusammenbraute. Haig hatte Haldeman kurz nach der Supreme-Court-Entscheidung angerufen und gefragt, was ihm von seinen drei Gesprächen mit dem Präsidenten am 23. Juni 1972 noch erinnerlich sei. Haig war äußerst besorgt gewesen und hatte eine Menge Fragen gestellt. In welchem Zusammenhang die Gespräche gestanden hätten? Was vor und nach jeder Diskussion geschehen sei?

Haldeman war nicht sehr hilfreich. Er hatte beinahe alles verdrängt und bemühte sich auf Stricklers Rat hin auch nicht, sein Gedächtnis zu strapazieren. Nach dem Telefonat war er überzeugt, Haig habe ihm sagen wollen, der Präsident werde wohl kaum im Amt bleiben können, wenn die Bänder freigegeben würden.

Jetzt sagte Haldeman zu Strickler, er sei sicher, daß das Ende bevorstehe. Haig und die Anwälte seien in Panik. Die Bedeutung der Transkripte werde weitgehend überbewertet. Der Präsident habe schon Schlimmeres enthüllt und dem standgehalten. Nixon sei das Opfer eines Putschs im Weißen Haus, meinte Haldeman.

Strickler schlug ihm vor, seine Gründe für ein Gnadengesuch zu Papier zu bringen. Haldeman war einverstanden. Er mußte seine Gedanken ohnehin ordnen und wußte, daß der Präsident offizielle Eingaben schätzte. Er begann zu schreiben:

In persönlicher Hinsicht besser, das Kapitel jetzt abzuschließen, als in den nächsten Jahren hilflos dasitzen und den Prozessen und Berufungsverfahren zusehen zu müssen.

Historisch wäre es viel besser, Amnestie zu gewähren und das Verfahren zu beenden, als es weiterlaufen zu lassen und zu erleben, daß die Prozesse zu einem Ersatz-Impeachment werden. Außerdem wird die Geschichte Loyalität und Mitgefühl für im Netz verstrickte Untergebene zu honorieren wissen.

Löst das Problem, daß ein potentieller Ankläger Zugang zu Akten und Tonbändern bekommt, durch Eliminierung der Basis für eine weitere Strafverfolgung; löst außerdem das Problem, daß Verteidigung Zugang zu Akten erzwingen muß.

Die einzige Möglichkeit, reinen Tisch zu machen, wäre es, die Strafverfolgung einzustellen. Solange sie weiterläuft, besteht die Gefahr weiterer neuer Dinge.

Um dem Land ein Trauma, den Angeklagten Ungerechtigkeit, RN persönliche Probleme und negative historische Konsequenzen zu ersparen – alles spricht für Notwendigkeit einer Generalamnestie.

Haldeman versuchte vergebens, Nixon telefonisch zu erreichen, und bekam schließlich Haig an den Apparat. Rasch trug er seine Bitte vor und umriß seine Gründe.

Haig war entsetzt. Er erkannte eine Drohung, wenn er sie hörte. Haldeman sprach von »Loyalität«, von der Vermeidung eines »Traumas«, »persönlichen Problemen« für den Präsidenten und »negativen historischen Konsequenzen«. In Haigs Ohren klang es, als drohe Haldeman, Nixon ins Gefängnis zu bringen, wenn er ihn nicht begnadigte.

Haig unterdrückte seinen Zorn und verzichtete lediglich darauf, Haldeman Mut zu machen. Er wollte nicht darüber nachdenken und ebensowenig, daß der Präsident darüber nachdenken mußte. Der Zeitplan für den Rücktritt war wenigstens provisorisch festgelegt, und so etwas konnte ihn wieder umwerfen. Dennoch versprach er Haldeman, sein Gesuch genau zu prüfen.

Der General war allergisch gegen Watergate-Verschwörer, die um Begnadigung durch den Präsidenten baten. Ein wesentliches Element in der ersten Watergate-Vertuschung war Howard Hunts Gnadengesuch gegen Zusicherung seines Schweigens gewesen. Und jetzt versuchte wieder einer, daß Weiße Haus zu erpressen. Alptraumvisionen von neuen Vertuschungen und Behinderungen der Justiz tauchten auf, in die er diesmal verstrickt wurde. Bevor er jedoch die Anwälte um Rat fragen konnte, mußte Haig sich bei Burch mit Goldwater treffen.

Der Senator war bereits anwesend. Goldwater erschrak über Haigs Aussehen. Das Gesicht des Generals war hager und bleich. Er wirkte älter, magerer, körperlich und seelisch kaputt. »Sie sehen aus wie der leibhaftige Tod«, sagte Goldwater. »Sie sollten mal aufs Land fahren.« Er bot ihm sein Haus zur Erholung an.

Haig sagte, er habe vier Tage und Nächte nicht geschlafen.

Daran kann nur einer schuld sein, sagte sich Goldwater. Das bedeutete, daß der Präsident an Schlaflosigkeit litt: kein Zustand, in dem man Entscheidungen traf. Er erkundigte sich nach dem körperlichen und seelischen Befinden des Präsidenten.

»Gut«, antwortete Haig. Burch nickte.

Quatsch, dachte Goldwater, nahm sich aber vor, sachlich zu bleiben.

Beim Lunch berichtete er, was die Senats-Republikaner am Vortag beim GOP-Arbeitssessen gesagt hatten.

»Keine Chance im Senat«, faßte er zusammen und fügte hinzu, er selber werde für den Schuldspruch nach Anklagepunkt Zwei, Machtmißbrauch, stimmen.

»Er wird Ihnen sagen, daß Sie sich das sonstwohin stecken können«, meinte Burch zu einem Versuch Goldwaters, dem Präsidenten seine Position zu erläutern.

»Wir brauchen ihn nicht mehr zu drängen«, sagte Haig. »Das haben wir zur Genüge getan.« Er führte wieder seine Gründe auf. Das größte Hindernis seien einige Familienmitglieder. Die seien eisern gegen Rücktritt.

Es werde fürchterlich, wenn die Familie merkte, daß er sie belogen habe, sagte Goldwater. Das würde für sie und für ihn sehr schwer.

Haig berichtete, daß einige Familienmitglieder keine Einwände mehr gegen den Rücktritt hätten. Die beiden Schwiegersöhne schienen zu begreifen, was geschehen war und was jetzt geschah. Der Präsident wäge seine Alternativen ab: Ob er sich der Verhandlung stellen und im Senat eine sichere Niederlage erleben oder zu seinem eigenen und zum Besten des Landes zurücktreten solle. Die zweite Möglichkeit stehe zu neunzig Prozent fest. Doch ein plötzliches, unerwartetes Wiederaufflackern des alten Kampfgeistes könne das jederzeit ändern. Und der Präsident werde sich seinen Entschluß weder vom Kongreß noch von der republikanischen Parteiführung diktieren lassen. Selbst der Anschein, daß man ihn zwingen wolle, könne sich als tödlich erweisen, erklärte Haig. Das Problem sei, Nixon bei der Stange zu halten.

Goldwater erkannte die Verbindung zwischen Griffins flammender Rücktrittsforderung am Montag und diesem Lunch. Haig wollte den Brand eindämmen.

Der General erläuterte das Drehbuch: Goldwater werde nicht allein gehen, Scott und Rhodes würden ihn begleiten. Die Absicht sei, dem Präsidenten zu beweisen, wie hoffnungslos seine Lage sei – nicht mehr und nicht weniger.

»Das Wort ›Rücktritt‹ darf nicht fallen«, forderte Haig.

Goldwater versprach es.

Es gebe noch ein zusätzliches Problem, Haldeman verlange eine Generalamnestie, berichtete Haig. Es werde großer Druck auf den Präsidenten ausgeübt, damit er vor dem Rücktritt Begnadigungen ausspreche – Druck in Form alter Loyalitäten. Eine einfache Unterschrift auf einem Stück Papier für alte Freunde, die ihm so treu gedient hätten. Was Goldwater rate?

»Ich halte es nicht für klug«, antwortete Goldwater. »Doch er hat die Macht dazu, und wenn das der Preis sein soll, dann sollte er ruhig bezahlt werden.«

Goldwater hätte fast jeden Preis bezahlt, um Richard Nixon aus dem Amt zu entfernen.

Gegen 14 Uhr begab sich Haig direkt ins EOB-Büro, um den Präsidenten über Haldemans Gesuch nebst Begründungen und über Goldwaters Reaktion zu informieren. Nixon wünschte mehr Zeit, um darüber nachzudenken, und bat Haig, die Anwälte zu konsultieren.

Unterwegs traf der General Garment. »Kommen Sie mit, Len«, forderte er ihn auf. »Ich muß mit Fred oder Jim sprechen.« Haig fragte, ob Garment wisse, wo sie sich aufhielten.

Buzhardt sei beim Zahnarzt und St. Clair in seinem bevorzugten Gerichtssaal, wo er gerade erkläre, daß neun der vierundsechzig »sub poena« verlangten Tonbänder nicht existierten oder nicht auffindbar seien, antwortete Garment.

Haig und Garment ließen sich in St. Clairs leerem Büro nieder. Garment fand Haig abgemagert. Der General umklammerte nervös sein Feuerzeug und die Zigaretten.

Die Sache müsse zum Abschluß gebracht werden, sagte Haig. Der Präsident werde wahrscheinlich zurücktreten, und es sei besser, wenn das aus eigenem Entschluß geschehe. Aber es habe sich ein letztes Problem ergeben. Haldeman drängte den Präsidenten, alle Watergate-Beteiligten zu begnadigen. Er übe sehr starken Druck aus. Haig habe Nixon bereits informiert und ihm versprochen, die Frage mit den Anwälten zu klären. Wie sehe das vom juristischen Standpunkt aus? Könne der Präsident so etwas tun?

»Völlig unmöglich«, antwortete Garment. »Das wäre grotesk. Bis jetzt hat er sich seltsamerweise an das System gehalten, obwohl es ihm schadet. Begnadigungen lägen außerhalb des Systems. Dann könnte er gleich sagen, zum Teufel mit dem System, mit der Justiz. Dann würde alles zusammenbrechen.« Garment spürte, wie die Hitze in ihm aufstieg. »Das wäre der katastrophalste Schritt, den man sich vorstellen könnte«, schloß er.

Goldwater halte Begnadigungen für annehmbar, falls sie der Preis für den Rücktritt seien, wandte Haig ein. Der Präsident wolle wissen, warum Goldwater sie akzeptieren könnte, einige Mitarbeiter dagegen nicht.

»Ist es denn überhaupt machbar?« fragte Haig abermals. »Kann er das tun?«

Gewiß, antwortete Garment, ein Präsident habe von Rechts wegen Begnadigungsvollmacht. Doch wie weit würde eine Watergate-Amnestie gehen? Wo begann Watergate, und wo hörten andere Straftaten auf? Was wollte man eigentlich – die Gefängnisse räumen?

»Warum geht es nicht?« wollte Haig wissen.

Garment konnte seine Gründe gar nicht schnell genug aufzählen. Der Präsident möge zwar juristisch das Recht dazu haben, doch reiche seine politische Macht nicht mehr, es für seine Freunde und Helfer auszuüben. Der Präsident müsse würdig aus dem Amt scheiden. Stellen Sie sich vor, sagte Garment, wenn Nixons letzte Amtshandlung in der Begnadigung all seiner alten Kumpane bestehen würde. Das garantiert, daß Watergate nie in die richtige Perspektive gerückt wird.

Nach Meinung des Präsidenten gestattete es ihm eine Amnestie, die gesamte Watergate-Last auf sich zu nehmen, sagte Haig. Er fühle sich verantwortlich für die Misere seiner alten Freunde.

Richard Nixon nimmt allein die Schuld, die Verantwortung und die öffentliche Empörung auf sich – Garment wußte, wie verlockend das für ihn war. Sie dürften das einfach nicht zulassen, erklärte er. Doch als Haig ging, hatte Garment das beunruhigende Gefühl, nicht alle Argumente ins Ziel gebracht zu haben.

Zuerst kehrte Buzhardt, dann St. Clair zurück. Haig und Garment trafen sie in Buzhardts Büro. Buzhardt war ebenfalls dagegen. Er hatte bereits Schritte unternommen, alle Begnadigungsgesuche zu blockieren, die über das Justizministerium hereinkamen, also den normalen Dienstweg.

Er habe sich beim Präsidenten ebenfalls ablehnend ausgesprochen und solle nun die Anwälte konsultieren, erklärte Haig. Haldeman übe wirklich Druck aus und habe auch schon versucht, direkt mit dem Präsidenten zu sprechen, doch Haig habe den Anruf abgefangen. Er fürchte, Haldeman werde eine Möglichkeit finden, zu Nixon vorzudringen.

Haig war jetzt offenbar endgültig bekehrt. »Dieser Verbrecher hat also um Begnadigung gebeten«, sagte er ungläubig; diese Arroganz sei einfach unerhört, das sei glatte Erpressung, da müsse man einen Riegel vorschieben.

Buzhardt erbot sich, Haldemans Hauptanwalt John Wilson anzurufen und ihm zu erklären, eine Begnadigung sei unmöglich.

»Vielleicht sollte man eine Amnestie in Erwägung ziehen«, meinte St. Clair schließlich. Es lohne sich, diese Möglichkeit auszuloten, ehe man voreilig handle.

Haig und Garment fielen über ihn her.

»Wenn der Präsident diese Begnadigung ausspricht«, sagte Garment, »erzwingt er seinen eigenen Prozeß. Die Öffentlichkeit schreit nach einem Kopf, und wenn der Präsident ihr die Köpfe wegnimmt, wird sie den seinen verlangen. Und das wäre dann *der* Prozeß aller Zeiten. Der Präsident muß seine Chancen wahrnehmen.«

St. Clair ließ sich schnell überzeugen, daß sie den Präsidenten drängen müßten, das Gesuch abzulehnen.

Haig erhielt Nachricht, daß David Eisenhower und Ed Cox ihn sprechen wollten. Er bat Buchanan, mit den Schwiegersöhnen des Präsidenten zu reden. Obwohl es Anzeichen dafür gebe, daß die Familie weich werde, sagte Haig, seien die Angehörigen immer noch die letzte Hürde.

Bruce Herschensohn, fuhr Haig fort, rede auf Julie ein, bestärke sie in ihrer Ansicht, ihr Vater dürfe nicht zurücktreten. Herschensohn wolle, daß der Präsident als Kämpfernatur in die Geschichte eingehe, und behaupte ihr gegenüber, Sieg oder Niederlage im Senat seien gar nicht der springende Punkt – sein Einsatz für das Amt werde dem Präsidenten den ihm gebührenden Platz in der Geschichte sichern. Buchanan antwortete, er werde diese Aufgabe gern übernehmen.

Kurz darauf erschienen David und Ed bei ihm. »Wir kommen wegen des Präsidenten«, erklärte Cox. Sie wollten beide Seiten hören und baten noch einmal um Argumente für einen Rücktritt.

Eine volle Stunde lang wiederholte Buchanan alles, was am Samstag gesagt worden war, und betonte nochmals, daß ein Rücktritt die einzige Lösung sei.

David imponierte es, daß Buchanan, der treueste Nixon-Mann, seine Indoktrinierung überwunden hätte. Er besaß Charakter genug, um seine eigenen Schlüsse zu ziehen und trotz Nixons Widerstand dazu zu stehen. Das gab David die Zuversicht, sich ebenfalls gegen seine Frau und seinen Schwiegervater behaupten zu können.

Cox führte das Wort. Er wog beide Seiten sorgfältig gegeneinander ab.

David und Ed bedankten sich bei Buchanan. Dann holten sie Tricia ab und gingen zum EOB-Büro des Präsidenten. Da es sich um ein juristisches Gespräch handelte, kam Tricia nicht mit hinein. Der Präsident war allein. David war froh, daß sie sich im EOB-Büro trafen. Er hatte das Gefühl, daß dieser Raum, im Gegensatz zum Oval Office mit seinem offiziellen Anstrich, ein Gespräch auf menschlicher Basis förderte.

David teilte die Unterhaltungen mit seinem Schwiegervater in zwei Kategorien ein. Entweder dominierte Nixon und sprach fast ausschließlich, oder er war in sich gekehrt und ließ das Gespräch um sich herum weiterlaufen. Diesmal war es anders. Es ging um den Austausch von Informationen.

Ed erklärte, daß er und David eine Art Meinungsumfrage veranstaltet hätten. Es gebe Argumente für und gegen ein Verbleiben im Amt. Wenn er bleibe und nicht zurücktrete, habe die Administration immer noch große Reserven für eine Verteidigung bei der Senatsverhandlung. Es wäre heroisch, und eine intensive Verteidigung könne die Anklagen einengen. Wie immer das Ergebnis ausfalle, eine gründliche Durchleuchtung werde die Watergate-Affäre in die richtige Perspektive rücken und beweisen, daß es sich um eine Bagatelle handelte.

Mit einer Anleihe bei Buchanan umrissen David und Ed dann die Argumente für einen Rücktritt. Ein Senatsverfahren könne Monate dauern, die Regierung funktionsunfähig machen, der Wirtschaft schaden und die außenpolitischen Beziehungen komplizieren. Das Land brauche einen Führer, sagte David.

Der Präsident warf ihm einen scharfen Blick zu. David glaubte schon, zu weit gegangen zu sein, der Präsident schien jedoch endlich einmal bereit, das Thema Watergate sachlich zu diskutieren.

»Wenn nicht noch etwas geschieht«, erklärte Nixon, »soll ich zurücktreten, sagen meine Freunde im Senat.« Er sah David und Ed dabei nicht an. Zu diesen Freunden gehörten die Senatoren Stennis, Long, Bennett und James B. Allen von Alabama.

»Noch habe ich mich nicht endgültig entschlossen«, sagte er unvermittelt, aber David spürte, daß er das doch getan hatte. Der Präsident behandelte das Thema gelassen: eine der seltenen Gelegenheiten, daß David ihn ruhig erlebte. Er wog die Argumente für und wider vernünftig ab.

Seine Besucher nickten verständnisvoll. Sie drängten ihn nicht.

»Glaubt ihr, sie werden uns Schwierigkeiten machen, mit unseren Papieren und Tonbändern?« fragte Nixon.

Auch das scheint darauf hinzuweisen, daß er sein Amt aufgeben will, dachte David.

Sie antworteten beide, er sei fraglos berechtigt, seine Papiere, Tonbänder und Akten zu behalten – genau wie alle anderen Präsidenten.

Nixon ging noch einen Schritt weiter. Er überlegte, wie man die Akten nach Kalifornien transportieren könne. Wenn er zurücktrete, werde er dorthin übersiedeln. Er wolle seine Dokumente haben, damit er an seinem Buch arbeiten könne. Er wolle seine Memoiren schreiben.

Wenn er seine Papiere nicht herausbekomme, würde man noch jahrelang darin herumwühlen.

Der Präsident stellte weitere Fragen über seine Zukunft. Eine Zukunft ohne Amt, in Kalifornien.

»Ich hätte gern Zeit zum Reisen.«

Das sei eine gute Idee.

»Und wie steht's mit den Nachwirkungen?« Er beantwortete sich die Frage, sehr bedächtig, selbst. Wenn er zurückträte, würden die Leute ihm gegenüber gleichgültig werden. Und politisch werde ein Rücktritt ihn natürlich für lange Zeit lahmlegen.

David kannte die große, unausgesprochene Frage: die Begnadigung seines Schwiegervaters. Doch der Präsident schnitt sie nicht an.

Nixon schien das Interesse am Gespräch zu verlieren. Normalerweise hätte er nun seine Besucher verabschiedet. Doch diesmal schien er sich an sie zu klammern, ließ die Unterhaltung ziellos weiterlaufen. Zweifellos wollte er sie nicht fortlassen, also blieben sie noch.

Schließlich griff der Präsident zum Telefon und rief Steve Bull an. »Wenn die Burschen kommen, setzen Sie sie ins Office. Ich bin in ein paar Minuten drüben.«

David und Ed verabschiedeten sich.

Steve Bull kam mit den Besuchern des Präsidenten, Scott, Goldwater und Rhodes, nicht bis zum Oval Office. Als sie den Westflügel durch das Kellergeschoß betraten, ließ Timmons sie abfangen und in sein Büro bringen. Haig, Burch und Timmons betonten abermals, die Besprechung müsse unbedingt sachlich und kühl verlaufen.

»Es geht auf und ab bei ihm«, sagte Haig. »Zu neunzig Prozent ist er inzwischen entschlossen. Bitte vermeiden Sie das Thema Rücktritt. Er weiß, was Sie ihm über die Lage sagen werden. Aber er muß es von Ihnen selbst hören.«

»Er wird die Wahrheit zu hören kriegen«, versicherte Goldwater.

»Will er das wirklich?« Goldwater glaubte es nicht; Nixon hatte das kaum je gewollt.

»Ja.«

Haig wollte das Ganze zur bloßen Formsache herunterspielen, bei der die Senatoren sich einbilden konnten, sie behaupteten ihre Autorität, und der Präsident sich die Illusion bewahren konnte, daß er selbständig handelte.

Die drei verließen Timmons' Büro, um den Korridor entlang ins Oval Office zu gehen. Es war etwa 17 Uhr.

Sekunden später kam der Präsident. Er schüttelte allen die Hand. »Wie geht's Ihrem Sohn?« fragte er Rhodes.

»Danke, gut.« Rhodes war verblüfft. Doch Nixon hatte schon immer ein gutes Gedächtnis für persönliche Dinge.

Nixon setzte sich hinter den großen Schreibtisch. Rhodes nahm den

Sessel zu seiner Linken, Scott den zu seiner Rechten, Goldwater den direkt gegenüber. Scott wurde klar, daß es sein erstes Gespräch mit dem Präsidenten war, bei dem kein Mitarbeiter zugegen war. Mit den Präsidenten Kennedy und Johnson hatte er unter vier Augen gesprochen, mit Nixon nie.

Der Präsident wirkte ruhig, beinahe heiter, als er sich in seinem Drehsessel zurücklehnte und zu plaudern begann. Goldwater fand, er sehe aus, als hätte er gerade einen hervorragenden Golfschlag getan.

Trotzdem schwang Enttäuschung in seiner Stimme mit. Nixon sprach kurz von den Männern, für die er im Wahlkampf eingetreten war und die sich jetzt gegen ihn stellten. Er kannte ihre Namen.

Rhodes fand, das Verhalten des Präsidenten lasse auf keinerlei Schuldbewußtsein schließen. Nixon redete von Politik und Voten, als gehe es um eine Gesetzesvorlage, für die er eine Abstimmungsprognose brauchte. Dann brach er plötzlich das unverbindliche Geplauder ab. »Wir alle wissen, warum Sie hier sind. Also kommen wir zur Sache.«

Er wandte sich an Rhodes. »Ich schätze, daß ich im Repräsentantenhaus etwa zehn Stimmen kriege, nicht wahr?« fragte er mit einer Spur von Ironie.

Bevor Rhodes jedoch antworten konnte – er wollte sagen, es seien mehr, etwa fünfzig bis sechzig –, wandte sich Nixon an die anderen. »Wer will anfangen?«

»Wir haben Barry zum Sprecher gewählt«, antwortete Scott.

»Dann los, Barry«, sagte der Präsident, der Goldwater offen ins Gesicht starrte.

»Mr. President, es ist höchst unerfreulich, aber Sie wollen über die Lage informiert werden, und die ist nicht gut.«

Goldwater war überzeugt, daß der Präsident am Telefon mitgehört hatte, als er Haig seine Schätzung nannte. Aber in den letzten Tagen waren pausenlos Zahlen durch die Luft geschwirrt. Zwölf, fünfzehn, weniger als zwanzig . . . Welche habe ich bloß Haig genannt, überlegte Goldwater.

»Ziemlich mies, eh?«

»Jawohl, Sir«, antwortete Goldwater, der sich immer noch an die genaue Zahl zu erinnern suchte.

»Wie viele würden nach Ihrer Ansicht zu mir halten – ein halbes Dutzend?« fragte der Präsident. Lag da Sarkasmus in seinem Ton?

»Mehr«, behauptete Goldwater. »Etwa sechzehn bis achtzehn.«

»Hugh –« der Präsident wandte sich nach rechts –, »ist das auch Ihre Meinung?«

»Ich würde sagen, vielleicht fünfzehn«, erklärte Scott. »Aber es sieht schlecht aus«, fügte er hinzu, »und ganz sicher sind die auch nicht.«

»Verdammt schlecht«, gab der Präsident zurück.

412

Goldwater sagte: »Wir haben viel darüber diskutiert, und so ziemlich alle haben sich geäußert. Es gibt nicht viele, die Sie unterstützen, wenn's hart auf hart geht.« Goldwater wollte es ihm mit Gewalt einhämmern. »Ich habe mich heute mal so umgehört und nicht mehr als vier sichere Stimmen gefunden, und die kommen von den älteren Südstaatlern. Einige zerbrechen sich den Kopf über das Ganze und sind noch unentschlossen. Ich gehöre auch dazu.«

Dieser letzte Tritt hatte hoffentlich gesessen.

Der Präsident wandte sich an Rhodes. »John, ich weiß, was Sie denken, was Sie gesagt haben, ich respektiere das, aber wie sieht Ihre Einschätzung aus?«

Rhodes glaubte, daß es im Repräsentantenhaus noch einige Parteigänger des Präsidenten gab, wollte aber die bisherige Wirkung nicht durch eine solche Mitteilung abschwächen. »Etwa genauso, Mr. President«, antwortete er.

»Das habe ich mir so ungefähr gedacht. Ich stehe vor einer sehr schweren Entscheidung, aber ich möchte Ihnen versichern, daß ich sie zum Besten des Landes treffen werde.«

Kopfnicken von drei Seiten.

»Ich bin nicht an Pensionszahlungen interessiert«, fuhr der Präsident fort. »Ich bin nicht an Begnadigungen oder Amnestie interessiert. Ich werde diese Entscheidung zum Besten des Landes treffen.«

Goldwater fühlte, wie ihm die Tränen in die Augen stiegen. Er sah, daß auch die anderen bewegt waren.

»Mr. President«, sagte Scott, »wir sind alle sehr traurig, aber wir müssen Ihnen die Tatsachen darlegen.«

»Macht nichts.« Der Präsident stieß die Worte beinahe krampfhaft heraus und beobachtete dabei die Augen seiner Besucher. »Es wird keine Tränen geben. Ich habe seit Eisenhowers Tod nicht mehr geweint. Meiner Familie geht es gut. Und mir ebenfalls.«

Er sprach davon, wie sehr er Präsident Eisenhower geliebt habe. Er sei sehr lange in der Politik gewesen, sagte Nixon. Goldwater und er hätten seit rund zwanzig Jahren Wahlkämpfe ausgetragen. Wieder sann er darüber nach, was er für einige Leute getan hatte, die ihn nun aus dem Amt entfernen wollten; dann unterbrach er sich. »Aber das ist Schnee vom vergangenen Jahr und jetzt unwichtig.«

Er beugte sich zu Rhodes hinüber. »Bleibt mir eine andere Wahl?«

»Mr. President«, antwortete Rhodes. »wenn ich dieses Zimmer verlasse, möchte ich den Leuten, die draußen warten, mitteilen können, daß wir nicht von Alternativen gesprochen haben.«

»Oh, ich auch«, entgegnete der Präsident hastig. »So hatte ich es nicht gemeint.« Er hielt inne. »Ich werde meinen Entschluß fassen«, erklärte er tonlos.

Alle Punkte des Drehbuchs waren abgehakt. Der Präsident erhob sich. »Ich danke Ihnen sehr.«

»Wir danken Ihnen«, erwiderte Rhodes. »Sie sind ein guter Freund.«

Der Präsident antwortete nicht. Er schüttelte ihnen die Hand, schien aber, als sie hinausgingen, bereits tief in Gedanken versunken zu sein.

In Timmons' Büro wurden die drei von Haig und Burch erwartet. Goldwater faßte das Ergebnis zusammen.

Haig wollte ganz sicher sein. »Hat der Präsident außer dem, was Sie hier berichtet haben, noch etwas gesagt?« fragte er eindringlich.

Die drei verneinten.

Es habe keine Schnitzer, keine Forderungen, kein Verhandeln über einen Rücktritt gegeben.

Goldwater sagte, sie seien jetzt mit Reportern verabredet, würden aber nicht in Einzelheiten gehen.

Haig war einverstanden.

Als sie Timmons' Büro verließen, wollte Goldwater von Rhodes wissen: »Haben Sie noch irgendwelche Zweifel daran, was er tun wird?«

»Nein. Sie?«

»Nein. Es ist seltsam: Da passiert so was zum erstenmal, und wer sitzt beim Präsidenten? Zwei Männer aus einem der kleinsten Staaten.«

Die Besprechung hatte nicht lange gedauert. Um 17.42 Uhr traten sie vor die Kameras. »Wie seine Entscheidung auch ausfallen mag, sie wird zum Besten des Landes sein«, erklärte Goldwater. »Bisher steht noch nichts definitiv fest.«

Die Reporter stießen nach.

Goldwater log. »Ich weiß nichts, und es gibt keine Möglichkeit zur Stimmenzählung«, antwortete er. »Ich selbst habe mich noch nicht festgelegt. Und das gleiche kann ich, glaube ich, von den meisten Senatoren sagen.«

Scott bestätigte das.

»Wir haben meines Wissens weder von Stimmenzahl gesprochen, noch Stimmen zu zählen versucht.«

Während die Abgeordneten beim Präsidenten waren, hatte der General Buzhardt, St. Clair und Garment zu sich gebeten. Er wollte sie als Zeugen haben, falls unlautere Vorschläge gemacht wurden. Dann rief er Haldeman an. St. Clair hörte an einem Nebenanschluß mit.

»Bob, Ihre Anfrage ist gründlich erwogen worden«, sagte Haig. »Es ist unmöglich. Wir haben eingehend darüber gesprochen.«

Haldeman bat, sein Gesuch mit Begründungen schriftlich vorlegen zu dürfen. Das Schreiben werde bereits ausgearbeitet.

»Gewiß, reichen Sie es nur ein«, antwortete Haig, froh über diesen Aufschub.

Goldwater fuhr mit Scott zum Senat zurück und telefonierte über eine Stunde mit Reportern aus Arizona. Zufrieden, daß der Rücktritt feststand, begleitete er seine Schwiegertochter zu einem Bankett in der iranischen Botschaft.

Senator Scott übergab seinen Mitarbeitern den Terminplan des Präsidenten für die folgenden beiden Tage, den er von Timmons erhalten hatte. Scott warnte, daß nichts davon an die Presse durchsickern dürfe.

Donnerstag: 17.30 Uhr Der Präsident empfängt die Spitzen beider Parteien im Kongreß.
18.30 Uhr Der Präsident empfängt seine alten Freunde im Kongreß.
21.00 Uhr Fernsehansprache an die Nation zur Verkündung des Rücktritts.
Freitag: 12 Uhr Inkrafttreten des Rücktritts, Vereidigung Fords. Kleine Feier im Oval Office.

Haig blieb in seinem Büro; er war bemüht, die Nachricht vom bevorstehenden Rücktritt geheimzuhalten. Denn erstens konnte der Präsident seine Meinung noch ändern. Und zweitens durfte es kein Interregnum geben; die Amtsübergabe mußte rasch und reibungslos verlaufen. Doch noch war Nixon Präsident, und seine Position mußte so stark bleiben, daß er mit einer Krise fertig werden konnte.

Haig mußte den Schein aufrechterhalten, daß der Präsident noch die Regierungsführung innehatte. Den Mitarbeitern, den Freunden, der Presse mußten Lügen aufgetischt werden. Bill Baroody hatte für den folgenden Tag eine Sitzung mit dreiundzwanzig Wohnbauexperten im Kabinettssaal angesetzt. Haig verschwieg ihm, daß der Präsident nicht daran teilnehmen konnte. Die Kaffeesatzdeuter überall im Weißen Haus hielten eifrig Ausschau nach Hinweisen. Die Sekretärinnen im Anwaltsbüro hörten, Steve Bull trinke in einer nahegelegenen Bar einen Scotch nach dem anderen. Sie nahmen das als Zeichen dafür, daß alles aus war. In Wirklichkeit wußte auch Bull nicht, was los war. Er war zwar in einer Bar, setzte dort aber einem Freund auseinander, daß ein Rücktritt nicht geraten sei. Haig war überzeugt, daß der Deckel fest auf dem Topf saß. Rose Mary Woods erzählte bei den Mitarbeitern im Ostflügel herum, der Präsident werde nicht zurücktreten.

Es war allgemein bekannt, daß mehr als eine Rede in Arbeit war. Beim Lunch hatte Price seinen Hauptassistenten Gergen und Ann Morgan schamlos belogen: Er arbeite nicht an einer Rücktrittsrede. Beide waren nicht überzeugt.

Nach dem Lunch kehrte Gergen in sein Büro zurück und machte sich an ein streng vertrauliches Memo für Price. »Vor allem schlage ich eine kurze, würdige, großzügige, fast optimistische Ansprache vor. Sie darf unter keinen Umständen rachsüchtig oder sentimental ausfallen. Das kann eine seiner Sternstunden werden, und der Stil, in dem er abtritt, wird sich ungeheuer auf die Zukunft des Landes auswirken.«

Als Price das Memo las, hatte er bereits eine Rücktrittsrede entworfen. Der Präsident mußte zurücktreten, doch für Price war überhaupt nichts Optimistisches daran, konnte es auch niemals sein.

Dann kam Ben Stein mit seiner Nichtrücktrittsrede, in der sich der Präsident reumütig zeigte, seine Mittäterschaft zugab und von den großartigen Menschen dieses Landes und ihrer Fähigkeit zum Verzeihen sprach.

»Die würde Nixon niemals halten«, erklärte Price. »Er würde niemals sagen: ‚Es tut mir leid.‘«

Die Presse forschte hektisch nach Informationen. Terry Ivey hatte der UPI-Korrespondentin Helen Thomas bestätigt, daß Ed und Tricia Cox aus New York eingetroffen seien. Die Meldung tickerte über die Fernschreiber, und Manolo Sanchez rief wütend bei Terry Ivey an, um sich zu beschweren. Es dürfe nichts an die Presse gegeben werden.

Ivey beklagte sich bei einer von Julies besten Freundinnen unter den Mitarbeitern, Patricia Matson, es sei doch dumm, Routinerückfragen der Presse nicht zu beantworten. Damit gebe man den Gerüchten nur neue Nahrung und verstärke die Spannung. »Vergiß nicht, für wen du arbeitest!« fuhr Patricia sie an. »Diesen Leuten bricht das Herz. Wie kannst du da der Presse helfen wollen? Du mußt doch wissen, wer dir wichtiger ist.«

An diesem Tag nahm Terry Ivey keine Presseanrufe mehr an.

Die Unruhe und das unaufhörliche Suchen nach kleinsten Anhaltspunkten gingen den Mitarbeitern des Presseamts auf die Nerven. Schließlich konnte es Ziegler nicht mehr aushalten. Er rief Warren. »Verdammt noch mal, Jerry – wimmeln Sie sie ab!«

Unmöglich.

Auch die Gruppe, die Buchen und Whitehead gegen 17 Uhr in Whytes Haus versammelt hatten, war verwirrt. Ford wollte nicht zulassen, daß beim Geheimdienst mehr Büroraum für die Amtsübergabe beantragt wurde. Der Vizepräsident hatte der *New York Times* gegenüber geäußert, weder er noch seine Mitarbeiter hätten irgendwelche Pläne gemacht.

Bei seiner gewohnten allwöchentlichen Betstunde mit Rhodes und Laird hatte Ford jede Diskussion über seine eventuelle Nachfolge abgelehnt. Im stillen jedoch hatte er Robert Hartman angewiesen, eine Ansprache zu entwerfen – »für alle Fälle«.

Buchen und Whitehead fuhren vorsichtshalber in getrennten Wagen zu Whytes Haus. Der ehemalige Abgeordnete Byrnes war bereits dort. Griffin und Bryce Harlow kamen kurz danach. Whytes Sohn Roger sollte die Fernsehsendungen verfolgen und das Telefon beantworten.

Während die Gruppe an einer von Whitehead und Buchen vorbereiteten Elf-Punkte-Tagesordnung arbeitete, kam ein Anruf für Griffin. Ed Cox.

Cox sagte, er sei keineswegs sicher, daß der Präsident zurücktreten werde. David und er hätten gerade mit Nixon gesprochen und keinerlei feste Zusagen erhalten. Andeutungen, ja, aber nichts Gewisses. Der Präsident habe davon gesprochen, daß er, wenn er nicht mehr im Amt sei, nach Kalifornien gehen werde. Er habe dabei wohl an Impeachment und Schuldspruch gedacht, meinte Cox. Das würde Monate dauern. Und noch beunruhigender – seine Schwiegermutter habe ihm erklärt: »Dick spricht nicht von Rücktritt!«

Griffin versuchte, Cox zu beruhigen. Er klang wieder verzweifelt und durcheinander. Cox sagte ihm noch einmal, die Familie sei zutiefst beunruhigt über die geistige Verfassung des Präsidenten, den Schlafmangel, den ständigen Druck.

Als Griffin zu den anderen zurückkehrte, war er verunsichert. Er berichtete ihnen, der Präsident spreche offenbar nicht von Rücktritt. Buchen war bestürzt. Dann planten sie jetzt Schritte für einen Fall, der vielleicht gar nicht eintreten würde. In einer Woche, in einem Jahr war diese Sitzung dann womöglich höchst peinlich für sie alle, besonders für den Vizepräsidenten. Man könnte sie als Bierkellerputsch hinstellen.

Griffin rekapitulierte sein Gespräch mit Cox. Die Ungewißheit war furchtbar. Könnte das ein Schabernack sein, oder sei es eine bewußte Irreführung, fragten einige.

Buchen tröstete sich damit, daß der Vizepräsident nichts unternehmen würde, wenn er nicht hundertprozentig sicher war. Ford hatte es immer mit der Vorsicht gehalten. Außerdem war es vernünftiger, sich mit der Generalstabsarbeit für die Amtsübergabe zu befassen als mit der Möglichkeit, daß Nixon nicht zurücktreten würde. Der Präsident konnte seinen Abgang nur hinauszögern. Vermeiden konnte er ihn nicht mehr.

»Wir können nicht hier sitzen und spekulieren, ob es nun passiert oder nicht«, sagte Buchen schließlich. »Wir müssen davon ausgehen und weitermachen.« Er hatte eine Kopie der Tagesordnung in der Hand und las den ersten Punkt vor: »Amtsübernahme, Vereidigung.«

Griffin machte sich Gedanken über den Stil der Vereidigung. Sie mußte bescheiden gehalten werden, vor einem kleinen Publikum. Die Zeremonie im Oval Office stattfinden zu lassen, wäre anmaßend. Das war erst Fords Arbeitsraum, nachdem er den Eid abgelegt hatte. Sie waren sich nicht einig, ob Nixon dazu eingeladen werden oder ob Ford ihn in seiner anschließenden Ansprache erwähnen sollte. Byrnes meinte, man müsse unbedingt eine Zeremonie wie damals vermeiden, als Ford die Nachfolge Agnews antrat – den ganzen geschmacklosen Aufwand, als handle es sich um ein Ereignis, auf das die Nation stolz sein konnte.

Griffin forderte, Nixons Mitarbeiter müßten das Weiße Haus so schnell wie möglich verlassen. Man setzte voraus, daß die Mitarbeiter kündigen und das Kabinett zurücktreten würde. Alle waren sich einig darin, daß man sich vom Weißen Haus Nixons hundertprozentig distanzieren müsse. Aber das konnte nicht über Nacht geschehen. Ford mußte sich sofort mit den Mitarbeitern des Weißen Hauses zusammensetzen und sie um Hilfe bei der Amtsübergabe bitten.

»Vor allem müssen wir Ziegler loswerden«, sagte Buchen. Roy L. Ash und sein Stellvertreter Malek müßten sofort verschwinden, meinten andere. Sie seien Symbolfiguren. Buchen merkte, daß jeder seine persönlichen Frustrationen auftischte. Griffin wollte, der Kongreß solle eine größere Rolle spielen.

»Darüber können wir jetzt nicht entscheiden«, erklärte Buchen. Die Liste durchgehend, konzentrierte er sich auf die kleineren Probleme. Sollte Ford am ersten Sonntag seiner Administration zur Kirche gehen?

Die Sitzung dauerte bis Mitternacht.

Nach seiner Zusammenkunft mit Goldwater, Scott und Rhodes blieb der Präsident noch eine Weile im Oval Office. Dann ließ er sich im Rosengarten photographieren und ging ins Solarium.

Dort war die Familie versammelt. Wenige Minuten zuvor war Rose Mary Woods gekommen. »Ihr Vater hat seinen Rücktritt beschlossen«, teilte sie den beiden Präsidententöchtern mit.

David hatte Julie seit Tagen prophezeit, daß es bald vorüber sein werde. Jetzt hörte sie es benommen, erleichtert, voll Trauer und mit dem Gefühl, daß es unfair sei.

Der Präsident betrat den Raum. »Wir kehren nach Kalifornien zurück«, erklärte er und gab zu verstehen, daß es keine Diskussion darüber gebe.

Seine Töchter brachen in Tränen aus. Mrs. Nixon weinte nicht.

Es klopfte, und Photograph Ollie Atkins kam herein. Ziegler hatte ihn am Morgen instruiert, einfach alles zu knipsen.

»Ollie«, sagte Mrs. Nixon, »wir freuen uns immer, Sie zu sehen, aber jetzt brauchen wir wirklich keine Fotos.«

»Ach was, Ollie«, sagte der Präsident. »Knipsen Sie los.«

Der Präsident wies allen ihre Plätze zu zwischen einem Bücherschrank und den gelbgemusterten Vorhängen. Er selbst trug Jackett und Krawatte. Seine Frau und seine Töchter hatten bedruckte Baumwollkleider an. Ed war ohne Sakko, aber mit Krawatte, David ohne Schlips und mit aufgerollten Hemdsärmeln.

Beide Töchter weinten, so daß Atkins ein Bild nach dem anderen schießen mußte, um sie alle lächelnd auf den Film zu bekommen. Die Familie stand in einer Reihe, die Arme umeinandergelegt oder sich an den Händen haltend. Endlich glaubte Atkins, genug Aufnahmen ohne Tränen zu haben. Doch als er, immer noch knipsend, rückwärts zur Tür hinausging, fielen sich Julie und der Präsident weinend in die Arme. Neben ihnen stand Tricia, völlig aufgelöst, mit verzerrtem Gesicht und herabhängenden Armen.

Auch beim Dinner wich die bedrückte Atmosphäre kaum. Der Präsident sprach vom Leben in Kalifornien. Er hoffte, die beiden Mädchen würden mit ihren Männern oft zu Besuch kommen. Das Dinner dauerte fünfundvierzig Minuten. Dann stand der Präsident auf; er müsse hinuntergehen und an seiner Rede arbeiten.

Um 19 Uhr war er im Oval Office. Dort wartete eine Nachricht von Haig. Der General war mit den Anwälten in seinem Büro, als der Präsident ihn anrief.

Er habe Haldeman gesagt, daß eine Begnadigung ausgeschlossen sei, berichtete Haig. Der Präsident deutete an, er habe das größte Hindernis, seine Familie, überwunden. Sie seien jetzt im Bilde. Sein Entschluß gefalle ihnen zwar nicht, aber er werde schon mit ihnen fertig. Nixon fragte Haig, ob er noch irgendwelche Zweifel hätte.

»Es ist der absolut richtige Entschluß«, erwiderte Haig.

Der Präsident verließ das Oval Office gegen 20 Uhr und ging hinauf in den Lincoln Sitting Room, sein Lieblingszimmer, das kleinste im Weißen Haus, nur ungefähr fünf mal vier Meter, entworfen und eingerichtet für eine Einzelperson. Sämtliche Möbel – viktorianische Sessel, eine tiefe, niedrige Chaiselongue mit hohen, geschwungenen Lehnen – waren unbequem, bis auf Nixons gepolsterten braunen Ledersessel und die Ottomane in der Ecke. Dieser Raum war seine Zuflucht. Hier hatte er seine Musik – eine Stereoanlage und zwei Regale voll Schallplatten – in Reichweite. Über dem grauen Marmorkamin hingen Drucke aus dem neunzehnten Jahrhundert. Einer zeigte Präsident Lincolns letzten Empfang, ein anderer Lincoln mit seinem Sohn, einer Lincoln mit seiner Frau und ein letzter Lincoln mit seiner Familie.

Nixon bat Kissinger zu sich.

Kissinger erwartete den Rücktritt und hatte von seinen Assistenten Eagleburger und Scowcroft einen Vierzehn-Stufen-Plan für die Amtsübergabe ausarbeiten lassen. Dazu gehörten eine Erklärung Fords bei der Vereidigung über die Kontinuität der Außenpolitik, spezielle Präsidentenbotschaften an siebenunddreißig Länder und persönliche Besuche Kissingers bei vierzehn wichtigen Botschaftern.

Zum erstenmal seit fünfeinhalb Jahren würde Kissinger seine Pläne nicht mit Nixon besprechen. Er war ungeheuer erleichtert, daß Nixon endlich ging. Seit Monaten hatte der Außenminister gefürchtet, daß die Weltlage zusammenbrechen könnte. Doch als er jetzt mit dem Lift hinauffuhr, war er auch ärgerlich. Watergate hatte seine außenpolitische Strategie ruiniert. Die innenpolitischen Auswirkungen waren minimal im Vergleich zum Echo im Ausland. Wenn jemand zehn Jahre zuvor dem Harvardprofessor Henry Kissinger prophezeit hätte, daß eine Supermacht im Atomzeitalter durch einen innenpolitischen Skandal lahmgelegt werden könnte, hätte er geantwortet: »Niemals. Lächerlich.«

Er trat ins Zimmer. Da saß der Präsident, wie so oft, in seinem Sessel. Kissinger mochte den Präsidenten nicht. Nixon hatte ihn zwar zum meistbewunderten Mann Amerikas gemacht, aber der Außenminister empfand nicht die leiseste Sympathie für seinen Gönner. Sie saßen eine Weile zusammen und ließen Erinnerungen an Ereignisse, Reisen, gemeinsame Entscheidungen Revue passieren. Der Präsident trank. Er sagte, er werde zurücktreten; es sei besser für alle. Sie unterhielten sich ruhig – über Geschichte, den Rücktrittsentschluß, Außenpolitik.

Dann sagte Nixon, er sei nicht sicher, ob er zurücktreten könne. Sollte er der erste Präsident sein, der sein Amt niederlegte?

Kissinger zählte die Leistungen des Präsidenten auf, besonders in der Diplomatie.

»Wird die Geschichte mich freundlicher behandeln als meine Zeitgenossen?« fragte Nixon mit Tränen in den Augen.

Aber gewiß, mit Sicherheit, antwortete Kissinger. Wenn alles vorüber sei, werde man sich an ihn als Friedensstifter erinnern.

Der Präsident brach schluchzend zusammen.

Kissinger war ratlos. Er fühlte sich in eine Vaterrolle hineingedrängt. Er redete weiter, über dieselben Themen, die der Präsident so oft angeschnitten hatte. Er erinnerte an Aussprüche über Feinde, über die Notwendigkeit, sich den Gegnern zu stellen, der Kritik offen zu begegnen.

Zwischen den Schluchzern begann Nixon zu klagen. Was hatte er dem Land, dem Volk Böses getan? Das wollte er erklärt haben. Wie war es bloß dazu gekommen? Wie konnte ein simpler Einbruch das alles nach sich ziehen?

Kissinger redete weiter, versuchte das Gespräch auf all das Gute zu bringen, all die positiven Leistungen. Nixon wollte nichts davon hören. Er war hysterisch. »Henry«, sagte er, »Sie sind kein sehr orthodoxer Jude, und ich bin kein orthodoxer Quäker, aber wir müssen beten.«

Nixon fiel auf die Knie. Kissinger blieb nichts anderes übrig, er kniete sich neben ihn. Der Präsident betete laut, flehte um Hilfe, Ruhe, Frieden und Liebe. Wie hatte eine solche Bagatelle den Präsidenten und die Nation auseinanderreißen können?

Kissinger glaubte, er sei fertig. Aber der Präsident stand noch nicht auf. Er weinte. Und dann, immer noch schluchzend, beugte sich Nixon vor, schlug mit der Faust auf den Teppich und schrie: »Was habe ich getan? Was ist geschehen?«

Kissinger legte den Arm um den Präsidenten, hielt ihn fest, suchte ihn zu trösten, dem Mann, der wie ein Kind zusammengekrümmt auf dem Teppich lag, Frieden und Gelassenheit zu suggerieren. Dem Präsidenten der Vereinigten Staaten. Wieder versuchte Kissinger ihn zu beruhigen, wieder zählte er Nixons Leistungen auf.

Schließlich rappelte sich der Präsident auf und ließ sich wieder in seinen Sessel fallen. Der Sturm war vorüber. Nixon schenkte sich Whisky nach.

Kissinger blieb noch. Er sprach ihm Mut zu, bot seine Redekünste auf und hielt eine Vorlesung darüber, weshalb Nixon als einer der größten Friedensstifter aller Zeiten in die Geschichte eingehen werde. »Die schwierigen Entscheidungen haben immer Sie getroffen«, sagte er.

Sie tranken noch ein Glas, sprachen über Persönliches, über die Rolle, die Nixon spielen könnte, wenn er nicht mehr im Amt wäre. Vielleicht als Berater oder als Sonderbotschafter. Wieder überlegte Nixon, ob ihn die Geschichte freisprechen werde. Kissinger redete ihm gut zu; in diesem Moment hätte er alles gesagt, war aber überzeugt, daß Nixon der Verurteilung wegen Watergate niemals entkommen würde.

Schließlich stand Kissinger auf. Noch nie hatte Nixon ihm soviel abverlangt wie an diesem Abend. Vietnam, Kambodscha, Rußland, China – all das schien viel einfacher gewesen zu sein. Mit weichen Knien, durchgeschwitztem Anzug ergriff Kissinger die Flucht. Obwohl er als einziger Spitzenberater des Präsidenten Watergate überlebt hatte, war er doch nie in der Frage des Rücktritts konsultiert worden.

Als er durch den Korridor des Westflügels zu seinem Büro ging, überlegte er, daß er sich Richard Nixon noch nie so nahe und zugleich so fern gefühlt habe wie jetzt. Daß er sich überhaupt noch keinem Menschen so nahe und so fern zugleich gefühlt habe.

Eagleburger und Scowcroft erwarteten ihn. Kissinger wirkte bedrückt und erschöpft. Er gab keine lauten Befehle, fragte nicht nach Nachrichten, wollte nicht telefonieren und verlangte keinen Rapport. Er war völlig aus dem Gleichgewicht geraten. Kissinger mußte sich sein Erlebnis von der Seele reden. Der Präsident werde definitiv zurücktreten, begann er.

»Das war das Schmerzlichste, was ich jemals erlebt habe – und mit Händchen halten!« fügte Kissinger hinzu. Der Präsident sei ein gebrochener Mann. Es sei ein traumatisches Erlebnis gewesen, ein tiefer Schock, einen Menschen derart am Ende zu sehen. Er sei überzeugt, die Historiker zumindest würden Nixon besser behandeln als seine Zeitgenossen, aber bis zu diesem revidierten Urteil werde wohl noch viel Wasser den Potomac hinunterlaufen.

Scowcroft hielt es für bezeichnend, daß sich der Präsident in seiner bittersten Stunde an Kissinger um Hilfe gewandt habe. Weder an Haig noch an einen der anderen.

»Henry«, sagte Eagleburger, »manchmal habe ich gedacht, Sie sind kein Mensch. Aber das war falsch. Ich habe Sie noch nie so bewegt gesehen.«

Das Telefon klingelte. Der Präsident.

Eagleburger hörte auf einem Nebenanschluß mit. Das war so üblich: Kissinger nahm selten einen Anruf allein entgegen. Eagleburger war entgeistert. Der Präsident lallte. Er war betrunken. Er hatte die Kontrolle über sich verloren.

»Es war nett von Ihnen, daß Sie heraufgekommen sind und mit mir gesprochen haben, Henry«, sagte der Präsident. »Ich habe meinen Entschluß gefaßt, aber Sie müssen bleiben. Zum Besten des Landes.«

Eagleburger konnte den Präsidenten kaum verstehen. Er redete unzusammenhängend. Es war erschütternd. Eagleburger wurde ganz elend zumute. Er legte auf.

Der Präsident hatte ein letztes Anliegen: »Bitte, Henry, sagen Sie niemandem, daß ich geweint habe und nicht stark gewesen bin.«

Während der Präsident mit Kissinger sprach, bereitete seine Frau die Abreise vor. Sie ließ Rex Scouten rufen und sagte ihm, der Präsident habe sich zum Rücktritt entschlossen, die Familie werde am Freitag nach Kalifornien fliegen. Somit bleibe nicht viel Zeit. Sie bat Scouten, dafür zu sorgen, daß bis dahin alles gepackt war. Er solle alles Notwendige veranlassen, Hilfskräfte einstellen und sich vergewissern, daß genug Kisten und Behälter vorhanden seien.

David und Julie kehrten in ihre Wohnung zurück. Julie rief einige alte Freunde unter den Mitarbeitern an, darunter Lieutenant Colonel Brennan. Die Zentrale läutete durch und sagte, John Ehrlichman sei am Apparat. Sie berichtete es David.

»Ich gehe an den Nebenanschluß«, erklärte er. »Versprich ihm nichts.« Er wußte von Haldemans Forderung und wollte verhindern, daß Julie da hineingezogen wurde.

Nach kurzem Geplänkel kam Ehrlichman zur Sache: »Ich habe mir gedacht, Begnadigungen könnten eine Lösung für die Probleme sein. Das würde dem Präsidenten eine Menge Peinlichkeiten ersparen.«

Julie wimmelte ihn höflich ab.

David tobte. Das war Erpressung! Wie passend, dachte er: das ausgerechnet von dem Mann, den Hunt bei der Watergate-Vertuschung erpreßt hat! Ehrlichman klang genau wie Hunt. Kein Wunder, daß der Präsident in solche Schwierigkeiten geraten war.

David erhielt einen Anruf von Buchanan, der nach wie vor überzeugt war, daß der Präsident zurücktreten müsse, jedoch meinte, über den Zeitpunkt könne man streiten. Während David ihm zuhörte, empfand er den ständigen Druck als nahezu unerträglich, unzumutbar für den Präsidenten wie für Julie.

»Lassen Sie erst die Totenwache vorbei sein«, riet Buchanan. Man solle ein paar Tage warten, damit der Präsident das Amt auf eigene Initiative verlassen könne. Warum ihn drängen?

David sagte, er tausche gern ein bißchen Würde gegen ein wenig Erleichterung ein.

Um Mitternacht arbeitete der Präsident immer noch an seiner Rücktrittsrede. Er rief Ziegler zweimal vor 2 an und dann noch einmal um 3.58 Uhr.

Zwischen 4.15 und 5.07 Uhr sprach der Präsident viermal mit Price, um Vorschläge für seine Rede zu machen. Sein letztes Telefonat mit Ziegler erfolgte um 5.14 Uhr.

Donnerstag, 8. August

Haig war vor 8 Uhr in seinem Büro, um zu überlegen, wie er den Präsidenten über den Tag und bis zur Rücktrittsrede um 21 Uhr bringen sollte. Außerdem mußte er bei Jaworski sondieren. Die Watergate-Grand Jury hatte die eindeutige Absicht, Nixon anzuklagen, aber die letzte Entscheidung lag bei Jaworski. Nach Haigs Auffassung sollte gegen Nixon keine Anklage erhoben werden, das konnte weder das Land noch der Präsident durchstehen. Nixon sei bemitleidenswert – das Opfer einer Tragödie, sagte Haig bisweilen. Wie er wußte, fürchtete sich Nixon vor dem, was vor ihm lag, obwohl er selten darüber sprach. Haig hätte ihm wirklich gern geholfen, ihm eine Sicherheit vor Strafverfolgung verschafft. Das wäre eine gute Tat, genau das Richtige für Nixon und seine Familie.

Dann war da noch die Frage der Begnadigungen. Haig mußte Jaworski mitteilen, daß Haldeman und Ehrlichman darum ersucht hatten, und zwar schnell, bevor er es von anderer Seite erfuhr. Das würde keinen guten Eindruck machen, sondern aussehen, als sei im Weißen Haus abermals eine Verschwörung im Gange. Haig war nicht wohl bei dem Gedanken, daß überhaupt darüber diskutiert worden war. Hatte er sich bereits kompromittiert? Die Anwälte des Weißen Hauses verneinten das, doch Haig hatte von Jaworski immer bessere juristische Ratschläge bekommen als von anderen. Er wollte ihm gegenüber so aufrichtig wie möglich sein, ihn im voraus von dem Rücktritt unterrichten und ihm das Ganze offen darlegen. Er wollte seine Gefühle schildern und sich ein Bild darüber machen, wie der Ankläger Jaworski mit dem Bürger Nixon zu verfahren gedachte.

Haig hatte bereits einen vorläufigen Termin festgesetzt, doch dieses Treffen durfte weder im Weißen Haus noch in Jaworskis Büro stattfinden. Falls es sich herumsprach, daß die beiden zusammenkamen, würde alle Welt von Kuhhandel reden. Haig rief Jaworski an. »Hierher können Sie nicht kommen. Alle Eingänge sind von der Presse belagert.« Er schlug vor, sich bei ihm zu Hause um 11.30 Uhr zu treffen.

Der Präsident war um 8.30 Uhr, nach drei Stunden Schlaf, aufgestanden. Er hatte sein gewohntes Frühstück eingenommen – Cornflakes, Orangensaft und Milch – und ging eine halbe Stunde später von der Residenz durch den Rosengarten ins Oval Office. Er nahm keine Anrufe entgegen. Selbst Billy Graham wurde von Rose Woods abgefertigt.

Zwei Minuten nach dem Präsidenten erschien Haig im Oval Office. Er wolle Vizepräsident Ford sprechen und werde den ganzen übrigen Tag an seiner Rede arbeiten, sagte Nixon. Danach blieb der Präsident zwanzig Minuten lang allein, dann kam Ziegler und bat um Erlaubnis, die Fernsehanstalten anzurufen und Sendezeit anzufordern.

Von seinem Büro aus ließ Ziegler sich sofort mit CBS verbinden. Dann holte er einen Aktenordner aus der Schublade und schlug die erste Seite auf:

Erster Entwurf
8. August 1974
1835 Wörter
Zum . . . tenmal spreche ich zu Ihnen aus diesem Raum, in dem so viele, die Geschichte unseres Landes bestimmende Entscheidungen getroffen wurden.

Ziegler bat Judy Johnson und Anne Grier, die Anzahl der Ansprachen aus dem Oval Office festzustellen. Dann ließ er durch Warren der Presse mitteilen, daß eine Besprechung zwischen Nixon und Ford stattfinden werde. Seit zwei Stunden drängten sich die Reporter vor dem kleinen Presseraum. Um 10.55 Uhr erschien Warren in Nadelstreifenanzug und blauem Hemd. Während er sich durch die Menge schob, begrüßte er überall Bekannte. »Na, wie geht's?« fragte er lächelnd. »Lange nicht gesehen.« Er war so herzlich, daß eine Reporterin glaubte, gleich zu einem Vormittagsdrink eingeladen zu werden.

»Wir werden Ihnen ein paar Routineinformationen geben«, begann Warren. »Gesetzesvorlagen, Ernennungen, Mitteilungen an den Kongreß . . .«

An derartigen Informationen waren die Reporter nicht interessiert; sie wurden unruhig.

»Um 11 Uhr wird der Präsident den Vizepräsidenten Ford empfangen . . .«

Das löste ein Wettrennen zu den Pressekabinen und Telefonen aus.

»Können wir Fotos von Nixon und Ford machen, Jerry?« rief ein Bildreporter.

»Nein.«

»Aber es passiert doch gar nichts«, schrie ein Reporter aus dem Gedränge. »Gott, sind die Leute alle hysterisch! Hier geht's ja zu wie im Zoo!«

Im Pressebüro der First Lady im Ostflügel war alles still. Nachdem drei Tage lang kein Anruf entgegengenommen worden war, hatten die Reporter aufgegeben.

St. Clair versammelte einige seiner Assistenten. Er suchte immer noch nach juristischen Argumenten im Fall der Transkripte vom 23. Juni. Jack McCahill war verwundert. Zog St. Clair da eine Show ab oder war er verrückt?

St. Clair war informiert worden, daß Nixon zurücktreten wolle, aber immer noch nicht restlos überzeugt. Den Präsidenten beim Entscheidungsprozeß zu beobachten, sei wie das Zuschauen beim Wurstmachen, hatte er einmal geäußert. Wenn man sehe, was da hineinkomme, verliere man den Appetit. Er glaubte nichts mehr, was ihm gesagt wurde. Er tat seine Pflicht, arbeitete an der Verteidigung und hoffte, bald sicher im Heimathafen Boston zu landen.

Milton Pitts, der Friseur des Präsidenten, war zu Hause, als Steve Bull ihn um 10 Uhr anrief. »Milt, der Präsident möchte Sie um Viertel nach zehn hier haben.«

Pitts fuhr zum Weißen Haus und ging in den kleinen Raum im Erdgeschoß des Westflügels. Er bediente den Präsidenten seit 1970. Damals hatte er sich mit Alexander Butterfield privat in einem kleinen Hinterzimmer in Georgetown getroffen. Butterfield hatte ihn gebeten, das Gespräch streng vertraulich zu behandeln und ihm mitgeteilt, das FBI stelle genaue Ermittlungen über ihn an.

Eine Woche später hatte Pitts dem Präsidenten zum erstenmal die Haare geschnitten. Beim zweitenmal hatte er ihm einen Vorschlag gemacht: »Ihr Haar ließe sich wesentlich verbessern, wenn ich es zuerst wasche, dann einen Messerschnitt mache und es zuletzt föhne. Das verleiht Ihrem Haar ein weicheres, natürlicheres Aussehen, und es wird etwas glatter.« Nixons stahlgraues Haar war ein bißchen fettig, lockig und glänzend, obwohl es völlig gesund und frei von Schuppen war. Der Präsident gab Pitts grünes Licht. Innerhalb von zwei Wochen schickte die Zeitschrift *Time* einen Reporter, um herauszufinden, warum Nixons Haare um soviel besser wirkten. Das Presseamt erklärte, der Präsident habe den Friseur gewechselt. Pitts fühlte sich geehrt.

Im Weißen Haus bereitete Pitts an jenem Donnerstagvormittag die Utensilien vor, die er ausschließlich für den Präsidenten verwendete. Auf die Minute pünktlich öffnete ein Geheimdienstbeamter die Tür zu dem Miniatur-Friseursalon mit dem einzigen Sessel, und der Präsident kam herein. Die Tür wurde geschlossen. Nixon war mit seinem Friseur allein.

Als er auf den Stuhl zuging, lächelte er. »Hallo, Mr. Pitts. Wie geht's?«

Pitts erwiderte, es gehe ihm gut, und der Präsident reichte ihm sein blaugraues Jackett zum Aufhängen. Dann nahm er auf dem Sessel Platz.

»Das übliche«, sagte Nixon. »Hoffentlich haben Sie sich über all die Nachrichten nicht zu sehr aufgeregt.«

Pitts wußte nicht, was der Präsident meinte, vermutete aber, er beziehe sich auf das Tonband.

»Nein, Sir«, antwortete er.

»Wir haben ein paar Fehler, aber vieles richtig gemacht, und ich möchte Ihnen für Ihre guten Dienste in all den Jahren danken.«

Das kann nur heißen, daß es aus ist, dachte Pitts. Als er fertig war, teilte ihm Nixon mit, er werde abends im Fernsehen sprechen. »Aber wir sehen uns wieder«, sagte er. »Irgendwann werde ich in Ihren Salon kommen und mir von Ihnen die Haare schneiden lassen. Ich werde mich vorher anmelden, wie alle anderen auch. Ich platze bestimmt nicht einfach rein.«

»Mr. President«, antwortete Pitts, »es war mir eine Freude, für Sie arbeiten zu dürfen, Sir. Ich habe immer noch großes Vertrauen zu Ihnen und glaube, Sie waren ein bedeutender Präsident. Wenn ich Ihnen in Zukunft irgendwie zu Diensten sein kann – es wird mir immer ein Vergnügen sein.«

»Sehr nett von Ihnen.« Der Präsident erhob sich und streckte die Arme aus, damit ihm Pitts ins Jackett helfen konnte, knöpfte es zu und reichte dem Friseur die Hand. »Auf Wiedersehen.« Dann wandte er sich zur Tür. Die Hand am Knauf, drehte er sich noch einmal um. »Sagen Sie Ihrer Frau Lebewohl von mir.«

Pitts war traurig. Der Präsident hatte immer an seine Frau gedacht und ihr auch geschrieben, als sie an Krebs operiert worden war, und sie beide öfters zu Empfängen im Weißen Haus eingeladen.

Pitts blieb ein paar Sekunden stehen und richtete den Salon dann für seinen nächsten Kunden her: Henry Kissinger.

Der Haarschnitt des Präsidenten hatte zweiundzwanzig Minuten gedauert. Um 10.42 Uhr war Nixon wieder im Oval Office und empfing Price für eine kurze Durchsicht der Rede, bevor Ford erschien.

An jenem Vormittag hatte der Vizepräsident den Familien von sieben in Vietnam gefallenen amerikanischen Soldaten im Blair House, dem Weißen Haus gegenüber, feierlich die *Medal of Honor* überreicht. Auf der Straße war Ford von der Menge mit Beifall begrüßt worden und hatte einen Verkehrsstau verursacht. Als er in sein EOB-Büro zurückkehrte, berichtete ihm Hartmann, der Präsident wolle ihn sehen.

Haig erwartete den Vizepräsidenten in der Halle und nahm ihn beiseite.

»Wir wissen immer noch nicht, in welche Richtung es laufen wird.« Haig machte eine bezeichnende Handbewegung. »Er schwankt noch.«

Haig hatte Ford bereits gesagt, daß er bald Präsident sein werde. Jetzt machte er einen Rückzieher. Dieses Lavieren dem Mann gegenüber, der wahrscheinlich sein Oberbefehlshaber werden würde, möchte Haig nicht gerade als Propheten ausweisen, würde aber zeigen, daß er für jeden Fall gerüstet war.

Als Bull den Vizepräsidenten um 11.01 Uhr ins Oval Office führte, saß Nixon an seinem Schreibtisch, dessen spiegelblanke Platte bis auf den Kugelschreiberständer, das Telefon, einen Aktendeckel und mehrere Notizblöcke leer war. Ford wählte den Sessel zur Rechten.

Ollie Atkins kam, um die Szene festzuhalten. Er machte mehrere Fotos. Der Präsident blickte, wie üblich, mit rundem Rücken zu Boden, während er sprach. Atkins unterbrach ihn. »Mr. President, das ist ein so wichtiges Bild, bitte rücken Sie ein bißchen näher und sehen Sie den Vizepräsidenten direkt an.«

Nixon straffte sich. Atkins machte seine Aufnahme. Dann waren sie allein.

Um seine Ruhe und Selbstbeherrschung zu demonstrieren, sprach Nixon sehr langsam.

»Jerry, Sie werden Ihre Sache gut machen«, sagte er und bot ihm seinen Rat an, vor allem in außenpolitischen Fragen. Er empfahl dem Vizepräsidenten Henry Kissinger und dankte ihm für seine Unterstützung. Sein Ton war keineswegs entschuldigend. Beide wußten, daß Ford dem Präsidenten jetzt nur aus einem einzigen Grund gegenübersaß und ihm zuhörte: weil Nixon ihn über seine vergleichsweise unbedeutende Funktion im Repräsentantenhaus hinausgehoben hatte.

Ford war stets ein loyaler Republikaner gewesen und sein persönliches Verhältnis zu Nixon nie darüber hinausgegangen. Beide arbeiteten seit Jahrzehnten in der Politik, und beide waren daran gewöhnt, das Auf und Ab, die politischen Erdrutsche, die Schicksalswenden mit glatten Formalitäten zu überspielen. Beide verfielen in Augenblicken potentieller Verlegenheit routinemäßig in reine Rhetorik. Kein Wort von früheren Fehlern, kein Versuch, ehrliche Gefühle auszudrücken. Nur große Worte über Hoffnungen für die Zukunft. Sie waren beide konservativ, beide Produkte des Kalten Krieges und der amerikanischen Politik nach dem Zweiten Weltkrieg: hart arbeitende Anwälte aus Kleinstädten, die Ende der vierziger Jahre in den Kongreß gekommen waren.

Nixon erklärte Ford den technischen Ablauf der Amtsübergabe. Sie erfordere lediglich, daß der Präsident dem Außenminister ein Rücktrittsschreiben übermittle. Sobald Kissinger den Brief erhalte, sei Nixon nicht mehr Präsident, und Vizepräsident Ford könne den Amtseid ablegen.

Während Nixon und Ford konferierten, ließ Haig den Sonderankläger mit einem Privatwagen im Jefferson Hotel abholen. Er selber benutzte eine Regierungslimousine und traf wenige Minuten vor Jaworski zu Hause ein.

»Alec, Sie müssen einsehen, daß zwischen uns keine Vereinbarung möglich ist«, begann Jaworski. Er wollte diese Tür schließen, bevor Haig Gelegenheit hatte, sie zu öffnen.

Ein paar Sekunden vergingen, ehe Haig sagte: »Der Präsident wird heute abend seinen Rücktritt bekanntgeben.« Er wartete.

Jaworski fand, Haig wirke niedergeschlagen, zeige aber recht wenig Gefühl. »Eine Tragödie«, sagte der Ankläger, war jedoch erleichtert, daß es bald vorbei sein würde.

Haig sah ihn an. »Leon, ich mache mir große Sorgen um den Präsidenten.«

Jaworski schwieg.

Haig sprach von dem Druck auf Nixon, und wie schwer ihm der Entschluß gefallen sei.

Jaworski drückte sein Mitgefühl aus.

Außerdem, fuhr Haig fort, habe er noch einen Punkt, den er Jaworski mitteilen wolle. Haldeman und Ehrlichman hätten um Begnadigung gebeten, die aber nicht gewährt worden sei.

Das sei gut, antwortete Jaworski. Solange die Gnadengesuche abgelehnt wurden, bereitete ihm dieses Thema kein Kopfzerbrechen.

Wieder versuchte Haig, das Problem von Nixons Zukunft anzuschneiden. Er erwähnte seine tiefe Depression und meinte, durch seinen Rücktritt erspare der Präsident dem Land viel Kummer. Jaworski sagte nichts. Falls notwendig, fuhr Haig fort, werde der Präsident das Fifth Amendment in Anspruch nehmen und mit der Begründung, das könne ihn belasten, in einem Prozeß oder sonstigen Verfahren die Aussage verweigern.

Jaworski wechselte das Thema. »Meinen Sie, daß Sie bleiben werden?« fragte er.

»Ich glaube ja, zumindest noch eine Zeitlang«, antwortete Haig.

Die Zusammenkunft endete mit unverbindlichem Geplauder.

Um zwölf Uhr mittags wurde die Signaturmaschine in der Korrespondenzabteilung des Weißen Hauses abgestellt. Von jetzt ab würde es keine mit »Richard M. Nixon« unterzeichneten Briefe mit dem Absender »1600 Pennsylvania Avenue« mehr geben. Die Nachricht verbreitete sich rasch durchs Weiße Haus.

Ken Clawson ging ins Pressebüro. Er hatte gehört, daß Ziegler etwas bekanntgeben wollte, und war wie benommen, als er erfuhr, der Präsident werde am Abend sprechen.

Im Pressezimmer versammelten sich die Reporter um das Podium. Man munkelte von einer Verlautbarung, diesmal von Ziegler persönlich verkündet. Die Fernsehscheinwerfer flammten auf, ein Stenograph erschien. Es war 12.19 Uhr.

»Vermutlich gibt er den neuen Botschafter in Island bekannt«, witzelte jemand. Allgemeines Gelächter, das aber erstarb, als Ziegler hereinkam und zum Mikrophon ging. Er sah mitgenommen aus.

Zieglers Sekretärinnen verstummten und lauschten der Stimme, die über das Lautsprechersystem in ihren Büros kam. Ziegler schwitzte.

Mit zitternden Händen legte er die Papiere aufs Pult. Sein Auftritt wurde live von Funk und Fernsehen übertragen.

»Ich weiß, mit welch intensivem Interesse die amerikanische Bevölkerung und die hier Anwesenden die Entwicklungen heute und in den letzten Tagen verfolgt haben. Natürlich war das eine schwere Zeit.«

Seine Stimme brach. Er räusperte sich, doch sie überschlug sich wieder. Seine Wangenmuskeln zuckten. »Der Präsident der Vereinigten Staaten wird heute in den frühen Abendstunden die Führungsspitzen beider im Kongreß vertretenen Parteien im Weißen Haus empfangen«, sagte er, als er die Fassung zurückgewonnen hatte. »Heute abend um 21 Uhr wird der Präsident der Vereinigten Staaten vom Oval Office aus über Funk und Fernsehen zur Nation sprechen.«

Damit ging Ziegler rasch hinaus. Seine Sekretärinnen kehrten an ihre Arbeit zurück. Anne Grier erledigte Zieglers Dankschreiben von den Nahost- und Rußlandreisen. Als sie sich im Presseraum eine Pepsi holte, vertrat ihr CBS-Reporter Robert Pierpoint den Weg.

»Könnte ich mit Ron sprechen?« erkundigte er sich.

»Kaum möglich.«

»Ich muß ihn etwas fragen«, erklärte Pierpoint entschuldigend. »Könnten Sie das für mich tun? Als Ron vom ›Präsidenten der Vereinigten Staaten‹ sprach, meinte er da Ford oder Nixon?«

Ziegler hatte mit Absicht »der Präsident der Vereinigten Staaten« gesagt und keinen Namen genannt.

Anne Grier ging zu ihm. Er war jetzt in Hemdsärmeln. »Ron, Pierpoint hat folgende Frage . . .«

»Präsident Nixon«, antwortete er lachend und kopfschüttelnd.

Ziegler suchte die Mitarbeiter aus, die zur Abwicklung der Amtsübergabe nach San Clemente mitkommen sollten. Er rief Anne Grier zu sich. »Na, wie geht's?« Diese Frage hatte eine besondere Bedeutung gewonnen. Jeder wollte vom anderen wissen, wie er mit dem Schock fertig wurde.

»O danke, gut«, antwortete sie ein wenig unsicher.

»Der Präsident fliegt morgen nach San Clemente«, fuhr Ziegler fort. »Bitte, sprechen Sie mit niemandem darüber. Ich werde ihn begleiten, Diane und Frank ebenfalls. Möchten Sie mitkommen?«

Sie überlegte.

»Sie müssen nicht«, ergänzte er, aber sein Ton verriet, daß er ein Ja erwartete.

»Ich möchte nirgendwo anders sein«, sagte sie schließlich. »Selbstverständlich komme ich mit.«

»Gut, besprechen Sie alles weitere mit Diane. Es wird sich um dreißig bis sechzig Tage handeln. Es geht um die Übergabearbeiten.«

Anne Grier wandte sich zur Tür.

»Und nicht vergessen«, wiederholte Ziegler. »Kein Wort.«

Im Presseamt begann das Packen. Mehrere Kisten wurden gebracht, in denen unter anderem Tennisbälle, Augentropfen, Marlboro-Zigaretten und ein großes, braunes Glas mit Titralac gegen Magenbeschwerden verschwanden.

Anne Grier und Judy Johnson standen am Fenster und beobachteten mehrere hundert Menschen vor den Toren. Als Ziegler vorbeikam, fragte er, was sie da machten.

»Wir sehen uns die Leute an«, antwortete Anne Grier.

»Und wen sehen die sich an?« Er riß sich zusammen. »Natürlich uns.«

St. Clair rief bei John Wilson an. »Haben Sie etwas für mich?« sondierte er vorsichtig.

Der letzte Entwurf von Haldemans Begründung der Gnadengesuche und zwei Entwürfe für Reden wurden gerade abgetippt.

»Geben Sie uns noch zwei Stunden?«

»Ja.«

Zwei verschiedene Entwürfe, von denen einer Amnestie für Wehrdienstverweigerer einschloß, wurden eilig zu St. Clair geschickt.

Nach seinem Gespräch mit Ford ging der Präsident ins EOB-Büro und ließ Buzhardt kommen, der kurz nach Beginn von Zieglers Presseverlautbarung eintraf. Der Anwalt hatte seit über einer Woche nicht mehr mit Nixon gesprochen, seit der Meinungsverschiedenheit über die Tonbänder vom 23. Juni.

Der Präsident saß in seinem Armsessel. Er begrüßte Buzhardt verlegen, erklärte, er habe ihn aus Besorgnis um seine Gesundheit am vergangenen Wochenende nicht nach Camp David gebeten. Das Wochenende sei die allerschwerste Zeit überhaupt gewesen, es wäre für ihn zu anstrengend geworden. Dabei sah Nixon ihn nicht an.

Buzhardt begriff. Nixon war also immer noch wütend und die angebliche Sorge um seine Gesundheit wieder mal eine Ausrede.

Offenbar stand nichts Besonderes auf der Tagesordnung. Der Präsident erkundigte sich wegen seiner Zukunft. Würde er angeklagt?

Das könne er nicht mit Sicherheit sagen.

»Wenn sie mich ins Gefängnis stecken wollen – sollen sie«, erklärte Nixon. »Die besten politischen Werke sind im Gefängnis entstanden.« Er erwähnte Gandhi.

Trotz seiner forschen Reden schien der Präsident tief bekümmert. Er wollte Buzhardt über die Rechtslage aushorchen. Noch einmal verglich er sich mit Gandhi. Wenn er ins Gefängnis müsse, dann sei er eine Art politischer Gefangener, meinte er. Wirklich, man habe ihn verfolgt.

Buzhardt stimmte ihm zu. Hätte man gegen andere Präsidenten ebenso gründliche Untersuchungen angestrengt, wären ähnliche oder noch schlimmere Mißbräuche aufgedeckt worden. Mit einer republikanischen Mehrheit im Kongreß hätte man die Ermittlungen stoppen können; der Watergate-Senatsausschuß wäre nie gebildet worden, und der Rechtsausschuß des Repräsentantenhauses hätte nie mit der Impeachment-Voruntersuchung begonnen. Die Presse habe in Nixons Fall ihre normale Zurückhaltung abgelegt, da die Herausgeber und die Redakteure ihn nicht mochten.

Nixon war derselben Meinung. Es sei sehr schwierig, die Sache nicht auszutragen. Er bedauere, nicht bis zum Ende gekämpft zu haben, in einer so kritischen Weltlage aus dem Amt scheiden zu müssen.

In Buzhardts Augen war Nixon so erbarmungslos verfolgt worden, weil ihm die Persönlichkeit und das Charisma eines Eisenhower oder Kennedy fehlte, was er jedoch nicht aussprach. Nixon begriff die Bedeutung des Tonbands vom 23. Juni immer noch nicht; seine Reaktionen basierten auf Schlußfolgerungen seiner Mitarbeiter. Er war nie von selber darauf gekommen. Buzhardt empfand Mitleid mit ihm. Vermutlich hatte Nixon die Tonbänder ohne jede kriminelle Absicht zurückgehalten.

Nach einer Viertelstunde erschien Ziegler und gleich darauf Haig, der gerade von seinem Treffen mit Jaworski kam. Jaworski sei froh, daß es vorüber sei, berichtete Haig. Der Sonderankläger habe sein Mitgefühl und Verständnis ausgesprochen. Daß er keine Anklage erheben werde, habe er allerdings nicht fest zugesagt. Doch Haig, der immerhin acht Monate lang mit Jaworski zu tun gehabt hatte, war ziemlich sicher, daß er davon absehen werde. Er könne sich täuschen, keinesfalls aber sei Jaworski auf den Kopf des Präsidenten aus.

Der Präsident lauschte mit ausdruckslosem Gesicht. Gefängnis wäre gar nicht so schlecht, meinte er, als Haig wieder gegangen war. Darüber mache er sich keine Sorgen. Er hasse es lediglich, aufgeben zu müssen. Er habe noch nie aufgegeben.

»So viele Leute sind weinend hier hereingekommen«, sagte Nixon. »Dabei müßte ich derjenige sein, der weint. Ich will nicht, daß jemand weint.« Beten sei okay. »Letzte Nacht haben sich der Außenminister und der Präsident der Vereinigten Staaten hingekniet und für ihr Land gebetet.«

Auf seine Familie sei er stolz; die wolle, daß er bis zuletzt kämpfe. Sein Verhalten verriet keine Spur von Schuldbewußtsein. Das ist auch nicht notwendig, dachte Buzhardt. Weder er noch Haig oder Ziegler hatte jemals zu verstehen gegeben, daß der Präsident falsch gehandelt habe – bis sie selbst in Gefahr schwebten. Doch Buzhardt fragte sich, wer denn wohl weinend hier hereingekommen sei. Der einzige außertourliche Besucher an diesem Tag war der Vizepräsident gewesen.

Der Präsident kam wieder zur Sache: Buzhardt solle gleich nach der Ansprache am Abend John Wilson anrufen und ihm mitteilen, es würden keine Begnadigungen gewährt. Buzhardt verließ das Büro.

432

Dieses einstündige Gespräch war das persönlichste gewesen, das er in den ganzen fünfzehn Monaten im Weißen Haus mit dem Präsidenten geführt hatte.

Ed Cox, mit der Koordination zahlreicher Vorkehrungen für den Umzug nach Kalifornien betraut, wandte sich an Rex Scouten, der das Einpacken im ersten Stock der Residenz leitete. Es blieb nicht viel Zeit, um die Staatsgeschenke, die der Regierung gehörten, von Nixons persönlichem Eigentum zu trennen, und Scouten mußte entscheiden, was direkt nach San Clemente gehen und was gelagert werden sollte, bis die Nixon-Bibliothek erbaut war. David und Julie wollten noch bleiben und ihm helfen.

Steve Bull traf die Vorbereitungen für die Verabschiedung des Präsidenten von seinen Mitarbeitern, die am nächsten Vormittag stattfinden sollte. Ob das Fernsehen zugelassen sei, erkundigte er sich bei Cox. Ob die Familie mit dem Präsidenten auf dem Podium stehen wolle. »Werden sie das durchhalten?«

Cox war nicht sicher. Kurz darauf teilte er Bull mit, die gesamte Familie werde während der Verabschiedung direkt hinter dem Präsidenten stehen. Und das Fernsehen könne dabei sein.

Gegen 14 Uhr erhielt David einen Anruf von Haig, der endlich Zeit für ihn fand. Obwohl Buchanan ihm und Eddie am Vortag alles gesagt hatte, was sie wissen wollten, ging David trotzdem zu Haig.

Jetzt erfuhr er, wie falsch der Präsident die Position der Familie dargestellt hatte. Er selbst hatte als Mittelsmann fungiert und Haig gegenüber irrigerweise behauptet, die Familie sei einmütig und unwiderruflich gegen Rücktritt. Nixon hatte seine Familie vorgeschoben, darin waren sich David und Haig einig.

»Aber das gehört nun mal alles mit zur Politik«, erklärte Haig. »Ich bin stolz auf Ihren Schwiegervater, und Sie sollten es auch sein.«

Eine überflüssige Bemerkung, fand David, der General wollte ihn nur aufmuntern. Das war zwar nicht nötig, aber wozu sollte er das aussprechen? Haig hatte genug Probleme, und außerdem lief alles glatt. Der Präsident scheine sich jetzt gut zu halten, meinte Haig, er werde es sicher schaffen. Ja, aber es sei schwer gewesen, entgegnete David. Manchmal habe er sogar einen Selbstmord befürchtet. Doch dann habe er erkannt, daß sein Schwiegervater in seiner Verzweiflung passiver geworden sei – erstarrt, in sich gekehrt, apathisch.

Haig meinte, Druck sei ein Teil dieses Amtes. Trotz aller Zweifel scheine der Präsident alles gut zu überstehen.

Es ist ja noch nicht vorbei, dachte David. Er war erschöpft und wollte ein bißchen schlafen, für den Fall, daß es wieder eine lange Nacht wurde.

Die Mitarbeiter des Weißen Hauses, die noch etwas zu tun hatten, waren nicht bei der Sache. Diana Gwin, die für Stabssekretär Jerry Jones arbeitete und früher Haldemans Akten betreut hatte, war entschlossen, einiges von dem zu erledigen, was sich in den letzten zwei Wochen angesammelt hatte.

Sie ging mit einem Stapel von Dokumenten zu Bull.

»Die muß der Präsident unterschreiben.«

»Zum Teufel damit!« Er winkte resigniert ab. »Geben Sie's Ford.«

Kurz nach 14 Uhr rief Ford bei Scott an. »Wie Sie wissen, Hugh, hat sich einiges ereignet«, begann Ford. Er sei gerade beim Präsidenten gewesen. Der Vizepräsident hatte die Vereidigung vorläufig für 12 Uhr am folgenden Tag angesetzt. »Wir wollen keine große Show.« Nur eine kleine, würdige Feier im Oval Office, mit den führenden Abgeordneten beider Häuser, der Familie, ein paar ausgewählten Freunden.

»Sie erinnern sich vielleicht an das, Jerry, was ich Ihnen vor Monaten über ständigen, engen Kontakt gesagt habe, falls etwas in dieser Art eintreten sollte«, meinte Scott.

»Unser Verhältnis ist ausgezeichnet gewesen, und ich erwarte, daß es auch weiterhin so freundschaftlich bleibt«, erwiderte Ford. »Merkmal meiner Administration werden Zugänglichkeit und Aufgeschlossenheit sein. Keine indirekte Meinungsforschung bei der Parteiführung. No, Sir!«

Buchen kam, um Einzelheiten der Amtsübergabe zu besprechen. Ford saß an seinem Schreibtisch, Hartmann war bei ihm. Sie brauchten einen neuen Pressesekretär. Buchen empfahl Jerald F. terHorst, den zweiundfünfzigjährigen Washingtoner Bürochef der *Detroit News,* einen Journalisten, den Ford in Grand Rapids kennengelernt hatte, als er zum erstenmal in den Kongreß gewählt wurde. Ford war einverstanden. Buchen rief terHorst an und offerierte ihm den Job. »Können Sie uns in einer halben Stunde Bescheid geben, Jerry?«

TerHorst wollte es mit seiner Frau und seiner Zeitung besprechen. Kurz darauf rief er zurück und sagte zu.

Buchen erklärte Ford, Chief Justice Burger wolle sich nicht überzeugen lassen, daß er für die Vereidigung aus Europa zurückkommen müsse. Burger glaube einfach nicht daran. Ford ließ sich mit Burger verbinden und erklärte ihm, es stimme tatsächlich, und er wäre sehr dankbar, wenn Burger kommen könne. Eine Militärmaschine sollte den Chief Justice abholen.

Fords Gedanken galten dem ersten Eindruck, den er als Präsident machen würde. Sollte er vor dem Kongreß sprechen? Nein, meinte Buchen. Alles müsse kurz und schlicht verlaufen. Doch die Gästeliste für die Vereidigung wurde immer umfänglicher, und man beschloß, die Zeremonie in den East Room zu verlegen.

Ford erwähnte sein Gespräch mit dem Präsidenten. Er war erschrocken über Nixons Aussehen. In den achtundvierzig Stunden seit der Kabinettssitzung habe sich der Präsident erschütternd verändert. Er sei ein gebrochener Mann.

Nachdem Buchen fort war, sprach Ford zwei Stunden lang mit Kissinger über die Weltlage.

Vor Fords Villa in Alexandria, Virginia, sperrte die Polizei auf Ersuchen des Secret Service die Straße und zog am gegenüberliegenden Bordstein entlang ein gelbes Plastikseil.

Viele Mitarbeiter konnten nichts anderes tun als warten. Ann Morgan holte ein paar Sechserpackungen Bier für die Büros der Ghostwriter. Buchanan lud am frühen Nachmittag ein paar Assistenten zum Drink ein. Im Anwaltsflügel begann man etwa um dieselbe Zeit mit dem Trinken. Jack McCahill kaufte Scotch. Den ganzen Nachmittag wimmelte es in den Korridoren von Leuten. McCahill fand, es sei wie der letzte Tag im College oder wie bei einer irischen Leichenfeier. Es gab viel Gefühlsausbrüche, Solidaritätsbekundungen. Man schüttelte sich die Hände, fiel sich in die Arme. Gelegentlich markierte man auch Munterkeit.

Rabbi Korff saß niedergeschlagen in der Halle des Westflügels und wartete auf Ziegler. Beim Präsidenten wurde er nicht vorgelassen. »Will er das wirklich tun?« fragte er Bull, der durch die Halle kam. »Will er das wirklich tun?«

»Ja«, antwortete Bull. Die Reise nach San Clemente sei bereits organisiert.

Korff war überrascht, daß der Präsident sofort nach Kalifornien gehen wollte.

Ziegler wollte Korff auch nicht empfangen, deswegen sollte der Rabbi zu Bruce Herschensohn ins EOB kommen.

Als er aufstand, versicherte er Bull: »Viele von uns werden weiterkämpfen. Sie werden noch von uns hören.«

Im Militärbüro im Ostflügel floß der Alkohol ebenfalls reichlich. Auf den Schreibtischen standen Flaschen und Eisbehälter. Brennan kam vorbei, obwohl er seinen freien Tag hatte. Alle tranken ziemlich viel.

Bull und DeCair wanderten von Büro zu Büro, von Party zu Party und verkündeten, der Präsident werde über die Wirtschaftslage reden; die Verzögerung sei beabsichtigt, um die allgemeine Spannung zu steigern.

Tom Korologos widersprach. »Wißt ihr, warum wir vor die Kameras gehen? Wir legen Veto gegen ein Gesetz ein. Wir werden alle zum Narren halten.«

Bei einer von Timmons' Mitarbeiterbesprechungen im Sommer war die Rede von undichten Stellen im Rechtsausschuß gewesen. »Wir werden die Löcher schon stopfen«, hatte Korologos gespöttelt. »Wir bilden eine Gruppe und nennen sie zur Abwechslung die Tischler.« Als immer mehr schlechte Nachrichten kamen, erschien Korologos jedesmal mit energischem Händeklatschen und erklärte: »Wir sind aus dem Schneider! Wir haben endlich die Kurve gekriegt.« Auch an diesem Donnerstag ließ er sich nicht unterkriegen. Nachdem er den Senatoren, die abends vom Präsidenten empfangen werden sollten, ihre Einladung überbracht hatte, klatschte er begeistert in die Hände und rief: »Jetzt bringen wir den Kongreß aber auf Trab!«

Manolo Sanchez war verzagt. Auch er hatte getrunken. Als er zum EOB hinüberging, traf er im Korridor Wayne Vallis. »Der Präsident kann nachts nicht schlafen, darum schläft er am Nachmittag«, berichtete Sanchez. Der Präsident habe nicht alles über Watergate gewußt. »Der Präsident ist unschuldig.« In seinen Augen standen Tränen. »Diese Schweine haben ihn fertiggemacht.«

Nach seinem Gespräch mit Buzhardt schlief der Präsident eine Dreiviertelstunde und rief dann Price an. Seinen Lunch – kalter Salat und Hüttenkäse – ließ er unberührt. Abermals unterhielt er sich mit Price und Ziegler, und dann kam auf eine halbe Stunde Rose Mary Woods. Anschließend hatte der Präsident eine kurze Unterredung mit Dr. Tkach und zitierte danach Ziegler in sein EOB-Büro.

Es war noch einiges zu erledigen – Wichtiges und Unwichtiges. Nixon schrieb auf ein großes Foto von sich: »Rabbi Korff gewidmet, für dessen Freundschaft, Unterstützung und weise Ratschläge ich stets dankbar sein werde. Richard Nixon, 8. August 1974.«

Den restlichen Nachmittag teilte er unter Haig, Ziegler, Kissinger und Rose Mary Woods auf. Um 16.18 Uhr wurde ein weiterer Anruf Haldemans nicht entgegengenommen. Der Präsident erhob Einspruch gegen Etatanforderungen des Landwirtschaftsministeriums und der Umweltschutzbehörde. Zu inflationär. Sie lagen 540 Millionen über seiner Empfehlung.

Um 18.51 Uhr kehrte Nixon in die Residenz zurück. Die Kameras auf dem Rasen richteten sich auf ihn – gegen die Vorschriften des Presseamtes. In seiner Wohnung duschte der Präsident, zog sich um und teilte Haig mit, wenn er zum Gespräch mit den Abgeordneten ins EOB hinüberginge, wünsche er niemandem zu begegnen, vor allem keinen Kameraleuten.

Joulwan wies die Sicherheitsbeamten an, dafür zu sorgen, daß nach 19 Uhr niemand mehr auf dem Gelände sei. Sie reagierten übereifrig: Die Mitarbeiter durften ihre Büros zwischen 18.30 und 19.30 Uhr nicht verlassen; die Reporter wurden ohne Erklärung im Presseraum eingeschlossen; die Chauffeure der Fahrbereitschaft, die auf der West Executive Avenue parkten, mußten sich auf den Boden ihrer Limousinen legen.

Als der Präsident die Residenz schließlich um 19.25 Uhr mit gesenktem Kopf verließ, war er allein. Die Menge draußen vor den Toren

436

schwenkte Sternenbanner, einige sangen »America«. Ein paar Mitarbeiter gingen ans Fenster, um Nixon nachzusehen, wurden jedoch von den Kollegen zurückgerissen.

TerHorst, Fords neuer Pressesekretär, gehörte zu den im EOB Eingesperrten und kam verspätet zu einer Verabredung mit Ziegler. Nach kurzem Gespräch rief Ziegler seinen gesamten Stab herein. Das Zimmer war brechend voll; Ziegler, hinter seinem Schreibtisch, war so beherrscht und gelassen wie nie.

»Ich brauche Ihnen wohl nicht zu sagen, was der Präsident heute abend bekanntgeben wird«, begann er. Dann deutete er auf Warren. »Jerry wird die Übergabearbeiten für die Administration leiten. Anne, Diane und Frank gehen nach San Clemente. Ich hatte gerade ein Gespräch mit Jerry terHorst. Er kennt euch alle und weiß, daß ihr Profis seid. Keiner braucht sich Sorgen um seinen Job zu machen. Eines Tages – nicht jetzt – werde ich jedem einzelnen sagen, was ich von ihm halte.«

Die meisten verließen Zieglers Büro tief erschüttert. Judy Johnson brach wieder in Tränen aus, und Ziegler rief sie noch einmal zurück.

»Keine Angst«, tröstete er sie, »für Sie wird gesorgt. Hören Sie auf zu weinen und gehen Sie an die Arbeit. Jerry wird Ihnen helfen und die Übergabe zu beaufsichtigen. Er wird Ihnen ein Büro im EOB besorgen.«

Ben Stein ging zu Price. »Warum haben Sie mich diese Rede schreiben lassen, Ray? Damit ich abgelenkt bin und Sie nicht störe?«

»Ja.«

Price hatte mit Garment, Buzhardt und William Safire ein letztes Mal zu Abend essen wollen, mußte aber zur Stelle sein, falls der Präsident in letzter Minute noch etwas an seiner Rücktrittsrede ändern wollte.

Beim Dinner sprachen die anderen von Politik. Wen würde Ford zum Vizepräsidenten ernennen? Garment tippte auf George Bush. Buzhardt glaubte, Ford werde jemanden vom Kongreß nehmen, auf keinen Fall einen Gouverneur oder einen ehemaligen Gouverneur. Garment bemerkte, daß der Präsident jetzt die Parteispitzen aus dem Kongreß empfange. Eine gute Idee, meinte er. Wahrscheinlich werde er sich dabei abreagieren und so einen Zusammenbruch vor den Fernsehkameras vermeiden.

Bevor sie zum Präsidenten ins EOB hinübergingen, tranken die fünf Kongreßmitglieder – die Senatoren Mansfield, Scott und Eastland sowie die Abgeordneten Albert und Rhodes – noch ein Glas mit Timmons in dessen Büro. Diese Männer waren die mächtigsten in einem Kongreß, den der Präsident seit fünfeinhalb Jahren abwechselnd bekämpft, verhöhnt und ignoriert hatte.

An diesem Abend gab es keinen Hohn.

»Ich habe Sie hierhergebeten, um Ihnen meinen Entschluß mitzuteilen«, begann der Präsident. »Morgen werde ich Henry Kissinger
mein Rücktrittsschreiben übermitteln, das um zwölf Uhr mittags in
Kraft treten wird. Um zehn wollen meine Frau und ich das Weiße Haus
verlassen. Und um zwölf wird der Vizepräsident vereidigt. Nur eine
einzige Rede muß ich noch halten.

»Die ganze Watergate-Affäre lastet seit anderthalb Jahren schwer
auf Ihnen allen. Ich habe Verständnis für das, was Sie sagen mußten,
und hege keine Ressentiments. Sie hat auch auf mir schwer gelastet.«

Niemand unterbrach ihn.

»Ich hätte am liebsten weitergekämpft«, fuhr Nixon fort. »Ich habe
eine wunderbare Familie und eine recht gute Frau.«

Als der Präsident seine Frau erwähnte, warfen sich einige Anwesende vielsagende Blicke zu.

»Alle wollten, daß ich weiterkämpfe«, fügte er voll Überzeugung
hinzu. Doch er habe Rücksicht auf die Folgen eines solchen Kampfes
nehmen müssen. Ein Senatsverfahren würde vier bis acht Monate
dauern und im Land Gräben aufreißen. Schon vier Monate wären
schlimm genug, Außenpolitik und Inflation kämen zu kurz.

»Es wäre dem Land gegenüber nicht fair. Ich würde ein Präsident
auf Zeit sein, und Sie ein Kongreß auf Zeit.

»Sie alle sind mir gute Freunde. Gewähren Sie dem neuen Präsidenten Ihre volle Unterstützung . . . Gott segne Sie.«

Er werde wahrscheinlich nie wieder nach Washington kommen. Das
Frühstück mit Mansfield und Albert, das Geplänkel mit der loyalen
Opposition werde ihm fehlen. Er bedankte sich für ihre Unterstützung,
vor allem in der Außenpolitik.

»Mr. President«, sagte Albert, »für mich sind Sie immer ein großer
Mann gewesen.«

»Für mich werden Sie immer ein großer Präsident sein«, fügte
Senator Eastland hinzu.

Nixon stand auf, ohne zu antworten. Er habe abgenommen sagte er
und fragte, ob sein dunkelblauer Anzug noch sitze. »Es gibt wohl nichts
mehr zu sagen. Ich glaube, das wär's.« Der Schmerz zeichnete sein
Gesicht. »Gott segne Sie«, wiederholte er.

Der Präsident schüttelte jedem einzeln die Hand, als letztem
Rhodes.

»Halten Sie Kontakt«, sagte Rhodes und legte dem Präsidenten die
andere Hand auf die Schulter. Er spürte, wie ein Zittern durch Nixons
Körper lief, dann wandte der Präsident sich abrupt ab. Rhodes verließ
leise das Zimmer.

Nach fünfzehn Minuten war Nixon bereit, in den Kabinettssaal
hinüberzugehen, wo sich über vierzig seiner alten Freunde im Kongreß
versammelt hatten. Er schien jetzt etwas munterer zu sein. Bull begleitete ihn.

»Finden Sie, daß ich das Richtige tue?« fragte er Bull.

»Nein, Sir.«

Offensichtlich verblüfft, blieb Nixon stehen. »Sind Sie auf meiner Seite?« fragte er.

»Ja, Sir. Aber Sie sollten bleiben.«

»Mein Entschluß steht fest«, antwortete Nixon und ging rasch weiter.

Im Kabinettssaal stand Dean Burch wartend hinter dem Sessel des Präsidenten. Alle Geladenen waren da, außer Senator Russel Long, der sich in Louisiana aufhielt.

Um 20.05 Uhr betrat der Präsident lächelnd den Raum. Alle erhoben sich applaudierend. Einige weinten.

Der Präsident setzte sich und sah sich um. Schweigen. Nixon zögerte lange.

»Lassen Sie mich mit meiner Familie beginnen«, sagte er schließlich, indem er sich aufrichtete. Trotz aller Widrigkeit habe ihn die Familie immer gedrängt, sich dem verfassungsmäßigen Verfahren zu stellen. »›Gleichgültig, welche Folgen es hat‹«, zitierte er. »Wie Sie wissen, gebe ich nicht so leicht auf. Aber ich akzeptiere, was auf mich zukommt. Mein Rücktrittsentschluß geht davon aus, daß das Präsidentenamt Vorrang hat gegenüber allem. Sogar gegenüber Ihrer persönlichen Loyalität.«

Nach seiner Ansicht werde das Repräsentantenhaus unweigerlich für Impeachment stimmen. Rechnen sei eine seiner Stärken. Er habe nicht genug Stimmen im Senat. »Timmons ist ein recht guter Stimmenzähler, aber ich bin besser, und diesmal habe ich das Ganze selbst überprüft.«

Seine Gedanken schweiften ab: Außenpolitik, Energiekrise, Inflation und die bevorstehenden schweren Anforderungen. Im Nahen Osten könne es jederzeit zur Explosion kommen. Er bedauere, daß ihm dort keine Lösung des Konflikts vergönnt gewesen sei. Er hätte sie gern zu den drei großen Leistungen gezählt, für die man seine Administration in Erinnerung behalten würde. Welches die beiden anderen waren, sagte er nicht. »Wenn ich nach Kalifornien zurückfliege«, fuhr er fort, »werde ich bis zu Fords Vereidigung noch den kleinen schwarzen Kasten an Bord haben.«

Einigen Anwesenden war nicht ganz klar, ob er sie damit beruhigen oder ob er sie an seine Macht erinnern wollte.

»Jerry Ford ist ein guter Mann, doch ganz gleich, wie gut und wie clever ein Mann ist, er braucht Ihre Unterstützung, Ihre Zuneigung und Ihre Gebete.«

Er hielt inne, rang um Fassung. Mit gesenktem Kopf umklammerte er die Tischplatte. Dann sah er wieder auf. »Dies ist meine letzte Konferenz in diesem Raum. Ich werde nicht wiederkommen. Doch ohne Sie . . . hätte ich das alles nicht schaffen können. Ich danke Ihnen besonders für Ihre trostreichen Anrufe. Mrs. Stennis hat neulich abends mit Pat telefoniert.«

Seine Stimme wurde leise, er sprach stockend. »Ich möchte Ihnen vor allem sagen, daß ich Ihre Freundschaft jetzt mehr denn je schätze und daß ich hoffe . . . daß ich hoffe, Sie denken nicht, daß ich Sie im Stich gelassen habe.«

Aus seiner Kehle kam nur noch ein Krächzen. Seine Augen flossen über. Er schob den Sessel zurück und versuchte aufzustehen. Sein Gesicht war tränenüberströmt.

Fast alle weinten.

Schließlich stand der Präsident auf den Beinen und wollte gehen. Er stolperte ein wenig und schien sich nicht zurechtzufinden. Behutsam nahm ihn ein Leibwächter beim Arm und führte ihn durch die Tür in Bulls Büro. Nixon versuchte die Tränen herunterzuschlucken.

»Ich bin wohl ein bißchen erkältet, Schnupfen oder so«, sagte er zu Bull, der ihn erwartete. Es war 20.27 Uhr, noch eine halbe Stunde bis zum Fernsehauftritt.

Einige Kongreßmitglieder waren dem Präsidenten in Bulls Büro gefolgt, deshalb brachten ihn die Geheimdienstler ins Oval Office und schlossen die Tür. Eine Weile blieb er stehen und suchte sich zu fassen. Dann ging er hinüber in einen kleinen Salon neben dem Oval Office. Die Maskenbildnerin machte sich an die Arbeit. Doch er begann wieder zu weinen, und sie mußte draußen warten, bis sich der Präsident beruhigt hatte.

Leicht geschminkt kehrte der Präsident ins Oval Office zurück, wo die Techniker zur Ton- und Beleuchtungsprobe warteten. Wie üblich hatte man das Mobiliar teilweise auf den Korridor geschafft. Um 20.55 Uhr nahm er hinter seinem Schreibtisch Platz. Bull, Ollie Atkins und Geheimdienstagent Dick Keiser waren ebenfalls anwesend. Ein Techniker hantierte mit einem Belichtungsmesser.

»Es heißt immer, Blonde sind fotogener als Brünette«, sagte Nixon. Seine Stimme klang, als werde er gleich wieder anfangen zu weinen.

Niemand antwortete.

»Stimmt das?« fragte er einen Kameramann. »Sie sind doch blond, nicht wahr?«

»Nein, Sir.«

»Rothaarig?«

Man stellte ihm das CBS-Team vor, das für die Gemeinschaftssendung aller drei Fernsehanstalten verantwortlich zeichnete.

»Haben Sie eine Ersatzkamera, falls das Licht ausgeht?«

»Das da ist die Hauptkamera, und dort drüben die Ersatzkamera«, erklärte ihm ein Techniker.

»Sagen Sie, stehen die Scheinwerfer richtig?« Sie blendeten ihn; er kniff die Augen zu. »Meine Augen sind immer . . . Sie werden sehen, nach sechzig . . .« Seine Stimme versagte.

»Das reicht«, erklärte er dem Techniker, der die Scheinwerfer regulierte.

Atkins machte ein Foto.

»Mein Freund Ollie will immer eine Menge Bilder von mir machen.« Nixon lachte ein wenig verlegen. »Eines Tages erwischt er mich noch beim Nasenbohren.«

Gedämpftes Lachen.

»Das würde er doch hoffentlich nicht veröffentlichen, Oddie –« er verbesserte sich –, »Ollie?«

»Nein, Sir.«

»Sie können eine Großaufnahme machen, aber dann ist Schluß.« Nixons Stimme war noch zittrig. Er blickte auf sein Manuskript. »Ich glaube, ich kann's lesen.«

Die Techniker baten ihn, ins Mikrophon zu sprechen.

»Oh, Sie wollen eine Tonprobe, wie? Ja, ja.« Er griff nach den Blättern. Unvermittelt änderte sich sein Ton, wurde fest, ernst, gemessen. »Guten Abend, zum siebenunddreißigsten Mal spreche ich zu Ihnen aus diesem Raum, in dem so viele, die Geschichte unseres Landes bestimmende Entscheidungen getroffen wurden.«

Er ließ die Seiten sinken. »Mehr?« fragte er.

Ja.

Wieder der gemessene Ton. »Jedesmal war es meine Absicht, Ihnen . . .«

Genug.

»Okay«, sagte er erleichtert. Dann fuhr er Atkins an. »Nur das CBS-Team darf während der Sendung im Zimmer sein, Ollie. Nur das Team.«

Atkins wollte bleiben und knipsen.

»Nein, nein, keine Fotos! Sie haben doch gerade eins gemacht. Das reicht.« Nixon schrie beinahe.

Atkins machte noch mehrere Schnappschüsse, während der Präsident auf Bitten eines Technikers in die Fernsehkamera blickte.

»Okay . . . in Ordnung . . . gut . . . gut. Ich möchte die anderen Photographen nicht verärgern. Jetzt ist es genug. Okay.«

Atkins hörte auf zu knipsen.

»Und jetzt«, fuhr Nixon fort, »alle Geheimdienstbeamten . . . Sind noch Geheimdienstbeamte hier?«

»Ja«, antwortete Bull. »Einer.«

»RAUS!«

Agent Keiser rührte sich nicht.

»Sie müssen doch nicht hierbleiben, oder?«

»Doch, Sir.«

»Anweisung?«

Keiser bejahte.

»War ja bloß Spaß. Hatten wir nicht sonst mehr als einen?«

»Nicht, wenn Sie von hier aus sprechen.«

»Ach so. Gut. Aber es ist besser für das Team . . . so wenig Fremde wie möglich. Manchmal . . . Ich habe mich mit Freunden in Hollywood unterhalten; die werden verrückt, wenn Leute rumwimmeln.«

»Noch anderthalb Minuten«, verkündete ein Techniker.

Nixon räusperte sich. »Ich gehe wohl besser in Position.«

Bull erinnerte den Präsidenten, wie üblich, daran, die verlesenen Blätter auf eine Seite zu legen, damit sie nicht gegen das Mikrophon stießen.

»Na ja, wenn ich das kann . . . Ich meine, ich werd's versuchen. So etwa, meinen Sie?« Er legte die Blätter eins nach dem anderen beiseite. »Ist das gut so?«

»Ja.«

»Ist mein, ist mein Rücken gerade?« fragte der Präsident. »Würden Sie nach meinem Kragen sehen? Hat er . . . hat er sich nicht hochgeschoben?«

Nein. Er räusperte sich und hustete.

Bull ging in den Kabinettssaal hinaus, in dem immer noch Burch und Timmons saßen. Beide schluchzten.

Die Familie hatte sich im Solarium versammelt. Sie hatten vor dem Oval Office warten wollen, befürchteten aber, der Präsident werde das merken. Ihre Anwesenheit würde ihn während der Rede sicherlich nervös machen.

Nixon blickte in die Kamera. »Guten Abend«, begann er. Es war genau fünfundvierzig Sekunden nach 21 Uhr.

Kurze Pause, halbes Lächeln.

»Heute spreche ich zum siebenunddreißigsten Mal zu Ihnen aus diesem Raum . . .«

Und ein großer Teil der Welt hörte ihm sechzehn Minuten lang zu.

In seinem Büro saß Peter Rodino in einem Ledersessel vor dem Fernseher. Er hatte das Kinn in die rechte Hand gestützt. Seine Miene war bestürzt und tiefernst.

»*Meine politische Basis im Kongreß ist nicht mehr stark genug . . .*«

Rodino schüttelte den Kopf und korrigierte ironisch: »Ich habe meine politische Basis verloren.«

Im Solarium sah David Eisenhower zu und betete darum, daß Mr. Nixon durchhielt, daß er sich nicht von Gefühlen überwältigen ließ, daß ihn das Ablesen, Seite um Seite, bis zum Ende führte, daß er nicht hörte, was er sagte, und von Selbstmitleid gepackt wurde.

»*Ich hätte es vorgezogen, bis zum Ende weiterzukämpfen, soviel persönliche Qual das auch bedeutet hätte, und meine Familie hat mich einmütig dazu gedrängt.*«

Stimmt nicht, dachte David, aber er würde nicht protestieren. Das gehörte eben zu Nixons Persönlichkeit. Sein Schwiegervater konnte stets nur gegen den einstimmigen Rat aller handeln – gegen den Kongreß, seine Berater, die Militärs, die Experten, sogar gegen seine Familie. Jede Tat mußte eine Trotzhandlung sein.

In ihrer Kanzlei saßen Haldemans Anwälte und hörten zu.

»Mit diesem Schritt hoffe ich den Heilprozeß beschleunigt zu haben . . .« Der Ausdruck »Heilprozeß« stammte aus dem Entwurf zu Haldemans Begnadigungsvorschlag.

»Jetzt kommt's!« rief Wilson aufgeregt.

Es kam nicht.

Steve Bull verschlang im East Room beim Fernsehen mehrere Sandwiches. Laß ihn durchhalten, betete er im stillen.

»Deshalb trete ich morgen mittag vom Präsidentenamt zurück.«

Im Pressezimmer hatten sich hundert Reporter um einen großen Farbfernseher versammelt. Jemand machte einen Witz. Niemand lachte.

»In diesem Amt gewesen zu sein, bedeutet, eine sehr persönliche Beziehung zu jedem einzelnen Amerikaner gehabt zu haben. Wenn ich es jetzt verlasse, so mit dem Gebet: Möge Gottes Gnade Sie an allen künftigen Tagen begleiten.«

Als die Scheinwerfer im Oval Office verlöschten, schien Nixons Gesicht zu verfallen. Er bedankte sich bei den Fernsehtechnikern und begrüßte dann Henry Kissinger, der hereingekommen war. Kissinger sagte, die Rede sei von großer Würde gewesen. Gemeinsam gingen sie hinaus, Nixon legte den Arm um Kissingers Schultern.

Bull kehrte ins Oval Office zurück. Er war den Tränen nahe, als er den Technikern beim Zusammenpacken zusah. »Habt ihr alle Souvenirs?« fragte er. Niemand antwortete. Er griff in die Schublade des Präsidentenschreibtisches. »Was soll's?« Er verteilte sämtliche Manschettenknöpfe, Krawattenhalter, Anstecknadeln für Ehefrauen, Füllfederhalter, Briefbeschwerer und Golfbälle. Alle mit dem Aufdruck »Richard M. Nixon, Präsident der Vereinigten Staaten«.

Als die Schublade leer war, ging Bull ins Presseamt hinüber. Dort war niemand, der Fragen beantwortete. Bull hielt das für falsch, also verließ er das Weiße Haus, überquerte die Pennsylvania Avenue zum Lafayette Park, wo er allen drei Fernsehanstalten Interviews gab.

Viele im Weißen Haus konnten ihre Gefühle nur durch Tränen abreagieren. Ben Stein weinte haltlos; Margaret Foote umarmte ihn. »Geben Sie denen nicht die Genugtuung, Sie weinen zu sehen. Gehen Sie mit hocherhobenem Kopf hinaus.«

Der Westflügel und die Residenz waren jetzt beinahe menschenleer. Mitarbeiter, Portiers, Türhüter, Küchenhilfen, sogar einige Geheimdienstbeamte waren nach Hause geschickt worden.

Der Präsident verließ Kissinger im Westflügel und kehrte allein in die Residenz zurück. Normalerweise wäre er von zehn bis fünfzehn

Personen umringt gewesen und hätte vier bis fünf im Schlepptau gehabt. Die Familie erwartete ihn am Ende eines etwa dreißig Meter langen roten Teppichs, der ins Erdgeschoß führte. Schweigend standen sie da, während er auf sie zukam. Dann umarmten sie ihn und gratulierten ihm. Sie waren stolz darauf, daß er es durchgestanden hatte.

Gemeinsam gingen sie ins Solarium. Nun, da er die Rede hinter sich hatte, ließ die Spannung ein wenig nach. Sie sprachen von der Zukunft und gaben ihrer Erleichterung Ausdruck. Alle waren erschöpft. Der Präsident setzte sich. Vicki, der Familienpudel, der beim Tierarzt gewesen war, wurde hereingebracht. Seine Gegenwart schien Nixon aufzumuntern.

Der Präsident blieb bis nach zehn Uhr mit seiner Familie zusammen. Anrufe nahm er nicht entgegen. Wieder einmal wurde Haldeman abgewiesen. Sogar ein Gespräch von Haig, der die Rede mit seiner Frau zusammen in seinem Büro gehört hatte, wurde nicht durchgestellt. Rose Woods sagte ihm, der Präsident werde sich in wenigen Minuten bei ihm melden. Dann ging Nixon in den Lincoln Sitting Room und rief Ziegler an, um sich nach den Reaktionen auf seine Rede zu erkundigen.

In Zieglers Büro lief alles fast wie normal. Radio und Fernsehen wurden auf Kommentare und Reaktionen hin abgehört. Anne Grier und Gerrard berichteten, die Aufnahme sei durchaus freundlich bis auf Roger Mudd von CBS, der sagte, der Präsident habe die Kernfrage umgangen und seine Mittäterschaft bei der Vertuschung nicht zugegeben.

Vizepräsident Ford hörte die Rede des Präsidenten zu Hause. Anschließend sprach er im Vorgarten mit Reportern. Er trug denselben hellen Nadelstreifenanzug mit der bunten Krawatte, den er den ganzen Tag über angehabt hatte. Als er vor die Mikrophone trat, regnete es etwas. »Für mich ist dies eine der schwierigsten und traurigsten Zeiten und eines der beklagenswertesten Ereignisse, die ich jemals erlebt habe«, erklärte er.

Dann gab er bekannt, daß er Kissinger gebeten habe, Außenminister zu bleiben, und daß Kissinger einverstanden sei. Ford sagte, er habe keinen Feind im Kongreß, und versprach einen neuen Geist der Zusammenarbeit mit dem Kapitol. Fragen wollte er nicht beantworten und kehrte gleich darauf ins Haus zurück.

Als sich Haig mit den letzten Vorkehrungen für die Amtsübergabe befaßte, fiel ihm auf, daß noch kein Rücktrittsschreiben entworfen worden war. Er beauftragte Joulwan damit, der sofort Gergen anrief und ihn anwies, den Brief kurz zu halten. Gergen wußte nicht genau, was verlangt wurde, und rief Buzhardt zu Hause an.

»Scheiße!« sagte Buzhardt. »Unglaublich, daß das noch nicht geschehen ist.« Er hatte die juristischen Recherchen betrieben und dann Haigs Büro informiert.

Gergen hielt sich an Agnews Rücktrittsschreiben; er machte drei Entwürfe für Nixon, jeweils nur einen Satz, und schickte sie Joulwan.

Ziegler sann in seinem Büro darüber nach, wie er sich von der Presse verabschieden sollte. Um 21.02 Uhr, fünfundvierzig Minuten zu spät, traf er im Pressezimmer ein. Er war blaß.

»Ich kann Ihnen jetzt nicht sehr viel zusätzliche Informationen liefern«, begann er und gab dann ein Resümee über den Tagesablauf des Präsidenten, den er rühmte, weil er mit seinem Mut und seiner Kraft die Mitarbeiter aufrechterhalten habe.

»Aber ich möchte noch ein paar persönliche Abschiedsworte sagen.« Er sei stolz, Nixon fünfeinhalb Jahre lang gedient zu haben.

Sein Sprechstil glich dem Ton der Präsidentenrede: Ziegler gab sich versöhnlich, beinahe reuig. »Ich habe mich bemüht, Ihnen, den Profis, fachlich gerecht zu werden, und hoffe nur, niemals die Schwierigkeiten oder die Energie und die Intelligenz unterschätzt zu haben, die mit Ihrem Beruf verbunden sind.« Es habe viele historische Augenblicke und viele Krisenzeiten gegeben. »Ich werde mich an die guten erinnern und Sie hoffentlich auch. Ich habe bei diesem Job gelernt, größte Hochachtung vor der Vielfalt und Kraft der freien Meinungsäußerung in unserem Land und vor unserer freien Presse zu empfinden.«

Dann kehrte er in sein Büro zurück. Es wartete noch eine Aufgabe auf ihn. Der Präsident wünschte, bevor er nach Kalifornien flog, einen letzten Pressespiegel. Ziegler betraute Diane Sawyer damit, die John Hoornstra schließlich um 2.30 Uhr zu Hause erreichte. Er kam ins Büro, wo er stundenlang Magnetbildbänder der Fernsehnachrichten abspielte und die Morgenzeitungen auswertete. Morgens hatte er fünfzehn einzeilig beschriebene Seiten fertig.

Haig und Nixon saßen im Lincoln Sitting Room zusammen und unterhielten sich leise. David Eisenhower kam, wie üblich, vorbei, um gute Nacht zu sagen. Nixon sprach über Außenpolitik und Kissinger, dachte zurück an ihre gemeinsame Zeit, an Entscheidungen, an Reisen. Seit Kissinger im Jahr zuvor Außenminister geworden sei, habe er eine gewisse Distanz zwischen sich und seinem außenpolitischen Chefberater gespürt, was er sehr bedauere. Am Abend zuvor habe er sich in diesem Zimmer von Kissinger verabschiedet. »Das war der schwerste Abschied. Sehr ergreifend. Aber Henry ist ein guter Kamerad. Sie und er, ihr seid von Anfang an mit dabei gewesen, die ganzen fünfeinhalb Jahre.«

Gegen 22.45 Uhr waren Mrs. Nixon und Tricia in die offiziellen Räume hinuntergegangen, um sich ein letztes Mal umzusehen. Draußen war es bedeckt, regnerisch und kühl – kein August-Wetter. Die Kapelle der Washington Cathedral blieb bis spät abends geöffnet, weil man erwartete, daß viele Leute kommen und beten würden. Es kamen nur zwei.

Kurz vor Mitternacht begann der Präsident zu telefonieren. Um 23.58 Uhr rief er Les Arends an. Dann Stennis, Price und Eastland. Um 0.20 Uhr ließ er sich mit Len Garments Wohnung verbinden. Garment hatte halb damit gerechnet und überlegte gerade, ob er dem Präsidenten ein paar Zeilen schreiben sollte, als das Telefon in seinem Schlafzimmer läutete.

»Ich weiß, wie Ihnen und Ray zumute ist«, begann Nixon. Er wisse, daß Garment und Price sich im Stich gelassen fühlten. Zu Recht. Doch sein Ton verriet nur Erleichterung, kein Schuldbewußtsein. Garment war froh, daß Nixon das Ganze offenbar gelassen nahm. Er beglückwünschte ihn zu seiner Rede, versuchte, ihn zu trösten, selbst gelassen zu sein. Er habe genau den richtigen Ton getroffen, meinte er. Nixon machte sich Sorgen um die Zukunft. Was nach Garments Ansicht jetzt passieren würde? Die Rede werde alle, die seinen Kopf forderten, nicht zufriedenstellen. Garment konnte die Frage nicht beantworten. Es sei so und so alles offen.

»Es gibt Schlimmeres als Gefängnis«, sagte Nixon beinahe wegwerfend. »Dort gibt es kein Telefon, sondern nur Frieden. Einen harten Tisch zum Schreiben. Die besten politischen Werke dieses Jahrhunderts sind im Gefängnis entstanden.« Er erwähnte Lenin und Gandhi.

Was immer geschehen werde, meinte Garment, die Rede habe Gutes bewirkt. Er suchte nach weiteren Trostworten.

Nun, sagte Nixon, wir haben gewisse Risiken auf uns genommen und uns großen Plänen verschrieben. Und in einer politischen Situation ist jeder Fehler – und wir haben Fehler gemacht – tödlich.

Garment versuchte Nixon von diesem Thema abzulenken. Die Bitterkeit der letzten Jahre werde bestimmt vorübergehen; die Leute hätten genug davon. Sie unterhielten sich über Kalifornien.

»Grüßen Sie Grace und die Kinder«, schloß Nixon. Kein Gejammer. Einer der ganz seltenen Fälle, solange Garment zurückdenken konnte, wo Nixon niemandem außer sich selbst die Schuld gab. Vielleicht ein gutes Zeichen.

Der Präsident tätigte weitere zwölf Anrufe bei seinen Parteigängern im Kongreß. Um 1.34 Uhr klingelte das Telefon im Schlafzimmer des Abgeordneten Glenn Davis von Wisconsin. »Das muß ein Besoffener sein oder ein Pressefritze«, murmelte Davis schlaftrunken seiner Frau zu, drehte sich auf die andere Seite und schlief weiter.

Der letzte Anruf des Präsidenten um 1.46 Uhr galt dem Abgeordneten Samuel L. Devine in Ohio. »Ich hoffe, daß ich Sie nicht im Stich gelassen habe«, sagte Nixon.

Freitag, 9. August

Der Präsident schlief weder gut noch lange. Um sieben Uhr früh stand er barfuß, im blauen Schlafanzug, an der Küchentür im ersten Stock.

Küchenchef Henry Haller bereitete das Frühstück vor.

»Chef«, sagte Nixon, »Sie wissen, ich habe in der ganzen Welt gegessen, aber Ihre Küche ist die beste.«

Haller bedankte sich. Der Präsident wandte sich an Hallers Assistenten Johnnie Johnson: »Sagen Sie Mr. Ford, er soll am Ball bleiben und kämpfen.«

Die Rede des Präsidenten sei großartig gewesen, meinte Haller.

»Lassen Sie nur«, winkte Nixon ab und verließ die Küche. Er kehrte ins Schlafzimmer zurück, zog sich an und frühstückte: eine halbe Grapefruit, Milch und Weizenkeime.

Bevor er in den Lincoln Sitting Room hinunterging, rief er Haig an und vergewisserte sich, daß alles fertig war. Kurz darauf kam Haig mit einer letzten Amtshandlung – dem aus einem Satz bestehenden Schreiben an Kissinger:

Sehr geehrter Herr Minister,
  hiermit trete ich vom Amt des Präsidenten der Vereinigten Staaten zurück.

Der Präsident unterschrieb mit einem krakeligen »Richard Nixon«.

Vizepräsident Ford war früh aufgestanden. Buchen und Byrnes tranken bei ihm Kaffee. Dann fuhren sie in Fords Limousine nach Washington. Byrnes reichte seinem alten Freund ein vierseitiges Memo. Es behandelte die ersten Entscheidungen, die der neue Präsident treffen mußte.

»Wir sind Ihrer Ansicht, daß es keinen Stabschef geben sollte, vor allem nicht zu Beginn«, las Ford. »Trotzdem sollte jemand da sein, der die Arbeit gut und schnell organisiert, aber von den neuen Mitarbeitern weder als Stabschef angesehen wird, noch diese Position anstrebt.«

Das Amtsübergabe-Team empfahl den ehemaligen Minister für

Gesundheit, Erziehung und Wohlfahrt, Frank Carlucci. Als Alternativen wurden der stellvertretende Verteidigungsminister William P. Clements jr. und NATO-Botschafter Donald H. Rumsfeld genannt.

Während der Wagen über die Brücke von Virginia fuhr, schrieb Ford »Rumsfeld« auf den eigens freigelassenen Platz. Unter der Rubrik »Alte Mitarbeiter des Weißen Hauses« las er:

Sie müssen behutsam zwischen Mitgefühl und Rücksicht gegenüber dem Stab des ehemaligen Präsidenten und einer raschen Sicherung Ihrer persönlichen Kontrolle über die Exekutive lavieren. Die alten Mitarbeiter des Weißen Hauses werden ihren Abschied einreichen, sollten aber gebeten werden, noch einige Zeit zu bleiben und bei der Abwicklung der Übergabe zu helfen. Die meisten der politischen Mitarbeiter werden natürlich innerhalb einer angemessenen Frist gehen müssen. Als einzige Ausnahme schlagen wir Al Haig vor. Al hat seinem Land zuverlässig und treu gedient. Sie sollten so bald wie möglich persönlich mit ihm sprechen und ihn bitten, Ihnen und Ihrem Amtsübergabe-Team zu helfen, alles auch weiterhin, wie schon so lange, zusammenzuhalten... Man sollte jedoch von ihm weder erwarten noch ihn bitten oder ihm die Möglichkeit bieten, *Ihr* Stabschef zu werden.

Ford setzte sein »OK« darunter.

Um 9 Uhr hatte sich das Personal des ersten Stocks, Butler, Dienstmädchen und Küchengehilfen, im Ostflügel versammelt. Sie standen in der West Hall. Der Präsident und seine Frau kamen, um sich zu verabschieden.

Nixon bedankte sich für ihre Dienste, ihre Freundlichkeit und Unterstützung während der fünfeinhalb Jahre. »Ich gehe nicht gern. Sie haben es mir in schweren Zeiten angenehm gemacht. In anderen Ländern hatten sie vielleicht mehr Personal.« Er erklärte, daß andere Staatschefs größere Häuser, mehr Zimmer, kostbareres Mobiliar hätten. »Aber dieses Haus ist das beste. Es hat dank Ihnen ein großes Herz. Es gibt nur ein Weißes Haus, und ich werde es niemals vergessen...« Händeschüttelnd ging er die Reihe entlang.

Mit dem Lift fuhr die Familie ins Erdgeschoß, um sich in den East Room zu begeben. Bull erwartete sie, um sie zu begleiten. Der Präsident zögerte. Die Klänge der Marine-Kapelle waren zu hören. Sie spielten eine Melodie aus »Oklahoma«.

»Sind wir soweit?« erkundigte sich der Präsident bei Bull.

»Wir haben massenhaft Zeit«, antwortete Bull. »Wenn's sein muß, warten wir den ganzen Tag, bis wir uns wieder gefaßt haben.«

Die Frauen hatten geweint. Julie und Tricia hatten noch gerötete Augen. Nixon war ruhig.

Der East Room war brechend voll. Bull erklärte dem Präsidenten, wo die drei Fernsehkameras stationiert waren.

»Fernsehen?« fragte Mrs. Nixon erschrocken. »Wer hat das Fernsehen zugelassen?« Verwundert sah sie sich um. Die Band spielte eine andere Melodie.

»Ich«, antwortete der Präsident scharf. Warten habe keinen Sinn, sagte er. »Nein, wir gehen jetzt rein und bringen's hinter uns.«

Er marschierte, von den anderen gefolgt, hinein.

Brennan trat ans Mikrophon. Er trug Galauniform und Orden.

»Meine Damen und Herren«, begann er, »der Präsident der Vereinigten Staaten von Amerika.« Die letzten Worte schrie er beinahe.

Die Kapelle intonierte »Hail to the Chief«. Das Kabinett und die Mitarbeiter erhoben sich und applaudierten.

Mrs. Nixon folgte ihrem Mann. Sie trug ein weißes Kleid und Perlohrringe. Zum erstenmal während Nixons Präsidentschaft trat sie nicht sorgfältig frisiert in der Öffentlichkeit auf. Und ebenfalls zum erstenmal war sie stark geschminkt. Das Make-up verdeckte die Röte einigermaßen, doch ihr Gesicht schien an diesem Morgen ihr ganzes Leben widerzuspiegeln.

Die Familie nahm auf dem kleinen Podium hinter dem Präsidenten Aufstellung. Klebestreifen markierten die Plätze für jeden. Mrs. Nixon stand zur Linken des Präsidenten, etwas näher bei ihm als Julie, die zur Rechten placiert war. David und Ed standen neben ihren Frauen. Ed hatte ein Buch mitgebracht. Der Applaus dauerte vier Minuten.

Nixon trat ans Pult und beugte sich zu den drei Mikrophonen hinab. Dann hob er den Kopf. »Mitglieder des Kabinetts, Mitarbeiter des Weißen Hauses, Freunde.

»Ich glaube, das Protokoll wollte zeigen, daß es sich um eine spontane Versammlung handelt, wie wir sie immer arrangieren, wenn der Präsident spricht; so wird es auch in der Presse zu lesen sein, aber das macht nichts, denn die Journalisten müssen alles so beschreiben, wie sie es sehen.«

Er holte tief Luft und lächelte ein wenig.

»Doch von uns aus, glauben Sie mir, ist sie spontan.«

Der Präsident, der frei sprach, wiederholte das, was er dem Personal über die Grandeur und den besonderen Geist des Weißen Hauses gesagt hatte. Als ihn die Rührung zu übermannen drohte, wurde sein Ton trotziger. Schwer stützte er sich auf das Pult. Er hob die Schultern, senkte leicht den Kopf.

»Wir können stolz sein – fünfeinhalb Jahre.«

Mit dem Finger deutete er auf die erste Reihe. Herb Stein saß da , schluchzend.

»Niemand in dieser Administration hat sie reicher an weltlichen Gütern verlassen, als er gekommen ist. Niemand hat sich auf Kosten der Öffentlichkeit bereichert.« Sein Kopf pendelte hin und her. »Das sagt einiges über Sie.

»Fehler ja. Aber nie zum persönlichen Vorteil. Sie haben getan, woran Sie glaubten. Manchmal war es richtig, manchmal falsch. Und ich wünschte nur, ich wäre wirklich reich; im Augenblick muß ich überlegen, wie ich meine Steuern bezahlen soll.«

Gelächter. Nixon runzelte die Stirn. Seine Wangen wirkten gedunsen.

»Wenn ich reich wäre, würde ich Sie für all die Opfer, die Sie im Dienst der Regierung gebracht haben, entschädigen.«

Manolo Sanchez weinte.

Nixon sprach dreimal von Geld. »Ich erinnere mich an meinen Vater«, sagte er unvermittelt. »Wissen Sie, was der war? Zuerst Straßenbahner, dann hatte er eine Zitronenfarm. Glauben Sie mir, es war die ärmste Zitronenfarm in Californien. Er verkaufte sie, bevor man dort Öl fand.«

Leichtes Lachen im Saal.

»Dann war er Lebensmittelhändler . . .«

Nixon wandte sich um; seine Augen starrten ins Leere. »Niemand wird wohl jemals ein Buch über meine Mutter schreiben«, sagte er mit gesenktem Kopf. »Nun, das gleiche würden Sie vermutlich alle über Ihre Mutter sagen.«

Er schüttelte den Kopf. Schweiß strömte ihm übers Gesicht, Tränen traten ihm in die Augen. »Meine Mutter war eine Heilige. Ich denke an sie, zwei Söhne an Tuberkulose gestorben, vier andere in Pflege genommen, damit sie meinen älteren Bruder für drei Jahre nach Arizona schicken konnte, und alle hat sie sie sterben sehen, und als sie starben, da war es, als wären es ihre eigenen. Ja, über sie wird kein Buch geschrieben werden. Aber sie war eine Heilige.«

Der Präsident zitterte.

O mein Gott, dachte Garment, gleich bricht er zusammen. Diese Gedankenverbindungen: Geld, Vater, Mutter, Brüder, Tod. Der Mann geht vor unseren Augen aus den Fugen. Er wird der erste sein, der im Fernsehen live durchdreht.

David Eisenhower spürte, wie seine Beine steif wurden. Der Vormittag war munter, beinahe fröhlich verlaufen. Alle waren beschäftigt gewesen und hatten beim Kaffee sogar gelacht. Es schien, als sei die Familie, selbst der Präsident, endlich zur Vernunft gekommen und sehe ein, daß der Rücktritt richtig und realistisch war und sie alle von Druck und Spannungen befreien würde. Jetzt forderte der Präsident das Schicksal heraus. Es war unglaublich. David fürchtete, sein Schwiegervater werde vor aller Augen umkippen.

Nixon riß sich jedoch zusammen. »Nun aber schauen wir in die Zukunft. Ich habe gestern abend in meiner Ansprache Theodore Roosevelt zitiert. Wie Sie wissen, lese ich gern. Ich bin nicht gebildet, aber ich lese.«

Gelächter – erleichtert, wie David fand. Weiter, mach's kurz, dachte er.

Ed Cox reichte ihm das Buch. Nixon setzte seine Brille auf, was er sonst in der Öffentlichkeit nie getan hatte. Er schlug das Buch auf und las aus Roosevelts Tagebuch über den Tod seiner ersten Frau: »Und als meines Herzens Liebste starb, erlosch das Licht meines Lebens für immer.«

Er schloß das Buch. Überall Weinen, unterdrücktes Schluchzen, einige hielten sich Taschentücher vors Gesicht, andere umklammerten ihre Arme, faßten sich an den Händen. Viele waren stumm, wie gelähmt.

»Das war T. R. als Zwanziger«, erklärte Nixon. »Er glaubte, das Licht seines Lebens sei von ihm gegangen – aber er machte weiter. Und wurde nicht nur Präsident, sondern diente seinem Land auch als Expräsident, ungestüm, entschlossen, manchmal falsch, manchmal richtig, aber er war ein Mann.«

Er sprach über andere, ähnliche Enttäuschungen: Versagen bei der Zulassungsprüfung als Anwalt, Tod eines nahestehenden Menschen, Niederlage in einem Wahlkampf. »Dann glauben wir, wie T. R. sagte, das Licht unseres Leben sei für immer erloschen. Das ist nicht wahr. Es ist immer nur ein Anfang.«

Er hatte noch einen letzten Rat. »Vergessen Sie niemals: Andere mögen Sie hassen – doch diejenigen, die Sie hassen, siegen nur, wenn Sie sie ebenfalls hassen und damit sich selbst zerstören.

»Und so scheiden wir voll Hoffnung, Mut, in tiefer Demut und mit großer Dankbarkeit im Herzen . . .«

Rasch verließ er das Podium.

Bruce Herschensohn, einer der letzten Rücktrittsgegner, sagte vor sich hin: »Das ist vermutlich der wahre Nixon. Ein Jammer, daß er nicht häufiger so war.«

Dies war der Nixon, den Buzhardt auf den Tonbanddiktaten gehört hatte. Er sah auf die Menschen im Saal – traurig, gebrochen, in Tränen. Sie hatten ihren Platz an der Sonne wegen eines einzigen Mannes verloren. Und die Bitterkeit wird sich in vielfältiger Form äußern, dachte er.

Nixon und seine Familie gingen in den Diplomatic Reception Room hinunter. Die Frauen weinten.

Unten wartete Ford mit seiner Frau.

»Alles Gute, Mr. President«, sagte Nixon zu Ford und sah ihm ruhig in die Augen. Sie schüttelten sich die Hände.

Nixon schritt auf das Südportal zu.

Mrs. Nixon sagte kein Wort, schloß kurz die Augen, ergriff die Hände einiger nahestehender Mitarbeiter.

Dann schritten Nixon, Mrs. Nixon, Ed und Tricia zum wartenden Hubschrauber hinaus. Nixon ging als erster an Bord. Er drehte sich um, lächelte und zeigte seiner Tochter Julie, die engumschlungen mit David weiter hinten stand, die Faust mit dem erhobenen Daumen. Sie erwiderte die Geste und rang sich ein Lächeln ab. Als der Hubschrauber abhob, legte Julie den Kopf an Davids Schulter und schloß die Augen.

Gerald Ford wartete noch eine Minute, dann wandte er sich ab. Mit beiden Händen ergriff er den Arm seiner Frau und ging mit ihr ins Weiße Haus zurück.

Watergate-Chronik

5. 11. 1968: Richard Nixon wird mit 43,4 Prozent der abgegebenen Stimmen zum Präsidenten gewählt.

20. 1. 1969: Amtseinführung Nixons als 37. Präsident.

12. 5. 1969: Die erste von insgesamt 17 Abhöranlagen wird installiert, mit denen man aus Gründen der »nationalen Sicherheit« die Telefone von Mitarbeitern des Weißen Hauses und Journalisten anzapfte, eine Gegenmaßnahme auf Presseenthüllungen über die geheimgehaltene Bombardierung von Kambodscha.

23. 7. 1970: Der Präsident billigt den Huston-Plan zur Erweiterung innenpolitischer Bespitzelung durch die Geheimdienste. Er wird offenbar fünf Tage später rückgängig gemacht.

13. 6. 1971: Die *New York Times* beginnt mit der Veröffentlichung der Pentagon-Papiere.

3.-4. 9. 1971: E. Howard Hunt jr. und G. Gordon Liddy, Mitarbeiter des Weißen Hauses, leiten den Einbruch in die Praxis von Daniel Ellsbergs Psychiater.

17. 6. 1972: Fünf Männer werden im Hauptquartier der Demokraten im Watergate-Hotel verhaftet.

20. 6. 1972: Der Präsident und sein Wahlkampfleiter John N. Mitchell sprechen telefonisch über die Verhaftungen; dem Weißen Haus zufolge wurde dieses Gespräch nicht von der automatischen Abhöranlage des Präsidenten aufgezeichnet. Am gleichen Tag erörtern der Präsident und H. R. Haldeman die Verhaftungen. Der Mitschnitt dieses Gesprächs enthält eine Tonbandlücke von 18½ Minuten.

23. 6. 1972: Der Präsident und Haldeman entwerfen einen Plan, die FBI-Untersuchung des Einbruchs im Watergate durch den CIA zu verhindern.

15. 9. 1972: Gegen Hunt, Liddy und die fünf Watergate-Einbrecher wird von einem Bundesgericht Anklage erhoben. Der Präsident empfängt John Dean und gratuliert ihm zu seiner bisherigen Behandlung des Problems.

7. 11. 1972: Präsident Nixon und Vizepräsident Agnew werden mit 60,8 Prozent der abgegebenen Stimmen wiedergewählt und mit 97 Prozent der Wahlmännerstimmen.

8.-30. 1. 1973: Prozeß gegen die sieben wegen des Watergate-Einbruchs Angeklagten. Alle, bis auf Liddy und James W. McCord, bekennen sich schuldig. Liddy und McCord werden von den Geschworenen für schuldig befunden.

7. 2. 1973: Der Senat beschließt mit 70:0 Stimmen, einen Watergate-Untersuchungsausschuß einzusetzen.

27. 2. 1973: Deans erste Zusammenkunft mit dem Präsidenten seit dem 15. 9. 1972 – die erste einer Reihe von Sitzungen, in denen beide über die Vertuschung reden.

21. 3. 1973: Die entscheidende Konferenz zwischen Dean und dem Präsidenten. Die Diskussion konzentriert sich auf Möglichkeiten, sich das weitere Schweigen der Einbrecher und der an der Vertuschung Beteiligten zu sichern. Es wird über »Schweigegeld« und Begnadigungsangebote gesprochen. Später am gleichen Tag erhält der Anwalt von Howard Hunt 75 000 Dollar.

23. 3. 1973: Richter John J. Sirica verliest einen Brief von McCord, der die Beschuldigung erhebt, auf ihn und die anderen Einbrecher sei politischer Druck ausgeübt worden, damit sie sich schuldig bekennen und Schweigen bewahren sollten; im Prozeß seien Meineide geleistet und der Einbruch sei von höheren Dienststellen gebilligt worden.

15. 4. 1973: Dean zufolge stellt der Präsident in einer abendlichen Besprechung »Suggestivfragen, was mich auf den Gedanken brachte, daß das Gespräch mitgeschnitten wurde«. In dieser Unterhaltung berichtete Dean dem Präsidenten, er sei mit Bundesanklägern zusammengekommen. Dem Weißen Haus zufolge war in der Abhöranlage im EOB-Büro des Präsidenten kein Band mehr, weshalb an diesem Tag keine Gespräche aufgezeichnet wurden. Der Präsident erklärt ebenfalls, er könne kein Tonband finden, auf dem er ein Gedächtnisprotokoll für jenen Tag diktiert hatte.

30. 4. 1973: Der Präsident gibt den Rücktritt von Haldeman, John D. Ehrlichman und Justizminister Richard Kleindienst bekannt sowie Deans Entlassung. Leonard Garment wird als Nachfolger Deans zum Rechtsberater des Weißen Hauses ernannt und Elliot Richardson als Kleindiensts Nachfolger berufen.

4. 5. 1973: Das Weiße Haus gibt die Ernennung von General Alexander M. Haig jr. als Interims-Stabschef bekannt.

4. 5. 1973: Dean teilt mit, er habe vor dem Verlassen des Weißen Hauses gewisse Dokumente mitgenommen und sie in einem Tresorfach deponiert. Den Schlüssel übergibt er Richter Sirica.

10. 5. 1973: Das Weiße Haus gibt die Ernennung von J. Fred Buzhardt als Watergate-Rechtsberater des Präsidenten bekannt.

17. 5. 1973: Der Watergate-Senatsausschuß beginnt seine vom Fernsehen übertragenen Anhörungen.

18. 5. 1973: Archibald Cox wird zum Sonderankläger ernannt.

22. 5. 1973: In einer 4000 Worte umfassenden Erklärung streitet der Präsident abermals jede Kenntnis über den Watergate-Einbruch oder die Vertuschung ab. Er gibt zu, aus Gründen der nationalen Sicherheit zuerst eine Einschränkung der Watergate-Untersuchung angeordnet zu haben. Ferner gibt er zu, den Huston-Plan sowie die Abhörmaßnahmen gegen Reporter und Mitarbeiter der Administration gebilligt zu haben – ebenfalls aus Gründen der nationalen Sicherheit.

3. 6. 1973: Artikel in der *New York Times* und der *Washington Post* deuten an, daß Dean in seiner Aussage vor dem Watergate-Senatsausschuß den Präsidenten der Beteiligung an der Vertuschung beschuldigen werde. An jenem Abend beginnt der Präsident, seine Tonbänder abzuhören.

4. 6. 1973: Der Präsident überprüft weitere Tonbänder. In Gesprächen mit Haig und Ronald Ziegler erklärt er, wie die auf den Tonbändern enthaltenen Informationen zur Entkräftung von Deans Aussage zu nutzen seien.

25.-29. 6. 1973: Dean sagt vor dem Watergate-Senatsausschuß aus und beschuldigt den Präsidenten.

13. 7. 1973: In einem Gespräch mit den Mitgliedern des Senatsausschusses enthüllt Alexander Butterfield die Existenz des Abhörsystems im Weißen Haus.

16. 7. 1973: Butterfield sagt in öffentlicher Verhandlung über das Abhörsystem aus. Nixon verweigert seinen Anwälten die Genehmigung, eines der Bänder abzuhören.

18. 7. 1973: Das Abhörsystem des Präsidenten wird außer Betrieb gesetzt.

23. 7. 1973: Cox fordert »sub poena« die Herausgabe von neun Tonbandaufzeichnungen über Gespräche und Konferenzen des Präsidenten.

25. 7. 1973: Unter Berufung auf das »executive privilege« verweigert der Präsident die Herausgabe dieser Tonbänder.

29. 8. 1973: Richter Sirica verfügt, der Präsident habe die »sub poena« verlangten Tonbänder herauszugeben. Das Weiße Haus teilt mit, es werde Berufung einlegen.

29. 9. 1973: Rose Mary Woods beginnt mit dem Abschreiben einiger Tonbänder des Präsidenten.

10. 10. 1973: Vizepräsident Agnew tritt zurück.

12. 10. 1973: Der Appellationsgerichtshof entscheidet zugunsten von Richter Sirica: die Tonbänder sind herauszugeben.

12. 10. 1973: Der Präsident nominiert den Abgeordneten Gerald L. Ford als Vizepräsidenten.

20. 10. 1973: Das »Massaker« vom Samstag: Cox wird entlassen; Richardson und der Stellvertretende Justizminister William Rukkelshaus treten zurück.

23. 10. 1973: An diesem und dem folgenden Tag werden im Kongreß 44 Gesetzesvorlagen zu Watergate eingebracht, darunter 22, die eine Impeachment-Untersuchung fordern.

23. 10. 1973: Charles Alan Wright erklärt vor Richter Sirica, daß die »sub poena« verlangten Tonbänder ausgeliefert würden.

1. 11. 1973: Leon Jaworski wird als Nachfolger von Cox zum Sonderankläger ernannt.

3. 11. 1973: Die Anwälte des Weißen Hauses, Buzhardt und Garment, fliegen nach Key Biscayne, um dem Präsidenten den Rücktritt zu empfehlen.

9. und 12. 11. 1973: Buzhardt sagt vor Richter Sirica über die fehlenden Tonbänder aus.

21. 11. 1973: Die Anwälte des Weißen Hauses unterrichten Sirica über die Tonbandlücke von 18½ Minuten. Am gleichen Tag gibt Sirica die Angelegenheit öffentlich bekannt.

20. 12. 1973: John Doar wird zum ersten Rechtsberater für den Rechtsausschuß des Repräsentantenhauses ernannt.

4. 1. 1974: Das Weiße Haus gibt die Ernennung von James St. Clair als Chefverteidiger Nixons in der Watergate-Affäre bekannt.

1. 3. 1974: Die Grand Jury erhebt Anklage gegen Haldeman, Ehrlichman, Mitchell, Robert Mardian, Charles W. Colson, Gordon Strachan und Kenneth W. Parkinson wegen Vertuschung. Richard Nixon wird von der Grand Jury als nicht angeklagter Mitverschwörer genannt, was jedoch geheimgehalten wird.

11. 4. 1974: Der Rechtsausschuß verlangt 42 Tonbänder »sub poena«.

18. 4. 1974: Nach wochenlangen ergebnislosen Verhandlungen fordert Jaworski zusätzlich die Aufzeichnungen von 64 Gesprächen des Präsidenten.

28. 4. 1974: Mitchell und Maurice Stance werden im Fall Vesco freigesprochen.

29. 4. 1974: Im Fernsehen erklärt der Präsident sich bereit, dem Rechtsausschuß redigierte Transkripte der »sub poena« verlangten Gespräche zu übergeben und diese Abschriften zu veröffentlichen.

30. 4. 1974: Die 1254 Seiten umfassenden Transkripte werden veröffentlicht. St. Clair teilt mit, Nixon werde die Herausgabe der vom Sonderankläger verlangten Tonbänder und Dokumente verweigern.

5. 5. 1974: Jaworski bietet an, Nixons Status als nicht angeklagter Mitverschwörer nicht bekanntzugeben im Austausch gegen eine geringere Anzahl von Tonbändern.

5.-6. 5. 1974: Der Präsident beginnt wieder Tonbänder abzuhören, darunter Gespräche vom 23. 6. 1972 zwischen ihm und Haldeman. Später lehnt er Jaworskis Angebot ab.

20. 5. 1974: Sirica weist einen Einspruch des Weißen Hauses gegen die vom Sonderankläger »sub poena« verlangte Herausgabe zurück.

24. 5. 1974: Jaworski wendet sich direkt an den Supreme Court, der über seine Anforderung von 64 Gesprächsmitschnitten des Präsidenten entscheiden soll.

10.-19. 6. 1974: Der Präsident besucht den Nahen Osten.

26. 6.-3. 7. 1974: Der Präsident ist zu einem Gipfeltreffen in Rußland.

24. 7. 1974: Der Supreme Court entscheidet mit 8:0 Stimmen, der Präsident müsse die von Jaworski verlangten 64 Tonbänder herausgeben.

24. 7. 1974: Nixon gibt Buzhardt Anweisung, sich das Tonband vom 23. 6. 1972 anzuhören.

27. 7. 1974: Der Rechtsausschuß des Repräsentantenhauses nimmt den Impeachment-Anklagepunkt Eins mit 27:11 Stimmen an, der den Präsidenten beschuldigt, bei der versuchten Vertuschung von Watergate Behinderung der Justiz begangen zu haben.

29. 7. 1974: Der Impeachement-Anklagepunkt Zwei wird gebilligt.

30. 7. 1974: Der dritte und letzte Impeachment-Anklagepunkt wird angenommen.

5. 8. 1974: Das Weiße Haus veröffentlicht Transkripte der drei Gespräche vom 23. 6. 1972.

8. 8. 1974: In einer vom Fernsehen übertragenen Rede verkündet der Präsident seinen Rücktritt.

9. 8. 1974: Präsident Nixon tritt zurück. Gerald L. Ford wird Präsident.

Register

264, 279, 318, 331, 339, 340, 360, 364,
376 f., 379 ff., 436, 444 f.
Joyce, James 133

Kaiser, Robert 223
Keiser, Richard (Dick) 215, 440 f.
Kennedy, Edward M. 380
Kennedy, John F. 37, 49 ff., 101, 110,
282, 297, 388, 412, 432
Kennedy, Robert F. 50, 73
Khachigian, Kenneth 137, 376, 380, 384
King, Martin Luther 50
Kissinger, Henry A. 20, 29 ff., 34, 80, 97,
101, 163 ff., 180-200, 203 f., 206-210,
215, 217, 220 ff., 224 ff., 230, 236 f.,
264, 314 f., 319, 329, 385, 387, 390,
398, 419-422, 427 f., 435 ff., 443 ff.,
447
Klein, Herb 376
Kleindienst, Richard G. 58
Korff, Rabbi Baruch 98 f., 168, 205, 379,
396 f., 435 f.
Korologos, Tom 86, 377, 391, 435 f.
Kucharski, Sybil 135

Lacvovara, Philip 147 ff., 178 f., 231,
233 f., 261 f.
Laird, Melvin R. 35, 185, 212, 416
Lake, Anthony 190
Lamb, Brian 212, 399
Leibman, Morris 73
Lenin, Wladimir Iljitsch 446
Lichenstein, Charles 318, 328, 368 f.
Liddy, G. Gordon 36 f., 46, 87, 95, 270 f.
Long, Russell 56, 410, 439
Lon, Nol 191
Lord, Winston 193
Lowman, Dr. Charles L. 291 f.
Lukash, William 211 f., 214 f.
Lynn, James T. 291, 386
Lynn, Lawrence (Larry) 212, 399

Maginnes, Nancy 187, 190
Magruder, Jeb Stuart 45, 48, 126, 252
Malek, Fred 84, 164 f., 418
Mann, James R. 258, 281
Mansfield, Mike 157, 170, 204, 208, 236,
250, 302, 333 f., 437 f.
Mardian, Robert C. 117
Marshall, Thurgood 200 f., 233
Martinez, Eugenio R. 22
Mathews, Diane 186
Mathias, Charles M. jr. 391 f.
Matson, Patricia 416
Mayne, Wiley 378

McCahill, Jack 202, 250, 284 f., 287, 339,
354, 370 f., 376, 384, 426, 435
McCarthy, Joseph R. 109, 157, 238
McClellan, John L. 56
McClory, Robert 151, 229, 304
McClure, J. A. 333, 391
McCord, James W. jr. 22
McGovern, George 88
McKee, Patricia 314, 322
McLaughlin, Pater John 155, 229, 320,
382
Meredith, James H. 73
Michel, Robert 171
Middendorf, J. William II. 173 f.
Mitchell, John N. 21, 23, 45 f., 48, 91,
117, 124, 126, 135 ff., 139, 200, 235,
240, 261, 268-271, 274, 325
Monroe, Marilyn 50
Montgomery, G. V. »Sonny« 199
Moore, Jonathan 212, 399
Moore, Powell 376
Moore, Richard 189, 368, 382
Morgan, Ann 369, 380, 415, 435
Morrow, Hugh 97 f.
Morton, Rogers C. B. 139, 399
Moynihan, Daniel Patrick 163, 329
Mudd, Roger 444
Murphy, Jerry 261 f.

Nasser, Gamal Abdel 238
Neal, James 178, 231
Nelson, Jack 228 f.
Nixon, Pat 98, 101, 158-161, 205 f., 243,
245 f., 296, 303, 309, 327, 338, 344,
346, 356, 379, 381, 394, 400, 418, 438,
440, 445, 448 f., 451
Nixon, Richard M. Da Richard M. Nixon
als Hauptperson dieses Berichts fast auf
jeder Seite vorkommt, werden die entsprechenden Verweise nicht eigens aufgeführt.
Nordstrom, Karin 264, 371 f.
Norman, Lloyd 50

O'Brien, Francis 228 f., 293
Ogarrio, Manuel 269, 308
Ostrow, Ron 203

Parker, David 376, 379
Parkinson, Kenneth Wells 117
Percy, Charles H. 391
Petersen, Henry E. 23 f.
Phillips, Howard 302
Pierpoint, Robert 162, 430
Pineau, Julie 193